Civil Law

民法

修 訂
十四版

郭振恭 著

Civil Law

民法

修 訂
十四版

郭振恭 著

三民書局

修訂十四版序

　　最近，關於民法之修正不少。民國一〇八年五月二十二日公布制定「司法院釋字第七四八號解釋施行法」，於法承認同性婚姻；於一〇八年六月十九日公布增訂民法親屬編第四章第三節「成年人之意定監護」，並於同日修正公布民法第十四條。復次，於一〇八年四月二十四日修正公布民法第九七六條；並有司法院釋字第七七一號解釋，涉及繼承回復請求權之行使；為房屋租賃特別法之租賃住宅市場發展及管理條例，亦已施行。再者，為民法間接法源之判例制度，因法院組織法之修正，自一〇八年七月四日後，已告一段落。本書自有就關係民法之上開各問題予以說明之必要，以切合現實。此外，亦利用此次修訂之機會，就本書之全部內容（包括習題），再為全面之檢討及增補。

　　併為說明者，最高法院之判例制度，業經廢除，已無拘束力，但其所表示之法律見解，及民事庭會議討論後之決議，仍具參考價值。本書原所引用之判例及決議，仍予以保留，以供參考。

　　本次修訂之內容不少，仍承三民書局多所協助，謹此申謝。

郭　振　恭　謹識

中華民國一〇九年八月

初版序

　　民法乃規律私人相互間財產關係及身分關係之法律，關乎吾人之日常生活；其並為私法之基本法，於法律體系中具重要之地位。我國民法，規定一千二百二十五條，內容浩繁，嫻習維艱，則如何闡明其真義，剖析其疑難，把握其重點，並知所應用，殊甚重要。

　　本書之作，即就我民法之全部規定，本於教學及實務工作經驗，參考國內、外有關著作，斟酌學說及實務見解，兼顧理論與實際，為總括及系統之解說，實用性較高或較重要者，並多予詮釋及舉例，使習此者易於了解。本書又於各章節適當之處，提出習題，俾資研習，並提示其答案，以供參照，期增進學習效果。

　　本書校稿完成，即將付印之際，適民法第一○六七條及民法債編修正，並經於民國八十八年四月二十一日公布，而民法債編修正條文自八十九年五月五日施行，其修正幅度甚大，爰依新法將有關部分加以增補及改正，以切合需要。

　　惟筆者學驗不足，本書牽涉範圍甚廣，所論疏誤之處，在所難免，敬祈　賢達正之，至為感幸。

郭　振　恭　序

中華民國八十八年夏於臺中市

民 法

目 次

第一編　總 則

第二編 債

第三編　物　權

第四編　親　屬

第五編 繼 承

序　論

第一章　民法之概念

第一節　民法之意義

　　人是社會動物，難以離群獨居，需與別人互相幫助而為共同之生活；換言之，個人都是生存於社會之中，在社會中生活。在社會生活中，為維持秩序，確保個人及團體之生活利益，個人與個人之間、個人與團體之間、團體與團體之間，自然有其共守之規則，必然有社會生活規範之產生。社會生活之規範甚多，道德、宗教等均是，法律亦為其中重要之一種。法律具備客觀之標準，以國家之強制力為其實現之手段，而與道德、宗教規範有所區別。

　　民法為法律之一種，以規範私人生活中之權利義務為其內容，例如買賣、租賃、借貸、保證、抵押權、婚姻、親子、遺囑等項之法律關係，屬於私法。其與規範政府組織、訴訟程序、稅捐稽徵、徵兵、集會遊行、水污染防治等國家生活關係之法律，例如憲法、訴訟法、稅捐稽徵法、兵役法、集會遊行法、水污染防治法等，為公法者，性質上，尚有不同。

　　民法固為規範人民私生活關係之法律，但又有形式意義與實質意義之分別。形式意義之民法，指法典標明「民法」之成文法，亦即民國十八年至二十年間陸續公布並施行，共有五編（總則、債、物權、親屬、繼承）之民法。實質意義之民法，則指凡有關規範私生活關係之法規，雖未以民法為名，概屬民法之範圍，例如土地法、動產擔保交易法、礦業法、公司法、票據法、海商法、保險法等，其中所規定有關私生活之權利義務事項，即屬於實質意義之民法。

　　本書所論述之民法，即以前述形式意義之民法為主要，於此先為說明。

第二節 民法之性質

一、民法為普通私法

　　法律依其效力所及之範圍為準,可分為普通法與特別法。凡適用於全國任何人、任何地方、或任何一種事項之法律,稱為普通法;至於僅適用於特定人、特定地方、或特定事項之法律,稱為特別法。民法為私法,已如前述,而其所規定者,為一般人民私生活之權利義務事項,故為普通私法。

　　至於針對特別事項或對象而規定之公司法、票據法、保險法、海商法、土地法、動產擔保交易法、消費者保護法等,則為民法之特別法,應優先於民法而適用。例如:依民法第八六〇條,僅得就不動產設定抵押權,但依動產擔保交易法第一五條,得就動產設定動產抵押權,因此得優先適用動產擔保交易法而發生動產抵押權;又如未定期限之租賃,依民法第四五〇條第二項,出租人原則上得隨時終止契約,但依土地法第一〇〇條之規定,未定期限之房屋租賃,須有所列之事由,出租人始得終止租約,是故出租人之終止該未定期限房屋租約,土地法上開規定應優先適用是。

二、民法為實體法

　　以法律規定之內容為準,可分為實體法與程序法。實體法是規定權利義務之發生、變更、消滅之法律;程序法則是規定對於已發生、變更、消滅之權利義務,予以實現方法之法律,亦即將實體法具體化之程序予以規定之法律。民法是規定人民私生活中所生權利義務本體之法律,為實體法。例如依民法第三四八條第一項,物之出賣人應交付其物於買受人,即買受人有請求出賣人交付標的物之實體上權利,如出賣人不履行此義務,買受人即得提起民事訴訟,請求法院判命出賣人交付其物,經判決確定後,如出賣人仍不交付該物,買受人即得聲請法院強制執行(強制執行法第四條第一項第一款),此種民事訴訟程序及強制執行程序,為程序法之問題。又如民法第一〇七九條之四規定收養無效事由,對是否無效之爭執,依家事事件法第三條第一項第四款,得提起確認收

養關係存在或不存在之訴，以解決其紛爭，此為家事訴訟程序之問題。是故，民事訴訟法、強制執行法、家事事件法等即為程序法。

　　按民法之中，固亦有若干程序之規定，例如：民法第三〇條規定，法人非經向主管機關登記，不得成立；第八〇四條第一項規定，拾得遺失物經通知或招領後，有受領權之人未於相當期間認領時，拾得人或招領人應將拾得物交存於警察或自治機關；第一一五六條第一項規定，繼承人於知悉其得繼承之時起三個月內，開具遺產清冊陳報法院等是。惟就全體而言，民法應為實體法。實體法如經修正，其效力以不溯及既往為原則，程序法如有修正，以依新法為原則，此即實體從舊、程序從新之原則（參照中央法規標準法第一八條、民事訴訟法施行法第二條）。

　　此外，應併為說明者，民法典之制定，有民商分立制與民商合一制之別。前者，於民法法典外，另訂商法法典，獨立於民法法典之外，如日本是；後者，於民法法典外，並無商法法典之存在，如瑞士是。我民法採民商合一制，將商事行為，例如買賣、行紀、倉庫、經理人及代辦商等列於債編（各種之債）之中，另就公司、海商、保險、票據等項，另制定單行法規，為民法之特別法，屬廣義民法之一部分，亦即為實質意義之民法。

第二章　民法典之制定與修正

第一節　民法典之制定

我國法典，始自戰國時代魏國李悝之《法經》，其後秦朝有六律、漢代有九章律、唐代有唐律，宋、元、明、清雖各以唐律為藍本，制定有律典，但其內容以刑罰為重，且民刑不分，並無民法法典，僅有實質之民法而已。

清末變法圖強，編成《大清民律草案》，分為五編，但未及頒行，清室已亡，是為第一次民法草案。民國成立後，於民國十四年完成民律草案，亦分為五編，此為第二次民法草案，但並未正式公布施行。

國民政府奠都南京後，立法院於十七年十二月成立，而於十八年一月組成民法起草委員會，以傅秉常、焦易堂、史尚寬、林彬、鄭毓秀五委員，從事民法之起草，先後完成如下列共五編、計一二二五條之民法法典，並經公布施行：

編　別	章　　　　條	公　布　日　期	施　行　日　期
總　則	計七章、共一五二條	十八年五月二十三日	十八年十月十日
債	計二章、共六〇四條	十八年十一月二十二日	十九年五月五日
物　權	計十章、共二一〇條	十八年十一月三十日	十九年五月五日
親　屬	計七章、共一七一條	十九年十二月二十六日	二十年五月五日
繼　承	計三章、共八八條	十九年十二月二十六日	二十年五月五日

第一編總則，規定民法所共通適用之原則。第二編債，規定債權債務關係。第三編物權，規定對物為支配、使用、收益等之權利關係。第四編親屬，規定親屬關係之發生、消滅，親屬間之權利義務。第五編繼承，規定因被繼承人之死亡，由其有一定親屬身分關係之人包括承繼其遺產之關係，與被繼承人立遺囑所生之問題。

前述之債編及物權編，以財產關係為其內容，為財產法；親屬編及繼承編，以身分關係及身分財產關係為其內容，屬身分法。

我民法典之制定，採民商合一主義，已如前述。

第二節　民法典之修正

　　民法公布施行以來，已逾半個世紀，在此期間，社會結構、經濟形態及人民生活觀念，已有不少變遷，因此部分規定與實際情況不符，已難因應實際需要，自有全面檢討，擇要修正之必要。因此前司法行政部（現法務部）於六十三年七月開始研擬民法各編之修正。

　　民法總則修正案，經立法院三讀通過後，總統於七十一年一月四日公布，並另定於七十二年一月一日起施行；再於九十七年五月二十三日修正公布，主要為將禁治產或禁治產人改稱為監護宣告或受監護宣告之人，並另有輔助宣告；又於一○四年六月十日修正公布民法第一○條及民法總則施行法第一九條；並於一○八年六月十九日修正公布第一四條。民法親屬編及繼承編修正案，亦各經立法院三讀通過，均由總統於七十四年六月三日公布（依中央法規標準法第一三條之規定，修正條文自公布之日起算至第三日起發生效力，即應自七十四年六月五日起生效）。其後，民法親屬編又先後於八十五年九月二十五日、八十七年六月十七日、八十八年四月二十一日、八十九年一月十九日、九十一年六月二十六日、九十六年五月二十三日、九十七年一月九日、九十七年五月二十三日、九十八年四月二十九日、九十八年十二月三十日、九十九年一月二十七日、九十九年五月十九日、一○一年十二月二十六日、一○二年十二月十一日、一○三年一月二十九日、一○四年一月十四日、一○八年四月二十四日修正公布部分條文；並於一○八年六月十九日公布增訂第一一一三條之一至一一一三條之十「成年人之意定監護」。再者，於一○八年五月二十二日公布制定「司法院釋字第七四八號解釋施行法」，規範同性婚姻。民法繼承編於九十七年一月二日及九十八年六月十日二度修正，嗣於九十八年十二月三十日修正公布第一一九八條及第一二一○條，再於一○一年十二月二十六日修正公布施行法第一條之三，一○二年一月三十日修正公布施行法第一條之一、第一條之二，一○三年一月二十九日修正公布第一二一二條，再於一○四年一月十四日公布修正第一一八三條及增訂第一二一一條之一。又，民法債編已於八十八年四月二十一日修正公布，修正條文自八十九年五月五日施行（民法債編施行法第三六條第

二項），嗣於八十九年四月二十六日修正公布第二四八條，復於八十九年五月五日修正公布民法債編施行法第三六條，又於九十八年十二月三十日修正公布第六八七條及第七〇八條，再於九十九年五月二十六日修正公布第七四六條、增訂第七五三條之一。

　　至於民法物權編曾於八十四年一月十六日修正公布第九四二條，將該條文中之「僱用人」修正為「受僱人」；其後於九十六年三月二十八日修正公布，其內容為擔保物權部分；又於九十八年一月二十三日修正公布，其內容為通則及所有權部分；嗣於九十九年二月三日修正公布，其內容為用益物權及占有部分。再於一〇一年六月十三日修正公布，其內容為關於拾得遺失物之報酬，即第八〇五條及第八〇五條之一。

第三章　民法之法源

　　所謂民法之法源，就是民法之所由來，亦即構成民法之各種材料。民法之法源，可分為制定法與非制定法。

一、制定法

　　制定法又稱為成文法，指依照一定之程序及方式而公布之法規。制定法中，足為民法法源者，有下列四種：

㈠法　律

　　此所謂法律，僅指成文形式之法律，即限於經立法院通過，總統公布之狹義法律（憲法第一七〇條）。因此，除前述共五編之民法法典外，尚包括公司法、票據法、海商法、保險法、土地法等民事特別法。

㈡命　令

　　命令，是行政機關依據職權，或依據法律所公布之規章。其未經立法機關議決，其效力低於法律，因此命令牴觸法律時，即為無效（憲法第一七二條）。例如司法院所發布之法人及夫妻財產制契約登記規則、內政部發布之土地登記規則、教育部發布之私立學校法施行細則等，均屬命令，其中有關民事者，亦為民法之法源。

㈢地方自治法規

　　省（市）、縣、市、鄉鎮等地方自治團體，在自治立法權範圍內，所制定之法規，其有關民事之部分，亦為民法的法源。

㈣條　約

　　條約為國與國之契約，我國對外所簽訂之條約，如經立法院議決並公布，其效力等於法律，自得拘束國民，其有關民事之事項，亦為民法法源之一。例如曾於民國三十五年簽訂之中美友好通商航海條約中之民事規則、民國五十四年簽訂之中華民國與美利堅合眾國間關於在中華民國之美軍地位協定中之民商事性質規定即是。

二、非制定法

非制定法為未經明文制定之不成文法，又分為下列三種：

(一)習慣法

習慣法，指社會所慣行之事實，一般人確信其必須遵從而具有法的效力之規範。例如祭祀公業條例施行（民國九十六年十二月十二日制定公布）前之祭祀公業之繼承，依從習慣，以享有派下權之男系子孫或奉祀本家祖先之女子及從母姓之子孫為限，至於一般女子或不從母姓之子孫，則不得繼承祭祀公業財產（參照司法院院字第六四七號解釋及最高法院七〇年度第二二次民事庭會議決議），此即為繼承祭祀公業財產之習慣法；又祭祀公業派下員得將其派下權讓與同公業之其他派下員，無須經派下員全體同意，亦屬習慣法（最高法院九二年臺上字二四八五號判決）是。惟「民事所適用之習慣，以不背於公共秩序或善良風俗者為限」（民法第二條），則倘屬社會上之惡習，自無法之效力。

民法第一條規定：「民事，法律所未規定者，依習慣……。」可見於法律未規定時，習慣有補充法律的效力。惟法律如明定習慣應優先適用時，例如民法第四二九條第一項規定：「租賃物之修繕，除契約另有訂定或另有習慣外，由出租人負擔。」即此際此項習慣因法律之特別規定，而有優先效力。

(二)法 理

法理就是條理，乃多數人共同承認之生活原理，如正義、衡平之觀念是。民法第一條規定：「民事，法律所未規定者，依習慣；無習慣者，依法理。」即法律未予規定之事項，而又無習慣可據時，法院應依法理而為裁判。足見法理為民法法源之一種，以補法律及習慣之不足。按社會情狀無窮，制定法難以將之全部規定為法規，於有紛爭時，法官亦不得以法律不完備而拒絕裁判，從而法律未規定，亦無習慣可循時，即不得不依法理以濟其窮。例如因被詐欺或被脅迫而結婚者，於發見詐欺或脅迫終止後，如未於六個月內請求撤銷者，依民法第九九七條規定，其撤銷權固為消滅，雖無明文，而依法理，如撤銷權人追認其婚姻時，其撤銷權亦應消滅（參照最高法院（下同）一八年上字二三二八號判例）是。

㈢最高法院民事大法庭之裁定

我國首創之大法庭制度自民國一〇八年七月四日施行，就民事案件，於最高法院民事庭審理時，經評議後認採為裁判基礎之法律見解具有原則重要性者，得以裁定敘明理由，提案予該法院民事大法庭裁判。民事大法庭關於法律爭議以裁定所表示之法律上見解，對提案庭提交之案件有拘束力（法院組織法第五一條之一至五一條之十）。於法雖僅規定其裁定所持之法律見解對提案庭提交之案件有拘束力，但其見解對同法院其他民事庭及下級法院相同法律爭議之裁判，勢必發生事實上之拘束力，亦對一般人民於適用法律時有所拘束。準此，最高法院民事大法庭之裁定，亦為民法法源之一。例如最高法院民事大法庭於民國一〇九年七月三十一日作成一〇八年度臺大上字第一七一九號裁定就民國十九年（七十四年修正前）之民法舊第一〇七九條規定（收養子女，應以書面為之。但自幼撫養為子女者，不在此限。）之收養事件，於未滿七歲被收養人有法定代理人且事實上能為意思表示時，應由該法定代理人代為並代受意思表示，始成立收養關係。即採契約說之見解，並非收養人單方意思與自幼撫育之事實結合，即得成立養親子關係之單獨行為。

按上級審法院對訴訟案件所為之判決例，除有拘束該法院之效力外，對於下級審法院之裁判自有拘束力。是故，判例本為民法法源之一。我國原亦有判例制度，即最高法院對於具體案件所為之裁判，經編為判例，報請司法院備查者（法院組織法舊第五七條），其法律見解，對最高法院、下級法院及一般人民均發生事實上之拘束力。惟為改革我國之判例制度，增設大法庭，經於民國一〇八年一月四日修正公布，於法院組織法增訂第五一條之一至五一條之十一及五七條之一，刪除第五七條（自公布後六個月施行），依此於同年七月四日後，最高法院曾依法選編之判例，若無裁判全文可資查考者，應停止適用，而未經停止適用之判例，其效力與未經選編為判例之最高法院裁判相同。足見最高法院之判例制度，已告一段落。至於曾為最高法院之判例，固已無拘束力，但其見解仍具參考價值，為另一事。

第四章　民法之效力

民法之效力指民法所支配之範圍，涉及時、人、地之問題。

一、關於時之效力

　　民法各編均各定有施行日期，已如前述，即應分別自該特定日發生效力。惟其中總則編、債編、親屬編、繼承編經修正，總則編修正條文之施行日期，依民法總則施行法第一九條第二項規定除另定施行日期者外，自公布日施行，因此總統令自七十二年元月一日施行；債編修正條文之施行日期，債編施行法第三六條第二項明定自八十九年五月五日施行；總統於七十四年六月三日公布之親屬編及繼承編修正條文，依民法親屬編施行法第一五條第二項及民法繼承編施行法第一一條第二項規定均自公布日施行，依中央法規標準法第一三條規定，法律明定自公布日施行者，自公布之日起算至第三日起發生效力，從而此次所公布之親屬編及繼承編修正條文，應自七十四年六月五日起生效。又，物權編於九十六年三月二十八日修正公布擔保物權，於九十八年一月二十三日修正公布通則及所有權，於九十九年二月三日修正公布用益物權及占有，依物權編施行法第二四條第二項規定，其修正條文自公布後六個月施行，即各有其特定施行日期。

　　原則上，法律不適用於其施行前所發生的事項，此稱為「法律不溯既往」原則，以保障既得權利，維持社會生活之安全。惟此為法律上適用之原則，而非立法上必要之拘束，因而立法機關為適應社會需要，斟酌立法之目的，仍得特別規定新法適用於過去之事項。例如民法第一○六七條之請求生父強制認領非婚生子女，舊法規定請求權人僅為非婚生子女之生母或其他法定代理人，八十八年修正之新法則規定非婚生子女本人亦有請求生父認領之權利，民法親屬編施行法第一○條第二項規定：「非婚生子女在民法親屬編修正前出生者，修正之民法第一○六七條之規定，亦適用之。」即為保護非婚生子女權益，明定該新法有溯及之效力。又如，增訂之民法債編第二章各種之債之第二十四節之一人事保證於八十九年五月五日施行，除第七五六條之二第二項外，亦適用於施

行前已成立之人事保證（債編施行法第三五條），即有溯及效力。

二、關於人之效力

民法為普通法，不問當事人之地位、職業如何，均有其適用。又基於屬人主義之原則，民法對於中華民國國民，不問其居住本國或外國，均可適用。例如我國國民在外國依民法第九八二條規定之方式結婚，於法完全有效是。

三、關於地之效力

民法是國內法，依屬地主義之原則，適用於我國領土之全部，其對於本國領域內之人民，不問其為本國人或外國人，均可適用。但外國人在我國享有治外法權（例如外國元首、使節等是），或涉外民事法律適用法有特別規定者，則不在此限。

第五章　民法之解釋

一、民法解釋之意義

探求民法各種法源之真義，確定其內容，以期正確適用民法，此為民法之解釋。

成文之民法法典，固然需要解釋，因為當一具體之民事事件發生時，首先要探究該事件與何種規定相當，從而即須探求法律規定的真義，明瞭其適用的範圍；又，民法典之條文有限，修正又不易，而且其文字簡潔，以之適應複雜多變之社會生活事實，不免掛一漏萬，亦有待解釋民法之規定，闡明其真義，適應於現代之社會生活，例如民法第一八四條第一項規定侵害「權利」之侵權行為，但此所謂「權利」，其內容為何，即待解釋是。其他之民法法源，亦有以解釋方式確定其真義之必要，例如確認習慣之內容，判斷其是否為一般人確信必須遵從而具有法之效力是。

就解釋民法所生之效力而言，有學理解釋與有權解釋之分別。學理解釋是研究法律者，從學理上對於法律真義所表示之個人見解；此種解釋固然具有參考價值，但無拘束力，政府機關或人民均不受其拘束。有權解釋則是國家之機關，依據法律所賦與之權力，就法律所表示之見解，而具有一定之拘束力，例如司法院大法官會議之解釋是。

二、解釋民法之方法

㈠文理解釋

文理解釋為依據法律條文之文理或字義所作之解釋。例如民法第六六條第一項規定：「稱不動產者，謂土地及其定著物。」所謂土地之定著物，即有待推求，依法條之文理，應指非土地之構成部分，繼續附著於土地，而達一定經濟上目的，不易移動其所在之物而言。因此已完工之房屋，固為定著物，即屋頂尚未完全完工之房屋，如已足避風雨，可達經濟上使用目的者，亦為土地之定著物（參照最高法院（下同）六十三年度第六次民庭庭推總會議決議㈠）。

㈡論理解釋

論理解釋為運用推理之方法，參酌立法之目的及社會生活之需要，以闡明法律條文之真義。又可分為左列數種方法：

1.擴張解釋

就是擴張法律條文之意義，使其合於法律真義之解釋。例如依民法第一八八條規定，僱用人應就受僱人之侵權行為，與受僱人對被害人連帶負賠償責任，惟依立法原意，此所謂僱用人與受僱人，不限於有償僱傭契約（民法第四八二條）之情形，只要是事實上之使用而有選任及監督關係者，亦包括在內（參照五七年臺上字一六六三號判例）。例如甲囑友人乙駕車送丙到某地，途中因乙行車疏忽，致丙受傷，雖甲、乙無僱傭關係，但有選任及監督關係，甲仍應負本條僱用人之責任是。亦即本條之僱傭關係擴張至有選任監督之使用關係，不論其有無契約、有無報酬是。

2.限縮解釋

此乃法條之文字，有時過於廣泛，故將其含義，予以縮小，使其合於法律真義之解釋。例如民法第一二五條固規定，請求權因十五年間不行使而消滅；但此之所謂請求權應限縮解釋為不包括身分關係所生之請求權，例如夫妻之一方請求他方履行同居，即無消滅時效完成之問題是。

3.反對解釋

就是依照法律條文規定之結果，推論其反面之結果以闡明法律真義之解釋。例如民法第一二條規定：「滿二十歲為成年。」則未滿二十歲者，為未成年人是。又如得撤銷被詐欺或被脅迫之意思表示，但民法第九二條第二項僅規定被詐欺之撤銷不得對抗善意第三人，則依反對解釋，因被脅迫而撤銷者，得對抗善意第三人是。

三、類推適用

所謂類推適用，乃對於法律未明文規定之事項，援引類似之條文，而比附適用。例如依民法第九八三條之規定，近親不得結婚，違反者，同法第九八八條第二款明定其結婚無效，但如有近親訂定婚約時，其效力如何，法固無明文，惟類推適用上開規定，近親間之婚約，應屬無效是。又如民法第三四七條規定：

「本節規定，於買賣契約以外之有償契約準用之。但為其契約性質所不許者，不在此限。」即買賣契約為有償契約之典型，因此其他有償契約，例如租賃、承攬等，即得「準用」買賣之規定，本來此實為類推適用，但因法律已自設「準用」規定，而稱為準用，不再稱為「類推適用」；易言之，「準用」為法定之類推適用。

類推適用是否屬解釋民法方法之一種，見解不一。有認為類推適用即為類推解釋，屬解釋方法之一種，與擴張解釋類似者；另有以為類推適用是本於法理而為，不屬於解釋之方法。二者似應以後者之見解為當。按類推適用與擴張解釋，有所不同，擴張解釋是在一定限度內，擴張法律條文文義之適用範圍，但類推適用，則為超越法律條文之內容，使其適用於其他法律未予規定之事項，以解決法律規定之不完備，其為補充法律，而非解釋法律。從而類推適用並非解釋方法之一種，而是法官本於法理，就法律所未規定之事項，援引類似事項之規定而為裁判。

第六章 民法上之權利義務

第一節 民法上之權利

所謂權利，是使特定人享受特定利益之法律上力量。關於權利之本質，通說採法律之力說。詳言之，權利之內容是一種特定利益，權利之外形，則是法律上之力量。例如所有權是得使用、收益、處分所有物，並可以排除他人干涉之法律上力量。

民法為私法，因此所規定之權利，自以私權為主。茲依不同之標準，就私權分類如次：

一、非財產權與財產權

以私權之標的為標準，可分為非財產權與財產權兩種。

㈠非財產權（人身權）

是與權利主體之人格、身分有不可分離關係之權利。可再分為人格權與身分權。

1.人格權

是權利人享受自己人格利益之權利。例如生命權、自由權、身體權、健康權、名譽權、貞操權、隱私權、肖像權等均是。

2.身分權

是存於親屬身分關係上之權利。亦即以身分關係為主體所發生之權利，例如配偶權、親權、家長權、繼承權等均是。

其所派生之權利，又可分為純粹身分權及身分財產權。前者，例如配偶之履行同居請求權（民法第一○○一條）、父母對未成年子女之結婚同意權（民法第九八一條）、保護教養權（民法第一○八四條第二項），家長令家屬由家分離之權（民法第一一二八條）；後者，例如配偶之剩餘財產差額分配請求權（民法第一○三○條之一）、父母對未成年子女特有財產之用益權（民法第一○八八條

第二項)，家長家屬相互間之扶養請求權（民法第一一一四條第四款），繼承回復請求權（民法第一一四六條）、特留分受侵害之扣減權（民法第一二二五條）等是。

仁)財產權

是享受財產上利益之權利。可再分為債權、物權、準物權、無體財產權。

1.債 權

是特定人對於特定人，請求為一定行為（作為或不作為）之權利。例如出賣人得請求買受人交付價金；定作人請求承攬人完成一定之工作；又如當事人間約定承租人不得將房屋做營業使用，出租人即得請求承租人不得在該房屋營業販賣商品是。

2.物 權

是直接支配特定物，而享受其利益之權利。例如所有權、地上權、不動產役權、農育權、留置權、抵押權、質權、典權是。至於占有，僅為對物有管領力之事實（民法第九四〇條），尚非權利。

3.準物權

是民法物權編以外之物權，與物權有同樣的性質者，除特別法有特別規定外，準用民法物權編關於不動產之規定。例如礦業權、漁業權是。

4.無體財產權

是個人精神上或知能上之產物，經法律予以保障之權利。例如著作財產權、商標權、專利權是。

二、請求權、支配權、形成權與抗辯權

以私權之作用為標準，可分為如下四種權利：

一)請求權

是請求他人作為或不作為之權利。請求他人作為之請求權，為積極的請求權；請求他人不作為之請求權，則為消極的請求權。惟請求權之發生，必先有基礎權利（如債權、物權、人格權、身分權等）之存在，例如出賣人對買受人有買賣債權，因而發生給付價金請求權；物之所有人對無權占有人，因所有權而發生所有物返還請求權；基於名譽權對妨害其名譽之人發生除去侵害請求權；

夫妻之一方因配偶權，請求他方履行同居；真正繼承人因繼承權被侵害，請求僭稱繼承人返還遺產（民法第一一四六條）等是。

㈡支配權

是權利人直接支配其標的物之權利。例如土地所有人對土地之使用、收益；父母對子女之保護、教養及懲戒是。此種權利，一方面經支配而實現權利內容，另一方面則禁止他人妨害其支配，具有排他性格。物權為典型的支配權，他如準物權、無體財產權、人格權、身分權，均有支配之作用。惟債權是債權人向債務人請求為一定行為，為請求權，而非支配權。

㈢形成權

是因一方之行為，得使某種權利發生、變更或消滅之權利。因形成權之行使而發生權利者，例如無權代理人之行為，原對本人不生效力，但本人如對該行為予以承認，即行使「承認權」時，該代理行為之效果即對本人發生是（民法第一七〇條第一項）；變更權利者，例如選擇權人就預定之數宗給付行使「選擇權」選定其中一宗以為給付，使選擇之債變更為單純之債是（民法第二〇八條）；消滅權利者，例如因買受人給付價金遲延，出賣人依法（民法第二五四條）取得解除權後，行使「解除權」，使買賣契約之效力溯及的消滅是。

形成權之行使，原則上於訴訟外為之，但如有特別規定，則須於訴訟上行使，例如債權人對於債務人詐害行為之撤銷權（民法第二四四條），夫妻一方對他方之行使婚姻撤銷權（民法第九八九條以下）等是。

㈣抗辯權

是他人請求給付時，得為拒絕之權利。又可分為永久的抗辯權與一時的抗辯權。永久的抗辯權為永久的拒絕履行，例如行使消滅時效完成之抗辯權是（民法第一四四條）；一時的抗辯權則僅得暫時拒絕履行而已，例如於他方未為對待給付前，行使同時履行抗辯權（民法第二六四條），暫時拒絕自己之給付是。

三、主權利、從權利

以私權之相互關係為標準，可分為如下二種權利：

㈠主權利

乃獨立存在之權利。例如原本債權為主權利，而利息債權則為從權利；以

設定抵押權擔保債權,債權為主權利,抵押權則為從權利是。

㈡從權利

乃以主權利之存在為前提之權利。如主權利未發生,則從權利無從發生,原則上從權利因主權利之消滅而消滅(參照民法第一四六條)。

四、專屬權、非專屬權

以私權有無移轉性為標準,可分為下列二種權利:

㈠專屬權

乃專屬於權利人一身之權利,例如人身權是。又可分為享有的專屬權與行使的專屬權。前者僅得由權利人享有,不得讓與或繼承,但他人可以代位行使,例如終身定期金債權是(民法第七三四條);後者為權利之行使與否,專由權利人決定,他人不得代位行使,例如身體權受侵害所生之非財產上損害賠償請求權是(民法第一九五條)。又,若干權利,既為享有的專屬權,又為行使的專屬權,例如扶養請求權是(民法第一一一四條以下)。

㈡非專屬權

乃非專屬於權利人本身,而得移轉於他人之權利,例如物權是。財產權固多屬於非專屬權,但部分財產權亦有屬於專屬權,而不得移轉者,例如僱用人對受僱人之請求服勞務債權(民法第四八四條)、委任人對受任人之請求處理事務債權(民法第五四三條)是。

第二節　民法上之義務

一、義務之意義

義務是法律所定之拘束,以作為或不作為為內容。

義務與權利常相對待,權利之內容,即為義務人的作為或不作為,權利人向義務人請求給付,一方為權利之行使,他方為義務之履行。但權利也有無對待義務者,例如形成權之行使是;義務也有無對待權利者,例如法人之登記義務是。

　　義務人不履行義務時，法律上使其處於受制裁之地位，此即責任。義務與責任固然常相伴隨，但亦有分離之情形，例如超過最高利率限制之利息債務（民法第二〇五條），債務人固有義務存在，但無責任是；第三人提供不動產所設定之抵押權（民法第八六〇條），其對抵押權人，並無債務，但有物上保證人責任存在是。

二、義務之分類

(一)積極義務與消極義務

　　應為一定行為之義務，為積極義務，例如交付財物或服勞務義務是；不為一定行為之義務，則為消極義務，例如不競業或不妨害通行之義務是。

(二)主義務與從義務

　　獨立存在之義務，為主義務；以主義務存在為前提而發生之義務，則為從義務。例如保證債務之發生，以有主債務存在為前提，故為從義務是；又如違約金債務，以主債務不履行為停止條件，故為從義務，如無主債務之發生，即無違約金債務之存在。主義務消滅時，原則上，從義務亦消滅，但有例外，例如依民法第七四三條之規定，保證人對於因行為能力欠缺而無效之債務而為保證者，仍獨立就該債務負履行之責是。

習　題

一、甲向乙承租房屋一棟，租期屆滿後，仍拒不遷讓交還房屋，乙得如何行使權利，使甲交還房屋？

二、甲將土地一筆出賣於乙，但乙遲不依約定日期給付價金，甲得如何主張權利，使乙給付價金？如甲見乙遲不付款，得否不將該土地出賣於乙？

三、年五十歲之甲男因受二十歲之乙男脅迫而收養乙，並經聲請法院裁定認可確定，該收養之效力為何？

〔提　示〕

一、依民法第四五〇條第一項，租期屆滿時，租賃契約即行消滅，乙即得基於租約終了後之租賃物返還請求權，請求甲交還房屋。又，如乙為該房屋之所有權人時，亦得基於同法第七六七條第一項之所有權物上請求權，請求甲交還房屋。

前者為債權請求權，後者為物權請求權，如二者均發生時，即為請求權之併存或競合，乙得擇一或合併行使之。

民法為實體法，乙之前述權利仍須依程序法，始得予以實現。是故，甲拒不交還時，乙尚須依民事訴訟法之規定，提起請求交還房屋之訴訟，經法院判決乙勝訴確定後，確定乙有前述民法上權利，但如甲仍不自動交還房屋時，即得依強制執行法之規定，聲請法院強制執行，由法院解除甲之占有，使歸乙占有，而實現乙之前述民法上權利。

二、㈠乙為買受人有依約交付價金之義務（民法第三六七條），甲自得基於買賣契約之給付價金請求權，請求乙給付價金。

甲依民事訴訟法提起給付價金之訴訟，經獲得勝訴之判決後，如乙仍不自動給付價金，即得聲請法院強制執行，由法院查封拍賣乙之財產，將執行所得金額交付於甲，甲之上述權利即得實現。

㈡乙遲未給付價金，甲得如前述依約行使其給付價金請求權，雙方之買賣契約仍然存在。惟因乙之給付遲延，甲如依法定或約定而取得契約解除權（參照民法第二五四至二六二條）時，固得行使性質屬形成權之解除權，而使雙方買賣契約之效力溯及的消滅。但如甲不行使解除權，則雙方買賣仍存在，甲亦應依約履行出賣人之義務。

三、甲得對乙提起撤銷收養之訴。理由：⑴民法第一〇七九條之四及第一〇七九條之五固明定有收養無效及撤銷事由，但對被脅迫而收養，則未規定其效力。惟收養意思表示因被脅迫而不自由，即為有瑕疵，自不能因未規定而認其適法。⑵民法第九二、九三條規定被詐欺或被脅迫而為意思表示者，得撤銷其意思表示。民法第九九七條另規定，因被詐欺或被脅迫而結婚者，得於發見詐欺或脅迫終止後，六個月內向法院請求撤銷之。前者規定於總則編，撤銷期間為一年、十年，撤銷以意思表示為之即可；後者規定於親屬編，撤銷期間為六個月，撤銷須以訴訟為之。二者有所不同。收養與結婚同為純粹身分行為，被脅迫而收養，不宜適用總則編之上述規定，以類推適用親屬編之上述規定為妥。⑶從而，甲得對乙於脅迫終止後六個月內向法院請求撤銷收養（家事事件法第三條第二項第四款規定有撤銷收養事件）。⑷惟甲如不訴請撤銷，或訴請撤銷已逾六個月之除斥期間，則甲、乙之收養仍為有效。

第一編　總　則

　　民法總則編，共有一百五十二條（第一至一五二條），內容分為法例、人、物、法律行為、期日及期間、消滅時效、權利之行使等七章。民法總則編之規定，除其餘四編與其他民事法規有特別規定及性質上不容許適用者外，亦適用於一般之民事法規，故其為民法之基本部分，亦為私法之原理原則。

第一章　法　例

　　法例為民事法規全部適用之通例。我民法對於法例內容之規定，有下列三事：

一、民事法則適用之順序

　　民法第一條規定：「民事，法律所未規定者，依習慣；無習慣者，依法理。」即明示民事法則適用之順序，應以成文的法律為第一，習慣居次，法理則列第三。法理固有補充法律之效力，但須後於習慣而適用。易言之，法律有明文規定者，即不得適用習慣，有習慣者，即不許適用法理。

　　關於法律、習慣、法理之意義，已如前述。惟所適用之習慣，以不背於公共秩序或善良風俗者為限（民法第二條），即如屬陋習，絕無法律效力。

二、使用文字之準則

　　依法律規定，某種法律行為須訂立書面（例如民法第四二二條期限逾一年之不動產租約，應以字據訂立之；民法第七五八條第二項之不動產物權之移轉或設定，應以書面為之；民法第一○五○條之兩願離婚除證人、登記外，應以書面為之是），或依當事人約定，其法律行為須以書面訂立時，原則上應由本人自寫。然一律嚴限由本人自寫，有時勢所難能，故民法第三條第一項規定：「依法律之規定，有使用文字之必要者，得不由本人自寫，但必須親自簽名。」是故，如由他人代寫、或用打字、印刷之後，當事人須親自簽名。惟法律如明定

須自寫者，例如民法第一一九〇條規定自書遺囑之方式須由立遺囑人自書遺囑全文，記明年月日，並親自簽名，則如非自寫，而由他人代寫或打字者，即不生自書遺囑之效力，是宜注意。

惟我國社會上，向以蓋章為重要之憑信，故如有以印章代簽名者，其蓋章與簽名生同一的效力（民法第三條第二項）。至於本人如以指印、十字、或其他符號代簽名者，本亦可與簽名生同一的效力，但為昭慎重，依民法第三條第三項規定，尚須在文件上經二人簽名證明，始與親自簽名生同一效力。又，解釋上，作證明之二人須親自簽名或蓋章，不得以指印、十字等符號代用（參照司法院院字一九〇九號解釋）。

三、確定數量之標準

關於一定數量之記載，同時以文字及號碼表示者，其文字與號碼有不符合時，先由法院決定何者為當事人之原意，如法院不能決定時，應以文字為準（民法第四條）。因在一般情形，文字（如一、二、三）較號碼（如 1、2、3）為鄭重之故。惟上開原則有例外，即票據上記載金額之文字與號碼不符時，逕以文字為準，而不問當事人之原意如何（票據法第七條）。

前述情形，乃以文字及號碼各為一次表示，而互不符合時之確定數量標準，若以文字為數次表示，或以號碼為數次表示，而其所表示之數額先後不符合時，先由法院決定何者為當事人之原意，如法院不能決定時，應以最低額為準（民法第五條）。至於同時以文字及號碼為數次表示，而有不符時，應如何確定其數量？法無明文。解釋上，仍應先由法院決定之，如法院仍不能決定時，有以為應以文字之最低額為準，另有認為應綜合比較文字及號碼，而以其最低額為準。自保護債務人利益之立場而言，以後者之見解較為可取。

習　題

一、甲男為未成年人，其父母以當地有為子女代訂婚約之習慣，乃代甲與乙女訂定婚約，該婚約有無效力？

二、甲提出借用證書一件，請求乙返還借款六十五萬元，惟借用證書上就借款金額的記載，一處書為五十五萬元，另一處書為 65 萬元，而借用證書上，

　並載明已收受借款無訛，乙則稱借款為五十五萬元。試問應如何決定乙借
　款數額？

〔提　示〕

一、民法第九七二條已明定婚約應由男女當事人自行訂定。則無論當地有無父母得
　　代子女訂定婚約之習慣，因民事法則之適用上，法律為第一，習慣居次，法律
　　既有上開明文，即不得適用習慣，從而父母不得代子女訂婚。甲、乙既未自訂
　　婚約，自無婚約之任何效力。

二、依民法第四條，一定之數量同時以文字及號碼表示，而文字與號碼不符合，當
　　事人有所爭執時，應先由法院決定甲、乙之原意究為五十五萬元，抑為六十五
　　萬元，即依各項事證決定之。如法院經審酌各項事證後仍不能決定時，始應以
　　文字為準，亦即乙借款金額為五十五萬元。

第二章 人——權利主體

民法上所謂人包括自然人與法人，其為權利義務之主體，有資格享受權利及負擔義務。如非屬人，即不得為權利之主體。

第一節 自然人

自然人乃經出生而存在於自然界之人類。不論其性別、國籍、身分、宗教為何，其機能健全與否，形象是否端正，均非所問。在現代民法上，一切自然人均有平等之權利能力。

第一項 權利能力

一、權利能力之意義

在法律上得享受權利並負擔義務之能力，稱為權利能力，實際而言，應稱為權義能力，但因現行民法係基於權利本位而制定，而僅稱為權利能力。

二、權利能力之發生

「人之權利能力，始於出生」（民法第六條），即自然人因出生而取得權利能力。何謂出生？其說不一，一般採獨立呼吸說，即以胎兒全部自母體分離，能以其自己之肺獨立呼吸時為出生。

三、胎兒之保護

未出生之胎兒，僅為母體之一部，本不應有權利能力，然若如此，有時不免欠周，且胎兒原則上終將出生，因此應設例外規定，以保護胎兒，民法第七條即規定：「胎兒以將來非死產者為限，關於其個人利益之保護，視為既已出生。」以求周全。從而胎兒於出生前亦取得權利能力，但如將來死產，則溯及的喪失其權利能力。惟既明定「關於其個人利益之保護」，則胎兒之權利能力，

限於享受利益之能力，至於不利於胎兒之義務（例如扶養義務），自不得視為既已出生，即不負擔義務。民法第一一六六條亦明定胎兒為繼承人。是故，胎兒於出生前即有權利能力，而以將來死產為其解除條件。

四、權利能力之消滅

㈠權利能力之終期

人之權利能力終於死亡（民法第六條），即死亡為自然人權利能力之終期，自然人之人格因死亡而消滅。

死亡有生理上的死亡與法律上的死亡。前者以心臟鼓動停止說為通說，即心臟鼓動停止時，為人之死亡時期；至於人體器官移植條例第四條固採腦死亡說，惟目前僅適用於人體器官移植之特定範圍，其尚不能取代呼吸停止、心臟鼓動停止等傳統死亡認定標準，是宜注意。後者則以經法院為死亡宣告推定其死亡，其在法律上與生理上之死亡生同等效果。

㈡死亡宣告

1.死亡宣告之意義

死亡宣告乃自然人失蹤達一定期間，經利害關係人或檢察官聲請，由法院為死亡宣告裁判之制度。按人雖已失蹤，惟既不能證明其已死亡，自仍有權利能力，但長久繼續，其有關之權利義務，即難以確定，對利害關係人影響甚大，殊有設立死亡宣告制度，予以處置，以確定其法律關係之必要。

2.死亡宣告之要件

⑴須其人已失蹤　失蹤係離去其向來之住所或居所而生死不明。

⑵須失蹤達一定期間　依民法第八條的規定，此期間有二：

①普通期間　即一般情形失蹤人須失蹤滿七年，始得為死亡宣告。此期間自失蹤時（即最後音信日）起算。

②特別期間　又分為二種情形，即

a.失蹤人為八十歲以上者，於其失蹤滿三年者，即得予以宣告死亡　此期間亦自失蹤時起算。

b.失蹤人失蹤之原因為遭遇特別災難者（如地震、海難、戰爭等），其期間縮短為一年　此期間自特別災難終了時起算。民用航空法第九八條特

別規定，因航空器失事，致其所載人員失蹤者，其期間為六個月。

⑶**須經利害關係人或檢察官之聲請** 利害關係人指對於死亡宣告有法律上利害關係之人，例如失蹤人之配偶、繼承人、法定代理人、債權人、因失蹤人死亡得受領保險金之人等是。又，檢察官亦得代表國家獨立聲請，以維護公益。

⑷**須經公示催告程序** 法院於受聲請後，須踐行公示催告程序，預定六個月以上期間，使失蹤人或知其生死者，向法院陳報，如期滿無人陳報而無從認定其生存時，法院始得以裁定宣告死亡（宣告死亡事件為家事事件法第三條第四項第一款所規定之丁類事件，即屬家事非訟事件之一，其程序應適用同法第一五四條以下之規定）。

3.死亡宣告之效力

民法第九條第一項規定：「受死亡宣告者，以判決內所確定死亡之時，推定其為死亡。」即死亡宣告之效力為推定死亡（按依家事事件法，死亡宣告為家事非訟事件，即法院應以裁定為之（同法第一五九條第一項），而非以判決宣告之）。詳言之，失蹤人經死亡宣告，其法律上之權利義務關係，與真實死亡生同一效力，例如其財產即由其繼承人繼承，其與配偶間之婚姻關係消滅，其配偶得再婚是。惟其宣告之效力既為「推定」死亡，有法律上利害關係之人仍得提出反證以推翻其效力，例如失蹤人保有壽險，於死亡宣告後，受益人請求保險金，保險公司如能舉反證證明失蹤人現尚生存，仍得拒付保險金是。

法院為宣告死亡裁定時應確定失蹤人死亡之時，民法第九條第二項規定：「前項死亡之時，應為前條各項所定期間最後日終止之時。但有反證者，不在此限。」即除有反證外，應以各項期間最後日終止之時為死亡之時，例如甲於七十三年十月一日失蹤，而適用普通七年期間時，裁定內即確定甲於八十年十月一日下午十二時死亡是。又，民法第一一條另明定如有二人以上同時遇難，不能證明其死亡之先後時，推定為同時死亡，以杜糾紛。

再者，失蹤人未受死亡宣告前，其財產之管理，民法第一〇條原規定依非訟事件法之規定，非訟事件法第一〇八至一二〇條本規定關於失蹤人財產管理之程序，惟現已刪除，家事事件法第三條第四項第三款已明定失蹤人財產管理事件為丁類事件，屬家事非訟事件之一，其程序應依同法第一四二條以下之規

定，為此，一〇四年六月十日修正公布民法第一〇條，規定失蹤人財產之管理，除法律另有規定外，依家事事件法之規定。

4.撤銷死亡宣告

失蹤人雖受死亡宣告，但實際上尚生存之情形，或法院裁定所確定死亡之時為不當者，本人或利害關係人得聲請撤銷或變更宣告死亡之裁定（家事事件法第一六〇條），法院或為撤銷死亡宣告之裁定，或為更正死亡之時之裁定。關於撤銷死亡宣告之訴訟程序，應依家事事件法第一六〇條至第一六三條之規定。

法院為撤銷或變更死亡宣告之裁定，乃因其人尚生存，或確定死亡之時不當，而為更正死亡之時之裁定，則因死亡之時，非原裁定所確定之時，於法即視為其自始未受死亡宣告，或自始即依更正死亡之時之裁定所確定之時死亡。該裁定之效力，本應溯及既往，惟為兼顧善意信賴死亡宣告之人之利益及交易安全，法律特設兩項例外：

⑴裁定確定前之善意行為不受影響（家事事件法第一六三條第一項但書）　例如善意配偶的再婚或繼承人已就遺產為處分，不因撤銷死亡宣告之裁定而影響其效力。

⑵因宣告死亡取得財產者，僅於現受利益之限度內負歸還財產之責（同條第二項）　例如因死亡宣告而取得之財產如已消滅而不完全存在時，不必依取得當時之狀態全部返還，僅須返還現存之利益。

五、外國人之權利能力

民法總則施行法第二條規定：「外國人於法令限制內，有權利能力。」即外國人之權利能力，原則上與本國人無異，但為本國之利益，得以法令予以限制。

關於以法令限制外國人之權利能力，例如土地法第一七條規定林地、漁地、狩獵地、鹽地、礦地、水源地、要塞軍備區域及領域邊境之土地，不得移轉、設定負擔或租賃於外國人；依礦業法第六條第一項規定，中華民國人得依本法取得礦業權，即外國人不得取得礦業權；船員法第五條第二項規定：「船長應為中華民國國民。」等皆是。

第二項 行為能力

一、行為能力之意義

所謂行為能力,指法律行為能力而言,即能獨立依自己行為而使其發生法律上一定效力之能力。

行為能力以意思能力為基礎,惟因意思能力之有無,本應就行為人之每一具體行為,予以審查,然後決定其行為是否有效,然若因此,勢必費時費事,妨礙交易之進行,從而民法遂以人之年齡及精神狀態為劃一之標準,為抽象之規定,區分為有行為能力人、無行為能力人及限制行為能力人等三種(另如後述)。

人固因出生而取得權利能力,但得否依自己之行為而發生法律上之一定效力,則為另一事。換言之,人必有權利能力,但未必皆有行為能力,例如未滿七歲之未成年人有權利能力,但為無行為能力人是。

又,九十七年五月二十三日修正公布之新法(九八年一一月二三日起施行)將舊法之「禁治產」,修正為「監護宣告」及「輔助宣告」。受監護宣告之人為無行為能力人,但「輔助宣告」適用於成年人或未成年人已結婚者,其行為能力雖受有限制,但原則上仍為有行為能力人,其與七歲以上、未滿二十歲而未結婚之限制行為能力人以年齡為準者,尚有差別,故另列「受輔助宣告之人」。

二、行為能力之態樣

依我民法之規定,人之行為能力分為三種,即有行為能力、限制行為能力及無行為能力。

㈠有行為能力人

有行為能力人,乃能獨立以法律行為取得權利或負擔義務之人。分為兩種:

1.成年人

民法第一二條規定:「滿二十歲為成年。」即滿二十歲之成年人,不論男女,不問有無結婚,均有完全的行為能力。

2.未成年人已結婚者

民法第一三條第三項規定：「未成年人已結婚者，有行為能力。」因此際如仍不承認其因結婚有行為能力，對其獨立自主之生活，即有事實上之困難，故雖尚未成年，法律不能不予以行為能力。

又，未成年人如男未滿十八歲、女未滿十六歲而結婚者，依民法第九八九條規定其結婚為得撤銷，則於撤銷前固有行為能力，但如經撤銷，即喪失行為能力（參照司法院院字一二八二號解釋）。惟已結婚未成年人之婚姻關係如因離婚或配偶一方死亡而消滅者，依通說其已取得之行為能力並不因之而喪失，即仍有行為能力。

㈡限制行為能力人

民法第一三條第二項規定：「滿七歲以上之未成年人，有限制行為能力。」即七歲以上、二十歲未滿、尚未結婚之未成年人為限制行為能力人，其行為能力受有限制。換言之，限制行為能力人，既非有完全行為能力，亦非絕無行為能力，而是居於其二者之間，其雖得為法律行為，但因意思能力尚不健全，故原則上須得法定代理人之允許或承認，始生法律上之效力（另如後述）。

㈢無行為能力人

無行為能力人，乃絕對不能為有效法律行為之人，其所為法律行為無效，須由法定代理人代理為之。依民法規定，無行為能力人有下列二種：

1.未滿七歲之未成年人

民法第一三條第一項規定：「未滿七歲之未成年人，無行為能力。」即未滿七歲之未成年人不能自為法律行為。

2.受監護宣告之人

⑴受監護宣告之人之意義　受監護宣告之人，乃因精神障礙或其他心智缺陷，致不能為意思表示，或受意思表示，或不能辨識其意思表示之人，法院因一定人之聲請，為監護之宣告，使其成為無行為能力之人。

依民法第七五條後段規定，意思表示，係在無意識或精神錯亂中所為者，無效，因而精神障礙之人如主張其行為無效，須對於行為時之精神障礙負舉證責任，自非容易；而與之交易之相對人，如不知其精神障礙而與之交易，不免因法律行為之無效而受不測的損害。法律為保護精神障礙人之利益，並保障交

易安全，原設禁治產制度，禁止其治理自己之財產。惟為周延保障成年禁治產人之權益，並因應現今高齡化社會所衍生之成年監護問題，九十七年五月二十三日修正公布（公布後一年六月即九八年一一月二三日起施行）之總則編廢止禁治產制度，代之以成年監護制度，並將「禁治產宣告」一級制，改為「監護宣告」與「輔助宣告」二級制（輔助宣告，另如後述）。

⑵**監護宣告之要件**　依民法第一四條第一項規定，其要件有二：

①**須行為人因精神障礙或其他心智缺陷，致欠缺意思能力**　行為人因精神障礙或其他心智缺陷，致不能為意思表示或受意思表示，或不能辨識其意思表示之效果者，即完全欠缺意思能力，始構成受監護宣告之原因。

②**須由一定之人聲請**　所謂一定之人，指本人、配偶、四親等內之親屬、最近一年有同居事實之其他親屬、檢察官、主管機關、社會福利機構、輔助人、意定監護受任人或其他利害關係人。

具備上述要件，法院即得為監護之宣告。又，受輔助宣告之人（如後述），具備監護宣告之要件，法院亦得變更為監護宣告（民法第一五條之一第三項）。至於宣告之程序，適用家事事件法第一六四條以下之「監護宣告事件」程序。

⑶**監護宣告之效力**　民法第一五條規定：「受監護宣告之人，無行為能力。」即一經法院宣告，受監護宣告之人因喪失行為能力而不能自為法律行為。又，監護宣告之效力為絕對的，即不僅對於聲請人發生，亦及於一般人，任何人均得主張受監護宣告之人自為之行為無效。

民法第一一〇條規定：「受監護宣告之人應置監護人。」即監護人為受監護宣告之人之法定代理人。

⑷**監護宣告之撤銷**　民法第一四條第二項規定：「受監護之原因消滅時，法院應依前項聲請權人之聲請，撤銷其宣告。」即原為監護宣告原因之事實，如嗣後已不存在時，例如其精神已回復健全之狀態，得為意思表示時，即得聲請撤銷監護宣告。撤銷之程序，應適用家事事件法第一七二條之規定。

經法院裁定宣告撤銷確定時起，受監護宣告之人回復其行為能力。

㈣**受輔助宣告之人**

1.**受輔助宣告人之意義**

受輔助宣告之人，乃因精神障礙或其他心智缺陷，致意思能力不足，經一

定人之聲請，經法院為輔助宣告後，其為重要法律行為應經輔助人同意之人。其宣告之對象為成年人或已結婚之未成年人，至未成年人未結婚者，為前述之無行為能力人或限制行為能力人，無輔助宣告之適用。

2.輔助宣告之要件

依民法第一五條之一第一項規定，其要件有二：

⑴**須行為人因精神障礙或其他心智缺陷，致意思表示能力顯有不足**　行為人因精神障礙或其他心智缺陷，致其為意思表示或受意思表示，或辨識其意思表示效果之能力，顯有不足。易言之，尚非意思表示能力完全欠缺，而為其能力顯有不足。

⑵**須由一定之人聲請**　所謂一定之人，與前述監護宣告相同。

具備上述要件，法院即得為輔助之宣告。又，為監護宣告之聲請，法院認尚未達意思能力欠缺之程度，但合於輔助宣告之要件，亦得為輔助之宣告（民法第一四條第三項）；再者，受監護之原因消滅，而仍有輔助之必要者，法院亦得變更為輔助之宣告（同條第四項）。至於其程序，應適用家事事件法第一七七條以下之「輔助宣告事件」程序。

3.輔助宣告之效力

民法第一一一三條之一第一項規定：「受輔助宣告之人，應置輔助人。」依第一五條之二規定：「受輔助宣告之人為下列行為時，應經輔助人同意。但純獲法律上利益，或依其年齡及身分、日常生活所必需者，不在此限：一、為獨資、合夥營業或為法人之負責人。二、為消費借貸、消費寄託、保證、贈與或信託。三、為訴訟行為。四、為和解、調解、調處或簽訂仲裁契約。五、為不動產、船舶、航空器、汽車或其他重要財產之處分、設定負擔、買賣、租賃或借貸。六、為遺產分割、遺贈、拋棄繼承權或其他相關權利。七、法院依前條聲請權人或輔助人之聲請，所指定之其他行為。第七八條至第八三條規定，於未依前項規定得輔助人同意之情形，準用之。第八五條規定，於輔助人同意受輔助宣告之人為第一項第一款行為時，準用之。第一項所列應經同意之行為，無損害受輔助宣告之人利益之虞，而輔助人仍不為同意時，受輔助宣告之人得逕行聲請法院許可後為之。」即受輔助宣告之人，其為上述之重要法律行為須得輔助人之同意，除此之外，其仍有行為能力，不因其受輔助宣告而有影響。其與前

述之限制行為能力人有所不同。

4.輔助宣告之撤銷

民法第一五條之一第二項規定:「受輔助之原因消滅時,法院應依前項聲請權人之聲請,撤銷其宣告。」即原為輔助宣告之原因事實,如嗣後已不存在,回復健全之意思能力時,得聲請撤銷輔助宣告,撤銷之程序依家事事件法第一八〇條第六項規定準用同法第一七二條撤銷監護宣告之規定。

第三項　人格權之保護

一、人格權之意義

人格權乃構成人格不可或缺之權利,例如生命、身體、健康、自由、名譽、姓名、信用、肖像、貞操、隱私等權利均屬之。人格權為專屬權,亦屬絕對權。

人格權既為個人人格之基礎,則保護人格權即為各種法律之任務。是故,除民法特設規定以保護人格權外;憲法上另保障人權不受國家機關之非法侵犯,刑法上亦規定有傷害罪、妨害名譽罪、妨害自由罪等,對侵害人格法益之行為,予以處罰。

民法關於人格權之保護,除於總則編設有相當之規定外,債編（民法第一九二至一九五條）亦設有侵害人格權之侵權行為損害賠償之規定。

二、保護人格權之一般規定

民法第一八條規定:「人格權受侵害時,得請求法院除去其侵害;有受侵害之虞時,得請求防止之。前項情形,以法律有特別規定者為限,得請求損害賠償或慰撫金。」此乃關於人格權保護之一般規定,即於一般情形,人格權受侵害時,有下列三種救濟方法:

㈠請求除去侵害

被害人得對於人格權現正受不法侵害之狀態,請求予以排除。又條文雖規定為請求「法院」除去其侵害,但被害人對於加害人在訴訟外直接請求除去侵害,自無不可。

㈡請求防止侵害

即發見人格權有受不法侵害之危險，有事先加以預防之必要時，可以請求防止侵害。

㈢請求損害賠償或慰撫金

人格權受侵害固得請求除去其侵害，但依民法第一八條第二項之規定，得請求損害賠償（財產上的損害賠償）或慰撫金（非財產上的損害賠償）者，以法律有特別規定者為限。按「因故意或過失，不法侵害他人之權利者，負損害賠償責任」，民法第一八四條第一項前段已有明文，即所謂侵權行為之損害賠償請求權，人格權既為權利之一種，侵害人格權，被害人如受有財產上之損害，本得依侵權行為之法律關係向加害人請求損害賠償，例如因被毆打成傷而支出醫藥費，即得向加害人請求賠償該醫藥費之損害，而無待於法律之另為特別規定。是上開民法第一八條第二項所規定之「損害賠償」一詞，應無意義。至於侵害人格權所生之精神上損害，則限於民法第一九四及一九五條特別規定之生命權、身體權、健康權、名譽權、自由權、信用權、隱私權、貞操權等八種人格權受不法侵害時，或其他人格法益受不法侵害而情節重大者，被害人始得請求慰撫金；至於其他人格法益之受害，如情節尚非重大，則不得請求慰撫金，僅能請求除去其侵害及財產上之損害賠償。

三、保護人格權之特別規定

㈠姓名權之保護

民法第一九條規定：「姓名權受侵害者，得請求法院除去其侵害，並得請求損害賠償。」按姓名權為專用其名稱之權利，具有專屬性及排他性，亦為人格權之一種。姓名權受侵害之情形，例如冒用他人姓名、或不當使用他人姓名是。姓名權受有侵害時，被害人得採取下列救濟方法：

⑴**請求除去侵害** 被害人得向加害人或向法院請求除去侵害。

⑵**請求損害賠償** 因姓名權被侵害而受有財產上之損害者，得向加害人請求損害賠償，且不論加害人有無過失，均應負損害賠償責任，亦即負無過失責任。即第一九條損害賠償之規定，為民法第一八四條第一項前段之特別規定。又，侵害姓名權法條既僅規定為得請求損害賠償，即僅得請求財產上之損害賠

償，而不得請求屬精神上損害賠償之慰撫金；惟如其受侵害之情節重大，始得依民法第一九五條第一項規定請求慰撫金。

㈡自由之保護

民法第一七條第一項規定：「自由不得拋棄。」因自由為各種權利之基礎，與個人之人格有重大關係，故不得任意拋棄，例如拋棄結婚自由，不生任何效力是。又，同條第二項規定：「自由之限制，以不背於公共秩序或善良風俗者為限。」例如與他人約定不受學校教育，即有違公序良俗，惟如約定不競業，則無不可是。

㈢能力之保護

民法第一六條規定：「權利能力及行為能力，不得拋棄。」按若得拋棄權利能力，人即與奴隸無異，失其為權利之主體；若得拋棄行為能力，人即不能自為法律行為，人格受到重大限制。是故上開兩種能力，禁止拋棄，縱令拋棄，即屬違反強行規定，亦不生效力。

第四項　住　所

一、住所之意義

人營社會生活，從事各種活動，必有一定之中心地域，此生活之中心，即為法律關係之中心，而有各種法律效果。是故，住所為人法律關係之中心地域。

住所以其成立根據之不同，有意定住所與法定住所之區分，前者為依當事人之自由意思所設定，後者則依法律所規定者。

住所在法律上有各種之效果，例如：

⑴為確定失蹤之標準（民法第八條）　即以離去住所而生死不明，始可確定為失蹤。

⑵為確定債務履行地的標準（民法第三一四條）　即原則以債權人住所地為債務履行地。

⑶為確定管轄法院之標準（民訴第一條）　即民事訴訟以由被告住所地之法院管轄為原則。

二、意定住所

㈠住所之設定

民法第二〇條第一項規定：「依一定事實，足認以久住之意思，住於一定之地域者，即為設定其住所於該地。」依此，設定住所須具二要件：

⑴**久住之意思**　即主觀上須有長期居住之意思，但無須有永久不搬遷之意思。當事人有無久住之意思，應依客觀之一定事實認定之，例如依常年在當地工作、戶籍登記、居住情況等各事實為依據。

⑵**居住之事實**　即客觀上須事實上居住於一定之地域，但不以毫無間斷為必要，因在外就業、出國求學、入營服役而暫時離開，仍不失為居住於該地域。

一人得否同時設定二個以上之住所？各國立法例有採複數主義者，亦有採單一主義者。我民法第二〇條第二項規定：「一人同時不得有兩住所。」乃採單一主義，以避免法律關係之錯綜複雜。

㈡住所之廢止

住所得自由設定，亦得自由廢止。民法第二四條規定：「依一定事實，足認以廢止之意思離去其住所者，即為廢止其住所。」即廢止住所，須具備二要件：

⑴須主觀上有廢止之意思。

⑵須客觀上有離去其住所之事實。

廢止原住所，同時設定新住所，亦為住所的變更。若於廢止原住所後，不設定新住所者，其居所即擬制為住所（民法第二二條）。

三、法定住所

法定住所乃由法律直接規定之住所，而非由當事人的意思所設定者。其情形如次：

1.無行為能力人或限制行為能力人之住所

民法第二一條規定：「無行為能力人及限制行為能力人，以其法定代理人之住所為住所。」即未成年子女，以其父母之住所為住所（民法第一〇六〇條）；受監護宣告之人以監護人之住所為住所。

2.夫妻之住所

夫妻之住所依其協議定之，不能協議決定者，由法院依夫妻一方之聲請定之（民法第一〇〇二條第一項）；法院依聲請而裁定前，以夫妻共同戶籍地推定為其住所（同條第二項）。由法院依裁定而決定之夫妻住所，即為法定住所。

四、擬制住所

㈠居所視為住所

居所乃缺乏久住之意思，而為某種特定目的而暫住之處所，例如學生之住宿學校宿舍、病患因醫療之住院、受刑人因服刑之在監等是。依民法第二二條的規定，居所於下列情形下，視為住所，即依法將居所擬制為住所：

⑴住所無可考者。

⑵在我國無住所者　即在外國有住所，而在我國無住所之情形，將在我國的居所，擬制為住所；惟此項擬制，在適用上應有限制，即依法律規定應依住所地法者，即不得以居所地法代替之。

㈡選定居所

當事人因特定行為（例如因經商或清償債務）而選定之居所，稱為選定居所。經選定居所者，關於其特定行為，視為住所（民法第二三條）。例如住所在臺北市之甲在臺中市經商，就其在臺中市之經商行為，以臺中市之選定居所擬制為住所，發生住所之效力；惟經商以外之法律關係，仍依原住所解決之。又，選定行為屬法律行為，由當事人以意思表示為之。

習 題

一、甲死亡時，遺有子女二人，其妻乙並懷有胎兒。該尚未出生之胎兒有無繼承甲遺產之權利？

二、甲對乙有一百萬元債權，嗣因甲失蹤，乙即未清償該債務。甲失蹤七年後，經法院宣告其死亡，甲之繼承人得否請求乙清償該債務？

三、甲年六歲，得否向乙買受建地一筆而成為所有權人？

四、甲年十六歲，未得其父母之同意，逕向乙買受汽車一輛，該買賣契約生效否？已成年之丙拋棄小筆電一臺，甲未得其父母之同意而先占之，得否取

　得其所有權？

五、甲為受監護宣告之人，某日精神狀態回復正常時，尚未經依法定程序撤銷
　　監護宣告，自行與乙訂立買賣土地契約，該契約生效否？

六、甲駕車不慎撞及乙，致乙身體成傷，乙除支出醫藥費用外，並受有精神上
　　痛苦。乙得如何主張其權利？

七、新法於九十八年十一月二十三日施行後之受輔助宣告之人，與限制行為能
　　力人有何不同？

　〔提　示〕

一、胎兒於出生前於法有享受利益之權利能力，是故該尚未出生之胎兒即有繼承其
　　父甲所遺財產的權利。民法於第一一六六條亦規定須保留胎兒之應繼分，他繼
　　承人始得分割遺產，該胎兒有繼承權，益為明瞭。

二、甲既經死亡宣告，於法與真實死亡生同一效力，其權利義務即由其繼承人繼承
　　（民法第一一四八條第一項）。而一百萬元之金錢債權並無專屬性，應移轉於繼
　　承人，甲之繼承人既繼承甲對乙之一百萬元債權，自得請求乙清償該債務。

三、甲為無行為能力人，如經其父母代為買受建地之意思表示，與乙成立買賣契約，
　　並經乙辦理所有權移轉登記後，甲即成為該建地之所有權人。惟甲如自為該買
　　賣行為，而非由其法定代理人為買受之表示時，該買賣即為無效。

四、㈠甲年十六歲為限制行為能力人，其雖得自為買賣行為，但須得其法定代理人
　　　之事前允許或事後承認。是故，甲之該買賣契約如經其法定代理人於事後為
　　　承認，仍可發生效力，但如不予以承認時，該契約即不生效力。

　　㈡甲取得該小筆電之所有權。按丙拋棄其小筆電，屬單獨行為，因拋棄其所有
　　　權消滅（民法第七六四條），甲自行先占之，因先占非法律行為而為事實行
　　　為，先占人不必有行為能力，以具有事實上管領力為已足。是故，甲雖未得
　　　其父母同意，而先占該小筆電，即取得其所有權（民法第八〇一條）。

五、甲之受監護宣告既未經撤銷，雖精神已回復正常，仍為無行為能力人，其未經
　　其法定代理人（監護人）代為買賣之表示，而自為買賣行為，該契約即為無效
　　（民法第一四條第二項、一五條、七五條前段參照）。

六、乙之身體權受甲不法之侵害，身體權為人格權之一種，乙得依據民法第一八四
　　條第一項前段之侵權行為損害賠償請求權請求甲賠償醫藥費之財產上損害，並

得依據民法第一九五條第一項之特別規定，請求甲賠償非財產上之損害（慰撫金）。（至於甲應另成立刑法第二八四條第一項之過失傷害罪，乙得提出刑事告訴或自訴，為另一刑事責任之問題，不在民法討論之列。）

七、受輔助宣告之人與限制行為能力人雖同為行為能力受有限制。但有下列之不同：⑴限制行為能力人以年齡為依據，即為七歲以上未滿二十歲而未結婚之未成年人。受輔助宣告之人，則為因精神障礙或其他心智缺陷，致意思表示能力不足，經法院為宣告，以成年人或已結婚之未成年人為對象。⑵限制行為能力人，其為法律行為須經法定代理人同意為原則。受輔助宣告之人，原則上仍有行為能力，但為重要之法律行為時，始須經輔助人之同意（民法第一五條之二第一項）。

第二節　法　人

第一項　通　則

一、法人之意義

法人乃自然人以外得為權利義務主體之組織。社會生活日趨複雜，許多社會事業，每須集合多數的人力或財力，群策群力以赴，始能成就，法人制度因而產生。詳言之：二人以上互約出資，以共同經營事業，固可以成立合夥契約之方法為之（民法第六六七條以下參照），但因合夥財產為合夥人全體公同共有，並非獨立於合夥人之外，合夥人退夥，即須結算，返還股份，且如合夥人負債，其債權人亦得聲請法院扣押該合夥人之股份，合夥事業即因之而受影響，此際如成立社團法人（如公司），其財產即屬於法人本身，而法人有獨立之人格，社員（如股東）縱令退社，或個人負債，均不影響法人之財產。再如以一定財產為出資設立某種特定公益事業，立意固佳，然如不設法使該財產獨立存在，即不免因設立人之負債或死亡，而影響該事業之進行，從而以財團法人之方式組織之，使該一定財產屬於財團法人本身，亦有必要。

二、法人之本質

法人何以具有獨立之人格，即其本質如何，學說甚多，其主要者有下列三說：

㈠法人擬制說

此說認為法人得為權利義務之主體，具有權利能力，乃出於法律之擬制。

㈡法人否認說

此說否認法人之存在，認為人類社會除個人及財產外，別無法人實體的存在。其中又有三種見解，即：

(1)**無主財產說**　謂法人不過是為一定目的而存在之財產，雖假託為法人所有，但實際上為無主財產。

(2)**受益人主體說**　認為法人僅是形式上之權利歸屬者而已，實際上仍以享受法人財產利益之多數個人為真正之主體。

(3)**管理人主體說**　以為現實管理法人財產之管理人，為該財產之主體，即法人之本體仍為管理財產之自然人。

㈢法人實在說

此說認為法人為真實存在，並非法律所擬制者。又分為二說：

(1)**有機體說**　謂法人為社會的有機體，與自然人之為自然的有機體者，有所區別。法人團體有其團體意思，法律乃對此團體，予以人格，使為權利義務之主體。

(2)**組織體說**　以法人為真實存在，其基礎在於其有適於為權利主體之組織。一般均以此說較為合理可取。

我民法乃以法人實在說中之組織體說為基礎，認為法人有權利能力及行為能力。

三、法人之分類

㈠公法人與私法人

公法人乃依公法而設立之組織體，例如國家與省、縣、市、鄉、鎮等自治團體屬之。(惟憲法增修條文第九條於八十六年七月二十一日公布施行後，省僅

於一定限度內，具有公法人資格。參照司法院釋字四六七號解釋）

　　私法人則依私法而設立之組織體，例如公司、合作社、私立學校等是。

　　民法為私法，故民法上關於法人之規定，原則上僅適用於私法人。

㈡社團法人與財團法人

　　社團法人乃以社員（例如股東）為組織基礎之法人。社團法人之成立基礎在於人，以社員總會為其最高意思機關，其成立目的有營利的（如公司），有公益的（如工會）。

　　財團法人則為以捐助財產為組織基礎之法人，例如私立學校、寺廟是。財團法人之成立基礎在於財產，並無社員，亦無社員總會為其最高意思機關，其事務係由董事執行，但須受捐助人所定捐助章程之拘束，其成立之目的乃為公益，而非為營利。

㈢公益法人與營利法人

　　公益法人乃以社會上不特定多數人之利益為目的之法人，亦即以教育、學術、慈善、宗教等有關公益事業為其成立目的。財團法人必為公益法人，社團法人，則有為公益的，有為營利的。

　　營利法人乃以營利為目的之法人，主要為公司、商業銀行等。社團中有以營利為目的之營利法人，但並無營利財團法人。

　　至於學者另提出「中間法人」之概念，即所謂既非營利、亦非公益之團體，例如文藝協會、宗親會等是。惟查如無民法或其他法律之規定，不得成立法人（民法第二五條），且非經登記，亦不得成立（民法第三〇條），則上述之中間團體，如無法律可據，亦未經登記，自無從成立法人。按如其設有代表人或管理人，並有一定之目的、名稱、事務所及獨立財產（與會員個人之財產分離）時，即為民事訴訟法第四〇條第三項之非法人團體，有訴訟法上之當事人能力，但仍無民法上之權利能力，與法人之有權利能力者，尚有區別。（按日本於平成十四年（即二〇〇二年）另公布施行中間法人法，其第三條明定中間法人為法人，第五條規定經設定登記而成立，可資參考。）

四、法人之設立

㈠法人設立之主義

關於法人之設立，有下列各種立法主義：

1.自由設立主義

或稱放任主義，即法人之設立，一任設立人之自由，法律並不加以限制。

2.特許主義

即法人之設立，須經制定特別法或經國家元首以命令准許。

3.許可主義

即法人之設立，須經主管機關許可。

4.準則主義

即法律設一定準則，法人之設立，合乎此規定時，即取得法人之資格。

5.強制主義

即法人之設立，由國家予以強制者。

民法第二五條明定：「法人非依本法或其他法律之規定，不得成立。」顯然禁止自由設立法人。至於採取何種主義，則因法人種類的不同，而有差別：

⑴對於財團及公益社團，採取許可主義（民法第五九、四六條）　其設立均應得主管機關之許可。

⑵對於營利社團，採取準則主義　其取得法人資格，依特別法之規定（民法第四五條），如公司依公司法所定之條件，即可設立是。

⑶對於特殊之法人，亦有採取特許主義　例如為中央信託局之設立，而制定中央信託局條例是。

㈡法人設立之要件

1.須經設立

法人之產生，須先經設立人之設立，關於民法就各種法人所採之設立主義，已如前述。

2.須有法律之依據

民法第二五條明定法人成立須有法律之依據，即財團、公益社團依據民法而成立，公司依據公司法而成立，其他法人如私立學校、農會、工會、漁會等，

尚須依據各該特別法是。

3.須經登記

民法第三〇條規定:「法人非經向主管機關登記,不得成立。」即以登記為法人之成立要件,因此法人須經設立登記,始行成立,並於登記之日開始,具有權利能力。又,法人登記之主管機關,為該法人事務所所在地之法院(民總施一〇條第一項)。

五、法人之能力

㈠權利能力

1.權利能力之始期及終期

民法就自然人之權利能力,明定為始於出生、終於死亡,但對法人權利能力之始終,則無明文。按法人須經登記始行成立,而民法第四〇條第二項又規定:「法人至清算終結止,在清算之必要範圍內,視為存續」,從而應解為法人之權利能力,始於登記,終於解散後清算終結時。

2.權利能力之範圍

法人雖與自然人同有權利能力,但本質上仍有不同,故民法第二六條規定:「法人於法令限制內,有享受權利、負擔義務之能力。但專屬於自然人之權利義務,不在此限。」足見法人之權利能力,有一定之範圍,應受下列二種的限制:

⑴**法令上之限制** 此點與自然人略有不同,即自然人權利能力之限制,須以法律為之,而法人權利能力,不僅得以法律,並且得以命令限制之。例如公司不得為他公司之無限責任股東或合夥事業之合夥人,亦不得為保證人(公司法第一三、一六條),在自然人即無此項限制是。

⑵**性質上之限制** 專屬於自然人之權利,例如以自然人之身體存在為前提之生命權、身體權、健康權、自由權,及以自然人之身分存在為前提之親權、配偶權、繼承權等,法人均無從享有是。

㈡行為能力

法人有無行為能力?因關於法人本質所採學說之不同,而有相異之結論。採法人擬制說者,認為法人無意思能力,因此即無行為能力,從而法人取得權

利或負擔義務，應根據代理之規定，即法人之董事為法人之代理人，其行為並非法人之行為，而為董事自身之行為，不過其效力直接歸屬於法人而已。但採法人實在說者，則以為法人有行為能力，因為法人亦有意思能力，以董事為法人之機關，董事職務上之行為，即為法人之行為。按我民法既採法人實在說，已如前述，即應認法人有行為能力。

　　法人為無形之權利主體，其行為自有賴自然人之活動，此自然人即為法人之機關。從而法人機關之行為，即屬法人之行為。民法第二七條第二項明定：「董事就法人一切事務，對外代表法人。」即董事執行法人事務之行為，乃法人自己之行為，董事為法人之代表，法人乃依董事而行為。

(三)侵權行為能力

　　所謂侵權行為能力，亦稱責任能力，即能對他人實施不法侵害權利行為而負損害賠償責任之資格。法人是否具有侵權行為能力，亦因法人本質學說之不同，而有差別。採擬制說者，否認法人有侵權行為能力，因侵權行為以行為人有意思能力為前提，法人既無意思能力，即不可能有侵權行為能力，且董事為法人之代理人，其所代理者，自以合法行為為限，對於違法之侵權行為，自無代理可言。但採實在說者，則認為董事為法人之代表，其因執行職務所為之侵權行為，即為法人之侵權行為，應由法人負損害賠償責任，故法人當有侵權行為能力。

　　民法第二八條明定:「法人對於其董事或其他有代表權之人因執行職務所加於他人之損害，與該行為人連帶負賠償之責任。」即承認法人有侵權行為能力。依此，法人負侵權行為損害賠償責任之要件如下：

1.須為董事或其他有代表權之人之行為

　　董事或其他有代表權之人之行為即為法人之行為，法人對於機關之侵權行為，自應連帶負損害賠償責任。「其他有代表權之人」，如法人之清算人（民法第三七、三八條）、監察人（民法第五一條第一項）等。

2.須為職務上之行為

　　機關僅在其執行職務之範圍內代表法人，故須其執行職務之行為，始為法人之行為。至於執行職務範圍以外之行為，為其個人之行為，法人自不負責任，由該個人自行負責。

3.須其行為具備一般侵權行為之要件

董事或其他有代表權人之執行職務行為，須具備一般侵權行為之要件（參照民法第一八四條，另如後述），致他人受有損害，法人始負損害賠償責任，例如某公司之董事脅迫他人與公司訂立契約，該相對人所受損害，該公司應負責任是。

具備上開要件時，法人應與行為人對被害人連帶負損害賠償責任，被害人得向法人或行為人請求全部或一部之賠償（民法第二七三條）。至法人之一般職員，因執行職務所生之侵權行為，因其非法人之機關，其侵權行為並非法人之侵權行為，如法人應負僱用人責任時，為依民法第一八八條對被害人負責，而非民法第二八條之範圍。

六、法人之機關

法人為一組織體，其行為須賴自然人為之，充當其組織分子之自然人，即是法人之機關。一般言之，法人之機關有三種，即：

⑴以董事為代表及執行機關　即董事為法人之必設機關。

⑵以社員總會為社團法人之意思機關　至於財團法人則無社員總會。

⑶以監察人為法人之監察機關　惟監察人並非法人必設之機關，僅為得設之機關。

㈠董　事

1.董事之意義及任免

董事為法人之代表機關及執行機關，不論社團或財團均應設董事（民法第二七條），其對外代表法人，對內執行事務。

董事之人數，民法未予規定，一人或數人均無不可，須於章程內訂定之；惟法律另有特別規定時，即須依其規定，如股份有限公司董事至少應有三人（公司法第一九二條第一項）是。關於董事之任免程序，社團應於章程內訂定及經總會之決議（民法第四七條三款、五〇條第二項二款），財團則依捐助章程之規定，如未規定時，法院得因主管機關、檢察官或利害關係人之聲請為必要之處分（民法第六二條）。

至於董事與法人之關係，通說認為其類似委任契約，應類推適用委任之規

定（民法第五二八條以下），即董事有為法人處理事務之義務，董事亦得向法人請求報酬。

2.董事之職權

(1)**對外代表法人**　董事就法人一切事務，對外代表法人，除章程另有規定外，均得各自單獨代表法人（民法第二七條第二項）。對於董事代表權之限制，不得對抗善意第三人（同條第三項），以保護交易安全。

(2)**對內執行事務**　法人內部一切事務，由董事執行，董事有數人時，除章程另有規定外，取決於全體董事過半數之同意（民法第二七條第一項）。其事務之執行，重要者如下：

①聲請登記（民法第四八條二項、六一條第二項）。

②聲請破產（民法第三五條）。至於向法院聲請破產之原因為法人之財產不能清償債務；如董事不為上開聲請，致法人之債權人受損害時，有過失之董事應負賠償責任，其有二人以上時，應連帶負責。

③充任清算人（民法第三七條）。

④召集社員總會（民法第五一條）。

⑤編製財產目錄及社員名簿（民總施第八條）。

(二)社員總會

1.社員總會之意義

社員總會為社團法人必設之最高意思機關。財團法人因無社員，自無社員總會之成立。

總會為決議機關，並非代表機關，亦非執行機關，其決議拘束全體社員，由董事執行之。至應經總會決議之重大事項如下：

①章程之變更。

②董事及監察人之任免。

③董事及監察人執行職務之監督。

④社員之開除。

⑤社團之解散（民法第五〇條第二項、五七條）。

2.總會之召集及決議

總會每年至少召集一次，由董事召集，董事不為召集時，監察人得召集之；

如有全體社員十分之一以上表明會議目的及召集理由而請求召集時，董事應召集之，而董事如於一個月內不為召集時，得由請求之社員經法院許可召集之（民法第五一條第一至三項）。總會之召集除章程另有規定外，應於三十日前對各社員發出通知，通知內應載明會議目的事項（同條第四項）。

總會之決議，於通常決議，以出席社員過半數決之（民法第五二條第一項）；但於特別決議，則：

(1)**變更章程之決議**　應有全體社員過半數之出席，出席社員四分之三以上同意，或有全體社員三分之二以上書面同意始為可決（民法第五三條）。

(2)**解散社團**　須有全體社員三分之二以上之可決（民法第五七條）。

總會之召集程序或決議方法，違反法令或章程時，社員得於決議後三個月內請求法院撤銷其決議，但出席社員對召集程序或決議方法未當場表示異議者，即不得為該項請求（民法第五六條一項）。惟總會決議之內容如違反法令或章程者，為無效（同條第二項），不必經訴請撤銷程序，當然不生效力。

(三)監察人

1.監察人之意義及任免

監察人乃法人得設之監察機關，以監督察核法人事務之執行。民法第二七條第四項規定：「法人得設監察人」，即監察人非法人必設之機關，與董事之為必設機關，有所不同。

監察人之任免，在社團應於章程內訂定（民法第四七條三款），在財團得由捐助章程規定，如未規定，法院得因主管機關、檢察官或利害關係人之聲請為必要之處分（民法第六二條）。又，監察人既為監察機關，則解釋上，董事應不得兼任監察人。

2.監察人之職權

監察人以監察法人事務執行及財產狀況為目的。監察人有數人時，除章程另有規定外，各監察人均得單獨行使監察權（民法第二七條四項）。又，監察人原則上並非法人之代表，但有例外，例如董事為自己或他人與法人有交涉或訴訟時，由監察人代表法人是（公司法第二一三、二二三條）。又，董事不召集總會時，由監察人召集之（民法第五一條第一項）。

七、法人之住所

　　法人既有權利能力，即須有其住所，以為其法律關係之中心。民法第二九條規定：「法人以其主事務所之所在地為住所。」至法人之事務所僅有一處時，即以該事務所為其住所，自不待言。

八、法人之消滅

　　法人之消滅乃法人權利能力之終止。自然人死亡，權利能力即歸於消滅，但法人須經過解散與清算兩種程序，其人格始歸於消滅，即法人之權利能力終於解散後清算終結時。

㈠法人之解散

　　法人之解散為清算之開始，法人至清算終結時，在清算之必要範圍內，視為存續（民法第四〇條第二項）。是故解散為法人人格消滅之第一階段，但法人人格尚未消滅，清算完結進入第二階段，人格始歸消滅。關於解散原因，有社團及財團之共通解散原因，有社團或財團特有之解散原因。

　　1.社團及財團之共通解散原因

　　⑴**許可之撤銷**　公益法人違反許可之條件，主管機關得撤銷其許可（民法第三四條）。

　　⑵**破產之宣告**　法人之財產不能清償債務時，董事應即向法院聲請破產（民法第三五條第一項）。一經法院宣告破產，法人當然解散。

　　⑶**解散之宣告**　法人之目的或其行為有違反法律、公共秩序或善良風俗者，法院得因主管機關、檢察官或利害關係人之請求，宣告解散（民法第三六條）。

　　⑷**章程或捐助章程所定之解散事由發生**　例如法人定有存續期間，即因期間屆滿而解散（民法第四八條第一項九款、六一條第一項八款）。

　　2.社團特有之解散原因

　　⑴**社員之可決**　社團得隨時以全體社員三分之二以上之可決解散之（民法第五七條）。

　　⑵**事務無從進行**　社團事務無從依章程所定進行時，法院得因主管機關、

檢察官或利害關係人之聲請解散之（民法第五八條）。

3.財團特有之解散原因

依民法第六五條規定，如因情事變更，致財團的目的不能達到時，主管機關得斟酌捐助人之意思解散之。

(二)法人之清算

1.清算之意義及清算人之任免

清算乃清理已解散之法人之一切法律關係，使法人人格歸於消滅之程序。法人解散後，除因破產或因合併而解散外（參照破產法第六四條、公司法第二四條），概須經此清算程序。清算中之法人與解散前之法人屬同一主體，惟因僅在清算之必要範圍內視為存續，已如前述，其權利能力因之縮小，以達清算目的所必要之範圍為限。

清算人原則上由董事充任，但章程有特別規定，或總會另有決議者，不在此限（民法第三七條）。如不能依上述方法產生清算人時，法院得因主管機關、檢察官或利害關係人的聲請，或依職權，選任清算人（民法第三八條）。又，無論依何種方式所產生之清算人，法院認為必要時，均得解除其任務（民法第三九條）。

2.清算人之職務

依民法第四〇條第一項規定，清算人的職務為：

①了結現務。

②收取債權。

③清償債務。

④移交賸餘財產於應得者。

法人解散後，經清償債務，如有賸餘財產，其歸屬應依其章程之規定或總會之決議。但以公益為目的之法人解散時，其賸餘財產不得歸屬於自然人或以營利為目的之團體（民法第四四條一項）；如法律或章程未予規定，總會亦無法決議時，其賸餘財產歸屬於法人住所所在地之地方自治團體（同條第二項）。

關於法人清算之程序，除適用民法總則編之規定外，準用股份有限公司清算之規定（民法第四一條）。

清算終結後，清算人應聲請為清算終結登記（民法第四一條、公司法第三

三一條、法登第二五條），經完成登記，法人人格即歸於消滅。

九、法人之監督

㈠業務監督

民法第三二條規定：「受設立許可之法人，其業務屬於主管機關監督，主管機關得檢查其財產狀況及其有無違反許可條件與其他法律之規定。」即受業務監督之法人，以受設立許可之公益社團及財團為限，因其業務關乎公益，主管機關自有加以監督之必要。

公益法人如妨礙主管機關監督權行使時，依民法第三三條第一項規定：「受設立許可法人之董事或監察人，不遵主管機關監督之命令，或妨礙其檢查者，得處以五千元以下之罰鍰。」至於經檢查發現法人違反設立條件或違反法律時，主管機關得撤銷其許可（民法第三四條），或請求法院宣告解散（民法第三六條），已如前述。又，如董事或監察人違反法令或章程，足以危害公益或法人利益者，主管機關亦得請求法院解除其職務，並為其他必要之處置（民法第三三條第二項）。

㈡清算監督

民法第四二條第一項規定：「法人之清算，屬於法院監督。法院得隨時為監督上必要之檢查及處分。」受清算監督之法人，不問其為社團或財團，而監督機關為法院。

為使法院得及時行使監督權，同條第二、三項明定：「法人經主管機關撤銷許可或命令解散者，主管機關應同時通知法院。」「法人經依章程規定或總會決議解散者，董事應於十五日內報告法院。」

清算人不遵法院監督命令或妨礙檢查者，得處以五千元以下罰鍰；董事於法人經依章程或總會決議解散，而未於十五日內報告法院者，亦得同此處罰（民法第四三條）。

十、法人之登記

㈠登記之意義及種類

法人之活動關乎公益，為使一般人明瞭其組織內容及動態，自須設有登記

制度，將法定事項記載於法人登記簿，以為公示方法。

　　法人之登記分為設立登記、變更登記、解散登記、清算人任免或變更登記、及清算終結登記五種（法登第一五條）。

　　法人登記之主管機關為該法人事務所所在地之法院（民總施第一〇條第一項）。

㈡登記之效力

　　登記之效力有登記要件主義與登記對抗主義之分。設立登記如不為之，則法人不能成立，因登記而法人成立（民法第三〇條），是設立登記採取登記要件主義。法人之變更登記、解散登記、清算人任免或變更登記、清算終結登記，則採登記對抗主義，即上開應登記事項雖未登記，於法人之內部仍為有效，但就有關該應登記事項之行為，則不得對抗第三人，是以民法第三一條規定：「法人登記後，有應登記之事項而不登記，或已登記之事項有變更而不為變更之登記者，不得以其事項對抗第三人。」

第二項　社　團

一、社團之成立

㈠須經設立

　　社團之成立以人為基礎，故須有設立人。解釋上，設立人至少應有二人以上，特別法如另有規定時，即依其規定，如公司法第一二八條第一項明定股份有限公司之發起人應有二人以上是。

　　設立社團首應由設立人訂立章程。章程有一定記載事項，為要式行為，可分為必須記載事項及任意記載事項。必須記載事項有：

　　　①目的。

　　　②名稱。

　　　③董事之人數、任期及任免。設有監察人者，其人數、任期及任免。

　　　④總會召集之條件、程序及其決議證明之方法。

　　　⑤社員之出資。

　　　⑥社員資格之取得與喪失。

⑦訂定章程之年月日（民法第四七條）。

此外，以不違反民法第五〇至五八條之規定為限，得就社團之組織及社團與社員之關係，在章程中訂定之，是為任意記載事項，例如事務所所在地、社員行使表決權之方式是。

(二)設立須依據法律，公益社團於登記前並須取得許可

法人之成立均須依據民法或其他法律之規定（民法第二五條）。是故，營利社團成立須依據特別法（民法第四五條），例如公司應依據公司法、銀行應依銀行法及公司法規定設立是；公益社團之成立依據民法，而特殊之公益社團尚須另依據其他法律，例如工會之設立尚須依工會法是。又，公益社團於登記前，且須取得主管機關之許可（民法第四六條）。

(三)須經登記

法人非經登記不得成立，已如前述，是以民法第四八條第二項規定：「社團之登記，由董事向其主事務所及分事務所所在地之主管機關行之，並應附具章程備案。」又，社團設立時，依同條第一項規定，應登記事項如下：

①目的。

②名稱。

③主事務所及分事務所。

④董事及監察人之姓名及住所。

⑤財產之總額。

⑥應受設立許可者，其許可之年月日。

⑦定有出資方法者，其方法。

⑧定有代表法人之董事者，其姓名。

⑨定有存立之時期者，其時期。

以上第④款監察及第⑥至⑨款事項，有時固應登記，無則無庸登記，即為「相對必要登記事項」，其餘則為「絕對必要登記事項」。

二、社團之社員

(一)社員之資格

社員為社團成立之基礎，其資格之取得有兩種方法，即參與設立及入社。

社團設立人於社團成立時，當然為社員；其他之人於社團成立後，須經過入社手續始取得社員資格。關於社員資格之取得與喪失，應依章程之規定（民法第四七條六款）。社員資格之喪失，除因社團消滅或社員死亡而喪失外，尚因退社及開除而喪失。退社乃社員自動退出社團，民法第五四條第一項規定：「社員得隨時退社。但章程限定於事務年度終，或經過預告期間後，始准退社者，不在此限。」上開預告期間不得超過六個月（同條第二項）。開除則為社員被動的退出社團，社團得經由總會決議而開除，但以有正當理由為限（民法第五〇條第二項四款），否則被開除社員得請求法院撤銷其決議（民法第五六條第一項）

(二)社員之權利義務

1.社員之權利

可分為共益權與自益權。前者乃社員參與社團事務之權利，例如出席總會及參與表決之權利（民法第五一至五三條）、請求召集總會之權利（民法第五一條第二項）、請求撤銷總會決議之權利（民法第五六條第一項）是。後者乃為社員個人利益所享有之權利，例如利益分配請求權、賸餘財產分配請求權（民法第四〇條第一項三款）是。又，已退社或開除之社員，對於社團之財產無請求權，但在非公益社團，其章程如另有規定，仍得請求（民法第五五條第一項）。

2.社員之義務

主要為出資義務，例如繳交股款或會費是。又，已退社或開除的社員對於退社或開除以前應分擔之出資，仍負清償義務（民法第五五條第二項）。

三、社團之總會

總會乃由社員所組織，而為社團必設之最高意思機關。關於社團總會之職權、召集、決議已於前述第一項通則法人之機關內為說明，請參照之，茲免複述。

第三項　財　團

一、財團之成立

㈠須經設立

　　財團須由設立人捐助財產而成立，亦即以該財產為基礎，而非以人為基礎，因此僅有一人為設立人亦無不可，此與社團應有二人以上之設立人者，有所不同。財團設立人須捐助財產並訂立章程。

　　捐助行為乃以設立財團為目的，而無償提供一定財產之單獨行為。捐助行為通常以生前行為為之，但以遺囑方式捐助，亦無不可。捐助之財產於法人成立同時，歸屬於法人。

　　設立人於捐助財產外，應再訂立捐助章程（民法第六〇條第一項）。捐助章程應記載事項如下：

　　　①目的。

　　　②所捐財產。

　　　③財團之組織及其管理方法（民法第六〇條第二項、六二條前段）。

　　訂立捐助章程固為設立財團之要件，但如以遺囑捐助者，則無庸訂立捐助章程（民法第六〇條第一項但書）。

　　以遺囑捐助設立財團者，如有遺囑執行人，固由遺囑執行人辦理財團設立事務，如無遺囑執行人時，法院得依主管機關、檢察官或利害關係人之聲請，指定遺囑執行人（民法第六〇條第三項）。

　　前述捐助章程或遺囑所定之財團組織不完全或重要管理方法不具備者，法院得因主管機關、檢察官或利害關係人之聲請為必要處分（民法第六二條後段）。

㈡登記前應得許可

　　財團於登記前應得主管機關之許可（民法第五九條）。此項許可為財團成立要件之一，未經許可不得成立，例如私立學校之籌設須經主管教育行政機關審核許可（私校三五條第二項）是。

㈢須經登記

財團之設立須經登記，其應登記之事項為：

①目的。

②名稱。

③主事務所及分事務所。

④財產之總額。

⑤受許可之年月日。

⑥董事之姓名及住所，設有監察人者，其姓名及住所。

⑦定有代表法人之董事者，其姓名。

⑧定有存立時期者，其時期（民法第六一條第一項）。

財團之登記，由董事向其主事務所及分事務所所在地之主管機關行之，並應附具捐助章程或遺囑備案（同條第二項）。

二、財團之管理

㈠財團之組織及其管理方法

財團之組織及其管理方法，由捐助人以捐助章程或遺囑定之（民法第六二條前段）。惟如章程或遺囑所定有欠妥善或欠完備時，捐助人或董事不得自行予以補充或修改，依民法第六二條後段規定：「捐助章程或遺囑所定之組織不完全，或重要之管理方法不具備者，法院得因主管機關、檢察官或利害關係人之聲請，為必要之處分。」以應實際上需要，維持財團的健全發展。依上開規定，得由法院為補充者，限於財團之組織及其管理方法，至於目的及所捐財產，則不能予以補充，是宜注意。

㈡財團組織之變更

財團組織不良時，勢將影響其目的之維持或財產之保存，為資補救，民法第六三條規定：「為維持財團之目的或保存其財產，法院得因捐助人、董事、主管機關、檢察官或利害關係人之聲請，變更其組織。」

㈢財團目的之變更

民法第六五條規定：「因情事變更，致財團之目的不能達到時，主管機關得斟酌捐助人之意思，變更其目的及其必要之組織，或解散之。」依此規定，主

管機關所得採取之手段有二，一為變更財團之目的及其必要組織，一為解散財團。

㈣宣告董事行為無效

財團事務由董事執行之，為防範董事專橫，並維護公益，民法第六四條規定：「財團董事，有違反捐助章程之行為時，法院得因主管機關、檢察官或利害關係人之聲請，宣告其行為為無效。」按一般所謂之法律行為無效係指當然、自始不生法律上之效力，不待法院之為無效之宣告，如財團董事之行為因違反法律強行規定而自始無效時，任何人得隨時主張，無待法院之宣告，此情形與本條無涉。而依本條董事違反捐助章程之行為，並非當然無效，於法院宣告無效前仍為有效（參照史尚寬著《民法總論》二一〇頁、鄭玉波著《民法總則》一八〇頁、施啟揚著《民法總則》一七二頁），則本條所謂「宣告無效」，實係「撤銷」董事違反捐助章程行為（參照李模著《民法總則之理論與實用》二八二頁註二），而非董事之該行為自始無效，即其行為須經法院予以撤銷（形成判決）後，始視為自始無效（民法第一一四條第一項）。

第四項　外國法人

一、外國法人之認許

民法總則施行法第一一條規定：「外國法人，除依法律規定外，不認許其成立。」足見外國法人須經我國主管機關依我國法律予以認許，始有享受權利及負擔義務之能力。易言之，外國法人雖在其本國具有法人資格，但未經我國依法予以認許前，在我國並無權利能力。

我公司法（舊第四、三七〇至三八六條）原規定外國公司非經我國政府認許，並辦理分公司登記者，不得在我國境內營業，嗣經修正僅須辦理分公司登記，即得以外國公司名義在我國境內經營業務（第四、三七〇至三七一條）。易言之，外國公司無須經認許，經辦理分公司登記者，即於法令限制內與我國公司有同一之權利能力。

二、經認許之外國法人之權利能力

民法總則施行法第一二條第一項規定：「經認許之外國法人，於法令限制內與同種類之我國法人有同一之權利能力。」即外國法人經認許成立，其權利能力與我國法人原則上相同，但依法令，外國人不得享有之權利，外國法人亦不得享有。至於外國法人服從我國法律之義務，與我國法人相同（同條第二項）。

外國法人未經認許，在我國並無權利能力，如其以該名義與他人為法律行為者，其行為人就該法律行為應與該外國法人負連帶責任（民總施一五條），以維護交易安全。

再者，外國公司於我國經辦理分公司登記者，雖與我國公司有同一之權利能力，但須於「法令限制內」（公司法第四條第二項），已如前述。

⎡習　題⎦

一、甲為某股份有限公司董事長，代表該公司向乙借款五百萬元，清償期屆至後，乙得否請求甲與該公司返還該借款？

二、社團法人與財團法人有何區別？

三、法人章程應記載事項與設立時應登記事項，其性質有無不同？

四、法人解散原因為何？

五、清算中之法人有無權利能力？

六、甲捐款一百萬元於某私立大學是否為設立財團之捐助行為？

〔提　示〕

一、乙得請求該公司返還借款，但不得請求甲為返還。其理由為：該公司具有權利能力，甲既係代表該公司向乙借款，甲之行為即該公司之行為，並非甲個人之借貸行為。借用人既為公司，而非甲，貸與人乙自僅得請求該公司返還借款。至於甲如另以個人之地位與該公司向乙借款，依情形為可分債務或連帶債務之問題，如其對該公司之借款為保證人，為負保證債務之問題，但均屬另一事。

二、主要區別如下：(1)社團有營利者，亦有公益者；財團則均為公益法人。(2)社團的設立人至少應有二人；財團僅有一人為設立人捐助財產即可。(3)社團以社員為組織基礎；財團則以捐助財產為組織基礎。(4)社團有社員總會為最高意思機

關；財團則無社員總會。⑸社團得由總會決議變更組織或章程；財團於組織或重要管理方法不完備時，僅得由法院依聲請為必要處分。⑹社團得隨時由社員以特別決議解散之；財團僅於因情事變更致目的不能達到時，始得由主管機關解散之。

三、法人章程應記載事項與設立時應登記事項，其性質與效力不同。前者乃關於法人內部之組織與管理，後者為法人對外負責之要件。是故其事項即非完全相同。例如社團章程應記載總會召集之條件、程序及其決議證明之方法，但此非社團設立應登記之事項，而社團設立應登記主事務所及分事務所、財產之總額，但此非社團章程應記載事項是（詳如本文內所引）。

四、㈠社團與財團之共通解散原因：⑴許可之撤銷；⑵破產之宣告；⑶解散之宣告；⑷章程或捐助章程所定之解散事由發生。

㈡社團特有之解散原因：⑴社員之可決；⑵事務無從進行。

㈢財團特有之解散原因：因情事變更，致財團之目的不能達到時，主管機關得斟酌捐助人之意思，解散之。

五、法人之權利能力終於解散後清算終結，清算中之法人自仍有權利能力。惟「法人至清算終結止，在清算之必要範圍內，視為存續。」即清算中之法人，其權利能力縮小，僅在清算必要範圍內為限有權利能力。

六、甲之捐款行為屬一般之贈與（契約），而非設立財團之捐助行為。因捐助行為乃以捐出財產而設立財團為目的之單獨行為，甲係於某私立大學成立後為捐款，非以設立財團為目的，自非捐助行為。

第三章 物——權利客體

第一節 物之概念

一、物之意義

物乃人體以外，為人力所能支配之有體物及自然力，而為權利客體之一種。

㈠物為權利客體之一種

權利有主體，亦有客體，權利之主體為人，包括自然人、法人，已如前述，權利之客體，則因權利內容之不同而異。債權以債務人之一定行為（作為、不作為）為其內容，即以該行為為客體，但因多數債務於債務人行為外，尚須為物之交付，於此情形，物亦為債權之間接客體。物權以對物為直接支配而享受其利益為內容，即以物為客體。身分財產權固因本於特定身分而生財產上之權利義務，例如扶養請求權、繼承權等，亦即間接以物為客體。足見權利之客體雖不以物為限，但物為重要之權利客體，則甚明瞭。

㈡物須為有體物或自然力

有體物指占有一定空間而有形體存在者，例如土地、房屋、衣服、汽車等是。至於無體物（權利），例如債權、權利質權等，則非屬物之範圍。我民法上所稱之物即以有體物為限。惟隨著科學之發達，若干自然力，例如水力、電力、熱力等，具有使用價值，亦應列為物之範圍。

人為權利主體，而人體為人格所依附，因此人體自非法律上之物。至於人之屍體固為物，得為所有權之客體，其所有權歸屬於繼承人全體，但繼承人處分被繼承人屍體，應受公序良俗之限制，性質上與一般之物有所不同。

㈢物須為人力所能支配

法律上之物須為人力所能支配，否則如日、月、星辰等，於法律上尚無意義。

二、物之分類

物因各種不同之標準，而有不同之分類，除後述之動產與不動產、主物與從物、原物與孳息外，尚有下列之分類。

㈠融通物與不融通物

凡得為私法上交易客體之物，稱為融通物。物在原則上均為融通物，可為買賣、租賃、贈與等法律行為之標的。

不得為私法上交易客體之物，稱為不融通物。物以不融通為例外，以不融通物為法律行為之客體時，則該法律行為無效。不融通物有下列三種：

⑴**公用物**　乃供公眾使用之物，例如公園、河川、道路等是。

⑵**公有物**　即國家或其他公共團體所有之物，例如各行政機關之辦公廳舍、軍機、軍艦等是。

⑶**禁止物**　乃法律禁止交易之物，例如安非他命、鴉片、猥褻書刊等是。

㈡消費物與非消費物

消費物乃依物之通常使用方法，於同一人使用後即失其存在之物，例如木材、糧食、金錢等是。

非消費物乃依物之通常使用方法，同一人得以同一目的反覆使用之物，例如車輛、房屋、衣服、書籍等是。

消費物可成立消費借貸（民法第四七四條以下）及消費寄託（民法第六〇二條），債務人返還時為返還種類、品質、數量相同之物，非返還原物。非消費物為租賃（民法第四二一條以下）、使用借貸（民法第四六四條以下）及一般寄託（民法第五八九條以下）之標的物，債務人以返還原物為原則。

㈢代替物與不代替物

代替物乃在通常交易上得以種類、品質、數量相同之物代替者，例如金錢、糧食、文具等是。

不代替物則因在通常交易觀念上注重物之個性，不得以同種類、同品質、同數量之物代替者，例如土地、房屋、古董等是。

消費借貸及消費寄託之標的物以代替物為限，租賃及使用借貸則以不代替物為標的物。

消費物與非消費物之分類與前述代替物與不代替物之分類，乃立於不同之標準。消費物可為代替物（如糧食），亦可為不代替物（如珍貴藥材）；非消費物可為不代替物（如土地），亦可為代替物（如書本）。

㈣特定物與不特定物

依當事人主觀意思具體指定之物為特定物，如某輛汽車、某包米、某棟房屋等是。

當事人僅以種類、品質、數量抽象指定之物，為不特定物，例如某廠牌之汽車一輛、蓬萊米十公斤等是。

特定物如已滅失，債務人即無從為給付，發生給付不能之問題（民法第二二五、二二六條）；不特定物既未特定，無給付不能之問題，債務人仍須為給付。

㈤可分物與不可分物

不因分割而減損或喪失其效用或價值之物為可分物，例如金錢、糧食、土地等是。

因分割即減損或喪失其效用或價值之物為不可分物，例如牛馬、汽車、書籍等是。

於共有物分割時，因其為可分物或不可分物，分割方法有所不同（民法第八二四條）。於多數債務人時，因標的是否為可分給付，而有可分之債（民法第二七一條）與不可分之債（民法第二九二條）之區分，權利義務因而有所不同。

㈥單一物、結合物與集合物

單一物乃形體上自成一獨立體之物，例如一匹馬、一本書、一雙鞋等是。

結合物（集成物）為多數物體結合成一體之物，例如一輛汽車、一棟房屋等是。

集合物（聚合物）則為由多數單一物或結合物聚集於一而並不結合之物，例如集合圖書成為圖書館，集合廠房、機器、材料、產品而成為工廠，繼承之全部財產等是。

單一物、結合物只能為一個權利之客體（一物一權主義），集合物則其中各物各得單獨為一個權利之客體，即不得將集合物視為一物。

第二節　不動產與動產

一、不動產與動產之區別

㈠不動產

民法第六六條規定：「稱不動產者，謂土地及其定著物。不動產之出產物，尚未分離者，為該不動產之部分。」即不動產包括土地及土地上之定著物。

1.土　地

乃人力所能支配之地表及其上下。惟土地所有權僅於行使有利益之範圍內，及於土地之上下（民法第七七三條）。又，土地之出產物，例如林木、花草、稻秧等，未與土地分離前，屬於土地之部分，非獨立之物。

2.土地之定著物

乃固定的附著於土地上之工作物，例如房屋、橋樑、牌坊等是。至於帳棚、戲臺，雖附著於土地，但因僅臨時性，尚非此之定著物。又，如前述實務見解，屋頂尚未完全完工之房屋，如已足避風雨，可達經濟上使用目的者，亦為土地之定著物，屬不動產，否則尚非不動產，僅為材料之堆積，性質上屬動產。

土地及其定著物為各別之不動產，定著物自得單獨為權利之標的，即土地與其定著物得異其所有人。

㈡動　產

民法第六七條規定：「稱動產者，為前條所稱不動產以外之物。」即凡物非屬土地及其定著物者，概屬動產，例如牲畜、機器、衣服、金錢等是。

二、不動產與動產區別之實益

區別不動產與動產之實益，其主要者如下：

⑴不動產物權之移轉，除須立書面外，並須經登記始生效力（民法第七五八條）；動產物權之讓與，依交付即行生效（民法第七六一條）。

⑵典權、地上權、農育權、不動產役權、抵押權限於不動產；質權、留置權則限於動產（依動產擔保交易法得設定動產抵押權）。

⑶對債務人所有之動產與不動產為強制執行時，其執行方法有所不同（強執四五條以下、七五條以下）。

第三節　主物與從物

主物乃具有獨立效用而自為權利客體之物。至於從物依民法第六八條第一項規定：「非主物之成分，常助主物之效用，而同屬於一人者，為從物。但交易上有特別習慣者，依其習慣。」足見從物之要件有四：

⑴**須非主物之成分**　物之成分，為物之構成部分，不能獨立為一物。從物並非成分，自須為一獨立之物。

⑵**須常助主物之效用**　從物與主物雖為各別之物，但在效用上則從屬於主物，常助主物之效用，例如錶之錶帶、鎖之鑰匙、燈之燈罩等是。又，不動產亦得為從物，例如車庫之於主屋是。

⑶**須與主物同屬於一人**　主物之處分，其效力及於從物，自須使其歸屬於同一人所有，若非同屬一人，則不得為從物。因此房屋承租人自備之窗簾，即非房屋之從物。

⑷**須交易上無特別之習慣**　例如裝米之布袋、酒之瓶子，依當地習慣，非當然一併出售者，則從其習慣，不視為從物是。

主物之處分及於從物（民法第六八條第二項）。惟該規定係任意規定，得依當事人之意思變更之，即當事人僅就主物或從物為交易，仍屬有效。

第四節　原物與孳息

一、原物與孳息之區別

原物乃孳息所從出之物，亦即產生孳息之物。例如本金為原物，利息為孳息，果樹為原物，果實為孳息是。

孳息乃物之收益，尚分為二：

⑴**天然孳息**　民法第六九條第一項規定：「稱天然孳息者，謂果實、動物

之產物，及其他依物之用法所收穫之出產物。」例如蔬果、牛乳、雞蛋、採礦所得之礦產均是。

(2)**法定孳息**　同條第二項規定：「稱法定孳息者，謂利息、租金及其他因法律關係所得之收益。」即因提供原物使用，而所得之報償或對價。法定孳息須因法律關係（包括契約或法律規定）將原物供他人利用所得之對價而發生，若因自己利用所得之利益，例如使用自己之金錢、居住自己之房屋，均非法定孳息。又，由勞力所得之報酬，並非自原物所得，自非法定孳息。

二、孳息之歸屬

㈠天然孳息之歸屬

天然孳息與原物分離時，始成為獨立之物，於分離時，應歸屬何人取得，即須決定。民法第七〇條第一項規定：「有收取天然孳息權利之人，其權利存續期間內，取得與原物分離之孳息。」所謂有收取權利之人，原則上指原物之所有人（民法第七六六條），但依法律規定或當事人約定，非原物之所有人亦有得收取天然孳息者，例如土地承租人、地上權人、典權人等，本於使用原物之權源，亦有收取孳息之權利。

㈡法定孳息之歸屬

法定孳息既為因法律關係所取得之利益，其收取權人即為債權人，例如租金之收取權人為出租人是。民法第七〇條第二項規定：「有收取法定孳息權利之人，按其權利存續期間內之日數，取得其孳息。」即在法律關係存續期間內，權利人有變更時，應依日數比例計算法定孳息之歸屬。

習　題

一、何謂不融通物？某縣政府應給付甲貨款一百萬元，經判決確定，但甲仍未受清償，得否聲請法院查封拍賣該縣政府之辦公大樓？

二、甲分別買受土地一筆及汽車一輛，於何時取得土地及汽車之所有權？

三、孳息應歸何人取得？甲將其所有之某房屋一棟出租於乙，每月租金二萬元，於租賃存續中，乙將該房屋轉租於丙，約定每月租金二萬二千元，乙有無權利收取丙所給付之租金？

〔提　示〕

一、㈠不融通物有公用物、公有物及禁止物三種。

　　㈡該縣政府雖屬債務人，依法應給付甲貨款一百萬元，但因其辦公大樓屬公有物，即為不融通物，不得為交易之客體，甲聲請法院查封拍賣該辦公大樓，依法即有未合，法院應不予准許。(此際之執行標的物及執行程序，應依強制執行法第二章第六節對於公法人財產之執行即第一二二條之一以下之規定辦理。)

二、土地於出賣人辦理所有權移轉登記於甲，經完成登記時，甲始取得該土地所有權(民法第七五八條)。汽車於出賣人交付於甲時，甲即取得該汽車所有權(民法第七六一條)。

三、㈠天然孳息原則上歸原物所有人取得，但雖非原物所有人而有使用原物之權源者，亦有收取權，例如土地承租人之採收其種植之蔬果是。法定孳息由債權人為收取，例如出租人對承租人之收取租金是。

　　㈡乙、丙間存有房屋租賃關係，乙就該房屋雖無所有權，但出租人本不以所有人為限(因出租並非處分行為)，就丙之給付租金言，乙既為債權人，自有收取丙所給付租金之權利。至於乙之轉租房屋，對甲應否負違約責任，乃另一問題，不影響乙對丙之上開收取權。

第四章 法律行為

第一節 法律行為之概念

一、法律行為之意義

　　法律行為乃以意思表示為要素，因意思表示而發生私法上效果之法律事實。（圖示如下頁）

㈠法律行為乃法律事實之一種

　　人在社會生活中發生各種事實，其生法律效果者有之，例如買賣、贈與、結婚等是，不生法律效果者有之，例如睡眠、散步、運動等是。其不生法律效果者，與法律無關，其生法律效果者，始為法律事實。法律行為即為法律事實之一種。

㈡法律行為乃以意思表示為要素之法律事實

　　法律事實甚廣，有「人之行為」及「人之行為以外之事實」。「人之行為以外之事實」包括事件（如人之生死，天然孳息之分離）與狀態（如人之失蹤、心神喪失，動產之附合、混合）。「人之行為」包括適法行為及違法行為（侵權行為及債務不履行）。適法行為又有表示行為與非表示行為（如無主物之先占、遺失物之拾得、無因管理）之分。表示行為又可區分為：

　　⑴**意思表示**　即行為人將其效果意思表示於外部，使生一定私法上效果之行為，例如要約、承諾等是。

　　⑵**意思通知**　乃行為人表示一定期望，依法律規定發生一定效力之行為，例如請求履行債務（民法第一二九條第一項一款）生時效中斷之效果是。

　　⑶**觀念通知（事實通知）**　乃行為人將對一定事實之觀念或認識，通知相對人之行為，例如債權讓與之通知（民法第二九七條）對債務人發生效力是。

　　⑷**感情表示**　乃行為人表示一定感情之行為，例如宥恕（民法第一〇五三條）生離婚形成權消滅之效果。

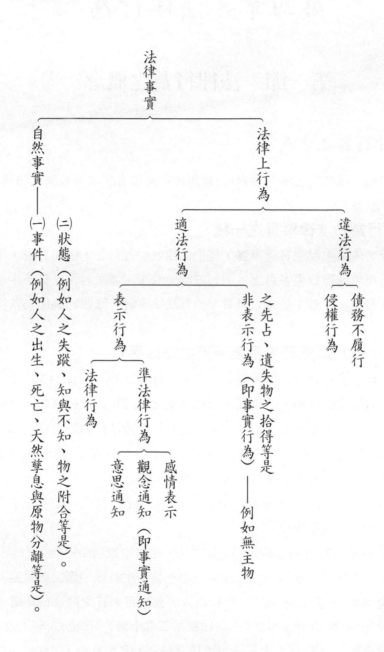

法律事實

　自然事實
　　(一)事件（例如人之出生、死亡、天然孳息與原物分離等是）。
　　(二)狀態（例如人之失蹤、知與不知、物之附合等是）。

　法律上行為
　　適法行為
　　　表示行為
　　　　法律行為
　　　　準法律行為
　　　　　意思通知
　　　　　觀念通知（即事實通知）
　　　　　感情表示
　　　非表示行為（即事實行為）——例如無主物之先占、遺失物之拾得等是
　　違法行為
　　　債務不履行
　　　侵權行為

上述意思通知、觀念通知及感情表示，其效力係由於法律規定而發生，學理上稱為準法律行為，與構成法律行為之意思表示有所區別，法律行為之發生效力，則由於當事人之意思（效果意思）。法律行為即為以一個意思表示（單獨行為）或數個意思表示（契約或合同行為）為要素之法律事實。準法律行為之成立與效力應類推適用關於法律行為之規定。

㈢法律行為乃發生私法上效果之法律事實

法律行為係以期望發生私法上效果之意思表示為要素，因此法律行為或發生權利（如一般契約之成立）、或變更權利（如債權讓與契約）、或消滅權利（如債務之免除），亦即發生私法上之效果。

二、法律行為之分類

㈠財產行為與身分行為

財產行為可再分為：

⑴**債權行為**　以發生債權債務關係為目的之法律行為，例如買賣、承攬、租賃、贈與等是。

⑵**物權行為**　以物權直接變動為目的之法律行為，例如所有權之移轉、抵押權之設定等是。

⑶**準物權行為**　以物權以外財產權之直接變動為目的之法律行為，例如債權讓與、無體財產權之讓與等是。

身分行為可再分為：

⑴**純粹身分行為**　乃以創設或消滅身分關係為目的之行為，例如結婚、兩願離婚、收養、協議終止收養等是。

⑵**身分財產行為**　例如訂立夫妻財產制契約、繼承之拋棄等是。

㈡單獨行為、契約（行為）與合同行為

單獨行為乃依當事人一方之意思表示而成立之法律行為，例如撤銷被詐欺之意思表示（民法第九二條）、契約之解除（民法第二五四條以下）、債務之免除（民法第三四三條）等是。

契約（行為）乃當事人雙方對立之意思表示所合致而成立之法律行為，例如買賣、贈與、租賃等是。廣義的契約乃指發生私法上效果為目的之一切合意

之總稱，除債權契約外、物權契約及身分契約亦包括在內。狹義的契約則僅指債權契約而已。

合同行為（共同行為）乃以數個平行的意思表示所合致之法律行為，例如社團總會之決議、設立社團之行為等是。

(三)要式行為與不要式行為

要式行為乃須履行一定方式始能成立之法律行為，例如不動產物權之移轉或設定須以書面為之（民法第七五八條第二項），結婚應立書面、二人以上證人之簽名並為結婚登記（民法第九八二條）等是。又，方式有由法律規定者，為法定方式，亦有由於當事人約定者，為約定方式（例如約定契約之成立須經公證，或訂立書面是）。

不要式行為乃無須具備一定方式即可成立之法律行為。本於方式自由，法律行為以不要式為原則。

(四)要物行為與不要物行為

要物行為（踐成行為）乃除當事人意思表示外，尚須有物之交付始能成立之法律行為，例如使用借貸須將借貸物交付（民法第四六四條）、消費借貸須將金錢或其他代替物交付（民法第四七四條第一項）始行成立，否則該契約不生效力是。

不要物行為（諾成行為）乃僅依意思表示即可成立之法律行為，不以物之交付為必要，例如買賣於當事人就標的物與價金意思表示合致時即為成立（民法第三四五條第二項），至於標的物及價金之交付，乃履行之問題。法律行為以不要物行為為原則。

(五)要因行為與不要因行為

財產給付行為中，以原因之存在為必要者，稱之為要因行為（有因行為）。例如買賣行為，當事人價金之支付及標的物之給付，乃以買賣為原因，即以履行其各自之義務為目的，如當事人欠缺此意思，買賣即為無效；贈與行為，以贈與為原因，即以無償給與財產為目的，如欠缺贈與意思，贈與亦為無效是。

財產給付行為中，不以給付原因之存在為必要者，謂之不要因行為（無因行為）。例如發行票據必有其原因（如給付貨款或贈與金錢），但為票據之流通，縱令其原因不存在，票據行為仍為有效；物權行為多以債權行為為原因（如為

買賣而移轉標的物所有權)，但為保障交易安全，縱令為其原因之債權行為失其存在，物權行為仍發生效力是。

要因行為如原因不存在，其行為即歸於無效。不要因行為如原因不存在，其行為仍有效，惟當事人間發生返還不當得利之問題。

(六)有償行為與無償行為

當事人互為對價關係給付之行為，即一方為給付，他方亦須為對待給付者，為有償行為，例如買賣、互易、租賃等是。

僅當事人之一方為給付，他方無須為對價關係給付之行為，為無償行為，例如贈與、債務之免除、使用借貸等是。

(七)處分行為與負擔行為

處分行為乃當事人直接使權利發生變動之行為，包括物權行為及準物權行為。例如移轉或設定不動產物權之行為（民法第七五八條）、交付動產而讓與動產物權之行為（民法第七六一條）、債權讓與之行為（民法第二九四條）等是。

負擔行為乃當事人僅約定為一定給付之行為，例如買賣之成立僅使當事人互負移轉財產權及支付價金之債務而已，尚未發生直接移轉標的物所有權及價金之效力是。債權行為均為負擔行為。

負擔行為僅生債之關係，尚未發生權利之變動。本於負擔行為而為移轉或交付之實行，始生權利之變動。

(八)主行為與從行為

主行為乃能獨立成立，而不以他種行為存在為前提之行為，一般之法律行為屬之。從行為則必須以他種行為存在為前提始能成立之行為。例如保證契約、設定抵押權契約須從屬於主債權契約始能成立；又如夫妻財產制契約，以婚姻（主行為）之存在為前提是。

從行為附隨於主行為，主行為發生，從行為始行發生，主行為消滅，則從行為原則上亦歸消滅。

(九)生前行為與死因行為

生前行為乃於行為人生前即已發生之行為，一般之法律行為屬之。死因行為則為於行為人死亡時始生效力之行為，例如遺囑人所立之遺囑及所為之遺贈，於遺囑人死亡時始生效力是（民法第一一九九條）。

㈩獨立行為與補助行為

具有獨立內容之法律行為為獨立行為，一般之法律行為屬之。未具獨立內容，純係補助其他行為之法律行為，為補助行為，例如法定代理人之事後承認限制行為能力人未得允許所訂立之契約是（民法第七九條）。

三、法律行為之成立與生效要件

法律行為具備成立要件及生效要件，始能發生法律上之效果。法律行為之要件即有成立要件與生效要件之分。

㈠成立要件

成立要件即法律行為成立所應具備之要件，可分為二，即一般成立要件及特別成立要件：

1.一般成立要件

此項要件有三：

⑴當事人。

⑵標的。

⑶意思表示。

2.特別成立要件

某種法律行為之成立，除須具備一般成立要件外，尚須具備特別成立要件者，例如前述之要式行為或要物行為，尚須履行一定之方式或交付標的物，始行成立，此要式性或要物性之具備，即為特別成立要件。

㈡生效要件

法律行為雖已具備成立要件而成立，但未必即生效，尚須具備生效要件，始可生效。此生效要件亦分為二，即一般生效要件與特別生效要件：

1.一般生效要件

此項要件有三：

⑴當事人須有行為能力。

⑵標的須適當（合法、可能、確定）。

⑶意思表示須健全（非不一致、非不自由）。

2.特別生效要件

某種法律行為之生效，除須具備一般生效要件外，尚須具備特別生效要件者，例如遺囑於遺囑人死亡時始生效力（民法第一一九九條），附停止條件之法律行為於條件成就時始生效力（民法第九九條第一項），上開「遺囑人死亡」及「條件成就」，是為其特別生效要件。

法律行為不成立與法律行為無效固均不生法律上效力，但前者為欠缺成立要件，後者為欠缺生效要件，概念上仍有不同。例如甲、乙通謀虛偽買賣某地，當事人、意思表示、標的已具備，即買賣契約成立，但因意思表示為通謀虛偽，該契約為無效（民法第八七條第一項）；但如甲向乙為通謀虛偽買賣之要約，乙不為承諾，即無合致之意思表示，其契約為不成立（民法第一五三條第一項）是。

| 習　題 |

一、單獨行為、契約與合同行為有何區別？

二、甲向乙以一百萬元買受建地一筆，雙方約定其買賣須經辦理公證始行成立。於尚未辦妥公證手續前，甲、乙之買賣發生效力否？

三、甲於八十七年四月一日向乙貸款一百萬元，約定乙於同年月十日交付該借款，惟屆期乙竟不為交付，甲得否請求乙交付？

四、甲簽發支票一紙交付於乙，以清償貨款，乙隨即將該支票交付於丙，以支付租金；惟甲事後發現其對乙貨款債務不存在，得否拒絕丙之請求給付票款？

五、甲與乙以書面約定，於乙考取高考土木技師時贈與乙一百萬元。於乙尚未考取該技師前，該贈與契約生效否？

六、甲出賣汽車於乙、貸款五十萬元於丙、出租其所有之房屋一棟於丁，均已為交付。甲之上開三次交付行為，是否為物權行為？

〔提　示〕

一、單獨行為乃一方行為，依當事人一方之意思表示即生效力，意思表示只有一個，例如終止契約是。契約與合同行為均為多方行為，意思表示為二個以上；而契約之意思表示之合致為對立的，例如買賣是；合同行為意思表示之合致為平行

的，例如社員總會之決議是。

二、甲、乙間之買賣既經雙方約定於辦理公證始行成立，足見雙方約定有方式，以辦理公證為買賣之成立要件，即其買賣為約定之要式行為，則尚未依約履行方式辦妥公證手續前，為欠缺特別成立要件，其買賣因尚未成立，而不生效力。

又，依新法第一六六條之一第一項，當事人就不動產之買賣，未經公證人作成公證書前，其買賣尚未成立，即新法以公證為不動產買賣之法定方式，併予說明。（惟新法之此一規定尚未施行（參照債編施行法第三六條第二項），是宜注意。）

併為說明者，如甲、乙未另約定其買賣建地須辦理公證或履行其他方式始行成立者，於其就價金及建地互相意思表示一致時，該買賣之債權契約即已成立生效（民法第一五三、三四五條第二項）。

三、按我民法上之消費借貸為要物契約，其成立除當事人雙方意思表示之合致外，尚須貸與人將金錢或其他代替物交付於借用人（民法第四七四條第一項）。本件乙既尚未將金錢交付於甲，雙方之消費借貸因欠缺特別成立要件而未成立，尚無法律上之效力，甲自不得請求乙交付借款。（為解決此要物消費借貸不合時宜之缺點，立法上須另以消費借貸預約或諾成消費借貸，予以補救，民法第四七五條之一已增訂消費借貸預約，其詳另如債編各種之債第六節借貸中所述。）

四、票據行為乃不要因行為，雖甲、乙間無貸款之存在，甲所簽發之支票仍獨立生效，執票人丙仍得行使票據上之權利，甲自不得拒絕丙給付票款之請求（參照票據法第一三條）。至於甲得向乙請求不當得利之返還，乃另一問題。

五、甲對乙贈與之約定為附停止條件之法律行為，須待乙考取土木技師，條件始為成就而生贈與之效力。於乙考取技師前，甲、乙之贈與契約雖已成立，但因尚欠缺特別生效要件，尚不生贈與之效力。

六、甲之交付汽車及借款為物權行為；交付房屋則非物權行為，而為事實行為。按甲本於買賣而交付汽車，因消費借貸而交付金錢，乙、丙分別取得汽車、金錢所有權，其交付即屬物權行為；但因出租而交付房屋於丁，其所有權並未移轉，丁對該房屋固得為使用收益（民法第四二一條），但未取得該房屋所有權，甲之移轉房屋占有（民法第九四六條），自非物權行為。

（附為說明者，我民法上之物權行為獨立於債權行為之外，債權行為與物權行

為同須當事人意思表示之合致，惟物權行為之成立，除物權變動之意思表示合致外，尚須與不動產之書面與登記（民法第七五八條）或動產之交付（民法第七六一條）相結合。於現實買賣之情形，債權行為與物權行為同時成立；非現實買賣，則先成立債權行為，於動產交付或不動產登記時，始成立物權行為。）

第二節　法律行為之標的

法律行為之標的，乃當事人為該法律行為所欲發生之效果，亦即法律行為之內容，例如買受人與出賣人為買賣行為乃為取得標的物所有權是。法律行為之標的適當，始可發生預期之效力，如不適當則法律行為或為無效，或為得撤銷。足見標的適當為法律行為生效要件之一。所謂適當即合法、可能、確定，茲分述如次：

一、合　法

此所謂合法即法律行為不違反強行規定、不違背公序良俗，亦非暴利行為。

(一)不違反強行規定

法規以其應否絕對適用為標準，可分為強行規定與任意規定。強行規定又分為強制規定與禁止規定。強制規定乃命當事人應為一定行為之規定，例如：法人「應」設董事（民法第二七條第一項）、不動產物權之移轉或設定「應」以書面為之（民法第七五八條第二項）、結婚「應」以書面為之，有二人以上證人之簽名，並「應」由雙方當事人向戶政機關為結婚之登記（民法第九八二條）等是；禁止規定則為禁止當事人為一定行為之規定，例如：自由「不得」拋棄（民法第一七條第一項）、男未滿十八歲女未滿十六歲者「不得」結婚（民法第九八〇條）等是。至於任意規定乃法律所為原則性之規定，容許當事人依己意或約定予以變更者，亦即其規定僅有補充適用之效力而已，例如：債之清償「得」由第三人為之，但如當事人另行約定不得由第三人清償者，不在此限（民法第三一一條第一項），即「得」由第三人清償之規定，當事人得排除其適用，其即為任意法規，債編之規定，多屬於任意規定。

民法第七一條規定：「法律行為，違反強制或禁止之規定者，無效。但其規

定並不以之為無效者，不在此限。」即違反強行規定之法律行為，原則上為無效，例如拋棄自由之約定為無效是；但例外法律有對違反強行規定之法律行為並不以之為無效者亦有之，例如民法禁止男未滿十八歲者之結婚，但如違反時，僅為得撤銷而已（民法第九八九條），而非無效，又如分別共有人以契約定有不分割之期限者，不得逾五年（民法第八二三條第二項前段），是為強行規定，但約定如逾五年者，縮短為五年（同條項後段），既非無效，亦非得撤銷是。

㈡不違背公序良俗

民法第七二條規定：「法律行為，有背於公共秩序或善良風俗者，無效。」公共秩序指國家社會之一般利益，善良風俗則為國民之道德觀念，法律行為違背公序良俗時，其內容即違反社會之妥當性，自應無效。例如約定終身不娶，委託銷售贓物等，均不生法律上效力是。

公序良俗之內容，每因時代觀念而不同，亦難有明確之界限，適用上自應就具體個案依其情事而為判斷，始為確切。

㈢非暴利行為

民法第七四條第一項規定：「法律行為，係乘他人之急迫、輕率或無經驗，使其為財產上之給付，或為給付之約定，依當時情形顯失公平者，法院得因利害關係人之聲請，撤銷其法律行為，或減輕其給付。」此種顯失公平之給付或給付之約定，稱為暴利行為。例如乘他人急需支付票款之際，而以極不合理之低價購買其房屋，在手段上顯欠正當是。

前述之暴利行為並非無效，而為得聲請撤銷或減輕給付，但聲請之方法，須由利害關係人以訴訟為之，請求法院判決撤銷其法律行為或減輕其給付，以符合公平。惟此項聲請應於法律行為後一年內為之（同條第二項），此一年之期間為除斥期間。

二、可 能

所謂可能指標的可能實現，如標的為自始而客觀的不能時，其法律行為即為無效，自始不生效力（民法第二四六條第一項本文）。例如將已滅失之房屋出租於他人，該租約即不生效力是。

標的之不可能實現有自始不能與嗣後不能之分。自始不能乃法律行為成立

時即已不能者，例如買賣某特定之房屋，但該屋於契約成立前業已滅失是；嗣後不能則為法律行為成立時為可能，於成立後始為不能者，例如買賣某房屋，於訂約後履行前因地震而滅失是。嗣後不能並不影響法律行為之成立生效（民法第二二五、二二六條），即該法律行為仍為有效。自始不能始為此所謂法律行為生效之障礙。

三、確　定

　　法律行為之標的須於法律行為成立時確定或可得確定。法律行為之標的如未能確定，即不能生效。例如買賣某筆面積二百七十坪土地內之五十坪，而未約明其位置，致無從為履行時，其買賣自為無效是。惟如買賣某物，而約明依履行期之市價給付價金者，因價金有市價可得確定，買賣仍為有效。

習　題

一、法律行為違反強行規定者，是否皆為無效？
二、依民法第七四條之撤銷暴利行為與一般法律行為之撤銷，其方法有無不同？
三、甲將所竊取之機車一輛出賣於知情之乙，該買賣生效否？乙得否請求甲交
　　付該機車？
〔提　示〕
一、法律行為違反強行規定者，因標的之不合法，原則上為無效，但如法律另行規
　　定其效力者，即依其規定，而非概認其為無效。例如依民法第九八一條，未成
　　年人結婚應得法定代理人之同意，此為強制規定，但如有所違反，其結婚並非
　　無效，同法第九九〇條明定僅得由其法定代理人請求法院判決撤銷是。
二、一般法律行為之撤銷，民法第一一六條第一項規定應以意思表示為之，即無庸
　　提起訴訟。但依民法第七四條之撤銷暴利行為，明定須聲請法院撤銷，即限定
　　撤銷暴利行為之方法，須提起形成之訴，經法院判決始可發生效力。足見，兩
　　者雖同為撤銷法律行為，但表示方法上有所不同。
三、㊀乙知甲所出賣之機車為贓車，竟予以買受，即為故買贓物之行為。故買贓物
　　　不僅違背公序良俗，同時亦為違反禁止規定之行為（刑法第三四九條禁止收
　　　受、搬運、寄藏、故買贓物或媒介者），自屬無效之買賣行為。

㈡甲、乙間之買賣機車既為無效之行為，即不生契約上之權利義務，乙自不得以買受人之地位請求甲交付該機車。

第三節　行為能力

當事人有行為能力，其法律行為始為有效，如其行為能力欠缺，則其法律行為或為無效，或為效力未定。茲分述如次：

一、無行為能力人之法律行為

無行為能力人指未滿七歲之未成年人及受監護宣告之人而言。依民法第七五條前段規定：「無行為能力人之意思表示，無效。」即無行為能力人不能為任何法律行為，其所為之法律行為無效。惟無行為能力人既有權利能力，如有為法律行為之必要時，仍可由法定代理人代為之而發生效力，是故民法第七六條規定：「無行為能力人，由法定代理人代為意思表示，並代受意思表示。」

前述情形指法律行為而言，若屬事實行為，例如拾得遺失物、發見埋藏物等，對具識別能力之無行為能力人則仍可發生應有之法律效果。

再者民法第七五條後段規定：「雖非無行為能力人，而其意思表示，係在無意識或精神錯亂中所為者，亦同。」即縱屬有行為能力人，但於行為時係在無意識或精神錯亂中者，因事實上欠缺意思能力，其所為之法律行為，亦屬無效。

二、限制行為能力人之法律行為

限制行為能力人（即滿七歲以上之未成年人，且未結婚者），非有完全之行為能力，亦非全無行為能力，故其所為之法律行為原則上須經法定代理人之補充（事前允許或事後承認），但例外亦有得自行獨立為之而生效者，茲分述如次：

㈠須經允許之法律行為

民法第七七條規定：「限制行為能力人為意思表示及受意思表示，應得法定代理人之允許。」即限制行為能力人雖得自為法律行為，但原則上應得其法定代理人之允許。易言之，法律行為之主體仍為該限制行為能力人自己，惟賴法

定代理人之補充，而生完全之效力。所謂允許為法定代理人之意思表示，向該限制行為能力人或其相對人為之，均無不可，其方法應就各個法律行為個別為允許之表示，且不拘方式。

　　法定代理人之允許，應為個別的，而不得為概括的，因如得為概括之允許，即無異於使限制行為能力人提早取得行為能力，違反行為能力之強行規定。概括之允許，原則上應不生效力，但下列二事，法定代理人得為概括之允許：

1.特定財產之處分

　　民法第八四條規定：「法定代理人，允許限制行為能力人處分之財產，限制行為能力人，就該財產有處分之能力。」例如父母給予已滿七歲之未成年子女零用錢，其子女以之購物或贈與他人，均為有效，而不必再經允許是。

2.特定營業之行為

　　民法第八五條第一項規定：「法定代理人允許限制行為能力人獨立營業者，限制行為能力人，關於其營業，有行為能力。」即限制行為能力人之獨立營業固應得法定代理人之允許，但經被允許獨立營業後，關於該特定營業之各種法律行為，如須再逐一得到允許，實有困難與不便，是故均得自行有效為之。例如聘請員工、買貨賣貨等，因其依法「有行為能力」，而可逕生效力。惟於允許營業後，如限制行為能力人就其營業有不勝任之情形，法定代理人得將其允許撤銷或限制之，但不得對抗善意第三人（同條第二項）。至此項撤銷或限制，並無溯及效力，限制行為能力人於允許被撤銷或限制前所為之營業上行為，仍屬有效。

㈡未經允許之效力

　　限制行為能力人如未得允許而為法律行為時，其效力因其為單獨行為或契約而有不同：

1.單獨行為未經允許為無效

　　民法第七八條規定：「限制行為能力人未得法定代理人之允許，所為之單獨行為，無效。」例如未得允許而對他人免除債務、解除契約、拋棄物權等，均不生效力是。

2.契約未經允許為效力未定

　　民法第七九條規定：「限制行為能力人未得法定代理人之允許，所訂立之契

約，須經法定代理人之承認，始生效力。」因既屬契約，未必即對限制行為能力人為不利，於未經承認前，其效力未定。如經承認，其契約溯及發生效力，但如拒絕承認，其契約即確定為無效。又，此項承認除由法定代理人為之外，如未經法定代理人承認或拒絕時，則限制行為能力人於其限制原因消滅後（例如已成年或因結婚而有行為能力），承認其所訂立之契約者，其承認與法定代理人之承認有同一效力（民法第八一條第一項）。

前述限制行為能力人未得允許所訂立之契約，其效力未定，但如長期處於效力不確定之狀態，實有未妥，對相對人亦屬不利，為早日確定其效力，乃予相對人以催告權及撤回權：

(1)**催告權** 契約相對人得定一個月以上之期限，催告法定代理人確答是否承認（民法第八○條第一項），於所定期限內，如法定代理人確答承認，則契約確定生效；如確答不承認，則契約確定為無效，自無疑義。然若法定代理人於期限內不為確答者，則於法視為拒絕承認（同條第二項），即該契約確定為無效。又，相對人如尚未向法定代理人行使催告權，而限制行為能力人之限制原因已消滅者，其催告權自可準用上開向法定代理人催告之規定，向其本人行使（民法第八一條第二項）。

(2)**撤回權** 民法第八二條規定：「限制行為能力人所訂立之契約，未經承認前，相對人得撤回之。但訂立契約時，知其未得有允許者，不在此限。」所謂撤回乃對於尚未生效之法律行為，防止其效力發生之行為。惟相對人之行使該撤回權，須效力未定之契約，尚未經承認以前，且須於訂立契約時，不知限制行為能力人未得允許。即善意之相對人始得行使撤回權，惡意之相對人則無撤回權，而僅有前述之催告權。至於撤回權為形成權之一種。

(三)無須允許之法律行為

限制行為能力人所為之法律行為，例外亦有無須法定代理人允許，而可發生效力者（民法第七七條但書），茲分述如次：

1.純獲法律上利益之法律行為

即限制行為能力人，單純享受權利而不負擔任何義務之行為，例如接受無負擔之贈與，得自行為之，不必得其法定代理人之允許是。因其對於限制行為能力人無所損害之故。

2.依其年齡及身分為日常生活所必需之法律行為

限制行為能力人或購買文具、或乘坐公車、或至戲院觀賞電影等，為其日常生活之所需，且為例行瑣事，若須一一得其法定代理人之允許，將不勝其煩，故得逕行為之。惟是否為其日常生活所必需，因每人各不相同，自須就具體事實，依其年齡及身分個別決定之。

㈣強制有效之法律行為

民法第八三條規定：「限制行為能力人用詐術使人信其為有行為能力人或已得法定代理人之允許者，其法律行為為有效。」限制行為能力人如竟使用詐術，例如變造身分證或偽造法定代理人之同意書等，而使相對人因此誤信其為有行為能力人或已得法定代理人之允許，而與之為法律行為，則此際即無再對該限制行為能力人為特別保護之必要，反而應保護相對人，使該法律行為有效，無庸再經法定代理人之承認，相對人原所預期之法律效果，仍得實現，不致蒙受意外之損害。至該相對人因被詐欺得撤銷其意思表示（民法第九二條），或依侵權行為請求損害賠償，廢止債權（民法第一八四條第一項前段、一九八條），為另一事。

三、受輔助宣告之人之法律行為

受輔助宣告之人原則上仍有行為能力，但為民法第一五條之二第一項所列之行為時，須得其輔助人之同意，有如前述。有關限制行為能力人第七八條至第八三條之規定，於受輔助宣告之人應得輔助人同意而未得同意時，準用之（民法第一五條之二第二項）；又第八五條規定，於輔助人同意受輔助宣告之人為獨資、合夥營業或為法人之負責人之行為時，亦準用之（同條第三項）。

習　題

一、甲年五歲得否向乙買受土地一筆而取得其所有權？

二、甲年三十歲，於八十四年五月一日上午十時向乙承租房屋一棟，惟契約訂立當時，甲陷於精神錯亂中。上開甲、乙間之租賃契約生效否？

三、限制行為能力人未得法定代理人之允許所為之法律行為是否無效？

〔提　示〕

一、甲年僅五歲為無行為能力人，如其自行向乙買受該土地，其買賣契約即為無效。但甲如由其法定代理人代為該買賣契約，即為有效，於乙履行契約，將該土地所有權移轉登記於甲後，甲即取得其所有權。

　　至於買賣有效時，甲之給付價金，係由其法定代理人所贈與，或以其特有財產（民法第一〇八七條）為付款，乃別一問題。

二、甲雖為有行為能力人，但其與乙訂立租賃契約時，係在精神錯亂中所為承租之意思表示，事實上欠缺意思能力，該租賃契約即屬無效（民法第七五條後段）。

三、限制行為能力人未得其法定代理人之允許所為之法律行為，如屬單獨行為，固為無效，但如屬契約，則為效力未定。至於無須允許之法律行為及強制有效之法律行為，限制行為能力人既或無須得其法定代理人之允許，或依法強制其為有效，自無前述須得允許之問題。

第四節　意思表示

一、意思表示之意義

　　意思表示乃表意人將其期望發生私法上效果之意思，表示於外部之行為，例如：出賣土地之表示、承租房屋之表示等是。意思表示為法律行為成立之要素，由效果意思及表示行為兩個要素所構成。茲析述如次：

㈠效果意思

　　效果意思或稱為法效意思或效力意思，即表意人對某種效果之發生內心上有所期望，而具有私法上意義或價值之意思。例如期望出賣土地取得價金、期望與某人結婚取得夫妻身分並發生身分上之權利義務等即是。至於期望參加朋友聚會、期望參與宗教活動等，因無法律上之意義，即非此之效果意思。

㈡表示行為

　　表意人將內心之效果意思表示於外部之行為，稱為表示行為。內心之效果意思如未表現於外部，自非他人所能知悉，而不可能發生法律上之效果，因此表示行為即為意思表示要素之一。又，表示行為須本於表意人之意識作用且客觀上可由外部推斷表意人效果意思之價值（表示價值），故如在無意識或精神錯

亂中之動作或演戲時之為結婚表示，均不能認為表示行為。至於表示之方法，除法律另有規定，或有特約外，或以言語、或以文字、或以其他動作為之，或為明示，或為默示，均無不可。

二、意思表示之分類

意思表示因各種不同之標準，而有不同之分類：

㈠有相對人之意思表示與無相對人之意思表示

意思表示之成立須向相對人為之者，為有相對人之意思表示。而相對人有特定者，有不特定者，特定者固須向該特定人為之，例如贈與須向受贈人為贈與之表示是；至不特定者，則向不特定之一般人為之，即可成立，例如懸賞廣告之要約向一般不特定人為之即可（民法第一六四條）是。意思表示之成立不必對相對人為之者，為無相對人之意思表示，例如立遺囑（民法第一一九九條）是。

㈡明示之意思表示與默示之意思表示

明示之意思表示乃表意人以言語、文字或其他常用之方法，直接表示其意思之謂。默示之意思表示則為以使人推知之方法，間接表示其意思之謂，例如租期屆滿後，承租人繼續為租賃物之使用收益，即可間接推知其有繼續承租之意思表示是。明示與默示，其效力原則上相同（民法第一五三條），但法律如有限於明示者，即須有為明示，其意思表示始得成立，例如連帶債務之成立，除法律另有規定外，須債務人為明示，否則不能成立（民法第二七二條）是。

㈢對話之意思表示與非對話之意思表示

當事人以口頭、電話等方法，直接交換意思者，為對話之意思表示。反之，以書信或使者等傳達方法，間接交換意思者，為非對話之意思表示。又，對話與非對話之區別，與距離無關，即同處一室而以書信傳達意思者，亦為非對話，反之，依電話以為意思表示，縱有相當之距離，亦係對話。對話與非對話之區別，在於其生效時期不同，詳如後述。

三、意思表示之生效時期

意思表示於何時發生效力，因有無相對人而有不同。

(一)無相對人之意思表示

我民法對此無規定，通常於意思表示成立同時發生效力，但法律另有特別規定其生效時期者，例如遺囑於遺囑人死亡時發生效力（民法第一一九九條），拋棄繼承溯及於繼承開始時發生效力（民法第一一七五條）是。

(二)有相對人之意思表示

1.對話之意思表示

民法第九四條規定：「對話人為意思表示者，其意思表示，以相對人了解時，發生效力。」即採取了解主義，於意思表示已為相對人了解時，始發生效力。

2.非對話之意思表示

民法第九五條第一項規定：「非對話而為意思表示者，其意思表示，以通知達到相對人時，發生效力。」即採達到主義，於意思表示之通知已送達於相對人，使其居於可以了解之狀態時生效，至其實際上已否閱讀，在所不問。例如已將書信交付於相對人，固為達到，即交付於其有辨別事理能力之同居人或受僱人（參照民訴一三七條），或已投入其信箱內，亦係已達到而生效。

又，民法第九六條規定：「向無行為能力人或限制行為能力人為意思表示者，以其通知達到其法定代理人時，發生效力。」即表意人向欠缺受領能力之無行為能力人或限制行為能力人為非對話之意思表示時，應向其法定代理人為意思表示之通知，於通知達到法定代理人時始生效力。至於限制行為能力人已得允許或無須允許之行為，應認其有受領能力，得為有效之受領，則表意人向其為意思表示時，應解為以通知達到該限制行為能力之本人時發生效力。

復次，意思表示一經達到，即已生效，表意人不得將其意思表示撤回，但如表意人撤回意思表示之通知，與原意思表示之通知同時或先時到達者，則不在此限（民法第九五條第一項但書），即於此情形足以阻止原意思表示之發生效力。

非對話之意思表示，其意思表示通知發出後至到達相對人而生效之間，通常有時間上之間隔，在此期間，如表意人於發出通知後死亡或喪失行為能力（例如受監護之宣告）或其行為能力受限制（例如限制行為能力人獨立營業之允許，嗣後經其法定代理人撤銷或限制）者，其意思表示不因之失其效力（民法第九

五條第二項)。

　　意思表示既以通知達到相對人時生效，則如表意人非因自己過失而不知相
對人之姓名、居所，即難以為意思表示之通知，其意思表示因此而不能生效，
實不合理。為資補救，民法第九七條乃規定，於此情形，表意人得依民事訴訟
法公示送達之規定，聲請法院以公示送達為意思表示之通知。

四、意思表示之解釋

　　當事人之意思表示，究應發生何種法律上之效果，自應依意思表示之內容
決定之。意思表示如依其表現之文字或語言，足以表示當事人真意、確定其內
容者，自無須別事探求。但如其所用之文字或語言，有曖昧不明，或不完全，
致難以適用法律時，即有解釋意思表示，確定其內容之必要。

　　民法第九八條規定：「解釋意思表示，應探求當事人之真意，不得拘泥於所
用之辭句。」即解釋意思表示之原則有二：

1.應探求當事人之真意

　　所謂真意乃指一般人對當事人所用文字或語言可得了解之意義。

2.不得拘泥於所用之辭句

　　即應依當時之事實及其他一切證據資料，並依交易習慣及誠信原則判斷當
事人所用文字或語言之真意，不應斷章取義，拘泥字面，致失意思表示當時之
真意。例如債務人就其所有不動產為擔保債務之清償而設定權利於債權人，雖
其設定之書面稱為質權（按於法無不動產質權）而不稱為抵押權，但解釋其意
思表示，應認其真意屬民法第八六〇條之抵押權之設定，而不得拘泥於所用之
辭句（參照二八年上字五九八號判例）是。

五、意思表示不一致

　　意思表示不一致乃表意人內心之效果意思與外部之表示行為不合致，可分
為二種情形：

　　⑴**故意之不一致**　即表意人之意思與其表示之行為不一致，為其所明知而
有意使其發生，如心中保留及通謀虛偽表示。

　　⑵**偶然之不一致**　乃表意人意思表示之不一致，為其所不知而偶然發生，

如錯誤及誤傳。

(一)故意之不一致

1.心中保留

　　心中保留乃表意人無欲為其意思表示所拘束之意，而為之意思表示，又稱「單獨虛偽表示」或「非真意表示」。例如真意在出賣甲地，而故意表示出賣乙地；或無出租之意思，而故意向人為出租之要約是。

　　依民法第八六條規定：「表意人無欲為其意思表示所拘束之意，而為意思表示者，其意思表示，不因之無效。但其情形為相對人所明知者，不在此限。」即心中保留原則上為有效，亦即採取表示主義，以所表示之行為為準，而不問其內心之意思，保護交易安全。惟表意人之心中保留若為相對人所明知者，則其意思表示為無效，即心中保留於例外情形為無效，尊重表意人之真意。

2.通謀虛偽表示

　　通謀虛偽表示乃表意人與相對人通謀所為之虛偽的意思表示，即互相故意為非真意之表示。例如債務人甲欲免其土地被其債權人乙聲請強制執行，而與第三人丙通謀虛偽買賣，將該土地所有權移轉登記於丙是。通謀虛偽表示，因當事人間均知其意思之欠缺，不必顧慮相對人之保護，是故民法第八七條第一項明定其為無效。上例，甲、丙間之買賣無效，甲不能請求丙給付價金，丙亦不能取得該土地之所有權，債權人乙亦可主張甲、丙間之買賣無效，請求丙塗銷所有權移轉登記。

　　通謀虛偽表示於當事人間固屬無效，然對於信賴表示行為之第三人，應予以保護，故民法第八七條第一項但書另明定：「不得以其無效，對抗善意第三人。」前例，如丙將該土地設定抵押權於善意之丁時，丁之抵押權即受法律保護，不受甲、丙間買賣無效之影響。又，前述心中保留意思表示為相對人明知而無效時（民法第八六條但書），其無效得否對抗第三人？法無明文，應類推適用本條第一項但書規定，不得以其無效對抗善意第三人。

3.隱藏行為

　　乃於虛偽意思表示之下，隱藏他項法律行為，即為虛偽意思表示之當事人間，隱藏有他項真實之法律行為。例如當事人意在使用借貸，但表面上表示為租賃，就租賃而言，固為通謀虛偽表示而為無效，但同時於其中所隱藏真正之

使用借貸，如具備使用借貸之成立要件時，仍屬有效，是以民法第八七條第二項明定「適用關於該項法律行為之規定」。隱藏行為，其表意人另向相對人為真意之表示，與心中保留之表意人不表示其真意者不同；又，隱藏行為係以為某行為為目的而為他行為，例如為贈與而假裝買賣，其所隱藏之贈與，當事人之意思表示一致，亦與通謀虛偽表示不同。

㈡偶然之不一致

1.錯　誤

錯誤乃表意人之表示，因誤認或不知，致與其意思偶然的不一致，而為其所不知，其情形依民法第八八條之規定有二：

⑴**內容錯誤**　內容錯誤，乃由於表意人之「誤認」（認識不正確），致其所表示之內容，與其效果意思不一致。其主要者為：

①**法律行為性質之錯誤**　例如誤認買賣為贈與，誤認租賃為使用借貸。

②**當事人本身之錯誤**　例如誤認甲為乙，而將房屋出租於甲（惟若行為不注重當事人個性者，如現物買賣，則非內容錯誤）。

③**標的物本身之錯誤**　例如誤 A 物為 B 物而為買賣。

④**當事人之資格或物之性質之錯誤**　民法第八八條第二項規定:「當事人之資格，或物之性質，若交易上認為重要者，其錯誤，視為意思表示內容之錯誤。」例如誤認甲為災民而贈與現款，誤以 K 金為純金而買受是。惟關於當事人之資格或物之性質之錯誤，若在交易上不認為重要者，則不能視為內容錯誤。

⑵**表示錯誤**　表示錯誤乃表意人表示方法有錯誤，即雖有表示之存在，但對於表示之事項則未認識，故亦曰「不知」。例如欲以一〇〇萬元出售某筆土地，誤書為一〇萬元是。民法第八八條第一項謂「表意人若知其事情即不為意思表示」，即指表示錯誤。

表示錯誤乃對於表示行為毫無認識，與前述之內容錯誤為認識不正確者，其就認識雖有程度上之差別，但均為偶然之不一致，故其效力並無不同。

其次，錯誤之效力，民法第八八條第一項規定:「意思表示之內容有錯誤，或表意人若知其事情即不為意思表示者，表意人得將其意思表示撤銷之。但以其錯誤或不知事情，非由表意人自己之過失者為限。」即表意人得將錯誤之意

思表示撤銷。惟錯誤意思表示之得撤銷，以錯誤非出於表意人過失者為限；此之所謂「過失」以解為「具體的輕過失」為妥，即表意人之錯誤如係由於欠缺與處理自己事務同一注意所致者，則不得請求撤銷（關於重大過失、具體輕過失、抽象輕過失之意義，另詳債編通則債之效力中所述）。表意人之行使撤銷權（形成權之一種）須在意思表示後一年內為之，逾期即行消滅（民法第九〇條）。再者，表意人如撤銷錯誤之意思表示，對於信其意思表示為有效而受損害之相對人或第三人應負損害賠償責任，但其撤銷之原因如為受害人明知（惡意）或可得而知（善意而有過失）者，即無予以保護之必要，而不得向表意人請求損害賠償（民法第九一條）。易言之，表意人撤銷後，善意並無過失之相對人或第三人以「信任利益」為範圍，例如訂約或準備履行之費用、失去訂立其他有利契約所失之利益等，均得請求表意人賠償損害；至於因契約履行所可獲致之「履行利益」，例如將該標的物轉賣可得之利益，並非信其契約有效所招致之損害，則不在此之請求賠償之列。

2. 誤　傳

意思表示非由表意人自為表示行為，而由傳達人或傳達機關（如郵政局）傳達錯誤者，為誤傳。例如價金原為二〇萬元，傳達人誤傳為一〇萬元是。民法第八九條規定：「意思表示，因傳達人或傳達機關傳達不實者，得比照前條之規定，撤銷之。」即表意人亦得撤銷傳達不實之意思表示，但亦以非由表意人自己之過失者為限，且撤銷權經過一年而消滅（民法第九〇條），撤銷後並對善意並無過失之相對人或第三人負損害賠償責任，與前述錯誤之情形相同（民法第九一條）。

六、意思表示之不自由

表意人之為意思表示，本須出於其自由意志，如其意思決定之自由受他人之不法干涉，即不免影響意思表示之效力。所謂他人之不法干涉，主要有被詐欺及被脅迫兩者。

㈠詐　欺

詐欺乃表意人因受相對人或第三人之欺罔，致陷於錯誤而為意思表示，例如甲將贗品偽稱真品而出賣於乙是。詐欺之成立，須實施詐欺之人有詐欺之故

意及詐欺之行為（虛構事實或隱匿事實），而表意人因詐欺而陷於錯誤，並因錯誤而為意思表示。故縱有詐欺行為，但表意人並未因而陷於錯誤，或雖陷於錯誤，但並非因錯誤而為意思表示者，尚不能成立詐欺。

　　因被詐欺所為意思表示之效力，依民法第九二條第一項規定：「因被詐欺……而為意思表示者，表意人得撤銷其意思表示。但詐欺係由第三人所為者，以相對人明知其事實或可得而知者為限，始得撤銷之。」即表意人得撤銷被詐欺之意思表示。惟實施詐欺者如為相對人，表意人之行使撤銷權固無限制，但如係第三人實施詐欺者，則以相對人明知其事實或可得而知者為限，表意人始得向相對人撤銷之，以保護善意無過失之相對人。又，表意人之行使撤銷權有除斥期間之限制，即應於發現詐欺後一年內為之，但自意思表示後，經過十年，不得撤銷（民法第九三條）。

　　再者，民法第九二條第二項規定：「被詐欺而為之意思表示，其撤銷不得以之對抗善意第三人。」以保護交易安全，例如甲被乙詐欺而將某物出賣於乙，乙取得該物後又將之出賣於善意之丙（即不知乙詐欺甲取得權利其事），其後甲撤銷其與乙之買賣，而使該買賣視為自始無效，但甲對丙不得主張乙、丙間之買賣無效是。

㈡脅　迫

　　脅迫乃表意人因受相對人或第三人預告加以危害，致心生畏怖而為意思表示，例如甲對乙恫稱如乙不出賣某土地，將予以殺害，致乙心生畏怖而為出賣之表示是。脅迫之成立，須實施脅迫之人有脅迫之故意及脅迫之行為（以加害表意人或其親友之生命、身體、自由、財產之事為預告），而表意人因脅迫而生畏怖，及因畏怖而為意思表示。故縱有脅迫存在，但表意人並未因此心生畏怖，或並非因畏怖而為意思表示，尚不能成立脅迫。

　　因被脅迫所為意思表示之效力，依民法第九二條第一項規定，因被脅迫而為意思表示者，其表意人得撤銷之。表意人之行使撤銷權，應於脅迫終止後一年內為之，但自意思表示後，經過十年，不得撤銷（民法第九三條）。

　　按脅迫與詐欺雖皆為表意人為所不願為之意思表示，惟詐欺係因陷於錯誤而為意思表示，脅迫則因發生畏怖而為意思表示。又，被脅迫與被詐欺之意思表示，雖同為得撤銷，但有下列之不同：

⑴**被脅迫而為之撤銷**　不論實施脅迫者為相對人或第三人，均得撤銷，但被詐欺而為之撤銷，如實施詐欺者為第三人，而相對人為善意無過失時，表意人即不得為撤銷。

⑵**因被脅迫之撤銷**　表意人得以之對抗善意第三人，但被詐欺之撤銷則否。（至於善意第三人如取得動產，受民法第八○一條善意受讓之保護，取得土地所有權受土地法第四三條或民法第七五九條之一信賴登記之保障，不受撤銷之影響，為別一問題，併為敘明。）

習 題

一、向無行為能力人或限制行為能力人對話為意思表示，於何時發生效力？

二、甲為避免其土地一筆被其債權人聲請執行，乃與乙通謀虛偽買賣，將該土地所有權移轉登記於乙，並交付於乙。其後乙將該土地出賣於善意之丙，取得價金，乙將土地交付於丙，並移轉所有權登記於丙。甲得否向丙請求交還土地並塗銷所有權登記？

三、甲與乙通謀虛偽就某土地成立買賣，甲已將其所有權移轉登記於乙。於塗銷乙之所有權登記之前，甲得否對乙主張其為該土地之所有權人？

四、甲脅迫乙出賣汽車一輛，乙已將該汽車交付於甲，並受領甲所給付之價金。乙於事後心有不甘，得否對甲行使權利？

五、甲因受乙之詐欺而與乙結婚，婚後發現其事，得撤銷其結婚否？

六、甲以限時信件向乙為出賣某物之要約，隨即該物之價格上漲，致該要約對其不利，立即前往乙之住所，經向乙之子丙以矇騙手段而取回已送達但尚未開拆之信件，以撤回其要約。甲之撤回生效否？

〔提 示〕

一、民法就此未設明文，應類推適用民法第九六條：「向無行為能力人或限制行為能力人為意思表示者，以其通知達到其法定代理人時，發生效力。」為關於非對話意思表示之規定。從而向無行為能力人或限制行為能力人對話為意思表示者，以其意思表示為法定代理人「了解」時發生效力；惟限制行為能力人已得允許或無須得允許之行為，其本人已有受領能力之情形，則以其意思表示為限制行為能力人「了解」時發生效力。

二、甲、乙間之通謀虛偽買賣固屬無效，而丙係自無權利人之乙受讓該土地之權利，但因丙為善意，為保護交易安全，民法第八七條第一項但書明定，當事人不得以通謀虛偽表示之無效對抗善意第三人，丙既係善意第三人，其取得該土地之權利，即不受影響。況且丙因信賴不動產登記之善意第三人，其登記不受原登記物權不實之影響，即丙取得該土地所有權，亦受民法第七五九條之一第二項及土地法第四三條（絕對效力）之保障。從而甲不得向丙請求交還土地並塗銷所有權登記。

三、㈠甲、乙間通謀虛偽之土地買賣，其債權契約無效，移轉土地所有權登記之物權契約亦屬無效。雖已於形式上登記為乙所有，但該登記有無效原因，甲得本於所有權之除去妨害請求權（民法第七六七條）請求乙塗銷所有權登記，亦得依不當得利返還請求權（民法第一七九條），或原狀回復請求權（民法第一一三條），請求塗銷所有權登記。

㈡依實務見解（司法院院字一九一九號解釋，最高法院三三年上字第五九〇九號、三九年臺上字第一一〇九號判例等）認乙並非依土地法第四三條信賴登記而取得該土地所有權（即土地法第四三條之所謂登記有絕對效力，係指第三人信賴登記而取得土地權利時，真正權利人不得對之主張其權利而言，如本題之乙並非第三人，其與甲為直接當事人，無適用該條信賴登記保護之規定），真正所有權人甲不以登記原因為無效而對乙提起塗銷登記之訴，而對乙提起確認之訴，主張其所有權存在，自無不可。依該見解，甲不待塗銷乙之所有權登記，即可對乙主張其為該土地之所有權人。

㈢理論上，甲對乙自可主張其所有權存在，而不待登記之塗銷。惟未經塗銷乙之所有權登記，將登記之效力推翻前，甲主張其土地所有權存在，事實上有其困難。而乙亦不得以登記之推定力對抗直接前手之真正權利人甲（民法第七五九條之一第一項）。

四、乙受脅迫而出賣汽車，其意思表示不自由，自得向甲撤銷該買賣契約（該撤銷權之行使以意思表示為之即可，亦不限任何方式）。撤銷後，該買賣視為自始無效，乙即得請求甲交還汽車。而乙所得行使之權利為不當得利返還請求權（民法第一七九條），原狀回復請求權（民法第一一四條第二項）、或所有物返還請求權（民法第七六七條），由其擇一或合併行使之。至於乙亦應返還價金於甲，

此為另一問題。（如於訴訟上合併行使時，為訴之客觀合併之問題，附為說明。）

五、結婚亦為法律行為，被詐欺而結婚自屬意思表示不自由。惟基於結婚身分行為之特質，民法親屬編另於第九九七條明定：「因被詐欺或被脅迫而結婚者，得於發見詐欺或脅迫終止後，六個月內向法院請求撤銷之。」於此情形即無民法總則編詐欺、脅迫規定之適用。從而，甲得依上開規定，向法院請求撤銷其與乙之結婚（即須提起婚姻撤銷之訴），其除斥期間為六個月（自發見詐欺後起算）。即撤銷之方式及撤銷權之除斥期間，均與一般法律行為之撤銷有所不同。

六、甲之撤回要約不生效力。其理由為：甲以寄信之非對話方法為要約，於該要約到達乙時，即生效力，其後之取回信件以撤回要約或阻礙乙之知悉該要約，均不生撤回之效力。至乙是否為承諾乃另一問題。

第五節　條件與期限

本於私法自治，當事人自能就其意思表示所生之效果，予以限制或變更，此即法律行為之附款。民法總則規定法律行為之附款有二，一為條件，一為期限，構成意思表示內容之一部。

一、條　件

㈠條件之意義

條件乃當事人以將來客觀上不確定事實之成就與否，決定其法律行為效力之發生或消滅之一種法律行為之附款。例如甲對乙稱：「你明年出國留學時，即贈與五十萬元。」是。此「明年出國留學」之事實，即屬條件，其作用乃決定贈與契約效力之發生。又如稱：「現贈與你五十萬元，但如明年不出國留學，即應返還。」此「明年不出國留學」之事實，亦屬條件，其作用決定贈與契約效力之消滅。

條件須以事實為內容，且必須為將來之事實及不確定之事實，如為過去或現在之事實，因已可完全確定，自不得為條件。

㈡條件之分類

1.停止條件與解除條件

停止條件乃限制法律行為效力之發生之條件，例如以介紹某筆土地之出賣為條件，給付報酬之約定是。給付報酬之行為須俟介紹該土地出賣之條件成就後，始生效力，成就前法律行為雖已成立，但尚未生效，其效力處於停止狀態。

解除條件乃限制法律行為效力之消滅之條件，例如以貸與人出賣於他人時應返還為條件，而貸與借用人房屋之約定是，該房屋使用借貸契約之效力本已發生，但因貸與人出賣於他人之條件成就，而使其失效。

2.積極條件與消極條件

積極條件乃以不確定事實之發生為條件之成就，以其不發生為不成就。消極條件乃以不確定事實之不發生為條件之成就，以其發生為不成就。此種區分，我民法未設明文，惟可作為判別條件成否之標準。

停止條件有積極條件與消極條件之分，解除條件亦然。就停止條件而言，如約定本年內結婚，即贈與某棟房屋，為積極條件；如約定本年內未結婚，即贈與生活費十萬元，為消極條件。就解除條件言，如約定贈與生活費十萬元，如本年內結婚即應返還，為積極條件；如約定贈與某棟房屋，如本年內未結婚即應返還，為消極條件。

關於條件之內容如有不法或矛盾情事，其法律行為自屬無效。如約定殺害某人，即給付報酬五十萬元，因違反公序良俗及強行規定，其約定為無效；又如約定如不上學，即贈與學費，相互矛盾，其約定亦為無效。

㈢條件之效力

條件成就之效力，因停止條件與解除條件而不同，即：

⑴附停止條件之法律行為，於條件成就時，發生效力（民法第九九條第一項）。

⑵附解除條件之法律行為，於條件成就時，失其效力（同條第二項）從而條件一旦成就，法律行為之效力當然發生或消滅，並不溯及既往，惟「依當事人之特約，使條件成就之效果，不於條件成就之時發生者，依其特約」（同條第三項），即得特約溯及於法律行為成立時發生效力，或條件成就後之某一期日發生效力。

民法第一○一條第一項規定：「因條件成就而受不利益之當事人，如以不正當行為阻其條件之成就者，視為條件已成就。」是為條件成就之擬制，以保護相對人之利益。又，同條第二項規定：「因條件成就而受利益之當事人，如以不正當行為促其條件之成就者，視為條件不成就。」是為條件不成就之擬制，制裁以不正當手段促使條件成就之當事人。

附條件之法律行為，於條件成否未定之中，其因停止條件之成就可以取得權利之當事人，或因解除條件之成就可以回復權利之當事人，能否取得、或回復權利，固處於不確定之狀態，但其因條件成就可期待取得或回復之利益，法律仍有予以保護之必要，此種附條件之權利，一般稱為期待權。是故民法第一○○條規定：「附條件之法律行為當事人，於條件成否未定前，若有損害相對人因條件成就所應得利益之行為者，負賠償損害之責任。」例如甲與乙約定，如乙於本年內介紹 A 地號土地以五百萬元以上價格出賣他人，甲即給付乙價值五十萬元之 B 地號土地，但於乙能否介紹出賣未定間，甲竟將 B 土地出賣於丙，並移轉所有權登記於丙，即為損害乙因停止條件成就可取得之利益，乙於介紹 A 土地出賣之條件成就後即可請求甲負損害賠償責任是。此即為對附條件權利之保護。

二、期　限

㈠期限之意義

期限乃以將來確定發生之事實為內容，以限制法律行為效力之發生或消滅，而為法律行為附款之一種。例如甲與乙於租賃契約中約明八十四年十月十二日起出租，八十四年十月十二日即為期限。

期限與條件固同為法律行為之附款，但期限係以將來確定事實之到來為內容，與條件為以將來不確定事實之發生或不發生為內容者，有所不同。

㈡期限之分類

1.始期與終期

始期乃於其屆至之時，法律行為始發生效力，亦即於屆至之前，停止法律行為效力之發生，例如「租期自八十五年一月一日起」是。終期乃於其屆滿之時，法律行為即失其效力，亦即於屆滿之前，法律行為效力已發生，屆滿之時，

消滅法律行為之效力，例如「租期至八十五年十二月三十一日」是。

2.確定期限與不確定期限

確定期限乃將來事實之發生及發生之時期均可確定者，例如「租期至八十五年十二月三十一日」是。不確定期限乃將來事實之發生雖已確定，但其發生之時期尚未確定者，例如「舊屋不堪使用時，即贈與新屋一棟」、「甲與乙約定，於乙之父不幸死亡時，給乙生活費五十萬元」，為定有不確定期限是。

(三)期限之效力

附始期之法律行為，於期限屆至時發生效力（民法第一〇二條第一項）。附終期之法律行為，於期限屆滿時失其效力（同條第二項）。

期限到來前，當事人雖尚未取得權利或回復權利，但亦有取得一定利益之希望，且將來之事實確定可以發生，故附期限法律行為之權利人，其地位較之附條件法律行為之當事人，更為確定，自應有期待權。故民法第一〇二條第三項規定：「第一百條之規定，於前二項情形準用之。」即當事人如有損害相對人因期限到來所應得利益之行為者，應負損害賠償責任。此為對附期限權利之保護。

習　題

一、附條件之法律行為，其效力已發生否？

二、甲與乙於八十四年五月一日訂立土地買賣契約，約明乙應於同年十月一日給付價款二百萬元，甲得否於同年七月一日請求乙給付該二百萬元？

三、甲男、乙女於結婚時約定僅共同生活五年，其結婚生效否？

〔提　示〕

一、應依所附條件之種類而有不同之結論。即法律行為如為附停止條件，於條件成就前，尚未發生效力；但如為附解除條件，則其效力於成立時已發生，於條件成就前，均有效力。

二、此為附始期之約定，於始期到來前，該約定尚未生效，甲之給付價金請求權尚未發生，自不得於始期屆至前，請求乙給付價金。

至乙如有到期不履行之虞，甲固得依民事訴訟法第二四六條之規定提起將來給付之訴，但為另一問題。

三、甲、乙約定僅結婚五年，即對結婚附以「終期」。按結婚須當事人具有以「終生」之共同生活為目的而成立夫妻關係之意思，則當事人如對結婚附以終期，即違反婚姻之本質，亦使婚姻效力陷於不確定狀態，應為法所不許，故依通說，甲、乙之結婚欠缺結婚實質意思，應為無效。（另請參考親屬編結婚無效之說明）

關於結婚、兩願離婚、收養等純粹身分行為，基於公益上之限制及身分行為之特質，不許附條件，亦不許附期限，如竟附加條件或期限時，則其行為歸於無效，為通說之見解，併為說明。

第六節　代　理

一、代理之意義

代理乃代理人於代理權限內，以本人名義所為或所受之意思表示，而直接對本人發生效力之行為。可析述如下：

⑴代理人之為意思表示或受意思表示，必須以本人名義為之，表明其為本人之代理人之地位。

⑵代理人之為意思表示或受意思表示，必須依法律之規定（法定代理）或本人之授權（意定代理）為其依據，於權限範圍內為之，否則即無代理之效力，而生無權代理之情事。

⑶代理行為之內容，僅限於為法律行為，故感情表示、事實行為及侵權行為均無從為代理。又，純粹身分行為，例如結婚、離婚、收養等固亦屬法律行為，但關乎當事人之人格，須由當事人親自為之，性質上自不許由他人代理為之，是宜注意（至民法第一○七九條第二項規定，未滿七歲之未成年人被收養時，由法定代理人代為意思表示並代受意思表示，乃純粹身分行為不許代理之唯一例外）。

代理制度之由來，乃社會生活之所需，即因私法自治之擴充及私法自治之補充。詳言之，社會生活關係日趨複雜，一切法律行為如必限定由本人親自為之，則活動範圍有限，反不利社會經濟之發展，如能以自己所信任之人為代理

人，使代理人所為之行為，其效果直接歸屬於本人，私法自治因而擴充。又未成年人或受監護宣告之人，雖有權利能力，但其行為能力有所欠缺，亦須有法定代理制度，由法定代理人補充其能力之不足，而得以享受權利能力之實效，私法自治因而補充。

代理與代表為不同之概念。代理人與本人為兩個獨立之人格，代理為代理人之行為，僅其效果歸屬於本人而已；代表則代表人與被代表人混為一個人格，代表人之行為視為被代表人之行為。又代理限於為法律行為，而代表除法律行為外，事實行為亦得代表為之。例如董事對外代表法人（民法第二七條第二項），其行為即為法人之行為是。

二、代理之分類

㈠意定代理與法定代理

意定代理乃代理人之代理權係由於本人之授權行為而發生。法定代理則代理權係依法律規定而發生，例如民法第一〇八六條規定：「父母為其未成年子女之法定代理人」是。

㈡單獨代理與共同代理

就同一代理權而代理人有數人時，數代理人各得單獨有效行使代理權者，為單獨代理；須數代理人共同行使一個代理權，即應共同為代理行為，由數代理人全部對外為意思表示者，為共同代理。代理人有數人時，除法律另有規定（例如民法第五五六條）或本人另有意思表示外，以共同代理為原則（民法第一六八條）。

被代理人（即本人）有數人時，一人代理一人者，為單獨代理；一人代理數人者，為共同代理。

㈢有權代理與無權代理

代理人有代理權，於代理權限內所為之代理行為，乃有權代理。反之，非基於代理權所為之代理行為，則為無權代理，無權代理又有表見代理與狹義無權代理之分，詳如後述。

三、代理之發生

㈠法定代理之發生

法定代理之發生乃因法律之規定,例如:

①父母為其未成年子女之法定代理人(民法第一〇八六條)。

②夫妻於日常家務互為代理人(民法第一〇〇三條)。

③監護人為受監護人(未成年人、受監護宣告之人)之法定代理人(民法第一〇九八、一一一三條)。

④遺囑執行人因執行其職務所為之行為,視為繼承人之代理人(民法第一二一五條)。

㈡意定代理之發生

意定代理乃因本人之授與代理權而發生,民法第一六七條規定:「代理權係以法律行為授與者,其授與應向代理人或向代理人對之為代理行為之第三人,以意思表示為之。」即授權行為應向代理人以意思表示為之,其為內部授權,或向代理人對之為代理行為之第三人(即相對人)以意思表示為之,是為外部授權。從而授權行為為單獨行為,因本人之意思表示而生效,無須一定之方式,是為不要式行為。

四、代理之效力

代理關係為本人、代理人與第三人(相對人)間之相互關係。

㈠本人與代理人間之關係

代理人所為之代理行為對本人直接發生效力,須其有代理權,無論其為意定代理或法定代理。

於意定代理,本人與代理人間通常有委任、僱傭、承攬等內部之法律關係,由於該內部法律關係,使代理人負為代理行為之義務。

民法第一〇六條原則上禁止自己代理及雙方代理,即:「代理人,非經本人之許諾,不得為本人與自己之法律行為,亦不得既為第三人之代理人,而為本人與第三人之法律行為。但其法律行為,係專履行債務者,不在此限。」以保護本人之利益。「自己代理」乃代理人自己與本人均為法律行為當事人;「雙方

代理」乃代理人就同一事件受法律行為當事人雙方之授權而為代理人。違反自己代理或雙方代理禁止之規定時，即為無權代理行為。惟依上開規定，於下列二種情形，例外得為自己代理或雙方代理，即：

(1)**經本人之許諾時**　於此情形，僅指定代理，於法定代理即不適用。

(2)**法律行為係專履行債務時**　因專履行債務，並不發生新的債權債務關係，本人不致因此發生損害之故。至代物清償（民法第三一九條）、尚未屆期債務之清償等，涉及新的利害關係，非此之專履行債務。

(二)代理人與第三人間之關係

代理人為法律行為時，必須以本人名義為之，其效果始直接歸屬於本人。

代理人既須為意思表示，自不可無意思能力，無行為能力人既經法律認其無意思能力，自不得充任代理人。依民法第一○四條規定：「代理人所為或所受意思表示之效力，不因其為限制行為能力人而受影響。」即限制行為能力人亦得為他人之代理人，因其具有部分意思能力，如經本人之信任而授與代理權，亦無予以限制之必要。

代理行為既非本人之行為，而為代理人之行為，其意思表示乃基於代理人之意思而作成，是故民法第一○五條本文規定：「代理人之意思表示，因其意思欠缺、被詐欺、被脅迫或明知其事情，或可得而知其事情，致其效力受影響時，其事實之有無，應就代理人決之。」例如主張被脅迫而撤銷其意思表示，究竟有無被脅迫之事實，應就代理人決之，代理人有被脅迫之事實，該意思表示即得予以撤銷，至本人是否被脅迫，則在所不問。上開規定，不論法定代理或意定代理，均可適用，但於意定代理，則有例外，即依同條但書：「但代理人之代理權係以法律行為授與者，其意思表示，如依照本人所指示之意思而為時，其事實之有無，應就本人決之。」即意定代理之代理人，其所為之意思表示如係依照本人所指示之意思而為之者，則該代理人實質上並未作成意思，其表示行為僅係傳達本人已決定之意思而已，此時意思表示是否有瑕疵之事實，應就本人決之，而與代理人無關。

(三)本人與第三人間之關係

不論代理人為意思表示或受意思表示，其法律效果均直接對本人發生效力（民法第一○三條），即本人直接取得其權利，或直接負擔其義務。

代理既為代理人之行為，本人自不以具有意思能力及行為能力為必要，但須具有權利能力，則不待言。

五、代理權之消滅

法定代理權之消滅，應依法律之規定，例如：未成年人已成年，監護宣告經撤銷（民法第一四條第二項），法院宣告停止父母之親權（民法第一〇九〇條），監護人因死亡、經法院許可辭任等原因，經法院依聲請或職權另行選定監護人者（民法第一一〇六條）等是。又如本人死亡或法定代理人死亡時，法定代理權自歸於消滅。他如法定代理人受監護宣告時，其已無意思能力及行為能力，其代理權亦因之而消滅。

意定代理權之消滅，除本人死亡或代理人死亡、代理人受監護宣告，代理權因之消滅外，如代理權定有存續期間而期間已屆滿，或就授權行為附有解除條件而條件已成就，代理權均歸於消滅。再者，因本人對代理人之代理權為限制時，代理權即一部消滅；又如本人對代理權為全部或一部撤回時，代理權亦即全部消滅或一部消滅。惟民法第一〇七條規定：「代理權之限制及撤回，不得以之對抗善意第三人。」對善意無過失之第三人予以保護。關於代理權之撤回，民法第一〇八條第二項規定：「代理權，得於其所由授與之法律關係存續中，撤回之。但依該法律關係之性質不得撤回者，不在此限。」即代理權得由本人予以撤回為原則，但依其法律關係之性質不得撤回者，則不得撤回，例如債務人授權債權人代理訂立租約，並以收取之租金抵充其利息債務時，與代理人（即債權人）有利害關係，其代理權本人（即債務人）即不得予以撤回是。復次，民法第一〇八條第一項規定：「代理權之消滅，依其所由授與之法律關係定之。」例如本人與代理人間因委任、僱傭、承攬等關係，並授與代理權者，則於該基本法律關係消滅時，代理權即亦隨之消滅。易言之，如採無因說，以授權行為不受基本法律關係無效或經撤銷之影響，固非不合理，但民法對授權行為則採取有因說。

授權行為乃不要式行為，未必立有授權書，但如本人曾立授權書交付代理人，而代理權消滅或撤回時，代理人自須將授權書交還於授權者，不得留置（民法第一〇九條），以防濫用，而保護本人。

六、無權代理

無權代理乃無代理權之代理，可分為兩類，即表見代理與狹義的無權代理。

㈠表見代理

表見代理乃無代理權人有相當理由，足使人相信其有代理權，因而對其所為之代理行為，本人須對第三人負授權人責任之代理。

依民法第一六九條規定：「由自己之行為表示以代理權授與他人，或知他人表示為其代理人而不為反對之表示者，對於第三人應負授權人之責任。」可見表見代理於下列兩種情形發生：

1.由自己之行為表示以代理權授與他人

即本人之表示行為欠缺授權行為之效果意思，例如甲函知丙，謂「已」授權乙代理甲與丙訂立買賣契約（此為觀念通知，而非授權之意思表示），但甲實際上並未授權乙為該契約之代理人，而乙竟代理甲與丙訂立買賣契約時，丙即得主張甲應負授權人之責任。

2.知他人表示為其代理人而不為反對之表示

明知無代理權之他人有為其代理人之表示，竟不為反對之表示，該無代理權之人果真為代理行為時，即構成表見代理。

為保護交易安全，表見代理成立時，本人對於善意無過失之第三人應負授權人之責任（即履行責任），亦即第三人得對本人主張代理之效果。惟第三人若明知代理人無代理權，或可得而知者，即不得主張表見代理之效果（民法第一六九條但書）。又，表見代理之規定，僅意定代理有其適用，若法定代理則無適用該規定之餘地（七九年臺上字第二〇一二號判例）。

㈡狹義的無權代理

狹義的無權代理乃表見代理外之無權代理。依民法第一七〇條第一項規定：「無代理權人以代理人之名義所為之法律行為，非經本人承認，對於本人不生效力。」即狹義的無權代理為效力未定之行為，一經本人承認即溯及於該行為成立時發生效力，但如本人拒絕承認則為無效。

於效力未定中，為早日確定其效力，法律乃賦與相對人兩項權利，即：

1.催告權

相對人得定相當期限，催告本人確答是否承認，如本人逾期未為確答者，視為拒絕承認（民法第一七〇條第二項）。

2.撤回權

無權代理人所為之代理行為，其相對人於本人未承認前得撤回之，但相對人明知其無代理權者，不在此限（民法第一七一條）。由上觀之，催告權不論相對人是否善意，均得享有，但撤回權則惡意相對人不得享有。

無權代理行為若因本人拒絕承認而歸無效時，無權代理人對於善意之相對人，負損害賠償責任（民法第一一〇條）。此一損害賠償責任為基於民法規定而發生之特別及無過失責任，並非侵權行為之損害賠償責任（五六年臺上字第三〇五號判例）。即該請求權之消滅時效期間為十五年（民法第一二五條）。

習　題

一、甲授權乙為代理人將其所有之某土地出賣，經乙以甲代理人之地位與丙訂立買賣契約，出賣人為甲或乙？

二、甲授權乙為代理人將某房屋出租，乙竟以甲代理人之地位將之出賣於丙，丙得否請求甲辦理房屋所有權移轉登記？

三、無權代理之效力若何？

四、甲、乙為夫妻，感情不睦，丙竟無權代理乙與甲完成離婚行為，並經離婚登記，事後乙承認丙之該無權代理行為，甲、乙之協議離婚是否發生效力？

〔提　示〕

一、出賣人為甲。因該買賣契約雖由乙、丙所訂立，但乙係以甲代理人之地位而為意思表示，該買賣契約之效果對甲發生效力，其權利義務均直接歸屬於甲。

二、㈠甲如不承認該買賣，丙即不得請求甲移轉房屋所有權登記。因乙之代理權限為出租，而非出賣，乙逾越代理權而為出賣，為狹義的無權代理行為，即該買賣之效力未定，如甲不為承認，該買賣為無效，丙不得依據買賣契約向甲為請求。至於該買賣無效時，丙如為善意，得向乙請求損害賠償（民法第一一〇條），乃另一問題。

㈡甲如對上開效力未定之買賣為承認，則該買賣生效，丙即得請求甲履行買賣

契約，辦理房屋所有權移轉登記。

三、無權代理有兩類，其效力各有不同：(1)表見代理　本人應對善意無過失之第三
　　人負授權人責任。(2)狹義的無權代理　效力未定。（詳如本文內之解說）

四、甲、乙之離婚無效。因兩願離婚為純粹身分行為，乃不許代理之行為，其由無
　　代理權人為之者，縱經本人承認，亦不生效力（參照二九年上字第一九〇四號
　　判例）。即甲、乙仍屬夫妻。

第七節　無效、得撤銷及效力未定

　　法律行為具備成立要件及生效要件者，即完全有效。惟法律行為雖已具備
成立要件而成立，但欠缺生效要件時，則依情形分別發生「無效」、「得撤銷」
或「效力未定」等三種不同之效果。

一、無　效

　　無效乃法律行為因欠缺生效要件，而自始的、當然的、確定的不發生法律
上之效力，例如違反公序良俗之行為（民法第七二條）、通謀虛偽之行為（民法
第八七條第一項），均為無效是。無效為自始即無效力；確定的不生效力，不因
補正而有效；當然的不生效力，不待當事人為主張，亦不必請求法院為宣告或
確認。至於當事人因法律行為無效，致其權利義務關係是否存在發生爭執，提
起確認之訴，請求法院裁判（民訴二四七條），例如起訴請求確認買賣關係不存
在，自無不可，但為別一問題。

　　無效有全部無效與一部無效之別。全部無效即法律行為全部不生效力，固
無問題，一部無效則無效原因僅存在於法律行為之一部，民法第一一一條規定：
「法律行為之一部分無效者，全部皆為無效。但除去該部分亦可成立者，則其
他部分，仍為有效。」即一部無效時，以全部無效為原則，例如甲、乙共同向
丙承租土地一筆，惟契約成立時，乙在精神錯亂中狀態，則乙之部分即屬一部
無效，該租約全部因之而無效是。但於一部無效之情形，如例外除去該無效部
分，亦可成立者，其餘部分仍生效力，例如依耕地三七五減租條例第一四條之
規定，出租人不得收取押租金，則如耕地租賃，承租人交付押租金者，該押租

金契約部分無效，但除去該部分，其餘之耕地租約部分仍為有效是。

　　民法第一一二條並規定無效行為之轉換，即：「無效之法律行為，若具備他法律行為之要件，並因其情形，可認當事人若知其無效，即欲為他法律行為者，其他法律行為，仍為有效。」例如不具備票據要件之票據，雖不生票據法上之票據效力，但可轉換為民法上之指示證券（民法第七一〇條）；又如密封遺囑雖不具備法定方式而不生密封遺囑之效力，但如具備自書遺囑之方式者，有自書遺囑之效力（民法第一一九三條）是。

　　關於無效行為之效果，民法第一一三條規定：「無效法律行為之當事人，於行為當時知其無效，或可得而知者，應負回復原狀或損害賠償之責任。」即當事人一方如明知或可得而知該法律行為無效者，即應負責，其內容為：

　　(1)對於他方已為之給付，應負回復原狀之責任。

　　(2)如不能回復原狀或因其他情事致他方受有損害者，應負損害賠償責任　惟於法律行為無效之情形，當事人一方如已為給付者，亦得依情形向他方依不當得利返還請求權（民法第一七九條）或所有權之物上請求權（民法第七六七條第一項）請求返還，是宜注意。

二、得撤銷

　　得撤銷一語，在我民法上有各種不同之意義，例如：

　　(1)與法律行為之撤銷無關者　如監護宣告之撤銷（民法第一四條第二項）、法人許可之撤銷（民法第三四條）等。

　　(2)須聲請法院撤銷法律行為者　如暴利行為之撤銷（民法第七四條）、債務人詐害行為之撤銷（民法第二四四條）、結婚之撤銷（民法第九八九條以下）等，其中結婚撤銷之效力不溯及既往（民法第九九八條）。

　　(3)無須聲請法院撤銷，僅須以意思表示為撤銷即可者　其中有以意思表示有瑕疵為原因者，例如被詐欺、被脅迫之撤銷（民法第九二條）；又有與意思表示之瑕疵無關者，例如對限制行為能力人獨立營業允許之撤銷（民法第八五條第二項）、贈與之任意撤銷（民法第四〇八條第一項）等。茲所論述之撤銷，指法律行為因其意思表示有瑕疵，而得由撤銷權人以意思表示為撤銷，使已生效之法律行為溯及的消滅其效力之意思表示，例如撤銷因被詐欺、被脅迫或錯

誤而成立生效之法律行為是。

　　撤銷應以意思表示為之，如相對人確定者，撤銷之意思表示應向相對人為之（民法第一一六條）。法律行為經撤銷者，視為自始無效（民法第一一四條第一項），即溯及法律行為成立時失其效力。又，法律行為經撤銷者，當事人知其得撤銷或可得而知者，應負回復原狀或損害賠償之責任（民法第一一四條第二項準用一一三條）。再者，撤銷之結果，當事人之債權行為固失其效力，如本於該行為已有物權移轉之行為者，亦視為自始無效，即撤銷有物權之效力，是一方亦得向他方行使物上請求權。

　　撤銷權之行使，能使生效之法律行為溯及的失效，具有破壞性，有損交易安全，自不宜長久存在，因此法律對於撤銷權乃設有除斥期間之規定（如民法第九〇、九三條規定為一年是），如於該期間不行使，即行消滅。此外，撤銷權人如於除斥期間屆滿前，為拋棄撤銷權之表示，已生效之法律行為，即確定其不消滅，此種表示，民法上亦稱為「承認」，承認之方法應以意思表示為之，如相對人確定者，其意思表示應向相對人為之（民法第一一六條）。

三、效力未定

　　所謂效力未定乃法律行為業已成立，但其效力是否發生尚未確定，須待他人為同意或承認而後生效。效力未定之行為，民法總則規定有須得第三人同意之行為與無權處分之行為兩種。

㈠須得第三人同意之行為

　　法律行為依法律規定以第三人之同意為生效要件者，為須得第三人同意之行為，例如限制行為能力人未得法定代理人允許所訂立契約，須經第三人即法定代理人之承認，始生效力（民法第七九條）；無權代理行為須經本人承認，始對本人發生效力（民法第一七〇條第一項）是。第三人之同意，有各種不同之名稱，事先之同意稱為「允許」（民法第七七條）、事後之同意稱為「承認」（民法第七九條），概稱之則曰「同意」（民法第一一七條）。

　　民法第一一七條規定：「法律行為須得第三人之同意始生效力者，其同意或拒絕，得向當事人之一方為之。」即同意或拒絕之表示向任何一方當事人為之均可，不以向雙方之當事人表示為必要。

㈡無權處分之行為

無權處分行為乃無處分權之人以自己名義，就他人之權利標的物，予以處分之行為，例如無處分權之借用人將貸與人之汽車，以自己名義出賣於他人，而將之交付於他人是。所謂處分係指以物權之移轉、變更或設定負擔為目的，並具有物權效力之行為，亦即僅指物權行為及準物權行為，並不包括債權行為（負擔行為），即僅出賣他人之物，尚未移轉物之所有權者，並非無權處分行為。無權處分係無處分權人以自己名義為處分，如以他人名義就他人之標的物為處分，則為無權代理之問題。

民法第一一八條第一項規定：「無權利人就權利標的物所為之處分，經有權利人之承認始生效力。」即無權處分行為於未經權利人承認前，其效力未定，如不予承認時，其處分行為仍自始無效。同條第二項規定：「無權利人就權利標的物為處分後，取得其權利者，其處分自始有效。但原權利人或第三人已取得之利益，不因此而受影響。」即無權利人於處分後因買受、受贈或繼承等原因而取得該標的物處分權時，則其處分行為溯及於處分時生效，但原權利人或第三人之權益均不受影響。同條第三項又規定：「前項情形，若數處分相牴觸時，以其最初之處分為有效。」例如甲將屬於乙之債權五十萬元，先讓與丙，後又讓與丁（按債權讓與為準物權行為），其後甲取得乙之債權，此際以讓與丙之處分行為為有效是。

習 題

一、法律行為之無效、得撤銷與效力未定，三者有何區別？

二、甲擅將乙所有之土地一筆，出賣於丙，該買賣契約生效否？是否為無權處分行為？

三、甲脅迫乙出賣汽車一輛，乙於事後乃以受脅迫為理由提起訴訟（形成之訴），請求法院判決撤銷兩造間之買賣契約，其請求判決撤銷有據否？

四、甲保管乙所有之手提電腦一部，惟竟以自己名義將之出賣於丙，經交付於丙；事後乙對甲該處分行為不予承認，乙得否請求丙交還該電腦？

〔提 示〕

一、法律行為之無效、得撤銷與效力未定雖同為欠缺生效要件，但各為不同之效果。

茲說明其區別如次：

㈠無效之不能發生效力，於行為當時即已確定，不因當事人或第三人之同意或承認而使其溯及有效。得撤銷之行為，於行為當時即已發生效力，於撤銷前，已發生之效力不受影響。效力未定之行為，則行為當時尚不能確定是否生效，雖當時未能生效，但如經他人事後之同意，即確定生效。

㈡無效為法律行為確定的自始不生效力。得撤銷之行為則已發生效力，但其效力能否持續為不確定，於撤銷權人表示撤銷及撤銷權消滅前，其效力已發生。效力未定之行為，其效力是否發生不能確定，在第三人同意前，則效力尚未發生。

㈢無效之法律行為，任何人均得為主張。撤銷須由法律所定之撤銷權人行使，始生撤銷之效力。效力未定之行為亦僅特定之第三人得為承認。

二、甲與丙間之買賣契約生效。因買賣為債權契約，僅約定當事人互負移轉財產權及支付價金之債務而已，出賣人甲若不能使買受人丙取得該土地所有權時，為給付不能之問題（民法第二二六條參照），因此該土地所有權不必於買賣成立時即屬於甲，即物之出賣人並不以物之所有人為限。從而甲、丙之買賣契約即為有效。

甲出賣乙之土地於丙，為債權契約，即甲因該契約負擔將土地所有權移轉於丙之債務，該契約並非移轉所有權之物權契約（參照三七年上字第七六四五號判例）。足見甲出賣乙土地於丙之契約，僅屬負擔行為而已，尚非移轉土地所有權之物權行為，自非無權處分行為。

三、乙不得請求法院判決撤銷其與甲之買賣契約。查乙受甲之脅迫而出賣汽車於甲，依民法第九二條，乙固得撤銷該買賣契約，但僅須向甲以意思表示為之即可，不須聲請法院判決撤銷之，即無庸起訴即得行使其撤銷權（形成權之一種），乃竟提起撤銷之訴，自無請求之正當利益（欠缺權利保護要件），法院應判決駁回乙之訴訟。

按本件僅須由乙向甲為撤銷之意思表示（例如以郵局存證信函為撤銷之表示），雙方之買賣契約即溯及消滅其效力，但撤銷後如甲不返還汽車，乙自得依據不當得利返還請求權（民法第一七九條）、原狀回復請求權（民法第一一四條第二項）或物上請求權（民法第七六七條）等起訴（以之為訴訟標的），請求法院判

命甲交還汽車（給付之訴），附為說明。

四、乙得否請求丙交還該電腦，視丙得否主張善意受讓該動產所有權而定。即：⑴甲、丙之買賣債權行為固為有效，但甲對該電腦並無處分權，其將之交付於丙為無權處分行為，乙不予承認時，對乙為自始無效，惟丙如為善意，主張其受動產善意受讓（民法第八〇一、九四八條）之保護時，即原始取得其所有權，乙自不得請求丙交還。⑵如丙為惡意，不受善意受讓之保護，對乙為無權占有該電腦，乙自得本於所有物返還請求權（民法第七六七條第一項前段）或占有之不當得利返還請求權（民法第一七九條）請求丙交還。

第五章　期日及期間

一、期日及期間之意義

時間在法律上具有重要之意義，例如：依人之出生與死亡之時間，定其權利能力之發生與消滅；依一定期間之經過而取得權利，如取得時效（民七六八至七七二條）是。

時間在法律上有期日與期間之分。期日乃不可分及視為不可分之時間，例如六月一日上午十時為不可分之期日，又如五月十日則為視為不可分之期日，因其雖有二十四小時，但均在五月十日之限度內之故。期間乃從一定期日至另一定期日，例如自六月五日至七月五日，又如上午十時至下午三時是。

二、期日及期間之計算

㈠計算之一般規定

民法第一一九條規定：「法令、審判或法律行為所定之期日及期間，除有特別訂定外，其計算依本章之規定。」即本章雖對於期日及期間之計算方法，有所規定，然必於法令、審判上或法律行為無特別訂定期日及期間時，始適用之。亦即法令、審判上或當事人間之法律行為特別訂有期日及期間者，不受本章之拘束。例如中央法規標準法第十三條規定：「法律明定自公布或發布日施行者，自公布或發布之日起算至第三日起發生效力。」自不適用本章之規定是。

㈡計算法之分類

1.自然計算法

即依實際時間以為計算，例如一日為二十四小時，一星期為七天，一月為三十天，一年為三百六十五天。

2.曆法計算法

即依曆法以為計算，即一日係自午前零時至午後十二時，一星期係星期日至星期六，一月係月之一日至月之末日，一年係一月一日至十二月三十一日。此種計算法不論月之大小、年之平閏，悉依曆法定之。如自一月十五日起二個

月，則計至三月十四日止是，至一月為三十一日、二月為二十八日或二十九日，均非所問。

民法第一二三條第一項規定：「稱月或年者，依曆計算。」即對於連續期間，採曆法計算法。同條第二項規定：「月或年，非連續計算者，每月為三十日。每年為三百六十五日。」即對於非連續期間，採自然計算法。又，以時、日、星期定期間者，上開兩種計算法則無分別。

(三)期間之起算點

1.以時定期間者

以時定期間者，即時起算（民法第一二○條第一項）。例如上午八時起工作，三小時完成工作，則自八時起計算其期間，算至十一時終止。

2.以日、星期、月或年定期間者

其始日不算入（民法第一二○條第二項）。此所謂始日不算入，乃意思表示或法律行為成立之日不算入。例如一月二十五日訂立買賣契約，約定十日內付款，則自一月二十六日起算，至二月四日屆滿是。

(四)期間之終止點

1.以日、星期、月或年定期間者

以期間末日之終止，為期間之終止（民法第一二一條第二項）。即以該期間最後一日之午夜十二時為終止點。

2.不以星期、月或年之始日起算期間者

以最後之星期、月或年與起算日相當日之前一日，為期間之末日（民法第一二一條第二項）。例如自一月十四日起算六月，則七月十三日為期間末日。此所謂之始日係指星期之始日（星期日）、月之始日（一日）、年之始日（元旦），與民法第一二○條第二項所稱之始日指法律行為或意思表示成立日者，有所不同。又，此種計算方法，在以星期定期間者，固無問題，若以月或年定期間者，倘最後之月無與起算日相當之日者，民法第一二一條第二項但書規定：「以月或年定期間，於最後之月，無相當日者，以其月之末日，為期間之末日。」例如自八十二年八月三十一日起算一年六月，則八十四年二月二十八日為期間末日是。

3.期日或期間終止點之延長

民法第一二二條規定：「於一定期日或期間內，應為意思表示或給付者，其期日或其期間之末日，為星期日、紀念日或其他休息日時，以其休息日之次日代之。」例如給付期間之末日為十月十日國慶日，即延長為十月十一日是。

三、年齡之計算法

民法第一二四條第一項明定：「年齡自出生之日起算。」即自出生之日起算足一年為一歲，亦即採週年計算法，而非自出生之翌日起算，從而不適用始日不算入之規定。

如出生之月、日無從確定時，推定其為七月一日出生；知其出生之月，而不知其出生之日者，推定其為該月十五日出生（民法第一二四條第二項）。既為推定，有反證時，自得予以推翻。惟如有不知其出生之年時，民法則未設推定之規定，是宜注意。

<u>習　題</u>

一、甲委請乙建造房屋一棟，約定自八十四年六月一日起工作，一年內完工，但扣除星期日、例假日及不能工作之雨天，則何日為期間之終止？

二、甲應於八十四年五月三十一日給付乙租金十萬元，但甲屆期未為給付，乙亦未為請求，乙給付租金請求權之消滅時效自何時起算？

〔提　示〕

一、依約定乙雖應自八十四年六月一日起一年內完工，但因星期例假日及雨天應予扣除，則一年之期間自無從為連續計算，即不能依曆法計算法，而應依自然計算法，以滿足三百六十五日為其期間之終止。

二、乙之租金請求權應自八十四年六月一日起算消滅時效。按租金請求權因五年間不行使而消滅（民法第一二六條），而消滅時效自請求權可行使時起算（民法第一二八條），本件乙於八十四年五月三十一日得向甲請求給付租金，則計算其五年之消滅時效期間，其始日不算入，即應自同年六月一日起算，至八十九年五月三十一日屆滿。

第六章　消滅時效

第一節　概　說

　　時效乃因一定之事實狀態已繼續一定之期間，而發生一定法律效果之制度。時效有取得時效與消滅時效兩種。前者為權利取得之原因，我民法規定於物權編（民七六八至七七〇條）；後者則為因請求權之不行使，繼續一定之期間，債務人遂取得抗辯權，其如行使該權利，債權人請求權之行使即受妨阻，我民法將消滅時效規定於總則編。

　　時效制度存在之理由，主要有二：

1.避免舉證之困難

　　某種事實狀態，因時間之經過，證據不免散失，而難以證明，如以時效為證據之代用，發生法律上之效力，法律關係即得以早日確定。且權利人久不行使其權利，可謂「睡眠於權利之上」，自無予以保護之必要。

2.尊重新秩序

　　事實關係與正當權利不一致時，權利人本應行使其權利，以消滅現有之事實關係，乃竟不為行使，則現有之事實關係，於經過相當期間後，即形成新秩序，為社會所信賴，自不宜予以推翻，以求社會秩序之安定，故法律設時效制度，而使久不行使權利者，其權利之行使即受妨阻。

第二節　消滅時效之期間

　　消滅時效以請求權不行使之事實狀態，達於一定期間為成立要件，此一定期間有一般期間與特別期間之分。

一、一般期間

　　民法第一二五條規定：「請求權，因十五年間不行使而消滅。但法律所定期

間較短者，依其規定。」此十五年之期間為一般期間，除法律另行規定較短時效期間外，均適用之。

二、特別期間

㈠五　　年

民法第一二六條規定：「利息、紅利、租金、贍養費、退職金及其他一年或不及一年之定期給付債權，其各期給付請求權，因五年間不行使而消滅。」所謂定期給付債權，乃於一定或不定之期間內，定期的給付金錢或其他代替物為標的之債權，例如一定期間之扶養債權是，其各期（相隔在一年以下者）給付請求權，因五年間不行使而消滅。至於當事人約定分期付價，則為一個債權之清償方法，並非定期給付債權，是宜注意。

㈡二　　年

依民法第一二七條之規定，左列各款請求權因二年間不行使而消滅：

①旅店、飲食店及娛樂場之住宿費、飲食費、座費、消費物之代價及其墊款。

②運送費及運送人所墊之款。

③以租賃動產為營業者之租價　如租賃而非動產，或雖為動產租賃，而非營業者，即不在本款範圍，其租金請求權之時效期間為前述之五年。

④醫生、藥師、看護生之診費、藥費、報酬及其墊款。

⑤律師、會計師、公證人之報酬及其墊款。

⑥律師、會計師、公證人所收當事人物件之交還。

⑦技師、承攬人之報酬及其墊款。

⑧商人、製造人、手工業人所供給之商品及其產物之代價。

至於消滅時效之期間，應自何時起算？民法第一二八條明定：「消滅時效，自請求權可行使時起算。以不行為為目的之請求權，自為行為時起算。」例如定有清償期之債權，其時效期間應自期限屆至時起算；約定不得競業（以不行為為目的之請求權），債務人不競業即為履行債務，債權人自無從為請求，須債務人競業，發生違反義務之行為時，債權人始得行使請求權，並開始計算其時效期間。至於另有特別規定，自當從其規定，例如侵權行為損害賠償請求權之

二年消滅時效期間，自請求權人知有損害及賠償義務人時起算是（民法第一九七條第一項）。

又，時效期間之規定，當事人不得以法律行為加長或減短之（民法第一四七條），即屬於強行規定。

第三節 消滅時效之中斷

一、消滅時效中斷之意義

消滅時效中斷乃時效進行中，因權利人行使請求權之行為，致使已進行之時效期間失其效力之謂。按消滅時效乃以權利人怠於行使其請求權之狀態繼續為其基礎，則在時效進行中，如有行使請求權之行為，時效自應中斷，使過去已進行之時效期間歸於無效，於中斷事由終止時，重新起算時效期間。宜注意者有二：

⑴時效中斷必在時效期間進行中，時效完成後，即再無時效中斷之可言。

⑵時效中斷之事由以法律規定者為限。

二、消滅時效中斷之事由

㈠請 求

由民法第一三〇條規定：「時效因請求而中斷者，若於請求後六個月內不起訴，視為不中斷。」可知：

⑴請求為中斷之事由之一 此所謂之請求指權利人於訴訟外催促義務人履行債務之意思通知，至於起訴而為請求為後述之中斷事由。

⑵權利人請求後，時效中斷，但如義務人仍不履行義務，權利人應起訴請求 若不於請求後六個月期間內起訴，可見其無行使權利之決心，即視為不中斷，而自始不生中斷之效力。

㈡承 認

承認為義務人向權利人表示認識請求權存在之觀念通知（事實通知）。承認不以義務人具有中斷時效之效果意思為必要，亦無固定方式，以口頭或書面、

明示或默示為之，均無不可，例如債務人支付利息可解為對原本請求權之默示承認（二六年鄂上字三二號判例）、請求緩期清償亦有承認之效力（五一年臺上字一二一六號判例）是。又，因承認而生時效中斷之效力為確定的，而非條件的，故無視為不中斷之規定（參照民法第一二九條第一項二款）。

㈢起　訴

起訴乃權利人以民事訴訟向義務人行使其請求權之行為，時效自應中斷（民法第一二九條第一項三款）。如權利人提起刑事附帶民事訴訟（刑訴四八七條以下），亦不失為此之起訴。又，民事訴訟有給付之訴、確認之訴與形成之訴之分，權利人提起給付之訴、形成之訴及積極的確認之訴，可生中斷之效力，固無疑義；但如由義務人提起確認權利不存在之消極的確認之訴，而權利人應訴者，實務見解不認為權利人已起訴，不因此而生中斷之效果（四六年臺上字一一七三號判例），但亦有學者認可生中斷之效力者，似以實務見解為可採。再者，民法第一三一條規定：「時效因起訴而中斷者，若撤回其訴，或因不合法而受駁回之裁判，其裁判確定，視為不中斷。」即起訴所生中斷之效力，亦非絕對的，有上開情形，仍視為不中斷。

㈣與起訴有同一效力之事項

依民法第一二九條第二項規定，左列五款情事，亦與起訴同有時效中斷之效力：

1.依督促程序，聲請發支付命令

債權人如依民事訴訟法督促程序規定（民訴第五〇八條以下）聲請法院發支付命令，令債務人給付金錢或其他代替物或有價證券之一定數量者，應自提出聲請時，發生中斷之效力。惟時效因聲請發支付命令而中斷者，若撤回其聲請，或受駁回之裁判，或支付命令失其效力（例如法院發出支付命令後，三個月內不能送達於債務人，或債務人對支付命令提出異議）時，視為不中斷（民法第一三二條）。

2.聲請調解或提付仲裁

權利人依民事訴訟法調解程序之規定（民訴四〇三條以下）聲請調解，或依仲裁法之規定提付仲裁，亦均為向義務人請求給付之行為，自生中斷時效之效力（民法第一二九條第二項二款）。惟時效因聲請調解或提付仲裁而中斷者，

若調解之聲請經撤回、被駁回、調解不成立或仲裁之請求經撤回、仲裁不能達成判斷時，視為不中斷（民法第一三三條）。

3.申報和解債權或破產債權

依破產法規定，債務人因不能清償債務而向法院聲請和解，經法院裁定許可和解，或債務人因不能清償債務經法院宣告破產時，其債權人即得申報和解債權、或破產債權，其為申報時，即為行使權利之行為，自生中斷時效之效力（民法第一二九條第二項三款）。惟時效因申報和解債權或破產債權而中斷者，若債權人撤回其申報時，視為不中斷（民法第一三四條），因既撤回申報，即與未申報者相同，故視為不中斷。

4.告知訴訟

當事人於訴訟繫屬中，得將訴訟告知於因自己敗訴而有法律上利害關係之第三人，使之有參加訴訟之機會（民訴六五條），此為告知訴訟，例如甲基於物上請求權訴請乙返還某物，但該物係乙向丙所買受，乙、丙間有一定之權利義務關係，乙乃將訴訟告知於丙是。

告知人為訴訟告知，其對受告知人有行使權利之意思，故時效中斷（民法第一二九條第二項四款）。惟時效因告知訴訟而中斷者，若於訴訟終結後六個月內不起訴，視為不中斷（民法第一三五條），即告知人於敗訴確定後，就其對受告知人之權利，須於六個月起訴，否則應視為不中斷。

5.開始執行行為或聲請強制執行

開始執行行為，乃法院依假扣押或假處分裁定所為執行行為，以保全債權人將來之強制執行，此種執行行為開始時，即生中斷時效之效力；惟時效因開始執行行為而中斷者，若因權利人之聲請或法律上要件之欠缺，而撤銷其執行處分時，視為不中斷（民法第一三六條第一項）。又，債權人聲請強制執行，乃為實現其權利之行為，自發生時效中斷之效力；惟時效因聲請強制執行而中斷者，若撤回其聲請或其聲請被駁回時，視為不中斷（民法第一三六條第二項）。（按：強制執行法於八十五年十月修正時，將舊法第五條第一項後段「假扣押、假處分及假執行之裁判，其執行得依職權為之。」予以刪除，即修正後已無依職權開始執行之事，均為依聲請而執行。是故應已無開始執行行為其事。）

三、消滅時效中斷之效力

㈠消滅時效中斷對於時之效力

民法第一三七條第一項規定：「時效中斷者，自中斷之事由終止時，重行起算。」即時效中斷前已經過之時效期間均失其效力。所謂中斷事由終止，例如因請求而中斷者，應自請求之通知達到義務人（非對話時）或為義務人了解（對話時），為中斷事由之終止而重行起算；因承認而中斷者，應以承認之表示達到權利人（非對話時），或為權利人了解（對話時），為中斷事由之終止而重行起算；但因起訴而中斷者，民法第一三七條第二項明定：「因起訴而中斷之時效，自受確定判決，或因其他方法訴訟終結時，重行起算。」

依民法第一三七條第三項之規定：「經確定判決或其他與確定判決有同一效力之執行名義所確定之請求權，其原有消滅時效期間不滿五年者，因中斷而重行起算之時效期間為五年。」例如承攬人之報酬，其時效期間為二年（民法第一二七條七款），經法院判決其勝訴確定後，重行起算之時效為五年，而非原有之二年是。又，所謂與確定判決有同一效力之執行名義，例如訴訟上之和解（民訴三八○條一項）是。

㈡消滅時效中斷對於人之效力

民法第一三八條規定：「時效中斷，以當事人、繼承人、受讓人之間為限，始有效力。」時效中斷乃由於因時效而受利益或不利益之當事人之行為，其效力自僅及於當事人。至於繼承人為當事人之一般繼受人，其包括繼受當事人之權利義務（民法第一一四八條第一項），至受讓人則為當事人之特定繼受人，因法律行為或法律規定而受讓當事人之法律關係（例如債權之受讓人、租賃物之受讓人），亦為當事人行為效力之所及，即繼承人、受讓人亦應承受時效中斷之效力。

第四節　消滅時效之不完成

一、消滅時效不完成之意義

　　消滅時效不完成，乃時效期間行將完成之際，因有難於行使其權利之事實發生，法律乃使時效暫不完成之謂。按消滅時效之基礎乃因權利人之不行使權利，則若非權利人不行使權利，而係無法或不便行使者，法律上自不應使時效完成，亦即使時效暫時停止。

　　消滅時效不完成與中斷，雖同為中止時效期間之進行，但時效中斷係將已經過之期間使其不生效力，於中斷事由終止時，重行起算，而時效不完成，其已經過之期間並不歸於無效，於不完成之事由終止時，仍應接續計算，有所區別。

二、消滅時效不完成之事由

㈠因事變之不完成

　　民法第一三九條規定：「時效之期間終止時，因天災或其他不可避之事變，致不能中斷其時效者，自其妨礙事由消滅時起，一個月內，其時效不完成。」所謂不可避之事變，即不可抗力，有此事變存在，權利人不能行使其權利，故時效不完成。

㈡因繼承關係之不完成

　　民法第一四〇條規定：「屬於繼承財產之權利或對於繼承財產之權利，自繼承人確定或管理人選定或破產之宣告時起，六個月內，其時效不完成。」所謂「屬於繼承財產之權利」，乃該權利為繼承財產之部分，「對於繼承財產之權利」，為該權利成為繼承財產之負擔。有此情事，權利人或義務人一時難以確定，權利之行使有所困難，故時效不完成。

㈢因能力關係之不完成

　　民法第一四一條規定：「無行為能力人或限制行為能力人之權利，於時效期間終止前六個月內，若無法定代理人者，自其成為行為能力人或其法定代理人

就職時起，六個月內，其時效不完成。」此情形因權利人之行為能力不完全，又無法定代理人，權利之行使有所困難，故時效不完成。

㈣因法定代理關係存續之不完成

民法第一四二條規定：「無行為能力人或限制行為能力人，對於其法定代理人之權利，於代理關係消滅後一年內，其時效不完成。」按在法定代理關係存續中，無行為能力人或限制行為能力人對於法定代理人主張權利，有所不便，且有困難，故時效不完成。

㈤因婚姻關係之不完成

民法第一四三條規定：「夫對於妻或妻對於夫之權利，於婚姻關係消滅後一年內，其時效不完成。」按配偶互相行使權利，有所不便，且因相互信賴，對權利之行使，有時不免忽略，故時效不完成。

三、消滅時效不完成之效力

不完成事由存在時，時效期間停止進行，於其事由終止後，尚有一定之期間，得以行使權利，如於此一定期間內仍不行使其權利使時效中斷時，則時效完成。

時效不完成之事由，與中斷之事由不同，其並非由於當事人間之行為，故其效力為絕對的，對於一切之人，均有效力。

第五節　消滅時效完成之效力

一、抗辯權之發生

消滅時效完成後，對於當事人間所發生之效力，各國立法例不一，有採債權消滅主義者（即債權本身歸於消滅）；有採請求權消滅主義者（債權仍存在，但請求權消滅）；亦有採抗辯權發生主義者（債權及請求權均不消滅，但債務人發生拒絕給付之抗辯權）。

我民法第一百二十五至一百二十七條均謂請求權消滅，依此似採請求權消滅主義；但民法第一四四條第一項則規定：「時效完成後，債務人得拒絕給

付。」即消滅時效完成之效力，不過發生拒絕給付之抗辯而已，由此似又採抗辯權發生主義。惟依判例見解（二九年上字一一九五號判例）則採抗辯權發生主義，即消滅時效完成，債務人取得抗辯權而已，非使權利人之請求權當然消滅，債務人若不行使其抗辯權，法院自不得以時效業已完成，而認請求權已歸消滅。易言之，請求權並不消滅，僅其行使將受抗辯權之妨阻而已。

民法第一四四條第二項規定：「請求權已經時效消滅，債務人仍為履行之給付者，不得以不知時效為理由，請求返還。其以契約承認該債務或提出擔保者亦同。」即時效雖已完成，但債權仍存在，債務人如仍為清償，債權人並無不當得利可言，債務人自不得以不知時效為理由而請求返還。又，債務人如於時效完成後，就原債務以契約予以承認或提出擔保（例如提供不動產設定抵押權於債權人），仍為有效，債務人應本於該契約或擔保而為履行。

民法第一四七條後段規定：「不得預先拋棄時效之利益。」例如約定將來即令時效完成，債務人仍願給付者，即不能生效是。惟債務人於時效完成後，拋棄抗辯權，不享受時效完成之利益，則屬無妨。

二、及於從權利之效力

民法第一四六條規定：「主權利因時效消滅者，其效力及於從權利。但法律有特別規定者，不在此限。」即主權利之請求權消滅時效完成時，其從權利之請求權亦隨同消滅，債務人就其從義務，即得拒絕給付。但法律如有特別規定，上開原則即有例外，例如民法第一四五條第一項規定：「以抵押權、質權或留置權擔保之請求權，雖經時效消滅，債權人仍得就其抵押物、質物或留置物取償。」即主債權雖已時效完成，債權人仍得實行抵押權、質權或留置權而取償。惟另依民法第八八〇條規定：「以抵押權擔保之債權，其請求權已因時效而消滅，如抵押權人，於消滅時效完成後，五年間不實行其抵押權者，其抵押權消滅。」即抵押債權人於主債權之時效完成後，雖仍得就抵押物取償，但須於五年內實行抵押權，否則抵押權亦歸消滅。惟如係質物或留置物，則無此限制，即債權人均仍得隨時就質物或留置物取償，是宜注意。

前述抵押權、質權或留置權，不受主債權消滅時效完成之影響，另有限制，即民法第一四五條第二項規定：「前項規定，於利息及其他定期給付之各期給付

請求權，經時效消滅者，不適用之。」此乃因定期給付請求權之各期給付，性質上宜從速結清，且因時間之經過，累積甚多，對債務人至為不利，亦不免害及其他債權人之利益，自不宜因有擔保物權而有所遷延，因此即使有擔保物權，仍使其隨主債權之時效完成而受影響，債權人不得更就擔保物取償。

習　題

一、消滅時效與除斥期間有何區別？

二、消滅時效之中斷與不完成有何不同？時效中斷之事由有幾種？

三、消滅時效完成之效力若何？

四、甲應給付買賣價金一百萬元於乙，因乙怠於行使其請求權，於八十三年五月二十日即已時效完成。試問：㈠乙得否於八十四年六月一日起訴請求甲給付價金？㈡是否因甲為時效完成後之抗辯，而判決結果不同？

五、甲無權占有已登記為乙所有之土地建造房屋一棟居住，事經十五年後，乙依據民法第七六七條之物上請求權請求甲拆屋交地，甲則以消滅時效已完成為抗辯，甲之抗辯是否有理由？

六、甲（夫）、乙（妻）婚後不睦，乙隨即離家出去，事經十五年後，甲始請求乙履行同居，乙為消滅時效已完成為抗辯，是否有據？

〔提　示〕

一、除斥期間為法律對於某種權利所預定存續之期間，此期間經過後，權利當然消滅，例如因被詐欺或被脅迫所生之撤銷權須於發見詐欺或脅迫終止後一年內為之（民法第九三條），此一年之期間即為除斥期間是。其與消滅時效有下列之區別：⑴消滅時效之完成，乃因一定期間不行使權利所致，並非該權利存續期間屆滿。除斥期間則為權利之存續期間，一經屆滿，權利即當然消滅，不得再為行使。⑵消滅時效得因中斷或不完成而延長。除斥期間則為不變期間，無中斷或不完成之問題。⑶消滅時效適用之客體為請求權，時效期間經過，債務人得拒絕給付。除斥期間適用之客體為形成權，除斥期間經過，形成權歸於消滅，法律行為之效力因而確定。⑷消滅時效完成後，非經當事人援用，為時效完成後之抗辯，法院不得作為裁判之資料（即時效完成之利益可以拋棄）。除斥期間屆滿，則縱當事人不為援用，法院仍應依職權作為裁判之資料，即法院應依職

權調查除斥期間已否經過。⑸消滅時效所維持之秩序，乃反於原有秩序之新秩序。除斥期間所維持之秩序，則為繼續存在之新秩序。⑹消滅時效之起算點，民法設有一般性規定，自請求權可行使或為行為時起算（民法第一二八條）。除斥期間，民法未設一般規定，除於各該條文有規定（如民法第二四五條）外，解釋上自權利成立之時起算。

二、㈠消滅時效之中斷與不完成，雖同為時效完成之障礙，均中止時效期間之進行，但有所不同。中斷係已經過之期間全歸無效，而重行起算時效。不完成則已經過之期間並不歸於無效，於不完成之事由終止時，接續計算其期間。

㈡時效中斷之事由為：⑴請求。⑵承認。⑶起訴。⑷與起訴有同一效力之事項①依督促程序聲請發支付命令；②聲請調解或提付仲裁；③申報和解債權或破產債權；④告知訴訟；⑤開始執行行為或聲請強制執行（其內容詳如本文內之解說）。

三、㈠抗辯權之發生；㈡及於從權利之效力（其內容詳如本文內之解說）。

四、㈠乙仍得請求甲給付價金。其理由為：乙之給付價金請求權雖已消滅時效完成，但我民法對於消滅時效完成之效力，並非採取權利消滅主義或請求權消滅主義，而為採取抗辯權發生主義。乙對甲之價金債權及給付價金請求權既均存在，自得起訴請求甲給付價金。至於甲是否行使消滅時效完成之抗辯權，為另一問題。

㈡甲有無為時效完成之抗辯，影響判決之結果。其理由為：消滅時效完成後，債務人甲得於債權人乙請求給付價金時，拒絕給付，即得行使抗辯權，則如其行使抗辯權時，乙之請求權因而受妨阻，法院應判決乙敗訴。但如甲未為抗辯時，因乙之債權及請求權均仍存在，法院即應判決乙勝訴。足見甲是否行使抗辯權，影響判決之結果。（惟甲之行使時效完成後之抗辯權，亦即於訴訟上提出防禦方法，須在事實審言詞辯論終結前之適當時期提出（民訴一九六、二七六、四四七條），又如於上訴第三審時始為該抗辯權之行使時，為法所不許，因當事人在第三審不得提出新事實或變更事實上之主張（民訴四七六條一項參照），即第三審法院不斟酌新事實、新證據，實用上宜予注意。）

五、甲之抗辯無據，應拆屋後交地於乙。其理由為：已登記不動產所有人之回復請求權（即所有物返還請求權）及除去妨害請求權，無消滅時效規定之適用，業

經司法院釋字一〇七及一六四號解釋在案。乙行使物上請求權請求甲拆屋交地，雖在甲無權占有已十五年之後，但乙之土地為已登記之不動產，其行使所有物返還請求權，即不適用消滅時效之規定，甲以消滅時效完成為抗辯，自屬無據。按物上請求權有無消滅時效之適用，向有不同之見解。惟如採肯定見解時，則已登記之不動產所有人於其不動產被他人占有逾十五年後，即不能回復占有，若然，所有人與占有人各異，所有人之所有權為虛有，占有人亦無從因時效取得該已登記之不動產所有權（民七六九、七七〇條參照），不免欠妥。是以依前開解釋，已登記不動產所有人之所有物返還請求權及除去妨害請求權，不適用消滅時效之規定，尚無不妥。惟未登記之不動產所有權及動產所有權之物上請求權，則均為消滅時效之客體，併為說明。

六、乙消滅時效完成之抗辯為無據。按民法第一二五條規定之消滅時效，係適用於以財產利益為內容之請求權，至於以身分關係為內容之請求權，關乎當事人之人格及公序良俗，性質上不得為消滅時效之客體。甲對乙之履行同居請求權乃由夫妻身分關係所生之效力，應無消滅時效之適用 （四八年臺上字一〇五〇號判例參照）。

第七章　權利之行使

一、權利行使之意義

　　所謂權利之行使乃實現其權利內容之正當行為。由於權利種類之不同，行使之手段因之而不同，例如：所有權人之使用所有物，為事實行為；契約解除權人之行使解除權使契約效力消滅，為法律行為；債權人對無確定期限之債務，於得請求時，依催告權而催告債務人履行債務，債務人未為給付，即負遲延責任（民法第二二九條第二項），為準法律行為是。

　　權利之行使與權利之主張為不同之概念，權利之主張為依權利之作用所得為之一切行為，例如提起確認之訴，求為確認其權利存在，或將債權讓與他人等，並非實現權利之內容，與權利之行使不同。惟權利之行使本包括主張權利之意思在內，是二者之關係亦甚密切。

二、權利濫用之禁止

　　法律賦與權利之本旨，固在保護個人之利益，但在社會本位之今日，亦同時為公共利益之增進，則權利人之行使權利，自須符合權利之本旨，不得濫用。民法第一四八條第一項規定：「權利之行使，不得違反公共利益，或以損害他人為主要目的。」即禁止權利濫用。

　　依前開規定，所謂權利不得濫用，其內容有二：

㈠不得違反公共利益

　　公共利益乃國家社會之利益。例如私有土地供公眾通行已有相當期間而為既成巷道時，所有人竟將之變更其用途，妨害大眾之通行，即為權利濫用是。

㈡不得以損害他人為主要目的

　　按權利之行使不免造成義務人之不利益，例如所有人行使物上請求權，則無權占有人應拆屋交地是，此為正常現象。因此於法僅限制權利人不得以損害他人為主要目的，例如為妨礙鄰屋之採光為目的，而建造不必要之高牆；又如已知有第一買受人，意圖損害其債權而故予第二買受等情，即屬權利濫用是。

權利之行使若為濫用時，其效果依情形為：

⑴**不發生法律上之效果**　例如濫用契約終止權時，即不發生終止之效果，當事人之契約仍然存在是。

⑵**因權利濫用而侵害他人權利時，被害人得請求除去其侵害，或依侵權行為請求損害賠償**　例如建造工作物以妨害鄰地之通行為主要目的，被害人得請求拆除該工作物，如具備侵權行為之要件，並得請求損害賠償是。

⑶**權利被停止**　例如父母濫用親權時，經法院宣告停止其親權（民法第一○九○條）是。

三、誠實信用原則

民法第一四八條第二項規定：「行使權利，履行義務，應依誠實及信用方法。」此即誠實信用原則（簡稱為誠信原則）。誠信原則為法律之最高原則，並為強行法規，當事人不得依特約排除其適用，任何權利之行使與義務之履行，均應依誠信原則。

行使權利如違反誠信原則，往往構成權利濫用，例如受僱人固不得使他人代服勞務，違反時，僱用人得終止契約（民法第四八四條），惟受僱人偶有一次因處理私事而臨時使他人代服勞務一次，僱用人即對之終止僱傭契約時，為違反誠信原則，而構成權利濫用，不生終止之效力是。履行義務如違反誠信原則，其效果，依情節或為清償不生效力，或為不完全給付。例如於貸與人將乘坐火車之際，借用人竟返還借用之機車，其清償違反誠信原則，應不生清償之效力；將應返還之物，不用手遞，而以腳踢，為不完全給付之債務不履行是。此外，於法有明定其效果者，例如依民法第二六四條第二項規定，他方當事人已為部分之給付，如拒絕自己之給付違背誠實及信用方法者，不得行使同時履行抗辯權是。

四、自力救濟

權利如受侵害，原則上本應請求公力救濟，但因請求公力救濟，有一定之程序，且需相當之時日，不免緩不濟急，則如僅依賴公力救濟，權利有時即不能獲得充分之保護，而自尊、自衛又為人之本能，故於特殊情形下，自不得不

例外承認自力救濟，許權利人於一定條件得以自己之力量，自行維護其權利。於此例外情形，自力救濟遂成為違法阻卻事由，行為人不負侵權行為之損害賠償責任。

民法承認之自力救濟有二種，一為自衛行為，包括正當防衛與緊急避難，另一為自助行為。

(一)自衛行為

1.正當防衛

正當防衛乃對於現時不法之侵害，為防衛自己或他人之權利所為之必要行為，例如甲持木棒打乙，乙迅速撿拾路旁之竹竿打落甲之木棒，同時致甲之手臂成傷，乙為正當防衛是。

正當防衛之要件如下：

(1)**須有侵害行為之存在**　即須有對於他人權利所加之攻擊行為。

(2)**侵害須係現時，且屬不法**　即侵害行為已著手，或正實施中而未完畢，且該行為客觀的不法為已足，加害人主觀上有無故意或過失，均在所不問。因此對於過去或未來之侵害，均無正當防衛可言。侵害行為如非不法，例如逮捕現行犯時，該犯罪嫌疑人之現行犯不得對逮捕者主張正當防衛（按對現行犯，人人均得逮捕之，刑訴第八十八條）是。

(3)**須為防衛自己或他人之權利而為防衛行為**　排除現時不法之侵害，對加害人所為之反擊行為，其目的乃為防衛自己或他人之權利。防衛之權利，其種類並無限制，生命、身體、健康、自由、名譽、財產等一切權利，不問其屬於自己或他人，均得為防衛行為。

(4)**須防衛行為未逾越必要程度**　必要程度，應依具體情形決定之。防衛行為如逾越必要程度，即為過當行為，仍應負侵權行為之損害賠償責任。

民法第一四九條規定：「對於現時不法之侵害，為防衛自己或他人之權利所為之行為，不負損害賠償之責。但已逾越必要程度者，仍應負相當賠償之責。」即正當防衛為違法阻卻事由之一，因正當防衛對加害人之損害，不負侵權行為之損害賠償責任，但防衛過當者，則仍應負責。

2.緊急避難

緊急避難乃因避免自己或他人生命、身體、自由或財產上急迫之危險所為

之避難行為。例如甲、乙同時落水遇難，甲為避免自己生命之急迫危險，搶奪乙之救生用具，致乙滅頂是。

緊急避難之要件如下：

⑴**須有急迫之危險存在**　危險乃足以發生危害之事實，例如地震、洪水、失火、強盜等是，但不包括適法行為所引起之危險。所謂急迫之危險，指現時之危險，是故過去或未來之危險，均不生避難之問題。

⑵**須為避免自己或他人生命、身體、自由或財產上急迫之危險**　緊急避難所保全之法益，以生命、身體、自由、財產四者為限，其他權利縱有急迫之危險，亦不能主張緊急避難。

⑶**須避難行為為避免危險所必要**　即生命、身體、自由或財產等權利遭遇危難，非侵害他人法益，別無救護之途。必要應視其具體情形決定之。逾越必要之程度，即為過當行為，不能阻卻違法，例如遇有火災，為救財產而傷人生命，仍應負賠償責任是。

⑷**須行為人對於危險之發生無責任**　急迫危險之發生，如為行為人自己應負責任者，即不得主張緊急避難（民法第一五〇條第二項）。

民法第一五〇條第一項規定：「因避免自己或他人生命、身體、自由或財產上急迫之危險所為之行為，不負損害賠償之責。但以避免危險所必要，並未逾越危險所能致之損害程度者為限。」即緊急避難亦為違法阻卻事由之一，但避難過當者，行為人仍應負賠償責任。又危險之發生，行為人有責任者，仍應負損害賠償之責（民法第一五〇條第二項）。

㈡自助行為

自助行為乃為保護自己之權利，對於他人之自由或財產，施以拘束、押收或毀損之行為，例如債權人為阻止債務人運搬隱匿財產而破壞其車胎是。

自助行為之要件如下：

1.須為保護自己權利

自助行為以保護自己之權利為限，與自衛行為不限於自己之權利者，有所不同。

2.須時機急迫不及請求公力救濟

即時機急迫，不及受法院或其他機關援助，且非於其時為之，則請求權不

得實行或其實行顯有困難（民法第一五一條但書）。

3.其行為僅得對於他人之自由或財產施以拘束、押收或毀損

即自助行為之方法為：

①對於債務人之自由，予以拘束。

②對於他人之財產施以押收或毀損。

自助行為成立後，因此而致義務人之損害，不負損害賠償責任（民法第一五一條），亦即為違法阻卻事由之一。不過自助行為後仍須即時向法院聲請處理（民法第一五二條第一項），由法院依有關強制執行程序辦理之（強制五條之二）；但如其聲請被駁回或其聲請遲延者，行為人仍應對義務人負損害賠償之責（民法第一五二條第二項）。

習 題

一、甲將違章建築房屋一棟出賣於乙，已將之交付於乙。但事後甲以房屋不能辦理移轉登記，乙並未取得所有權為理由，對乙主張其為所有權人，其主張有無理由？

二、甲、乙因細故發生爭吵，甲毆打乙，乙氣憤不已，亦隨即毆打甲。乙得否主張其毆打甲之行為屬正當防衛？

三、正當防衛與緊急避難有何區別？

〔提 示〕

一、甲之主張無理由。按違章建築物之所有權既屬財產權，即得為買賣之標的，但因不能辦理保存登記，甲自無從將其所有權移轉登記於乙，乙即不能取得該房屋所有權。惟基於買賣契約，甲仍有將該房屋交付（即移轉占有）於乙之義務，則甲於事後以有不能登記之弱點，對乙主張所有權為其所有，顯違反誠實信用原則，即屬無理由。（按四八年臺上字一八一二號判例亦係認為甲不得對乙主張所有權存在，惟其理由為：如甲得於出賣違章建築物後，又隨時隨意主張所有權為其原始取得，勢將無以保護交易安全，其確認所有權存在，即屬無即受確認判決之法律上利益，應予駁回。）

二、乙不得主張正當防衛。其理由為：正當防衛須對於現在不法之侵害始得為之，甲毆打乙後，侵害已為過去，乙為報復而毆打甲，為互毆之行為，即非正當防

衛行為。

三、正當防衛與緊急避難雖同為違法阻卻事由，但有所區別：⑴正當防衛以有不法之侵害為前提。緊急避難以有緊急之危險為前提。⑵正當防衛所防衛之權利，並無限制，一切權利均在內。緊急避難則限於避免生命、身體、自由、財產四種權利之急迫危險。⑶正當防衛必對於不法侵害者為之。緊急避難則對於任何人均得實施避難行為。⑷正當防衛被侵害之法益與因防衛行為致受損害之法益，其是否相等，對於正當防衛之成立並無關係。緊急避難則須因避難所加害之法益，與因緊迫危險所生之損害相等，始得成立。

第二編　債

第一章　通　則

　　債，指債權與債務，即特定人對於特定人得請求為一定行為（包括作為、不作為）之法律關係。其特定人間之一方，享有請求他方為一定行為之權利，謂之債權，而享有該債權之人，謂之債權人；他方所負為一定行為之義務，謂之債務，而負擔該債務之人，謂之債務人。所謂為一定行為，即為給付之意，債務人之作為與不作為，均可為給付之內容（民法第一九九條），是故債務人之行為即為債之標的。

　　債權與其他權利之不同者，在於債務人必為特定，即債權人僅得依據債權之內容，向特定之債務人主張，對於一般人則否，故債權為相對權。例如甲將所有房屋一棟出租於乙，乙竟又將之全部轉租於丙（依民法第四四三條第一項，以不許轉租為原則，許可轉租為例外），則得請求丙給付租金者為乙，而非甲，因甲、丙間並無租賃關係，就租金而言，甲即非丙之債權人是。又，債權無排他效力，數人對於同一債務人得成立同一內容之債權，例如甲、乙、丙三人均得各自就丁所有之同一不動產成立買賣契約，對丁各自取得同一內容之買賣債權是。債權並無優先效力，即基於債權平等原則，不問債權成立之先後，其效力並無不同，例如前例甲、乙、丙取得債權之時間，縱有先後之分，但其效力並無差異，均得各自向丁請求履行債務，先成立之債權，其效力並不優先於後成立之債權。債權亦無追及效力，例如前例丁如已將該不動產所有權移轉登記於甲，乙、丙不得向甲就該不動產所有權有所主張是。

　　債務與其他義務之不同，在於義務人之特定與內容之具體。因債之關係為特定人間之關係，債務人應向債權人為一定之行為，則債務人特定，特定行為之內容具體。又，債務以其內容為準，有「給與債務」與「行為債務」之分，前者以給與一定財物為內容，例如出賣人應交付汽車一輛於買受人，承租人應交付租金於出租人是；後者可再分為作為債務（例如拆除房屋之債務是）與不

作為債務（例如不得使用某商標之債務是）。債務以其效力為準，尚有完全債務與不完全債務之分，前者乃債務不履行時，債權人得依訴權提起訴訟，請求強制履行，一般之債務均屬之；後者又稱為自然債務，亦即債務是否履行，惟依債務人之意思，純粹聽其自然，債權人不得以訴權請求履行，惟若債務人自動履行時，則不得依不當得利請求債權人返還，例如超過利息限制之利息債務（民法第二〇五條）、不法原因給付之債務（民法第一八〇條四款）是。

債法原則上為任意法，重在財產之交易，與物權法不同。因物權具有排他性，其效力及於一般人，且物權法又採物權法定主義（民法第七五七條），其種類及內容均有嚴格之限制，不許當事人任意變更，其所規定者，多為強行規定，重在財產之享有（靜的安全）。而債權之關係則為特定人間之關係，其利害僅及於當事人，與一般公益較無關涉，除間有涉及公益部分，如最高利率之限制、複利之禁止、除斥或時效期間之規定等外，其成立一任當事人之意思，從而債法所規定者，多屬任意規定，重在財產交易安全（動的安全）之保護。

我民法將債編分為二章，第一章規定通則（即債編總論），第二章規定各種之債（即債編各論）。通則為各種之債通用之一般法則，故通則之規定，除第二章或其他關於債之法規（如後述）有特別規定，或依事件之性質不能適用者外，均通用之。通則分為債之發生、債之標的、債之效力、多數債務人及債權人、債之移轉、債之消滅，共有六節。

從實質意義言之，債法範圍甚廣，非僅民法第二編「債」而已。民法以外之特別民事法規如公司法、海商法、票據法、保險法、土地法、破產法等，亦各具有債法之成分。民法除第二編「債」外，他如第一編「總則」（如民法第二八條）、第三編「物權」（如民法第七八七條）、第四編「親屬」（如民法第九九九條）、第五編「繼承」（如民法第一一六一條），亦有債之規定。是民法第二編所規定之債法為居於普通法之地位。

第一節　債之發生

債之發生乃債的關係新發生之謂。客觀的新生之債權、債務，始為債之發生，若為既存之債之移轉（如債權讓與、債務承擔）為債之主體之變更而已，

則非新生之債之發生。債之發生原因甚多，如民法有直接規定損害賠償請求權者（如民法第一一○、七九一、七九二、一一六一條），有直接規定其他債權者（如民法第一○五七條之贍養費請求權、第一一一四條以下之扶養請求權），但皆為附隨他法律關係而生並非獨立發生。至契約、無因管理、不當得利、侵權行為則為獨立的債之發生之原因，又民法第一六七條所規定之代理權之授與是否亦為債之發生原因，學者間之意見，尚不一致（另如後述），通則所規定者即為此五者。上開契約係由於法律行為而發生債之關係；無因管理、不當得利、侵權行為則由於法律之規定而發生債之關係。

第一項　契　約

一、契約之意義

契約有廣狹二義，廣義之契約，泛指以發生私法上效果為目的之合意而言，無論債權、物權或親屬法上之契約（如訂婚、夫妻財產制契約），均屬之。狹義之契約，則專指債權契約，即二人以上之當事人，以債之發生為目的，彼此所為對立意思表示，互相一致之法律行為，我民法債編通則所列之契約屬之。債權契約僅發生債之關係，並不發生物權變動之結果，其與物權契約有所區別。

二、契約之種類

契約依其內容與性質，得為種種分類，茲就其重要者，列述如次：

㈠雙務契約與單務契約

雙方當事人互負有對價關係債務之契約，為雙務契約，如買賣契約、僱傭契約等是。僅當事人一方負債務，他方不負債務或雖負債務而無對價關係之契約，為單務契約，如贈與、使用借貸、無償委任等是。雙務契約有同時履行抗辯（民法第二六四條）、危險負擔（民法第二六六條以下）等問題，單務契約則否。

㈡有償契約與無償契約

雙方當事人各因給付而取得對價利益之契約，為有償契約。僅當事人之一方為給付，他方並無對價關係的給付之契約，為無償契約。雙務契約必為有償

契約，但有償契約非必為雙務契約，例如附利息之消費借貸契約，雖為有償契約，但為單務契約，因貸與人之交付借用物為借貸契約之成立要件，與借用人之支付利息，並非對立之債務是。有償契約得準用買賣之規定（民法第三四七條），無償契約則否；又無償契約債務人之注意義務較有償契約之債務人為輕（民法第二二〇條）。

(三)有名契約與無名契約

債編第二章「各種之債」所規定之契約（共有二十七種），為有名契約，亦稱典型契約。法律上未規定其名稱之契約，為無名契約，如職業棒球選手專屬契約、承包宿膳契約、以他人姓名為廣告之契約是。前者法律既有規定，固可適用各有關規定；後者只能依其性質類推適用有名契約之規定。

(四)本約與預約

預約乃約定將來成立一定契約之契約，例如消費借貸預約（民法第四七五條之一）是，本約則為履行該預約而成立之契約。預約之內容在使雙方當事人互負應為訂立本約之意思表示之債務，其亦為債權契約，預約人如不為成立本約，則預約權利人得請求其履行（請求成立本約），並得請求損害賠償（參照六一年臺上字九六四號、六四年臺上字一五六七號判例）。

此外，尚有要物契約與不要物契約、要因契約與不要因契約、要式契約與不要式契約、主契約與從契約等區分，因與前述法律行為之分類同，茲免複述。

三、契約成立之要件

契約之成立，除須具備一般法律行為之成立要件（當事人、標的及意思表示）外，尚須當事人雙方意思表示一致。民法第一五三條第一項規定：「當事人互相表示意思一致者，無論其為明示或默示，契約即為成立。」即揭明此旨。惟所謂一致，指必要之點（契約之要素）一致而言，如租賃契約之租金若干、租賃物為何，雙方意思表示一致即可；至於非必要之點，縱未表示，亦無妨礙，此依同條第二項規定：「當事人對於必要之點，意思一致，而對於非必要之點，未經表示意思者，推定其契約為成立，關於該非必要之點，當事人意思不一致時，法院應依其事件之性質定之。」即非必要之點（如履行期、給付方法、條件或期限等契約之常素或偶素），未經表示者，因其非屬契約成立之要素，契約

仍推定其成立，嗣後如就該非必要之點，當事人意思不一致時，則委由法院依事件之性質決定其內容。

　　契約指「意思表示一致」之自體，契約書並非契約，契約不一定有契約書，蓋契約之方式自由，以不要式為原則之故。然而，當事人自可約定契約須用一定之方式（如約定須訂立字據）始行成立者，斯時該方式即屬契約成立之要件，該方式未完成前，推定其契約不成立（民法第一六六條）。又，法定要式契約，如未踐行其方式，原則上為無效（民法第七三條）。

　　復次，民法第一六六條之一第一項規定：「契約以負擔不動產物權之移轉、設定或變更之義務為標的者，應由公證人作成公證書。」即當事人如約定負擔不動產物權之移轉、設定或變更者，其債權契約以由公證人作成公證書為法定方式，如未經公證，其契約尚未成立，以求審慎，並杜事後之爭議。惟同條第二項規定：「未依前項規定公證之契約，如當事人已合意為不動產物權之移轉、設定或變更而完成登記者，仍為有效。」即於此情形，當事人已有變動不動產物權之合意，並經向地政機關完成登記者，雖其債權契約未經公證，仍生物權變動之效力，以緩和其要式性，並免滋生不當得利之疑義。（新增之該第一六六條之一，本應自民國八十九年五月五日施行，嗣於八十九年五月五日修正公布債編施行法第三六條第二項，規定其施行日期，由行政院會同司法院另定之。現尚未公布其施行日期。即負擔不動產物權移轉、設定或變更之債權契約，現仍非法定要式契約。）

四、契約成立之方法

　　所謂「意思一致」而成立契約，其方法不外為：依要約與承諾而一致；依要約交錯而一致；依意思實現而一致。此三者乃一般契約成立之方法，此外，懸賞廣告，亦為一種特殊之契約成立方法。茲分別說明如次：

(一)要約與承諾

1.要　約

　　要約乃以訂立一定契約為目的，而喚起相對人承諾之一種意思表示，其方法如何，法無限制，但民法第一五四條第二項規定：「貨物標定賣價陳列者，視為要約。但價目表之寄送，不視為要約。」以杜爭執。即價目表之寄送，僅為

要約誘引。要約誘引，係誘使他人向自己為要約，僅為事實行為（有認係意思通知者），與要約之為意思表示者不同。如他人為要約，須經自己承諾後，始成立契約。

　　要約一經生效，要約人自應受其拘束，民法第一五四條第一項明定：「契約之要約人，因要約而受拘束。但要約當時預先聲明不受拘束，或依其情形或事件之性質，可認當事人無受其拘束之意思者，不在此限。」所謂受拘束，指要約人須遵守其要約，不得任意改變，例外有但書所載之各情形時，得不受拘束。

　　要約人於要約後固因而受要約之拘束，但亦無永久受拘束之理，除要約經相對人之承諾，契約成立，要約自因而消滅外，於下列情形，要約之效力即歸於消滅，失其拘束力：

　　⑴**要約之拒絕**　民法第一五五條規定：「要約經拒絕者，失其拘束力。」

　　⑵**承諾之時期已過**　承諾須及時為之，若未及時表示者，則要約亦失其拘束力。申言之，「對話為要約者，非立時承諾，即失其拘束力」（民法第一五六條）；「非對話為要約者，依通常情形可期待承諾之達到時期內，相對人不為承諾時，其要約失其拘束力」（民法第一五七條）；又「要約定有承諾期限者，非於其期限內為承諾，失其拘束力」（民法第一五八條）。

　　⑶**要約之撤回**　要約既為意思表示，自亦可撤回，但撤回之通知須較要約之通知先時或同時到達，否則不生撤回之效力（參照民法第九五條第一項但書）。惟依民法第一六二條規定：「撤回要約之通知，其到達在要約到達之後，而按其傳達方法，通常在相當時期內應先時或同時到達，其情形為相對人可得而知者，相對人應向要約人即發遲到之通知。相對人怠於為前項通知者，其要約撤回之通知，視為未遲到。」即此際相對人負發遲到通知之義務，如不履行此義務，遲到之撤回通知仍發生撤回要約之效力，契約即無從成立。

　2.**承　諾**

　　承諾乃答覆要約之同意的意思表示。其方法如何，亦無限制，惟必須與要約之內容一致始可。否則若將要約擴張、限制或為其他變更而為承諾者，視為拒絕原要約而為新要約（民法第一六〇條第二項），亦即此種承諾，不生承諾之效力，但法律為實際上之便宜，乃視為新要約，使原要約人可對之承諾，以成立契約。

其次，承諾須於要約有效時期內為之，否則如遲到者，則視為新要約（民法第一六〇條第一項），而不生承諾之效力，但依民法第一五九條規定：「承諾之通知，按其傳達方法，通常在相當時期內可達到而遲到，其情形為要約人可得而知者，應向相對人即發遲到之通知。要約人怠於為前項通知者，其承諾視為未遲到。」

又，承諾之通知發出後，在未生效前，亦可撤回，但其撤回之通知，亦須先到達或同時到達而後可，否則，不生撤回之效力。不過撤回承諾之通知，其到達雖在承諾到達之後，而按其傳達方法，通常在相當時期內應先時或同時到達者，相對人應向承諾人即發遲到之通知。相對人怠於為此項通知者，其承諾撤回之通知，視為未遲到（民法第一六三條準用一六二條），即發生撤回之效力，契約不能成立。

(二)要約交錯

要約交錯亦稱要約吻合，即當事人偶然的互為要約，而其內容卻完全一致之謂。例如甲向乙為一千元出賣某物之要約，而乙亦恰向甲為一千元購買該物之要約即是。此種情形，甲、乙雙方之意思表示均屬要約，但內容卻完全一致，按依民法第一五三條之規定，只要當事人互相表示意思一致，即可成立契約，並不限於一方為要約，另一方為承諾，因而解釋上要約交錯自亦可成立契約。

(三)意思實現

意思實現者，乃於承諾無須通知之情形下，而有可認為承諾之事實時，契約即可成立之謂；即以事實上之行為，表現其承諾之效果意思。民法第一六一條規定：「依習慣或依其事件之性質，承諾無須通知者，在相當時期內，有可認為承諾之事實時，其契約為成立。前項規定，於要約人要約當時預先聲明承諾無須通知者，準用之。」例如以傳真預訂旅館房間（要約），依習慣旅館承諾時無須通知，旅館將房間備妥（承諾之事實）時，其契約即可成立；又如對於要約人因要約所送來之貨品，加以處分（承諾之事實）時，其契約亦可成立均是。宜注意者，意思實現之成立契約，其承諾無須通知，要約人對該承諾事實之發生是否知悉，在所不問，與默示之承諾不同。

(四)懸賞廣告

1.懸賞廣告

懸賞廣告者，乃廣告人以廣告聲明，對於完成一定行為之人，給與報酬之一種要約。此種要約因行為人一定行為之完成，並經向廣告人通知時，即成立懸賞契約。例如甲登報聲明找尋某物找到者酬金五千元，結果乙尋獲，並通知甲時，該契約即為成立，甲應給付乙五千元是。

懸賞契約亦係由於要約與承諾而成立，但與前述要約與承諾不同者如下：

(1)**就要約方面言** 一般之要約，不拘方式，且多向特定人為之，此則應依廣告之方法向不特定人為之。

(2)**就承諾方法言** 一般之承諾，只要有意思表示即可，而此則須完成一定行為。由此可知懸賞契約為要物契約。

懸賞廣告之效力，民法第一六四條第一項規定：「以廣告聲明對完成一定行為之人給與報酬者，為懸賞廣告。廣告人對於完成該行為之人，負給付報酬之義務。」若數人先後完成前項行為時，由最先完成該行為之人，取得報酬請求權；數人共同或同時分別完成行為時，由行為人共同取得報酬請求權（同條二項）。一定之行為如為數人先後完成者，固由最先完成行為之人取得報酬請求權，但如廣告人善意給付報酬於最先通知之人時，即其當時不知另有最先完成行為之人者，其給付報酬之義務，即為消滅（同條三項）。又，上述行為人取得報酬請求權之規定，於不知有廣告而完成廣告所定行為之人，準用之（同條四項），使其亦有受領報酬之權利，以符實情。復次，懸賞廣告之行為人，如其行為完成之結果，可取得一定權利者，例如專利權、商標專用權等之取得是，除廣告另有聲明者外，其權利仍屬行為人（民法第一六四條之一）。

又，懸賞廣告亦可撤回，但須於行為完成前為之，依民法第一六五條第一項規定：「預定報酬之廣告，如於行為完成前撤回時，除廣告人證明行為人不能完成其行為外，對於行為人因該廣告善意所受之損害，應負賠償之責。但以不超過預定報酬額為限。」至於撤回懸賞廣告之方法，法無限制，自不必採取與原廣告之同一方法。再者，「廣告定有完成行為之期間者，推定廣告人拋棄其撤回權。」（同條二項），俾適度保護行為人。

2.優等懸賞廣告

優等懸賞廣告，乃就完成廣告所指定行為，並於一定期間為通知之數應徵人中，廣告人僅對於經評定為優等者給與報酬之廣告（民法第一六五條之一前段）。現今社會常有獎勵學術上、技術上之發明、發現或徵求學術上、技術上或文學上之著作、製造品或為運動競賽，僅對於入選之作品或成果給付報酬之懸賞廣告。其報酬請求權之發生，不僅須完成指定行為，且其行為須為優等，而與前述之通常懸賞廣告尚有不同。詳言之，優等懸賞廣告之特點有三：

①廣告中聲明完成一定行為者須經評定為優等，始給與報酬。

②須定有一定應徵期間。即此種廣告須限定應徵期間。

③須有應徵通知。即完成一定行為之人，須對於廣告人為應徵之通知，以接受評定。

優等懸賞廣告之效力為：

(1)**評定義務**　廣告人對於應徵人所完成者，有評定之義務，以判定其優劣，是以民法第一六五條之二第一項規定：「前條優等之評定，由廣告中指定之人為之。廣告中未指定者，由廣告人決定方法評定之。」依此項規定所為之評定，對於廣告人及應徵人有拘束力（同條二項），即不得以評定不公，另請求法院裁判，以代評定。

(2)**報酬請求權之取得**　廣告人於評定完成時，負給付報酬之義務（民法第一六五條之一後段），即被評定為優等之應徵人取得報酬請求權。被評定為優等之人有數人同等時，除廣告人另有聲明外，共同取得報酬請求權（民一六五條之三）。應徵人指定行為完成之結果取得一定權利者，除廣告另有聲明外，應屬於應徵人（民法第一六五條之四準用一六四條之一）。

習　題

一、契約自由原則應否受限制？

二、甲代理其子乙向丙借款二十萬元，屆期丙未受清償，乃請求甲返還該借款，丙之請求有據否？

三、甲、乙就某物之買賣已意思表示合致，但約定辦理公證後，買賣始行成立，則於完成公證前，雙方之買賣生效否？

〔提 示〕

一、契約自由原則對於資本主義自由經濟之發達，固予以助力，但因資本之集中，產生大企業，由於大企業組織生產獨占之結果，於契約自由原則下，即形成由其一方決定契約之內容，他方即一般消費者對於契約內容無過問之餘地，僅有締結與否之自由，並無決定內容之自由（學者稱此為「附合契約」）。亦即契約自由原則之另一面，發生經濟上之弱者為經濟上之強者所壓迫之情形，自有對契約自由原則加以限制之必要。

關於契約自由原則之限制，除民法第七二條明定法律行為背於公序良俗為無效，及第二四七條之一明定附合契約之預定條款，按其情形顯失公平者為無效，作概括之限制外，已公布施行之公平交易法及消費者保護法，亦以糾正契約自由原則之惡化，保護正當交易秩序及消費者權益為其目的。此外，更可具體說明其限制情形如下：(1)締結自由之限制　例如土地共有人出賣其應有部分時，他共有人得以同一價格共同或單獨優先承購（土地三四條之一第四項），即強制共有人與他共有人成立買賣契約是。(2)相對人選擇自由之限制　例如不得僱用未滿十四歲之男女為工廠工人（工廠五條）是。(3)內容決定自由之限制　例如民法第二百零五條限制約定利率最高不得超過週年百分之二十是。(4)方式自由之限制　例如期限逾一年之不動產租約應以字據訂立之（民法第四二二條）是。

二、丙請求甲返還借款為無理由。按與丙成立消費借貸者為乙，而非甲，甲並未以其名義與丙締結該消費借貸契約，其代理之效力，歸屬於乙，即甲非當事人，丙自不得請求甲返還該借款。至甲如對乙之債務為保證，為另一問題。

三、甲、乙間物之買賣契約尚未成立，不生買賣之效力。查甲、乙既約定其買賣須踐行公證始行成立，即以公證手續之完成為契約之成立要件，則於完成該約定方式前，買賣尚未成立（民法第一六六條參照），自尚未發生契約之效力。

宜注意者，甲、乙間之買賣如為不動產物權，依新增之民法第一六六條之一第一項規定，以經公證為必要，於公證前，其買賣之債權契約尚未成立，即不生買賣之效力。（惟該新增之條文，迄今尚未施行。）則於該條文施行前，負擔移轉不動產物權之債權契約，除當事人另有成立方式之約定外，於法仍為不要式契約。

再為說明者，依現行規定（民法第一五三、三四五條），物之買賣，不論其為動

產或不動產，當事人如未另有方式之約定，於其意思表示一致時，其債權契約即為成立生效。當事人本於債權契約為動產之交付或不動產所有權之移轉，始為物權契約。

第二項　代理權之授與

代理權之授與，是否為債之發生原因，甚有爭論。

一、否定說謂

本人雖對於代理人授與代理權，而代理人對於本人，仍不因此而負為代理行為之義務，其負有此義務者，乃本人與代理人間之委任契約或其他內部法律關係之效果，非代理權授與行為之效果，是代理權之授與絕不發生何等債權債務之關係。

二、肯定說則謂

單獨行為非不可為債之發生原因（如設立財團之捐助行為等），而依我民法第一六七條規定：「代理權係以法律行為授與者，其授與應向代理人或向代理人對之為代理行為之第三人，以意思表示為之」。是代理權之授與屬單獨行為，代理人為權利人，本人為義務人，即本人對於代理人有容認為其代理之義務，本人之不作為為債之標的。又代理權之授與所發生之債的關係，乃本人與代理人之關係，與因代理行為所發生之債的關係，乃本人與第三人之關係者，有所不同云云。

按代理權之授與，乃使代理人所為之代理行為，對本人發生效力，代理人並無利益可言，且代理權之授與為單獨行為，無須得代理人之承諾，代理人不因之負擔為代理行為之義務。易言之，代理權之授與屬於對外（第三人）之關係，與本人與代理人間之委任、僱傭、承攬等內部法律關係之效果，應予區別。授與代理權既僅發生代理行為之法律效果直接歸屬於本人而已，應非債之發生原因，可以概見。前開二說，自以否定說為可採。

債編通則所規定之代理權授與之諸問題，即代理權授與之方法（民法第一六七條）、共同代理（民法第一六八條）及無權代理（民一六九至一七一條）

等，本屬代理制度之一部分，以列入總則編為妥，不宜列於債編。本書於第一編總則第四章第六節就上開問題，已有論述，茲免複述。

――――

一、甲授與乙代理權，為其出賣某一不動產，則乙有無義務為甲之代理人出賣該不動產於他人？

二、我國民法將代理權之授與列於債編通則，是否妥當？

〔提　示〕

一、乙無義務為甲之代理人出賣該不動產。按代理權之授與是否為債之發生原因，有否定與肯定之不同見解（詳如本文內之說明），應以否定說為可採，而依題意，甲、乙間亦無委任、僱傭等內部之法律關係，是故乙並無義務以甲代理人之地位出賣不動產於他人。（附註：本題如採肯定說，亦非無據，自屬無妨，但仍宜於說明有肯定與否定之不同見解後，再表明採肯定說，據此，認為乙有義務為甲之代理人出賣該不動產。）

二、代理權授與列於債編通則，有欠妥當。按代理權之授與是否為債之發生原因，已有爭議。且代理規定，除債權行為外，物權行為及身分財產行為均有其適用，亦不宜列於債編。而民法既將代理列於總則編，為體例之完整計，亦以將代理權之授與併列於總則編為妥，而不宜割裂。參互以觀，代理權授與列於債編通則，尚欠允當，而以列於總則編為妥。

第三項　無因管理

一、無因管理之意義及性質

　　無因管理乃未受委任，並無義務，而為他人管理事務之行為（民法第一七二條）。如未受委任，而主動清償他人之債務；路見車禍受傷者，將其送醫急救等是。其管理他人之事務者，稱為管理人，而受管理事務之他人，稱為本人。管理人與本人間本無權利義務之關係，惟法律為獎勵人與人間之互助，乃使扶助他人、干涉他人事務之管理人，於一定條件下阻卻違法，並與本人之間發生債之關係。按管理人與本人之間因無因管理而發生債權債務之關係，其所生之

效果，乃本於法律之規定，而非本於當事人之意思，屬事實行為而非法律行為；但此種行為須有「管理意思」，故性質上為混合的事實行為。

二、無因管理之成立要件

㈠須管理他人事務

所謂事務，包括財產事務與非財產事務。所謂管理，即處理事務以顧全本人之利益，並不限於管理行為，即處分行為亦得成立。例如修理他人房屋、出賣他人物品、清償他人債務等是。惟單純之不作為、違法之行為、或違背公序良俗之行為，均不能成立無因管理。

㈡須有為他人管理之意思

即須有將其行為所生之利益歸諸他人之意思，故管理人雖不必有行為能力，但須有意思能力。至將他人之事務誤為自己之事務（如誤認他人之物為自己之物而修理），或將自己之事務誤為他人事務（如誤認自己之家畜為鄰人所有而飼養之）而管理，或因管理自己事務之結果而他人受有利益者（例如築堤防洪鄰人同受利益），均非無因管理。

㈢須無義務

即當事人間依法或依約無管理事務之義務，民法第一七二條所謂未受委任，即無義務之例示。原負有義務而超過其範圍，或原負有義務而嗣後變為無義務者，均為無義務。但有公法上義務者，非此之所謂無義務，例如消防人員之救火，並非管理被救護人之事務，不能成立無因管理是。

三、無因管理之效力

無因管理之效果，為管理人與本人間發生債權債務關係，茲分述如次：

㈠管理人之義務

1.適當管理之義務

無因管理，一方面應依本人明示（此所謂明示，指本人希望為此行為之意思，非明白委託之意）或可得推知之意思，一方面應以有利於本人之方法為之（民法第一七二條）。故本人之意思，除違法或顯然不當者外，無論在客觀上是否有利，管理人均不應違反。何謂有利於本人之方法，則應依客觀標準定之，

解釋上應盡善良管理人之注意義務。又，管理人雖無繼續管理之義務，然管理之中止，較未開始管理有害者（例如修理屋頂而取去其瓦，未予重蓋完成），則有繼續之義務，如中途停止，即屬管理方法不當。

2.通知並俟指示之義務

管理人開始管理時，以能通知為限，應即通知本人；如無急迫之情事，應俟本人之指示（民法第一七三條第一項）。

3.報告及計算之義務

無因管理，準用民法第五百四十至五百四十二條關於委任之規定（民法第一七三條第二項）。即：管理人應向本人報告事務進行之狀況，於無因管理關係終止時，應明確報告其顛末；其所收取之金錢物品及孳息，應交付本人；以自己名義為本人取得之權利，應移轉於本人；為自己之利益使用應交付於本人之金錢，或使用應為本人利益而使用之金錢者，應自使用之日起支付利息，如有損害，並應賠償。

4.賠償之義務

管理人原則上不負賠償責任。惟管理人違反本人明示或可得推知之意思而為事務之管理者，對於因其管理所生之損害，雖就管理行為並無過失，亦應負賠償之責（民法第一七四條第一項），此之賠償責任乃因違反管理人之義務所致。但有下列例外：

(1)無因管理係為本人盡公益上之義務（如納稅），或為其履行法定扶養義務（如支付其父母子女之生活費用），或本人之意思違反公共秩序善良風俗者　若就各管理行為並無過失，本人雖因而受損害，亦不負賠償之責（同條二項）。

(2)管理人為免除本人之生命、身體或財產上之急迫危險，而為事務之管理者　對於因其管理所生之損害，除有惡意或重大過失者外，不負賠償責任（民法第一七五條）。例如救助落水之人時，因輕過失而毀損其衣服、傷其身體，不負賠償責任是。

(二)本人之義務

管理人為本人管理事務，既不能請求給付報酬，其因管理而得利益，又歸屬於本人，自不宜使其遭受損失，故本人負有下列義務：

1.管理人已盡適當的管理義務時

管理事務利於本人，並不違反本人明示或可得推知之意思，或雖違反本人之意思，但係為本人盡公益上之義務，或為其履行法定扶養義務者，管理人為本人支出必要或有益之費用，或負擔債務，或受有損害時，得請求本人償還其費用及自支出時起之利息，或清償其所負擔之債務，或賠償其損害（民法第一七六條）。即管理人對於本人有費用償還、負債清償及損害賠償等三種請求權。又本人所負此項義務，不以其所得利益為限，應如數向管理人為履行。

2.管理人未盡適當的管理義務時

管理事務不合於前條之規定，即違反本人之意思，但利於本人時，本人仍得享有因管理所得之利益，而本人所負前述對於管理人之義務，以其所得之利益為限（民法第一七七條第一項），即本人之償還義務範圍，因此縮減，至多以本人所得利益之數額為償還。又，如明知係他人事務，但為自己之利益而為管理時，管理人既無為他人管理之意思，並非無因管理，而為不法之管理，例如甲將乙價值十萬元之某物，以之為其所有，並以十五萬元出賣於善意之丙而取得價金時，乙向甲依侵權行為或不當得利之規定請求損害賠償或返還利益時，均為十萬元，不及於甲不法之管理所獲致之五萬元是，為避免不法管理之發生，民法第一七七條第二項規定，於管理人明知為他人之事務，而為自己之利益管理之者，準用同條第一項規定，使不法管理所生之利益仍歸本人享有。此即為準無因管理。惟於本人向不法管理人請求返還利益時，不法管理人亦得於本人受利益之範圍內，請求本人償還其支出之必要費用或清償其所負擔之債務或賠償其損害。

四、無因管理之消滅

管理事務，經本人承認者，實際上與委任無異，故民法第一七八條規定，除當事人有特別意思表示外，應適用關於委任之規定，並溯及無因管理開始時發生與受委任之相等效力。又，本人如知悉無因管理情事，而拒絕管理者，於管理人中止管理時，無因管理即歸消滅。

習　題

一、無因管理人之權利為何？管理人得否向本人請求報酬？

二、甲欠繳所得稅十萬元，曾明示不繳該稅款，其鄰居乙知悉其事。某日甲外
　　出，行政執行處之執行人員就該稅款到場實施強制執行時，乙仍如數代繳
　　該稅款十萬元。乙得否請求甲返還其代繳之稅款十萬元及法定利息？

〔提　示〕

一、㈠管理人已盡適當之管理義務時，其對本人有費用償還請求權、負債清償請求
　　　權及損害賠償請求權。但如未盡適當之管理義務時，管理人雖仍有上開之三
　　　種請求權，但本人之償還義務，僅於其所得利益之限度內，負償還義務。

　　㈡管理人不得向本人請求給付報酬。按管理人並無管理他人事務之權利，自不
　　　得因無因管理而受利益，從而不得請求報酬。

二、乙得向甲請求如數返還代繳之稅款及法定利息。按甲固曾表示拒繳稅款，則乙
　　之為代繳，雖違反本人之意思，但因其係為甲盡公益上之義務，依民法第一七
　　六條第二項規定，仍有費用償還請求權、負債償還請求權、損害賠償請求權，
　　與管理人盡適當管理義務時，並無不同。

第四項　不當得利

一、不當得利之意義及性質

　　不當得利乃無法律上之原因而受利益，致他人受損害之事件（民法第一七
九條）。例如無權占用他人之不動產，取得占有之利益；債已消滅，債務人誤向
債權人為再度之清償（非債清償）等是。一方為受益人，他方為受損人，民法
使不當得利之受益人負一定之返還義務，以保護受損人，因而兩者之間形成一
種債之關係，故不當得利為債之發生原因之一。

　　不當得利之效果，係根據法律規定而發生，不以當事人之意思表示為依據，
故非法律行為。惟不當得利之形成，固多由於當事人之行為，但基於自然事實，
例如牲畜偶至鄰地，亦可發生占有之不當得利。故不當得利之性質屬於一種事
件。

二、不當得利之成立要件

㈠須受利益

此所謂利益，專指財產上之利益，積極得利（不應增加而增加）與消極得利（應減少而未減少），均屬之，例如誤為所有權之移轉登記、誤將抵押權登記塗銷、租期已屆繼續占有房屋是。又，占有固非權利，但亦為財產上之利益，取得占有亦屬得利。

㈡須致他人受損害

即他人因其受利益而受損害，包括積極減少（即現存財產之減少）及消極減少（即妨害財產之增加）。惟若僅自己受利益，他人不受損害者，如造林以防風，結果鄰地亦蒙其利，鄰地所有人非不當得利是。又受利益與受損害之間須有因果關係，惟此之因果關係，尚有直接因果關係說與非直接因果關係說之分。採直接因果關係說，以兩者須為處於若一方無受利益之事實，則他方不致受損害之牽連關係；亦即受利益與受損害須基於同一原因事實，始為有因果關係。惟學者多數見解採非直接因果關係說，認受利益與受損害之因果關係，不以直接牽連為限，例如甲竊取乙之金錢後，而向丙為非債清償時，乙、丙間亦有受損與受益之不當得利因果關係者，自公平理念言，自非無據，即應認乙得就該金錢對丙主張不當得利。五三年臺上字二六六一號判例採直接因果說，惟九〇年度第一次民事庭會議決議不再援用該判例，是宜注意。

㈢須無法律上之原因

何謂無法律上之原因，學說甚多，有統一說（又分權利說、債權說等）與非統一說之分。查我民法僅就不當得利發生之原因，為一般規定，如採統一說中之權利說固非不當，是無正當權利而受利益，致他人受損害者，即為無法律上原因而成立不當得利；惟以統一意義概括無法律上原因一語，仍欠週延，宜就各種具體事實，分別情形認定法律上原因之有無為妥，多數說及實務見解採取非統一說（二二年上字三七七一號、二三年上字一五二八號、五五年臺上字一九四九號判例參照）。從而，受領時無法律上之原因，固不待言，其雖有法律上之原因，而其後已不存在者（如經撤銷），亦屬不當得利。具體言之：⑴得利本於受損人給付者，受損人給付行為如欠缺原因（例如一方為消費借貸而交付

金錢，他方誤為贈與而受領，則雙方契約未成立，他方受領之金錢即為不當得利是），為無法律上原因。(2)得利非由於受損人給付者，其情形如下：受益人如無權利而受益（例如侵奪他人之占有是）；受益人如無處分權而受益（例如無處分權人以自己名義，出賣他人之動產，第三人受善意受讓之保護而取得該動產之所有權，該無處分權人所得之價金是）；受益人之受益乃由於受損人無給付意思之行為而不合乎公平理念者（例如甲擬僱人搬運物品，乙誤為己物而為搬運時，乙之損失為勞務，甲節省工資支出所得之利益是）；受益人之受益出於法律上技術的、便宜的措施而實質上並不使其受益者（例如甲取乙之木材建築房屋，因附合成為房屋之重要成分，甲取得該木材所有權，乙依民法第八一六條得向甲請求償還價額是）；受益人之受益出於事件之結果而無保有得利之權利者（例如甲魚池之魚，自然游入乙之魚池是），均為無法律上之原因。上開(1)之情形，為給付型之不當得利，(2)之各種情形為非給付型之不當得利。

三、不當得利之效力

不當得利成立後，則受利益人即應對於受損害人負返還其利益之義務，茲就此分述如下：

㈠返還之標的

返還之標的分為兩種：

1.原物返還

即返還所受利益及本於該利益之所得。不當得利之受領人，除依回復原狀方法，返還其所受之利益外，如本於該利益更有所取得者（如收取之孳息），並應返還（民法第一八一條）。

2.價額償還

依其利益之性質或其他情形不能返還者，應償還其價額（同條但書）。例如所受利益為勞務，在性質上無法返還同樣之勞務，或已將受領之物出賣，而不能返還，此時均應償還其價額是。價額之計算，應以價額償還義務成立時之客觀價額為準。

㈡返還之範圍

返還之範圍因受領人係善意抑惡意而不同，茲分述如下：

1.善意受領人返還之範圍

民法第一八二條第一項規定：「不當得利之受領人，不知無法律上之原因，而其所受之利益已不存在者，免負返還或償還價額之責任。」可知善意受領人僅就現存利益（以請求返還時為準），負返還責任，若其利益已不存在（如已滅失，或已轉贈第三人），則不負返還責任。所謂現存利益，除原所受之利益外，其擴張物（如原物所生之孳息）或代價物（如原物因毀損所得之賠償金），亦包括之。

其次，由此發生第三人（即轉得人）返還義務之問題，即善意受領人如已將其利益，無償讓與第三人者，其雖因利益不存在而不負返還責任，但無償受讓第三人卻應負之，以期衡平，民法第一八三條：「不當得利之受領人，以其所受者，無償讓與第三人，而受領人因此免返還義務者，第三人於其所免返還義務之限度內，負返還責任。」申言之，原受領人雖將受領物無償讓與第三人，但仍對受損人負有返還義務時（如為惡意受領人時），第三人即不負該返還義務。

2.惡意受領人返還之範圍

民法第一八二條第二項規定：「受領人於受領時，知無法律上之原因或其後知之者，應將受領時所得之利益，或知無法律上之原因時所現存之利益，附加利息，一併償還；如有損害，並應賠償。」足見惡意受領人較善意受領人返還範圍為廣。申言之：

(1)**自始惡意者** 受領人於受領時知無法律上之原因者，應將受領時所得之利益，附加利息，一併償還，如有損害，並應賠償。

(2)**中途惡意者** 受領人於受領後知無法律上之原因者，應將知無法律上之原因時所現存之利益，附加利息，一併償還，如有損害，並應賠償。

四、特殊的不當得利

不當得利應予返還，但亦有因特殊情形，而不得請求返還者，是為特殊的不當得利，屬於不當得利之例外。依民法第一八○條規定：「給付，有左列情形之一者，不得請求返還。」

㈠給付係履行道德上義務者

例如對於法律上無扶養權利之人，予以扶養者，其給付不得請求返還是。良以履行道德上之義務而為給付者，在給付當時，即有自甘犧牲其利益之意思，既已任意給付，自不得請求返還，並免法律阻礙道德上之善行。

㈡債務人於未到期之債務，因清償而為給付者

此種情形並非根本無債務，只是未到期，債權人不得請求履行而已，債權人之受領清償，並非無權利而受益。故期前清償後，不得請求債權人返還。

㈢因清償債務而為給付，於給付時明知無給付之義務者

無給付義務，亦即對方無債權，自己無債務之存在，若誤為給付，自可請求返還，但出於明知者，顯係自甘受損，則不得請求返還。惟如因過失而不知無給付義務者，仍得請求返還。

㈣因不法之原因而為給付者，但不法之原因僅於受領人一方存在時，不在此限

例如因賭博而給付財物、因殺人而贈與財產，法律上對於不法者不予保護，故不許請求返還。但給付者並無不法，僅受領者不法時，不在此限，如被詐欺而給付金錢，其被害人仍得請求返還是。又不法本兼指違反強行法規或公序良俗而言，但為免對受損人過苛，此之不法應以違背公序良俗為不法之原因為妥當。易言之，此之所謂不法僅指違反公序良俗而言，亦即違反倫理的法規，而非指違背技術的法規之不法，例如外國人給付價金而向我國國民買受林地，約定移轉所有權，其契約固因違反土地法第一七條第一款之強行規定而無效，但該限制林地不得移轉於外國人之規定為技術的法規，尚非倫理的法規，即為買受人之該外國人仍得依不當得利請求出賣人返還價金是。

習 題

一、不當得利之返還義務是否因受領人之為善意抑惡意而有不同？

二、甲以五十萬元向乙買受汽車一輛，乙已將汽車交付於甲，但甲迄未依約給付價金。試問甲此際之取得汽車所有權是否為不當得利？

三、甲與乙約定，由乙為槍手代考公務人員高等考試，酬金十萬元，甲先付款五萬元於乙，但事後乙不敢前去應試代考。甲得否請求乙返還五萬元酬金？

〔提　示〕

一、不當得利之返還義務，因受領人之為善意或惡意而有不同之範圍。

　　㈠善意受領人僅就現存利益負返還責任，倘該利益已不存在時，即不必返還。

　　㈡惡意受領人又分為：⑴自始惡意者：①受領時所得之利益，並附加利息，一
　　　併償還；②損害賠償。⑵中途惡意者：①知無法律上原因時所現存之利益，
　　　並附加利息，一併償還；②損害賠償。（詳如本文內之說明）

二、甲因買賣而取得汽車所有權並非不當得利。按甲係依買賣契約而取得汽車所有
　　權，自有法律上之原因，即非不當得利。雖其尚未給付價金，但債務並未消滅，
　　仍須履行，亦即出賣人乙之價金債權依然存在，本件自無不當得利之問題。

三、甲不得請求乙返還酬金。按高等考試係依考試法所舉行之考試，甲、乙約定由
　　乙代考而給予酬金，既違反強行規定，亦背於公序良俗，自屬不法原因之給付，
　　雖乙不敢前去代考，甲仍不得請求乙返還已付之酬金。

第五項　侵權行為

一、侵權行為之意義

　　侵權行為乃因故意或過失，不法侵害他人權利之行為，例如竊盜、殺人、
傷害他人身體、妨害他人名譽均是。為侵權行為者應負損害賠償責任，故為債
之發生原因之一。民法以侵權行為為債之發生原因，寓有制裁違法行為之意，
並有防止或減少權利被侵害之積極作用。

　　刑事責任與民事責任之根本精神及目的不同。刑事責任之目的，在於維持
社會安寧及改造犯人，為國家與人民之關係，故為公法之責任。民事責任之目
的，在填補被害人所受之損害，為行為人與被害人間之關係，故為私法之責任。
刑事上之罪犯應受刑罰之制裁，且亦常為民事上之侵權行為者，應負損害賠償
責任。然有只負刑事責任而不負民事責任者，如放火燒燬自己之所有物，致生
公共危險是；亦有侵權行為而不成立犯罪者，如過失毀損他人之所有物是。由
侵權行為所生之損害賠償責任，即為民事責任之一種。

　　侵權行為，有一般侵權行為（或稱直接侵權行為）與特殊侵權行為（或稱
間接侵權行為）之別。凡以自己之行為，故意或過失直接侵害他人權利之行為，

為一般侵權行為，即民法第一八四條之規定是。而以自己行為以外之事實或第三人行為之參與，構成侵權行為者，為特殊侵權行為，即民法第一八五條至第一九一條之三之規定是。

二、一般之侵權行為

民法第一八四條第一項前段規定：「因故意或過失，不法侵害他人之權利者，負損害賠償責任。」此為一般侵權行為，其構成要件如下：

㈠須有加害行為

以自己意思而發動之加害行為，為侵權行為之第一要件。作為固可成立侵權行為，惟不作為於一定情形下，亦可成立侵權行為，亦即在法律上或契約上有作為之義務而不作為，或不作為則違反公序良俗時，亦可構成侵權行為，例如醫師與病患成立醫療契約後，竟不對病患為治療，致該病人病情惡化受有傷害是。又，所謂自己之行為並不以行為人自身之行為為限，利用他人為工具所為之行為，仍不失為自己之行為。

㈡行為須不法

不法之行為，始足構成侵權行為。狹義之不法指違反法律之強行規定，廣義之不法則為違背善良風俗。民法第一八四條第一項前段之不法指狹義之不法，同條項後段所謂「背於善良風俗之方法」則指廣義之不法。

又，雖屬侵害他人權利，但有阻卻違法之情形者，例如無因管理、正當防衛、緊急避難、自助行為、權利之正當行使（如父母之懲戒子女、警察之逮捕通緝犯）、得被害人之正當允諾等，既非不法，自不構成侵權行為。

㈢侵害權利

侵權行為之成立，須有侵害他人權利之事實，亦即妨害他人權利之享有或行使。此所謂權利指一切私權而言（三十九年臺上字九八七號判例），私權可分為人身權及財產權，此等權利一被侵害，即成立侵權行為，例如傷害身體、妨害名譽、侵害自由、侵奪所有物、侵害著作權等是。

又，債權是否為侵權行為之對象？不無疑義。按一般債權之成立，並無公示方法，又無排他性，且於自由競爭之範圍內，雖有害於他債權人之受償，原則上不具有違法性。故二重買賣之第二買受人原則上並非不法，自不成立侵權

行為；但如第二買受人以加害第一買受人之債權為主要目的，依自己之交付或為登記，以妨害第一買賣之履行者，即為權利濫用，具有違法性，而成立侵權行為。又如第三人與債務人通謀以假債權聲請強制執行或聲明參與分配，取得不正利益時，對真正債權人即為構成侵權行為。故侵害債權是否成立侵權行為，不能一概而論，應就各該具體情形，詳為斟酌，始能決定（參照一八年上字二六三三號、七三年臺抗字四七二號判例）。惟成立侵害債權之侵權行為時，於類型上，有認其為一般之侵權行為者（民法第一四八條第一項前段），另有認其屬故意以背於善良風俗之方法加損害於他人之侵權行為者（同條項後段），尚有不同之見解。按債權有其特性，雖侵害債權而成立侵權行為，要件上與侵害其他權利之侵權行為尚有不同，但既屬私權，仍以其屬一般之侵權行為較妥。

此外，因侵害權利所生之侵權責任，有時與債務不履行所生之契約責任，發生競合。例如受寄人擅將寄託物出賣予善意第三人，致寄託人失其所有權時，一面為侵害所有權之侵權行為，另一面為違反契約上保管義務之債務不履行是。於此情形，固有採非競合說（即法條競合說），認侵權行為屬一般規定，債務不履行為特別規定，債權人僅得行使債務不履行之損害賠償請求權者，但多數說及實務見解（最高法院七七年第一九次民事庭會議決議），則採請求權競合說，即債權人得就侵權行為損害賠償請求權與債務不履行損害賠償請求權選擇其一或合併行使之。行使其中一請求權而達目的時，另一請求權即歸消滅。惟二者之關係究為自由競合，抑為相互影響，學說及實務見解尚欠明確；為資調和，並求公平，似以相互影響說為合理。若然，該二請求權各自獨立發生，但相互影響，如法律另行規定債務人僅就重大過失負責時（例如民法第四三四條規定承租人僅就重大過失負租賃物失火責任），亦惟有重大過失時始負侵權行為責任；對於人格權之侵害，於侵權行為有特別規定者，亦應適用於債務不履行（例如因醫師之誤診，致病患健康受損）；侵權行為損害賠償請求權之短期時效（民法第一九七條之二年或十年），亦適用於債務不履行（其請求權之消滅時效，依民法第一二五條原則上為十五年，惟有較短者如民法第五一四條第二項之一年是）。

(四)須致生損害

1.損害之發生

民事責任以填補被害人所受之損害為其主要目的，縱有加害行為，但如損害未發生，自不發生賠償責任，即侵權行為無未遂之問題。所謂損害，係兼指財產上之損害（有形之損害）及非財產上之損害（無形之損害）而言，惟被害人之請求非財產上之損害賠償，則限於法有明文（民一九四、一九五條）之情形。

2.因果關係

因果關係乃原因與結果間之連絡關係。損害與侵權行為之間，必須有相當因果關係存在，即損害之發生，係由於侵權行為之結果，兩者之間，具有相當因果關係時，始能確定其有因果關係，而成立侵權行為之賠償責任。例如：甲毆打乙成傷，乙送醫治療，不幸醫院失火，乙被燒死，其傷害行為與燒死，不能認有相當之因果關係，因失火係出意外，一般情形，非必生此結果，甲僅對乙之傷害負賠償責任是。

(五)須有責任能力

所謂責任能力，即行為人有足以負擔侵權行為賠償義務之識別能力（意思能力）。我民法對於責任能力之有無，並未為抽象之規定。一般侵權行為之成立，行為人須有故意或過失，行為人之是否有故意或過失，以其是否有識別能力為斷。所謂識別能力，係指對其不法行為，有正常認識與辨別之能力而言。又識別能力與法律行為生效要件之行為能力，乃為兩事。詳言之，責任能力之有無係就行為當時有無識別能力具體決定之，至於行為能力之有無雖亦就行為當時有無意思能力決定之，但法律為保護交易安全與促進交易敏活，並避免舉證之困難，原則上以年齡為準，作劃一之規定（參照民法第一二、一三條），是宜注意。

行為人以有責任能力為原則，以無責任能力為例外，是故主張無責任能力者，應負舉證責任。無行為能力人或限制行為能力人不法侵害他人權利者，如行為時無識別能力，即不負損害賠償之責（民法第一八七條第一項）；其他之人，在無意識或精神錯亂中所為之行為，致第三人受損害者，法院因被害人之聲請，得斟酌行為人與被害人之經濟狀況，令行為人為全部或一部之損害賠償

（同條四項）。

㈥須有故意或過失

一般侵權行為，以行為人有故意或過失為其成立要件。故意與過失，在民法上所負之責任原則上並無差別。行為人對於構成侵權行為之事實，明知並有意使其發生，或預見其發生，而其發生並不違反其本意者，為故意。行為人雖非故意，但按其情節，應注意、並能注意而不注意，或雖預見其能發生，而確信其不發生者，為過失。

違反保護他人之法律，致生損害於他人者，負賠償責任，但能證明其行為無過失者，不在此限（民法第一八四條第二項）。此亦為舉證責任倒置之規定，例如違反交通規則而撞傷他人時，此際被害人就加害人之有過失，不必負舉證責任，即得就其損害請求賠償，而加害人就其無過失須負舉證責任，始得免責。

三、故意以背於善良風俗方法加損害於他人之侵權行為

依民法第一八四條第一項後段規定，故意以背於善良風俗之方法，加損害於他人者，亦應負損害賠償責任。即以背於善良風俗之方法，加損害於他人時，雖侵害權利以外之其他法益，亦成立侵權行為。此種加害行為以有故意，且背於善良風俗為限，始成立侵權行為，例如仿造他人尚未註冊之商標，而販賣商品；以誇大不實之廣告，誘使他人訂約，致他人受損害等是。又如甲知乙之住宅附有高額之保險，竟故意予以焚燬，乙可依第一八四條第一項前段主張侵權行為，保險公司亦得依同條項後段請求賠償（請參照史尚寬著《債法總論》一一六頁）是。

四、違反保護他人法律之侵權行為

按民法第一八四條第二項規定：「違反保護他人之法律，致生損害於他人者，負賠償責任。但能證明其行為無過失者，不在此限。」即承認其亦為獨立之侵權行為類型。易言之，凡違反保護他人法律而侵害他人之權利或權利以外之法益，亦成立侵權行為，行為人之過失，並先予推定。例如民法第七九四條規定：「土地所有人開掘土地或為建築時，不得因此使鄰地之地基動搖或發生危險，或使鄰地之建築物或其他工作物受其損害。」此即保護他人之法律，鄰地

因此所受損害，即得向土地所有人請求賠償；又如依醫師法第二十一條之規定，醫師對於危急之病人應依其專業能力予以救治或採必要措施，不得無故拖延，如有此情事，致病患受有損害時，醫師亦成立違反保護他人法律之侵權行為是。惟行為人並非負無過失責任，如其能舉證證明其行為無過失者，仍可免責。

五、特殊侵權行為

㈠共同侵權行為

數人共同不法侵害他人之權利者，為共同侵權行為（如甲、乙共同毆打丙成傷，甲、乙二人均為共同侵權行為人），應連帶負損害賠償之責（民法第一八五條第一項前段）。所謂連帶負賠償之責，指數人共同為侵權行為，加損害於他人，各有賠償其全部損害之責任。又數人共為有侵害權利危險性之行為，而不能知其中孰為加害人者，亦應負連帶責任（同條項後段）。造意人（即教唆他人實行侵權行為之人）及幫助人（即便利他人實行侵權行為之人），視為共同行為人（同條二項）。

由前所述，共同侵權行為之形態有三：

⑴共同加害行為（狹義的共同侵權行為）　其成立不以行為人間有意思聯絡為必要，苟數人所為違法行為致生同一損害，即所謂行為關連共同者，亦足構成共同侵權行為。例如甲、乙二人共謀傷害丙，固構成共同侵權行為，即如計程車司機駕駛有過失，致與違規駕駛之貨車相撞，乘客因之受傷時，計程車司機及貨車司機雖無意思聯絡，但客觀上其行為關連共同，其對該乘客所受之損害應負共同侵權行為責任（司法院六十六年六月一日例變字一號變更最高法院五五年臺上字一七九八號判例變更理由參照）是。

⑵共同危險行為（準共同侵權行為）　其成立為數人均為共同不法之行為，由一人或一部分人造成損害，但孰為加害人不能確定，為保護被害人，由行為人全體連帶負賠償責任。

⑶造意及幫助視為共同侵權行為　其亦應連帶負損害賠償責任。

㈡公務員之責任

依民法第一八六條第一項，公務員違背對於第三人應執行之職務（指在公法上應執行之職務，如法官之枉法裁判，地政人員之不當登記是），致第三人之

權利或利益受有損害時，應負賠償責任；但其賠償責任因故意或過失而不同。如係出於故意者，不論被害人能否依他項方法受賠償，均應負賠償之責；如係出於過失者，則以被害人不能依他項方法受賠償時為限，始負賠償責任。惟上述情形，如被害人得依法律上之救濟方法，除去其損害，而因故意或過失不為之者，公務員即不負賠償責任（同條二項）。例如對於違法之行政處分，得提起訴願或行政訴訟，即為得依法律上之救濟方法，除去其損害，如被害人不依此謀求救濟，公務員即可不負責任是。

(三)法定代理人之責任

法定代理人對於無行為能力人或限制行為能力人負有教養、監督之責，故無行為能力人或限制行為能力人之侵權行為，每由於其法定代理人監督之疏懈所致，如行為人行為時有識別能力者，由行為人與其法定代理人連帶負損害賠償之責；如行為人行為時無識別能力者，則由其法定代理人負賠償之責，即行為人雖不負責，但法定代理人則須單獨負責（民法第一八七條第一項）。惟法定代理人如能證明其監督並未疏懈，或縱加以相當之監督，而仍不免發生損害者，即不負賠償之責（同條二項）。由上可知，先行推定法定代理人之過失，使被害人無庸舉證法定代理人監督之過失，即得請求法定代理人賠償，但法定代理人舉證免責事由後，即不負責，是故法定代理人之責任立於過失責任與無過失責任之間，學說上稱之為「中間責任」。

被害人如因行為人無責任能力，法定代理人又因監督並未疏懈而免責之情形下，將無法獲得賠償，當非事理之平，法律為保護無端受害之被害人起見，乃明定法院因被害人之聲請，得斟酌行為人及其法定代理人與被害人之經濟狀況，令行為人或其法定代理人為全部或一部之賠償（民法第一八七條第三項）。行為人或其法定代理人之此種責任稱為衡平責任，屬於無過失責任之一種。此種規定，於其他之人（指有行為能力之人而言），在無意識或精神錯亂中所為之行為致第三人受損害時，準用之（同條四項）。即其他之人於斯時因無識別能力，即無責任能力，本可不負賠償損害之責，但民法為被害人之利益計，乃有此項規定，是亦為衡平責任。

(四)僱用人之責任

受僱人因執行職務，不法侵害他人之權利者，由僱用人與行為人連帶負損

害賠償責任（民法第一八八條第一項）。此項規定，所以使僱用人對於受僱人之選任及其職務之執行，切實注意，且受僱人之資力通常較弱，故由僱用人負連帶責任，以保障被害人之權益，並警戒僱用人。至此之僱傭關係，不以受僱人與僱用人訂有僱傭契約者為限，於事實上被他人使用為之服勞務而受其監督者，均係受僱人（五七年臺上字一六六三號判例）。例如貨運公司之司機開車載貨肇事，致他人受損害，該公司與司機固有僱傭關係，即囑友人駕車載送至某地，發生車禍，因有選任監督關係，對他人所受之損害，亦應負此之僱用人責任是。

僱用人如對選任受僱人及監督其職務之執行，已盡相當之注意，或縱加以相當之注意，仍不免發生損害者，足見其並無過失，或其過失與損害無因果關係，僱用人自可不負賠償責任（同條項但書），此僱用人之免責要件，應由僱用人負舉證之責，是僱用人之責任亦為中間責任。被害人如因此不能受賠償時，法院因其聲請，得斟酌僱用人與被害人之經濟狀況，令僱用人為全部或一部之損害賠償（同條二項）。僱用人為賠償時，對於該受僱人，有求償之權（同條三項），因就對內關係言，僱用人並無分擔責任之故。

㈤定作人之責任

定作人係對承攬人而言（民法第四九〇條）。承攬人之執行承攬事項，係以獨立之意思為之，不受定作人之指揮及監督，與上述僱傭關係不同，故承攬人因執行承攬事項，不法侵害他人之權利者，定作人不負損害賠償責任，但定作人於定作或指示有過失者，不能免賠償之義務（民法第一八九條）。即定作人於例外情形，始負賠償責任。定作人之責任成立時，承攬人與定作人即為共同侵權行為，應連帶對被害人負責。

㈥動物占有人之責任

動物之占有人對於動物應負管束之責（民法第一九〇條第一項），故動物加損害於他人者，由其占有人負損害賠償之責。此所謂加損害於他人，係指依動物之獨立動作加損害於他人而言，例如狗咬人，由狗之占有人負賠償責任是。如係以動物為工具而加損害於他人，仍為人之行為，則應依民法第一八四條負其責任。但動物占有人依動物之種類及性質，已為相當注意之管束，或縱為相當注意之管束而仍不免發生損害者，占有人不負賠償之責（同條項但書）。

動物係由第三人或他動物之挑動，致加損害於他人者，其占有人仍應負賠

償之責，但其對於該第三人或該他動物之占有人，有求償權（同條二項）。

㈦工作物所有人之責任

土地上之建築物或其他工作物，所致他人權利之損害，由工作物之所有人負賠償責任（民法第一九一條第一項）。凡由人工作成，而與土地有直接關聯之物，皆為工作物，建築物固屬之，他如牆垣、橋梁、堤防、電桿、電線、廣告牌，安設於地上之遊戲器具皆屬之，其使他人權利受損害時，工作物之所有人應負賠償責任。但工作物之所有人對於設置或保管並無欠缺，或損害非因設置或保管有欠缺，或於防止損害之發生，已盡相當之注意者，不負賠償之責（同條項但書）至工作物所有人須舉證上開各事由，始可免責，自不待言。

前述損害之發生，如別有應負責任之人時，例如承攬人、承租人或其他有過失之人，則已賠償損害之所有人，對於該應負責任者，有求償之權（同條二項）。

㈧商品製造人之責任

此所稱之商品製造人，謂商品之生產、製造、加工業者（民法第一九一條之一第二項前段）；其在商品上附加標章或其他文字、符號，足以表彰係其自己所生產、製造、加工者，視為商品製造人（同項後段）。商品製造人因其商品之通常使用或消費所致他人之損害，負賠償責任（同條一項），即使其負侵權行為之損害賠償責任，以保護消費者之利益；但商品製造人如舉證證明其對於商品之生產、製造或加工、設計並無欠缺或其損害非因該項欠缺所致或於防止損害之發生，已盡相當之注意者，即不負賠償責任（同項但書）。由此可知，商品製造人係負中間責任。

同條第三項規定：「商品之生產、製造或加工、設計，與其說明書或廣告內容不符者，視為有欠缺。」即信賴該商品說明書或廣告內容之消費者，於為使用、消費而發生損害者，應視為其商品之生產、製造或加工、設計有欠缺，得請求商品製造人負賠償責任。

又，為保護消費者之權益，避免難於追查商品製造人而無從請求賠償損害，同條第四項規定：「商品輸入業者，應與商品製造人負同一之責任。」此所謂之「輸入業者」，包括在外國輸出商品至我國之出口商及在我國之進口商在內，使其對該商品之瑕疵負與製造人同一責任，消費者即得逕向商品輸入業者請求損

害賠償。

㈨動力車輛駕駛人之責任

民法第一九一條之二規定：「汽車、機車或其他非依軌道行駛之動力車輛，在使用中加損害於他人者，駕駛人應賠償因此所生之損害。但於防止損害之發生，已盡相當之注意者，不在此限。」即被害人無庸舉證動力車輛駕駛人之故意、過失，即得就其所受損害請求賠償，駕駛人須舉證其於防止損害之發生，已盡相當之注意，始可免責。由此可知，動力車輛駕駛人係負中間責任。惟非動力車輛或依軌道行使之車輛，均不在本條之範圍。

㈩經營事業或從事其他工作或活動之人之責任

民法第一九一條之三規定：「經營一定事業或從事其他工作或活動之人，其工作或活動之性質或其使用之工具或方法有生損害於他人之危險者，對他人之損害應負賠償責任。」按現今社會由於企業發達、科技進步，經營事業或從事工作或活動之方式及其使用之工具與方法具有多樣性，且有生損害於他人之危險，例如工廠之排放廢水或廢氣、筒裝瓦斯廠之裝填瓦斯、賽車活動之舉行、開礦之使用炸藥等，對於他人之損害，應負損害賠償責任。即被害人只須證明經營一定事業或從事其他工作或活動之人之工作，或活動之性質，或其使用之工具或方法有生損害於他人之危險性，而在其工作或活動中受損害，即得請求賠償。但加害人如證明損害非由於其工作或活動或其使用之工具或方法所致，或於防止損害之發生已盡相當之注意者，則免負賠償責任（同條但書），即上述事業經營人等亦係負中間責任。

按傳統之過失責任，於今日之大規模企業及社會容許之各種危險活動所造成之損害，不免造成難以求償之不合理現象，法律上即須建立以危險為歸責基礎之危險責任制度，使持有或經營危險物品、設施之人，對其所具之危險發生，侵害他人權益時，對他人應負損害賠償責任。前開第一九一條之三為一般危險責任之規定，須特殊危險責任之規定（例如民用航空法八九條、民法一九一條之一及一九一條之二等規定）無從適用時，始得適用本條之規定，是宜注意。

六、侵權行為之效力

侵權行為一經成立，即發生損害賠償之效力，被害人方面取得損害賠償請

求權，加害人方面負有損害賠償義務，雙方則為發生一種損害賠償之債之關係。

㈠損害賠償之當事人

侵權行為之效力，在於發生損害賠償之債。損害賠償之債務人，在一般侵權行為，為行為人本人，在特殊侵權行為，或為行為人，或為行為人以外之人。損害賠償之債權人，原則上為被害人本人。但於生命權被侵害致被害人死亡時，民法對於因被害人死亡，而間接受害之人，亦賦與損害賠償請求權，其情形有三：

1.為被害人支出醫療及增加生活上需要之費用或殯葬費之人

不論與被害人有無親屬關係，凡係為被害人支出醫療及增加生活上需要之費用或殯葬費之人，均得請求賠償（民法第一九二條第一項）。損害賠償額，應以實際支出，且屬必要者為限。

2.被害人對之負有法定扶養義務之第三人

加害人對於該第三人，亦應負損害賠償責任（民法第一九二條第二項）。此項扶養義務，以法定扶養義務為限（民法第一一一四條以下）。其賠償方法及數額，原則上應以被害人生前扶養之情形為準。惟賠償扶養費之金額固可請求定期支付或一次支付。但如為一次支付時，應扣除其中間之法定利息，至扣除期前利息，實例上採霍夫曼 (Hoffmann) 式計算法，其公式如下：n 年應給付之金額為 A，利率為 r（依四十七年四月二十日最高法院民刑庭總會決議，按年息百分之五計算），現在應付金額為 X，則 $X=\dfrac{A}{1+n \cdot r}$。如為定期金之支付，法院須命加害人提出擔保（民法第一九二條第三項）。

3.被害人之父母子女及配偶

不法侵害他人致死者，被害人之父、母、子、女及配偶，雖非財產上之損害，亦得請求賠償相當之金額（民法第一九四條）。所謂子女包括胎兒在內（六六年臺上字二七五九號判例）。至賠償金額之是否相當，法院應斟酌被害人之父、母、子、女、配偶所受痛苦之程度，以及雙方之社會地位、經濟情況以決定之。

此一非財產上損害賠償請求權與被害人之人身攸關，具有專屬性，亦應適用後述之同法第一九五條第二項之規定，即不得讓與或繼承，除非已依契約承

諾或已起訴（八四年臺上二九三四號判例）。

㈡損害賠償之範圍及方法

損害賠償之範圍及方法，除規定於民法第二一三條至二一八條者外，於侵權行為，民法另有下列特別規定：

1.精神慰撫金及名譽回復之處分

對非財產上之損害，亦得請求賠償者，除前述不法侵害他人致死者，被害人之父、母、子、女、配偶得為請求外，不法侵害他人之身體、健康、名譽、自由、信用、隱私、貞操、或不法侵害其他人格法益而情節重大者，被害人亦得請求賠償非財產上損害之相當金額之精神慰撫金（民法第一九五條第一項前段）。即列舉之身體等七種人格權被侵害，而行為人成立侵權行為者，被害人即得請求賠償慰撫金，但如其他未列舉之人格權，例如肖像權、聲音權等受不法侵害，尚須情節重大，被害人始得請求慰撫金之賠償。此外，其名譽被侵害者，並得請求為回復其名譽之適當處分，例如登報道歉是（同項後段）。又，第一九五條第一項之非財產上損害賠償請求權，不得讓與或繼承，但已依契約承諾，或已起訴者，不在此限（同條二項）。

此外，民法第一九五條第三項規定：「前二項規定，於不法侵害他人基於父、母、子、女或配偶關係之身分法益而情節重大者，準用之。」例如未成年子女被他人擄略、配偶之一方被他人強制性交等情形，父母、配偶之他方身分法益被侵害，其所受之精神上痛苦，亦得準用前述規定，請求非財產上之損害賠償。惟基於父、母、子、女或配偶關係，所生身分權或身分法益被不法侵害，所受精神上損害，尚須情節重大，始得請求慰撫金之賠償。

2.喪失或減少勞動能力之賠償

不法侵害他人之身體或健康者，對於被害人因此喪失或減少勞動能力或增加生活上之需要時，應負損害賠償責任（民法第一九三條第一項）。所謂喪失或減少勞動能力，係指其工作能力之全部或一部滅失。所謂增加生活上之需要，例如受害後不良於行，須裝義肢是。此項損害賠償，如依債權人請求命債務人一次給付時，自應扣除中間利息，法院亦得因當事人之聲請，定為支付定期金，但須命加害人提出擔保（同條二項）。

3.對於毀損物之賠償

損害賠償本以回復原狀為原則（民法第二一三條），但不法毀損他人之物者，被害人得請求賠償其物因毀損所減少之價額（民法第一九六條）。逕許以金錢賠償，其為賠償方法之特則。惟被害人除得依本條請求金錢賠償外，並不排除第二一三條至二一五條之適用（最高法院七七年第九次民事庭會議決議），即被害人亦得選擇請求回復原狀。

㈢特別消滅時效

因侵權行為所生之損害賠償請求權，自請求權人知有損害及賠償義務人時起，二年間不行使而消滅（民法第一九七條一項前段），此為特別之消滅時效期間，較一般請求權為短。知有損害及賠償義務人，乃起算該時效並重之要件，如僅知其一，時效期間，尚未開始進行。義務人有數人時，其時效期間應各別進行。自有侵權行為時起逾十年者，不問請求權人之知損害及賠償義務人與否，其請求權即歸於消滅（同條項後段）。

於時效完成後，損害賠償請求權固歸於消滅，但損害賠償之義務人，因侵權行為受利益，致被害人受損害者，仍應依關於不當得利之規定，返還其所受之利益於被害人（同條二項），例如被害人失竊某物，於侵權行為損害賠償請求權之時效完成後，仍可依不當得利之規定請求返還（其時效期間為十五年）。又，因侵權行為對於被害人取得債權者，被害人對於該債權之廢止請求權，雖因時效而消滅，仍得拒絕履行（民法第一九八條）。例如因被脅迫而為負擔債務之意思表示者，即為侵權行為之被害人，該被害人固得於民法第九三條所定之期間內，撤銷其負擔債務之意思表示，使其債務歸於消滅，亦得行使因侵權行為所生之債權廢止請求權，向加害人請求回復原狀，廢止其債權，使被害人之債務消滅；但被害人於其撤銷權因經過此項期間而消滅後，仍不妨於民法第一九七條第一項所定之時效未完成前，本於侵權行為之損害賠償請求權，請求廢止加害人之債權（即請求加害人廢止該債權，以回復被害人損害發生前之原狀）。再者，即在此項時效完成後，依民法第一九八條之規定，被害人亦得拒絕履行，即被害人於廢止請求權之時效完成後，雖不得再為時效完成後之抗辯，仍有拒絕履行之抗辯權。被害人之行使此一權利，並無時間上之限制。

習 題

一、民法第一八四條所規定侵權行為之類型有幾？

二、甲駕駛汽車，因過失肇事，致乙死亡。乙生前扶養之子女 A 十八歲、B 十七歲，分別請求甲賠償扶養費二年及三年，按每年六萬元計算，並一次請求給付。試問 A、B 所得請求之扶養費數額為何？

三、甲與十五歲之乙共同竊取丙之現款五十萬元，得手後平分花用。試問丙得如何行使權利請求賠償？

〔提 示〕

一、民法第一八四條可分為三種類型，即(1)權利之侵害（同條一項前段）：被害人須就因行為人之故意或過失所致損害負舉證責任。(2)權利以外其他法益之侵害（同條一項後段）：被害人須就行為人故意背於善良風俗方法所致損害負舉證責任。(3)法律所保護法益之侵害 （同條二項）：行為人行為之過失，由法律先予推定之，從而被害人之請求賠償，無庸就行為人之故意或過失負舉證責任，行為人如舉證證明其行為無過失，始可免責。（詳如本文內之說明）

二、A、B 一次請求給付扶養費，須依霍夫曼計算法扣除期前利息，即：

A 一次所得請求之數額為：$6\,萬元 + \dfrac{6\,萬元}{1+0.05} = 117{,}143\,元$

B 一次所得請求之數額為：$6\,萬元 + \dfrac{6\,萬元}{1+0.05} + \dfrac{6\,萬元}{1+0.1} = 171{,}688\,元$

三、㈠丙得向甲、乙依據共同侵權行為之關係請求其連帶賠償五十萬元，並依民法第二三三條規定請求其給付法定遲延利息。

㈡丙亦得向乙之法定代理人請求其與乙連帶賠償五十萬元及法定遲延利息。 因法定代理人就無行為能力人或限制行為能力人之侵權行為亦應負連帶責任（民法第一八七條）。

㈢丙亦得依不當得利之關係向甲、乙請求返還五十萬元 （非連帶債務，而為可分債務）。惟如其係依不當得利之關係而為請求時，即不得請求乙之法定代理人連帶賠償，是宜注意。

第二節　債之標的

一、總　說

　　債權、債務，均以債務人之一定行為為標的。債之標的乃構成債權內容之債務人之行為。債務人之行為，我民法稱為給付，因此，債權人基於債之關係，得向債務人請求給付（民法第一九九條第一項）。社會進步，法律所保護者，不僅為金錢等有形之利益，即精神上之一切無形利益，亦在保護之列，故給付不以有財產價格者為限（同條二項），例如學術研究契約、演唱歌曲之契約，縱無財產價值，亦得為債之標的。且不作為亦得為給付（同條三項），例如不為權利之讓與或不為營業之競爭，為單純不作為；如承租人容許出租人修繕租賃物（民法第四二九條第二項），為容許債權人為一定行為。即不作為可再分為單純不作為與容許。

　　債之標的與債之標的物，應予區別。債之標的為債務人之行為，而債之標的物則為債務人應給付之物。例如甲償還乙一萬元之行為，為債之標的，該一萬元則為債之標的物。

二、種類之債

㈠種類之債之意義

　　種類之債乃以種類中一定數量指示給付物之債（民法第二〇〇條第一項前段），例如訂購蓬萊米一千公斤、某版本之《民法總則》一百本是。似此以種類數量指示之物，即為不特定物，故種類之債為不特定物之債，其與特定物之債相對立。種類之債既為不特定物之債，尚須經特定，成為特定物之債，債務人始得據以為清償。

　　給付物僅以種類指示者，自應依法律行為之性質，或當事人之意思定其品質，前者例如按照貨樣約定買賣者，應以與貨樣同一品質之物交付（民法第三八八條），後者例如給付與價金相當之物、給付與向來所購者同一品質之物是。但如依法律行為之性質或當事人之意思，不能定其品質時，債務人應給以中等

品質之物（民法第二〇〇條第一項）。所給付之物，是否為中等品質，應依給付時、給付地交易上一般觀念定之。

㈡種類之債之特定

種類之債，於履行之時，其給付物必須具體確定，此為種類之債之特定。關於特定之方法有二，一為債務人交付其物之必要行為完結後（如米已送至買受人住所，尚未經買受人受領之際），另一為債務人經債權人之同意指定其應交付之物時。經特定後其物即為特定給付物（民法第二〇〇條第二項）。種類之債，一經特定，即成為特定物之債，債權人不得請求給付他物，債務人亦不得另以他物給付。

㈢種類之債特定之效力

種類之債於特定前，原則上無給付不能之問題，此乃因同種類之物不致全部失其存在，如社會上有此種類之物存在，債務人之給付義務，即不能免除。惟種類之債一經特定，債之關係僅存在於該特定物，如該物滅失時，即生給付不能之問題，應依民法第二二五、二二六條決定債務人之責任（另如後述）。

種類之債自特定時起，變為特定物之債，即該特定物之債為種類之債之延長，因此原債權之擔保自仍存續。

三、貨幣之債

㈠貨幣之債之意義

貨幣之債乃以貨幣為給付標的之債。貨幣為交易之媒介，通常稱為金錢，例如民法第二一四條、二一五條、二三三條第一項是。貨幣之債為種類之債之典型，惟貨幣無所謂上、中、下之品質，故不適用民法第二〇〇條第一項給以中等品質之物之規定。

㈡貨幣之債之種類

1.本國貨幣之債

本國貨幣之債，即以本國發行之貨幣為標的。民法第二〇一條規定：「以特種通用貨幣之給付為債之標的者，如其貨幣至給付期失通用效力時，應給以他種通用貨幣。」即當事人為確保貨幣之購買力，乃約定須以特種通用貨幣給付，因其本質仍屬以一定金額之通用貨幣為標的，故該特種貨幣失其通用效力時，

仍應以他種通用貨幣為給付。

2.外國貨幣之債

民法第二〇二條本文規定：「以外國通用貨幣定給付額者，債務人得按給付時，給付地之市價，以中華民國通用貨幣給付之。」按當事人既完全注重貨幣之金額，則雖以外國通用貨幣定其給付額，債務人亦得以本國通用貨幣為給付，例如約定以美金定給付額，債務人亦得折合為新臺幣給付之。但當事人如經訂明應以外國通用貨幣為給付者，債務人即不得給付本國通用貨幣（同條但書）。

四、利息之債

(一)利息之債之意義

利息之債者，乃以利息為其給付標的之債，依當事人之契約或法律規定而發生。原本債權為主債權，利息債權為從債權，即利息債權之成立，以原本債權之成立為前提。原本債權之擔保，亦為利息債權之擔保。

利息為一種法定孳息，乃比例原本數額之多寡及其存續期間之長短，依一定比率（即利率）為計算，而以金錢或其他代替物為給付。

利息之債，依其法律性質可分為基本權的利息之債與支分權的利息之債。基本權的利息之債，乃未達清償期之利息債權，抽象的於每期依一定比率而可取得，為從屬原本債權之從權利，一般所稱之利息債權，多指此而言。支分權的利息之債，則為已屆清償期之利息債權，此種利息債權已非從權利，而為獨立之債權，可與原本債權分離而為讓與，其消滅時效亦與原本債權有別（民法第一二六條）。

利息之發生，必由於當事人之約定或法律之規定。前者為約定利息之債；後者為法定利息之債，例如金錢債務給付遲延，應付遲延利息，為民法第二三三條第一項所定，無因管理人為本人支出必要或有益費用，得請求償還其費用外，並得請求墊費利息，為民法第一七六條第一項所明定是。

(二)利息之債之計算

利息之債，依其計算方法不同，有單利之債與複利之債之分，惟複利之債，民法以禁止為原則。

1.單利之債

單利之債,乃單獨計算各期間之利息,不將利息滾入原本再生利息之債。計算利息,於原本外,須確定利率,而利率依其產生方法,有約定利率與法定利率之分,茲說明於次:

(1)**約定利率** 當事人雙方約定利率之高低,固有自由,但仍有其限制。即約定利率最高不得超過週年百分之二十,債權人對於超過部分,並無請求權(民法第二〇五條);但債務人就超過部分之利息如任意給付,經債權人受領後,不得謂係不當得利請求返還。又,約定利率逾週年百分之十二者,經一年後,債務人得隨時清償原本,但須於一個月前預告債權人,此項清償之權利,不得以契約除去或限制之(民法第二〇四條)。再者,債權人不得以折扣或其他方法,巧取利益(民法第二〇六條)。例如借款十萬元,債權人先行扣取利息三萬元,債務人實收七萬元,關於預扣之三萬元,債權人既未實際交付,即不發生返還請求權,斯時並按原本七萬元計算利息是。

(2)**法定利率** 民法第二〇三條規定:「應付利息之債務,其利率未經約定,亦無法律可據者,週年利率為百分之五。」亦即法定利率為週年百分之五,即年利五釐。法定利率須無約定利率時,始能適用,且須依法律規定或約定應付利息者,始須支付利息,於是始有法定利率之適用。又,票據債務之利息,依票據法第二八、九七條之規定,其法定利率為年利六釐,自應優先適用該特別法之所定。

2.複利之債

複利乃由利息再生之利息,亦即將利息滾入原本再生利息。為保護經濟上弱者起見,民法第二〇七條第一項原則上禁止複利,但當事人以書面約定,利息遲付逾一年後,經催告而不償還時,債權人得將遲付之利息滾入原本者,依其約定。又商業上另有習慣者,依其習慣(同條二項),即許複利,例如銀行活期儲蓄存款每六個月計算複利一次是。

五、選擇之債

(一)選擇之債之意義

選擇之債,乃於數宗給付中,選定其一宗為其給付標的之債。因此,選擇

之債仍為一個債之關係，例如就牛一頭或馬一匹選購其一；又如給付房屋一幢或汽車一輛，其標的為一個，惟有待於選擇而已。選擇之債成立之初，須預定數宗給付，但須選定其一，始能給付。

(二)選擇之債之特定

選擇之債，於履行債務之際，必須選擇一宗給付，始能履行，易言之，選擇之債須經特定始能履行。其特定之方法有三：即依契約、選擇或給付不能而特定是。按雙方當事人得合意以契約為選定，自不待言，茲就選擇權之行使及給付不能，分別予以說明。

1.選擇權之行使

選擇權為於數宗給付中選定其一宗之權利，為形成權。選擇權一經行使，選擇之債即變為普通單純之債。選擇權除法律另有規定，或契約另有訂定外，原則上屬於債務人（民法第二〇八條）。

選擇權之行使，以意思表示為之，債權人或債務人有選擇權者，應向他方當事人以意思表示為之。由第三人為選擇者，應向債權人及債務人以意思表示為之（民法第二〇九條）。選擇之效力，溯及於債之發生時（民法第二一二條），即溯及於選擇之債成立之日，變為單純之債。

有選擇權之人，如不為選擇時，使債權人及債務人均受不利，債之關係無由特定。因此，民法第二一〇條特規定選擇權之移屬，以資補救，其移屬之情形有下列三種：

(1)**選擇權定有行使期間者**　如於該期間內不行使時，其選擇權移屬於他方當事人。

(2)**選擇權未定行使期間者**　債權至清償期時，無選擇權之當事人，得定相當期限催告他方當事人行使其選擇權，如他方當事人不於所定期限內行使選擇權者，其選擇權移屬於為催告之當事人。

(3)**由第三人為選擇者**　如第三人不能或不欲選擇時，選擇權移屬於債務人。

2.給付不能

在數宗給付中，如有自始不能或嗣後不能給付者，債之關係，僅存在於餘存之給付，餘存給付，仍有數宗時，僅縮小選擇之範圍而已，仍不失為選擇之

債，如餘存之給付，僅有一宗時，則生特定之效力，但其不能之事由，應由無選擇權之當事人負責者，不在此限（民法第二一一條）。詳言之，給付不能乃因可歸責於無選擇權人之事由者，債之關係不僅存於餘存之給付，有選擇權人仍得選擇給付不能之一宗而免給付義務（民法第二二五條），或請求損害賠償（民法第二二六條），即仍須選擇；但如因不可歸責於雙方當事人或因可歸責於有選擇權人，致數宗給付只存一宗時，即因之特定，例如甲有 A 屋、B 屋、C 屋各一棟，與乙約定，由乙於限期內選購其一，惟於乙行使選擇權前，因地震致 A、B 屋均滅失，只存 C 屋，則甲、乙之買賣即特定於 C 屋，但如僅 A 屋滅失，B 屋、C 屋仍存時，僅選擇範圍縮小為二宗，乙仍須選擇是。

㈢選擇之債特定之效力

選擇之債一經特定，即變為單純之債，其標的僅為一宗給付。此一宗給付如為特定物，即變為特定物之債，債務人即應據以履行，如為不特定物，則變為種類之債，尚須再經特定，債務人始能履行。

六、損害賠償之債

㈠損害賠償之債之意義

所謂損害賠償之債，乃以賠償他人之損害為其標的之債。損害，可分為財產上之損害與非財產上之損害，又可分為積極之損害（所受損害）與消極之損害（所失利益）。所謂賠償，乃填補他人所受損害之謂。

損害賠償之債發生之原因為：

①侵權行為（民法第一八四條以下）。

②債務不履行（民二二六、二二七、二三一、二三二、二三三條等是）。

③契約（例如損害賠償額之預定、保險契約是）。

④法律之直接規定（例如民九一、一一○、一七六、七九一、九七七條等是）。

又，損害賠償之債依其發生情形，有原始的損害賠償之債及轉變的損害賠償之債之分。前者，自始即以損害賠償為標的之債，例如因保險契約或侵權行為所生之損害賠償是；後者，原屬一般債權，但因某種原因始轉變為損害賠償，例如因債務不履行而發生之損害賠償是，其為原來之債之延長，其原來債權之

擔保亦及於損害賠償之債。

(二)損害賠償之方法

損害賠償之方法有回復原狀與金錢賠償兩種。回復原狀合於損害賠償之目的，但有時不便或不能；金錢賠償便於實行，但有時不合損害賠償之本旨。我民法以回復原狀為原則，以金錢賠償為例外。

1.回復原狀

民法第二一三條第一項規定：「負損害賠償責任者，除法律另有規定或契約另有訂定外，應回復他方損害發生前之原狀。」即明定以回復原狀為原則。所謂回復原狀，即回復損害發生前之狀態，例如打碎玻璃者應重新裝配原樣玻璃、奪物還物、騙錢還錢是。惟為合乎實際需要，債權人得請求支付回復原狀所必要之費用，以代回復原狀（同條三項）。又依同條第二項規定：「因回復原狀而應給付金錢者，自損害發生時起，加給利息。」例如返還詐取他人之金錢者，自發生時起，債權人即已受不能利用金錢之損害，應自其時起加給利息，一併返還。至如後述之民法第二一四條以下所定以金錢賠償代替回復原狀之情形，不得請求自損害發生時起，加給利息，是宜注意。

2.金錢賠償

損害賠償之方法應回復原狀，是為原則，但法律另有規定或契約另有訂定者，亦得以金錢賠償。所謂法律另有規定，即：

(1)民法第二一四條規定：「應回復原狀者，如經債權人定相當期限催告後，逾期不為回復時，債權人得請求以金錢賠償其損害。」

(2)民法第二一五條規定：「不能回復原狀或回復顯有重大困難者，應以金錢賠償其損害。」　例如砍伐、毀棄桃樹及樹薯，回復原狀顯有重大困難，被害人得請求金錢賠償（六七年臺再字一七六號判例）是。

(3)民法第一九二至一九六條所規定之侵權行為應以金錢賠償　惟物被毀損時，被害人除得依第一九六條請求金錢賠償外，亦得選擇依第二百十三條請求回復原狀（最高法院七七年第九次民事庭會議決議）。

3.損害賠償之範圍

損害賠償之範圍，依民法第二一六條第一項規定：「損害賠償，除法律另有規定或契約另有訂定外，應以填補債權人所受損害及所失利益為限。」即除當

事人於事前或事後約定及民法第二一六條之一、二一七、二一八、二三三條等之另有規定者外,法定損害賠償之範圍應填補債權人「所受損害」及「所失利益」。所謂所受損害,指積極的損害而言,亦即既存利益之減少,例如費用之支出、物之毀損、精神之痛苦是。所謂所失利益,指消極的損害而言,亦即應增加之利益,而不增加,此種損害,其範圍每難確定,故同條第二項乃明定:「依通常情形,或依已定之計劃、設備或其他特別情事,可得預期之利益,視為所失利益。」即預期利益之視為所失利益,仍須具客觀之確定性。例如買受人以五十萬元購買房屋後,隨即另以六十萬元轉讓他人,因可歸責於出賣人而不克交屋,致不能取得預期之利益十萬元,買受人得向出賣人請求該十萬元之賠償是。

(三)賠償金額之減免

1.過失相抵

損害之發生或擴大,被害人與有過失者,法院得減輕賠償金額,或免除之(民法第二一七條第一項)。例如汽車行進之際,行人突然穿越馬路,致被撞傷,司機疏未注意前方狀況,未能及時緊急剎車,固有過失,而行人漫不經心,對損害之發生亦與有過失;又如甲公司之職員乙,侵占貨款,公司發覺其舞弊後,仍任由乙繼續任職,致虧空鉅款,此時,乙之人事保證人丙固應負保證之責(賠償),但公司對於損害之擴大,亦與有過失。被害人既與有過失,即不能使義務人單獨負責,而生過失相抵之問題。法院對於應否減輕賠償額或應否免除賠償責任,就實際情況,有斟酌決定之權。又,重大之損害原因,為債務人所不及知,而被害人不預促其注意或怠於避免或減少損害者(例如被撞傷後,拒絕就醫,致病情惡化;對於所購染病之家畜,怠於隔離或消毒,致傳染其他家畜是),為與有過失(同條二項)。

同條第三項規定:「前二項之規定,於被害人之代理人或使用人與有過失者,準用之。」例如機車後座之人甲藉駕駛人乙載送而擴大其活動範圍,駕駛人乙即為甲之使用人,如乙車與另一由丙所駕之車相撞,甲受有傷害,而乙、丙均有過失,如甲向丙請求損害賠償時,即應準用過失相抵之規定,減輕丙之賠償金額是(另參照七四年臺上字一一七〇號判例)。

2.義務人生計關係之酌減

損害非因故意或重大過失所致者，如其賠償致賠償義務人之生計有重大影響時，法院得減輕其賠償金額（民法第二一八條）。所以保護經濟上弱者，兼顧義務人之生活。法院對於應否減輕其賠償金額，有斟酌實際情況決定之權，但不得全部免除。惟如係故意或重大過失所致，不問其生計如何，均無酌減之餘地。

3.損益相抵

損害賠償請求權人基於同一原因事實，同時受有利益者，應將所受利益，由所受損害中扣除，以定賠償範圍，即以餘額為賠償額，此即損益相抵。例如遲延給付耕牛，買受人受有損害，但買受人因此節省飼料費，賠償時應扣除之，以期公允。民法新增第二一六條之一對損益相抵明文規定，在實務上早為最高法院判例所承認（二七年滬上字七三號判例參照），而第二六七條但書、第六三八條第二項等亦寓有此一原則。

㈣讓與請求權

民法第二一八條之一規定：「關於物或權利之喪失或損害，負賠償責任之人，得向損害賠償請求權人，請求讓與基於其物之所有權或基於其權利對於第三人之請求權。」斯即「讓與請求權」，於損害賠償之債，均適用之。例如受寄人因過失致寄託人所寄託之物被第三人所盜，受寄人對於寄託人負賠償責任，但受寄人得向寄託人請求讓與基於其物之所有權對於第三人之請求權（即所有物返還請求權）是，因寄託人若得再保有該所有物返還請求權，即為受雙重利益，與損害賠償之本旨未合。

依上說明，讓與請求權之成立要件有三：

⑴權利之主體須為關於物或權利之喪失或損害負賠償責任之人。

⑵義務之主體須為損害賠償請求權人。

⑶權利之客體須為基於其物之所有權或基於其權利對於第三人之請求權。惟另一說則認為權利之客體為損害賠償請求權人基於其物之所有權，或損害賠償請求權人基於其權利對於第三人之請求權。依此說，例如甲殺死乙之耕牛一頭，甲固對乙負損害賠償責任，但得對乙請求讓與該耕牛之屍體。但對該說提出質疑者，則認為耕牛既已死亡，所有權隨之消滅，又何從讓與？依新修

正之上開條文，不採此一見解。

再者，讓與請求權與損害賠償請求權同時發生，並不以先行全部賠償為必要，但雙方均得主張同時履行抗辯權，即損害賠償請求權人在未獲得全部賠償以前，得拒絕將讓與請求權之標的，讓與賠償義務人（同條二項）。

習 題

一、種類之債與選擇之債有何不同？

二、當事人得否約定複利之債？

三、選擇之債特定之方法為何？

四、損害賠償之方法及範圍為何？

五、甲誹謗乙，乙受有精神上之痛苦，乙就該非財產上之損害，向甲請求損害賠償之方法為何？

六、甲、乙互毆，均分別成傷，其請求損害賠償時，有無過失相抵原則之適用？

〔提 示〕

一、⑴種類之債乃以同種類中一定數量指示給付物，因而不注重給付物之個性；選擇之債則為於數宗給付中擇一以為給付，因而可分辨數宗給付之個性。⑵種類之債之給付物須為同種類之物；選擇之債之數宗給付原則上為各別之物。⑶種類之債固應待特定始能履行，然僅須就一定種類之物中，確定其一定數量即可，不生選擇給付之問題；選擇之債因數宗給付各具個性，故選擇給付一事，對當事人至為重要。⑷種類之債原則上無給付不能之問題（除非該種類之物均已不存在），即無因給付不能而特定之情事；選擇之債則有因給付不能而特定之問題。⑸種類之債之特定無溯及效力；選擇之債因選擇而特定者，則有溯及之效力。

二、民法原則上禁止複利之債。但有下列二種例外：⑴合乎法定要件者：即具備下列三項要件時，允許複利：①當事人以書面約定；②利息遲付一年後；③經債權人催告而債務人仍不償還。⑵商業上另有習慣者。從而當事人約定複利之債，如合於允許複利之二種例外，固屬有效，否則即不生效力。

三、選擇之債之特定方法，除依當事人之契約外，為選擇權之行使及給付不能兩者。（詳如本文內之說明）

四、㈠損害賠償之方法，除法律另有規定或契約另有訂定外，以回復原狀為原則，

以金錢賠償為例外。

㈡損害賠償之範圍，除當事人約定（事前約定與事後約定）外，為填補債權人所受損害及所失利益。

五、乙受甲之誹謗，致受有精神上之痛苦，其名譽權被侵害，自得向甲依侵權行為請求損害賠償。惟精神上受有痛苦，無法回復原狀，僅能金錢賠償，從而乙就其所受精神上痛苦請求損害賠償之方法為依民法第一九五條第一項向甲請求賠償相當之金額（即慰撫金）。此外，乙並得依同條項之規定向甲請求回復名譽之適當處分。

六、此情形無過失相抵原則之適用。查甲、乙互毆乃雙方互為侵權行為，與雙方行為為損害之共同原因者有別，其請求損害賠償時，自無民法第二一七條過失相抵原則之適用（參照六八年臺上字九六七號判例）。

第三節　債之效力

第一項　總　說

　　債之效力乃債之關係發生後，為實現其內容，法律所賦與之效果或權能。債之效力可分為對內效力與對外效力，前者乃債權人與債務人間之效力，後者為債權人對於第三人之效力。

　　就對內效力言，債之關係乃以債務人之給付為內容，債務人依債之本旨而為給付，即為債務履行，債之關係因而消滅。從而債權人基於債之關係，自得向債務人請求給付（民法第一九九條第一項）。惟債務人如不履行債務，即生債務不履行之問題。債務不履行包括給付不能、不完全給付、給付遲延等三種情形。又債務履行，有時亦需債權人協力者（例如接受所有權之移轉、對送到之貨物予以點收是），若債權人應協力而不予協力時，即構成受領遲延之效果。

　　再就對外效力言，債務人之一般財產為債權之一般擔保，為防止債務人財產之不當減少，保全債權人之債權，法律上乃賦與債權人以代位權與撤銷權，其行使此兩種權利，對債務人以外之第三人亦直接發生效力。

　　復次，民法第二二七條之二第一項規定：「契約成立後，情事變更，非當時

所得預料，而依其原有效果顯失公平者，當事人得聲請法院增、減其給付或變更其他原有之效果。」此即情事變更原則之規定，以排除不公平之結果。例如當事人之租約定有期限，於訂約後情事變更，其標的物價值之昇降，非當事人訂約時預料所及，若維持原約定租金額顯失公平者，即得聲請法院為增、減租金之裁判是（未定期限之不動產租約，其聲請增、減租金，已有民法四四二條可資適用）。同條第二項規定：「前項規定，於非因契約所發生之債，準用之。」從而如無因管理、不當得利等所發生之債，遇情事變更時，亦得準用上述規定，求其公允。

第二項　債務不履行

一、總　說

㈠債務不履行之意義

債務不履行乃因可歸責於債務人之事由，而未依債之本旨履行債務之狀態。債務不履行之狀態有三，即給付不能、給付遲延及不完全給付。至於給付拒絕是否為債務不履行狀態之一，則有不同之見解，通說採否定說。按所謂給付拒絕乃債務人能為給付而違法的表示不為給付之意思通知，惟如其已屆履行期而債務人給付拒絕時，為給付遲延之問題；如尚未屆履行期而債務人表示屆期不為給付時，於實體法上債權人並無權利可得行使（於程序法上債權人亦僅得依民事訴訟法第二四六條提起將來給付之訴，而不得提起現在給付之訴）。足見給付拒絕應非債務不履行之形態，即以通說之見解為宜，併為說明。

㈡歸責事由

債務人不履行債務而應負債務不履行之責任，不論其係給付不能、不完全給付或給付遲延，均須有可歸責於債務人之事由，如無歸責事由，即令債務人不履行債務，仍不負其責任（例如當事人未特別約定就不可抗力負責時，如因地震，致債務人應交付債權人之房屋滅失而給付不能時，債務人即不負債務不履行責任是）。所謂歸責事由有三，即故意、過失及事變。因故意或過失而負責者，為過失責任，因事變而負責者，謂之無過失責任。茲分別說明如次：

1.故　意

故意之意義，已於討論侵權行為時為說明，茲免複述。

2.過　失

因其欠缺注意之程度不同，過失可分為三類：

⑴**抽象輕過失**　抽象之輕過失，即欠缺善良管理人之注意。此種注意，係以交易上一般觀念，認為具有相當知識經驗之人，對於一定事件所應有之注意為標準，以客觀情況定之。例如保管或搬運貴重物品所用之注意，應較保管或搬運一般物品為高是。

⑵**具體輕過失**　具體之輕過失，即欠缺與處理自己事務為同一之注意。此種注意，係以債務人其人對於一定事件所用之注意為標準，以主觀情況定之。債務人如向來處理自己事務所用之注意程度低，若已與處理自己事務為同一之注意，即無過失之可言。

⑶**重大過失**　重大過失乃全然欠缺一般人應有之注意。僅須用輕微注意即可預見之情形，而竟怠於注意，不為相當準備，即為有重大過失。

關於過失責任，有明定就抽象輕過失負責任者，例如民法第四三二條規定承租人應以善良管理人之注意，保管租賃物是；有明定就具體輕過失負責任者，例如民法第五三五條規定受任人處理委任事務，應依委任人之指示，並與處理自己事務為同一之注意是；有明定就重大過失負其責任者，例如民法第二三七條規定在債權人遲延中，債務人僅就故意或重大過失負其責任是。抽象輕過失，注意程度高，故債務人之責任重。具體輕過失，注意之程度低，故債務人之責任輕。重大過失之注意程度最低，故債務人之責任為最輕。應與處理自己事務為同一注意者，如有重大過失，仍應負責（民法第二二三條）；蓋具體輕過失，固以債務人所用之注意為標準決之，然其注意程度，究不能低於普通人尋常所為之一般注意，從而應負具體輕過失責任之人，縱其注意程度較重大過失應有之注意為低時，對於重大過失仍應負責。

過失責任之輕重，除由法律特別規定外，自可由當事人約定，惟如無規定或約定時，民法第二二〇條第二項規定：「過失之責任，依事件之特性而有輕重，如其事件非予債務人以利益者，應從輕酌定。」又當事人約定過失責任時，民法第二二二條規定：「故意或重大過失之責任，不得預先免除。」當事人違反

此強行規定而約定者，其約定無效，亦即債務人最低限度應負重大過失之責任。

又，故意過失責任之成立，以債務人有責任能力為前提，否則即無故意過失之可言，民法第二二一條規定：「債務人為無行為能力人或限制行為能力人者，其責任依第一八七條之規定定之。」即：

(1)**無行為能力或限制行為能力之債務人，於行為時有識別能力者** 固應就故意或過失負其責任，但如行為時無識別能力，則其行為不過為一種事變，除另有法律規定或特別約定該債務人就事變亦應負責外，其不負債務不履行之責任。

(2)**無行為能力或限制行為能力之債務人，因其行為時無識別能力而免責者** 法院因債權人之聲請得斟酌債務人與債權人之經濟狀況，令債務人為全部或一部之損害賠償。

(3)**其他之人（有行為能力人）在無意識或精神錯亂中所為之行為，致債權人受有損害時** 亦應適用民法第一八七條第四項之規定，法院因債權人之聲請令該債務人對債權人酌為賠償。

(4)**至民法第一八七條關於法定代理人之責任** 於此並無適用之餘地。

因法定代理人並非債務人，法定代理制度旨在保護該無行為能力人或限制行為能力人，並非在以法定代理人之財產擔保債務人之履行債務。

復次，民法第二二四條規定：「債務人之代理人或使用人，關於債之履行有故意或過失時，債務人應與自己之故意或過失負同一責任。但當事人另有訂定者，不在此限。」此即債務人應就履行補助人之故意或過失負責之規定。詳言之，就債務不履行損害之發生，債務人本人雖無過失，而為其履行補助人就債之履行有故意或過失所致，債務人應負同一責任。例如甲、乙約定，由乙為甲修繕房屋，乙以其受僱人丙負責該修繕工作，因丙之過失致完成之工作有瑕疵，乙雖無過失仍應對甲負債務不履行之責任是。

3. 事 變

事變乃非由於債務人之故意過失所生之變故。事變又可分為通常事變及不可抗力二種。通常事變乃債務人雖盡其應盡之注意義務，但仍不免發生損害，然如再予特別之注意，或許可能避免，例如旅客之行李被竊，倘旅店主人再予嚴加防範，或許可以避免發生是。不可抗力則為任何人縱盡最大之注意義務，

亦不能抗拒或避免之事故，例如地震、戰爭、強盜是。除當事人訂有對於事變負責之特約外，法律亦有規定債務人須就事變負責者，例如民法第六百零六條規定旅店主人對於客人所攜帶物品之毀損喪失，應就通常事變負責是；有規定須就不可抗力負責者，例如民法第二三一條第二項規定，債務人在給付遲延中，對於不可抗力而生之損害，亦應負責是。

據上所述，六種歸責事由中，債務人責任之輕重依序為：故意、重大過失、具體輕過失、抽象輕過失、通常事變、不可抗力，即以故意為最輕，而以不可抗力為最重，惟債務人最低限度應就重大過失負責。

㈢債務不履行之侵害人格權

民法第二二七條之一規定：「債務人因債務不履行，致債權人之人格權受侵害者，準用第一九二條至第一九五條及第一九七條之規定，負損害賠償責任。」例如於醫療契約生效後，醫師遲不為病患施行手術，或手術不當，致病患健康受害或死亡而侵害債權人之人格權時，債權人固可依侵權行為之規定請求賠償，但如其依給付遲延或不完全給付等債務不履行規定請求賠償時，無庸就債務人之故意、過失負舉證責任，較為有利，惟其就人格權受侵害之損害賠償方法、範圍、消滅時效，並未規定，自應準用侵權行為之該部分規定。於上述情形，債權人就其人格權受侵害時，固得依侵權行為請求損害賠償，於八十九年五月五日修正施行上開規定後，亦得依債務不履行請求損害賠償，惟該二請求權之關係為何，不無疑義。自其增訂之理由係為免法律割裂適用，並充分保障債權人之權益云云，似為獨立而併存之權利，債權人得選擇或合併行使之。

二、給付不能

㈠給付不能之意義

給付不能乃債務人不能依債務本旨而為給付。所謂不能，不論係基於人為的理由（如一物兩賣，致對一方之交付義務已不能履行）或自然的理由（如房屋被震毀），抑係基於法律的理由（如給付物因法律之變更變為不融通物或禁止進口），其於給付不能之效果，並無差異。給付不能有自始不能與嗣後不能之分，二者之區別，以法律行為成立時為標準，即法律行為成立當時之不能，為自始不能，法律行為成立以後之不能，為嗣後不能。茲所謂不能，係指嗣後不

能而言，苟屬自始不能，乃債權發生效力與否之問題，蓋標的不能，應為自始無效（民法第二四六條參照）。不能又有一部不能之情形，惟其在給付為可分者始有之，不可分之給付，只有全部不能，無所謂一部不能。至金錢債務並無給付不能之觀念，有無資力償還，乃執行之問題，是宜注意。

㈡給付不能之效力

1. 因不可歸責於債務人之事由，致給付不能者，債務人免給付義務（民法第二二五條第一項）

此情形，債務人無債務不履行之責任，其免給付義務。又，債務人因此項給付不能之事由，對第三人有損害賠償請求權者，債權人得向債務人請求讓與其損害賠償請求權，或交付其所受領之賠償物（同條二項），例如給付物為第三人所毀滅，債務人對第三人發生損害賠償請求權或已受領該第三人之賠償金時，債權人即得請求債務人讓與該請求權，或交付其所受領之賠償金，此種請求權稱為「代償請求權」，係新發生之債權，非原債權之繼續，故其請求權之消滅時效，應從新起算。

又，債務人免給付義務，債權人亦免為對待給付之義務（民法第二六六條）。但如債務人因給付不能由第三人取得代償利益，債權人行使代償請求權者，債權人即應為對待給付，不得受雙重利益。

2. 因可歸責於債務人之事由，致給付不能者，債權人得請求損害賠償（民法第二二六條第一項）

於此情形，債務人雖無從為原定之給付，但應負損害賠償責任。例如買賣契約成立後，出賣人為二重買賣，並已將該物之所有權，移轉於後之買受人者，移轉該物所有權於原買受人之義務，即屬不能給付，原買受人對於出賣人，僅得請求損害賠償，不得請求為移轉該物所有權之行為（三〇年上字一二五三號判例）。又，如係給付一部不能者，僅得就不能部分請求賠償，可能部分仍應受領原定給付，但若其他部分之履行，於債權人無利益時（例如租屋二棟開設工廠，僅剩一棟可能交付，因狹小不能為開工設廠之用時），債權人得拒絕該部分之給付，請求全部不履行之損害賠償（民法第二二六條第二項）。

三、不完全給付

㈠不完全給付之意義

不完全給付乃債務人雖已為給付，而不依債務本旨所為之給付。此之所謂不完全，為積極的債務違反，包括瑕疵給付（如交付之數量不足致物之效用欠缺、交付方法不當、未交付機器之使用說明書、品質不合等是）與加害給付（如給付病雞，致債權人原有之雞隻亦被傳染病死；醫師手術失誤，致病患之健康受損等是）。債務人負不完全給付之債務不履行責任，須其有歸責事由，如不可歸責於債務人時，自不負債務不履行之責任（至於有時應負屬法定無過失之物之瑕疵擔保責任，為另一問題，詳如各種之債買賣所述）。

㈡不完全給付之效力

民法第二二七條第一項規定：「因可歸責於債務人之事由，致為不完全給付者，債權人得依關於給付遲延或給付不能之規定行使其權利。」即：

⑴**如有補正之可能時** 例如得請求更換無瑕疵之代替物是。債權人自得請求補正，如債務人不予補正，則債權人並得依情形請求遲延賠償或替補賠償（即準用給付遲延之規定）。

⑵**如無補正之可能時** 例如定做之禮服窄小已不及修改而於典禮穿著，以海砂為材料而已完工之房屋。債權人得返還所受領之給付，而請求全部不履行之損害賠償（即準用給付不能之規定）。

此外，同條第二項規定：「因不完全給付而生前項以外之損害者，債權人並得請求賠償。」即不完全給付如為加害給付，除原來債務不履行之損害外，更可能發生超過履行利益之損害，例如交付病雞，致買受人原有之雞群受感染病死；醫師之施行手術不當，致病患身體受害等是，債權人亦得依不完全給付之規定，請求該履行利益以外之損害賠償。宜注意者，於此情形，債權人固亦可依侵權行為之規定請求損害賠償，但債權人應就債務人之故意、過失負舉證責任，就此而言，以依本條項規定請求賠償較為有利。至因債務人之不完全給付，致債權人之人格權受侵害，準用侵權行為之規定，負損害賠償責任，民法第二二七條之一已明文規定之，債權人得依侵權行為或債務不履行之規定請求人格權受侵害之損害賠償，詳如前述。

四、給付遲延

㈠給付遲延之意義

給付遲延即債務人遲延，乃債務已屆履行期，且給付可能，但因可歸責於債務人之事由而未為給付。給付遲延為消極的債務違反，在交易上時有所見。茲就給付遲延成立要件，說明如次：

1.須債務已屆履行期

債務人於屆履行期而不為給付，始負遲延責任，是給付遲延，應以債務已屆履行期為必要，但履行期有確定與不確定之分。

給付有確定期限者，債務人自期限屆滿時起負遲延責任（民法第二二九條第一項）。給付無確定期限者（包括未定期限與定有不確定期限），債務人於債權人得請求給付時，經其催告而未為給付，自受催告時起，負遲延責任（同條二項前段）。催告不以一定方式為必要，以言詞為之，或以文書為之，均無不可。催告定有期限者，債務人自期限屆滿時起負遲延責任（同條三項）。催告為債權人對於債務人之裁判外請求，其如為裁判上請求，即經起訴而送達訴狀，或依督促程序送達支付命令，或為其他相類行為（例如聲請調解或提付仲裁等）者，與催告有同一之效力（同條二項後段）。

2.須給付可能

給付不能時，債務人已無從為原定之給付，自無給付遲延可言。惟給付遲延後，亦可發生給付不能之問題，斯時應改按給付不能之規定處理。

3.須可歸責於債務人

須其遲延因可歸責於債務人之事由而生者，始由債務人負責，否則，因不可歸責於債務人之事由，致未為給付者，債務人不負遲延責任（民法第二三○條）。

㈡給付遲延之效力

1.債務人應賠償因遲延而生之損害

債務人遲延給付者，其債務並不因而消滅，債務人固仍有為原來給付之義務，但債權人每因債務人之遲延而受損害，債務人自應賠償其因遲延而生之損害（民法第二三一條第一項），即所謂遲延賠償。至賠償損害之範圍及其方法，

應依民法第二一三條以下之規定，固不待言。

2.債務人應賠償因不可抗力而生之損害

債務人在遲延中，對於因不可抗力而生之損害，亦應負賠償之責（民法第二三一條第二項），即債務人之責任加重，蓋債務人如不遲延，債權人當不致遭受此項損害。但債務人如能證明縱不遲延給付而仍不免發生損害者，不在此限（同條二項但書）。因為縱不遲延給付，而仍發生損害，則遲延與損害之間，並無因果關係，當不能令債務人負賠償之責，例如應交付之房屋，於給付遲延中因遭地震而毀損，此部分即不必賠償，因縱如期交屋，仍不免發生此項損害。

3.債務人應賠償因不履行所生之損害

遲延後之給付，對於債權人無利益者，債權人得拒絕其給付，並得請求賠償因不履行而生之損害（民法第二三二條）。以此賠償代替原來給付，即所謂之「替補賠償」。例如甲向乙訂製結婚禮服一套，乃乙遲延給付，於婚禮後始送交訂製之禮服，該項遲延後之給付，對於債權人甲並無利益，自可拒絕其給付，而甲因乙之遲延而另向別一商店訂製，因加班趕製，付出雙倍代價，此項增加支出，並應由原來之乙負賠償之責；又如簽約演唱之歌星到場時，演唱會已結束等是。

4.對於金錢債務之遲延責任

遲延之債務，以支付金錢為標的者，債權人得請求依法定利率計算之遲延利息，但約定利率較高者，仍從其約定（民法第二三三條第一項），因金錢之債之不履行，常生相當於法定利率計算之損害，故債權人無須證明發生損害，即可請求賠償遲延利息；對於利息，則無須支付遲延利息（同條二項）；且債權人如能證明有其他損害，並得請求賠償（同條三項）。查金錢債務之給付遲延，無所謂替補賠償，亦無不可抗力之賠償，只有上開之遲延賠償，是宜注意。

第三項　受領遲延

一、受領遲延之意義

受領遲延即債權人遲延，乃對於履行上需要債權人協力之債務，債務人已依債務本旨提出給付，而債權人拒絕受領或不能受領之事實，例如受僱人已準

時到工廠,但工廠關閉,致受僱人未能開始工作,僱用人即為受領遲延是。受領遲延之成立要件如下:

(一)須有履行上需要債權人協力之債務

債務之履行有需債權人協力者(例如接受物之交付、靜坐以待照相),有無需協力者(例如不作為債務、多數之勞務給付)。其無需債權人之協力者,無成立受領遲延之餘地。其需債權人之協力者,如其不為該項協力,債務人之履行即不能完成,受領遲延因此發生。

(二)須債務人已依債務本旨提出給付

債務人如未提出給付,自無受領遲延之可言。債務人非依債務本旨實行提出給付者,不生提出之效力(民法第二三五條前段)。依債務本旨提出給付者,例如所提出之標的物,須依債之關係所定之品質,提出給付之全部是。不依債務本旨之提出,債權人雖拒絕受領,亦不生受領遲延責任。又,提出給付,以現實提出為原則;但債權人預示拒絕受領之意思,或給付兼需債權人之行為者,債務人得以準備給付之事情,通知債權人,以代提出(同條後段),即所謂言詞提出,此為例外。此乃因債權人於給付期屆至以前,如曾預先表示拒絕受領之意思,則縱提出給付,亦無實益,故民法規定,得以通知代替提出給付;給付需債權人之行為者,例如債權人應赴債務人之住所收取債務,或債權人應供給材料等是,債務人亦得以通知代替給付之提出。

(三)須債權人拒絕受領或不能受領

債權人對於提出之給付,拒絕受領或不能受領者,自提出時起,負遲延責任(民法第二三四條)。拒絕受領乃債權人能受領而不為受領。不能受領,係指債權人因主觀的情事,不能為協力而言,例如債權人因失蹤、旅行或疾病而不能受領是。

不能受領固為受領遲延之要件,但民法第二三六條規定:「給付無確定期限,或債務人於清償期前得為給付者,債權人就一時不能受領之情事,不負遲延責任。」即有上述情形時,債權人縱一時不能受領,並不負遲延責任,是為例外。但給付雖無確定期限,但債務人給付之提出,如由於債權人之催告者,則債權人仍須就一時不能受領之情事,負遲延責任;又債務人給付之提出雖非由於債權人之催告,但債務人如已於相當期間前預告債權人者,債權人亦須就

一時不能受領之情事，負遲延責任（同條但書）。

二、受領遲延之效力

按除法律有特別規定（例如民法第三六七、五一二條二項）或當事人有特別約定外，受領為債權人之權利，而非義務，即在一般情形，受領遲延非債權人之債務不履行，而為權利之不行使，因此受領遲延之成立不以債權人之故意過失為其成立要件，從而受領遲延之效力多屬以減免債務人責任為方法，而非對於債權人為積極的制裁。茲分述其效力如下：

㈠債務人僅就故意或重大過失負責

在債權人遲延中，債務人僅就故意或重大過失負其責任（民法第二三七條）。因為債權人如受領債務人之給付，債務人之注意義務原應歸於消滅，茲因債權人之不協力，致債務人之注意義務雖仍存在，但應減輕其責任，以期合理。

㈡債務人無須支付利息

在債權人遲延中，債務人無須支付利息（民法第二三八條）。此與債務人遲延給付者，須支付遲延利息之情形不同。因受領遲延，債務並不消滅，債務人仍須常為清償之準備，實際上亦難以利用原本取得利息。

㈢債務人僅就已收取之孳息負返還責任

債務人應返還由標的物所生之孳息或償還其價金者，在債權人遲延中，以已收取之孳息為限，負返還責任（民法第二三九條）。亦即債務人不再負收取孳息之義務。

㈣債務人得請求賠償提出或保管之必要費用

債權人遲延者，債務人得請求其賠償提出及保管給付物之必要費用（民法第二四〇條）。此種費用，既係由於債權人遲延所生，自應由債權人負責。

㈤債務人得拋棄不動產之占有

有交付不動產義務之債務人，於債權人遲延後，經預先通知債權人者，得拋棄其占有（民法第二四一條）。因為對於不動產之保管，責任較重，所以於通知債權人，使債權人能有所準備後，得以拋棄該不動產之占有，免除債務人保管之責，但不能通知者，不在此限（同條二項但書）。惟得拋棄占有，以免除交付者，限於不動產，如為動產，則無其適用。

第四項　保　全

一、總　說

　　保全乃債權人為確保其債權之得以受償，而防止債務人財產不當減少之一種手段。債務人之總財產為全體債權人之共同擔保，其總財產之增減，關係於債權人之利益者至大，因此法律規定債權人得行使二種權利，以防止債務人財產之不當減少，而保全其債權：一為代位權，一為撤銷權。債權人行使此兩種權利，以維持債務人之財產狀況，間接確保自己債權之獲償。

二、代位權

㈠代位權之意義

　　代位權者，債務人怠於行使其權利時，債權人得以自己之名義，行使債務人權利之權利（民法第二四二條前段）。例如甲欠乙十萬元，丙欠甲十萬元，甲如無其他財產而又怠於行使其對丙之權利，乙得代位甲而行使其權利，請求丙清償，如於訴訟上行使代位權時，乙為原告，丙為被告，乙請求丙給付甲十萬元，由乙受領是。又如股份有限公司對於股東之股款繳納請求權，怠於行使者，該公司之債權人，得行使代位權（二七年上字二三七七號判例）。代位權由債權人以自己名義行使（非以債務人之名義行使），乃債權人之固有權；其行使無論於審判上或審判外，均無不可；其行使之效果，應歸屬於債務人，而為全體債權人總債權之共同擔保。

㈡行使代位權之要件

1.須債權人有保全其債權之必要

　　行使代位權之目的，在於保全債權，故必於有保全債權之必要時，亦即債權人有不能受清償之虞時，債權人始得行使代位權。惟限於私法上之債權人始可行使之，公法上之債權人不得行使該權利。

　　又，債權人代位權之行使，目的在維持各債權人之共同擔保，故該債權人之債權縱另有特別擔保（例如抵押權、質權等），亦不妨行使代位權。

2.須債務人怠於行使其權利

如債務人已自己行使其權利，例如債務人已就其權利提起訴訟時，則其債權人即已無行使代位權之必要。所謂怠於行使其權利，指債務人就其權利應行使、能行使而不行使。代位權之客體為債務人之權利，則得代位行使之債務人權利，不問私權或訴訟法上之權利（如代位起訴、聲請強制執行），均無不可，但專屬於債務人本身之權利，則不得代位行使（民法第二四二條但書），例如扶養請求權、人格權被侵害之非財產上損害賠償請求權等行使上專屬權，即不得代位行使。

3.須於債務人負遲延責任時

債權人之行使代位權，非於債務人負遲延責任時，不得行使，但專為保存債務人權利之行為，不在此限（民法第二四三條）。易言之，如專為保存債務人權利之行為，例如中斷時效之行為、申報破產債權之行為，雖在債務人負遲延責任以前，債權人亦得及時為之，否則將不免求償困難，而有違保全債權之旨。

㈢行使代位權之效力

債權人行使代位權後，債務人對於該權利之處分權應受限制，即不許債務人處分其權利（例如免除債務、同意延期清償），以免代位權之行使有名無實（但亦有不同見解，認為債務人之權利處分權，不因債權人行使代位權而受影響）。

債權人行使代位權，對於第三債務人（即債務人之債務人）自不能使其較債務人自己行使權利時為不利，故對於原債務人所有之抗辯，例如抵銷之抗辯、同時履行之抗辯等，第三債務人均得以之對抗債權人。

又，債權人如代位提起訴訟時，乃其為債務人而為原告，如其具備行使代位權之要件，並經法院就債務人對第三人之權利是否存在為判斷者，不論其為勝訴或敗訴，應認其既判力均及於債務人（民訴四〇一條二項），債務人不得再對第三人重行起訴（但有不同意見，認為如為敗訴之確定終局判決，其效力應不及於債務人）。

代位權行使既旨在維持各債權人之共同擔保，故行使之結果，仍應歸屬於債務人，而為總債權之共同擔保，行使代位權之債權人仍應與其他債權人平等受清償，並無優先受償權。至於因行使代位權所支出之費用，債權人得類推適用委任規定請求債務人償還。

三、撤銷權

(一)撤銷權之意義

撤銷權者,債權人於債務人所為之行為(無償行為或有償行為),害及其債權時,為保全債權,得聲請法院撤銷債務人之行為之權利。例如債務人將其財產無償贈與第三人,致債權人不得受清償,此種詐害債權之行為,債權人得聲請法院撤銷之,經撤銷後,該行為視為自始無效(民法第一一四條第一項)而確保債權之獲償。

此種撤銷權,民法第二四五條規定有除斥期間,即自債權人知有撤銷原因時起,一年間不行使,或自行為時起,經過十年而消滅。此之撤銷權不僅以撤銷債務人之行為為內容,且有請求回復原狀之作用,是兼有形成權與請求權之雙重性質。惟如僅須撤銷債務人之行為時(例如撤銷其免除債務之行為),則僅為形成權。

民法第二四四條所稱債務人所為之無償行為或有償行為,均係有效成立之行為,惟因其行為有害於債權人之權利,乃許債權人於具備撤銷權要件時,得聲請法院撤銷之。若債務人與他人通謀而為虛偽意思表示者,依民法第八七條第一項規定,其意思表示當然無效,此種行為有害於債權人之權利者,債權人只須主張無效,以保全自己之權利,其與撤銷後始視為無效者有別(參照五○年臺上字五四七號判例)。

(二)撤銷權之要件

債權人依民法第二四四條規定,撤銷債務人所為之有償或無償行為者,其要件如下:

1.須債務人曾為行為

民法第二四四條第一、二項規定:「債務人所為之無償行為,有害及債權者,債權人得聲請法院撤銷之。債務人所為之有償行為,於行為時明知有損害於債權人之權利者,以受益人於受益時亦知其情事者為限,債權人得聲請法院撤銷之。」可知債務人所為之行為,無論為無償行為(如贈與、保證),或有償行為(如買賣、互易),均得為撤銷權之對象。但有償行為,須債務人及受益人均為惡意時始可予以撤銷,以保護交易之安全,即有償行為之撤銷,尚須具備

主觀要件。

2.須其行為害及債權

　　債務人所為之行為須害及債權，減少其清償資力，致債權不能獲得滿足，始得撤銷。如其行為雖致其財產減少，但仍有資力足以清償其債務時，不得聲請撤銷之。再者，債務人之行為僅有害於以給付特定物為標的之債權者，債權人不得行使撤銷權（同條三項）。例如甲向乙買受土地一筆，尚未經移轉登記，乙將之贈與丙，如乙之資力足以賠償其對甲債務不履行之損害時，甲不得僅為保全其特定債權而撤銷乙、丙之贈與行為是。（按依四五年臺上字一三一六號判例，認此情形，甲得行使撤銷權。本於詐害債權行為之撤銷，係以保障全體債權人之利益為目的，非為確保特定債權而設，該判例見解，自欠允洽。惟經新增上述同條第三項，該判例應無援用之餘地。）

3.須其行為以財產為標的

　　依同條第三項規定，債務人之行為，非以財產為標的者，債權人不得為撤銷。例如債務人結婚、收養子女等，雖增加支出，影響債權之清償，但因係身分行為，非以財產為標的，債權人不得撤銷之。又，債務人拋棄繼承之行為，縱害及債權，其債權人亦不得予以撤銷（多數說及七三年度第二次民事庭會議決議）。

　　此外，依第二四四條撤銷債務人之詐害行為，債權人須聲請法院為之，即須提起形成訴訟，如尚須請求回復原狀（例如請求返還贈與物），另須提給付之訴。

㈢撤銷權之效力

　　詐害行為經撤銷時，視為自始無效，即債務人與受益人間之贈與、買賣等均溯及不生效力。如債務人曾有物權之移轉者，得向受益人請求該給付物之返還。又因撤銷權為債權人固有權利，其除得對於受益人請求返還給付物於債務人外，亦得直接請求交付於自己，惟因撤銷之效力係為全體債權人之利益而發生，債權人自不得就該給付物優先受償，仍應與其他債權人平等受清償。復次，依民法第二四四條第四項規定：「債權人依第一項或第二項之規定聲請法院撤銷時，得並聲請命受益人或轉得人回復原狀。但轉得人於轉得時不知有撤銷原因者，不在此限。」按債權人行使撤銷權，被撤銷者為債務人與受益人間之行為，

至受益人與轉得人間之行為，則非撤銷權之客體，但如轉得人於轉得時知有撤銷原因時，債務人與受益人間之行為經撤銷者，其效力及於惡意之轉得人，債權人亦得請求轉得人返還給付物於債務人，以回復原狀。例如甲之債務人乙將其土地一筆贈與丙，害及甲之債權，丙又將之贈與惡意之丁，均經移轉登記，則甲訴請撤銷乙、丙之贈與行為時，並得請求丁塗銷登記，以回復原狀是。

第五項　契約之效力

一、總　說

契約為債之發生原因，契約成立後在法律上所發生之效果，即為契約之效力。契約之效力，同時亦為債之效力，因適用「債之效力」之一般規定，關於債務履行、債務不履行及保全等效果，乃屬契約之一般效力，至此處所規定之下列各項（民法第二四五條之一至二七〇條），則為契約之特殊效力：

(1)**締約過失責任**　契約未成立之效力。

(2)**契約之標的**　契約標的不能之效力。

(3)**附合契約**　預定條款顯失公平之效力。

(4)**契約之確保**　定金及違約金之效力。

(5)**契約之解除及終止**　契約解除及終止之效力。

(6)**雙務契約之效力**　同時履行抗辯權之效力及給付不能之效力。

(7)**涉他契約之效力**　由第三人給付之契約及向第三人給付之契約之效力。

二、締約過失責任

民法第二四五條之一第一項規定：「契約未成立時，當事人為準備或商議訂立契約而有左列情形之一者，對於非因過失而信契約能成立致受損害之他方當事人，負賠償責任：一、就訂約有重要關係之事項，對他方之詢問，惡意隱匿或為不實之說明者。二、知悉或持有他方之秘密，經他方明示應予保密，而因故意或重大過失洩漏之者。三、其他顯然違反誠實及信用方法者。」按當事人常於締約前為準備或商議，建立特殊之信賴關係，如有上列情形之一者，有時

受有損害，此際既非侵權行為，而契約未成立，亦非債務不履行，為維護交易安全，應使受損害之一方得依上述規定向負締約過失責任之他方請求信任利益之賠償。又，該損害賠償請求權，因二年間不行使而消滅（同條二項）。

　　由上說明，當事人一方負締約過失責任之成立要件為：⑴須契約未成立；⑵須他方當事人非因過失而信契約能成立；⑶須當事人為準備或商議訂立契約而有上述所列三者情形之一；⑷須致他方當事人受有損害。

三、契約之標的

㈠契約標的不能之性質

　　債之標的須合法、可能、確定，契約為債之發生原因，是故契約之標的自須具備此要件，即契約之標的亦須可能，其效力始不受影響。惟契約之標的於成立後始歸不能者，為嗣後不能，其契約仍為有效，乃債務人應否負給付不能之債務不履行責任之問題，已如前述。如標的於契約成立時已不能者，為自始不能，標的既不可能實現，契約之效力即受影響。

㈡契約標的不能之效力

1.契約之無效

　　以不能之給付為契約標的者，其契約為無效（民法第二四六條第一項），例如買賣某房屋，該房屋於買賣契約成立時已焚燬，為自始不能，契約無效。但有兩個例外，即合乎下列情形之一者，其契約仍為有效，即：

　　⑴其不能之情形可以除去，而當事人訂約時，並預期於不能之情形除去後為給付者，其契約仍為有效（同項但書）　例如依土地法第十七條第一款，不得租賃林地於外國人，但如訂約時約定俟該外國人取得中華民國國籍後，始交付林地者，該租賃契約仍為有效是，惟如無該項約定，則其林地租約為無效是。

　　⑵附停止條件或始期之契約，於條件成就或期限屆至前，不能之情形已除去者，其契約為有效（同條二項）　例如約明甲於乙結婚時贈與某房屋，約定當時該房屋固已被查封，如乙結婚時，該查封已撤銷，則贈與契約仍有效是。

2.當事人之賠償

契約因以不能之給付為標的而無效者,當事人於訂約時知其不能或可得而知者,對於非因過失而信契約為有效致受損害之他方當事人,負賠償責任(民法第二四七條第一項)。即以信任利益(即信任無效之契約,誤以為有效而受之損害,例如訂約費用、失去訂立其他有利之契約,致受損害)為賠償範圍,至履行利益(即契約履行所可獲致之利益,例如買入後轉售可得之利益)則不在賠償之列。以上指全部不能之情形,若為一部不能之情形,則依同條第二項規定:「給付一部不能,而契約就其他部分仍為有效者,或依選擇而定之數宗給付中有一宗給付不能者,準用前項之規定。」亦即就該不能之部分或不能之一宗給付,負賠償責任。又,上開之損害賠償請求權,因二年間不行使而消滅(同條三項)。

四、附合契約(定型化契約)

民法第二四七條之一規定:「依照當事人一方預定用於同類契約之條款而訂定之契約,為左列各款之約定,按其情形顯失公平者,該部分約定無效:一、免除或減輕預定契約條款之當事人之責任者。二、加重他方當事人之責任者。三、使他方當事人拋棄權利或限制其行使權利者。四、其他於他方當事人有重大不利益者。」按當事人一方預定契約之條款,而由需要訂約之他方,依照該預定條款簽訂之契約,即學說上所稱之「附合契約」,此種定型化契約每無磋商變更之餘地,對需要訂約之他方不利,為防止契約自由之濫用及維護交易之公平,有上開四款之約定者,如依其情形顯失公平者,該部分之約定為無效。例如基地租賃(即租地建屋),出租人預先擬就租期僅為一年,屆期另訂新約之約款,該約款對承租人重大不利;又如約定買受人就物之瑕疵擔保之契約解除權期間為十年等是。該部分之約定應為無效。

消費者保護法第一一條至一七條之一詳細規定定型化契約,規範企業經營者與消費者間之消費關係,於其他情形自仍適用民法上開原則性之規定。

五、契約之確保

㈠定　金

1.定金之意義

定金者乃以確保契約之履行為目的，經當事人之合意，由一方交付於他方之金錢或其他代替物。附定金之契約附隨於主契約而成立，為從契約，並以交付為要件，固為要物契約。定金依其作用可分為證約定金（以定金之交付，證明契約之成立）、成約定金（以定金之交付，為契約之成立要件）、違約定金（以定金作為契約不履行之損害賠償）、解約定金（以定金作為自由解除契約之代價），究屬何種，依當事人之意思定之。

2.定金之效力

定金之效力，分下列三點：

⑴**關於契約之成立**　訂約當事人之一方，由他方受有定金時，推定其契約成立（民法第二四八條）。蓋一經受有定金，當有主契約之存在，足可證明當事人之契約業已成立，即除當事人另有反證外，推定其為證約定金。

⑵**關於契約之履行**　契約履行時，除當事人另有訂定外，定金應返還或作為給付之一部（民法第二四九條一款）。即不待當事人為抵銷之表示，逕依此規定，使定金成為給付之一部。

⑶**關於契約不履行**　契約不履行時，除當事人另有訂定外，則定金之處理，視可歸責於何人而有不同（同條二、三、四款）。申言之：

　　①**契約因可歸責於付定金當事人之事由，致不能履行時**　定金不得請求返還。此之所謂不能履行，除給付不能外，亦包括給付遲延或受領遲延中發生之給付不能。

　　②**契約因可歸責於受定金當事人之事由，致不能履行時**　該當事人應加倍返還其所受之定金。

　　③**契約因不可歸責於雙方當事人之事由，致不能履行時**　定金應返還之。

㈡違約金

1.違約金之意義

違約金，乃當事人以確保債務之履行為目的，約定債務人不履行債務時，應支付一定金錢之一種從契約。違約金於債務不履行時支付（為附停止條件之債務），並非於訂立違約金契約時支付，故其雖與定金同為從契約，但非要物契約；又支付違約金者，必為債務人，此與交付定金者，可能為債務人，亦可能為債權人者，有所不同。

2.違約金之效力

當事人得約定債務人於債務不履行時，應支付違約金（民法第二五〇條第一項）。此項違約金，其性質究為損害賠償總額之預定，抑債務不履行之制裁（即懲罰性違約金），應依當事人訂定。如未訂定，則視為損害賠償總額之預定（即所謂之賠償額預定性違約金）。依民法第二五〇條第二項前段所定，違約金視為因不履行而生損害之賠償總額。故債務人債務不履行時，如請求支付違約金，無須證明損害數額。損害超過違約金者，不能再請求賠償，亦不能同時請求主債務之履行或不履行之損害賠償。即債權人或請求支付違約金，或請求履行主債務或不履行之損害賠償，只能擇一為之。又，同項後段規定：「其約定如債務人不於適當時期或不依適當方法履行債務時，即須支付違約金者，債權人除得請求履行債務外，違約金視為因不於適當時期或不依適當方法履行債務所生損害之賠償總額。」亦即此一約定為債務不履行中之給付遲延及不完全給付所生損害賠償額之預約。

3.違約金之酌減

當事人約定違約金者，於債務人不履行債務時，即應依約支付。但為保護債務人之利益，於有下述情形時，特許債務人以訴或抗辯方法請求法院減少之，即：

(1)**債務已為一部履行之酌減**　債務已為一部履行者，法院得比照債權人因一部履行所受之利益，減少違約金（民法第二五一條）。

(2)**約定違約金額過高之核減**　約定之違約金額過高者，法院得減至相當之數額（民法第二五二條），但不得免除。故違約金之約定過高者，並非無效，僅得由法院減至相當之數額，但如已任意為全部支付，即不許再請求減少或返

還（七九年臺上字一九一五號判例）。又此項核減，除得由法院以職權為之外，亦得由債務人訴請法院核減（七九年臺上字一六一二號判例）。

4.準違約金

當事人約定以金錢以外之給付充違約金者，為準違約金，例如違約時給付稻穀一千公斤是。民法第二五三條規定：「前三條之規定，於約定違約時應為金錢以外之給付者準用之。」準違約金因準用前述規定，自得有賠償額預定性者，亦得有懲罰性者。又準違約金，自亦得準用違約金酌減之規定，惟如其標的物為不可分者，例如約定違約時應給付某廠牌之汽車一輛，而為過高者，則如何酌減？法無明文，不無疑問。此種情形，似可解為由法院斟酌一切情事，決定使債權人取得該給付物之全部而償還一定金額於債務人，或僅使債務人折付一定之賠償金額（參照史尚寬著《債法總論》五○三頁）。

六、契約之解除及終止

㈠契約之解除

1.契約解除之意義

契約之解除乃當事人之一方行使解除權，使契約之效力溯及的消滅之意思表示。契約一經解除，契約自始歸於消滅，即與未成立契約同；其行為依有解除權人一方之意思表示而成立，無須相對人之承諾，故為單獨行為，且為形成權。

2.契約解除權之發生及行使

契約解除，須行使解除權，然則解除權之發生原因為何？行使方法又如何？茲分述之：

⑴解除權之發生　解除權發生之原因，有約定及法定。除當事人以契約約定所生之約定解除權外，法定解除權之發生原因，就一般契約所共通，規定於債編通則中者為：

①因給付遲延之解除　契約當事人之一方遲延給付者，他方當事人得定相當期限，催告其履行，如於期限內不履行時，得解除其契約（民法第二五四條）。惟依契約之性質或當事人之意思表示，非於一定時期為給付不能達其契約之目的（如訂製結婚禮服，或約明須準時交貨，否則即無船期，無法出口

是），而契約當事人之一方不按照時期給付者，他方當事人得不為上述之催告，而解除其契約（民法第二五五條）。

②因給付不能之解除　債權人於有第二百二十六條之情形時（因可歸責於債務人之事由，致給付不能時），亦得解除其契約（民法第二五六條）（勿庸再為催告）。

此外，於不完全給付時，應視其能否補正，而分別類推適用前述給付遲延、或給付不能之規定，取得解除權。

以上所述者為一般解除權發生之原因，至於特殊解除權則分別於各種之債規定之，例如第三五九條之買賣契約解除權、四九四條之承攬契約解除權等是。

⑵解除權之行使　解除權之行使，應向他方當事人以意思表示為之（民法第二五八條第一項）。契約當事人之一方有數人者，前項意思表示，應由其全體或向其全體為之（同條二項），是為解除權行使不可分之原則。又解除契約之意思表示，不得撤銷（同條三項）。

3.解除權之消滅

解除權之行使，如當事人定有期間者，須遵期為之，逾期未行使時則消滅；若解除權之行使，未定有期間者，他方當事人得定相當期限，催告解除權人於期限內確答是否解除，如逾期未受解除之通知，解除權即消滅（民法第二五七條）。又，有解除權人，因可歸責於自己之事由，致其所受領之給付物有毀損、滅失，或其他情形不能返還者，解除權消滅；因加工或改造，將所受領之給付物變其種類者，亦同（民法第二六二條）。

4.契約解除之效果

契約一經解除，則其效力即溯及的消滅，於是當事人之間未履行者固不再履行，已履行者，即發生回復原狀之義務。依民法第二五九條規定，契約解除時，當事人雙方回復原狀之義務，除法律另有規定，或契約另有訂定外，依左列之規定：

⑴由他方所受領之給付物　應返還之（例如買賣契約解除，則買受人應返還其已受領之標的物、出賣人應返還價金是）。

⑵受領之給付為金錢者　應附加自受領時起之利息償還之（例如買賣契約解除，賣方所應返還之價金應附加利息是）。此法定利息，應依法定利率計算。

(3)受領之給付為勞務或為物之使用者（例如使用機器、占用房屋）應照受領時之價額，以金錢償還之。按勞務與物之使用，無法原樣返還，只得折算為相當之價額以金錢返還之。

(4)受領之給付物生有孳息者　應返還之。

(5)就返還之物，已支出必要或有益之費用（例如支付修繕或改良費用）得於他方受返還時所得利益之限度內，請求其返還。

(6)應返還之物有毀損、滅失，或因其他事由，致不能返還者　應償還其價額。

上述之當事人互負回復原狀義務，雖非由雙務契約所生，但有類雙務契約當事人間之對價義務，彼此間具有牽連關係，故民法第二六一條規定：「當事人因契約解除而生之相互義務，準用第二六四條至第二六七條之規定。」即準用雙務契約同時履行抗辯及危險負擔之規定（另如後述）。

此外，依民法第二六〇條規定：「解除權之行使，不妨礙損害賠償之請求。」按契約之解除既由於給付遲延或給付不能或不完全給付而起，則原有之債務不履行損害賠償請求權，不因解除權之行使而受妨礙，自屬當然。詳言之，債務不履行所生之損害，為既成之事實，契約之解除，雖使契約之效力溯及消滅，但此事實仍為存在，並未消滅，故契約解除與債務不履行之損害賠償兩立。

(二)契約之終止

1.契約終止之意義

契約終止乃當事人之一方行使終止權，使契約之效力向將來消滅之意思表示。契約一經終止，契約即向將來失其效力，但終止前之契約效力則仍存在。契約之終止依終止權人一方之意思表示而生效力，故為單獨行為，且為形成權。

契約終止與契約解除，固同為形成權，亦同為單獨行為，且同使契約之效力消滅，有其相同點。但兩者有其不同點，即：

(1)終止以繼續的契約關係為對象，例如租賃、僱傭、委任等是（五一年臺上字二八二九號判例，認為已合法成立並經交付標的物之租賃契約，不能以解除之意思表示使之消滅）；解除則以一時的契約（即非繼續的契約）為對象。

(2)終止使契約關係向將來消滅，並無溯及效力；解除則使契約效力溯及的消滅。

　　⑶終止因終止前之效力仍有效存在，故不發生原狀回復之問題；解除則因契約溯及的消滅，因而發生原狀回復之問題。

　　2.終止權之發生及行使

　　⑴**終止權之發生**　契約終止權有約定與法定之別。約定終止權得由當事人任意約定，於當事人約定之原因發生時，即發生終止權。法定終止權則基於法律規定而發生，惟我民法債編通則並無法定終止權之一般規定，而僅於各種之債中就各種契約個別為法定終止權之規定，例如民法第四三八條規定：「承租人應依約定方法，為租賃物之使用、收益，無約定方法者，應以依租賃物之性質而定之方法為之。承租人違反前項之規定為租賃物之使用、收益，經出租人阻止而仍繼續為之者，出租人得終止契約。」第五四九條第一項規定：「當事人之任何一方得隨時終止委任契約。」等是。

　　⑵**終止權之行使**　民法第二六三條規定：「第二五八條及第二六〇條之規定，於當事人依法律之規定終止契約者準用之。」即終止權之行使應向他方當事人以意思表示為之，契約當事人之一方有數人者，其意思表示應由其全體或向其全體為之；終止契約之意思表示不得撤銷。

　　3.契約終止之效力

　　契約經終止，契約關係向將來消滅。終止權人如另有損害賠償請求權者，不因終止權之行使而受影響（民法第二六三條準用二六〇條）。

七、雙務契約之效力

　　雙務契約之當事人因互負對價關係之債務，彼此間之債務，即有牽連，因此發生同時履行抗辯及危險負擔之問題。

㈠同時履行抗辯權

　　同時履行之抗辯權，乃雙務契約之當事人之一方於他方當事人未為對待給付前，得拒絕自己履行之權利。得拒絕自己履行，以迫使他人同時履行，是為「同時履行抗辯權」，其作用非否認他方之債權，而在暫時拒絕履行，即為延期之抗辯。例如甲向乙買電冰箱一臺，如約定同時履行各自之債務，於價金未支付前，乙得拒絕交付該電冰箱是。民法第二六四條第一項規定：「因契約互負債務者，於他方當事人未為對待給付前，得拒絕自己之給付。但自己有先為給付

之義務者，不在此限。」可知同時履行抗辯權之成立要件如下：

1.須因雙務契約互負債務

因契約互負債務，是為雙務契約，同時履行抗辯權之成立，須於雙務契約上見之。如雙方當事人所負之債務並非因同一雙務契約所發生者，即無從成立同時履行抗辯權。

2.須他方尚未為對待給付而先向此方請求

若他方已為對待給付，則此方即無同時履行抗辯權之可言，故必須他方未為對待給付始可。不過他方當事人已為部分之給付時，依其情形，如拒絕自己之給付有違背誠實及信用方法者，不得拒絕自己之給付（民法第二六四條第二項），即同時履行抗辯權之行使仍須顧及誠信原則，不得濫用。

3.須被請求之一方無先為給付之義務

若被請求之一方有先為給付之義務（如民法第五四八條第一項、六〇一條一項，又如坐火車之乘客應先購票），亦無同時履行抗辯之問題。不過當事人之一方，應向他方先為給付者，如他方之財產，於訂約後顯形減少，有難為對待給付之虞時，如他方未為對待給付或提出擔保前，得拒絕自己之給付（民法第二六五條）。此種拒絕給付之權利，稱為不安之抗辯權，行使不安之抗辯權，則使應先為給付義務之一方，於他方未為對待給付或提出擔保前，得拒絕自己之給付，而不負遲延責任。

具備上述要件後，則同時履行抗辯權成立，但必須當事人援用，始可發生效力。於審判上，若被告援用同時履行抗辯權時，原告如不能證明自己已為給付或已提出給付，法院應為原告提出對待給付之同時，被告即向原告為給付之判決（例如原告給付被告五十萬元之同時，被告應將某物交付原告是），此即交換履行之判決，不能遽將原告之訴駁回（參照二九年上字八九五號判例），亦即為限制的原告勝訴判決是。又，債務人享有同時履行抗辯權者，如其對債權人給付遲延，經其行使該抗辯權者，即免負給付遲延責任（五〇年臺上字一五五〇號判例）。

㈡危險負擔

危險負擔就狹義言，乃雙務契約之當事人一方所負債務，因不可歸責雙方當事人之事由，致給付不能時，其因此所生之損失，應由何方負擔之問題。就

廣義言，危險負擔尚包括因可歸責於債權人之事由，致債務人給付不能時，其所生損失之負擔在內。茲分為下列二種情形說明之：

1.因不可歸責於雙方當事人之事由致給付不能者

民法第二六六條第一項規定：「因不可歸責於雙方當事人之事由，致一方之給付全部不能者，他方免為對待給付之義務；如僅一部不能者，應按其比例減少對待給付。」例如甲向乙買受土地一筆，若該土地在交付前經徵收為道路，則甲即不必給付價金與乙，結果其損失由乙負擔，是為債務人負擔危險主義。如上開土地僅部分被徵收，則甲之給付義務亦比例減少其價金。然上開情形均指甲尚未給付之情形而言，若甲已為價金之全部或一部給付時，依同條第二項規定：「前項情形，已為全部或一部之對待給付者，得依關於不當得利之規定，請求返還。」蓋損失既應歸乙負擔，則乙所受領之該項給付，即成為無法律上之原因而受利益，自應返還不當得利於甲。

2.因可歸責於他方當事人之事由致給付不能者

民法第二六七條規定：「當事人之一方因可歸責於他方之事由，致不能給付者，得請求對待給付。但其因免給付義務所得之利益或應得之利益，均應由其所得請求之對待給付中扣除之。」其危險既為可歸責於債權人事由所致，自由債權人負擔。例如承攬人承包修建樓房一棟，工程已完成十分之七時，因定作人之過失而燒燬，此種情形，承攬人仍可請求全部報酬，但其自己亦因免再修建，節省十分之三之材料（所得之利益），並可利用節省之人工，另行工作，獲取工資（應得之利益），此兩者之利益均應於其所得請求之報酬中扣除之，以免發生不公平之情事，此亦即「損益相抵」之法則。

八、涉他契約之效力

涉他契約乃契約當事人約定，由第三人向他方為給付，或由他方向第三人為給付之契約。可分為兩種：

(1)甲乙雙方約定，由一方使第三人丙向他方為給付，是為「由第三人給付之契約」。

(2)甲乙雙方約定，由一方向第三人丙為給付，是為「向第三人給付之契約」。

按契約之效力，本僅及於當事人，而不及於第三人，但近世各國立法，以社會之事實上需要及契約自由原則，乃承認涉他契約。

(一)由第三人給付之契約

1.意 義

由第三人給付之契約，亦稱第三人負擔之契約，乃以第三人之給付為契約標的是。例如甲乙約定，由債務人乙使丙為甲修繕房屋是。

2.效 力

民法第二六八條規定：「契約當事人之一方，約定由第三人對於他方為給付者，於第三人不為給付時，應負損害賠償責任。」亦即第三人非契約當事人，不因此而負給付義務，不受此契約之拘束，得為給付，亦得不為給付，如不為給付時，則應由原約定之人即債務人，負責賠償，而非代第三人為給付，即債務人負損害賠償責任，而非代為履行之責任。

(二)向第三人給付之契約

1.意 義

向第三人給付之契約亦稱「利他契約」或「第三人利益契約」，例如買賣當事人甲乙約定，由買受人乙向第三人丙給付價金，丙對於乙亦得直接請求給付是。

2.效 力

民法第二六九條第一項規定：「以契約訂定向第三人為給付者，要約人得請求債務人向第三人為給付，其第三人對於債務人，亦有直接請求給付之權。」不僅要約人（即債權人）甲，得請求債務人乙向第三人丙給付，即第三人丙亦因此契約之成立，而取得直接請求權，但此項請求權依同條第二項規定：「第三人對於前項契約，未表示享受其利益之意思前，當事人得變更其契約或撤銷之。」至若「第三人對於當事人之一方表示不欲享受其契約之利益者，視為自始未取得其權利」（同條三項）。其次，如第三人表示欲享受其契約之利益或雖未表示，但當事人亦未變更或撤銷其契約者，則第三人自得向債務人請求履行，此時債務人得以由契約所生之一切抗辯，對抗受益之第三人（民法第二七〇條）。此乃因第三人享有之權利，係基於債權人與債務人間之契約而生，債務人因契約所生之抗辯（如同時履行抗辯權、期限未屆至、契約已撤銷等），既得對

抗債權人，自亦得對抗受益之第三人。惟向第三人給付之契約，如債務人不履行其債務時，第三人之損害賠償請求權，與債權人之損害賠償請求權，其內容不同，即第三人係請求未向自己給付所生之損害賠償，而債權人因僅得請求債務人向第三人為給付，不能請求向自己為給付，則其向債務人請求之賠償為債務人未向第三人為給付所生之損害，是宜注意。

3.原因關係

債務人何以願與債權人約定，向第三人給付，其間必有原因關係，此原因關係稱之為補償關係。補償關係如為無效或經撤銷，則向第三人給付之契約，即亦隨之消滅。

債權人何以欲使債務人向第三人給付，亦必其本人與第三人間另有原因關係，此原因關係稱之為對價關係。對價關係既為債權人與第三人間之關係，其有效與否，對於向第三人給付之契約，並不生影響，第三人之請求債務人給付，無須證明其原因關係之存在（參照五八年臺上字三五四五號判例）。縱令對價關係不存在，而第三人已受領債務人之給付時，亦屬債權人得向第三人請求返還不當得利之問題。

習　題

一、甲年十八歲，經其法定代理人乙之允許向丙借款五萬元以購買機車一輛。丙屆期未受清償，得否向乙請求返還借款？

二、甲將其所有之土地一筆先後出賣於乙、丙，經將其所有權移轉登記於丙。於此情形，乙得否仍依買賣契約，請求甲將該土地所有權移轉登記為其所有？

三、甲向乙批購一千公斤蓬萊稻穀，乙如期交付後，甲事後磅秤發現數量不足一百公斤，得否依不完全給付之債務不履行法則請求乙交付該一百公斤蓬萊稻穀及損害賠償？

四、甲向乙買受某一土地，甲尚未取得所有權，即將該土地出賣於丙，屆清償期甲未依約將該土地所有權移轉登記於丙，丙一再催促，甲均置之不理，而該土地仍登記為乙所有。丙得如何行使權利，取得該土地所有權？

五、甲對乙負債一百萬元，將屆清償期之際，為避免被強制執行，竟將唯一可

供執行、市價一百二十萬元之房屋及基地，與知情之丙通謀虛偽設定一百萬元抵押權於丙（經登記）。乙屆期未受清償，為保全其債權，得否行使撤銷權，請求法院判決塗銷上開抵押權登記？

六、甲因需現金週轉，乃出賣某一不動產於乙，詎知乙未依約定日期支付價金，甲於翌日即向乙表示解除買賣契約。雙方之買賣契約效力是否已消滅？

七、違約金之種類有幾？約定之違約金過高者，就過高之部分，債權人是否無請求權？

八、契約解除與契約終止有何異同？

九、甲將其所有之名畫一幅出賣於乙，並經交付，其後因乙不給付尾款，經甲依約將雙方買賣契約解除，但乙遲不返還該畫，於乙繼續占有中，該畫為丙所竊取，甲得否依所有權之物上請求權請求丙交還該畫？

十、甲對乙負債五百萬元，竟將其值三百萬元之土地一筆以低價一百萬元出賣於丙（經所有權移轉登記），害及乙之債權，乙對甲、丙之買賣及移轉行為，有無權利可得主張？

〔提　示〕

一、丙不得向乙請求返還借款。其理由：(1)借款人為限制行為人之甲，而非甲之法定代理人乙。(2)民法第二二一條固規定：「債務人為無行為能力人或限制行為能力人者，其責任依第一八七條之規定定之。」惟所謂「其責任」是否涉及無行為能力人或限制行為能力之債務人之法定代理人，雖有不同見解，但參酌債務不履行之損害賠償責任與侵權行為之損害賠償責任，性質上本有不同，而法定代理人並非債務人，債權應非以債務人之法定代理人之財產為其擔保等情，應認「其」字僅指無行為能力或限制行為能力之債務人，未涉及其法定代理人。即乙並無庸就甲之借款負返還責任。

二、乙不得依買賣契約請求甲辦理該土地所有權之移轉登記。因甲將土地所有權移轉登記於另一買受人丙時，甲對乙之移轉土地所有權債務，即已給付不能，此際乙僅能依民法第二二六條第一項請求甲賠償損害，不得再行請求辦理土地所有權之移轉。

三、甲不得依不完全給付之債務不履行法則請求乙交付不足之一百公斤蓬萊稻穀。按債務人給付之數量不足，應為給付一部遲延，而非不完全給付，乙尚有一百

公斤之蓬萊稻穀未如期為給付，甲固得依據給付遲延之債務不履行法則向乙請求給付及賠償損害，而非依不完全給付為請求。（按債務人所為之給付如因數量不足，足使物之價值、效用或品質有欠缺者，始屬瑕疵給付，請參照七三年臺上字一一七三號判例。）

四、丙為取得向甲所買受之土地所有權，得行使下列二項權利：⑴丙得代位甲行使對乙之所有權移轉登記請求權。因丙為甲之債權人，而甲怠於行使其對乙之所有權移轉登記請求權，依民法第二四二條，丙自得代位甲而行使此權利，使甲取得該土地所有權。⑵丙再依據買賣契約，請求已取得該土地所有權之出賣人甲就該土地為所有權移轉登記於丙所有。

五、乙並無詐害行為之撤銷權，不得請求法院判決塗銷丙之抵押權登記。按甲、丙之通謀虛偽設定抵押權行為，依民法第八七條第一項應屬當然無效，與撤銷後始視為無效者有別（參照五二年臺上字七二二號判例）。乙固得以丙之抵押權登記有無效原因，代位甲行使不當得利返還請求權或所有權物上請求權之除去妨害請求權，而請求丙塗銷登記，但非依民法第二四四條行使詐害行為之撤銷權。

六、甲、乙之買賣契約效力仍屬存在，而未消滅。按依題旨，甲、乙並未就給付遲延約定有解除權，則就乙之給付價金遲延，甲如欲解除契約，依民法第二五四條須定相當期間催告乙履行，而乙未於期間內履行，始可取得解除權，甲既未依此取得解除權，即向乙表示解除契約，自不生解除之效力，從而其買賣契約仍屬存在。

七、㈠違約金種類有二，一為賠償額預定性違約金，另一為懲罰性違約金。當事人所約定之違約金，究屬何種，應由當事人約定，但如未為約定，以賠償額預定性者為原則。（詳如本文內之解說）

㈡約定之違約金過高，債權人仍有請求權，因違約金並無最高利率之限制，與利息有所不同。惟如約定之違約金額過高者，依民法第二五二條，法院得以職權核減，債務人亦得訴請法院核減。（詳如本文內之解說）

八、契約解除與契約終止，其相同點及相異點各三。（詳如本文內之解說）

九、甲並無物上請求權可得對丙行使。其理由：甲解除與乙之買賣契約後，乙固應負原狀回復義務，將畫返還於甲（民法第二五九條），但契約解除僅生債權效力，並無物權效力，雙方買賣契約雖已解除，該畫仍為乙所有，甲不因契約解

除而取得所有權，尚待乙之交還，始有所有權。因此，得對丙行使物上請求權者為乙，而非甲。至於甲得依民法第二四二條代位乙向丙行使物上請求權，為另一問題。

十、甲、丙之買賣及移轉所有權行為，為有償行為，如其均為惡意，乙始得依民法第二四四第二項主張甲、丙為詐害行為，而訴請撤銷其行為及塗銷所有權移轉登記，將該土地回復為甲所有，以保全乙之債權。按甲、丙之買賣土地，雖為低價，仍不失為對價，其意思表示為真實，既非通謀虛偽行為，亦非無償行為，雖害及乙之債權，仍須甲、丙主觀上為惡意，乙始得主張其為詐害行為。

第四節　多數債務人及債權人

債之關係，其主體為單數者，即債權人與債務人各為一人時，只生債權行使與債務履行之問題，但在債權人或債務人為多數時，又另有債權人或債務人間各別與全體之問題，情形較為複雜，為解決此等問題，民法乃設本節之規定。依本節規定，複數主體之債有下列三種，即可分之債、連帶之債、不可分之債。

複數主體之債，究為何種，固應依當事人之約定及法律規定定之，但如無此等約定或規定時，民法則以可分之債為原則（民法第二七一條）。

一、可分之債

㈠可分之債之意義

可分之債乃數人負同一債務或有同一債權，而其給付可分，債務或債權應分擔或分受者而言（民法第二七一條前段），例如甲、乙因共同向丙買受某物而應給付丙價金十萬元，而其未約定應連帶給付價金時，甲、乙應各分擔五萬元，即丙得向甲、乙請求給付之數額各為五萬元；又如甲、乙共同出賣某物於丙，價金五十萬元，甲、乙對丙各分受二十五萬元債權是。惟可分給付並不必自始存在，如其給付本為不可分而變為可分者，亦同（同條後段），例如甲、乙本共負交付某古董於丙之債務，後因給付不能，變為以一百萬元之金錢賠償時，甲、乙應各分擔五十萬元是。

宜注意者，給付可分未必即為可分之債，因有依法律規定使為連帶之債者，

例如數人共同侵權行為時，應連帶負損害賠償責任是（民法第一八五條），亦有依約定使為連帶之債或為不可分之債者。必無此等規定或約定時，可分給付始為可分之債。

可分之債，基於同一原因而發生，形式上雖為一個債權或債務，但實質上則為各自獨立之數個債權或債務。因此就一債權人或債務人所生之遲延、給付不能、消滅時效等，對他債權人或債務人不生效力。

㈡可分之債之效力

1.債權人為多數時

可分之債，其債權人為多數時，謂之可分債權，依民法第二七一條前段規定，除法律另有規定（例如民法第一一五一條）或契約另有訂定外，各債權人應平均分受其給付。故各債權人僅得就其應分受部分請求給付，債務人亦僅須就該部分而向各債權人分別為清償。

2.債務人為多數時

可分之債，其債務人為多數時，為可分債務。依民法第二七一條前段規定，除法律另有規定（例如民一八五、一一五三條）或契約另有訂定外，各債務人應平均分擔給付。故各債務人僅就其應分擔部分負清償之義務，債權人亦僅能請求各債務人給付其應分擔之部分。

3.債權人及債務人均為多數時

於此情形，各債權人就其應分受部分有多數之債務人，各債務人就其應分擔部分則有多數之債權人，如其應分受及應分擔部分均為平均，則債權總額除以債權人之人數所得商數，再除以債務人之人數，其所得商數，即為各債務人對於各債權人應給付之數額。例如甲、乙應給付丙、丁一百萬元時，甲、乙對丙、丁應各給付二十五萬元，丙、丁亦僅得各向甲、乙請求二十五萬元是。

二、連帶之債

連帶之債乃以同一給付為標的，其多數債務人或債權人間發生連帶關係之複數主體之債，可分為連帶債務與連帶債權。其中之連帶債務，對於債權人有利，今日社會，債權人常依其意思而發生連帶債務，實用上殊可注意。

㈠連帶債務

1.連帶債務之意義

連帶債務，乃數人以同一給付為標的，依當事人明示或法律規定，各債務人對於債權人各負全部給付責任之複數主體債務。例如甲、乙二人向丙借款十萬元，約明負連帶清償責任，則丙於清償期屆至時得向甲、乙各請求還款十萬元，甲或乙任何一人清償十萬元時，該債務即全歸消滅。

2.連帶債務之成立

⑴**由於當事人之明示**　民法第二七二條第一項規定：「數人負同一債務，明示對於債權人各負全部給付之責任者，為連帶債務。」因連帶債務對於債務人頗為不利，非經其明示不可，是默示之意思表示，不能成立連帶債務。

⑵**由於法律之規定**　無當事人之明示時，連帶債務之成立，以法律有明文規定者為限（民法第二七二條第二項）。所謂法律有明文規定，如民法第二八條、一八五條、四七一條及一一五三條等是。

3.連帶債務之效力

連帶債務之效力，可分三點言之：

⑴**對外效力**　連帶債務，其全體債務人對於債權人負連帶責任，因此民法第二七三條第一項規定：「連帶債務之債權人，得對於債務人中之一人或數人或其全體，同時或先後請求全部或一部之給付。」可知債權人就「人」的方面言，得對債務人中之一人或數人或其全體為請求；就「時間」的方面言，得同時或先後為請求；就「量」的方面言，得為全部或一部之請求。又同條第二項規定：「連帶債務未全部履行前，全體債務人仍負連帶責任。」即債權人未受償部分，全體債務人仍連帶負責。

⑵**就債務人一人所生事項之效力**　就連帶債務人中之一人與債權人間所生之事項，除法律另有規定或契約另有訂定外，其利益或不利益，對於他債務人不生效力（民法第二七九條）。換言之，以不生效力（生相對效力）為原則，以生效力（生絕對之效力）為例外。例外生絕對效力之情形，列舉如下：

①**清償、代物清償、提存、抵銷或混同**　因連帶債務人中之一人為清償、代物清償、提存、抵銷或混同而債務消滅者，他債務人亦同免其責任（民法第二七四條）。又連帶債務人中之一人，對於債權人有債權者，他債務人以該

債務人應分擔之部分為限，得主張抵銷（民法第二七七條），例如甲、乙應連帶給付丙十萬元，如甲、乙之內部分擔額各為五萬元，而丙另欠甲六萬元時，為避免求償之複雜，依法乙得對丙主張抵銷五萬元，即乙給付丙其餘五萬元時，該連帶債務即全歸消滅是（至甲得對丙主張抵銷六萬元，則不待言）；即該債務人應分擔部分，可生絕對效力。

②**確定判決**　連帶債務人中之一人，受確定判決，而其判決非基於該債務人之個人關係者，為他債務人之利益，亦生效力（民法第二七五條）。即確定之判決，非基於該債務人之個人關係（例如已因清償而債務消滅），若對他債務人有利益（即該債務人得勝訴判決），則他債務人即得援用該確定判決之效力，為自己有利之主張，拒絕給付。

③**債務免除或消滅時效完成**　債權人向連帶債務人中之一人免除債務，而無消滅全部債務之意思表示者，除該債務人應分擔之部分外，他債務人仍不免其責任（民法第二七六條第一項），即在該債務人應分擔部分之範圍，他債務人亦同免責任。又此項規定於連帶債務人中之一人消滅時效已完成者，準用之（同條二項），即連帶債務人中之一人消滅時效已完成者，除該債務人應分擔之部分外，他債務人仍不免其責任；易言之，該債務人應分擔之部分，他債務人同免其責任。

④**受領遲延**　債權人對於連帶債務人中之一人有遲延時，為他債務人之利益，亦生效力（民法第二七八條）。

其次，依民法第二七九條規定：「就連帶債務人中之一人所生之事項，除前五條規定或契約另有訂定者外，其利益或不利益，對他債務人不生效力。」即除上開列舉事項或依當事人特約外，連帶債務人之一人所生事項，例如請求、給付遲延、給付不能、免除債務人中之一人或數人之連帶責任等，其效力不及於其他債務人是。

(3)**對內效力**　連帶債務人相互間，除法律另有規定（如民法第一八八條第三項），或契約另有訂定外，應平均分擔義務；但因債務人中之一人應單獨負責之事由所致之損害，及支付之費用，由該債務人負擔（民法第二八〇條）。因而連帶債務人中之一人，因清償、代物清償、提存、抵銷或混同，致他債務人同免責任者，取得求償權，得向他債務人請求償還其各自分擔之部分，並自免責

時起之利息（民法第二八一條第一項）；前項情形，求償權人於求償範圍內，承受債權人之權利，但不得有害於債權人之利益（同條二項），是為求償權人之代位權，即求償權人並得於求償權範圍內承繼原債權人之地位，行使原債權人之權利。即求償權人得選擇向他債務人行使求償權或代位權，求償權為獨立之權利，代位權則為原債權之移轉。又連帶債務人中之一人，不能償還其分擔額者，其不能償還之部分，由求償權人與他債務人按照比例分擔之，但其不能償還，係由求償權人之過失所致者，不得對於他債務人請求其分擔（民法第二八二條第一項）即為求公允，而擴張求償權；前項情形，他債務人中之一人應分擔之部分已免責者，仍應依前項比例分擔之規定，負其責任（同條二項）。

(二)連帶債權

1.連帶債權之意義

連帶債權乃數人依法律或法律行為，有同一債權，而各得向債務人為全部給付請求之複數主體債權（民法第二八三條）。例如甲、乙、丙三人共賣土地一筆與丁，約明各得向買受人丁請求全部之價款，於丁向其中任何一人為全部清償後，該債權即歸消滅，此即連帶債權是。

2.連帶債權之成立

連帶債權之成立：

(1)**依法律規定** 如民法第五三九條（就委任事務之履行，委任人或受任人均得對次受任人請求，而次受任人得向其中一人為全部之給付）。

(2)**依法律行為，但不限於明示** 因連帶債權對債權人不利，對債務人有利（清償方便）之故；此所謂之法律行為，固以契約為多，但依單獨行為而成立者，亦無不可，例如立遺囑人就一定財產對數人為遺贈，使成立連帶債權是。

3.連帶債權之效力

連帶債權之效力，可分三點述之：

(1)**對外效力** 連帶債權之債務人，得向債權人中之一人，為全部之給付（民法第二八四條）。如經全部之給付，全體債權人之債權均歸消滅。

(2)**就債權人一人所生事項之效力** 就債權人一人與債務人之間所生之事項，對於他債權人，以不生效力為原則，生效力為例外，例外生效力（即生絕對效力）之事項如下：

①**請求**　連帶債權人中之一人為給付之請求者，為他債權人之利益，亦生效力（民法第二八五條）。即一人之請求等於全體請求，全體債權之消滅時效均因之中斷。

②**已受領清償或代物清償或經提存、抵銷、混同**　因連帶債權人中之一人已受領清償、代物清償或經提存、抵銷、混同而債權消滅者，他債權人之權利，亦同歸消滅（民法第二八六條）。

③**確定判決**　連帶債權人中之一人，受有利益之確定判決者，為他債權人之利益，亦生效力（民法第二八七條第一項）。連帶債權人中之一人，受不利益之確定判決者，如其判決非基於該債權人之個人關係（例如因債務人無行為能力而判決該債權人敗訴）時，對於他債權人亦生效力（同條二項）。

④**免除債務或消滅時效完成**　連帶債權人中之一人，向債務人免除債務者，除該債權人應享有之部分外，他債權人之權利，仍不消滅（民法第二八八條第一項），即就該債權人應享有之部分，他債權人之權利，則同歸消滅。又此項規定，於連帶債權人中之一人，消滅時效已完成者，準用之（同條二項），即該時效完成之債權人之應享有部分，發生絕對效力，債務人就該部分對於他債權人得拒絕給付。

⑤**受領遲延**　連帶債權人中之一人有遲延（即受領遲延）者，他債權人亦負其責任（民法第二八九條）。

其次，民法第二九〇條規定：「就連帶債權人中之一人所生之事項，除前五條規定或契約另有訂定者外，其利益或不利益，對他債權人不生效力。」亦即以生效力為例外，以不生效力為原則。

⑶**對內效力**　連帶債權人相互間，除法律另有規定或契約另有訂定外，應平均分受其利益（民法第二九一條）。即各債權人對內各有分受部分，且以平等為原則，因而一債權人受領全部清償後，應按債權人分受部分之比例，向其他債權人償還。

三、不可分之債

㈠不可分之債之意義

不可分之債，乃以同一不可分之給付為標的之複數主體之債。其中數人有

同一債權，而其給付不可分者，謂之不可分債權；數人負同一債務，而其給付不可分者，謂之不可分債務。此種債權、債務之特點，乃在其給付之不可分。所謂給付不可分，有由於給付之性質者，如甲、乙負交付汽車一輛於丙之債務（不可分債務），或甲、乙有請求丙交付汽車一輛之債權（不可分債權）是；亦有給付之性質，並非不可分，但依當事人特約定為不可分者，例如甲、乙、丙對丁有三十萬元之債權，但約定為不可分債權是。

㈡不可分之債之效力

1.不可分債務準用連帶債務之規定

民法第二九二條規定：「數人負同一債務，而其給付不可分者，準用關於連帶債務之規定。」即：

⑴**對外效力**　不可分債務之債權人，得對債務人中之一人、數人或其全體，同時或先後為全部之請求（民法第二七三條一部請求之規定，不得準用，因給付不可分之故）。

⑵**就債務人一人所生事項之效力**　準用民法第二七四、二七五、二七八、二七九條之規定；至民法第二七六、二七七條之規定，則不得準用。亦即以生相對效力為原則，生絕對效力為例外，生絕對效力事項為：

①清償、代物清償、提存、抵銷、混同。

②非基於該債務人個人關係而對他債務人有利益之確定判決。

③受領遲延。

至於債務免除及時效完成，則僅生相對效力，因給付不可分，對外無從扣除分擔部分，他債務人自無從就該分擔部分免責之故。

⑶**對內效力**　不可分債務人相互間以平均分擔義務為原則（準用民法第二八〇條）。債務人中之一人因清償或其他行為致他債務人同免責任者，得向他債務人請求償還其各自分擔之部分，並自免責時起之利息（準用民法第二八一條第一項），惟如其給付性質上不可分者，宜解為按其價額分析求償；求償權人並於求償範圍內承受債權人之權利（準用同條二項）。不可分債務人不能償還其分擔額者，其不能償還部分由求償權人與他債務人比例分擔之（準用民法第二八二條第一項，至同條二項不能準用）。

2.不可分債權準用連帶債權之規定

民法第二九三條第一、二項規定：「數人有同一債權，而其給付不可分者，各債權人僅得請求向債權人全體為給付，債務人亦僅得向債權人全體為給付。除前項規定外，債權人中之一人與債務人間所生之事項，其利益或不利益，對他債權人不生效力。」可知：

(1)**對外效力**　各債權人僅得請求向債權人全體為給付，不得請求向自己一人或數人為給付。債務人亦僅得向債權人全體為給付。

(2)**至於債權人中之一人所生事項，對於他債權人發生效力（生絕對效力）者，僅為**

①債權人中之一人請求向債權人全體為給付，而時效中斷或給付遲延時，對債權人全體發生效力。

②債權人中之一人受領遲延，其他債權人無法受領，債務人因而亦不得為履行，故可發生絕對效力。

除上述之事項外，其他就債權人一人所生之事項，例如債務人向債權人一人為清償或抵銷或提存等，對於他債權人，概不生效力（生相對效力）。

(3)**對內效力**　同條第三項規定：「債權人相互間，準用第二九一條之規定。」即各債權人以平均分受其利益為原則，其所受領之給付，如屬性質上不可分者，宜解為發生共有關係，其應有部分均等。

習　題

一、連帶債務如何成立？連帶債務人之一人與債權人間所生事項，對於他債務人是否亦生效力？

二、甲、乙應給付丙一百萬元，是否即為可分債務？

三、甲、乙、丙、丁應連帶給付戊一百萬元，如戊免除丁之債務後，其向甲、乙、丙所得請求之數額若何？如戊係免除甲、乙、丙、丁之連帶責任時，其所得請求之數額若何？如戊僅免除丁之連帶責任時，其所得請求之數額若何？

四、甲、乙、丙應連帶給付丁三百萬元，並由丙提供所有之土地一筆設定抵押權於丁。清償期屆至時，甲如數清償全部債務。試問甲得對乙、丙行使何

種權利？

五、甲簽發十萬元支票一件交付乙，乙為支付丙之十萬元貨款，乃將該支票交付丙，丙屆期提示該支票竟遭退票，未獲付款，丙得如何行使其權利？

〔提　示〕

一、㈠連帶債務成立之原因為：⑴法律行為：但須當事人明示意思表示始得成立。⑵法律規定。

　㈡以不生效力為原則，以生效力為例外（民法第二七九條）。發生效力（生絕對效力）之事項如下：⑴清償。⑵代物清償。⑶提存。⑷抵銷。⑸混同。⑹確定判決。⑺債務免除。⑻時效完成。⑼受領遲延。（詳如本文內之解說）

二、甲、乙應給付丙一百萬元，如未依法律規定或約定成為連帶債務或不可分債務時，因其給付可分，即為可分債務（民法第二七一條）。甲、乙應平均分擔其義務，即各應給付丙五十萬元。

三、㈠戊免除丁之債務，就丁之應分擔部分，他債務人同免其責任（民法第二七六條第一項），即就該部分發生絕對效力。如丁之分擔額為二十五萬元時，甲、乙、丙應連帶給付戊之數額為七十五萬元。

　㈡戊免除全體債務人之連帶責任，該連帶債務即變為可分債務，即甲、乙、丙、丁各應給付戊二十五萬元。

　㈢戊僅免除丁一人之連帶責任時，丁雖得僅就其應分擔之部分即二十五萬元負責，但因其效力不及於其他連帶債務人，則戊對丁固僅得請求二十五萬元，但對甲、乙、丙仍得請求一百萬元。

四、㈠甲得對乙、丙行使求償權，如其分擔額相同時，即得對之求償各一百萬元，並自免責時之利息（原則上按法定利率計算）（民法第二八一條第一項）。

　㈡甲亦得對乙、丙行使代位權，即對乙、丙於前述之求償範圍內，承受丁之權利（同條二項），而得對乙、丙為請求，丁對丙之抵押權亦一併移轉於甲，甲亦得對丙於求償範圍內實行該抵押權。

　前述之求償權與代位權，甲得擇一行使。求償權為新發生之權利，其時效自成立時起算十五年；代位權則為承受原債權人之債權，其時效自原債權得行使時起，早已進行。

五、㈠如乙未於該支票背書時，丙得分別依據票據關係向甲請求十萬元，依據買賣

之貨款關係向乙請求十萬元,就該十萬元,丙得向甲、乙一人或全體、同時或先後為全部或一部之請求,甲、乙雖非連帶債務人,其中一人為履行,全體債務即歸消滅,就此而言,與連帶債務無異,學說上稱為不真正連帶債務。(不真正連帶債務乃債權人就同一給付對多數債務人個別發生請求權,其成立多因法規之競合所致。本例如丙以甲、乙為共同被告起訴時,其訴之聲明為甲或乙應給付丙十萬元。)(不真正連帶債務人間無主觀之關連,故一人所生之事項,僅清償、代物清償、提存、抵銷等,其效力及於他債務人;又對內不發生求償權,債務人間互無分擔部分。上述情形與因數人之明示或法律之規定而成立之連帶債務有異,併為說明。)

㈡如乙於該支票背書,則丙得依據票據關係請求甲、乙連帶給付十萬元(票據五條二項)。丙亦得依據買賣關係向乙請求貨款十萬元,即對乙為請求權之競合。

第五節　債之移轉

一、債之移轉之意義

債之移轉者,不變更債之內容,而將債由原主體移轉於他主體之謂,亦即債之主體之變更。債之移轉,有由於單獨行為者,例如遺贈;有由於契約行為者。茲所論者,即係由契約行為而生之債之移轉。由契約行為而移轉債權者,謂之債權之讓與;由契約行為而移轉債務者,為債務之承擔。

二、債權之讓與

㈠債權讓與之意義及債權之讓與性

債權讓與者,以移轉債權為標的之契約。債權讓與,有基於法律規定者,例如連帶債務人或利害關係之第三人或保證人清償債務時之代位等(民法第二八一條第二項、三一二、七四九條),即法定之債權讓與;有基於契約行為者。此之所謂債權讓與,專指基於契約行為之讓與而言。

債權讓與之契約,係債權人與第三人成立契約,以債權讓與第三人(受讓

人）。此種契約一旦成立生效，債權即同時移轉，無須債務人之同意。債權固得自由讓與，即原則上具有讓與性，但下列債權，不得讓與（民法第二九四條第一項）：

⑴**依債權之性質，不得讓與者**　例如扶養費請求權為基於特定身分關係所生之債權；租賃、使用借貸、僱傭關係而生之債權，係基於當事人間之信任，故不得讓與。

⑵**依當事人之特約，不得讓與者**　但此項特約，不得以之對抗善意第三人（同條二項），以保護交易安全。

⑶**禁止扣押之債權**　例如請領退休金、撫卹金債權，債務人及其家屬所必需之債權（強執一二二條）等是。

債權如不得讓與而為讓與時，其讓與即屬無效。宜注意者，債權讓與為不要因契約，即債權人何以願將其債權讓與第三人，固有其原因，例如因買賣，或為贈與，或為債務之清償等，但債權讓與契約乃履行此等原因行為之手段，而與之分離，原因行為即令無效，債權讓與契約並不因之失其效力。又，債權讓與契約，於當事人合意時，即發生債權移轉之效果，與物權契約相類似，性質上為準物權契約。

宜注意者，當事人就債權為買賣、贈與合意而成立者，為債權契約，其與債權讓與契約為準物權契約，須當事人就債權讓與合意時，始發生債權移轉之效力者，有所區別。

㈡債權讓與對於債務人之生效要件

債權之讓與，固僅因讓與人與受讓人間之合意，即可生效，債權即同時移轉於受讓人，但仍非經讓與人或受讓人通知債務人，對於債務人不生效力，但法律另有規定者（例如民法第七一六條第二項，證券債權依背書而讓與），不在此限（民法第二九七條第一項）。即原則上須通知債務人，始對債務人發生效力，因此，債務人在未受通知以前，對於債權人所為之清償及其他免責行為，完全有效。接獲此通知後，債務人應以受讓人為債權人，受讓人對債務人得主張債權，債務人如再向讓與人為清償等免責行為，對受讓人不生效力。

關於通知之方法，法律並未規定，以言詞為之，或以書面為之，均無不可。又受讓人將讓與人所立之讓與字據提示於債務人者，與通知有同一之效力（民

法第二九七條第二項)。

　　讓與人已將債權之讓與通知債務人者,縱未為讓與或讓與無效,債務人仍得以其對抗受讓人之事由,對抗讓與人(民法第二九八條第一項)。似此無讓與事實,而讓與通知仍有效力之情形,學者有稱之為「表見讓與」者。蓋如其讓與不成立或無效,債務人無從知之,應保護其利益,因此債務人已因該通知與受讓人發生清償等免責事由者,均屬有效,讓與人不得以其債權之未讓與,而否認債務人所為免責事由之效力。惟表見讓與,僅讓與人所為之通知始有其效力,如為受讓人所為之通知,即無此效力。又,讓與人為債權讓與之通知後,非經受讓人之同意,不得將其通知撤銷(同條二項)。

㈢債權讓與之效力

1.從屬權利之隨同移轉

　　讓與債權時,該債權之擔保,及其他從屬之權利,隨同移轉於受讓人,但與讓與人有不可分離之關係者,不在此限(民法第二九五條第一項)。即主債權讓與時,原則上從屬權利隨同移轉。所謂擔保係為擔保債權而存在之權利,例如抵押權、質權、保證;其他從屬之權利,例如利息債權、違約金債權等。又未支付之利息,推定其隨同原本移轉於受讓人(同條二項)。至所謂與讓與人有不可分離之關係者,例如以債務人之服勞務充利息之債權,即不隨同移轉,而仍由讓與人受領勞務之給付是。

2.對於讓與人抗辯之援用及抵銷之主張

　　債務人於受通知時,所得對抗讓與人之事由,皆得以之對抗受讓人(民法第二九九條第一項)。所謂得對抗讓與人之事由,例如債權未發生之抗辯、債權消滅之抗辯及同時履行之抗辯等。蓋債務人原有之抗辯,不因債權之讓與而喪失,本得對抗讓與人,自亦得以之對抗受讓人。

　　債務人於受通知時,對於讓與人有債權者,如其債權之清償期,先於所讓與之債權,或同時屆至者,債務人得對於受讓人,主張抵銷(民法第二九九條第二項)。即債務人對於讓與人有抵銷權者,對於受讓人亦得主張,但如其債權清償期在所讓與之債權之後者,則不在此限。

3.證明文件之交付

　　讓與人應將證明債權之文件交付受讓人,並應告以關於主張該債權所必要

之一切情形（民法第二九六條）。所謂必要情形，例如保證人之住址、清償期、清償地等是。

應再說明者，為關於債權雙重讓與之效力。即債權人甲已將其對債務人乙之債權讓與第一受讓人丙，復將該債權讓與第二受讓人丁。因債權讓與為準物權行為，丙已取得該債權，第二受讓人丁自不能取得該債權。惟甲之第二次讓與行為之效力為何？即有疑義。按丁之受讓者為丙之債權，並非不存在之債權，甲之讓與丁為處分丙之債權，即屬無權處分行為，並非無效，而為效力未定（民法第一一八條）。（最高法院一〇五年度第十五次民事庭會議決議即採此一見解）

三、債務之承擔

(一)債務承擔之意義

債務承擔乃以移轉債務為標的之契約，即第三人代替原來之債務人置身於債之關係，而原債務人則脫離債之關係，免除其責任（免責的債務承擔）。債務承擔之原因，有基於法律規定者（例如民法第四二五、一一四八條），有基於契約行為者。茲所謂之債務之承擔，係指基於契約行為者而言。又，債務承擔契約成立生效之同時，債務即行移轉，而承擔人何以願意承擔他人之債務，固有其原因，例如為贈與，或為清償債務等是，但此等原因行為即令無效，債務承擔契約仍為有效，故為不要因契約。再者，債權有讓與性之問題，已如前述，惟債務承擔則不必考慮承擔性之問題，蓋如後所述，債務承擔契約之成立，有債權人與承擔人訂立契約者，亦有債務人與承擔人訂立契約者，前者債權人自為當事人，固不待論，後者須經債權人同意，對於債權人始生效力，既經債權人同意，自不必考慮承擔性。

(二)債務承擔之成立

債務承擔契約之成立方法有二：

1.債權人與第三人間之承擔契約

第三人與債權人訂立契約，承擔債務人之債務者，其債務於契約成立時，移轉於該第三人（民法第三〇〇條）。只須第三人與債權人合意，無須何種方式，債務即移轉於第三人。此情形亦無須得原債務人之同意，因債務原則上得由第三人清償，債權人又得處分其債權之故。

2.債務人與第三人間之承擔契約

第三人與債務人訂立契約，承擔其債務者，非經債權人承認，對於債權人不生效力（民法第三〇一條）。此項債務承擔契約之當事人，為第三人與債務人，第三人與債務人合意，即生移轉債務之效力，對於債權人，則非經其承認，不能生效。如債權人不予承認時，原債務人仍應履行債務。

為免法律關係處於不確定狀態，我民法規定，前述債務人或承擔人，得定相當期限，催告債權人於該期限內確答是否承認，如逾期不為確答者，視為拒絕承認（民法第三〇二條第一項）；債權人拒絕承認時，債務人或承擔人得撤銷其承擔之契約（同條二項）。

㈢債務承擔之效力

1.從權利之存續

從屬於債權之權利（例如利息債權、違約金債權等），不因債務之承擔而妨礙其存在，但與債務人有不可分離之關係者（如約定以債務人之勞務充利息之情形），不在此限（民法第三〇四條第一項）。因為債務之承擔，不過以第三人代原來之債務人而已，其債務關係，並不變更，故從屬於債權之權利，不因債務之承擔，而妨礙其存在。

由第三人就債權所為之擔保，除該第三人對於債務之承擔已為承認外，因債務之承擔而消滅（民法第三〇四條第二項）。此乃因第三人之就債權設定擔保或為保證者，係信任債務人其人，並無為其他之人為擔保之意思，且債務移轉於第三人時，可視為債權人拋棄其擔保之利益。惟如屬債務人自己所提供之擔保，則仍存續。

2.對於債權人抗辯之援用

債務人因其法律關係所得對抗債權人之事由，承擔人亦得以之對抗債權人（民法第三〇三條第一項）。所得對抗債權人之事由，例如債權不發生之抗辯、債權消滅之抗辯及同時履行之抗辯等，承擔人得援用之，此乃債務承擔後，債之關係並不失其同一性之故。但承擔人不得以屬於債務人之債權，對債權人主張抵銷（同項但書），乃事所當然，否則即等於處分他人之權利。

承擔人因其承擔債務之法律關係所得對抗債務人之事由，不得以之對抗債權人（民法第三〇三條第二項）。例如承擔人因買受不動產，而承擔債務人之債

務，縱買賣契約無效或不成立，亦不得以之對抗債權人，蓋債務承擔為不要因契約，原因關係對債務承擔並不影響，承擔人自不得援用原因關係之抗辯。

四、法定之併存的債務承擔

併存的債務承擔，或稱重疊的債務承擔，即債務承擔後，原債務人並未脫離債之關係，而仍與第三人（承擔人）併負同一責任，與前述之債務承擔（免責的債務承擔），原債務人脫離債務關係，免除其責任者，有所不同。併存的債務承擔，有由於約定者，有由於法定的。茲就法定之併存的債務承擔分述如次：

㈠財產或營業之概括承受

就他人之財產或營業，概括承受其資產及負債者，因對於債權人為承受之通知或公告，而生承擔債務之效力（民法第三〇五條第一項）。在前述之債務承擔契約，非經債權人承認，對於債權人不生效力，此則只須對債權人為承受之通知或公告，即生承擔之效力，因為債務人關於到期之債權，自通知或公告時起，未到期之債權，自到期時起，二年以內，與承擔人連帶負其責任（同條二項），故無須經債權人同意。

㈡營業之合併

一營業與他營業合併，而互相承受其資產及負債者，與上述之概括承受同。其合併之新營業，對於各營業之債務，負其責任（民法第三〇六條）。此之營業合併有兩種方式，一為創設合併，即兩營業合併成一新營業；一為吸收合併，即甲營業吸收乙營業是。無論何種方式，因互相承受其資產及負債，對於債權人為通知或公告而生債務承擔之效力，合併後之新營業對於各營業之債務，負其責任。又若其營業為公司組織者，關於公司之合併應適用公司法之規定（公司七二至七六條）。

習　題

一、債權是否均得讓與？

二、債務承擔如何成立？

三、甲對乙有貨款債權一百萬元，先將之讓與丙，復將之讓與丁，其二重讓與是否均為生效？

四、甲對乙負有價金債務一百萬元，並由丙為該債務之保證人。嗣由丁承擔該債務，丙是否仍須就債務負保證責任？

〔提 示〕

一、債權以得自由轉讓為原則。但下列三種債權則不得讓與，即⑴依債權之性質不能讓與者。⑵依當事人之特約不得讓與者。⑶債權禁止扣押者。（詳如本文內之解說）

二、債務承擔成立之情形有二，即⑴債權人與第三人間之承擔契約。⑵債務人與第三人間之承擔契約　惟此須經債權人之承認，始對於債權人生效。（詳如本文內之解說）

三、對丙之讓與為有效，對丁之讓與則為效力未定。其理由為：債權讓與為準物權契約，讓與人與受讓人合意時，債權即移轉於受讓人。甲既將其對乙之債權先讓與於丙，其債權讓與契約生效時，該債權即已移轉於丙，此際甲已無該債權，嗣其又與丁成立債權讓與契約，其效力為何？向有爭議，有無效說、有效說、通知生效說、效力未定說之不同見解（請參照最高法院一○五年度第十五次民事庭會議之決議）。按甲之將該債權讓與丁，事實上係將丙之債權讓與丁，即為無權處分丙之債權之行為，丁並非受讓不存在之債權，故甲對丁之第二次讓與債權，其效力未定（民法第一一八條）。

（附為說明者，向來之見解均認甲將其對乙之債權讓與丙後，其已無該債權，再將之讓與丁，丁受讓者為不存在之債權，依民法第二四六條為標的不能，應為無效。惟隨著出賣他人之物，其債權行為有效，移轉物權行為屬無權處分，其效力未定之見解，已有共識後，債權讓與行為既為準物權行為，認甲將已屬丙之債權讓與丁，為無權處分，自無不合。）

四、除丙就丁之承擔該債務為承認外，丙不再就該債務負保證責任。按丙之為保證，原係以債務人甲之信用為基礎，今既由丁承擔甲之債務，自不能亦仍由丙對丁之該債務負保證責任，故除經丙承認丁之承擔債務為承認外，其保證即因丁之承擔債務而消滅（民法第三○四條第二項）。

第六節　債之消滅

第一項　總　說

一、債之消滅之意義

　　債之消滅，即債權債務已客觀的不存在。債之消滅之原因甚多，例如解除條件之成就（民法第九九條第二項）、終期之屆滿（民法第一〇二條第二項）、法律行為之撤銷（民法第一一四條第一項）、契約之解除（民法第二五四條以下）等均是；至民法債編通則所規定者有：清償、提存、抵銷、免除、混同等五種。

　　債之消滅為債之關係客觀的失其存在，其與債之移轉為債之主體之變更，僅主觀的不存在，債之關係不失其同一性者，有所不同。

二、債之消滅之共通效力

　　債之消滅原因甚多，其效力固因消滅原因之不同而有差異，然有下列之共通效力：

㈠從權利之消滅

　　債之關係消滅者，其債權之擔保及其他從屬之權利（如利息債權、違約金債權），亦同時消滅（民法第三〇七條）。蓋從權利附屬於主權利，此為當然之結果。惟已屆清償期之利息債權或已發生之違約金債權，均屬獨立存在，並不隨其主債權之消滅而同歸消滅，是宜注意。

㈡負債字據之返還及塗銷

　　債之全部消滅者，債務人得請求返還或塗銷負債之字據，其僅一部消滅，或負債字據上載有債權人他項權利者，債務人得請求將消滅事由，記入字據（民法第三〇八條第一項）。

　　負債字據，如債權人主張有不能返還或有不能記入之事情者，債務人得請求給與債務消滅之公認證書（同條二項）。所謂公認證書，依債編施行法第一九

條規定，由債權人作成，聲請債務履行地之公證人、警察機關、商業團體或自治機關，蓋印簽名作成之證書。

負債字據（例如借據、票據），固足為債權存在之證明，但債務人如能提出確切反證，證明其債務確已清償者，則縱使該項字據，尚存於債權人之手，亦不因此認債務尚未消滅，自不待言（四四年臺上字一二二六號判例參照）。

第二項　清　償

一、清償之意義

清償者，乃依債務本旨，實現債務內容之給付行為。其性質並非法律行為，而為準法律行為，只要有合法之清償，達成債之目的，無論當事人有無清償意思或受領意思，即足消滅債之關係。至清償所為之給付行為，或為事實行為（如拆屋），或為法律行為（如物權之移轉），或為不作為（如不競業），此等行為均屬清償之手段，並非清償之本體，不論其性質如何，與清償之本身概無影響。又，清償所為之給付行為如為法律行為時，無行為能力人或限制行為能力人不得單獨為有效之受領，亦不得單獨為有效之清償，即須由其法定代理人代理或得其允許。

二、清償人

債務人有履行債務之義務，自為清償人，其他如代理人（給付行為為法律行為時）、破產管理人等，亦得為有效之清償。

一般之第三人，原則上亦得為清償人，民法第三一一條第一項規定：「債之清償，得由第三人為之。但當事人另有訂定或依債之性質不得由第三人清償者，不在此限。」即當事人另有訂定不得由第三人清償，或依債之性質不得由第三人清償（即一身專屬給付，例如名演員之拍片債務，受任人處理委任事務之債務（民法第五三七條）等，不得由第三人清償是）者，例外第三人不得為清償人。

原則上第三人得清償債務，但債務人有異議時，債權人得拒絕其清償（民法第三一一條第二項）。此項異議，向債權人為之或向第三人為之，均無不可。

但第三人就債之履行有利害關係者，債權人不得拒絕其清償（同項但書）。所謂有利害關係之第三人，係指就債之清償，有財產上利害關係者，例如保證人、物上保證人、連帶債務人、後次序之擔保權人等是。

就債之履行有利害關係之第三人為清償者，於其清償之限度內承受債權人之權利，但不得有害於債權人之利益（民法第三一二條）。斯即清償代位或承受權利。此項承受權利，係基於法律規定之債權移轉，即法定之債權讓與，其效力與債權讓與同，故民法第二九七條，關於債權讓與通知之規定，與第二九九條，關於對於債權人抗辯之援用之規定，均得準用之（民法第三一三條）。申言之，有利害關係之第三人清償後，於求償權外，併承受債權人之權利，以確保其求償權；至一般之第三人清償後，對於債務人，則僅取得求償權而已。

三、受領清償人

債權人固為受領清償人（民法第三〇九條第一項），其他如代理人（給付行為為法律行為時）、破產管理人、委任人等亦有受領權。至於清償人向無受領權之收據持有人或第三人為清償者，其效力依下列之規定：

㈠收據持有人

收據，又稱受領證書，乃證明債務清償之文書，故持有債權人簽名之收據者，視為有受領權人，但債務人已知或因過失而不知其無權受領者，不在此限（民法第三〇九條第二項）。即須債務人為善意且無過失，始受保護而生清償之效力。易言之，收據持有人固未必有受領權，但因一般情形為經債權人授與受領權，故如債務人為善意無過失時，其清償生效。

㈡第三人

向無受領權之第三人為清償，縱經其受領，本不生清償之效力，但為保護交易安全，並求法律關係之簡明，下列為其例外之規定（民法第三一〇條）：

⑴**經債權人承認，或受領人於受領後取得其債權者，有清償之效力**因為既經債權人承認，自與債權人自己受領相同；受領人如於受領後取得其債權，亦與對於債權人而為清償無異，均應有清償之效力。

⑵**受領人係債權之準占有人者，以債務人不知其非債權人者為限，有清償之效力**所謂債權之準占有人，指非債權人而以為自己之意思，事實上行

使債權，依一般交易觀念，足使他人認其為債權人者（民法第九六六條），如表見繼承人、銀行存摺與印章之持有人等是。此情形須債務人為善意，始生清償之效力，否則債務人若知其非真正債權人時，其清償即不生效力。

(3)除前述二種情形外，於債權人因而受利益之限度內，有清償之效力即就債權人實際上已享受之利益範圍內，有清償之效力。

四、清償之客體

清償人應依債務之本旨實現債務內容，否則不生清償效力，此為原則，但於一定情形下，有下列例外：

㈠一部清償

債務人無為一部清償之權利（民法第三一八條第一項），因為清償債務應依債務本旨為之，即應為全部之清償，一部清償，非依債務本旨而為清償。然如絕對貫徹此旨，亦非保護債務人之道，因此於例外情形，法院得斟酌債務人之境況，許其於無甚害於債權人利益之相當期限內，分期給付或緩期清償（同項但書）。所謂分期給付者，劃分期限，而為一部清償。緩期清償者，延展期限，而為全部清償。至應否分期或延期，須經法院斟酌情形而定，如法院許為分期給付者，債務人一期遲延給付時，債權人得請求全部清償（同條二項）。分期給付係指給付可分之情形而言，如給付不可分者，法院得許其緩期清償（同條三項）。

㈡代物清償

代物清償乃債權人受領他種給付以代原定之給付，使債之關係消滅之契約（民法第三一九條）。他種給付之種類如何，則非所問，故不僅物之給付，即債權移轉、物權移轉及服勞務等，均得為代物清償之標的，但必須現實為給付，非僅為給付之約定，故為要物契約。又代物清償，須經債權人之同意受領，因債權人對非原定之給付，並不負受領之義務。

㈢新債抵舊（間接給付）

新債抵舊，乃因清償舊債務，而對於債權人負擔新債務，亦即「間接給付」或「新債清償」。例如因清償新臺幣十萬元之貨款債務，而簽發同額之票據是。民法第三二○條為新債抵舊之規定，即因清償債務而對於債權人負擔新債務者，

除當事人另有意思表示外，若新債務不履行時，其舊債務仍不消滅。依此規定，新債抵舊係新債務履行以前與舊債務並存，如新債務屆期不履行時，因舊債務仍不消滅，債權人得選擇其一行使之。依前例，如票據債務不為履行時，原來之十萬元貨款債務，仍不消滅。

五、清償地、清償期及清償費用

㈠清償地

清償地，乃債務人應為清償之處所。非於清償地為清償，即不合乎債務本旨而不生清償效力。是故債務人只得於清償地為清償，債權人亦只得於清償地請求清償。清償地，除法律另有規定（例如民三七一、六○○條），或契約另有訂定，或另有習慣（例如與銀行之交易，概在銀行），或得依債之性質或其他情形決定者（例如修繕房屋之債務，依其性質，應以房屋所在地為清償地）外，應依下列之規定（民法第三一四條）：

⑴**以給付特定物為標的者，於訂約時其物所在地為之。**

⑵**其他之債，於債權人之住所地為之**　此之住所地，係指清償當時債權人之現住所，而非債權發生時之住所地。（按以債權人住所地為清償地者，為赴償債務，以債務人住所地為清償地者，為往取債務，我民法係以赴償債務為原則。）

㈡清償期

清償期，乃債務人應為清償之時期。清償期屆至時，債權人得請求清償，債務人亦應為清償。清償期，除法律另有規定（例如民四五○、四七○、四七七、四七八條），或契約另有訂定，或得依債之性質或其他情形決定者（例如以結婚宴客之日期為清償期）外，債權人得隨時請求清償，債務人亦得隨時為清償（民法第三一五條）。即不能確定清償期時，為「即時債務」，債之關係成立時，清償期即同時屆至，債權人得請求清償。又，如定有清償期者，債權人固不得於期前請求清償，但如無反對之意思表示時，債務人得於期前為清償（民法第三一六條），因期限利益，原則上係為債務人而設，債務人自得拋棄其利益，而得於清償期前清償。

㈢清償費用

清償債務之費用，除法律另有規定，或契約另有訂定外，由債務人負擔（民法第三一七條），因為清償債務，係債務人之義務，且民法關於債務清償又以赴償主義為原則之故。所謂清償費用，係指清償債務所必要之費用，例如運費、匯費等，但因債權人變更住所或其他行為（例如根據債權人之請求，將給付物運至清償地以外之處所），致增加清償費用者，其增加之費用，則由債權人負擔（同條但書）。

六、清償之抵充

清償之抵充，乃債務人對於同一債權人，負有同種類給付之數宗債務時，因清償人所提出之給付，不足清償全部債額，而決定以該給付抵充一部債額之清償。亦即須數宗債務，其給付之種類相同者，始有抵充之問題，否則，清償何宗債務，得依其給付之性質定之，不生抵充之問題。

關於清償抵充之方法，原則上由清償人於清償時，指定其應抵充之債務（民法第三二一條），如清償人不為指定時，應依下列之規定，定其應抵充之債務，此為法律上之抵充（民法第三二二條）：

⑴**債務已屆清償期者，儘先抵充** 此乃為保護債務人利益，使其免負遲延責任。

⑵**債務均已屆清償期或均未屆清償期者，則：**

①**以債務之擔保最少者** 儘先抵充。此為保護債權人而設，使債務擔保最少者，早歸消滅。

②**擔保相等者** 以債務人因清償而獲益最多者，儘先抵充。此為保護債務人而設，例如有利息之債務較先於無利息之債務而抵充是。

③**獲益相等者** 以先到期之債務，儘先抵充。此乃為債務人利益所設之規定。

⑶**獲益及清償期均相等者** 各按比例，抵充其一部。

至關於利息及費用等異性質債務之抵充順位，依民法第三二三條前段規定，清償人所提出之給付，應先抵充費用，次充利息，次充原本。前述清償之指定抵充，及法律上之抵充，亦應依此順位而為抵充（同條後段）。

七、清償之效力

㈠債之關係消滅

清償人依債務本旨而為清償，債之關係消滅（民法第三〇九條第一項）。債之關係消滅時，其債權之擔保及其他從屬之權利亦同時消滅（民法第三〇七條），債務人並得請求返還或塗銷負債之字據（民法第三〇八條第一項）。

㈡受領證書給與之請求

清償人對於受領清償人，得請求給與受領證書（民法第三二四條）。負擔債務，未必皆立有字據，故請求給與受領證書，為清償之證據方法。此項請求，不論於全部清償或一部清償，均得請求之。既為證書，自須以書面為之。

㈢他債已清償及債已消滅之推定

關於利息或其他定期給付，如債權人給與受領一期給付之證書，未為他期之保留者，推定以前各期之給付已為清償（民法第三二五條第一項）。因為通常均係按期限之前後而為清償，故推定以前各期給付，均已清償。

如債權人給與受領原本之證書者，推定其利息亦已受領（同條二項）。因為清償抵充之順位，應先抵充利息，然後抵充原本，故為此項之推定。

債權證書已返還者，推定其債之關係消滅（同條三項）。既屬推定，自可提出反證推翻之。

第三項　提　存

一、提存之意義及原因

提存者，清償人以消滅債務為目的，將給付物為債權人寄託於法院提存所之行為。提存之原因有二（民法第三二六條）：

⑴**債權人受領遲延**　債權人遲延時，債務人之責任固已減輕（民法第二三七條），但債務仍存在，為免責，即得提存給付物。

⑵**不能確知孰為債權人而難為給付**　有此情形，債務人難為給付，得為提存而免責。例如債務屆清償期時，債權人已死亡，孰為其繼承人尚未確定或有無不明，亦無遺產管理人時，即難為給付是。

按提存有清償提存與擔保提存之分，擔保提存係以供擔保為目的所為之提存，例如民法第三六八條第二項、第九百零五條、民事訴訟法第三百九十二條等是，其非以債之消滅為目的。此所謂之提存係指以消滅債務為目的之清償提存。

二、提存之當事人

⑴**債務人得為提存人，自不待言**　但不以債務人為限，於第三人得為有效清償者，亦得為提存人。

⑵**債權人得隨時受取提存物（民法第三二九條前段）**　其受取之程序則依提存法之規定。

⑶**提存應於清償地之法院提存所為之（民法第三二七條）**　至提存之程序，應依提存法之規定。提存所附設於地方法院，故清償提存事件應向清償地之法院提存所為之（提存一條、四條一項）。

三、提存之標的物

清償人於有提存原因者，得將其給付物為債權人提存之，民法第三二六條定有明文。此所謂之給付物，依提存法第六條之規定，應為金錢、有價證券或其他動產。至於不動產則無提存之必要。

民法第三三一條規定：「給付物不適於提存，或有毀損滅失之虞，或提存需費過鉅者，清償人得聲請清償地之法院拍賣，而提存其價金。」所謂不適於提存之物，例如給付物容積甚大、數量甚多，或為水果魚肉等易於腐壞之物。至其拍賣程序，在拍賣法未公布施行以前，依民法債編施行法第二八條，及非訟事件法第六九條規定，得照市價變賣，但應經公證人、警察機關、商業團體或自治機關之證明。上述提存物有市價者，該管法院得許可清償人照市價出賣，而提存其價金（民法第三三二條）。至提存拍賣及出賣之費用，則由債權人負擔（民法第三三三條）。

四、提存之效力

⑴**合法之提存，為債之消滅原因，債權人不得再向債務人請求清償**

又提存後，給付物毀損滅失之危險，由債權人負擔，債務人亦無須支付利息，或賠償其孳息未收取之損害（民法第三二八條）。

⑵債權人得隨時受取提存物（民法第三二九條前段）　然不因此使債務人喪失其對於債權人之對待給付請求權，從而如債務人之清償，係對債權人之給付而為之者，在債權人未為對待給付，或提出相當擔保前，得阻止其受取提存物（同條後段）。

⑶債權人關於提存物之權利，應於提存後十年內行使之，逾期其提存物歸屬於國庫（民法第三三〇條）　因為債權人受取提存物之權利，如永不行使，亦非妥當，故有此十年除斥期間之規定。

第四項　抵　銷

一、抵銷之意義

抵銷者，乃二人互負債務而其給付之種類相同，並已屆清償期，使相互間所負對等額之債務同歸消滅之一方的意思表示。抵銷足以節省相互之給付而免勞費，且可確保債權之效力，因為債務人自己給付後，他方是否給付，有時不無疑問，依抵銷方法，可以除去交換履行之不公平。

二、抵銷之方法

抵銷，應以意思表示，向他方為之（民法第三三五條第一項）。其性質為形成權，又為單獨行為，但該意思表示附有條件或期限者，無效（同條二項）。因其意思表示如附加條件或期限，則抵銷之效力不確定，自有不妥。至抵銷之表示方法，用言詞或書面，在審判上或審判外，均得為之。在訴訟中為抵銷之主張，無庸提起反訴（民訴四〇〇條二項參照）。

三、抵銷之要件

民法第三三四條第一項規定：「二人互負債務，而其給付種類相同，並均屆清償期者，各得以其債務，與他方之債務，互為抵銷。但依債之性質不能抵銷或依當事人之特約不得抵銷者，不在此限。」即抵銷權須具備下列要件，始行

發生：

1.須二人互負債務

即二人互有對立之債權，主張抵銷一方之債權稱為動方債權（或主動債權），他方被抵銷之債權稱為受方債權（或被動債權）。動方債權原則上須為抵銷人自己對被抵銷人所有之債權，但有例外，即：

⑴**連帶債務人中之一人對於債權人有債權者** 他債務人以該債務人應分擔之部分為限，得主張抵銷（民法第二七七條）。

⑵**因債權讓與，債務人於受通知時對於讓與人有債權者** 如其債權之清償期先於所讓與之債權或同時屆至者，債務人得對於受讓人主張抵銷（民法第二九九條）。

2.須雙方給付種類相同

即須同種給付始能抵銷，否則不同種類之給付，其經濟價值及目的不同，抵銷難期其公平。又，清償地與給付之種類無涉，故清償地不同之債務亦得為抵銷，但為抵銷之人應賠償他方因抵銷所生之損害（民法第三三六條）。

3.須雙方債務均屆清償期

因未屆清償期，債權人不得請求清償，自不得以其債權為抵銷。惟因債務人原則上得拋棄期限利益，於期前為清償（民法第三一六條），故其債務雖未屆清償期，如無反對之意思表示，而其對於他方之債權已屆清償期時，得以之與他方未屆清償期之債權為抵銷。又依民法第三三七條規定：「債之請求權雖經時效而消滅，如在時效未完成前，其債務已適於抵銷者，亦得為抵銷。」

4.須債務之性質非不能抵銷

依債務之性質不能抵銷者，如許其抵銷，即反於債之本旨，例如相互提供勞務之債務，不作為與單純作為之債務，縱屬種類相同，性質上亦不得相互抵銷。

四、抵銷之禁止

㈠意定之禁止

當事人得以特約禁止抵銷（民法第三三四條第一項但書），但該項特約不得對抗善意第三人（同條二項）。

㈡法定之禁止

依民法規定，禁止抵銷之情形如次：

1.禁止扣押之債，其債務人不得主張抵銷（民法第三三八條）

所謂禁止扣押之債，乃維持債權人或其家屬生活所必需，例如公務員退休金債權、強制執行法第一二二條之不得為執行之債權等是，其債務人應行清償，不得主張與債權人對自己所負之他項債務為抵銷。

2.因故意侵權行為而負擔之債，其債務人不得主張抵銷（民法第三三九條）

否則加害人對於被害人有債權時，如以抵銷之意思而為侵權行為，無異誘致侵權行為，故禁止因故意侵權行為之債務人對於被害人之債權主張抵銷，但過失之侵權行為，仍許抵銷，不在禁止之列。

3.於受債權扣押命令後取得之債權不得抵銷

受債權扣押命令之第三債務人，於扣押後始對其債權人取得債權者，不得以其所取得之債權與受扣押之債權為抵銷（民法第三四〇條），以保全扣押之效力。例如甲對乙有債權，乙對丙（即第三債務人）亦有債權，甲因乙之不履行債務，經聲請法院將乙對丙之債權予以扣押，禁止支付（參照強執一一五條），嗣後丙因他種原因，對乙取得債權，然不得主張其與乙之債權互相抵銷，蓋以乙對丙之債權，已扣押在先，如可抵銷，扣押命令之效力即落空，故予禁止。惟丙對乙之債權如為扣押前取得者，即不禁止其為抵銷。

4.約定應向第三人為給付之債務，不得抵銷

約定應向第三人為給付之債務人，不得以其債務，與他方當事人對於自己之債務為抵銷（民法第三四一條）。按債務人所負債務既應向第三人為給付，即不對他方當事人負給付義務，因而縱令他方當事人對債務人負有債務，亦非二人互負債務，自不得為抵銷。

五、抵銷之效力

抵銷之效力，在於使雙方相互間債之關係，溯及最初得為抵銷時，按照抵銷數額而消滅（民法第三三五條第一項）。所謂按照抵銷數額者，蓋因雙方債權數額，未必相同，應以其相當數額為抵銷。既溯及最初得為抵銷時，則此後即

不生計算利息之問題（一八年上字三一六號判例參照）。

當事人間互負數宗或一宗債務，雖適合抵銷，但其債權額非同一時，應以何宗債權為抵銷，或對於何宗債權為抵銷，即生抵充之問題。又雙方之債權，除原本外，尚須清償費用及利息時，而債權不足抵銷其全部者，亦有抵充之問題。故民法第三二一至三二三條清償抵充之規定，於抵銷準用之（民法第三四二條）。

第五項　免　除

一、免除之意義

免除者，乃債權人以一方之意思表示，拋棄其債權之行為。因免除為處分行為，為免除之人，對於該債權自須有處分權。免除，以向債務人表示免除其債務之意思而成立，無須債務人同意，亦不須一定方式，更不問其原因如何，故為單獨行為及無因行為。

二、免除之效力

債務免除與否，雖屬債權人之自由，但債權人向債務人表示免除其債務之意思者，債之關係即歸消滅（民法第三四三條）。如僅一部免除時，則債之關係，一部消滅。債全部消滅時，其從屬權利，亦隨之消滅。

第六項　混　同

一、混同之意義

混同乃債權與其債務同歸一人之事實（民法第三四四條）；其無須另有意思表示，故其性質並非行為，而為事件。混同乃因債權人承受債務或債務人繼受債權而發生，例如債權人繼承債務人或債務人由債權人受讓債權是。

二、混同之效力

混同之事實發生時，債之關係，原則上因混同而消滅。但有兩種例外（民

法第三四四條但書）：

　　⑴**債權為他人權利之標的者**　此際為保護他人之權利，故債之關係不因混同而消滅，例如該項債權為他人設定質權是。

　　⑵**法律另有規定者**　例如限定責任之繼承人，其對於被繼承人之權利義務，不因繼承而消滅（民法第一一五四條）；匯票發票人受讓其匯票而未到期前，得再將匯票背書轉讓他人，故不因混同而消滅（票據三四條）是。

習　題

一、債之清償，第三人得否為之？

二、債務人為無行為能力或限制行為能力人時，得否單獨為有效之清償？

三、清償人向無受領權之第三人為清償時，是否生清償之效力？

四、依法律之規定，禁止債務抵銷之情形有幾？

五、甲應於八十八年二月十日給付乙貨款十萬元，乃簽發同年三月十五日同面額之支票一件交付於乙。乙收受支票後，於發票日前得否請求甲給付貨款十萬元？如乙屆期提示該支票，竟遭退票時，得如何對甲行使權利？

六、甲向乙借款五十萬元，交付借用證（即負債字據）一件於乙，甲屆期如數清償原本及利息，但乙並未將該借用證返還於甲。甲之債務是否已消滅？

〔提　示〕

一、債之清償，原則上得由第三人為之，但下列情形為例外：⑴當事人另有訂定不得由第三人清償者。⑵依債之性質不得由第三人清償者。⑶第三人就債之履行無利害關係，債務人就其清償有異議，並經債權人拒絕其清償者。（詳如本文內之說明）

二、此應依清償所為給付行為之內容而論。即給付行為如為不作為或事實行為（如服勞務、遷讓房屋等）時，雖為無行為能力或限制行為能力人，仍得為有效之清償。惟如給付行為屬法律行為（如移轉物權）時，因仍應適用法律行為有關行為能力、意思表示及代理之規定，債務人即應具有行為能力，如其為無行為能力人者，應由法定代理人代理為之，如其為限制行為能力人者，應得法定代理人之允許，始生清償效力。

三、向無受領權之第三人為清償時，原則上不生清償效力。但依民法第三一〇條之

規定，下列三種情形仍有清償效力，即：⑴經債權人承認或受領人於受領後取得其債權者。⑵受領人係債權之準占有人者。⑶債權人因而受利益者。(詳如本文內之說明)

四、法定禁止債務抵銷之情形如下：⑴禁止扣押之債。⑵因故意侵權行為而負擔之債。⑶受債權扣押命令之第三債務人於扣押後始對其債權人取得之債權。⑷約定應向第三人為給付之債務。(詳如本文內之說明)

五、除甲、乙另有意思表示外，本件為新債抵舊，因此：⑴乙於該支票發票日前不得請求甲給付票款。因票據債務為新債務，於其清償期屆至前，債權人乙不得行使其貨款之舊債權，即不得請求甲給付舊債務之貨款。⑵乙得請求甲給付貨款，亦得請求甲給付票款。因於新債抵舊，新債務不履行時，舊債務仍不消滅，支票屆期既遭退票，票據債務與舊債務之貨款仍然併存，在乙為請求權之競合，乙自得擇一請求。

六、甲之債務已消滅。因甲既已按債之本旨為清償，其對乙之借款債務即已消滅，而借用證之返還並非債之消滅之要件，僅為證明債之消滅之證據方法而已，自不因借用證之未返還而謂甲之債務尚未消滅。本件債務既已全部消滅，甲自得依民法第三〇八條規定請求乙返還或塗銷該借用證。又，甲亦得以給付行為之目的消滅，無法律上之原因，依民法第一七九條不當得利請求乙返還該借用證。

第二章　各種之債

　　我民法債編第二章「各種之債」（民三四五至七五六條之九），分為二十四節，乃就各種不同之債規定其適用之法則。惟社會不斷進步，經濟生活日趨複雜，債之種類不一，債編所列之「各種之債」，僅為就已知及常見之債，定其適用準則而已，並非一切之債均已包括無遺，「各種之債」所未列舉之債，除法條已明定其準用或適用其規定者外（例如民法第三四七、五七七、六〇二、七三五條等是），自得按其內容性質，類推適用「各種之債」之規定。

　　「各種之債」自第一節至第二十四節之一，其中二十二節為有名契約，即買賣、互易、交互計算、贈與、租賃、借貸、僱傭、承攬、出版、委任、經理人及代辦商、居間、行紀、寄託、倉庫、運送、承攬運送、合夥、隱名合夥、終身定期金、和解、保證，而新增之第八節之一旅遊、第十九節之一合會、第二十四節之一人事保證，亦屬有名契約。其餘二節即指示證券（第二十節）、無記名證券（第二十一節）則因其發行屬單獨行為，並非契約。惟因上述之借貸（第六節）又分為第一款使用借貸與第二款消費借貸，屬性質不同之二種契約；而經理人及代辦商（第十一節）亦為各別之二種契約。是故，「各種之債」所規定者為二十七種有名契約及二種單獨行為。

　　我民法因採取民商合一主義，而非民商分離主義，並無商法法典，故除公司、海商、保險、票據等法有單行之法規外，其餘原為商法之項目，例如交互計算、經理人及代辦商、行紀、運送等亦一併列入民法債編「各種之債」之中，併予說明。

第一節　買　賣

一、買賣之意義

　　買賣乃當事人約定，一方移轉財產權於他方，他方支付價金之契約（民法第三四五條第一項）。約定移轉財產權之一方為出賣人，支付價金之一方為買受

人。此所謂之財產權，除債權、物權、準物權及無體財產權外，股票或占有，亦包括之；且不以現已存在之財產權為限，將來可取得之財產權（例如將採收之水果是），亦無不可。惟不得讓與之財產權，例如終身定期金債權（民法第七三四條）、受扶養之權利等，自不得為買賣之標的物。買賣使買受人負支付價金之債務，即其對出賣人所為之對待給付，須為金錢給付，如為金錢以外之財產權之給付則為互易，若以勞務充之，則其情形為僱傭或承攬，而非買賣。

二、買賣之成立

民法第三四五條第二項規定：「當事人就標的物及其價金互相同意時，買賣契約即為成立。」即當事人就買賣要素之標的物及價金互相同意時即行成立；至買賣費用之負擔、清償期、清償地、擔保責任之免除或限制等，除當事人特約以之為買賣之成立要件外，當事人之意思表示雖尚未趨於一致，亦無礙於買賣之成立。又，價金雖未具體約定，而依情形可得而定者，視為定有價金（民法第三四六條第一項）；又，如當事人約明依市價而定者，除當事人約定何時何地之市價外，視為標的物清償時清償地之市價（同條二項）。

買賣契約之成立，原則上無須具備一定之方式，不以實行給付為必要，亦即不以財產權之同時移轉，與價金之現實支付為要件，故其為不要式契約及諾成契約。移轉不動產物權之物權契約，固以訂立書面為必要（民法第七五八條第二項），而為要式行為，至買賣不動產之債權契約，其成立，於舊法時無須具備任何方式，為不要式行為（參照二○年上字一二○七號、二二年上字九一四號判例），但依新法第一六六條之一，以由公證人作成公證書為其成立要件，即為要式行為（但該條文尚未施行，已如前述。則除非當事人另有方式之約定外，不動產買賣之債權契約，現仍為不要式契約）。買賣之當事人互負對價關係之債務，又互為給付而自他方取得利益，故買賣為雙務契約及有償契約。

買賣為有償契約之典型，故民法第三四七條規定：「本節規定，於買賣契約以外之有償契約準用之。但為其契約性質所不許者，不在此限。」即凡屬有償契約，除性質上所不許者（例如僱傭契約）外，無論其為有名或無名契約，均得準用買賣之規定，例如租賃契約之出租人應擔保第三人就租賃之標的物對於承租人不得主張任何權利，即準用民法第三四九條出賣人權利瑕疵擔保責任之

規定是。

　　再者，買賣僅約定當事人互負移轉財產權及支付價金之債務而已，故為債權契約。至履行該約定債務之行為，即實行移轉財產權及支付價金，則為物權契約。又，現實買賣，例如買報紙時，同時取報及付款是，為債權契約及物權契約同時成立，即買賣契約成立之同時，即已為債務之履行，其性質仍為債權契約。

三、買賣之效力

㈠出賣人之義務

1.移轉財產權之義務

　　出賣人對於買受人負有移轉財產權義務，故應依各種移轉權利之方法使買受人取得該財產權並得行使其權利。詳言之：

　　⑴**物之出賣人，負交付其物於買受人並使其取得該物所有權之義務（民法第三四八條第一項）**　即該物為動產，則交付其物之同時，所有權亦因之而移轉；若為不動產，除交付其物外，應訂立物權移轉之書面，並辦理移轉登記。

　　⑵**權利之出賣人，負使買受人取得權利之義務；如因其權利而得占有一定之物者，並負交付其物之義務（同條二項）**　至移轉之方法，依其權利之種類而不同，例如債權之出賣人須通知債務人；典權之出賣人須作成書面並為登記，及交付其典物於買受人。又，如有從物及從權利者，出賣人原則上應併予移轉（參照民法第六八條第二項）。

　　復次，出賣人不履行移轉財產權之義務者，買受人得依債務不履行之規定，行使其權利（民法第三五三條）；買受人並得主張同時履行抗辯權（民法第二六四條），拒絕支付價金。

2.瑕疵擔保責任

　　出賣人之瑕疵擔保責任乃依買賣契約出賣人就買賣標的物之權利或物有瑕疵時，出賣人對買受人應負之法定責任。瑕疵擔保責任為法定的無過失責任，以維持有償契約之交易安全，當事人縱未約定，亦當然發生。惟民法關於瑕疵擔保責任之規定，並非強行規定，當事人得以特約免除、限制或加重之，但民

法第三六六條規定：「以特約免除或限制出賣人關於權利或物之瑕疵擔保義務者，如出賣人故意不告知其瑕疵，其特約為無效。」瑕疵擔保責任又分為權利瑕疵擔保責任及物之瑕疵擔保責任。

⑴權利瑕疵擔保責任（亦稱追奪擔保責任）

　①內容　權利瑕疵乃權利有所欠缺或不存在之意，例如出賣之物，出賣人僅有應有部分二分之一而已；或出賣債權，該債權已因抵銷而不存在是。有此權利之瑕疵，出賣人即應負擔保責任。詳言之：

　　a.出賣人應擔保第三人就買賣之標的物，對於買受人不得主張任何權利（民法第三四九條）。

　　b.債權或其他權利之出賣人，應擔保其權利確係存在；有價證券之出賣人，並應擔保其證券未因公示催告而宣告無效（民法第三五〇條）。

　②成立要件　權利瑕疵擔保責任之成立要件為：

　　a.權利瑕疵須於買賣契約成立時即已存在　如權利之瑕疵於買賣成立時，並未發生，嗣後始存在者，為債務不履行或危險負擔之問題，即非瑕疵擔保之問題。

　　b.須買受人不知有權利之瑕疵，即須買受人為善意　若買受人於契約成立時，知有權利之瑕疵者，出賣人不負擔保之責（民法第三五一條）。

　　c.須該瑕疵於買賣成立後，未能除去　若事後已予除去者，例如買賣成立時標的物雖為第三人所有，但於買賣成立後，出賣人已取得其所有權時，則不成立擔保責任。

　　d.當事人間須無反對之特約　買受人自願拋棄此利益，自應依其特約。

　③特約　瑕疵擔保責任之規定，並非強行規定，若當事人有特約時，亦可予以免除限制或加重。免除、限制須受民法第三六六條之限制，有如前述。至於加重，其情形有二：

　　a.買受人知有權利瑕疵者，出賣人本不負責，但亦得以特約訂定負責（民法第三五一條但書）。

　　b.債權之出賣人，對於債務人之支付能力，本不負責，亦即僅須擔保債權存在為已足，但亦得約定負責　如以特約訂定應負責時，自應訂明所擔保者為債務人何時之支付能力，否則法律上即推定其擔保債權移轉時債務人

之支付能力（民法第三五二條）。如債權之出賣人依約定須就債務人之支付能力負擔保責任，而債務人無支付能力時，買受人即得向出賣人請求損害賠償。

　　④**效力**　出賣人應負權利瑕疵擔保責任，如不履行其擔保責任之義務時，則買受人得依關於債務不履行之規定，行使其權利（民法第三五三條）。易言之，視權利瑕疵之內容，買受人得依給付遲延或給付不能之規定請求損害賠償，或解除契約並請求不履行之損害賠償。惟出賣人所負之權利瑕疵擔保責任並非債務不履行責任（參照民法第二二六、二二七、二三一至二三三條），因其為出賣人之無過失責任，且須買受人為善意，而債務不履行之責任，則須可歸責於出賣人，買受人是否善意，在所不問，顯見兩責任之不同。如兩責任均成立時，買受人得選擇行使其權利，自不待言。

(2)**物之瑕疵擔保責任**

　　①**內容**　物之瑕疵即存在於物之缺點。凡依通常交易觀念或當事人之意思，物所應具之價值、效用（通常或約定效用）或品質而不具備者，即為物有瑕疵，例如蔬果腐敗，牲畜有病，保證為春茶，實為夏茶，建築用地，但依都市計畫為學校預定地，不得供一般之建築使用等，均為物之瑕疵，出賣人即應對買受人負擔保責任。詳言之，物之出賣人應擔保其物：

　　a.無滅失或減少其價值之瑕疵。

　　b.亦無滅失或減少其通常效用之瑕疵。

　　c.或無滅失或減少契約預定效用之瑕疵，但減少之程度，無關重要者，不得視為瑕疵（民法第三五四條第一項）。

　　②**成立要件**　物之瑕疵擔保責任，其成立要件為：

　　a.**須物之瑕疵於危險移轉時存在**　即須其瑕疵於依民法第三七三條之規定危險移轉於買受人時，即標的物交付之時，或契約所定危險移轉之時已存在。易言之，其瑕疵無須於買賣契約成立時即已存在。若危險移轉後始發生之瑕疵，應由買受人負擔其危險，出賣人不負擔保責任。

　　b.**須買受人為善意並無重大過失**　即須買受人於契約成立時不知其物有前述之瑕疵（民法第三五五條第一項）。惟此之不知，係指非因重大過失而不知者而言，若因重大過失而不知有瑕疵，則出賣人如未保證其無瑕疵時，亦不負擔保之責，但故意不告知其瑕疵者，不在此限（同條二項）。

c.**買受人須就受領物為檢查通知** 即買受人應按物之性質依通常程序，從速檢查其所受領之物，如發見有應由出賣人負擔保責任之瑕疵時，應即通知出賣人；買受人怠於為此項之通知者，除依通常之檢查不能發見之瑕疵外，視為承認其所受領之物（民法第三五六條）。惟上開規定，於出賣人故意不告知瑕疵於買受人者，不適用之（民法第三五七條）。又，買受人對於由他地送到之物，如主張有瑕疵不願受領者，如出賣人於受領地無代理人者，買受人有暫為保管之責，於此情形，買受人不即依相當方法證明其瑕疵之存在者，推定於受領時為無瑕疵（民法第三五八條一、二項）。

d.**須當事人間無反對之特約** 如買受人自願拋棄其利益，即應依其約定。

③**特約** 物之瑕疵擔保責任之規定，非強行規定，當事人得以特約免除、限制或加重之。免除、限制須受民法第三六六條規定之限制，已如前述。至於加重之特約，其情形有二：

a.**保證物之品質之特約** 於此情形，依民法第三五四條第二項規定：「出賣人並應擔保其物於危險移轉時，具有其所保證之品質。」若不具有所保證之品質時，出賣人即應負責。

b.**保證無瑕疵之特約** 有此特約時，雖買受人因重大過失而不知有瑕疵，出賣人仍須負責（民法第三五五條第二項）。

④**效力** 出賣人應負物之瑕疵擔保責任者，買受人得依情形行使下列權利：

a.**契約解除權** 買賣因物有瑕疵，而出賣人應負擔保之責者，買受人得解除其契約（民法第三五九條）。買受人主張物有瑕疵者，出賣人得定相當期限，催告買受人於其期限內，是否解除契約；買受人於前項期限內，不解除契約者，喪失其解除權（民法第三六一條）。又，因主物有瑕疵而解除契約者，其效力及於從物；惟從物有瑕疵者，買受人僅得就從物之部分為解除（民法第三六二條）。再者，為買賣標的之數物中，一物有瑕疵者，買受人僅得就有瑕疵之物為解除（民法第三六三條第一項）；為買賣標的之數物，雖非均有瑕疵，但當事人之任何一方，如因有瑕疵之物與他物分離，而顯受損害者，則得解除全部契約（同條二項）。

　　b.**價金減少請求權**　買賣因物有瑕疵，而出賣人應負擔保之責者，買受人亦得請求減少價金，而與契約解除選擇行之，但依情形，解除契約顯失公平者，買受人僅得請求減少價金（民法第三五九條）。又，為買賣標的之數物中，一物有瑕疵，而為以總價金將數物同時賣出者，買受人除得就該有瑕疵之物解除契約外，並得請求減少與瑕疵物相當之價額（民法第三六三條第一項）。

　　c.**損害賠償請求權**　買賣之物，缺少出賣人所保證之品質者（即出賣人依特約擔保品質），買受人得不解除契約或請求減少價金，而請求不履行之損害賠償；出賣人故意不告知物之瑕疵者，亦同（民法第三六〇條）。即視瑕疵情形，請求全部或一部不履行之損害賠償。

　　d.**另行交付請求權**　買賣之物，僅指定種類者（即限於種類買賣），如其物有瑕疵，買受人得不解除契約或請求減少價金，而即時請求另行交付無瑕疵之物；出賣人就另行交付之物，仍負擔保責任（民法第三六四條）。

　　上述四種權利中之價金減少請求權在任何情形均得適用之，而契約解除權，除民法第三五九條但書之情形外，亦均得適用之，惟損害賠償請求權，只限於缺少所保證之品質或故意不告知瑕疵之情形，始得適用，而另行交付請求權則僅限於種類買賣，始能適用。

　　⑤**消滅**　買受人因物有瑕疵，而得解除契約或請求減少價金者，其解除權或請求權，於買受人依民法第三五六條規定為通知後六個月間不行使或自物之交付時起經過五年而消滅（民法第三六五條第一項）。前項關於六個月期間之規定，於出賣人故意不告知瑕疵者，不適用之（同條二項）；亦即此情形，其解除權或請求權，自物之交付時起經過五年而未行使始歸消滅。按上述契約解除權之六個月期間為除斥期間，固不待言，至價金減少請求權，雖稱為「請求」，但應解為「主張」，其主張有據時，價金即因之減少，無須出賣人之承諾，故價金減少請求權之六個月期間，亦應為除斥期間。

　　此外，應併予說明者，如出賣人就其交付之標的物有應負擔保責任之瑕疵，而其瑕疵係於契約成立後始發生，且因可歸責於出賣人之事由所致者，則出賣人除負物之瑕疵擔保責任外，同時構成不完全給付之債務不履行責任（參照七七年第七次民事庭會議決議），此際買受人自得就上開二種權利選擇其一行使之。

㈡買受人之義務

1.支付價金之義務

買受人之主要義務為支付價金，民法第三六七條即明定，買受人對於出賣人有交付約定價金之義務。其交付之時期，除法律另有規定、或契約另有訂定、或另有習慣外，應與標的物之交付同時為之（民法第三六九條）；因而標的物交付定有期限者，其期限推定為價金交付之期限（民法第三七〇條）。又，價金交付之處所，依民法第三七一條規定：「標的物與價金同時交付者，其價金應於標的物之交付處所交付之。」若標的物與價金非同時交付者，則價金之交付處所，應適用民法第三一四條之規定。至價金之數額及計算，自應依當事人約定，惟價金依物之重量計算者，應除去其包皮之重量，即以淨重為原則，但契約另有訂定或另有習慣者，從其訂定或習慣（民法第三七二條）。

買受人之支付價金，係以自出賣人取得財產權為對價，因而買受人在有正當理由，恐第三人主張權利，致失其因買受契約所得權利之全部或一部者，得拒絕支付價金之全部或一部，即於此情形，買受人得為追奪迫害之抗辯；但出賣人已提出相當擔保者，不在此限（民法第三六八條第一項）。惟此項情形，出賣人為保障自己之利益，得請求買受人提存價金（同條二項）。

2.受領標的物之義務

民法第三六七條明定，買受人對於出賣人有受領標的物之義務。按一般債務，受領給付為債權人之權利，非其義務，但在買賣，則買受人之受領標的物，既為其權利之行使，亦為其義務之履行。是故，如出賣人已依債之本旨提出標的物之給付，而買受人拒絕受領或不能受領者，買受人對出賣人除應負受領遲延之責任外，如因可歸責於買受人之事由致受領遲延者，買受人並應負債務人給付遲延之責任，若然，出賣人得向買受人請求損害賠償，或解除契約並請求損害賠償（參照民法第二三一、二三二、二五四、二五五及二六〇條）。

3.保管標的物之義務

異地之買賣，買受人對於由他地送到之物，主張有瑕疵，不願受領者，如出賣人於受領地無代理人，買受人有暫為保管之責（民法第三五八條第一項），以待出賣人之取回。若送到之物易於敗壞者，買受人經依相當方法之證明，得照市價變賣之，如為出賣人之利益，有必要時，並有變賣之義務（同條三項）。

買受人依前項規定為變賣者，應即通知出賣人，如怠於通知，應負損害賠償之責（同條四項）。

(三)危險負擔及利益承受

民法第三七三條規定：「買賣標的物之利益及危險，自交付時起，均由買受人承受負擔。但契約另有訂定者，不在此限。」所謂利益承受指買賣標的物所生利益之取得，例如孳息之取得是。所謂危險負擔乃因不可歸責於雙方當事人之事由，致買賣標的物發生損毀、滅失之狀態，此項損失應由當事人何方負擔而言。民法為求公平，期損益兼歸，乃明定買賣標的物之利益，自交付時起，由買受人承受，其危險亦同時由買受人負擔為原則。但其例外則有二：

1.契約另有訂定者

從其訂定。例如約定於交付之前，危險即由買受人負擔，或約定於交付之後，危險仍由出賣人負擔是。

2.買受人請求將標的物送交清償地以外之處所者

自出賣人交付其標的物於為運送之人或承攬運送人時起，標的物之危險，由買受人負擔（民法第三七四條）。即在代送買賣，其危險之移轉以交付其標的物於為運送之人或承攬運送人時為準。惟此規定僅就危險負擔而設，於利益之承受，無其適用。但買受人關於標的物之送交方法，有特別指示，而出賣人無緊急之原因，違其指示者，對於買受人因此所受之損害，應負賠償責任（民法第三七六條）。

復次，標的物之交付有同時移轉所有權者，如動產是，亦有先交付而後移轉所有權或先移轉所有權而後交付者，如不動產是。其於交付同時移轉所有權或先交付而後移轉所有權者，均應依前述民法第三七三條規定，於交付時起由買受人承受其利益及負擔其危險，自無問題；惟若先移轉所有權而後交付者，例如出賣人已於八十七年五月一日將其房屋所有權移轉登記於買受人，約定同年月二十日交付該屋，但同年月十日第三人縱火，致該屋焚燬，該損失究由出賣人抑由買受人負擔，買受人是否仍應給付價金？不無疑義。學者固有認為應以所有權移轉為準，標的物縱未交付，均應由已取得所有權之買受人承受利益並負擔危險者。但實務見解（四七年臺上字一六五五號及三三年上字六〇四號判例）認為概自標的物交付時起由買受人負擔危險並承受利益，至買受人已否

取得其物之所有權，在所不問，如上例，出賣人既尚未為交付，雖所有權已移轉，仍由其負擔危險，買受人無須給付價金。

又，標的物之危險，於交付前已應由買受人負擔者（例如依約定或前述代送買賣之情形是），出賣人於危險移轉後，標的物之交付前，所支出必要費用，買受人應依關於委任之規定，負償還之責任（民法第三七五條第一項）；前項情形出賣人所支出之費用，如非必要者，買受人應依關於無因管理之規定，負償還責任（同條二項）。

以上所述係指物之買賣而言，若以權利為買賣之標的，如出賣人因其權利而得占有一定之物者，例如依地上權之買賣而交付土地是，準用前四條之規定（民法第三七七條），定其利益承受及危險負擔之標準。

㈣費用之負擔

買賣費用乃因買賣契約及履行所支出之費用。民法第三七八條規定：「買賣費用之負擔，除法律另有規定或契約另有訂定或另有習慣外，依左列之規定：一、買賣契約之費用，由當事人雙方平均負擔。二、移轉權利之費用，運送標的物至清償地之費用及交付之費用，由出賣人負擔。三、受領標的物之費用，登記之費用及送交清償地以外處所之費用，由買受人負擔。」

四、買　回

㈠買回之意義

買回乃出賣人於買賣契約成立時，保留其買回之權利，得於一定期限內，再向買受人買回其標的物之契約。原買賣契約之出賣人為買回人，原買賣契約之買受人為相對人。買回制度兼顧出賣人之籌措資金，及其對原物之感情，自有其作用，惟其使原買受標的物所有人之地位，處於不確定狀態，亦有其弊。

買回之標的物為原買賣契約之標的物，此之標的物，指物及權利。又，買回之價金原則上與原買賣之價金相同（民法第三七九條第一項）。

㈡買回之成立

依民法第三七九條第一項規定：「出賣人於買賣契約保留買回之權利者，得返還其所受領之價金，而買回其標的物。」可見買回以保留買回權之方法為之，其須與原買賣契約同時為之，而經出賣人行使買回權，即生效力，無須相對人

之承諾。故買回權為形成權。又，成立買賣契約時，如未保留買回權，於出賣標的物後，另向買受人要約承買該標的物，得買受人承諾而成立買賣者，則屬另一買賣契約，非此之買回。

　　民法第三八〇條規定：「買回之期限，不得超過五年。如約定之期限較長者，縮短為五年。」即此五年之期限，為買回權存續之法定期限，亦為買回權行使之法定期限，當事人於約定保留買回權之契約時，如未約定買回之期限者，則須自原買賣契約成立後五年內行使買回權，逾此期限，買回權即歸消滅。

㈢買回之效力

1.買回人之義務

買回人（即原出賣人）之義務有二：

　　⑴**價金之返還**　出賣人於買賣契約保留買回之權利者，得返還其所受領之價金，而買回其標的物（民法第三七九條第一項）。即出賣人行使買回權者，須返還價金，充作買回價金，故買回雖屬權利，但返還價金則為義務。所謂返還價金原則上為原受領之價金，但當事人亦得特別約定較原價為多或少，如有此特約，則買回之價金，應從其特約（同條二項）。至原價金之利息，與買受人就標的物所得之利益，視為互相抵銷（同條三項），而互不返還。

　　⑵**費用之償還**　買賣費用由買受人支出者，買回人應與買回價金連同償還之；至買回之費用由買回人負擔（民法第三八一條）。又，買受人為改良標的物所支出之費用及其他有益費用，而增加價值者，買回人應償還之；但以現存之增價額為限（民法第三八二條）。

2.相對人之義務

相對人（即原買受人）之義務有二：

　　⑴**交付標的物及其附屬物之義務**　買受人對於買回人負交付標的物及其附屬物之義務（民法第三八三條第一項）。

　　⑵**損害賠償義務**　買受人因可歸責於自己之事由，致不能交付標的物或標的物顯有變更者，應賠償因此所生之損害（同條二項）。

　　復次，買回人與相對人之關係，性質上與一般買賣並無不同，故雙方之權利義務，除前述之特別規定外，均應適用一般買賣之規定。

五、特種買賣

(一)試驗買賣

1.試驗買賣之意義

試驗買賣乃以買受人之承認標的物為停止條件而訂立之契約（民法第三八四條）。所謂承認標的物亦即買受人之適意，此種契約於訂立當時即已成立，惟須經買受人將標的物加以試驗，認為適意後，始生效力，故其適意乃一種停止條件。例如買賣汽車，約明試車五日，認為適意後買賣始行生效，不適意則買賣契約不生效力即是。

2.試驗買賣之試驗

試驗買賣成立後，出賣人即有容許買受人試驗其標的物之義務（民法第三八五條）。惟因買賣之效力於買受人承認標的物以前，尚未發生，此際出賣人僅負有許買受人試驗標的物之義務，買受人亦僅有請求試驗之權利，不得請求出賣人履行出賣之義務。

3.試驗買賣之承認

買受人於試驗後自應為承認標的物與否之表示，但法律上設有擬制之規定，即標的物經試驗而未交付者，買受人於約定期限內，未就標的物為承認之表示，視為拒絕，其無約定期限，而於出賣人所定之相當期限內，未為承認之表示者，亦同（民法第三八六條）。至於標的物因試驗已交付於買受人，而買受人不交還其物，或於約定期限或出賣人所定之相當期限，不為拒絕之表示者，視為承認（民法第三八七條第一項）。又，買受人已支付價金之全部或一部，或就標的物為非試驗所必要之行為者，例如將該試驗之標的物予以出租是，視為承認（同條二項）。

復次，試驗買賣生效後，當事人雙方之權利義務關係，與一般買賣無異。

(二)貨樣買賣

1.貨樣買賣之意義

貨樣買賣乃出賣人對於買受人約明按照貨樣，而給付標的物之買賣。貨樣買賣多於種類物之買賣見之，例如依某種玩具樣本，買賣玩具一千個是。

2.貨樣買賣之效力

按照貨樣約定買賣者，視為出賣人擔保其交付之標的物，與貨樣有同一之品質（民法第三八八條）。是故，若所交付之標的物與貨樣不符時，即具有瑕疵，則出賣人應負物之瑕疵擔保責任。又，貨樣買賣，除出賣人交付之標的物須擔保其與貨樣有同一之品質，而加重其瑕疵擔保責任外，與一般買賣無異，自應適用一般買賣之規定。

㈢分期付價買賣

1.分期付價買賣之意義

分期付價買賣乃附有分期支付價金約款之買賣。此種買賣其標的物常於契約成立時，即行交付，而價金則約定嗣後分月或分年定期支付之，每屆定期，支付一部。惟既為分期付價，於標的物交付後，至少須有二期以上，始為此之分期付價買賣。出賣人既先行交付標的物，而後受領價金，為預防損失之危險，故多附加約款，例如「期限利益喪失約款」、「失權約款」及「所有權保留約款」等是。此等約款，法律為保護買受人，並維持交易之公平設有限制，其情形如左：

⑴**期限利益喪失約款之限制**　分期付價之買賣，如約定買受人有遲延時，出賣人得即請求支付全部價金者，除買受人遲付之價額已達全部價金五分之一外，出賣人仍不得請求支付全部價金（民法第三八九條）。

⑵**失權約款（解約扣價約款）之限制**　分期付價之買賣，如約定出賣人於解除契約時，除買受人應返還標的物外，出賣人得扣留其所受領價金者，稱為失權約款，如有此約款，其扣留之數額，不得超過標的物使用之代價及標的物受有損害時之賠償額（民法第三九〇條），其餘則仍應返還於買受人。

⑶**所有權保留約款**　乃出賣人於全部價金受清償前，雖已將標的物先行交付買受人，但保留其所有權，須價金付清，始移轉所有權之約定。此種約款，民法上雖無規定，但亦不禁止。惟除當事人間有特約外，均自交付時起，標的物之利益及危險，由買受人承受及負擔。

2.分期付價買賣與附條件買賣

動產擔保交易法上設有「附條件買賣」之規定，依該法第二六條規定：「稱附條件買賣者，謂買受人先占有動產之標的物，約定至支付一部或全部價金，

或完成特定條件時，始取得標的物所有權之交易。」其附有保留所有權約款，與民法上之分期付價買賣相當，但二者有下列區別：

(1)**就標的物言** 分期付價買賣之標的物，法無限制，動產不動產，甚至於其他權利亦無不可；但附條件買賣之標的則限於動產，且以行政院命令所定之特種動產為限（動產擔保四條）。

(2)**就其成立言** 分期付價買賣為不要式行為，而附條件買賣，則應以書面訂立契約並應向登記機關登記（動產擔保五、七條）。

(3)**就價金言** 分期付價買賣重在分期付價，而附條件買賣固亦多為分期付價，但不以分期付款為限，將來一次給付，亦無不可，且亦可約定為完成其他條件，而不以分期付價為限。

(4)**就其效力言** 分期付價買賣如不附加「所有權保留約款」者，則於標的物交付同時即為所有權之移轉，即令附有保留所有權之約款，其約款亦無物權之效力，又因無公示方法，自不能對抗善意第三人。於附條件買賣，則出賣人於買受完成其條件前，當然保留標的物之所有權，且此種買賣經依法登記後，得對抗善意第三人（動產擔保五條）。

(四)拍　賣

1.拍賣之意義

拍賣乃由多數應買人公開出價，由拍賣人擇其出價最高者，以拍板或依其他慣用之方法，為賣定之表示而成立之買賣（民法第三九一條）。其當事人，一為拍賣人，一為應買人。拍賣之締結契約之方法，限於以拍板或其他慣用之方法為賣定之表示，而與一般買賣不同，至其性質則與一般買賣無異。

拍賣有二種，一為強制拍賣，即強制執行法（強執五七至七四、八〇至一〇二條）所定由法院所為動產或不動產之拍賣；一為任意拍賣，即由私人所為之拍賣，民法第三九一條至第三百九十七條所定之拍賣屬之。

2.拍賣之成立

拍賣之成立方法如下：

(1)**拍賣之表示** 開始拍賣以前，應由拍賣人先為欲拍賣之表示，拍賣之表示屬於一種要約之引誘，一般多以公告之方法為之。拍賣之表示既為要約引誘，則拍賣人自不受其拘束，故對於應買人所出最高之價，認為不足者，得不為賣

定之表示而撤回其物（民法第三九四條）。

　　(2)**應買之表示**　多數之應買人為應買之表示，應買之表示屬於要約，應買人自應受其拘束。應買人原則上任何人均得為之，但拍賣人對於其所經管之拍賣不得應買，亦不得使他人為其應買（民法第三九二條）。又，應買人所為應買之表示，自有出價較高之應買或拍賣物經撤回時，失其拘束力（民法第三九五條）。

　　(3)**賣定之表示**　賣定之表示屬於承諾，其表示方法由拍賣人以拍板或依其他慣用方法為之，亦即拍定，於是拍賣即為成立（民法第三九一條）。多數應買人為應買之表示後，拍賣人除拍賣之委任人有反對之意思表示外，得將拍賣物拍歸出價最高之應買人（民法第三九三條）。

　3.拍賣之效力

　　拍賣之買受人，應於拍賣成立時，或拍賣公告內所定之時，以現金支付買價（民法第三九六條）。即價金之支付須以現金為之，與一般買賣非必以現金支付價金者不同。拍賣之買受人，如不按時支付價金者，拍賣人得解除契約，將其物再行拍賣；再行拍賣所得之價金，如少於原拍賣之價金及再行拍賣之費用者，原買受人應負賠償其差額之責任（民法第三九七條）。此之解除契約，拍賣人無須為催告。

習　題

一、出賣人之權利瑕疵責任與物之瑕疵擔保責任有何不同？

二、買受人有無受領標的物之義務？

三、民法關於買賣契約之危險負擔有何特別規定？

四、甲將乙所有之土地出賣於丙，丙得否請求甲交付土地及移轉所有權登記？

五、甲將其所有之土地一筆先後出賣於乙、丙，但均未向乙、丙為所有權移轉登記，乙先起訴請求甲辦理所有權移轉登記，經勝訴確定在案，此際丙得否再行起訴請求法院判命甲辦理所有權移轉登記？

六、物之瑕疵擔保責任與不完全給付之債務不履行責任得否競合？

　〔提　示〕

一、(1)權利之瑕疵為權利之欠缺或不存在；物之瑕疵為存在於物之缺點，即標的物

所應具之價值、效用或品質不具備。⑵權利瑕疵之存在，以契約成立時為準；物之瑕疵之存在，則以標的物危險移轉時為準。⑶買受人主張權利瑕疵擔保請求權，須其為善意；如其主張物之瑕疵擔保請求權，則須為善意且無重大過失。⑷出賣人應負權利瑕疵擔保責任時，買受人得依債務不履行之規定行使其權利；出賣人應負物之瑕疵擔保責任時，買受人得依法律之特別規定行使其權利，即得請求減少價金，或視情形解除契約、請求損害賠償、請求另行交付無瑕疵之物。

二、民法第三六七條明定，買受人對於出賣人有受領標的物之義務。從而買受人之受領標的物，一面為權利之行使，一面亦為義務之履行。是故，買受人不受領時，除發生受領遲延之效果外，如因可歸責於買受人致受領遲延者，買受人且應負給付遲延之債務不履行責任。

三、按關於雙務契約之危險負擔，民法第二六六條採取債務人負擔危險主義。即不可歸責於雙方當事人之事由，致給付不能者，債務人免給付義務，他方亦免為對待給付義務，債務人即失其給付請求權。惟於買賣，民法有下列之特別規定，即：⑴同法第三百七十三條明定，除當事人另有約定外，買賣標的物之危險，自交付時起，由買受人負擔。即以交付時為準，移轉危險負擔。⑵依同法第三百七十四條規定，出賣人應交付之物為動產，而買受人請求將該物送交清償地以外之處所者，自出賣人交付其物於為運送之人或承攬運送人時起，其物之危險即由買受人負擔。即在代送買賣，危險提前移轉於買受人。

四、丙得請求甲交付土地及移轉所有權登記。其理由為：買賣契約為負擔行為，故物之出賣人並不以物之所有人為限。本件甲將第三人乙之土地出賣於丙，甲、丙間之買賣契約為有效，丙自得請求甲履行買賣契約為土地之交付及登記。至甲若未能使丙取得該土地之所有權及占有，應負給付不能之債務不履行責任，為另一問題，亦非買賣無效。

五、丙得起訴請求甲辦理所有權移轉登記。其理由為：甲與乙、丙之雙重買賣，均為有效，乙、丙均得請求出賣人履行契約。本件買受人乙固已對甲取得土地所有權移轉登記之勝訴確定判決，但於其本於該確定判決（命甲為一定意思表示之給付判決），完成所有權移轉登記前，該土地所有權仍為出賣人之甲所有（參照民法第七五八條），此際另一買受人丙仍得訴請甲為該土地所有權之移轉登記。

至丙起訴後，如乙依其確定判決而完成所有權移轉登記，取得該土地所有權時，丙之所有權移轉登記聲明為給付不能（依民法第二二六條轉變為損害賠償），乃別一問題。

六、物之瑕疵擔保責任適用於有償契約，為法定無過失責任，債務人負不完全給付之債務不履行責任，須可歸責於債務人（民法第二二七條），二者之法律基礎及成立要件不同，為各自獨立之制度。惟出賣人就買賣標的物有應負擔保責任之瑕疵，而其瑕疵係於買賣契約成立後始發生（即於危險移轉時存在），且因可歸責於出賣人之事由所致者，於此情形，則兩種責任同時成立（參照最高法院七七年第七次民事庭會議決議），發生請求權之競合。

第二節　互　易

一、互易之意義及性質

互易乃當事人雙方約定，互相移轉金錢以外之財產權之契約（民法第三九八條）。例如地主與建商依合建契約，就其建地與建物之互相移轉其所有權是。凡金錢以外之財產權，無專屬性者，均得為互易之標的物。互易與買賣所不同者，即買賣一方之給付，必以金錢，而他方則以金錢以外之財產權為之；互易則雙方所給付者均為金錢以外之財產權。惟當事人一方約定於移轉金錢以外之財產權外，並應交付金錢者，仍不失為一種互易，即所謂附有補足金之互易（民法第三九九條），例如甲以價值五萬元之汽車，與乙之價值四萬元之機車互易，乙並以一萬元補足其差額是。

互易之當事人，互負對價關係之債務，互為給付而自他方取得利益，為雙務契約及有償契約。其成立無須一定之方式，無須現實履行，故為不要式契約及諾成契約。

至若雙方為貨幣之兌換，則非此之所謂互易，應屬一種有償的無名契約，得類推適用互易之規定而已。

現今社會之房屋合建契約，土地所有人提供其土地由建商建屋，其性質因約定內容而不同。如為約定建築之房屋由建商原始取得其所有權，於建造完成

後，將約定分配予地主之房屋為移轉登記，地主則將部分土地移轉登記予建商，以互相交換者，其性質即為互易（參照最高法院八九年臺上字第一六五〇號判決）。

二、互易之效力

民法第三九八條規定：「當事人雙方約定互相移轉金錢以外之財產權者，準用關於買賣之規定。」即在一般互易，當事人亦應互負移轉財產權義務、互負瑕疵擔保責任、互負受領標的物之義務等是，惟買賣中有關價金之規定，在互易自無準用之餘地。又，民法第三九九條規定：「當事人之一方，約定移轉前條所定之財產權，並應交付金錢者，其金錢部分，準用關於買賣價金之規定。」即在附補足金之互易，其補足金交付部分與買賣價金無異，自準用價金之交付時期及處所等規定是。

第三節　交互計算

一、交互計算之意義

交互計算乃當事人約定以其相互間之交易所生之債權債務為定期計算，互相抵銷，而僅支付其差額之契約（民法第四〇〇條）。茲析述如次：

(1)交互計算之當事人不限於商人，非商人亦可，且商人與非商人間亦得成立此契約。

(2)交互計算之客體須為當事人相互間交易所生之債權、債務　是故，若其債權、債務非由於交易而生者，例如贈與、侵權行為、無因管理、不當得利而生者，則不能成立交互計算，即令當事人特約以此等債權、債務計算抵銷，亦只能成為一種無名契約而已。又，須雙方互相發生債權、債務，若僅一方發生債務，雖定期計算，而後補償，亦非交互計算。

(3)交互計算之作用，在於定期計算、互相抵銷、支付差額　因而其債權、債務自以金錢債務為多，但其他同種類之代替物債務，亦得為交互計算之客體。

二、交互計算之成立及性質

交互計算契約之成立，法無特別規定，是故依當事人意思表示一致而成立，無須一定方式，亦無須現實履行，故為不要式契約及諾成契約。又，當事人因計算債權債務，互相抵銷，而消滅自己之債務，應為有償契約。惟交互計算契約之作用在確定債務，為一特約之計算方法，債之發生另有原因，例如買賣、消費借貸等，記入交互計算項目之債務，並非由於交互計算而發生。從而當事人雖互負定期計算及支付差額之義務，但並無對價關係，故其為片務契約。

三、交互計算之效力

㈠定期計算

交互計算須定期計算，定期之長短如何，得由當事人任意訂定，如無特別訂定時，每六個月計算一次（民法第四〇二條）。交互計算既須定期計算，則在計算前，自須將其債權、債務記入交互計算項目之內，記入後則債權人不得分別請求履行（故各個債權請求權之消滅時效不進行），債務人不得分別履行，亦不得分別抵銷，更不得轉讓或設定質權，且不能為扣押之標的，此為交互計算之不可分性。

記入交互計算之項目，記入後雖不可分，但有下列之例外：

　1.匯票、本票、支票及其他流通證券，記入交互計算者，如證券之債務人不為清償時，當事人得將該記入之項目除去之（民法第四〇一條）。

　2.記入交互計算項目之債權債務，仍然存在，故得約定自記入之時起，附加利息（民法第四〇四條第一項）。

㈡互相抵銷

計算時期一屆，各當事人將各債權、債務，分別總結，算出總額，互相抵銷，而得出差額，經雙方承認而確定。雙方對於差額，得有異議，請求更正，但民法第四〇五條規定：「記入交互計算之項目，自計算後，經過一年，不得請求除去或改正。」於是差額亦歸於確定。

㈢支付差額

算出差額，除有異議外，當事人即得請求支付，於是請求權消滅時效自此

時起進行。又，由計算而生之差額，得請求自計算時起，支付利息（民法第四
〇四條第二項）。

四、交互計算之終止

交互計算重在當事人間之信任，故當事人之一方，得隨時終止交互計算契
約，而為計算；但契約另有訂定者，不在此限（民法第四〇三條）。交互計算一
經終止，應即截止債權債務之記入，予以計算及支付差額，自不待言。

第四節　贈　與

一、贈與之意義

贈與乃當事人約定一方以自己之財產無償給與他方，他方允受之契約（民
法第四〇六條）。其當事人，一方為贈與人，他方為受贈人。贈與之目的在給與
財產，所謂財產，除物之所有權外，其他之財產權，如定限物權、準物權、無
體財產權、債權均屬之，即占有亦包括之。此等財產，不以現在屬於贈與人者
為限，將來可取得之財產，亦可為贈與之標的物。將自己之物無償供他方收益，
固為贈與，但若以自己之物無償供他方使用，民法已另定為使用借貸關係（民
法第四六四條以下），即非贈與。

二、贈與之成立及性質

贈與契約以贈與人為贈與之意思表示，而受贈人為允受之意思表示，其意
思表示一致時成立。其成立無須具備何種方式，故為不要式契約（惟新法第一
六六條之一如於未來施行後，不動產物權之贈與應作成公證書，則為要式契
約）。民法第四〇八條雖規定有經公證之贈與，但其效力僅為贈與人不得撤銷該
種贈與，與贈與契約之成立無關。贈與於雙方意思表示一致時成立，無須現實
履行，至於贈與物之交付或權利之移轉，則為履行行為，故為諾成契約。又，
贈與僅贈與人負擔債務，受贈人並不為給付，即在附負擔之贈與，受贈人之負
擔與贈與人之給與財產，亦無對價關係，故贈與為片務契約及無償契約。贈與

為無償契約之典型，其他無償契約除有特別規定或性質上所不許者外，應解為得準用贈與之規定。

三、贈與之效力

贈與人對於受贈人負有無償的給與財產義務，應依贈與之本旨，履行其債務，亦即應為財產權之移轉，使受贈人取得其贈與之財產，惟因其為無償行為，贈與人之責任，法律予以減輕，茲說明如次：

㈠贈與人債務不履行之責任

1.負責事由減輕

贈與人僅就其故意或重大過失，對於受贈人負給付不能之責任（民法第四一○條），對於輕過失而給付不能時，即不負責。

2.責任範圍縮小

依民法第四○九條第一項規定，於經公證之贈與或為履行道德上義務之贈與，贈與人給付遲延時，受贈人得請求交付贈與物；其因可歸責於贈與人之事由致給付不能時，受贈人得請求賠償贈與物之價額。但受贈人不得請求遲延利息或其他不履行之損害賠償（同條二項）。至於未經公證或非為履行道德義務之贈與，於贈與物之權利未移轉前，贈與人無須任何理由，得撤銷其贈與（民法第四○八條第一項），是縱不履行其債務，亦無債務不履行之責任。

㈡贈與人之瑕疵擔保責任

贈與人原則上不負瑕疵擔保責任，即贈與之物或權利如有瑕疵，贈與人均不負責任；但贈與人故意不告知其瑕疵，或保證其無瑕疵者，對於受贈人因瑕疵所生之損害，負賠償之義務（民法第四一一條）。至附負擔之贈與，贈與之物或權利如有瑕疵，贈與人應於受贈人負擔之限度內，負與出賣人同一之擔保責任（民法第四一四條），以免受贈人受不當之損失。

㈢以非經登記不得移轉之財產為贈與

修正前民法第四○七條規定：「以非經登記不得移轉之財產為贈與者，在未為移轉登記前，其贈與不生效力。」易言之，贈與人與受贈人就無償給與不動產物權於意思表示合致時，贈與契約雖已成立，但既未具備登記之特別生效要件，即尚未生效，贈與人應尚不負移轉不動產物權登記之義務，受贈人亦無從

請求履行。惟實務上之見解（四○年臺上字一四九六號、四一年臺上字一七五號、四四年臺上字一二八七號判例）曾認為該移轉登記僅屬此種贈與之特別生效要件，當事人對於無償給與不動產之約定如已合致，即已發生一般契約之效力，贈與人應受此契約之拘束，負有移轉登記使生贈與效力之義務，受贈人亦得請求履行。

惟修正後，該第四○七條業經刪除，從而以非經登記不得移轉之財產為贈與者，亦於當事人合意時（新法第一六六條之一於未來施行後，並經作成公證書時）即行成立，如生效要件未欠缺，即同時生效，贈與人即應履行其債務，至為明瞭，不動產物權之移轉登記，已非贈與之特別生效要件。

四、贈與之撤銷及履行之拒絕

㈠贈與之撤銷

1.撤銷之原因

贈與除有一般撤銷原因而予撤銷（民法第八八、八九、九二條）外，其特別撤銷原因如下：

⑴贈與物之權利未移轉前，贈與人得撤銷其贈與；其一部已移轉者，得就其未移轉之部分撤銷之（民法第四○八條第一項）　此種撤銷無須具備任何理由，得任意為之。惟於經公證之贈與或為履行道德上義務而為之贈與，則不得任意撤銷（同條二項）。

⑵受贈人對於贈與人有下列二種情事之一者，贈與人得撤銷其贈與：

①對於贈與人、其配偶、直系血親、三親等內旁系血親或二親等內姻親，有故意侵害之行為，依刑法有處罰之明文者。

②對於贈與人有扶養義務而不履行者（民法第四一六條第一項）此乃因受贈人有忘恩背義行為，而予贈與人撤銷權。此外，受贈人因故意不法之行為，致贈與人死亡或妨礙其為贈與之撤銷者，贈與人之繼承人，得撤銷其贈與（民法第四一七條）。按民法第四一六條之贈與人撤銷權不得繼承，故使贈與人之繼承人於具有一定情事時，得依第四百十七條之規定獨立行使撤銷權。

2.撤銷之方法

贈與之撤銷，應向受贈人以意思表示為之（民法第四一九條第一項）。

3.撤銷之效力

贈與契約一經撤銷，視為自始無效（民法第一一四條參照），尚未履行時，自得拒絕履行，若已履行者，贈與人得依關於不當得利之規定，請求返還贈與物（民法第四一九條第二項），即認該撤銷生債權之效力，贈與人得行使不當得利返還請求權。

4.撤銷權之消滅

⑴民法第四一六條第一項所定之撤銷權，自贈與人知有撤銷原因之時起，一年內不行使而消滅 ； 又贈與人對於受贈人已為宥恕之表示者亦同 （同條二項）。

⑵民法第四一七條本文所定之撤銷權，自知有撤銷原因之時起，六個月間不行使而消滅（同條但書）。

⑶贈與之撤銷權，因受贈人之死亡而消滅（民法第四二〇條）。

㈡贈與之拒絕履行

贈與人於贈與約定後，其經濟狀況顯有變更，如因贈與致其生計有重大之影響，或妨礙其扶養義務之履行者，得拒絕贈與之履行（民法第四一八條）。此為情事變更原則之表現，蓋贈與人既已陷於窮困，若仍強使其履行贈與，即不合情理，故法律乃許其拒絕履行。學者稱此為窮困抗辯權或緊急需要抗辯權，其性質上為延期抗辯權之一種，於贈與人經濟狀況好轉時，受贈人即得請求履行。

五、特種贈與

㈠附有負擔之贈與

附有負擔之贈與乃以受贈人對於贈與人或第三人，負一定給付義務之贈與。例如甲贈與乙金錢，約定乙須扶養丙二年是。負擔並非對價，贈與為主，而負擔為從，是附負擔之贈與仍為片務契約及無償契約。此種贈與有左列之特點：

1.關於負擔之履行及贈與之撤銷者

贈與附有負擔者，受贈人負有履行其負擔之義務，因此如贈與人已為給付而受贈人不履行其負擔時，贈與人得請求受贈人履行其負擔，或撤銷其贈與（民法第四一二條第一項）。若負擔以公益為目的者（例如贈與花園約定星期假日須

開放供公眾入園是），於贈與人死亡後，主管機關或檢察官得請求受贈人履行其負擔（同條二項）。又，附有負擔之贈與，其贈與不足償其負擔者，受贈人僅於贈與之價值限度內，有履行其負擔之責任（民法第四一三條），以免受贈人反因受贈而蒙不利。

2.關於贈與人之瑕疵擔保責任

附有負擔之贈與，其贈與之物或權利如有瑕疵，贈與人於受贈人負擔之限度內，負與出賣人同一之擔保責任（民法第四一四條），已如前述。

㈡定期給付贈與

定期給付之贈與乃定期的、繼續的為財產上給付之贈與契約，例如約定每年給付六萬元是。此種贈與定有存續期限者有之，未定有存續期限者，亦有之，定有存續期限者，則因期限屆滿，贈與消滅，固不待言，惟贈與人或受贈人於原定存續期限屆滿前死亡，或未定有存續期限而贈與人或受贈人死亡時，此贈與即失其效力，即贈與人之繼承人不繼續負贈與之義務，受贈人之繼承人不繼續享受利益；但贈與人有反對之意思表示者，不在此限（民法第四一五條）。

㈢死因贈與

死因贈與乃因贈與人之死亡，始生效力之贈與契約，亦即以「受贈人於贈與人死亡時仍生存」為停止條件之贈與。此種贈與與遺贈類似，但遺贈係單獨行為，且須以遺囑為之，而為要式行為，至死因贈與則屬契約，須雙方當事人意思表示合致，但為不要式行為，是乃二者之所異。死因贈與我民法無規定，但既為贈與之一種，贈與之規定，除其性質所不同者外，亦當然適用，而其既與遺贈類似，通說認為亦得類推適用有關遺贈之規定（民法第一二○○條以下）。

習　題

一、贈與之物或權利如有瑕疵，贈與人應否負瑕疵擔保責任？

二、甲贈與乙某種廠牌之小客車一輛，但迄不交付該車，乙得否請求甲交付該車？是否因該贈與經公證或履行道德義務與否，而有不同之結論？

三、甲與乙約定，由甲贈與乙土地一筆，但甲遲不依約定日期辦理所有權移轉登記，乙得否請求甲辦理移轉登記？

〔提　示〕

一、㈠在一般贈與，原則上贈與人不負物或權利之瑕疵擔保責任。但下列兩種情形為例外，贈與人應負瑕疵擔保責任：⑴故意不告知其瑕疵；⑵保證其無瑕疵者。

㈡在附負擔之贈與，於受贈人負擔之限度內，贈與人負與出賣人同一之瑕疵擔保責任。

二、㈠甲、乙間之贈與為經公證或為履行道德上義務者，甲不履行債務時，依民法第四〇九條第一項之規定，乙得請求交付該車。

㈡甲、乙間之贈與如未經公證或非為履行道德上義務者，甲不履行債務時，乙得否請求履行，有二種不同見解。有依民法第四〇九條第一項之反面解釋，認受贈人不得請求履行者。有認就上開贈與，依民法第四〇八條，於贈與物之權利未移轉前，贈與人固得撤銷贈與，但未撤銷前，受贈人仍得請求。似以後一見解較妥，因贈與既已生效，應認贈與人於撤銷贈與前，受贈人之履行請求權即尚存在，再參酌民法第四一八條之贈與人行使窮困抗辯權並不分其是否為經公證或是否為履行道德上義務之贈與。足見贈與人於未經公證或非為履行道德上義務之贈與，有不予撤銷之情事，於此情形，受贈人之請求權仍然存在。是故，乙仍得請求甲履行債務。惟此種贈與，於贈與物未交付前，贈與人甲既得任意撤銷贈與，則雖乙為請求，可能因甲之撤銷，而無實益。

三、㈠依修正前民法第四〇七條之規定而論：⑴依實務見解，乙得請求甲辦理該土地所有權移轉登記。按依民法第四〇七條固規定，以不動產為贈與者，在未為移轉登記前，其贈與不生效力。但判例認為當事人對於贈與不動產如已合意，其契約即為成立，雖未具備移轉登記之特別生效要件，但已發生一般契約之效力，贈與人應受此契約之拘束，負有移轉登記使生贈與效力之義務。是故，本件之乙即有此項請求權。⑵惟契約於成立生效後，始有履行之問題，不動產之贈與契約，於法既以移轉登記為其特別生效要件，則雖當事人已有合意而成立，但於移轉登記前，該贈與契約尚未生效，贈與人不負何種義務，受贈人亦無移轉登記請求權，至為明瞭。依實務見解，乙竟得請求甲履行贈與契約，理論上似欠允洽。

㈡依修正後民法第四〇七條業已刪除而論：依法既不再以不動產物權之移轉登

記為贈與契約之特別生效要件，則甲、乙就該土地之贈與合意時（新法第一六六條之一於未來施行後，並經作成公證書時），即已成立生效，受贈人乙履行期屆至時，自得請求贈與人為該土地所有權之移轉登記。

第五節　租　賃

一、租賃之意義

租賃乃當事人約定一方以物租與他方使用、收益，他方支付租金之契約（民法第四二一條第一項）。其約定以物供他方使用收益而收取租金之一方為出租人，約定支付租金以使用收益他人之物者為承租人。租賃之標的物，依我民法應以有體物為限，包括動產及不動產，如約定以權利有償供他人使用收益之契約，則為無名契約，僅可類推適用關於租賃之規定。租金為租賃物使用收益之對價，通常多以金錢支付，但亦得以租賃物之孳息充之（同條二項），且如以金錢以外之代替物計付租金（司法院釋字四四號解釋），亦無不可。

復次，因出租並非處分行為，故出租人固多為租賃物所有人，他如地上權人、典權人、占有人、承租人（民法第四四三條但書之適法轉租情形）亦得將其標的物出租；又，縱為就他人之物予以出租，亦屬有效（參照三三年上字八四號判例）。易言之，租賃標的物之物，不以屬於出租人所有為必要。

二、租賃之成立

租賃之成立，法無特別規定，於雙方就租賃物及租金之意思表示一致時，即為成立。不限於用一定之方式，亦不以租賃物或租金之交付為成立要件，故為不要式契約及諾成契約。至民法第四二二條固規定：「不動產之租賃契約，其期限逾一年者，應以字據訂立之，未以字據訂立者，視為不定期限之租賃。」惟於此情形，未以字據訂立者，法律並不使之無效，僅視之為不定期限租賃而已，故即令於不動產之租賃，如租賃物及租金已為合意，仍為成立，亦不以書面為要式，其仍為不要式行為。再者，租賃契約之雙方當事人互負債務，具有對價關係，且互相給付而自他方取得利益，故為雙務契約及有償契約。

三、租賃之期限

租賃契約，可約定期限，亦可不約定期限，悉依當事人之意思。租賃定有期限者，其最短期限，原則上法律不予限制（耕地三七五減租條例第五條規定，耕地租佃期間不得少於六年，是為例外），惟民法第四四九條第一項規定：「租賃契約之期限，不得逾二十年。逾二十年者，縮短為二十年。」法律雖特設最長期限二十年之限制，惟同條第二項又規定：「前項期限，當事人得更新之。」即就期限已滿之原租賃契約，當事人得繼續其租賃關係，不變更其同一性，而僅更新其期限。更新之期限，自亦不得逾二十年，至更新之次數，則無限制。應注意者，同條第三項規定：「租用基地建築房屋者，不適用第一項之規定。」即鑑於建築之現況，房屋之使用期限一般均超過二十年，從而租用基地建築房屋者，不適用上述最長二十年期限之規定。

宜注意者，前述之租賃不得逾二十年之規定，係指定有期限之租賃而言，不適用於未定期限之租賃，於未定期限之租賃，如未經合法終止，則得繼續至二十年以上（參照五一年臺上字一二八八號、六二年臺上字三一二八號、六五年臺上字二七二二號判例）。

四、租賃之效力

㈠出租人之權利義務

1.交付租賃物及保持合於用益狀態之義務

出租人應以合於所約定使用收益之租賃物，交付承租人；並應於租賃關係存續中保持其合於約定使用收益之狀態（民法第四二三條）。

2.租賃物之修繕義務

租賃物之修繕，除契約另有訂定或另有習慣外，由出租人負擔（民法第四二九條第一項）；惟出租人為保存租賃物所為之必要行為，承租人不得以有礙使用收益而加拒絕（同條二項）。又，依民法第四三〇條規定：「租賃關係存續中，租賃物如有修繕之必要，應由出租人負擔者，承租人得定相當期限，催告出租人修繕，如出租人於其期限內不為修繕者，承租人得終止契約或自行修繕而請求出租人償還其費用或於租金中扣除之。」至修繕前，承租人不能為完全之使

用收益，得請求減少租金（類推適用民法第四三五條第一項）。

3.瑕疵擔保責任

租賃契約為有償契約，故出租人應負瑕疵擔保責任。詳言之：

⑴**物之瑕疵擔保責任**　租賃關係存續中，因不可歸責於承租人之事由，致租賃物一部滅失者，承租人得按滅失之部分，請求減少租金；上開情形，承租人就其存餘部分，不能達租賃之目的者，得終止契約（民法第四三五條）。按租賃為繼續性之法律關係，故租賃物交付後，於租約存續中，發生瑕疵時，出租人亦應負瑕疵擔保責任。又，租賃物為房屋或其他供居住之處所者，如有瑕疵，危及承租人或其同居人之健康時，承租人雖於訂約時已知其瑕疵，或已拋棄其終止契約之權利，仍得終止契約（民法第四二四條）。

⑵**權利之瑕疵擔保責任**　出租人應擔保第三人就租賃物不得主張妨害承租人使用收益之權利。倘權利之瑕疵於租約成立時已存在而為承租人所不知者，承租人得依關於債務不履行規定，行使其權利（民法第三四七、三五三條）。若於租賃關係存續中，承租人因第三人就租賃物主張權利，致不能為約定之使用收益，如為一部不能使用收益者，得請求減少租金，若承租人就其存餘部分不能達租賃之目的者，得終止契約（民法第四三六條準用四三五條之規定）。

4.負擔稅捐之義務

就租賃物應納之一切稅捐，由出租人負擔（民法第四二七條）。惟此非強行規定，當事人自得為相反之約定。

5.償還費用之義務

承租人就租賃物支出有益費用，因而增加該物之價值者，如出租人知其情事而不為反對之表示，於租賃關係終止時，應償還其費用；但以現存之增價額為限（民法第四三一條第一項）。又，承租人就租賃物所增設之工作物，亦為支出有益費用，如因此而增加租賃物價值，且為出租人知其情事而不反對，於租約終了時，承租人固得請求出租人償還費用，但亦得不請求償還費用，而取回之，不過取回時則應回復租賃物之原狀（同條二項）。至租賃物為動物者，其飼養費由承租人負擔（民法第四二八條）。上述之費用返還及工作物之取回，在承租人方面係一種權利，此項權利，自租賃關係終止時起算，二年間不行使而消滅（民法第四五六條）。

6.不動產出租人之留置權

不動產之出租人，就租賃契約所生之債權（如租金請求權或損害賠償請求權），對於承租人之物置於該不動產者，有留置權；但禁止扣押之物，不在此限（民法第四四五條第一項）。此項留置權之效力，僅於已得請求之損害賠償及本期與以前未交之租金之限度內，得就留置物取償（同條二項）。是故此種法定留置權之標的物，以屬於承租人所有而非禁止扣押之動產，且置於租賃之不動產者為限，但不以該留置物為不動產之出租人所占有為其發生要件，此為與普通留置權不同之處。

上述不動產出租人之留置權，於下列二種原因消滅：

(1)**承租人如將留置物取去者，出租人之留置權消滅**　但其取去係乘出租人之不知，或出租人曾提出異議者，不在此限（民法第四四六條第一項）。惟承租人如因執行業務取去其物，或其取去適於通常之生活關係，或所留之物足以擔保租金之支付者，出租人不得提出異議（同條二項）。反之，出租人有提出異議權者，得不聲請法院，逕行阻止承租人取去其留置物；如承租人離去租賃之不動產者，並得占有其物；若承租人乘出租人之不知或不顧出租人提出異議而取去其物者，出租人得終止契約（民法第四四七條）。

(2)**承租人得提出擔保，以免出租人行使留置權**　並得提出與各個留置物價值相當之擔保，以消滅對於該物之留置權（民法第四四八條）。

㈡承租人之權利義務

1.支付租金義務

(1)**租金為租賃物使用收益之對價，故支付租金乃承租人之主要義務**
租金得以金錢或租賃物之孳息或其他之物充之，已如前述。租金之數額由當事人約定，但特別法如土地法（土地九七、一〇五條），耕地三七五減租條例（減租條例二條一項）設有限制，應依其規定。至其支付日期，依民法第四三九條規定：「承租人應依約定日期，支付租金；無約定者，依習慣；無約定亦無習慣者，應於租賃期滿時支付之。如租金分期支付者，於每期屆滿時支付之。如租賃物之收益有季節者，於收益季節終了時支付之。」即除有約定或習慣者外，民法採後付主義。至租金給付遲延之效果，民法第四四〇條第一、二項規定為：「承租人租金支付有遲延者，出租人得定相當期限，催告承租人支付租金，如

承租人於其期限內不為支付，出租人得終止契約。租賃物為房屋者，遲付租金之總額，非達二個月之租額，不得依前項之規定，終止契約。其租金約定於每期開始時支付者，並應於遲延給付逾二個月時，始得終止契約。」同條第三項規定：「租用建築房屋之基地，遲付租金之總額，達二年之租額時，適用前項之規定。」又，因承租人積欠租金而出租人之終止租約，土地法第一〇〇條第三款規定房屋租賃時須「承租人積欠租金額，除以擔保金抵償外，達二個月以上時」，同法第一〇三條第四款規定基地租賃時須「承租人積欠租金額，除以擔保現金抵償外，達二年以上時」，均應優先適用。此外，租賃關係存續中，因不可歸責於承租人之事由，或因第三人主張權利，致租賃物之一部滅失或不能為約定之使用收益者，承租人得按滅失或不能用益之部分，請求減少租金（民法第四三五、四三六條）。惟承租人因自己之事由，致不能為租賃物全部或一部之使用收益者，不得免其支付租金之義務（民法第四四一條）。

(2)復次，民法第四四二條規定：「**租賃物為不動產者，因其價值之昇降，當事人得聲請法院增減其租金。但其租賃定有期限者，不在此限。**」依此，當事人之聲請法院調整租金，須具備下列二要件：

①**須為未定期限之不動產租賃**　租賃未定期限者，原則上各當事人得隨時終止租約（民法第四五〇條第二項），他方對於增減租金之提議，拒不承諾時，本可逕行終止租約，無訴請增減租金之必要。但在未定期之不動產租賃，依土地法第一〇〇、一〇三條之規定，非可隨時終止租約，即有適用本條之必要。

②**須租賃物之價值有昇降，致原定租金額與之相較不相當者。**

當事人為此聲請，應以起訴行之，由法院公平裁量，增減其租金。

2.**對於租賃物而為使用收益之權利**

此為承租人之權利行使，惟應依一定之方法。詳言之，承租人應依約定方法為租賃物之使用收益，無約定方法者，應以依租賃物之性質而定之方法為之；承租人違反此項規定為租賃物之使用收益，經出租人阻止而仍繼續為之者，出租人得終止契約（民法第四三八條）。且承租人如違反上述方法而為使用收益，致租賃物變更或毀損者，並應負損害賠償責任（參照民法第四三二條）。

3.保管租賃物之義務

承租人應以善良管理人之注意，保管租賃物；租賃物有生產力者，並應保持其生產力（民法第四三二條第一項）。承租人違反此項義務，致租賃物毀損、滅失者，負損害賠償責任；但依約定之方法或依物之性質而定之方法為使用收益，致有變更或毀損者，不在此限（同條二項）。又，因承租人之同居人，或因承租人允許為租賃物之使用收益之第三人應負責之事由，致租賃物毀損、滅失者，承租人負損害賠償責任（民法第四三三條）。承租人對於租賃物之保管，應負抽象輕過失責任，此為原則，但有例外，民法第四三四條規定：「租賃物因承租人之重大過失，致失火而毀損、滅失者，承租人對於出租人負損害賠償責任。」蓋失火，承租人之自己財產亦多併遭焚燬，其情可憫，故法律乃減輕其責任，非其有重大過失則不負責。出租人就租賃物所受損害對於承租人之損害賠償請求權，自受租賃物返還時起算，因二年間不行使而消滅（民法第四五六條）。

4.通知之義務

租賃關係存續中，租賃物如有修繕之必要，應由出租人負擔者，或因防止危害有設備之必要，或第三人就租賃物主張權利者，承租人應即通知出租人；但為出租人所已知者，不在此限（民法第四三七條第一項）。承租人怠於為此項通知致出租人不能及時救濟者，應賠償出租人因此所生之損害（同條二項）。出租人之此項賠償請求權，自受租賃物返還時起算，二年間不行使而消滅（民法第四五六條）。

5.返還租賃物之義務

承租人於租賃關係終止後，應返還租賃物；租賃物有生產力者，並應保持其生產狀態，返還於出租人（民法第四五五條）。

五、租賃對於第三人之關係

(一)租賃物之所有權讓與，不影響承租人之承租權

民法第四二五條第一項規定：「出租人於租賃物交付後，承租人占有中，縱將其所有權讓與第三人，其租賃契約，對於受讓人仍繼續存在。」此即買賣不破租賃之原則，承租人得以其承租權對抗新所有人，新所有人應繼續為出租人。適用本條須具備下列要件：

(1)**須為出租人將租賃物之所有權讓與第三人** 出租人如非所有人,而所有人讓與其所有物時,無本條之適用。但出租人如係受所有人之委任或得其承諾而出租者,應類推適用本條(七八年第一二次民事庭會議決議、八四年臺上字第一六三號判例)。

(2)**須其讓與在租賃物交付於承租人之後,而承租人繼續占有中** 如租賃物尚未交付承租人,或承租人受交付後中止占有,承租人均不得主張本條之適用(參照院解字三○七三號解釋)。

(3)**須租賃契約原屬有效。**

依前開規定,其租約對於受讓人應繼續存在者,承租人與受讓人間無須另訂契約,於受讓之時即當然發生租賃關係,受讓人當然受讓原出租人由租約所生之權利義務,原出租人則脫退租賃關係。

又,同條新增第二項規定:「前項規定,於未經公證之不動產租賃契約,其期限逾五年或未定期限者,不適用之。」即因現況常有債務人於受強制執行之際,與第三人虛偽訂立長期或未定期限之不動產租賃契約,以妨礙債權人之執行,並發生爭議,是故新法就未經公證之不動產租賃契約,其期限逾五年或未定期限者,排除其適用買賣不破租賃之原則,而免紛擾;惟另一方面,此一規定有限縮不動產租賃適用買賣不破租賃之範圍,降低不動產承租人之權益之問題。有疑問者,出租人於八十九年五月五日民法債編修正施行前,已與承租人訂定未經公證之期限逾五年或未定期限之不動產租賃契約,並經將不動產交付承租人占有中者,如於八十九年五月五日新法施行後始將不動產所有權讓與他人者,是否有新法第四二五條第二項之適用?本於保護民法債編修正前之既有秩序,維護法律之安定性,債編修正前成立之租賃契約,應無該新法規定之適用,亦即仍有買賣不破租賃之適用,最高法院九十八年度第二次民事庭會議決議,即採此一見解。

(二)出租人就租賃物設定物權,致妨礙承租人之使用收益者,承租人得對抗受設定物權之權利人

民法第四二六條規定:「出租人就租賃物設定物權,致妨礙承租人之使用收益者,準用第四二五條之規定。」即出租人將租賃物交付後,就租賃物設定限制物權者,如屬擔保物權,而不以權利人占有標的物為要件者,例如抵押權,

對承租人之使用收益並無妨礙，租賃權不受影響，自無對抗之問題。惟：

　　⑴**如屬設定以占有標的物為要件之物權，即與承租人之租賃權發生衝突**　其如為地上權、典權時，則原租約對此等權利人繼續存在，由其成為新出租人（間接占有人），該租賃物應由承租人繼續占有。

　　⑵**如屬設定不動產役權**　其雖不以占有標的物為要件，但於承租人之使用收益有妨礙者，不動產役權人僅能於不妨礙承租人之使用收益限度內，行使其權利。

㈢土地及土地上之房屋同屬一人所有，因讓與而所有人相異時，推定房屋受讓人對土地有租賃關係

　　民法第四二五條之一第一項規定：「土地及其土地上之房屋同屬一人所有，而僅將土地或僅將房屋所有權讓與他人，或將土地及房屋同時或先後讓與相異之人時，土地受讓人或房屋受讓人與讓與人間或房屋受讓人與土地受讓人間，推定在房屋得使用期限內，有租賃關係。其期限不受第四四九條第一項規定之限制。」此乃基於土地及房屋為各別之不動產，各得單獨為交易之標的，又因房屋不能與土地分離而存在，為兼顧房屋受讓人及社會經濟利益，使當事人在房屋得使用期限內，除有反證外，推定其有租賃關係，其期限亦不受租賃最長期二十年之限制。又上述經推定之租賃關係，其租金數額由當事人協議定之，但不能協議時，得請求法院定之（同條二項）。

㈣租賃物轉租之限制

　　轉租乃承租人不脫離其租賃關係，而將租賃物又出租與次承租人使用收益之謂。承租人非經出租人承諾，不得將租賃物轉租於他人；但租賃物為房屋者，除有反對之約定外，承租人得將其一部分轉租於他人（民法第四四三條第一項）。承租人違反此項規定，將租賃物轉租於他人者，出租人得終止契約（同條二項）。

　　由上可知，於下列二種例外情形為適法之轉租：

　　第一種是無反對約定之情形，得為房屋之一部分轉租。惟縱無反對之約定，仍不得為房屋之全部轉租。

　　第二種是經出租人承諾者。如無上述二種情形而為轉租時，即為違法之轉租。

於適法轉租之情形，承租人與出租人之租賃關係，仍就租賃全部繼續存在；因次承租人應負責之事由所生之損害，承租人負賠償責任（民法第四四四條）。如為違法之轉租，出租人固得對承租人終止租約，已如前述，如終止租約時，出租人即得基於所有權，逕向次承租人請求返還標的物，並得向承租人請求損害賠償（參照民法第二六三、二六○條）；但在終止租約前，次承租人之占有，應認為適法（參照史尚寬著《債法各論》一七八頁）。

六、租賃之消滅

租賃為繼續性之法律關係，其特別之消滅原因如下：

㈠租期屆滿

租賃定有期限者，其租賃關係，於期限屆滿時消滅（民法第四五○條第一項）。惟租賃期限屆滿後，承租人仍為租賃物之使用收益，而出租人不即表示反對之意思者，視為以不定期限繼續契約（民法第四五一條）。此即默示更新租賃期限，使本應消滅之定期租賃，變為不定期租賃。惟所謂不即表示反對之意思，係指依一般交易觀念所認為之相當時間而不表示反對之意思而言，如出租人於租期行將屆滿之際，向承租人預為表示不願繼續租約，仍不失為有反對之意思表示（四二年臺上字一二二號、四二年臺上字四一○號判例）。

㈡終止契約

租約經終止，即歸於消滅，茲分下列兩種情形說明之：

1.應先行通知者

⑴租賃未定期限者　各當事人得隨時終止契約，但有利於承租人之習慣者，從其習慣（民法第四五○條第二項）；前項終止契約應依習慣先期通知；但不動產之租金以星期、半個月或一個月定其支付之期限者，出租人應以曆定星期、半個月或一個月之末日為契約終止期，並應至少於一星期、半個月或一個月前通知之（同條三項）。應注意者，於未定期限之房屋租賃或基地租賃，出租人之終止租約須分別有土地法第一百條及一百零三條所列各款事由之一，並非得隨時終止。

⑵承租人死亡者　租賃契約雖定有期限，其繼承人仍得終止契約；但應依上述第四五○條第三項之規定先期通知（民法第四五二條）。

⑶**定有期限之租賃契約**　於期限屆滿前，當事人本不得任意終止，但亦得特約，於期滿前得予終止，如約定當事人之一方於期限屆滿前，得終止契約者，其終止契約亦應依上述之規定，先期通知（民法第四五三條）。

復次，租賃契約因前述承租人死亡，或約定當事人一方於期滿前得終止，而予終止時，如終止後始到期之租金，出租人已預先受領者，應返還之（民法第四五四條）。

2.無須先行通知者

除前述之終止契約外，其他依法律規定得終止契約者，無須事先通知。例如依民法第四二四條、四三○條、四三五條第二項、四三六條、四三八條第二項、四四○條、四四三條第二項、四四七條第二項等之規定而予終止時，已如前述。

㈢租賃物之滅失

租賃物全部滅失者，則租賃關係當然消滅（至該滅失因可歸責於出租人或承租人，另有債務不履行之損害賠償責任，為別一問題）。至一部滅失者，租約並不當然消滅，如該滅失不可歸責於承租人，而就存餘部分不能達租賃之目的者，承租人得終止租約，即依民法第四三五條之規定解決，亦如前述。

七、特種租賃

㈠耕地租賃

1.耕地租賃之意義

耕地租賃乃以自任耕作為目的，約定支付地租，使用他人之農地或漁牧地之契約（參照土地一○六條）。法律對耕地承租人多所保護，故關於耕地之租賃，民法、土地法及耕地三七五減租條例均設有規定，三種法律如有相異之規定時，耕地三七五減租條例（下簡稱減租條例）應最優先適用，該條例所未規定者，即適用土地法之規定，該條例及土地法均無規定者，始適用民法之規定。

2.耕地租賃之成立

依減租條例第六條第一項規定：「本條例施行後，耕地租約應一律以書面為之；租約之訂立、變更、終止或換訂，應由出租人會同承租人申請登記。」惟其規定之書面及登記，乃為保護佃農及謀舉證上便利而設，並非耕地租約之成

立要件，縱未作成書面及登記，仍屬成立生效（參照五一年臺上字二六二九號判例）。由此可知，當事人雙方就耕地之租賃於意思表示一致時，其契約即為成立，為不要式契約。又，耕地之最短租期，民法及土地法均無規定，減租條例第五條明定，耕地租佃期間，不得少於六年，其原定租期超過六年者，依其原約定。此為強行規定，當事人不得依特約予以變更。

3.租金之限制及押租之禁止

耕地地租租額，不得超過主要作物正產品全年收穫總量千分之三百七十五；原約定地租超過千分之三百七十五者，減為千分之三百七十五，不及千分之三百七十五者，不得增加（減租條例二條）。為加強保護耕作承租人，民法第四五七條之一規定：「耕作地之出租人不得預收租金。承租人不能按期支付應交租金之全部，而以一部支付時，出租人不得拒絕收受。」又，依減租條例第十四條規定，不得預收地租及收取押租，如有違反，依同條例第二十三條之規定，出租人應另負刑事責任（拘役或科四百元以上四千元以下罰金）。

4.承租人之優先承受權

民法第四六〇條之一第一項規定：「耕作地出租人出賣或出典耕作地時，承租人有依同樣條件優先承買或承典之權。」關於出租人應踐行通知程序及承租人之承買或承典權利有物權效力，同條第二項明定準用第四二六條之二第二、三項之規定（另如後述）。減租條例第一五條另規定：「耕地出賣或出典時，承租人有優先承受之權，出租人應將賣典條件以書面通知承租人，承租人在十五日內未以書面表示承受者，視為放棄。出租人因無人承買或受典而再行貶價出賣或出典時，仍應照前項規定辦理。出租人違反前二項規定而與第三人訂立契約者，其契約不得對抗承租人。」應優先適用。

5.耕地轉租之禁止

減租條例第一六條第一項規定：「承租人應自任耕作，並不得將耕地全部或一部轉租於他人。」承租人如違反此項規定，原訂租約無效，得由出租人收回自行耕種，或另行出租（同條二項）。惟承租人或其家屬因服兵役，致耕作勞力減少，而將承租耕地全部或一部託人代耕者，不視為轉租（同條三項）。

6.承租人得為耕作地之特別改良

民法第四六一條之一規定：「耕作地承租人於保持耕作地之原有性質及效能

外,得為增加耕作地生產力或耕作便利之改良。但應將改良事項及費用數額,以書面通知出租人。前項費用,承租人返還耕作地時,得請求出租人返還。但以其未失效能部分之價額為限。」

7.出租人終止租約之限制

(1)定有期限之耕地租賃

①**租期屆滿前**　民法第四五八條規定:「耕作地租賃於租期屆滿前,有左列情形之一時,出租人得終止契約:一、承租人死亡而無繼承人或繼承人無耕作能力者。二、承租人非因不可抗力不為耕作繼續一年以上者。三、承租人將耕作地全部或一部轉租於他人者。四、租金積欠達兩年之總額者。五、耕作地依法編定或變更為非耕作地使用者。」又,依減租條例第一七條第一項規定:「耕地租約在租佃期限未屆滿前,非有左列情形之一不得終止:一、承租人死亡而無繼承人時。二、承租人放棄耕作權時。三、地租積欠達兩年之總額時。四、非因不可抗力繼續一年不為耕作時。五、經依法編定或變更為非耕地使用時。」依上述第五款規定終止租約時,出租人應給予承租人補償(參照同條二項)。其與民法規定不同者,應優先適用。

②**租期屆滿時**　依減租條例第一九條第一項規定:「耕地租約期滿時,有左列情形之一者,出租人不得收回自耕:一、出租人不能自任耕作者。二、出租人所有收益足以維持一家生活者。三、出租人因收回耕地,致承租人失其家庭生活依據者。」

(2)不定期限之耕地租賃　民法第四五九條規定:「未定期限之耕作地租賃,出租人除收回自耕外,僅於有前條各款之情形或承租人違反第四三二條或第四六二條第二項之規定時,得終止契約。」另依土地法第一一四條規定,不定期限租用耕地之契約,僅得於有下列七款情形之一時終止之:

①承租人死亡而無繼承人時。

②承租人放棄其耕作權利時　(但承租人放棄其耕作權利,應於三個月前向出租人以意思表示為之。非因不可抗力繼續一年不為耕作者,則視為放棄耕作權利。請參照土地法第一一五條)

③出租人收回自耕時。

④耕地依法變更其使用時。

⑤違反民法第四三二條及第四百六十二條第二項之規定時。

⑥違反土地法第一百零八條之規定時。

⑦積欠地租達二年之總額時。

　復次，出租人依上述第三及第五兩款之規定終止租約時，應於一年前通知承租人（同法一一六條）。其與民法規定不同者，應優先適用。

㈡基地租賃

1.基地租賃之意義

　基地租賃乃租用基地建築房屋，即承租人租用基地，而以在該基地上建築房屋為目的之租賃。民法對於基地租賃，原未特設規定，但經修正後，增訂第四二二條之一、第四二六條之一、第四二六條之二、第四四〇條第三項，土地法及平均地權條例，亦有所規定。

　宜注意者：

　⑴雖租用建地，但僅作為堆置木材、晒醬、汽車置場之用者，非此之基地租賃（參照三八年穗上字四五號、四四年臺上字一三三號、四六年臺上字八七八號、四六年臺上字一一六八號、四八年臺上字一九二〇號判例）。

　⑵原為耕地租賃，不因耕地經編為住宅區用地，而使該租賃關係，當然變為基地租賃關係（六四年臺再字八〇號判例）。

　⑶承租人因承租房屋而連帶及於該房屋之基地者，但基地雖為租賃物之一部，但除別有約定外，應解為承租人僅因使用房屋而得使用之，無獨立使用之權（三三年上字三〇六一號判例），即不得認對該房屋之基地為此之基地租賃。

2.基地租賃之成立

　基地租賃之成立，法無特別規定，因此於當事人就租地建屋及支付租金之意思表示一致時，即為成立。其無須具備一定之方式，故為不要式契約。又，依民法第四二二條之一規定：「租用基地建築房屋者，承租人於契約成立後，得請求出租人為地上權之登記。」土地法第一〇二條規定：「租用基地建築房屋，應由出租人與承租人於契約訂立後二個月內，聲請該管直轄市、或縣（市）地政機關為地上權之登記。」即基地租賃應為地上權之設定登記；但未依本條規定為地上權之登記時，僅不生地上權之效力，仍不影響租賃契約之成立；又上開二個月之期間限制，依實務見解（六七年臺上字一〇一四號及六八年臺上字

一六二七號判例）以之為訓示規定，縱令經過二個月期間，承租人仍得請求出租人為地上權登記。至基地租賃經依上開規定為地上權登記後，並非即為地上權關係，仍屬租賃關係，即仍得適用土地法保護基地租賃之規定（土地一○三至一○五條），但並得準用地上權之規定，以加強其效力，即具有準地上權之性質。

3.租金及擔保金之限制

　　租用基地建築房屋者，土地法第一○五條規定，準用同法第九七條關於房屋租金最高限額之規定，即以不超過基地申報價額年息百分之十為限。又，土地法第一○五條規定，關於租用基地擔保金之限制，準用第九九條關於限制租用房屋之擔保金之規定，即以現金為租賃之擔保者，其金額不得超過二個月租金之總額。

4.出租人之優先購買權

　　土地法第一○四條規定：「基地出賣時，地上權人、典權人或承租人有依同樣條件優先購買之權。房屋出賣時，基地所有權人有依同樣條件優先購買之權。其順序以登記之先後定之。前項優先購買權人，於接到出賣通知後十日內不表示者，其優先權視為放棄。出賣人未通知優先購買權人而與第三人訂立買賣契約者，其契約不得對抗優先購買權人。」民法新增第四二六條之二亦有相同之規定，僅在程序上，其第三項明定出賣人應將出賣條件以「書面」通知優先承買權人與優先承買權人於通知達到後未以「書面」表示承買者視為放棄，有所不同。惟如非租地建屋，而係租用房屋及基地者，於出租之房屋或基地出賣時，並無上開規定之優先購買權，是宜注意。又，本條所定優先購買權具有物權之效力，是故房屋或基地所有人違反此項義務而出賣於他人，縱已完成移轉登記，優先承買權人，仍得主張他人承買之契約為無效（六七年臺上字四七九號判例）。

5.房屋所有權移轉時，基地租約對房屋受讓人仍繼續存在

　　民法新增第四二六條之一規定：「租用基地建築房屋，承租人房屋所有權移轉時，其基地租賃契約，對於房屋受讓人，仍繼續存在。」即基地租賃之承租人將其房屋所有權移轉於他人時，房屋受讓人即隨之取得該基地承租權，其與基地出租人仍繼續基地租賃關係，基地出租人於該租賃關係消滅前亦不得請求

房屋受讓人拆屋交地，以促進土地利用，安定社會經濟。

6. 出租人終止租約之限制

土地法第一○三條規定：「租用建築房屋之基地，非因左列情形之一，出租人不得收回：一、契約年限屆滿時。二、承租人以基地供違反法令之使用時。三、承租人轉租基地於他人時。四、承租人積欠租金額，除以擔保現金抵償外，達二年以上時。五、承租人違反租賃契約時。」

(三)房屋租賃

1. 房屋租賃之意義

房屋租賃乃以房屋為租賃標的物之契約。關於房屋之租賃，民法、土地法及平均地權條例均有規定，應最優先適用平均地權條例，次適用土地法，再適用民法之規定。又，租賃住宅市場發展及管理條例於一○七年六月二十七日起施行，住宅租賃契約應優先適用該條例，再依序適用土地法、民法。

2. 房屋租賃之成立

房屋租賃之成立，法無特別規定，因此於當事人就房屋出租及支付租金之意思表示一致時，即為成立。其無須具備一定之方式，故為不要式契約。

3. 租金及押租金之限制

依土地法第九七條規定，城市地方房屋之租金，以不超過土地及其建築物申報總價額年息百分之十為限，超過該規定者，該管縣市政府，得強制減定之。惟依土地法施行法第二五條規定，上述所謂土地及建築物之總價額，土地價額依法定地價，建築物價額依該管市縣地政機關估定之價額。即城市地方房屋之租金，應以該施行法之規定為準估定之。前開租金最高額之限制，係強行規定，約定之租金於超過之部分，出租人無請求權（四三臺上字三九二號判例）。至非城市地方之房屋租金，法無限制，仍得由當事人自由約定。又，所謂城市地方，應指依法發布都市計畫範圍內之全部土地 （參照平均地權三條一款及土稅八條）。復次，依土地法第九八條、九九條規定，以現金為租賃之擔保者，其金額不得超過二個月房屋租金之總額，其現金利息，並視為租金之一部，其利率之計算，應與租金所由算定之利率相等，如已交付之擔保金額超過二個月房屋租金之總額者，承租人得以超過之部分抵付租金。

4.出租人終止租約之限制

土地法第一○○條規定:「出租人非因左列情形之一,不得收回房屋:一、出租人收回自住或重新建築時。二、承租人違反民法第四四三條第一項之規定,轉租於他人時。三、承租人積欠租金額,除以擔保金抵償外,達二個月以上時。四、承租人以房屋供違反法令之使用時。五、承租人違反租賃契約時。六、承租人損壞出租人之房屋或附著財物,而不為相當之賠償時。」宜注意者:

⑴本條之規定,僅適用於不定期限之租賃,至定有期限之租賃,出租人於租期屆滿前之終止租約,仍適用民法之規定。

⑵本條之適用,不以城市地方房屋之租賃為限(三六年一月二八日民刑庭會議決議)。

5.租賃住宅市場發展及管理條例關於租賃住宅之特別規定

⑴租賃住宅契約之訂立

租賃住宅契約,乃當事人約定,一方以建築物租與他方居住使用,他方支付租金之契約 (條例第三條第二款)。該條例之立法目的乃為解決國人居住問題,強化租賃住宅雙方當事人之權利義務關係,發展租賃住宅服務業,引導租賃住宅市場健全成長及銜接社會住宅包租代管義務。為此,下列四種情形之一之租賃住宅,不適用本條例之規定:即①供休閒或旅遊為目的;②由政府或其設立之專責法人或機構經營管理;③由合作社經營管理;④租賃期間未達三十日(條例第四條)。

租賃住宅契約之訂立,有下列二種情形:①住宅出租人向依該條例規定而成立之租賃住宅代管業公司委託管理其租賃住宅,即出租人與代管業簽訂委託管理租賃住宅契約書(條例第二八條)。②住宅出租人將其住宅出租於依該條例規定而成立之租賃住宅包租業,即出租人與包租業簽訂租賃契約書,同意包租業轉租於次承租人(條例第二九條)。

⑵租金之約定、押金之限制及租賃住宅之修繕

租賃住宅之租金,由出租人與承租人約定,不適用土地法第九七條對於城市地方租金房屋租金之限制(條例第六條)。

如上所述,關於房屋租賃之押租金,土地法第九八、九九條已有規定。如屬租賃住宅,該條例第七條更為明確之規定,即押金之金額,不得逾二個月之

租金總額；出租人應於租賃契約消滅，承租人返還租賃住宅及清償租賃契約所生之債務時，返還押金或抵充債務後之賸餘押金。

關於租賃物之修繕，民法第四二九、四三〇條明定之，已如上述。如屬租賃住宅，該條例第八條特別再予規定，即出租人應於簽訂租賃契約前，向承租人說明由出租人負責修繕項目及範圍，並提供有修繕必要時之聯絡方式；由出租人負責修繕者，如出租人未於承租人所定適當期限內修繕，承租人得自行修繕並請求出租人償還其費用或於約定之租金中扣除。

⑶**出租人與承租人之提前終止租賃契約**

A. 有下列情形之一者，出租人得提前終止租賃契約：①承租人毀損租賃住宅或附屬設備，不為修繕或相當之賠償。②承租人遲付租金或費用，達二個月之租額，經催告仍拒繳。③承租人未經出租人書面同意，將租賃住宅轉租於他人。④出租人為重新建築而必要收回。⑤其他依法律規定得提前終止租賃契約。（條例第一〇條）

B. 有下列情形之一，致難以繼續居住者，承租人得提前終止租賃契約：①因疾病、意外產生有長期療養之需要。②租賃住宅未合於居住使用，並有修繕之必要，經承租人定相當期限催告，而不於期限內修繕。③因不可歸責於承租人之事由，致租賃住宅之一部滅失，且其存餘部分，難以繼續居住。④因第三人就租賃住宅主張其權利，致承租人不能為約定之居住使用。此外，承租人於租約存續中死亡者，其繼承人得終止租約。（條例第一一條）

八、準租賃

民法第四六三條之一規定：「本節規定，於權利之租賃準用之。」按民法上之租賃以物為標的，權利即非租賃之標的，惟權利之租賃，例如國營礦業權、專利權或著作權等出租，事所常見，為因應經濟發展及實際上之需要，自得準用一般租賃之規定，以規範當事人間之權利義務，此即屬於準租賃。

習 題

一、租賃契約之期限有無最長期限及最短期限之限制？

二、不動產之租賃關係存續中，如依原約定之租金之數額給付顯失公平時，當

事人得否請求增減租金？

三、租賃契約之成立是否以交付押租金為要件？押租金之性質為何？

四、甲將其房屋一棟出租於乙，租期自八十七年一月一日至九十年十二月三十一日，八十七年三月二日因被人縱火致該房屋全部滅失，八十七年七月間甲重建新屋後，乙以雙方之租約尚未屆期，請求甲交付新屋供其用益，是否有據？

五、甲將其所有房屋一棟出租於乙，並經交付於乙，租賃關係存續中，甲就該房屋與丙成立買賣契約，並約定他日辦理所有權移轉登記之日期，丙是否於買賣契約成立時而不待移轉登記即受讓甲之地位為該租約之出租人？

六、甲將房屋一棟不定期出租於乙，已逾二十年，甲得否以已逾二十年之最長期限而租賃消滅，或以其為未定期限之租賃本得隨時終止契約而為終止之表示，請求乙交還房屋？

〔提　示〕

一、㈠定有期限之租賃，最長以二十年為限，約定之租賃期限超過二十年者，縮短為二十年；惟當事人得就期限已滿之原契約，不變更其同一性，而僅更新其期限，更新之期限亦不得逾二十年（參照民法第四四九條）。至未定期限之租賃，則無上開限制。又，依據新法，租用基地建築房屋者，亦不受最長二十年期限之限制。

㈡租賃之最短期限，民法並無限制，惟耕地三七五減租條例第五條明定耕地租佃期間不得少於六年，則為例外。

二、㈠未定期限之不動產租賃：因租賃物之價值有昇降時，當事人得聲請法院增減其租金（參照民法第四四二條）。

㈡定有期限之不動產租賃：於訂約後倘因情事變更，非當時所得預料，而依原約定租金數額給付顯失公平者，其救濟方法，民法原未予規定，惟當事人得依民事訴訟法第三九七條第一項規定，請求法院為增減租金之判決（參照史尚寬著《債法各論》一八七頁）。嗣新法第二二七條之二已增訂情事變更原則，當事人於此情形得依其規定，聲請法院為增減租金之判決。

三、㈠租賃契約之成立，不以交付押租金為成立要件。押租金（或稱擔保金）民法未予規定。是故是否交付押租金應依當事人約定，惟土地法就基地租賃及房

屋租賃之擔保金予以限制，租賃住宅市場發展及管理條例，就租賃住宅之押金，亦予限制，而耕地三七五減租條例禁止出租人收取押租。

㈡押租金為租賃成立時，以擔保承租人之租金及損害賠償債務為目的，由承租人交付於出租人之金錢或其他代替物。其從屬於租賃契約，且須現實交付始生效力，故為從契約及要物契約。租賃消滅時，承租人如不欠租及不負擔損害賠償債務時，出租人應返還之。從而似應認押租金交付之性質為伴有停止條件返還債務之所有權讓與行為。

四、乙之請求無據。其理由為：為租賃物之房屋既於八十七年三月二日全部滅失，雙方之租賃關係同時即歸於消滅。雖其後原出租人甲另重建新屋，但其已非雙方原租賃之客體，乙已無從依已消滅之租約向甲為交付新屋供其用益之請求。惟如當事人另有甲應將重建後之新屋，出租於乙用益之特約時，應依其特約，但為別一問題。

五、丙向出租人甲買受租賃物之房屋時，既未取得該屋之所有權，即尚未受讓出租人之地位。其理由為：民法第四二五條所定所有權讓與不破租賃之原則，須其所有權移轉業已生效，始有其適用（參照六九年臺上字七二〇號判例）。本件出租人甲雖與丙成立租賃物房屋所有權之買賣契約，但此際丙尚未取得其所有權，即尚無上開規定之適用，而未受讓甲之出租人地位。丙須本於該買賣債權契約，經甲為房屋所有權移轉登記，取得其所有權時，始受讓甲之地位而成為該租約之出租人。

六、甲不得請求乙交還房屋。其理由為：甲、乙之房屋租賃既未定期，即無最長期限二十年之限制，於法如未經終止，則得繼續至二十年以上，是故出租人甲自不得主張其租賃已因二十年屆滿而消滅。至於未定期租賃，民法第四五〇條第二項固規定當事人得隨時終止契約，但因未定期限之房屋租賃，出租人之終止租約須依特別法即土地法第一〇〇條之規定，並非得隨時終止租約，從而甲亦不得主張隨時終止租約而請求乙交還房屋。

第六節　借　貸

第一款　使用借貸

一、使用借貸之意義

使用借貸乃當事人一方以物交付他方，而約定他方於無償使用後返還其物之契約（民法第四六四條）。其以物無償貸與他方使用之一方為貸與人，其使用他人之物而於使用後返還其物之一方為借用人，借用物為動產抑為不動產，均無不可，且不必為貸與人所有，他人之物亦得就之成立使用借貸。使用借貸之內容以使用為限，與租賃包括使用及收益者，有所不同。借用人就借用物為使用以後，應將原物返還，而非以同種類、同品質、同數量之物返還，此為其與租賃相似，而與消費借貸不同之點。

二、使用借貸之成立及性質

使用借貸之成立，除當事人之合意外，尚須借用物之交付，亦即其為要物契約。惟使用借貸之成立，無須有一定之方式，故為不要式契約。又，使用借貸之當事人雖互負義務，但貸與人之負容許借用人使用義務，與借用人之負返還借用物義務，並無對價關係，故其為片務契約；而使用借貸成立後，僅借用人一方負返還義務而已，民法明定貸與人無償貸與借用人使用，自為無償契約。

三、使用借貸預約

使用借貸預約乃約定負擔成立使用借貸本約義務之契約。按使用借貸為要物契約，當事人就物之無償使用物雖已合意，但貸與人未交付借用物前，該契約仍未成立，對借用人有所不便，為緩和其要物性，即有明定使用借貸預約之必要，使預約借用人得以請求預約貸與人履行已成立生效之預約，成立消費借貸契約（本約）。按使用借貸預約既為無償，故雖其已成立生效，如預約貸與人不欲受預約之拘束，原則上應許其撤銷預約，是故民法新增第四六五條之一規

定：「使用借貸預約成立後，預約貸與人得撤銷其約定。但預約借用人已請求履行預約而預約貸與人未即時撤銷者，不在此限。」

四、使用借貸之效力

㈠貸與人之權利義務

1.容許使用之義務

貸與人既無償以物供他方使用，自負容許借用人使用借用物之義務。

2.瑕疵擔保責任

使用借貸為無償契約，貸與人原則上不負瑕疵擔保責任。但民法第四六六條規定：「貸與人故意不告知借用物之瑕疵，致借用人受損害者，負賠償責任。」借用人之此項損害賠償請求權自借貸關係終止時起算，因六個月間不行使而消滅（民法第四七三條）。

㈡借用人之權利義務

1.使用之權利及限制

使用借貸之目的在乎使用，故借用人自有使用借用物之權利。至使用之方法，借用人應依約定方法使用借用物；無約定方法者，應以依借用物之性質而定之方法使用之（民法第四六七條第一項）。又，借用人非經貸與人之同意，不得允許第三人使用借用物（同條二項）。

2.保管借用物之義務

借用人應以善良管理人之注意，保管借用物（民法第四六八條第一項）。借用人違反此項義務，致借用物毀損、滅失者，負損害賠償責任；但依約定之方法或依物之性質而定之方法使用借用物，致有變更或毀損者，不負責任（同條二項）。借用人應負損害賠償責任時，貸與人之損害賠償請求權，自受借用物返還時起算，因六個月間不行使而消滅（民法第四七三條）。又，借用物之通常保管費用，由借用人負擔；借用物為動物者，其飼養費亦同（民法第四六九條第一項）。

3.返還借用物之義務

借用人應於契約所定期限屆滿時，返還借用物；未定期限者，應於依借貸之目的使用完畢時返還之；但經過相當時期，可推定借用人已使用完畢者，貸

與人亦得為返還之請求（民法第四七〇條第一項）。又，借貸未定期限，亦不能依借貸之目的而定其期限者，貸與人得隨時請求返還借用物（同條第二項）。再者，民法第四六九條第二項規定：「借用人就借用物支出有益費用，因而增加該物之價值者，準用第四三一條第一項之規定。」即借用人支出該有益費用，如貸與人知其情事而不為反對之表示者，於使用借貸終止時，以現存之價額為限，貸與人應償還其費用。復次，借用人應返還原物，至借用人就借用物所增加之工作物，得取回之，但應回復借用物之原狀（民法第四六九條第三項）。此項有益費用償還請求權及工作物取回權，自借貸關係終止時起算，因六個月間不行使而消滅（民法第四七三條）。

4.共同借用人之連帶責任

數人共借一物者，對於貸與人連帶負責（民法第四七一條）。即該共同借用人，對於貸與人所負返還借用物及損害賠償等義務，應負連帶責任。

五、使用借貸之消滅

使用借貸除因所定期限屆滿或未定期限而於使用完畢時返還借用物者，或不能依借貸目的而定其返還期限，經貸與人請求返還借用物而消滅外（已如前述），貸與人遇有下列情形之一者，得終止契約（民法第四七二條）：

(1)貸與人因不可預知之情事，自己需用借用物者。

(2)借用人違反約定或依物之性質而定之方法使用借用物，或未經貸與人同意，允許第三人使用者。

(3)因借用人怠於注意，致借用物毀損或有毀損之虞者。

(4)借用人死亡者。

貸與人如依上開情形之一而終止契約時，借貸關係即歸消滅。

第二款　消費借貸

一、消費借貸之意義

消費借貸乃當事人約定，一方移轉金錢或其他代替物之所有權於他方，而約定他方以種類、品質、數量相同之物返還之契約（民法第四七四條第一項）。

此契約之當事人，一方為貸與人，另一方為借用人，與使用借貸相同。消費借貸之標的物須為代替物，且為消費物，除金錢外，他如稻穀、水泥等，由貸與人移轉其所有權於借用人，借用人以同種類、品質、數量之物返還，而非返還原物，故其可對借用物為消費，而非限於使用，此與使用借貸不同。

二、消費借貸之成立及性質

消費借貸之成立，除當事人之合意外，尚須借用物之交付，即其為要物契約。但為緩和消費借貸之要物性，並與實情相符，民法第四七四條第二項規定：「當事人之一方對他方負金錢或其他代替物之給付義務而約定以之作為消費借貸之標的者，亦成立消費借貸。」即當事人先因消費借貸以外之原因，而負金錢或其他代替物之債務，例如價金、租金等，雖無借用物之交付行為，嗣後亦可因當事人之合意以之成立消費借貸。消費借貸之成立，無須具備一定方式，不須訂立書面，故為不要式契約。又，消費借貸之貸與人所負移轉借用物所有權於借用人之義務，與借用人所負返還同種類、品質、數量之物之義務，並無對價關係，至貸與人之交付借用，為消費借貸之成立要件，非其債務，即消費借貸僅借用人負返還義務，故其為片務契約。消費借貸原則上為無償，但約定有利息或其他報償者，則為有償。

三、消費借貸預約

消費借貸預約乃約定負擔成立消費借貸本約義務之契約。按今日之消費借貸以有償之金錢借貸為多，當事人雖已合意為借貸，但基於消費借貸之要物性，於交付借用物之前，其契約仍未成立，當事人不受拘束，未免不合時宜。為此即有明定消費借貸預約之必要，使當事人之一方得基於該不要物之預約，向他方請求成立要物之消費借貸本約，又因消費借貸可為有償，亦可為無償，故民法新增第四七五條之一第一項規定：「消費借貸之預約，其約定之消費借貸有利息或其他報償，當事人之一方於預約成立後，成為無支付能力者，預約貸與人得撤銷其預約。」又，消費借貸預約，其約定之消費借貸為無報償者，原則上預約貸與人得任意撤銷其預約，但預約借用人已請求履行預約而預約貸與人未即時撤銷者不在此限（同條二項）。

四、消費借貸之效力

㈠貸與人之權利義務

1.返還請求權

貸與人對於借用人於清償期屆至時，有同種類、同品質、同數量代替物之返還請求權，如約定利息或其他報償者並取得利息債權（參照民法第四七七、四七八條）。

2.瑕疵擔保責任

貸與人之瑕疵擔保責任，因其為有償抑無償而不相同，即：⑴消費借貸約定有利息或其他報償者，如借用物有瑕疵時，貸與人應另易以無瑕疵之物；但借用人仍得請求損害賠償（民法第四七六條第一項）。⑵消費借貸為無報償者，如借用物有瑕疵時，借用人得照有瑕疵原物之價值，返還於貸與人（同條二項）。又，無償之消費借貸為恩惠行為，貸與人原則上就借用物之瑕疵，不負擔保責任，但貸與人如故意不告知其瑕疵者，借用人得請求損害賠償（同條三項）。

㈡借用人之權利義務

1.對借用物為用益及處分之權利

消費借貸之借用人既取得借用物之所有權，則對於該物自得自由使用、收益、處分。

2.返還之義務

借用人之義務主要為返還義務，茲分述如次：

⑴借用人應於約定期限內，返還與借用物種類、品質、數量相同之物　未定返還期限者，借用人得隨時返還，貸與人亦得定一個月以上之相當期限，催告返還（民法第四七八條）。

⑵若借用人不能以種類、品質、數量相同之物返還者，應以其物在返還時、返還地所應有之價值償還之　返還時、返還地未約定者，以其物在訂約時或訂約地之價值償還之（民法第四七九條）。

⑶金錢借貸之返還　除契約另有訂定外，應依左列之方法（民法第四八〇條）：

①以通用貨幣為借貸者　如於返還時，已失其通用效力，應以返還時有通用效力之貨幣償還之。

②金錢借貸，約定折合通用貨幣計算者　不問借用人所受領貨幣價格之增減，均應以返還時有通用效力之貨幣償還之。

③金錢借貸，約定以特種貨幣為計算者　應以該特種貨幣或按返還時、返還地之市價，以通用貨幣償還之。

④貸與人交付貨物折算為金錢而為借貸者　固無不可，惟此種情形為避免貸與人虛折高價，圖得不當利益，民法第四八一條乃規定：「以貨物或有價證券折算金錢而為借貸者，縱有反對之約定，仍應以該貨物或有價證券按照交付時交付地之市價所應有之價值，為其借貸金額。」即應依上述價額所算定之借貸金額，以通用貨幣返還之。

3.支付利息或其他報償之義務

消費借貸為有償者，借用人自應另負支付利息或其他報償（如息穀）之義務。報償應於契約所定期限支付之，未定期限者，應於借貸關係終止支付之；但其借貸期限逾一年者，應於每年終支付之（民法第四七七條）。

習　題

一、甲於八十七年五月二日同意貸與乙一百萬元，約定同年月十日付款，屆期甲不為付款，乙得否請求甲交付該借款？

二、甲貸款十萬元於乙，經交付於乙，未約定返還期限，乙是否得隨時返還該借款？甲是否亦得隨時請求乙返還該借款？

三、甲將其所有之房屋一棟貸與乙使用，經交付於乙，乙未經甲之同意，竟擅將該房屋貸與丙使用，甲得否逕行請求丙交還房屋？

〔提　示〕

一、乙不得請求甲交付借款。其理由為：我民法上之消費借貸為要物契約，其成立除當事人之合意外，尚須貸與人之交付借用物。本件甲、乙就借貸一百萬元固已合意，但甲尚未交付該款項於乙，其借貸契約即未成立生效。從而，乙對甲並未取得債權，自無請求權可得行使。

惟如甲、乙約明其借貸為諾成之消費借貸，則於其合意時，其契約即已成立生

效，乙自得向甲請求交付借款。惟諾成之消費借貸為無名契約，並非我民法上所定之消費借貸。又，如甲、乙約明五月二日成立者為消費借貸預約，而於同年月十日成立消費借貸本約時，屆期甲不履行成立本約之債務時，甲即應對乙負債務不履行之責任（按修正後民法第四七五條之一已明定消費借貸之預約）。惟上開二事，均為別一問題。

二、乙得隨時返還借款，但甲則不得隨時請求返還借款。其理由為：本件為未定返還期限之消費借貸，借用人固得隨時返還借款，但貸與人則不得隨時請求返還，須定一個月以上之相當期限催告返還始可（民法第四七八條後段）。甲既未定一個月以上之相當期限催告乙返還，尚不得對乙為返還之請求。

三、甲不得逕行請求丙交還房屋。其理由為：借用人未經貸與人同意，允許第三人使用借用物者，為貸與人得終止契約之事由（民法第四七二條二款後段），甲固得於對乙終止借貸契約後，本於物上請求權請求丙交還房屋，但於其對乙終止契約前，丙之占有應為適法，甲尚不得逕行請求丙交還房屋。

　　至乙未經甲之同意，允許丙使用借用物，應對甲負債務不履行之損害賠償責任（參照民法第四六七條第二項），為另一問題。

第七節　僱　傭

一、僱傭之意義

　　僱傭乃當事人約定，一方於一定或不定之期限內為他方服勞務，他方給付報酬之契約（民法第四八二條）。其當事人為僱用人與受僱人，惟受僱人以自然人為限，因此之服勞務須親自為之，法人自無從為此之受僱人。僱傭之目的在於服勞務，至勞務之種類如何，法無限制，身體上或精神上之勞務，例如駕駛、店員、授課等，均得為僱傭之標的。

二、僱傭之成立及性質

　　僱傭契約之成立，依當事人勞務與報酬意思表示一致而成立。其成立無須另有其他方式，故屬於不要式契約。惟當事人約定之內容，不得違反勞動法之

強行規定,否則違反部分為無效。又,其當事人之一方為他方服勞務,他方給付報酬,互有對價關係,並互為給付,故為有償契約及雙務契約。

三、僱傭之效力

(一)受僱人之權利義務

1.勞務供給義務

僱傭契約既以服勞務為目的,則受僱人方面,自應為勞務之供給。而勞務之供給具有專屬性,即非經僱用人之同意,不得使第三人代服勞務(民法第四八四條第一項後段)。按債之清償,本以得由第三人為之為原則(民法第三一一條),此則為例外。至若受僱人明示或默示,保證其有特種技能者(例如駕駛),如無此種技能時,僱用人得終止契約(民法第四八五條)。

2.報酬請求權

此乃受僱人之權利,在僱用人方面則為報酬給付義務。僱用人受領勞務遲延者,受僱人無補服勞務之義務,仍得請求報酬;但受僱人因不服勞務所減省之費用,或轉向他處服勞務所取得或故意怠於取得之利益,僱用人得由報酬額內扣除之(民法第四八七條),以免受僱人不當受益。

3.損害賠償請求權

受僱人服勞務,因非可歸責於自己之事由,致受損害者,得向僱用人請求賠償(民法第四八七條之一第一項)。受僱人此項賠償請求權之成立,須其無過失,而僱用人之此項賠償責任為無過失責任,其有無過失,在所不問。至受僱人此項損害之發生,如別有應負責任之人時,僱用人於賠償受僱人之損害,對於該應負責者,有求償權(同條二項)。

(二)僱用人之權利義務

1.對於受僱人負保護之義務

民法第四八三條之一規定:「受僱人服勞務,其生命、身體、健康有受危害之虞者,僱用人應按其情形為必要之預防。」即僱用人對於受僱人之服勞務,除勞務本身外,他如工作場所、設備、工具等有使受僱人受危害之虞之情形,均應為必要之預防,予受僱人週全之保障。

2.報酬給付義務

僱用人對於受僱人須給付報酬，報酬之給付自應約明，然雖未約明，如依情形，非受報酬即不服勞務者，視為允與報酬（民法第四八三條第一項）。又，報酬數額亦應明定，若未定報酬額者，按照價目表所定給付之；無價目表者，按照習慣給付（同條二項）。至於報酬之給付，通常以金錢充之，但不以此為限，約定以金錢以外之利益充報酬，亦無不可。

復次，報酬應依約定之期限給付之，無約定者依習慣，無約定亦無習慣者，則依左列之規定：

(1)**報酬分期計算者**　應於每期屆滿時給付之。

(2)**報酬非分期計算者**　應於勞務完畢時給付之。（民法第四八六條）

3.勞務請求權

此為僱用人之權利，此權利有專屬性，即非經受僱人同意，不得以之讓與第三人，否則受僱人得終止契約（民法第四八四條）。

四、僱傭之消滅

僱傭為繼續性之契約，其特別消滅原因如下：

(一)期限屆滿

僱傭定有期限者，其僱傭關係於期限屆滿時消滅（民法第四八八條第一項）。

(二)契約終止

契約一經終止，則僱傭關係亦歸消滅，終止之情形如下：

1.隨時終止

僱傭未定期限，亦不能依勞務之性質或目的定其期限者，各當事人得隨時終止契約，但有利於受僱人之習慣者，從其習慣（民法第四八八條第二項）。

2.遇有重大事由之終止

僱傭未定期限，固得隨時終止，但定有期限，則不能隨時終止。惟當事人之一方遇有重大事由（例如僱用人停止營業、受僱人患病等是），其僱傭契約，縱定有期限，仍得於期限屆滿前終止之；惟其事由，如因當事人一方之過失而生者，他方得向其請求損害賠償（民法第四八九條）。

3.因違反義務之終止

如民法第四八四條、四八五條所定之情形是，已如前述。

僱傭契約之消滅原因，除上述者外，基於勞務供給之專屬性，受僱人之死亡自亦為消滅之原因，但僱用人之死亡，則不當然為僱傭契約之消滅原因，僅有時得為終止之事由而已。

第八節　承　攬

一、承攬之意義

承攬乃當事人約定，一方為他方完成一定之工作，他方俟工作完成，給付報酬之契約（民法第四九〇條第一項）。其約定為人完成工作之一方為承攬人，約定俟工作完成而給付報酬之一方為定作人。所謂工作，即勞務所發生之結果，不問有形的或無形的，均得為工作之標的，其結果有無財產上之價格，均非所問。例如承造房屋、水電裝修、製衣、粉刷、搬家、設計、鑑定、審查等均得為承攬之工作是。承攬為約定定作人俟工作完成給付報酬之契約，是給付報酬為承攬之要素，因此為人工作而不取報酬者，不得謂為承攬。又，報酬之給付係對於工作之完成為之，故承攬人雖供給勞務，而未能完成工作者，原則上不得請求給付報酬。

二、承攬之成立及性質

承攬契約之成立，法無特別規定，是故當事人雙方對於完成一定工作及給付報酬，意思表示一致時，即為成立。其不須具備一定之方式，亦無須現實為任何之給付，故為不要式契約及諾成契約。至社會上於建築工程之承攬，固常訂立書面，但除當事人約明以之為成立要件之方式外，其目的在保全證據，以杜日後之紛爭，自非法定方式。再者，承攬人所負完成一定工作之債務與定作人所負給付報酬之債務，互有對價關係，雙方又均為對價性之給付，故承攬為雙務契約及有償契約。

承攬之工作需用材料者，材料固多由定作人供給，但如約定由承攬人供給

材料而完成工作物者，稱為製造物供給契約，或工作物供給契約，例如定做制服、以承攬人之建材為定作人建屋是，則此項契約之性質為何？為買賣，抑為承攬，不無疑義。我民法對此並無規定，依多數說及實務見解（五九年臺上字一五九〇號判例）認為：原則上應依當事人之意思為準，當事人之意思重在工作物財產權之移轉時，應認為買賣（例如定做服裝）；如當事人之意思重在工作之完成時，應認為承攬（例如在照相館拍照）；如當事人之意思無所偏重或其意思不明時，則應認為承攬與買賣之混合契約，關於工作之完成，類推適用承攬之規定，關於工作物財產權之移轉，類推適用買賣之規定。

再者，雖由定作人供給材料，但又約定得由承攬人以同種之材料代替者，此種契約，學說上稱為不規則承攬，其性質為何，亦有疑義。似亦應依當事人之意思決定之，如當事人之意思重在材料財產權之相互移轉者，為互易契約，例如以麵粉及糖交與餅店製點心，而取回糕餅若干是；如當事人之意思重在完成一定之工作，則為承攬，例如以舊金飾交與銀樓改製為某種式樣之新金飾是；若當事人意思無所偏重或意思不明時，則應認為承攬與互易之混合契約，關於材料之代替及工作之完成，分別類推適用互易及承攬之規定。

三、承攬之效力

㈠承攬人之權利義務

1.完成工作之義務

完成一定工作乃承攬人之主要義務。當事人如約定須承攬人親自工作或工作為以承攬人個人之技能為契約之要素者，則承攬人不得使他人工作，亦即不得成立次承攬契約，否則承攬人應對定作人負債務不履行之責任。

又，工作完成後，有須交付者（如有製成物者），有無須交付者（工作屬無形之結果者），無須交付者，依債之本旨完成工作，即為已履行債務，須交付者，承攬人尚有交付工作物之義務。

復次，完成工作既為承攬人之義務，民法第五〇二條就其完成工作遲延，設有特別規定，即：「因可歸責於承攬人之事由，致工作逾約定期限始完成，或未定期限而逾相當時期始完成者，定作人得請求減少報酬或請求賠償因遲延而生之損害。前項情形，如以工作於特定期限完成或交付為契約之要素者，定作

人得解除契約，並得請求賠償因不履行而生之損害。」從而，承攬人給付遲延時，定作人得行使之權利為：

(1)請求減少報酬或請求賠償因遲延而生之損害。

(2)以工作於特定期限完成或交付為契約之要素者，得解除契約並得請求賠償因不履行而生之損害。

又，因可歸責於承攬人之事由，遲延工作，顯可預見其不能於限期內完成而其遲延可為工作完成後解除契約之原因者，定作人得依前條第二項之規定解除契約，並得請求損害賠償（民法第五〇三條）。此為承攬人尚工作進行中，許定作人之解除契約，與前述第五〇二條承攬人已工作完成遲延後之定作人解除契約者不同。宜注意者，工作遲延後，定作人受領工作時，不為保留者，承攬人對於遲延之結果，不負責任（民法第五〇四條），即定作人不為行使上述請求減少報酬或請求遲延賠償或解除契約權利之保留者，即認其為拋棄上開權利。

2.瑕疵擔保責任

承攬契約為有償契約，承攬人對完成之工作，應付瑕疵擔保責任。如由承攬人供給材料而完成工作，就其材料第三人主張權利，致其應對定作人負權利瑕疵擔保責任時，依民法第三四七條準用出賣人擔保責任之規定，承攬人應依債務不履行之規定負責。至承攬人之物的瑕疵擔保責任，民法設有特別規定。即承攬人完成工作，應使其具備約定之品質，及無減少或滅失價值，或不適於通常或約定使用之瑕疵（民法第四九二條），是故承攬人就物之瑕疵應負擔保責任，茲分述如次：

(1)**擔保責任之效力**　定作人得依情形，行使下列權利：

①**瑕疵修補請求權**　工作有瑕疵者，定作人得定相當期限，請求承攬人修補之；承攬人不於前項期限內修補者，定作人得自行修補，並得向承攬人請求償還修補必要之費用（民法第四九三條一、二項）。如修補所需費用過鉅者，承攬人得拒絕修補，於此情形定作人亦不得自行修補而請求償還費用（同條三項）；惟承攬人並不因得拒絕修補而免責，定作人仍可行使後述②、③之權利。

②**契約解除權或減少報酬請求權**　承攬人不於民法第四九三條第一項所定期限內修補瑕疵，或依同條第三項之規定，拒絕修補，或其瑕疵不能修補者，定作人得解除契約或請求減少報酬；但瑕疵非重要，或所承攬之工作為建

築物或其他土地上之工作物者，定作人不得解除契約（民法第四九四條），僅能請求減少報酬。即為免解約使承攬人受重大損失，定作人之解除契約須受下列之限制：

　　a.瑕疵依一般觀念認為重要者。

　　b.承攬之工作非屬建築物或其他土地上之工作物者。

　　③**損害賠償請求權**　工作有瑕疵，定作人即得行使上述①及②之權利，至其瑕疵是否可歸責於承攬人，則在所不問，因瑕疵擔保責任為承攬人之無過失責任。如瑕疵之發生因可歸責於承攬人，致定作人發生損害時，則依民法第四九五條第一項規定：「因可歸責於承攬人之事由，致工作發生瑕疵者，定作人除依前二條之規定，請求修補或解除契約，或請求減少報酬外，並得請求損害賠償。」即定作人另有損害賠償請求權，其並得行使前述之修補、解約或減酬之權利。惟為避免可修繕之工作流於無用，浪費社會資源，定作人之行使該損害請求權，須先行依第四九三條第一項規定定期催告承攬人修補瑕疵後，始得為之（最高法院一〇六年度第五次民事庭會議決議）。又，依同條第二項規定：「前項情形，所承攬之工作為建築物或其他土地上之工作物，而其瑕疵重大致不能達使用之目的者，定作人得解除契約。」即承攬之工作為建築物或其他土地上之工作物者，如因可歸責於承攬人之事由致瑕疵重大而不能達使用之目的時，例如承攬人以海砂為建材所完成之房屋，致不能達居住之目的時，定作人始得為契約之解除。此項規定兼顧定作人之權益，俾資公平。

　　以上所述乃瑕疵已發生之情形。若工作進行中，因承攬人之過失顯可預見工作有瑕疵，或有其他違反契約之情事者，定作人得定相當期限，請求承攬人改善其工作，或依約履行（民法第四九七條第一項），是為定作人之瑕疵預防請求權。蓋與其事後救濟，莫若事先預防為宜。如承攬人不於上述期限內，依照改善或履行者，定作人得使第三人改善或繼續其工作，其危險及費用，均由承攬人負擔（同條二項）。

　　(2)**擔保責任之免除**　承攬人之瑕疵擔保責任，固得由當事人以特約免除或限制，但以特約免除或限制承攬人關於工作之瑕疵擔保義務者，如承攬人故意不告知其瑕疵，其特約為無效（民法第五〇一條之一）。又，如工作之瑕疵，因定作人所供給材料之性質，或依定作人之指示而生者，定作人無前述之各種權

利，承攬人自不負擔保責任；但承攬人明知其材料之性質或指示不適當，而不告知定作人者，不在此限（民法第四九六條）。

(3)**擔保責任之存續期間** 定作人主張及行使瑕疵擔保權，均有一定期限之限制，其期限有二：

①**發見期限** 其瑕疵自工作交付後經過一年始發見者，不得主張；工作依其性質無須交付者，前項一年之期間，自工作完成時起算（民法第四九八條）。又，工作為建築物或其他土地上之工作物，或為此等工作物之重大修繕者，前條所定之期限延長為五年（民法第四九九條）。若承攬人故意不告知其工作之瑕疵者，則上述一年之期限，延為五年，五年之期限，延為十年（民法第五〇〇條）。再者，上述第四九八條及第四九九條所定一年、五年之期限，得以契約加長，但不得減短（民法第五〇一條）。

②**消滅期限** 定作人於前述發見之期限內，發見瑕疵後自應及時行使權利，否則依民法第五一四條第一項規定：「定作人之瑕疵修補請求權、修補費用償還請求權、減少報酬請求權、損害賠償請求權或契約解除權，均因瑕疵發見後一年間不行使而消滅。」

3.承攬人之法定抵押權

修正後，民法第五一三條第一項規定：「承攬之工作為建築物或其他土地上之工作物，或為此等工作物之重大修繕者，承攬人得就承攬關係報酬額，對於其工作所附之定作人之不動產，請求定作人為抵押權之登記；或對於將來完成之定作人之不動產，請求預為抵押權之登記。」是為承攬人之法定抵押權，其成立要件如下：

(1)**須承攬之工作為土地上工作物之新造或重大修繕** 此之工作物除建築物外，他如堤防、橋樑等是。

(2)**須為承攬人就承攬關係之報酬額** 僅限於報酬給付，其他之損害賠償或償還墊款等權利，即不在此擔保範圍內。

(3)**該抵押權之標的物須為工作所附之定作人不動產** 即房屋或其他有獨立性之工作物；至其基地因非承攬之工作物，即非此之抵押權標的物（八七年度第二次民事庭會議決議）。

前述之法定抵押權成立時，承攬人得就已完成之不動產請求定作人為抵押

權之登記，或就將來始可完成之不動產，請求定作人預為抵押權之登記。且承攬人對定作人之為上開登記請求，於開始工作前亦得為之（同條二項）。又，承攬契約已經公證者，承攬人得單獨申請為上述之抵押權登記（同條三項），即承攬人於此情形，無庸定作人之協同，即得自行向地政機關申請抵押權或預為抵押權之登記。按該法定抵押權於具備一定要件時成立，有如前述，惟新法規定為承攬人得向定作人請求登記，或得單獨申請登記，就該登記之性質，學說上有生效要件與對抗要件之不同，依前者，如未經登記，縱已因承攬而發生報酬債權，仍不能取得抵押權，依後者，於具備其要件時，抵押權即當然發生，登記僅為對抗第三人之要件而已。按法文並未規定「非經登記不生效力」，且其立法旨趣在保護承攬人，似應以登記對抗要件說為可採。但實務見解有採生效要件說者（最高法院九五年度臺上字第一八〇九號判決）。

　　同條第四項規定：「第一項及第二項就修繕報酬所登記之抵押權，於工作物因修繕所增加之價值限度內，優先於成立在先之抵押權。」按工作物先已發生抵押權，後因抵押物損毀而為重大修繕時，該抵押物之價值係因承攬人之修繕而予保全，故此際依前述規定就修繕報酬所登記之抵押權，於工作物因修繕所增加之價值限度內，優先於成立在先之抵押權，以期合理。

　　又，修正前，民法第五一三條之規定為：「承攬之工作為建築物或其他土地上之工作物，或為此等工作物之重大修繕者，承攬人就承攬關係所生之債權，對於其工作所附之定作人之不動產，有抵押權。」其與新法有下列之不同：

　　(1)其保障之抵押債權為就承攬關係所生之債權，範圍較廣；新法僅限於承攬關係之報酬。

　　(2)其無須為登記，如成立在先，亦優先於經登記之設定抵押權；新法則其成立縱令在先，如未經登記或預為登記，即不能對抗成立在後而已登記之設定抵押權。（如採登記生效要件說，如未辦理登記，承攬人抵押權並未發生，無優先效力可言，宜併注意不同見解）。

　　(3)依舊法，因工作物之重大修繕而生之上述法定抵押權，其效力不能優先於已成立在先之抵押權；但新法則就修繕報酬所登記之該法定抵押權，優先於成立在先之抵押權。

㈡定作人之權利義務

1.給付報酬之義務

給付報酬為定作人之主要義務。縱令契約中未約定給付報酬,但如依情形,非受報酬,即不為完成工作者,視為允與報酬(民法第四九一條第一項);其數額未經約定者,按照價目表所定給付之,無價目表者,按照習慣給付(同條二項)。又,約定由承攬人供給材料者,其材料之價額,推定為報酬之一部(民法第四九〇條第二項)。至於報酬之種類,固以金錢為常,但不以此為限,如約定以定作人之土地移轉登記與承攬人亦可。報酬應於工作交付時給付之,無須交付者,應於工作完成時給付之;若工作係分部交付,而報酬係就各部分定之者,應於每部分交付時,給付該部分之報酬(民法第五〇五條)。即採後付主義,惟此非強行規定,當事人就給付報酬之時期如有特約,自應依其特約。

復次,訂立契約時,僅估計報酬之概數者,如其報酬因非可歸責於定作人之事由,超過概數甚鉅者,定作人得於工作進行中或完成後,解除契約(民法第五〇六條第一項)。因報酬超過概數甚鉅,既非定作人所得預料,故法律上使其於工作進行中或完成後得解除契約。惟此種情形,工作如為建築物或其他土地上工作物或為此等工作物之重大修繕者,如工作已完成者,定作人僅得請求相當減少報酬,如工作物尚未完成者,定作人得通知承攬人停止工作,並得解除契約(同條二項)。定作人依上述規定解除契約時,對於承攬人應賠償相當之損害(同條三項),以維公平;至承攬人之該損害賠償請求權,於定作人解除契約後,一年間不行使而消滅(民法第五一四條第二項)。

2.工作協力及受領之義務

承攬之工作,定作人原則上無協力之義務,但需定作人協力者亦有之,如應由定作人供給材料或供給建屋之基地是。民法第五百零七條規定:「工作需定作人之行為始能完成者,而定作人不為其行為時,承攬人得定相當期限,催告定作人為之。定作人不於前項期限內為其行為者,承攬人得解除契約,並得請求賠償因契約解除而生之損害。」此項契約解除權,自承攬人催告所定期限屆滿後一年間不行使而消滅(民法第五一四條第二項)。復次,對於承攬人完成之工作,原則上定作人無受領之義務,如其不為受領,自不負給付遲延責任,而僅負受領遲延之責任(民法第二三七條以下)。惟於當事人間特約定作人負受領

義務，及承攬之工作，以承攬人個人之技能為要素者，因承攬人死亡或非因其過失致不能完成工作，而其契約依法當然終止時，其工作已完成之部分，於定作人為有用者，定作人即有受領之義務（民法第五一二條第二項），於此情形如定作人受領遲延，應負受領遲延責任外，如有歸責事由，並應負給付遲延責任。

3.危險之負擔

工作毀損、滅失之危險，於定作人受領前，由承攬人負擔，而不得請求給付報酬，如定作人受領遲延者，其危險由定作人負擔，承攬人仍得請求給付報酬（民法第五○八條第一項）。又，定作人所供給之材料，因不可抗力而毀損、滅失者，承攬人不負責任（同條二項），此際由定作人自行負擔其危險。至於定作人受領工作前，因其所供給材料之瑕疵或其指示不適當，致工作毀損、滅失或不能完成者，承攬人如及時將材料之瑕疵或指示不適當之情事通知定作人時，得請求其已服勞務之報酬及墊款之償還；定作人有過失者，並得請求損害賠償（民法第五○九條）。承攬人之該損害賠償請求權，因其原因發生後，一年間不行使而消滅（民法第五一四條第二項）。再者，上開之受領，如依工作之性質，無須交付者（如房屋之修繕是），以工作完成時視為受領（民法第五一○條），從而自工作完成時，危險即由定作人負擔。

四、承攬之消滅

承攬之消滅原因，除一般契約消滅原因，非承攬契約性質所不相容者，如解除條件之成就、意思表示之撤銷等，均使承攬消滅外，其特殊之消滅原因如下：

㈠解除契約

承攬契約之解除權，有屬定作人者，如民法第四九四條、第四九五條第二項、第五○二條第二項、第五○三條、第五○六條等規定是；有屬承攬人者，如民法第五○七條第二項是。如經解除，其契約即溯及的消滅。

㈡終止契約

契約終止可分為法定終止及意定終止兩種。

1.法定終止

承攬之工作，以承攬人個人之技能為契約之要素者，如承攬人死亡或非因

其過失致不能完成其約定之工作時，其契約為終止（民法第五一二條第一項）。至工作已完成之部分，於定作人為有用者，定作人有受領及給付相當報酬之義務（同條二項）。

2.意定終止

民法第五一一條規定：「工作未完成前，定作人得隨時終止契約。但應賠償承攬人因契約終止而生之損害。」此之賠償，其範圍應包括為完成工作而支出之費用、勞務之代價及預期之利益。

習　題

一、定作人對於承攬人之交付工作有無受領之義務？

二、承攬人得否使他人承攬其原承攬契約所定工作之全部或一部（俗稱轉包）？

三、定作人提供基地，而約由承攬人供給材料為建造，所完成之建物，究由定作人，抑由承攬人取得其所有權？

四、甲、乙成立承攬契約，由乙為甲建造房屋一棟，建築完成後，甲隨即發現該工作有甚多之瑕疵，不能達使用之目的，甲得否解除該承攬契約？

〔提　示〕

一、定作人原則上無受領工作之義務，亦即受領為其權利。但有下列二種情形為例外：

(1)依當事人特約使定作人負受領之義務。(2)依民法第五一二條第二項之規定，承攬之工作，以承攬人個人之技能為要素之契約，如因承攬人死亡或非因其過失致不能完成其工作而終止時，其已完成之部分，於定作人為有用者，定作人有受領之義務。

二、我民法就此無明文，是故原則上承攬人非必須自服其勞務（參照六五年臺上字一九七四號判例），即承攬人得與他人訂立次承攬（再承攬）契約，使次承攬人承攬其工作之全部或一部。惟下列二種情形，即不得為次承攬：(1)依當事人特約禁止次承攬時。(2)承攬以承攬人個人之技能而訂立者，應解為承攬人須以自己之勞務完成工作。

三、應由定作人於工作完成時取得該房屋所有權。按本件情形係由定作人提供基底，雖約由承攬人供給材料，但當事人意思既重在工作完成，即為承攬契約，於承

攬人建造完成時，由定作人原始取得該建物所有權。

按承攬人供給之材料，在工作物未完成前，屬於材料之堆積，其所有權固仍屬於承攬人，但一旦工作物完成，材料之所有權消滅而新生之完成物所有權產生，其一生一滅並無承傳之關係，定作人係依承攬而享受其效果，自始取得完成物之所有權，並非由承攬人供給之材料所有權移轉而來（請參照錢國成著〈買賣與承攬〉，載《法令月刊》第四四卷第一〇期七頁）。

四、㈠原則上，甲不得解除承攬契約。其理由為：依民法第四九四條但書，承攬之工作為建築物或其他土地上之工作物，如有瑕疵，定作人不得解除契約，亦即除非當事人另有特約，於此瑕疵情形，甲得予解除契約外，依上開規定甲不得解除該承攬契約。至甲得向乙請求修補瑕疵或減少報酬（民法第四九三、四九四條），如該瑕疵因可歸責於承攬人時，定作人並得請求損害賠償（民法第四九五條），為別一問題。

惟依實務見解（八三年臺上字三二六五號判例），該工作之瑕疵如已達建築物有倒塌之危險時，猶謂定作人仍須承受此項危險，而不得解約，要非立法之本意所在。是故乙之工作瑕疵，倘屬重大，影響房屋之結構或安全，已達房屋有倒塌之危險時，甲始得解除該承攬契約。惟縱依實務見解，如該建物無倒塌之危險時，甲仍不得解約。

㈡如乙有歸責事由，而其工作之瑕疵重大致不能達使用之目的者，依新法甲得解除契約。其依據為新法第四九五條第二項明定可歸責於承攬人之事由，所承攬之建物，其瑕疵重大致不能達使用之目的者，定作人得解除契約。

第八節之一　旅　遊

一、旅遊之意義

旅遊乃當事人約定一方收取他方所給付之旅遊費用，為他方安排旅程及提供交通、膳宿、導遊或其他有關服務，而以之為營業之契約。旅遊為民法債編修正後新增之有名契約。其當事人，一方為旅遊營業人，他方為旅客。旅遊營業人乃以提供旅客旅遊服務為營業而收取旅遊費用之人（民法第五一四條之一

第一項),所謂旅遊服務指安排旅程及提供交通、膳宿、導遊或其他有關之服務(同條二項);旅客則為給付旅遊費用,而接受旅遊服務之人。

旅遊契約須為旅遊營業人所提供之旅遊服務至少須包括二個以上同等重要之給付,即除安排旅程為必要之服務外,尚須具備提供交通、膳宿、導遊等之服務,始足當之,如僅提供其中一項服務,例如僅提供交通、或僅代訂旅館,尚非此之旅遊契約。

二、旅遊之成立及性質

旅遊契約之成立,法無特別規定,是故當事人雙方就給付旅遊費用及提供旅遊服務意思表示一致時成立。其成立無須具備一定之方式,故為不要式契約;至民法第五一四條之二雖規定旅遊營業人因旅客之請求,應交付記載旅遊相關資料之書面,但此為旅遊營業人於旅遊契約成立生效後之義務,其非旅遊契約之要式文件。又,旅遊於雙方意思表示一致時成立,無須現實履行,至於給付費用與提供旅遊服務為履行行為,故為諾成契約。再者,旅客所負給付費用之債務與旅遊營業人負提供旅遊服務之債務,互有對價關係,雙方並均為對價性之給付,故旅遊為雙務契約及有償契約。

三、旅遊之效力

㈠旅遊營業人之權利義務

1.收取旅遊費用之權利

旅遊營業人對於旅客有收取旅遊費用之權利 (民法第五一四條之一第一項)。此稱之為旅遊費用,其中包括利潤、稅捐等項目,其是否足敷使用,概由旅遊營業人負責,縱有不足,旅客亦無補充義務。

2.瑕疵擔保責任

旅遊為有償契約,旅遊營業人對其所提供之旅遊服務,應負瑕疵擔保責任,是以民法第五一四條之六規定:「旅遊營業人提供旅遊服務,應使其具備通常之價值及約定之品質。」即除當事人有約定品質者外,應斟酌旅遊營業人締約當時所提出之廣告、說明及旅遊費用金額等情,判斷其是否具備通常之價值。

旅遊營業人就其提供之旅遊服務有瑕疵時,旅客得行使下列權利:

(1)**瑕疵改善請求權**　旅遊服務不具備通常之價值或品質者，旅客得請求旅遊營業人改善之（民法第五一四條之七第一項前段）。

(2)**減少費用請求權或並得終止契約之權**　旅遊營業人不為改善或不能改善時，旅客得請求減少費用；其有難於達預期目的之情形者，並得終止契約（同項後段）。

(3)**損害賠償請求權**　民法第五一四條之七第二項規定：「因可歸責於旅遊營業人之事由致旅遊服務不具備前條之價值或品質者，旅客除請求減少費用或並終止契約外，並得請求損害賠償。」瑕疵之發生，如旅遊營業人有過失時，即為債務不履行，旅客除得請求減少費用或並終止契約外並得請求損害賠償。

(4)**經終止契約後之送回原地請求權**　同條第三項規定：「旅客依前二項規定終止契約時，旅遊營業人應將旅客送回原出發地。其所生之費用，由旅遊營業人負擔。」以保障旅客權益，免其身處異地陷於困境，此送回原出發地亦為旅遊營業人之義務。

3.不得變更旅遊內容之義務

民法第五一四條之五第一項規定：「旅遊營業人非有不得已之事由，不得變更旅遊內容。」即原則上不得任意變更，例外於有不得已之事由時，始得變更旅遊內容。同條第二項規定：「旅遊營業人依前項規定變更旅遊內容時，其因此所減少之費用，應退還於旅客；所增加之費用，不得向旅客收取。」

同條第三項規定：「旅遊營業人依第一項規定變更旅程時，旅客不同意者，得終止契約。」即變更旅遊內容如涉及旅遊行程之變更者，如旅客無此意願而不同意時，得終止契約。旅客如為此終止契約時，為免其身處異地，陷於困境，得請求旅遊營業人墊付費用將其送回原出發地，於到達後，由旅客附加利息償還之（同條四項）。

4.致旅客旅遊時間浪費之損害賠償義務

民法第五一四條之八規定：「因可歸責於旅遊營業人之事由，致旅遊未依約定之旅程進行者，旅客就其時間之浪費，得按日請求賠償相當之金額。但其每日賠償金額，不得超過旅遊營業人所收旅遊費用總額每日平均之數額。」可歸責於旅遊營業人之事由，致旅客旅遊時間之浪費，即為旅客之非財產上損害，故其得請求賠償相當之金額，而旅遊營業人負賠償義務。所謂「按日請求」係

以「日」為計算賠償之單位，但不以浪費之時間達一日以上者為限，而其賠償金額並有最高數額之限制。

5.對旅客在旅遊中發生事故時應為必要協助及處理之義務

民法第五一四條之一○第一項規定：「旅客在旅遊中發生身體或財產上之事故時，旅遊營業人應為必要之協助及處理。」即旅客在旅途中發生事故時，縱令旅遊營業人並無歸責事由，而為天災、地變或旅客自己之過失所致者，旅遊營業人仍應對旅客為必要之協助及處理。此固為旅遊營業人之附隨義務，惟該事故之發生，係因非可歸責於旅遊營業人之事由所致者，旅遊營業人為上述之協助及處理所生之費用，由旅客負擔（同條二項）。

6.協助旅客就所購有瑕疵之物品行使瑕疵擔保請求權

民法第五一四條之一一規定：「旅遊營業人安排旅客在特定場所購物，其所購物品有瑕疵者，旅客得於受領所購物品後一個月內，請求旅遊營業人協助其處理。」此為旅遊營業人之附隨義務，如有違反，應負債務不履行之責任。

(二)旅客之權利義務

1.支付旅遊費用之義務

旅遊為有償契約，旅客自有支付旅遊費用之義務，已如前述。

2.請求交付記載旅遊相關資料書面之權利

民法第五一四條之二規定：「旅遊營業人因旅客之請求，應以書面記載左列事項，交付旅客：一、旅遊營業人之名稱及地址。二、旅客名單。三、旅遊地區及旅程。四、旅遊營業人提供之交通、膳宿、導遊或其他有關服務及其品質。五、旅遊保險之種類及其金額。六、其他有關事項。七、填發之年月日。」使旅客得以明悉與旅遊有關之事項。

3.旅客對旅遊服務提供之協力義務

民法第五一四條之三第一項規定：「旅遊需旅客之行為始能完成，而旅客不為其行為者，旅遊營業人得定相當期限，催告旅客為之。」旅客如仍不於該相當期限內為特定行為之協力者，旅遊營業人得終止契約，並得請求賠償因契約終止而生之損害（同條二項）。又，旅遊營業人依上開規定之終止契約，為於旅遊開始後者，旅客得請求旅遊營業人墊付費用將其送回原出發地；於到達後，由旅客附加利息償還之（同條三項）。

4.變更由第三人參加旅遊之權利

民法第五一四條之四第一項規定：「旅遊開始前，旅客得變更由第三人參加旅遊。旅遊營業人非有正當理由，不得拒絕。」即旅客於締約後旅遊開始前有變更由第三人參加旅遊之權，旅遊營業人非有正當理由，例如第三人之參加旅遊有不符合法令規定、不適於旅遊等情形，否則不得拒絕該項變更。同條第二項規定：「第三人依前項規定為旅客時，如因而增加費用，旅遊營業人得請求其給付。如減少費用，旅客不得請求退還。」以免影響旅遊營業人原有之契約利益。

㈢因旅遊所生各項請求權之短期消滅時效

民法第五一四條之一二規定：「本節規定之增加、減少或退還費用請求權，損害賠償請求權及墊付費用償還請求權，均自旅遊終了或應終了時起，一年間不行使而消滅。」即規定其請求權之短期消滅時效，以早日確定法律關係。

四、旅遊之消滅

旅遊除因旅遊完成、旅遊服務不能等原因而消滅外，其特別消滅原因為契約之終止，茲分各種情形說明之：

㈠由旅客終止契約者

民法第五一四條之九第一項規定：「旅遊未完成前，旅客得隨時終止契約。但應賠償旅遊營業人因契約終止而生之損害。」即旅客於旅遊未完成前，無須具備理由，亦無論何時，有契約終止權，如經終止，旅遊契約即歸消滅；但為兼顧旅遊營業人之利益，其因旅客終止契約而生之損害，得向旅客請求賠償；其請求權自旅遊終了或應終了之時起，一年間不行使而消滅（民法第五一四條之一二）。又，旅客依上開規定終止契約時，亦得請求旅遊營業人墊付費用，將其送回原出發地，惟於到達後，旅客應附加利息償還於旅遊營業人，即應準用民法第五一四條之五第四項之規定（民法第五一四條之九第二項）。

旅客依前述之民法第五一四條之五第三項、第五一四條之七第一、二項規定終止契約時，旅遊關係亦歸消滅。

㈡由旅遊營業人終止契約者

旅遊營業人依前述民法第五一四條之三第二項終止契約時，旅遊自歸消滅。

第九節　出　版

一、出版之意義

　　出版乃當事人約定，一方以文學、科學、藝術或其他之著作，為出版而交付他方，他方擔任印刷或以其他方法重製及發行之契約（民法第五一五條第一項）。此契約之當事人，一方為出版權授與人，即約定交付著作之人，一方為出版人，即約定擔任印刷、重製及發行之人。

　　其次，此之出版契約與著作財產權之讓與契約不同。按出版契約係由出版權授與人供出版人享有印刷、重製及發行之出版權，出版人並負有出版之義務，至製作物之重製權利，仍歸出版權授與人，於出版關係消滅後，出版權授與人仍得自行出版或交付他人出版。著作財產權之讓與契約，則由著作權人將其著作財產權讓與他人，受讓人即取得著作財產權，原著作權人喪失一切重製著作物之權利，受讓人並不負出版之義務。

二、出版之成立及性質

　　出版之成立，民法無特別規定，是故於當事人約定出版權授與人交付著作於出版人，出版人擔任印刷、重製及發行之意思表示一致而成立。惟民法第五一五條第二項規定：「投稿於新聞紙或雜誌經刊登者，推定成立出版契約。」即投稿除當事人舉反證證明其為贈與、買賣、使用借貸、租賃等其他契約外，推定其成立出版契約。其不須具一定之方式，亦不須實行給付，故為不要式契約及諾成契約。又，出版人對於出版權授與人，並非必須支付報酬，其約定出版人支付報酬者為有償契約，未約定支付報酬者，則屬無償契約。再者，於有償之出版契約，其出版人所負支付報酬之債務，與出版權授與人所負交付著作之債務，有兩足相償之性質，互有對價關係，故亦為雙務契約，至無償之出版契約，則為片務契約。

三、出版之效力

㈠出版權授與人之權利義務

1.著作之交付義務

出版權授與人應依出版契約將著作交付於出版人，使其取得出版權，而得以承擔著作之印刷、重製及發行（民法第五一五條之一第一項）。

2.擔保責任

出版權授與人應擔保其於契約成立時，有出版授與之權利，如著作受法律上之保護者，並應擔保該著作有著作權（民法第五一六條第二項）。

3.告知義務

出版權授與人已將著作之全部或一部，交付於第三人出版，或經第三人公開發表，為其所明知者，應於契約成立前，將其情事告知出版人（民法第五一六條第三項）。此項義務為契約成立前應有之義務。

4.不為不利於出版人處分之義務

出版權授與人於出版人得重製發行之出版物未賣完時，不得就其著作之全部或一部，為不利於出版人之處分；但契約另有訂定者，不在此限（民法第五一七條）。例如不得又自行出版，或另交付他人出版是。又，著作人於不妨害出版人出版之利益，或增加其責任之範圍內，得訂正或修改其著作；但對於出版人因此所生不可預見之費用，應負賠償責任（民法第五二○條第一項）。

5.出版人於重製新版前，應予著作人以訂正或修改著作之機會（同條二項）

此為出版權授與人為著作人時之權利。

㈡出版人之權利義務

1.著作出版之權利義務

著作之出版，一面為出版人之義務，一面亦為其權利，故著作財產權人之權利，於合法授權實行之必要範圍內，由出版人行使之（民法第五一六條第一項）。出版之版數，依其約定，其未約定者，出版人僅得出一版（民法第五一八條第一項）；其依約得出數版或永遠出版者，如於前版之出版物賣完後，怠於新版之重製時，出版權授與人得聲請法院令出版人於一定期限內，再出新版，逾

期不遵行者，喪失其出版權（同條二項）。復次，出版人對於著作不得增減或變更（民法第五一九條第一項）；並應以適當之格式重製著作，且應為必要之廣告及用通常之方法推銷出版物（同條二項），而出版物之賣價，雖由出版人定之，但不得過高，致礙出版物之銷行（同條三項）。又，同一著作人之數著作為各別出版而交付於出版人者，出版人不得將其數著作併合出版（民法第五二一條第一項）；出版權授與人就同一著作人或數著作人之數著作為併合出版，而交付於出版人者，出版人不得將其著作，各別出版（同條二項）。

2.給付報酬之義務

出版契約訂有報酬者，出版人自有給付報酬之義務，而如依情形，非受報酬，即不為著作之交付者，視為允與報酬（民法第五二三條第一項）；至報酬之數額亦應由當事人約定，惟出版人有出數版之權者，其次版之報酬及其他條件，推定與前版相同（同條二項）。又，報酬給付之時期，若著作全部出版者，於其全部重製完畢時，分部出版者，於其各部分重製完畢時應給付之（民法第五二四條第一項）；再者，報酬之全部或一部，依銷行之多寡而定者，出版人應依習慣計算，支付報酬，並應提出銷行之證明（同條二項）。

3.危險責任之負擔

自著作交付於出版人時起，其危險移轉於出版人，故著作交付出版人後，因不可抗力致滅失者，出版人仍負給付報酬之義務（民法第五二五條第一項）；滅失之著作，如出版權授與人另存有稿本者，有將該稿本交付於出版人之義務，無稿本者，如出版權授與人係著作人，且不多費勞力，即可重作者，應重作之（同條二項）；前項情形，出版權授與人得請求相當之賠償（同條三項）。至重製完畢之出版物，於發行前，因不可抗力致全部或一部滅失者，出版人得以自己之費用，就滅失之出版物，補行出版，對於出版權授與人，無須補給報酬（民法第五二六條）。

四、出版之消滅

出版契約之特別消滅原因如下：

(1)如前所述，出版人怠於新版之重製而喪失出版權時（民法第五一八條第二項）　出版契約即歸消滅。

(2)**著作不能完成**　著作未完成前，如著作人死亡或喪失能力，或非因其過失致不能完成其著作者，其出版契約關係消滅；前項情形，如出版契約關係之全部或一部之繼續為可能且公平者（如雖未完成全部，但已完成之一部亦有出版之價值），法院得許其繼續，並命為必要之處置（民法第五二七條）。

(3)**出版人已履行其義務，於可得出版之版數全部印刷及發行完畢，其應給付報酬，並已全部履行者**　出版契約歸於消滅，自屬當然。

復次，出版契約終了時，出版人因出版權授與人之授與所取得之出版權，即歸消滅（民法第五一五條之一第二項）。

第十節　委　任

一、委任之意義

委任乃當事人約定，一方委託他方處理事務，他方允為處理之契約（民法第五二八條）。委託處理事務之一方，為委任人；允為處理事務之一方，為受任人。此契約之內容，在於處理事務，不問其為處分行為或管理行為。所謂事務，指與吾人生活有關之事項，包括法律的事務，或非法律的事務，前者例如買賣、租賃、保證、收款等，後者例如記帳、管理財產、問題研究、考試報名等。但性質上不得為委任（例如結婚、協議離婚）或屬違法之事務者，則不得為委任之標的。所謂處理，乃處分管理之意。受任人之處理事務須供給勞務，而委任於日常生活上應用範圍較廣，屬勞務契約之典型，故民法第五二九條規定：「關於勞務給付之契約，不屬於法律所定其他契約之種類者，適用關於委任之規定。」即關於民法上之勞務給付契約，例如僱傭、承攬、出版、居間、寄託、運送等，其有規定者，自應分別依各該契約之規定，無規定者，均得適用關於委任之規定。

復次，所謂委託，含有人的信任，故受任人處理委任事務，雖應依委任人之指示（民法第五三五條），但仍有獨立決定之權，與僱傭契約受僱人之供給勞務，須一切受僱用人指揮者，有所不同。又，委任契約之受任人固供給勞務，但其為達到處理事務目的之手段，非以供給勞務為其目的，與僱傭契約之目的，

即在供給勞務者，顯有區別。再者，委任為基於人的信任，使受任人處理事務，並不以完成為要件，與承攬重在工作之完成者，亦有不同。

二、委任之成立及性質

委任之成立，法無特別規定，於委任人委託受任人處理事務，受任人允為處理，意思表示一致時，即為成立。惟依民法第五三〇條之規定，有承受委託處理一定事務之公然表示者，例如掛牌之律師、會計師等，如對該事務之委託，不即為拒絕之通知時，視為允受委任，即為擬制承諾是。委任契約不須具備一定之方式，亦不以實行給付為其成立要件，故為不要式契約及諾成契約。委任人對受任人之處理事務，非必須給付報酬，即委任以無償為原則，但當事人約定須給付報酬，或依習慣或依委任事務之性質，應給與報酬者，即為有償契約。無償之委任，為片務契約；有償之委任，受任人之負處理事務之債務，與委任人負支付報酬之債務，互有對價關係，即為雙務契約。

三、委任之效力

㈠受任人之權利義務

1.事務處理權

受任人有事務處理權，其範圍依委任契約之訂定，未訂定者，依其委任事務之性質定之（民法第五三二條前段）。又，為委任事務之處理，須為法律行為，而該法律行為，依法應以文字為之者（例如不動產物權之移轉），其處理權之授與，亦應以文字為之；其授與代理權者，代理權之授與亦同（民法第五三一條）。即認此之處理權與代理權為二事，如該法律行為應以文字為之，並授與處理權及代理權者，則該二者之授與均應以文字為之。再者，委任人得指定一項或數項事務而為特別委任；或就一切事務而為概括委任（民法第五三二條後段）。受任人受特別委任者，就委任事務之處理，得為委任人為一切必要之行為（民法第五三三條）。受任人受概括委任者，得為委任人為一切行為；但為左列行為，須有特別之授權（民法第五三四條）：

⑴不動產之出賣或設定負擔。

⑵不動產之租賃其期限逾二年者。

(3)贈與。

(4)和解。

(5)起訴。

(6)提付仲裁。

以上六款行為，關係重大，故雖經概括委任，仍應由委任人特別授權，始得為之。

2.處理事務之義務

受任人應依委任之本旨處理事務。處理事務時，應依委任人之指示，並與處理自己事務為同一之注意，其受有報酬者，應以善良管理人之注意為之（民法第五三五條）。即受任人於無償之委任，應負具體輕過失責任，於有償之委任，應負抽象輕過失責任。受任人既應依委任人之指示，以處理事務，則非有急迫之情事，並可推定委任人若知有此情事亦允許變更其指示者，不得變更委任人之指示（民法第五三六條）。

再者，委任於當事人間有信任關係，故受任人應自己處理委任事務；但經委任人之同意或另有習慣，或有不得已之事由者，得使第三人代為處理（民法第五三七條）。此之受任人使第三人代為處理委任事務即學說所稱之「複委任」。複委任原則上予以禁止，例外始許可之。因之受任人違反前述之規定，而使第三人代為處理委任事務者，即為違法之複委任，受任人就該第三人之行為，與就自己之行為應負同一責任（民法第五三八條第一項）。然若合於受託人得為複委任之情形，而使第三人代為處理委任事務者，即為適法之複委任，受任人僅就第三人之選任及其對於第三人所為之指示，負其責任（同條二項）。又，不問是否為適法之複委任，受任人使第三人代為處理委任事務者，委任人對於該第三人關於委任事務之履行，有直接請求權（民法第五三九條）。即受任人或委任人各得向第三人（即次受任人）請求履行同一委任事務，而為連帶債權關係。

3.事務計算之義務

(1)**報告義務**　受任人應將委任事務進行之狀況，報告委任人，委任關係終止時，應明確報告其顛末（民法第五四〇條）。

(2)**物之交付及移轉權利之義務**　受任人因處理委任事務，所收取之金錢、物品及孳息，應交付於委任人；受任人以自己之名義為委任人取得之權利，應

移轉於委任人（民法第五四一條）。

(3)**利息支付及損害賠償之義務** 受任人為自己之利益，使用應交付於委任人之金錢，或使用應為委任人利益而使用之金錢者，應自使用之日起，支付利息，如有損害，並應賠償（民法第五四二條）。

4.債務不履行之責任

受任人因處理委任事務有過失，或因逾越權限之行為所生之損害，對於委任人應負賠償之責（民法第五四四條）。此之所謂過失，於有償委任，乃受任人有抽象輕過失，於無償委任，為受任人有具體輕過失（參照民法第五三五條），已如前述。

㈡委任人之權利義務

1.事務處理請求權

委任契約成立後，委任人對於受任人自有委任事務處理之請求權，此請求權有專屬性，非經受任人之同意，不得讓與第三人（民法第五四三條）。

2.費用之預付及償還之義務

委任人因受任人之請求，應預付處理委任事務之必要費用（民法第五四五條），以利事務之進行。又，委任人因處理委任事務，支出之必要費用，委任人應償還之，並付自支出時起之利息（民法第五四六條第一項）。

3.清償債務之義務

受任人因處理委任事務，負擔必要債務者，得請求委任人代其清償，未至清償期者，得請求委任人提出相當擔保（民法第五四六條第二項）。

4.損害賠償之義務

受任人處理委任事務，因非可歸責於自己之事由，致受損害者，得向委任人請求賠償（民法第五四六條第三項）。委任人此項賠償義務之成立，須受任人自己無過失，而委任人之此項之責任屬於無過失責任，即委任人之負責不以其有故意或過失為必要。惟該損害之發生，如別有應負責任之人時，委任人對於該應負責者，有求償權（同條四項），即最後由造成損害者負終局責任。

5.給付報酬之義務

於有償委任，委任人負給付報酬之義務。報酬應由當事人約定，縱未約定，如依習慣或委任事務之性質，應給與報酬者，受任人得請求報酬（民法第五四

七條）。至於報酬之給付時期，依民法第五四八條第一項規定：「受任人應受報酬者，除契約另有訂定外，非於委任關係終止及為明確報告顛末後，不得請求給付。」即採後付主義，從而有償委任之受任人原則上不得以委任人未給付報酬，行使同時履行抗辯權，拒絕事務之處理。

四、委任之消滅

委任除因事務處理完畢、終期屆滿、處理不能等原因而消滅外，其特別消滅原因如次：

㈠契約之終止

當事人之任何一方得隨時終止委任契約（民法第五四九條第一項），而不須具備任何理由，如經終止，則委任關係即歸消滅。惟當事人之一方於不利於他方之時期終止契約，應負損害賠償責任；但因非可歸責該當事人之事由，致不得不終止契約者，不在此限（同條二項）。

㈡當事人死亡、破產、喪失行為能力

委任關係因當事人一方死亡、破產或喪失行為能力而消滅；但契約另有訂定或因委任事務之性質不能消滅者，不在此限（民法第五五〇條）。上述情形，如委任關係之消滅有害於委任人利益之虞時，受任人或其繼承人、或其法定代理人，於委任人或其繼承人，或其法定代理人，能接受委任事務前，應繼續處理其事務（民法第五五一條）。又，委任關係消滅之事由，係由當事人之一方發生者，於他方知其事由或可得而知其事由前，委任關係視為存續（民法第五五二條），即擬制委任存續，以保護當事人之利益。

習　題

一、委任與代理是否為同一概念？

二、受任人得否使第三人代為處理委任事務？

三、甲委任乙處理買賣土地事務，某日乙為處理該事務而前往該土地現場之途中，被丙違規駕車撞傷，乙受有損害十萬元，得如何行使其權利以請求賠償？

〔提　示〕

一、於我民法，委任與代理為個別之概念：(1)委任為契約，代理權之授與則屬單獨行為。(2)受任人所為者，除法律行為外，尚得為事實行為；代理人所為者限於法律行為。(3)委任為當事人即委任人與受任人間之權利義務關係；代理則屬於對外之關係，代理人與第三人所為之法律行為，直接對本人發生效力。從而委任與代理，可相伴而生，亦可僅有委任而無代理，而有代理無委任者亦有之（委任以外，在僱傭、承攬及合夥等亦可能有代理之發生）。於有代理權之委任，受任人應以委任人（即本人）名義為法律行為，其效力直接對委任人生效；在無代理權之委任，受任人應以自己名義為法律行為，自受法律行為之效果，再以之移轉於委任人（民法第五四一條）。

二、受任人原則上須親自處理委任事務，但下列三種情形，則例外得為複委任，使第三人代為處理：(1)委任人之同意。(2)另有習慣。(3)有不得已之事由。

三、(1)乙得依據侵權行為損害賠償請求權向丙請求賠償損害十萬元。(2)乙亦得依據委任關係向甲請求賠償損害十萬元。按乙受甲之委任處理事務，因非可歸責於自己之事由，致受損害者，得向委任人之甲請求賠償（民法第五四六條第三項）。甲所負之此一賠償義務為無過失責任。甲與丙對乙所負之損害賠償為不真正連帶債務。又，如甲對乙為賠償後，得依民法第二一八條之一之規定行使讓與請求權，請求乙讓與其對於丙之損害賠償請求權（而新法施行後，甲亦得依民法第五四六條第四項向丙行使求償權），為別一問題。

第十一節　經理人及代辦商

第一項　經理人

一、經理人之意義

經理人乃由商號授權，為其管理事務及簽名之人（民法第五五三條第一項）。即經理人乃商號所用之人，若非商號所用，事實上縱亦稱經理，仍非此之所謂經理人。再者，經理人雖為商號所用之人，但商號所用之人非必俱為經理人；易言之，須有為商號管理事務，及為其簽名權利之人，始得謂之經理人。

又，因經理人須親自為商號處理事務，解釋上以自然人為限。

復次，關於經理人與商號之關係，因商號選任經理人，委託其處理營業事務，故其內部關係，性質上屬於委任契約，因此關於經理人之選任及其終任，除有特別規定外應依委任之規定，依民法第五五○條，委任原則上因當事人一方死亡、破產或喪失行為能力而消滅，惟民法第五六四條之規定，經理權並不因商號所有人之死亡、破產或喪失行為能力而消滅，其為對於民法第五五○條之特別規定，應優先適用。又，選任經理人通常約定給予報酬，其未約定者，依商業習慣，亦應給予報酬，故經理契約屬於有償契約。

二、經理人之權限

經理人有經理權，即對內有為所任營業事務處理之權，其對外則為一般商業代理權。經理權之授與得以明示或默示為之（民法第五五三條第二項）；其範圍得限於管理商號事務之一部或商號之一分號或數分號（同條三項）。經理人對於第三人之關係，就商號或其分號或其事務之一部，視為其有為管理上一切必要行為之權（民法第五五四條第一項）；惟除有書面之授權外，其對於不動產，不得為買賣或設定負擔（同條二項），此因關係重大，不得不予限制。惟上述關於不動產買賣之限制，於以買賣不動產為營業之商號經理人，不適用之（同條三項），即此情形無須另有書面授權。又，經理人就所任之事務，視為有代理商號為原告或被告或其他一切訴訟上行為之權（民法第五五五條）。

復次，商號得授權於數經理人，是為「共同經理」，於此情形，對外之代理行為自應共同為之，惟其行為須使用文字者，共同經理人有三人以上時，只須經理人中有二人之簽名者，對於商號即生效力（民法第五五六條），不必全體在文件上簽名。

至於經理權之限制，除第五五三條第三項、第五五四條第二項及第五五六條所規定者外，不得以之對抗善意第三人（民法第五五七條），以保護交易之安全。

三、經理人之義務

經理人除依委任規定，負有償委任契約之受任人義務外，另負有同業競爭

禁止之義務。即經理人非得其商號之允許,不得為自己或第三人經營與其所辦理之同類事業,亦不得為同類事業公司無限責任之股東(民法第五六二條),俾免利害衝突,損害商號之利益。競業禁止之規定,經理人若有違反之行為時,除應依債務不履行之規定,負其責任外,其商號得請求因其行為所得之利益,作為損害賠償(民法第五六三條第一項)。此商號之請求權,稱之為介入權或奪取權或歸入權。此項請求權,自商號知有違反行為時起,經過二個月或自行為時起經過一年不行使而消滅(同條二項)。惟經理人違反上開競業禁止之規定,商號固得行使介入權,但經理人所為之競業行為並非無效(參照八一年臺上字一四五三號判例)。

第二項　代辦商

一、代辦商之意義

代辦商乃非經理人而受商號之委託,於一定處所或一定區域內,以商號之名義,辦理其事務之全部或一部之人(民法第五五八條第一項)。其與經理人所不同者,經理人係隸屬於商號,為隸屬的商業補助人,而代辦商則為獨立的商業補助人,自己亦為商人;經理人之處理事務係在商號之內,而代辦商之辦理事務,則在其自己之營業所;經理人通常補助一特定商號之營業,代辦商則補助一個或數個商號之營業;經理人通常按期受領一定數額之報酬,代辦商則依其所辦之事務,收取佣金,以為報酬。

代辦商與商號之關係,因商號委託代辦商辦理事務,其性質上屬於委任契約,其成立及消滅,除有特別規定外,應適用委任之規定,亦與前述經理人同,惟民法第五六四條另規定代辦權,不因商號所有人之死亡、破產或喪失行為能力而消滅,其為對於民法第五五〇條之特別規定,應優先適用。又,民法第五六一條第一項規定:「代辦權未定期限者,當事人之任何一方得隨時終止契約。但應於三個月前通知他方。」是為民法第五四九條規定,不問有無約定存續期限,當事人之一方均得隨時終止委任關係之例外。惟當事人之一方因非可歸責於自己之事由,致不得不終止契約者,則得不先期通知而終止之(同條二項)。再者,代辦商受有報酬,故為有償契約。

二、代辦商之權限

代辦商有代辦權，即對內辦理商號之營業事務，對外代理商號。代辦權由商號授與，其授與，法無明文，解釋上無論明示或默示均無不可。代辦商對於第三人之關係，就其所代辦之事務，視為其有為一切必要行為之權；但除有書面之特別授權外，不得負擔票據上之義務，或為消費借貸，或為訴訟（民法第五五八條二、三項）。

三、代辦商之權利義務

㈠報酬及償還費用請求權

代辦商得依契約所定請求報酬，或請求償還其費用；無約定者依習慣，無約定亦無習慣者，依其代辦事務之重要程度及多寡，定其報酬（民法第五六〇條）。

㈡報告義務

代辦商就其代辦之事務，應隨時報告其處所或區域之商業狀況於其商號，並應將其所為之交易，即時報告之（民法第五五九條）。

㈢同業競爭禁止之義務

代辦商非得其商號之允許，不得為自己或第三人經營與其所辦理之同類事業，亦不得為同類事業公司無限責任之股東（民法第五六二條）。違反者，其商號得請求因其行為所得之利益，作為損害賠償；其請求權自商號知有違反行為時起，經過二個月或自行為時起，經過一年不行使而消滅（民法第五六三條）。此點與經理人相同。

第十二節　居　間

一、居間之意義

居間乃當事人約定，一方為他方報告訂約之機會，或為訂約之媒介，他方給付報酬之契約（民法第五六五條）。其約定報告訂約之機會或為訂約媒介者，

調之居間人；其約定給付報酬者，謂之委託人。居間人所得報告或媒介之事項，法無限制，凡非法律所禁止及無背於公序良俗者，例如物之買賣、房屋之租賃、傭工之介紹等，均得為之。居間人僅報告訂約之機會或為訂約之媒介，與委任之受任人供給各種勞務者不同；又，居間為對於勞務之結果給付報酬，與僱傭為對於服勞務而給付報酬者亦異。

二、居間之成立及性質

居間契約之成立，於當事人就為報告或媒介，與給付報酬互相意思表示一致時，其契約即為成立。其無須現實履行，亦無須具備方式，故居間屬於諾成契約及不要式契約。一方負報告或媒介之債務，另一方負給付報酬之債務，且有對價關係，故為雙務契約。雙方當事人均須互為給付，又為有償契約。

三、居間之效力

㈠居間人之義務

1.報告或媒介之義務

居間契約既在報告訂約之機會或為訂約之媒介，則居間人自有報告或媒介之義務。居間人關於訂約事項，固應就其所知，據實報告於各當事人，惟對於顯無履行能力之人，或知其無訂立該約能力之人，不得為其媒介（民法第五六七條第一項）；而以居間為營業者，關於訂約事項及當事人之履行能力或訂立該約之能力，有調查之義務（同條二項）。

2.不告知之義務

當事人之一方，指定居間人不得以其姓名或商號告知相對人者，是為隱名媒介，於此情形居間人負有不告知之義務（民法第五七五條第一項）。

3.介入之義務

居間人就其媒介所成立之契約，無為當事人給付或受領給付之權（民法第五七四條），但在居間人不以當事人一方之姓名或商號告知相對人者，則應就該方當事人由契約所生之義務，自己負履行之責，並得為其受領給付（民法第五七五條第二項），是為居間人之介入義務，以謀事實上之便利。

㈡居間人之權利

1.報酬請求權

報酬為居間契約之要件，自應約定，雖未約定，如依情形非受報酬，即不為報告訂約機會或媒介者，視為允與報酬；未定報酬額者，按照價目表所定給付之，無價目表者，按照習慣給付（民法第五六六條）。但婚姻居間如約定報酬者，就其報酬無請求權（民法第五七三條）；惟如已為給付，應解為給付人不得請求返還。其次，報酬之請求時期，依民法第五六八條規定：「居間人，以契約因其報告或媒介而成立者為限，得請求報酬。契約附有停止條件者，於該條件成就前，居間人不得請求報酬。」至於報酬之給付義務人，依民法第五七〇條規定：「居間人因媒介應得之報酬，除契約另有訂定或另有習慣外，由契約當事人雙方平均負擔。」是居間人原則上得向雙方分別請求各自分擔部分之報酬。又，約定之報酬，較居間人所任勞務之價值為數過鉅失其公平者，法院得因報酬給付義務人之請求酌減之；但報酬已給付者，不得請求返還（民法第五七二條）。

2.費用償還請求權

居間人支出之費用，非經約定不得請求償還；如居間人已為報告或媒介而契約不成立者，亦不得請求償還（民法第五六九條）。

復次，如前所述，居間人之報酬，原則上雖由契約當事人雙方負擔，但居間人仍應以委託人之利益為重，因之居間人違反其對於委託人之義務，而為利於委託人之相對人之行為，或違反誠實及信用方法，由相對人收受利益者，縱令契約因居間人之報告或媒介而成立，亦不得向委託人請求報酬及償還費用（民法第五七一條）。

第十三節　行　紀

一、行紀之意義

行紀乃以自己之名義，為他人之計算，為動產之買賣或其他商業上之交易，而受報酬之營業（民法第五七六條）。行紀營業人，謂之行紀人，該他人謂之委

託人。茲析述如次：

(一)行紀係一種營業

若非營業則不屬行紀，且以商業上之交易為其營業範圍，通常以代客買賣動產為多，其他交易，例如有價證券之買賣、代售門票、代登廣告等，亦無不可，惟不動產之買賣，則不屬於行紀之範圍。

(二)行紀乃以自己之名義，為他人之計算，而為交易行為

所謂以自己之名義，即以自己為交易之主體，此點與代辦商須以委託商號之名義而為交易者有所不同；亦與代理人須以本人之名義為法律行為者有異（學說上有稱行紀為間接代理，代辦商及其他代理人為直接代理者）。因之行紀人為委託人之計算對於他人（即相對人）所為之交易，自得權利，並自負義務（民法第五七八條）。所謂為他人之計算，即交易上所生之損益，應歸屬於委託人之謂。

(三)行紀須受報酬（俗稱佣金）

行紀人亦為商業主體，以營利即獲取報酬為目的，如未受報酬，即非行紀。

二、行紀之成立及性質

行紀契約依行紀人與委託人意思表示之一致而成立。其不須具備一定方式，亦無須現實履行，屬於不要式契約及諾成契約。又，行紀為營業之一種，自屬有償契約。此種契約具有委任之性質，故民法第五七七條規定：「行紀，除本節有規定者外，適用關於委任之規定。」惟其無代理權授與關係，行紀人與相對人訂立契約，無須表明其委託人，是宜注意。

三、行紀之效力

(一)行紀人之義務

1.直接履行契約之義務

行紀人為委託人之計算所訂立之契約，其契約之他方當事人，不履行債務時，對於委託人應由行紀人負直接履行契約之義務；但契約另有訂定或另有習慣者，不在此限（民法第五七九條）。此乃為保障委託人，而加重行紀人之責任。

2.依指定價額買賣之義務

委託人對於行紀人所為之買賣，多有指定一定價額者（如委託賣出，則指定最低賣價；委託買入，則指定最高買價是），此時行紀人自應依照委託人所指定之價額，而為買賣，若竟以低於委託人所指定之價額賣出，或以高於委託人所指定價額買入者，是乃違反委託人之意思，行紀人應補償其差額（民法第五八〇條），至其賣出或買入，對於委託人仍一律發生效力。至行紀人以高於委託人所指定之價額賣出，或以低於委託人所指定之價額買入者，其利益則歸屬於委託人（民法第五八一條）。

3.保管處置之義務

行紀人為委託人之計算，所買入或賣出之物，為其占有時，適用寄託之規定（民法第五八三條第一項），而有保管之義務，惟此之占有物，除委託人另有指示外，行紀人不負付保險之義務（同條二項）。又，委託出賣之物，於達到行紀人時有瑕疵，或依其物之性質易於敗壞者，行紀人為保護委託人之利益，應與保護自己之利益為同一之處置（民法第五八四條）。行紀人違反上開義務，致委託人受有損害，應負債務不履行之責任。

㈡行紀人之權利

1.報酬及費用請求權

行紀人得依約定或習慣，請求報酬、寄存費及運送費，並得請求償還其為委託人之利益而支出之費用及其利息（民法第五八二條）。

2.標的物之拍賣權

委託人拒絕受領行紀人依其指示所買之物時，行紀人得定相當期限，催告委託人受領；逾期不受領者，行紀人得拍賣其物，並得就其對於委託人因委託關係所生債權之數額，於拍賣價金中取償之，如有賸餘，並得提存；如為易於敗壞之物，行紀人得不為上開之催告，而逕行拍賣提存（民法第五八五條），是為買入物之拍賣權。至於委託行紀人出賣之物，不能賣出或委託人撤回其出賣之委託者，如委託人不於相當期間取回或處分其物時，行紀人亦得依上開之規定，行使其權利（民法第五八六條），是為委託物之拍賣權。

3.介入權

行紀人受委託出賣或買入貨幣、股票或其他市場定有市價之物，除有反對

之約定外，行紀人得自為買受人或出賣人，其價值以依委託人指示而為出賣或買入時市場之市價定之；此種情形，行紀人仍得行使報酬及費用請求權（民法第五八七條），而不因其自為買受人或出賣人即有所差異。此種行紀人自為出賣或買入之權利，稱為介入權。復次，在行紀人得自為買受人或出賣人之情形下，如僅將訂立契約之情事通知委託人，而不以他方當事人之姓名告知者，視為自己負擔該方當事人之義務（民法第五八八條）。於此情形，即令行紀人並未介入，亦視為介入，而應由行紀人自己負擔該方當事人之義務。

四、行紀契約之消滅

委任人與行紀人之關係為委任關係，是故委任契約消滅之原因，均有其適用（民法第五七七、五四九至五五一條）。又，一般契約之消滅原因，例如委託事務承辦完畢或不可歸責於雙方當事人之事由致履行不能，當事人一方為解除權之行使等，皆為行紀消滅之原因，自不待言。

第十四節　寄　託

一、寄託之意義

寄託乃當事人一方，以物交付他方，他方允為保管之契約（民法第五八九條第一項）。其當事人，以物交付使為保管之一方為寄託人，允為保管其物之一方為受寄人，其交付保管之物稱為寄託物。寄託物，固以動產為主要，但不限於動產，不動產亦包括之。所謂保管，即保持其物之占有，以維持其原狀之意。

寄託與僱傭、承攬、委任，固同為供給勞務之契約，但其目的均有不同，即寄託在物之保管，僱傭在供給勞務，承攬在完成一定之工作，委任在處理事務。又，寄託與租賃、使用借貸，雖均移轉標的物之占有，而消費寄託移轉標的物之所有權，亦與消費借貸相類似；但寄託之目的，在為寄託人之利益而為物之保管，與租賃及借貸之目的在為承租人及借用人自己之利益，而為標的物之使用、收益或消費者，亦有不同。

二、寄託之成立及性質

　　寄託契約,除須雙方當事人合意,約定物之保管外,尚須寄託人將寄託物交付受寄人,始行成立,但無須具備一定之方式,故為要物契約及不要式契約。又,受寄人除契約另有規定,或依情形非受報酬即不為保管者外,不得請求報酬(民法第五八九條第二項),故寄託原則上為無償契約,例外為有償契約。無償寄託,僅受寄人一方負保管寄託物之義務,故為片務契約;有償寄託則保管與報酬之間,互有對價關係,而為雙務契約。

　　至後述之場所寄託(民法第六〇六條以下),其成立非依當事人之意思,而為具備法定要件時,即生場所主人之責任。

三、寄託之效力

㈠受寄人之義務

1.保管寄託物之義務

　　受寄人之保管寄託物,為其主要義務,其應盡之注意,如不受報酬,應與處理自己事務為同一之注意,其受有報酬者,應以善良管理人之注意為之(民法第五九〇條)。又,受寄人非經寄託人之同意,不得自己使用或使第三人使用寄託物;受寄人違反此項規定時,對於寄託人應給付相當報償,如有損害,並應賠償;但能證明縱不使用寄託物,仍不免發生損害者,不在此限(民法第五九一條)。再者,受寄人應自己保管寄託物;但經寄託人之同意,或另有習慣,或有不得已之事由者,得使第三人代為保管(民法第五九二條)。即寄託物原則上不得使第三人保管,是故,若為違法之轉寄託,即受寄人違反上述之規定,使第三人代為保管寄託物者,即為不完全給付之債務違反,對於寄託物因此所受之損害,應負賠償責任;但能證明縱不使第三人代為保管,仍不免發生損害者,不在此限(民法第五九三條第一項)。然若為適法之轉寄託,即受寄人並不違反上述規定,而使第三人代為保管者,則僅就第三人之選任及其對於第三人所為之指示,負其責任(同條二項)。至於寄託物之保管方法經約定者,非有急迫之情事,並可推定寄託人若知有此情事亦允許變更其約定之方法時,受寄人不得變更之(民法第五九四條)。

2.返還寄託物之義務

寄託關係消滅時，受寄人有返還寄託物之義務，返還時，除原物外，並應將該物之孳息，一併返還（民法第五九九條）。至於返還之期限，因有無約定期限而有不同。未定返還期限者，受寄人得隨時返還寄託物（民法第五九八條第一項）。定有返還期限者，受寄人非有不得已之事由，不得於期限屆滿前返還寄託物（同條二項）；但寄託人仍得隨時請求返還（民法第五九七條），因寄託係為寄託人之利益而設，自許其拋棄期限利益，而受寄人則原則上有遵守期限之義務。又返還之處所，於該物應為保管之地行之；但受寄人依第五九二條或依第五九四條之規定，將寄託物轉置他處者，得於物之現在地返還之（民法第六〇〇條）。此外，第三人就寄託物主張權利者，受寄人仍應返還寄託物給寄託人，但第三人已就寄託物對於受寄人提起訴訟或扣押者，則受寄人即不負返還寄託物於寄託人之義務（民法第六〇一條之一第一項）。

3.危險通知義務

第三人就寄託物主張權利，而對於受寄人提起訴訟或為扣押時，受寄人應即通知寄託人（民法第六〇一條之一第二項），是為受寄人之危險通知義務，俾寄託人得依法定程序，維護其權利。

(二)受寄人之權利

1.費用償還請求權

受寄人因保管寄託物而支出之必要費用，寄託人應償還之，並付自支出時起之利息；但契約另有訂定者，依其訂定（民法第五九五條）。

2.損害賠償請求權

受寄人因寄託物之性質或瑕疵所受之損害，寄託人應負賠償責任；但寄託人於寄託時非因過失而不知寄託物有發生危險之性質或瑕疵，或為受寄人所已知者，不在此限（民法第五九六條）。即寄託人如主張免責，應就其事實負舉證責任。即其所負責任為中間責任。

3.報酬請求權

寄託約定報酬者，應於寄託關係終止時給付之，分期定報酬者，應於每期屆滿時給付之（民法第六〇一條第一項）。寄託物之保管，因非可歸責於受寄人之事由而終止者，除契約另有訂定外，受寄人得就其已為保管之部分，請求報

酬（同條二項）。

再者，前述寄託契約之報酬請求權、費用償還請求權或損害賠償請求權，自寄託關係終止時起一年間不行使而消滅（民法第六〇一條之二），亦即為短期消滅時效。

四、寄託之消滅

寄託關係具有繼續性，其消滅原因，除一般法律行為之消滅原因，如寄託期限之屆滿、寄託物之滅失等，均足使寄託消滅外，寄託未定期限者，寄託人或受寄人均得隨時終止契約，其定有期限者，寄託人仍得隨時終止契約，但受託人則以有不得已之事由為限，始得於期限屆滿前終止之。終止寄託之表示，在寄託人以請求返還寄託物，在受寄人即以返還寄託物之行為為之，已如前述。

五、特殊寄託

㈠消費寄託

消費寄託或稱不規則寄託，乃寄託物為代替物時，當事人約定其所有權移轉於受寄人，並由受寄人以種類、品質、數量相同之物返還之寄託（民法第六〇二條第一項前段）；其標的物為代替物，且移轉其所有權，並以種類、品質、數量相同之物返還，而與消費借貸頗相類似，故自受寄人受領該物時起，準用關於消費借貸之規定（同項後段）。又，此種寄託之成立須將代替物交付於受寄人，且移轉所有權，並約定受寄人以種類、品質、數量相同之物返還，惟法律上對於金錢寄託則推定其為消費寄託，例如存款於銀行是，是民法第六〇三條明定：「寄託物為金錢時，推定其為消費寄託。」金錢寄託既被推定為消費寄託，其所有權自係移轉於受寄人，因而寄託物之利益及危險，於該物交付時，即移轉於受寄人。此項消費寄託，如寄託物之返還，定有期限者，寄託人非有不得已之事由，不得於期限屆滿前請求返還（民法第六〇二條第二項），但商業上另有寄託物返還之習慣者，依其習慣（同條三項）。惟未定返還期限者，受寄人得隨時返還，寄託人亦得定一個月以上之相當期限，催告受寄人返還（民法第六〇二條第一項準用四七八條）。

(二)混藏寄託

混藏寄託乃多數寄託人將同一種類、品質之寄託物交付受寄人混合保管，受寄人返還時，得以同一種類、品質、數量之混合保管物返還之寄託。為規範此一特殊型態之寄託，民法新增第六百零三條之一，其第一項規定：「寄託物為代替物，如未約定其所有權移轉於受寄人者，受寄人得經寄託人同意，就其所受寄託之物與其自己或他寄託人同一種類、品質之寄託物混合保管，各寄託人依其所寄託之數量與混合保管數量之比例，共有混合保管物。」第二項規定：「受寄人依前項規定為混合保管者，得以同一種類、品質、數量之混合保管物返還於寄託人。」即此種混藏寄託之寄託物為數寄託人共有，依其數量之比例定其應有部分，其所有權未移轉於受寄人，固與消費寄託不同，但其以同一種類、品質、數量之物返還一節，與消費寄託類似，故為特種寄託之一種。

(三)場所寄託

場所寄託乃場所主人與客人間依法律規定而成立之寄託。其與一般寄託依當事人合意成立者不同。場所寄託之當事人一方為居於受寄人地位之旅店、飲食店、浴堂或其他相類場所之主人，一方為居於寄託人地位之客人，法律為保護客人之利益，乃加重場所主人之責任，使其就通常事變負責。茲分場所主人之責任及權利予以說明：

1.場所主人之責任

旅店或其他供客人住宿為目的之場所主人，對於客人所攜帶物品之毀損、喪失，應負責任（民法第六○六條本文）。又，飲食店、浴堂或其他相類場所之主人，對於客人所攜帶通常物品之毀損、喪失，亦應負其責任（民法第六○七條本文）。惟於下列三種情形，則旅店、飲食店、浴堂主人之責任予以免除或限制：

(1)毀損、喪失，如因不可抗力，或因其物之性質，或因客人自己或其伴侶、隨從或來賓之故意或過失所致者，主人不負責任（民法第六○六條但書、六○七條但書）。

(2)客人之金錢、有價證券、珠寶或其他貴重物品，非經報明其物之性質及數量交付保管者，主人不負責任（民法第六○八條第一項）　惟主人無正當理由拒絕為客人保管上述物品者，對於其毀損、喪失仍應負責任；其物品因主人或其使用人之故意或過失而致毀損、喪失者，亦同（同條二項）。

(3)客人知其物品毀損、喪失後，應即通知主人，怠於通知者，喪失其損害賠償請求權（民法第六一〇條）　亦即客人如未即時為通知，則主人即因之而免其損害賠償責任。

復次，為保護客人之利益，如以揭示限制或免除上述第六〇六、六〇七、六〇八各條所定主人之責任者，其揭示無效（民法第六〇九條）。至於依上述規定所生之損害賠償請求權，自發見喪失或毀損之時起，六個月間不行使而消滅，自客人離去場所後，經過六個月者，亦同（民法第六一一條）。

2.場所主人之權利

場所主人因營業關係，對客人固負較重之責任，但法律為確保其營業所生之債權，亦予以特別保障。是故，民法第六一二條第一項規定：「主人就住宿、飲食、沐浴或其他服務及墊款所生之債權，於未受清償前，對於客人所攜帶之行李及其他物品，有留置權。」是為一種特殊之留置權。此種留置權不以其標的物為主人所占有為其發生之要件，故對於客人未交付保管之物品，亦得行使留置權，惟以非禁止扣押之物為限。依同條第二項規定，並準用第四四五條至第四四八條關於不動產出租人留置權之規定。

第十五節　倉　庫

一、倉庫之意義

倉庫乃倉庫營業人受報酬，而為寄託人堆藏及保管物品之契約。倉庫契約乃寄託人與倉庫營業人所成立之保管寄託契約，其託倉庫營業人堆藏及保管物品而給付報酬之人，為寄託人；以受報酬而為他人（即寄託人）堆藏及保管物品為營業之人，為倉庫營業人（民法第六一三條）。

倉庫契約，亦為寄託契約之一種，其性質大致相同，故民法關於倉庫，除倉庫一節有規定者外，準用關於寄託之規定（民法第六一四條）。惟其仍有不同，即倉庫契約須設備倉庫，將他人之物品堆藏於倉庫而保管，寄託契約則非必須由受寄人供給保管之場所；倉庫因須堆藏而保管，故僅以動產為其標的物，寄託則不以動產為限，不動產亦可為寄託之標的物；倉庫因倉庫營業人以此為

營業，自必須受取報酬，必為有償，寄託則為無償，或為有償。

二、倉庫契約之成立及性質

倉庫契約之成立，法律無特別規定，應準用寄託之規定，因物品之交付保管而成立，但不須具備一定方式，故為要物契約及不要式契約。又，倉庫營業人與寄託人，互負給付義務，二者有對價關係，雙方皆由自己之給付而自他方取得利益，故又為雙務契約及有償契約。

三、倉庫契約之效力

㈠倉庫營業人之義務

1.填發倉單之義務

倉單為受寄物之收據，其作用一方面在證明受寄物有堆藏及保管關係，另一方面便於寄託人之處分寄託物，故為有價證券，得依背書轉讓及出質。倉庫營業人於收受寄託物後，因寄託人之請求，應填發倉單（民法第六一五條）。倉單為要式證券，依民法第六一六條第一項規定：「倉單應記載左列事項，並由倉庫營業人簽名。一、寄託人之姓名及住址。二、保管之場所。三、受寄物之種類、品質、數量及其包皮之種類、個數及記號。四、倉單填發地，及填發之年、月、日。五、定有保管期間者，其期間。六、保管費。七、受寄物已付保險者，其保險金額、保險期間及保險人之名號。」倉庫營業人應將前列各款事項，記載於倉單簿之存根（同條二項）。

復次，倉單應發給於寄託人，寄託人為倉單持有人，寄託人如將倉單轉讓於他人，則該他人為倉單持有人。倉單持有人得請求倉庫營業人將寄託物分割為數部分，並填發各該部分之倉單；但持有人應將原倉單交還；此項分割及填發新倉單之費用，由持有人負擔（民法第六一七條）。至倉單之轉讓應以背書為之，依民法第六一八條規定：「倉單所載之貨物，非由寄託人或倉單持有人於倉單背書，並經倉庫營業人簽名，不生所有權移轉之效力。」亦即如經填發倉單，於轉讓時，倉單除寄託人或倉單持有人背書外，更須經倉庫營業人之簽名，否則不生貨物所有權移轉之效力。其與一般有價證券僅依背書而轉讓者不同。

再者，倉單如遺失、被盜或滅失者，倉單持有人固可依民事訴訟法規定依

公示催告程序聲請除權判決，經宣告其無效後，由原持有人主張倉單之權利或請求倉庫營業人補發新倉單，但因該程序費時，有時不免喪失倉單之市場機能，為此民法第六一八條之一明定，倉單持有人得於公示催告程序開始後，向倉庫營業人提供相當之擔保，請求補發新倉單。

2.堆藏及保管寄託物之義務

寄託物之堆藏及保管乃倉庫營業人之主要義務。在堆藏及保管期間，倉庫營業人因寄託人或倉單持有人之請求，應許其檢點寄託物、摘取樣本，或為必要之保存行為（民法第六二〇條）。又，倉庫營業人於約定保管期間屆滿前，不得請求移去寄託物；未約定保管期間者，自為保管時起經過六個月，倉庫營業人得隨時請求移去寄託物，但應於一個月前通知（民法第六一九條）。

㈡倉庫營業人之權利

1.報酬請求權

倉庫營業人以受報酬為營業，故對寄託人自有報酬請求權。此項報酬，名謂保管費（民法第六一六條第一項六款）。

2.寄託物拍賣權

倉庫契約終止後，寄託人或倉單持有人拒絕或不能移去寄託物者，倉庫營業人得定相當期限，請求於期限內移去寄託物；逾期不移去者，倉庫營業人得拍賣寄託物，由拍賣代價中扣去拍賣費用及保管費用，並應以其餘額交付於應得之人（民法第六二一條）。

此外，因倉庫準用關於寄託之規定，倉庫營業人對寄託人有費用償還請求權（準用民法第五九五條）及損害賠償請求權（準用民法第五九六條）。

四、倉庫契約之消滅

倉庫契約定有保管期間者，保管期間一經屆滿，倉庫關係自歸消滅；未約定保管期間者，自保管時起經過六個月，倉庫營業人得隨時請求移去寄託物（民法第六一九條），此種情形，即係倉庫營業人終止契約，於是倉庫契約即歸消滅。又，不論是否定有保管期間，寄託人或倉單持有人均得隨時請求返還寄託物（準用民法第五九七條），如經請求返還，倉庫關係，亦歸消滅。

第十六節 運 送

第一款 通 則

運送人乃以運送物品或旅客為營業，而受運費之人（民法第六二二條）。即此所謂之運送，僅指物品運送及旅客運送兩種營業，運送人須以運送為營業，若非為營業，即非此之所謂運送。運送以物品或旅客為其標的。因運送而訂立之契約，謂之運送契約，以運送為其獨立之目的。其當事人一方為運送人，一方為託運人（物品運送時），或旅客（旅客運送時）。

現今社會之運送，另有郵件運送、海上運送、空中運送，應分別適用郵政法、海商法、民用航空法之規定。我民法上之運送，原則上係就陸上運送為之，惟陸上運送中之鐵路運送及公路運輸，鐵路法及公路法又另有特別規定，應予優先適用，惟特別法無規定者，自得適用民法有關之規定。

運送契約，以當事人間就運送契約之要素，即運送標的及運費之意思表示一致而成立，無須具備一定之方式，亦無須現實履行，故為不要式契約及諾成契約。運送契約成立後，運送人負擔運送之義務，託運人有給付運費之義務，其互有對價關係，而運送人既以運送為營業，自必收受運費以為報酬，故運送為雙務契約及有償契約。

此外，對於運送人之責任，民法規定適用短期之消滅時效，即關於物品之運送，如因喪失、毀損或遲到而生之賠償請求權，自運送終了，或應終了之時起，一年間不行使而消滅（民法第六二三條第一項）；關於旅客之運送，因傷害或遲到而生之賠償請求權，自運送終了，或應終了之時起，二年間不行使而消滅（同條二項）。

第二款 物品運送

一、物品運送契約之意義

物品運送契約乃以運送物品為標的，而受運費之契約。所謂物品，不以有

財產上價值者為限，惟應為適於移動之物，如為不動產，自不得為此契約之標
的。

二、物品運送契約之效力

茲分別就託運人、運送人及受貨人三方面說明之。

㈠託運人之權利義務

1.填給託運單之義務

民法第六二四條規定：「託運人因運送人之請求，應填給託運單。託運單應
記載左列事項，並由託運人簽名：一、託運人之姓名及住址。二、運送物之種
類、品質、數量及其包皮之種類、個數及記號。三、目的地。四、受貨人之名
號及住址。五、託運單之填給地，及填給之年月日。」此項託運單並非書面契
約，亦非有價證券，僅為一種證書，其得作為運送之證據方法，自不待言。

2.文件交付並說明及告知危害之義務

託運人應交付運送上及關於稅捐警察所必要之文件，並應為必要之說明（民
法第六二六條），以利運送。又，運送物依其性質對於人或財產有致損害之虞
者，託運人於訂立契約前，應將其性質告知運送人；怠於告知者，對於因此所
致之損害，應負賠償之責（民法第六三一條）。是為託運人於契約訂立前，先具
有之告知義務，俾運送人決定是否承運。

㈡運送人之義務、責任及權利

1.運送人之義務

(1)填發提單之義務　運送人於收受運送物後因託運人之請求，應填發提單
（民法第六二五條第一項）。提單應記載左列事項，並由運送人簽名：

①託運人之姓名及住址；運送物之種類、品質、數量及其包皮之種類、
個數及記號；目的地；受貨人之名號及住址。

②運費之數額及其支付人為託運人或為受貨人。

③提單之填發地及填發之年月日。（同條二項）

按提單表彰運送物之所有權，其權利之處分及行使，與提單之占有，有不
可分離之關係，故其為有價證券。

其次，提單具有下列之作用：

　　①提單填發後，運送人與提單持有人間關於運送事項，依其提單之記載（民法第六二七條）　即提單為文義證券。

　　②提單縱為記名式，仍得以背書移轉於他人；但提單上有禁止背書之記載者，不在此限（民法第六二八條）　故提單具有背書性，為當然指定證券。

　　③交付提單於有受領物品權利之人時，其交付就物品所有權移轉之關係，與物品之交付有同一之效力（民法第六二九條）　故提單為物權證券。

　　④受貨人請求交付運送物時，應將提單交還（民法第六三○條）故提單為提示證券及繳回證券。

　　再者，提單遺失、被盜或滅失者，提單持有人得於公示催告程序開始後，向運送人提供相當之擔保，請求補發提單，亦即第六百十八條之一之規定，於提單適用之（民法第六二九條之一）。

　　⑵**按時運送之義務**　運送人應依運送契約之本旨而為運送。故託運物品應於約定期間內運送之；無約定者，依習慣；無約定亦無習慣者，應於相當期間內運送之（民法第六三二條第一項）。前項所稱相當期間之決定，應顧及各該運送之特殊情形（同條二項）。又，運送人非有急迫之情事，並可推定託運人若知有此情事亦允許變更其指示者，不得變更託運人之指示（民法第六三三條）。再者，運送人於運送物達到目的地時，應即通知受貨人（民法第六四三條）。

2.運送人之責任

　　⑴**賠償責任之成立**　運送人對於運送物之喪失、毀損或遲到應負責任；但運送人能證明其喪失、毀損或遲到，係因不可抗力，或因運送物之性質，或因託運人或受貨人之過失而致者，不在此限（民法第六三四條）。即運送人對於此三項原因所致之損害，除因不可抗力、運送物之性質或託運人或受貨人方面之事由始能免除其責任外，對於通常事變亦應負責，此外因其他原因所致之損害，運送人仍依關於一般債務人之規定負責。又，運送物因包皮有易見之瑕疵而喪失或毀損時，運送人如於接收該物時不為保留者，應負責任（民法第六三五條）。再者，運送人承擔運送，應以善良管理人之注意，保管運送物，如因情事急迫，須變更託運人之指示；或受貨人所在不明或拒絕受領運送物；或依託運

人之指示，事實上不能實行；或運送人不能繼續保管運送物，又不能寄存於倉庫，或其物有腐敗之性質，或顯見其價值不足抵償運費或其他費用；或運送物受領權之歸屬有訴訟致交付遲延；或其他情形足以妨礙或遲延運送，或危害運送物之安全者，運送人應為必要之注意及處置（民法第六四一條第一項）。運送人怠於此項之注意及處置者，對於因此所致之損害，應負責任（同條二項）。復次，運送物由數運送人相繼為運送者，即基於同一運送契約，而由數運送人擔任運送之情形，除其中有能證明無第六三五條所規定之責任者外，對於運送物之喪失、毀損或遲到，應連帶負責（民法第六三七條）。

(2)**賠償責任之範圍**　運送人之責任係就通常事變負責，較為重大，法律乃對其賠償範圍，予以限制。即運送物有喪失、毀損或遲到者，其損害賠償額，應依其應交付時目的地之價值計算之（民法第六三八條第一項），即賠償範圍以積極的損害為限，僅賠償運送物之損害，至消極的損害即所失利益，則不在賠償之列。惟運送物之喪失、毀損或遲到，係因運送人之故意或重大過失所致者，如有其他損害，託運人並得請求賠償（同條三項），此時之賠償範圍，除積極的損害外，亦及於消極的損害。又，因遲到之損害賠償額，不得超過因其運送物全部喪失可得請求之賠償額（民法第六四〇條），即有最高額之限制。至於運費及其他費用，因運送物之喪失、毀損無須支付者，應由賠償額中扣除之（民法第六三八條第二項）。以上係一般運送物賠償額之範圍，若運送物為金錢、有價證券、珠寶或其他貴重物品，除託運人於託運時報明其性質及價值者外，運送人對於其喪失或毀損不負責任；價值經報明者，運送人以所報價額為限，負其責任（民法第六三九條）。

(3)**賠償責任之消滅**　受貨人受領運送物，並支付運費及其他費用不為保留者，運送人之責任消滅（民法第六四八條第一項）。復次，運送人交與託運人之提單或其他文件上，有免除或限制運送人責任之記載者，除能證明託運人對於其責任之免除或限制明示同意外，不生效力（民法第六四九條）。又，關於物品之運送，如因喪失、毀損或遲到而生之賠償請求權，自運送終了或應終了之時起，一年間不行使而消滅（民法第六二三條第一項），已如前述。

3.**運送人之權利**

(1)**運費及其他費用請求權**　運送人乃以運送為營業而受運費之人，自有

運費請求權。至運費之給付人，或為託運人或為受貨人，應依契約之所定。此外如因運送而支出必要費用，亦得請求償還。運費之給付，為運送完成之對待給付，原則上於運送完成時為之，因而運送物於運送中，因不可抗力而喪失者，運送人不得請求運費，其因運送而已受領之數額，應返還之（民法第六四五條）。其次，運送人未將運送物之達到通知受貨人前，或受貨人於運送物達到後，尚未請求交付運送物前，託運人對於運送人，如已填發提單者，其持有人對於運送人，得請求中止運送，返還運送物，或為其他之處置（民法第六四二條第一項）；此種情形運送人得按照比例，就其已為運送之部分，請求運費，及償還因中止、返還或其他處置所支出之費用，並得請求相當之損害賠償（同條二項）。

　　(2)**留置權**　運送人為保全其運費及其他費用得受清償之必要，按其比例，對於運送物有留置權（民法第六四七條第一項）。惟運費或其他費用之數額有爭執時，受貨人得將有爭執之數額提存，請求運送物之交付（同條二項），此時運送人即應交付，而留置權繼續存在於提存金額之上。

　　(3)**運送物之寄存及拍賣權**　受貨人所在不明或對運送物受領遲延或有其他交付上之障礙時，運送人應即通知託運人，並請求其指示（民法第六五〇條第一項）。如託運人未即為指示，或其指示事實上不能實行，或運送人不能繼續保管運送物時，運送人得以託運人之費用，寄存運送物於倉庫，是為寄存權（同條二項）。運送物如有不能寄存於倉庫之情形，或有易於腐壞之性質，或顯見其價值不足抵償運費及其他費用時，運送人得拍賣之，是為拍賣權（同條三項）。運送人於可能之範圍內，應將寄存倉庫或拍賣之事情，通知託運人及受貨人（同條四項）。上述之規定，於受領權之歸屬有訴訟，致交付遲延者，適用之（民法第六五一條）。又，運送人得就拍賣代價中，扣除拍賣費用、運費及其他費用，並應將其餘額交付於應得之人，如應得之人所在不明者，應為其利益提存之（民法第六五二條）。

　　以上為一般運送之運送人應有之權利。至於運送物由數運送人相繼運送者，其最後之運送人，就運送人全體應得之運費及其他費用，得行使第六四七條、六五〇條及六五二條所定如前述之留置權、寄存及拍賣權、扣除拍賣費用等之權利（民法第六五三條）。同時運送人於受領運費及其他費用前交付運送物者，

對於其所有前運送人應得之運費及其他費用，負其責任（民法第六四六條）；即最後運送人未受領運費及其他費用而交付運送物，不行使留置權者，其對所有前運送人應得之運費及其他費用有代收之義務，如不盡此義務，應自負清償之責。

㈢受貨人之權利義務

運送物達到目的地時，運送人應即通知受貨人，此時依民法第六四四條規定：「運送物達到目的地，並經受貨人請求交付後，受貨人取得託運人因運送契約所生之權利。」可知運送契約之受貨人並非於運送契約成立時取得託運人因運送契約所生之權利，與一般之第三人利益契約一經成立，則第三人即取得權利者不同，即運送契約之受貨人非於運送物達到目的地，並經受貨人請求交付後始行取得其權利。惟如有提單之發行，提單持有人雖僅為受貨人地位，即得依證券而行使其權利。

其次，運送契約如訂定運費及其他費用由受貨人給付時，則受貨人雖不因之而負擔給付之義務，但如不給付，則運送人得行使留置權，因之受貨人不給付運費，亦無法受領運送物。惟如有提單之填發，而提單上載明由受貨人支付運費者，受貨人自有支付之義務。

三、物品運送契約之消滅

物品運送契約關係，因運送物交付於受貨人，或依法寄存、拍賣或提存時，即歸消滅。又，受貨人受領運送物並支付運費及其他費用不為保留者，運送人之責任消滅（民法第六四八條第一項）。惟運送物內部有喪失或毀損不易發見者，以受貨人於受領運送物後，十日內將其喪失或毀損通知於運送人為限，不適用前項之規定（同條二項），亦即於此情形，運送人之責任並不消滅。再者，運送物之喪失或毀損，如運送人以詐術隱蔽，或因其故意或重大過失所致者，運送人不得主張前二項規定之利益（同條三項），從而其責任仍不消滅。

第三款　旅客運送

一、旅客運送契約之意義

旅客運送契約乃以運送自然人（旅客）為標的之契約。其所運送者為人，而非物品，故與物品運送契約有別。旅客運送契約之當事人，一方為運送人，他方為旅客。通常情形，旅客固為當事人，但亦有由旅客以外之人訂立該契約者，例如父母委託運送其子女，或公司與運送人成立契約，運送其員工至某地是，此時該運送契約即為第三人利益契約（參照民法第二六九條）。

旅客運送，通常固有車票或船票之購買，但此非契約之成立要件，其無車票之發賣者，亦可成立旅客運送契約，故為不要式契約。

二、旅客運送之效力

㈠運送人之義務及責任

旅客運送人應依約定之方法及期間，運送旅客至目的地，此為其主要之義務。其次，運送人對於旅客並負有以下之責任：

1.對於旅客身體之責任

旅客運送人對於旅客因運送所受之傷害及運送之遲到應負責任；但因旅客之過失，或其傷害係因不可抗力所致者，不在此限（民法第六五四條第一項）。又，運送之遲到係因不可抗力所致者，旅客運送人仍應負責，以保護旅客，已如上述，但為免旅客運送人之責任過重，故其賠償責任，除另有交易習慣者外，應以旅客因遲到而增加支出之必要費用為限（同條二項），以期公允。

併為說明者，旅客因運送而受傷害，依上開規定請求損害賠償，此為債務不履行損害賠償請求權，如亦具備侵權行為之要件，亦得依侵權行為損害賠償請求權向旅客運送人請求賠償，如合併請求即生請求權之競合。

2.對於旅客行李之責任

行李及時交付運送人者，應於旅客到達時返還之（民法第六五五條）；運送人對於旅客交託之行李，縱不另收運費，其權利義務，除關於旅客運送另有規定外，應適用關於物品運送之規定（民法第六五七條）；至於運送人對於旅客所

未交託之行李，如因自己或其受僱人之過失，致有喪失或毀損者，仍負責任（民法第六五八條）。

以上之兩種責任，運送人原則上必須負責，因而運送人交與旅客之票、收據或其他文件上，有免除或限制運送人責任之記載者，除能證明旅客對於責任之免除或限制明示同意外，不生效力（民法第六五九條）。

關於旅客之運送，如因傷害或遲到而生之賠償請求權，自運送終了，或應終了之時起，二年間不行使而消滅（民法第六二三條第二項），已如前述。

㈡運送人之權利

旅客運送人當然有運費請求權，其數額依約定，但通常多由運送人預定，且由他方前付。其次，旅客於行李到達後一個月內不取回行李時，運送人得定相當期間催告旅客取回，逾期不取回者，運送人得拍賣之。旅客所在不明者，得不經催告逕予拍賣（民法第六五六條第一項）；行李有易於腐壞之性質者，運送人得於到達後，經過二十四小時拍賣之（同條二項），是為旅客運送人之行李拍賣權。又，旅客運送人得就上開拍賣之代價中，扣除拍賣費用、運費及其他費用，並應將其餘額交付於應得之人，如應得之人所在不明者，應為其利益提存之（同條三項準用六五二條）。

第十七節　承攬運送

一、承攬運送之意義及性質

承攬運送乃當事人約定，一方以自己之名義，為他方之計算，使運送人運送物品，由他方給付報酬之契約。承攬運送契約之當事人，一方為委託人，另一方即為承攬運送人。承攬運送人乃以承攬運送為營業之人，必受報酬，其不自己承擔運送，而與運送人訂立運送契約，使為運送，其訂立運送契約，雖係以自己名義為之，但係為他人即委託人計算，其訂立契約所生之結果，即損益均歸屬於委託人（民法第六六〇條第一項）。

承攬運送，除受託之目的在使為物品運送，與行紀所承辦之業務不同外，與行紀性質相同，故民法第六六〇條第二項明定，除別有規定外，準用關於行

紀之規定。從而承攬運送契約之性質，亦為雙務契約、有償契約、諾成契約、不要式契約。

二、承攬運送之效力

(一)承攬運送人之義務

關於承攬運送人對於委託人應負擔之義務，民法未設特別規定，應依民法第六六○條第二項準用關於行紀之規定，而適用關於委任之規定，從而承攬運送人對於所承攬之運送事件，應以善良管理人之注意為之。

(二)承攬運送人之責任

承攬運送人，對於託運物品之喪失、毀損或遲到，應負責任；但能證明其於物品之接收、保管、運送人之選定、在目的地之交付及其他與承攬運送有關之事項，未怠於注意者，不在此限（民法第六六一條）。即承攬運送人就託運物品之喪失、毀損或遲到等情形，對於委託人原則上負損害賠償責任。此種責任之範圍、賠償之計算、及免責要件等，均準用物品運送之規定（民法第六六五條準用六三五條及六三八至六四○條）。又，民法第六六六條規定：「對於承攬運送人因運送物之喪失、毀損或遲到所生之損害賠償請求權，自運送物交付或應交付之時起，一年間不行使而消滅。」

(三)承攬運送人之權利

1.報酬請求權

承攬運送人既以受報酬為營業，自有報酬請求權。其數額依約定，無約定時依習慣（民法第六六○條第二項準用五八二條）。

2.費用償還請求權

承攬運送人對於其承攬運送事件所墊付之費用，如運費，稅捐等，得向委託人請求償還（民法第六六○條第二項準用五八二條）。

3.留置權

承攬運送人為保全其報酬及墊款得受清償之必要，按其比例，對於運送物有留置權（民法第六六二條）。惟此項留置權須按報酬及墊款之比例，對於運送物行使之，不得對全部運送物行使留置權。

4.損害賠償請求權

運送物品依其性質，對於人或財產有致損害之虞者，託運人於訂立契約前，應將其性質告知承攬運送人，怠於告知者，對於因此所致之損害，應負賠償之責（民法第六六五條準用六三一條），因此承攬運送人對於委託人有損害賠償請求權。

5.介入權

承攬運送人，除契約另有訂定外，得自行運送物品，自行運送時，其權利義務與運送人同（民法第六六三條），此為承攬運送人之介入權。至承攬運送人與委託人就運送全部約定價額，或承攬運送人填發提單於委託人者，視為承攬運送人自己運送，不得另行請求報酬（民法第六六四條）。

三、承攬運送之消滅

承攬運送契約之消滅原因，法無特別規定，依民法第六六〇條第二項準用關於行紀之規定，而適用關於委任之規定之決定，例如當事人一方之隨時終止契約或當事人之死亡、破產等均為承攬運送契約消滅之原因（參照民法第五四九條以下）。

第十八節　合　夥

一、合夥之意義

合夥乃二人以上互約出資，以經營共同事業之契約（民法第六六七條第一項）。成立合夥契約之當事人稱為合夥人。茲析述如下：

⑴合夥契約之當事人須有二人以上。

⑵合夥須互約出資　即合夥人必負出資之義務，出資種類不限於金錢。

⑶合夥須經營共同事業　即為合夥人全體之利益而經營事業，至於其事業為暫時性的抑為長期性的，為營利性的抑為非營利性的，均非所問。

二、合夥之成立及性質

合夥契約之成立，法無特別規定，是故於各合夥人互約出資，以經營共同事業之意思表示一致時成立。合夥人為二人時，固不待言，縱為三人以上時，其相互間仍屬契約關係，而非合同行為。詳言之，每一合夥人與他合夥人間之權利義務係處於對立關係，其互為對立之意思表示，因內容趨於一致而成立契約。

合夥之成立，無須一定之方式，亦無須現實支付，故為不要式契約及諾成契約。合夥人負互為出資及經營共同事業之義務，其互負對價關係之債務，亦互負對待給付之義務，互相取得對待給付之利益，故合夥又為雙務契約及有償契約。

三、合夥之效力

㈠合夥之內部關係

1.合夥人之出資義務

合夥人互負出資之義務。出資之種類得為金錢或其他財產權，或以勞務、信用或其他利益代之（民法第六六七條第二項），即除財產出資外，勞務、信用、其他利益亦得為出資之標的，從而物之使用、單純不作為（如不為營業競爭）等，如有財產上之價值，均可為出資之標的。惟金錢以外之出資，應估定價額為其出資額，如未經估定者，以他合夥人之平均出資額視為其出資額（同條三項）。每一合夥人出資之多寡應依契約之所定，因而除有特別訂定外，合夥人無於約定出資之外增加出資之義務，因損失而致資本減少者，無補充之義務（民法第六六九條）。

2.合夥之財產

各合夥人之出資及其他合夥財產，為合夥人全體之公同共有（民法第六六八條）。合夥人於合夥清算前，不得請求合夥財產之分析（民法第六八二條第一項）。合夥財產既為公同共有，則關於合夥財產之處分及其他權利之行使，除合夥契約另有規定外，應得合夥人全體之同意，始得為之（參照民法第八二八條第三項）。

3.合夥之決議

合夥之決議，應以合夥人全體之同意為之（民法第六七○條第一項）。該項決議如合夥契約約定得由合夥人全體或一部之過半數決定者，從其約定；但關於合夥契約或其事業種類之變更，非經合夥人全體三分之二以上之同意不得為之（同條二項）。又，合夥之決議，其有表決權之合夥人，無論其出資之多寡，推定每人僅有一表決權（民法第六七三條）。

4.合夥事務之執行

合夥之事務，除契約另有訂定或另有決議外，由合夥人全體共同執行之（民法第六七一條第一項），即以共同執行為原則。但有下列之例外：

⑴**約定或決議由數人共同執行**　合夥事務如約定或決議由合夥人中數人執行者，由該數人共同執行之（同條二項），此際僅一部分合夥人有事務執行權。

⑵**通常事務之單獨執行**　合夥之通常事務，得由有執行權之各合夥人單獨執行之；但其他有執行權之合夥中任何一人，對於該合夥人之行為有異議時，應停止該事務之執行（同條三項）。

復次，執行事務之合夥人與合夥之關係，性質上與委任相類似，故民法第五三七條至第五百四十六條關於委任之規定，於合夥人之執行合夥事務準用之（民法第六八○條）。惟合夥人執行合夥事務，原屬合夥人依合夥契約應負之義務，故除契約另有訂定外，不得請求報酬（民法第六七八條第二項）。是故合夥人執行合夥之事務，應與處理自己事務為同一注意；如其受有報酬者，應以善良管理人之注意為之（民法第六七二條）。而合夥人因合夥事務所支出之費用，亦得請求償還（民法第六七八條第一項）。至於合夥人中之一人或數人，依約定或決議執行合夥事務者，非有正當事由，不得辭任（民法第六七四條第一項）；非經其他合夥人全體之同意亦不得將其解任（同條二項），即於有正當事由時雖得將其解任，但尚須經其他合夥人之全體之同意，始得為之。

5.合夥事務之監督權

無執行合夥事務權利之合夥人，縱契約有反對之訂定，仍得隨時檢查合夥之事務及其財產狀況，並得查閱帳簿（民法第六七五條）。執行事務之合夥人拒絕檢查或查閱者為債務不履行，應負損害賠償責任，且為解任之正當理由。

6.損益之分配

合夥為各合夥人經營之共同事業,其損益自應分配於各合夥人。合夥之決算及分配利益,除契約另有訂定外,應於每屆事務年度終為之(民法第六七六條)。至分配損益之成數,應依契約之所定,未經約定者,按照各合夥人出資額之比例定之;而僅就利益或僅就損失所定之分配成數,視為損益共通之分配成數;惟以勞務為出資之合夥人,除契約另有訂定外,不受損失之分配(民法第六七七條)。

7.股份之轉讓

合夥人之股份,固具有財產價值,惟因合夥財產為合夥人全體所公同共有,故所謂股份僅為合夥人對合夥財產隱存的計算比例而已,合夥人轉讓股份於第三人,性質上即屬公同共有物之處分。故非經他合夥人全體之同意,不得將自己之股份轉讓於第三人;但轉讓於他合夥人者,不在此限(民法第六八三條)。如未經全體同意,而轉讓股份於第三人,該轉讓行為,應為無權處分行為,其效力未定,但判例(二九年上字七一六號)則認為無效。

8.合夥之變更

合夥契約或其事業之種類之變更,應經合夥人全體之同意,如契約另有約定其得依多數決為決議者,非經合夥人全體三分之二以上之同意,不得決議為變更(民法第六七〇條參照)。蓋此種情形關乎合夥之基礎,自須慎重其事。

㈡合夥之外部關係

1.合夥人之代表

合夥人執行合夥事務,多與第三人發生關係,對外應有代表合夥之權能,故合夥人依約定或決議執行合夥事務者,於執行合夥事務之範圍內,對於第三人為他合夥人之代表(民法第六七九條)。從而有代表權之合夥人所為之代表行為,即屬合夥之行為。

2.合夥人之責任

合夥財產不足清償合夥之債務時,各合夥人對於不足之額連帶負其責任(民法第六八一條)。即合夥人對於合夥之債務之負連帶責任,須於合夥財產不足清償時始負之,故具有補充性,從而合夥債權人向合夥人請求清償時,須就合夥財產不足清償合夥債務之事實,負主張及舉證責任。再者,法律為維持合夥財

產起見，乃規定對於合夥負有債務者，不得以其對於任何合夥人之債權與其所負之債務抵銷（民法第六八二條第二項），亦即其須向合夥現實清償始可。又，合夥人之債權人，於合夥存續期間內，就該合夥人對於合夥之權利，不得代位行使，但利益分配請求權，不在此限（民法第六八四條）。此乃因合夥人對於合夥之權利，具有人的專屬性之故，至其利益分配請求權，已成為獨立之財產權，無專屬性，自得由其債權人代位行使。

復次，合夥人之債權人，就該合夥人之股份，得聲請扣押（民法第六八五條第一項）；前項扣押實施後兩個月內，如該合夥人未對於債權人清償或提供相當之擔保者，自扣押時起，對該合夥人發生退夥之效力（同條二項），以兼顧該合夥人之利益。惟此所謂之扣押股份，其標的物為該合夥人因退夥所得行使之出資返還請求權及利益分配請求權，並非以該股份為執行之標的物（三一年上字三〇八三號判例）。

四、合夥之退夥及入夥

(一)退　夥

退夥乃在合夥存續中，合夥人因一定原因，而脫離合夥關係。退夥之原因有二：

1.聲明退夥

合夥未定有存續期間，或經訂明以合夥人中一人之終身，為其存續期間者，各合夥人得聲明退夥 ；但應於兩個月前通知他合夥人 （民法第六八六條第一項）。惟此項退夥不得於退夥有不利於合夥事務之時期為之（同條二項）。至於合夥定有存續期間者，原則上不得中途退夥，但合夥人有非可歸責於自己之重大事由，仍得聲明退夥（同條三項），不受前二項規定之限制。此外，法院依合夥人之債權人之聲請扣押合夥人之股份時，於一定條件下，有為該合夥人聲明退夥之效力，已如前述，此亦為聲明退夥之一種。

2.法定退夥

法定退夥乃非基於合夥人自己之意思，而遇有法定事由，即依法發生退夥效力是。其事項如下：

(1)合夥人死亡者，但契約訂明其繼承人得繼承者，不在此限。

⑵合夥人受破產或監護之宣告者。

⑶合夥人經開除者（民法第六八七條）。惟此項開除以有正當理由為限，且應以他合夥人全體之同意為之，並應通知被開除之合夥人（民法第六八八條）。

復次，退夥之效力為：

1.退夥之結算

退夥人與合夥人間之結算，應以退夥時合夥財產之狀況為準；退夥之股份，不問其出資之種類，得由合夥以金錢抵還之；合夥事務，於退夥時尚未了結者，於了結後計算，並分配其損益（民法第六八九條）。

2.退夥人之責任

合夥人退夥後，對於其退夥前合夥所負之債務，仍應負責（民法第六九〇條）。

㈡入　夥

入夥乃第三人於合夥成立後，新加入合夥而為合夥人之行為。合夥成立後，非經合夥人全體之同意，不得允許他人加入為合夥人；而加入為合夥人者，對於其加入前合夥所負之債務與他合夥人負同一之責任（民法第六九一條）。

五、合夥之解散及清算

㈠解　散

合夥之解散乃消滅合夥關係之一種程序。合夥之解散為使合夥契約向後的終結，惟合夥雖經解散，非經清算完結，合夥尚不消滅。解散之原因如下（民法第六九二條）：

1.合夥存續期限屆滿者

合夥如定有存續期限，則期限屆滿，自因而解散。惟期限屆滿後，合夥人仍繼續其事務者，視為以不定期繼續合夥契約（民法第六九三條）。

2.合夥人全體同意解散者

合夥既出於全體之合意而成立，則合夥人全體同意，自可解散。

3.合夥之目的事業已完成或不能完成者

目的事業已完成，則目的達到，合夥無存在之必要，自當解散；若不能完成，則合夥存在已無實益，亦當解散。

此外，如合夥契約定有解散原因，而其原因發生時，亦使合夥因而解散。

㈡清　算

合夥解散後必須清算以了結其法律關係。清算由合夥人全體或由其所選任之人為之；此項清算人之選任，以合夥人全體之過半數決之（民法第六九四條）。數人為清算人時，關於清算之決議應以過半數行之（民法第六九五條）。又依民法第六九六條規定，以合夥契約選任合夥人中一人或數人為清算人者，適用第六七四條之規定，即非有正當理由不得辭任，非經其他合夥人全體之同意亦不得將其解任。

復次，清算人之職務為：

1.清償債務

合夥財產，應先清償合夥之債務；其債務未至清償期或在訴訟中者，應將其清償所必需之數額，由合夥財產中劃出保留之（民法第六九七條第一項）。

2.返還出資

依上項規定清償債務或劃出必需之數額後，其賸餘財產應返還各合夥人金錢或其他財產權之出資（同條二項），而金錢以外財產權之出資，應以出資時之價額返還之（同條三項）；至以勞務、信用或其他利益之出資，因性質上無從返還，自無返還出資可言。又，為清償債務及返還合夥人之出資，應於必要限度內，將合夥財產變為金錢（同條四項）。若合夥財產不足返還各合夥人之出資者，按照各合夥人出資額之比例返還之（民法第六九八條）。

3.分配賸餘財產

合夥財產於清償合夥債務及返還各合夥人出資後尚有賸餘者，按各合夥人應受分配利益之成數分配之（民法第六九九條）。此種賸餘財產之分配，應按各合夥人應受分配利益之成數分配之，以勞務、信用或其他利益為出資之合夥人，亦同受分配。

習　題

一、合夥與隱名合夥有何不同？

二、合夥財產如何構成？其歸何人所有？

三、甲、乙、丙所合夥經營之商店應給付丁貨款五十萬元，但屆期未為給付，

丁得否請求甲給付該貨款？

〔提　示〕

一、合夥與隱名合夥為各不相同之契約，二者不同之點如下：(1)合夥有團體性，合夥事業為全體合夥人之共同事業；隱名合夥並無團體性，其事業為出名營業人之事業。(2)在合夥，各合夥人之出資及其他合夥財產為合夥人公同共有；在隱名合夥，隱名合夥人之出資移屬於出名營業人所有。(3)合夥人之出資，除財產外，亦得以勞務或信用為出資；隱名合夥人之出資，則以財產為限。(4)合夥之各合夥人，均須出資；隱名合夥則僅由隱名合夥人出資，至出名營業人出資與否，則非隱名合夥之成立要件。(5)合夥財產不足清償合夥債務時，各合夥人對於不足之額，連帶負其責任；隱名合夥人則僅於出資限度內負擔損失，對外並不負責。(6)合夥之事務，原則上由合夥人全體共同執行；隱名合夥之事務，原則上專由出名營業人執行之。

二、㈠合夥財產之構成，除各合夥人之出資外，尚包括因執行合夥業務所取得之財產及由合夥財產所生之財產。

　　㈡合夥財產為合夥人全體之公同共有。因合夥非法人，合夥財產自非合夥之單獨所有。故合夥人對於合夥財產，僅得依公同共有之規定行使權利。

三、丁須該合夥商店之財產不足清償該貨款時，始得向甲請求給付。其理由為：依法合夥人對合夥債務之清償責任，為第二次的責任，具補充性。即合夥財產不足清償合夥債務為各合夥人連帶責任之發生要件。是丁不得逕行請求甲給付該貨款，而須舉證合夥財產不足清償該貨款後，始可向甲請求給付之。

第十九節　隱名合夥

一、隱名合夥之意義

隱名合夥乃當事人約定，一方對於他方所經營之事業出資，而分受其營業所生之利益及分擔其所生之損失之契約（民法第七〇〇條）。其出資之一方為隱名合夥人，其經營事業之一方為出名營業人。如係數隱名合夥人共同與同一出名營業人成立隱名合夥契約，則僅為一個契約；如為數隱名合夥人各別與同一

出名營業人成立隱名合夥契約，則為數個獨立契約之併存。又，隱名合夥人之出資，意在謀利，故出名營業人所經營之事業，雖不必限商業，但必屬營利事業，從而稱為「營業」。再者，我民法既以自營業分受利益及分擔損失為隱名合夥之要素，若當事人約定僅分配利益而不分擔損失，即非隱名合夥，而為無名契約。

二、隱名合夥之成立

隱名合夥之成立，法無特別規定，是故於隱名合夥人負出資義務，出名營業人負經營事業之義務，而隱名合夥人自營業分受利益及分擔損失之意思表示一致時成立。其無須具備一定之方式，亦無須隱名合夥人現實履行出資，故為不要式契約及諾成契約。又，隱名合夥人負出資之義務，出名營業人負經營事業並分配利益之義務，雙方互負對價關係之債務，且互向對方為給付，故其屬雙務契約及有償契約。

復次，隱名合夥與合夥雖為不同之契約，惟關於出資以受損益分配，亦有類似之處，故民法第七○一條規定，隱名合夥除特有規定者外，準用關於合夥之規定。

三、隱名合夥之效力

㈠內部關係

隱名合夥之內部關係，乃隱名合夥人與出名營業人間之權利義務關係。分述如次：

1.出資之義務

隱名合夥人有出資義務，此之出資以財產為限，不得以勞務、信用為出資，因隱名合夥人不協同營業，對外不生權利義務關係，無從利用其勞務或信用之故。其出資構成出名營業人之財產，是以民法第七○二條規定：「隱名合夥人之出資，其財產權移屬於出名營業人。」又，除有約定外，隱名合夥人無於中途增加出資之義務，營業縱有虧損，亦無補充出資之義務（民法第七○一條準用六六九條）。

2.事務之執行

隱名合夥之事務專由出名營業人執行之（民法第七〇四條第一項），並應與處理自己事務為同一之注意（民法第七〇一條準用六七二條）。

3.事務之監督

隱名合夥人對於事務雖無執行權，但有監督權，因而縱有反對之約定，隱名合夥人仍得於每屆事務年度終查閱合夥之帳簿，並檢查其事務及財產之狀況；如有重大事由，法院因隱名合夥人之聲請，得許其隨時為前項之查閱及檢查（民法第七〇六條）。

4.損益之分配

隱名合夥人僅於出資之限度內負分擔損失之責任（民法第七〇三條）。又，出名營業人，除契約另有訂定外，應於每屆事務年度終計算營業之損益，其應歸隱名合夥人之利益，應即支付之（民法第七〇七條第一項）。應歸隱名合夥人之利益而未支取者，除另有約定外，不得認為出資之增加（同條二項）；亦即此項利益，除出名營業人依法提存外，應保管之，以待隱名合夥人之支取。

㈡外部關係

外部關係乃出名營業人或隱名合夥人對於第三人之權利義務關係。出名營業人對外負一切責任，是故隱名合夥人就出名營業人所為之行為，對於第三人不生權利義務之關係（民法第七〇四條第二項）；但隱名合夥人如參與合夥事務之執行，或為參與執行之表示，或知他人表示其參與執行而不否認者，縱有反對之約定，對於第三人仍應負出名營業人之責任（民法第七〇五條）。亦即有上開情形之一時，足使第三人誤信其為執行事務之出名營業人，為保護第三人起見，使其與出名營業人負同一之責任。從而出名營業人與負擬似出名營業人責任之隱名合夥人應為不真正連帶債務人。

四、隱名合夥之終止

㈠聲明終止

聲明終止即聲明退夥，依民法第七〇八條前段規定，隱名合夥人得依民法第六八六條之規定聲明退夥。

㈡當然終止

隱名合夥契約因下列事項之一而終止（民法第七〇八條後段）：

①存續期限屆滿者。

②當事人同意者。

③目的事業已完成或不能完成者。

④出名營業人死亡或受監護之宣告者。

⑤出名營業人或隱名合夥人受破產之宣告者。

⑥營業之廢止或轉讓者。

復次，隱名合夥契約終止時，出名營業人應返還隱名合夥人之出資及給與其應得之利益；但出資因損失而減少者，僅返還其餘存額（民法第七〇九條）。若計算結果已無餘存，自無返還之問題。

第十九節之一　合　會

一、合會之意義

合會乃由會首邀集二人以上為會員，互約交付會款及標取合會金之契約（民法第七〇九條之一第一項前段）。合會為社會習見之私人間小額資金融通之金融制度，具有儲蓄、集資與互助之功能，民法原未規定，為使當事人間之權利義務關係臻於明確，民法債編修正後增列其為有名契約。

合會為由會首邀集會員參加，以標取合會金為目的，故會首與會員間及會員與會員間互約交付會款及標取合會金者，固成立合會，即所謂之團體性合會是，惟其僅由會首與會員為約定者，亦成立合會（同項後段），即所謂之個別性合會是，其均適用本節之規定。

合會乃以標取合會金為目的之契約，所謂合會金指會首及會員應交付之全部會款（同條二項），而會款之種類固以金錢為常（即現金會），但亦有其他代替物者，例如給付稻穀（即稻穀會）是，是故會款得為金錢或其他代替物（同條三項）。

二、合會之成立及性質

依民法第七○九條之三第一項規定：「合會應訂立會單，記載左列事項：一、會首之姓名、住址及電話號碼。二、全體會員之姓名、住址及電話號碼。三、每一會份會款之種類及基本數額。四、起會日期。五、標會期日。六、標會方法。七、出標金額有約定其最高額或最低額之限制者，其約定。」足見合會為法定之要式契約，即除當事人就交付會款及標取合會金意思表示一致外，尚須訂立會單，合會契約始行成立。該會單應由會首及全體會員簽名，記明年月日，由會首保存並製作繕本，簽名後交每一會員各執一份（同條二項）。惟同條第三項規定：「會員已交付首期會款者，雖未依前二項規定訂立會單，其合會契約視為已成立。」即當事人雖未訂立會單，但為緩和其要式性，如會員已交付首期會款者，該未訂立會單之方式欠缺，即因之補正，其合會視為已成立。

再者，合會於當事人意思表示一致，並訂立會單時成立，無須現實履行，故為諾成契約。又，當事人之交付會款與標取合會金，互有對價關係，並為對價性之給付，故合會為雙務契約及有償契約。

復次，民法對合會會首及會員之資格，予以限制，即會首及會員，以自然人為限（民法第七○九條之二第一項），而會首不得兼為同一合會之會員（同條二項）。又，無行為能力人及限制行為能力人不得為會首，亦不得參加其法定代理人為會首之合會（同條三項），以維持合會之穩定。易言之，無行為能力人或限制行為能力人不得因其法定代理人之代理或同意而為會首，此為特別規定，民法總則此部分之規定即不適用；其亦不得參加其法定代理人為會首之合會之會員，否則，該部分應為無效。

三、合會之效力

㈠會首之權利義務

1.主持標會之義務

標會為合會之主要事務，而合會係由會首邀集會員而成立，故民法第七○九條之四第一項規定：「標會由會首主持，依約定之期日及方法為之。其場所由會首決定並應先期通知會員。」第二項規定：「會首因故不能主持標會時，由會

首指定或到場會員推選之會員主持之。」

2.取得首期合會金之權利

民法第七○九條之五規定：「首期合會金不經投標，由會首取得，其餘各期由得標會員取得。」

3.收取會款、交付會款、代為給付會款及保管會款之義務

每期標會後三日內，會員應交付會款，為此會首應於該期限內，代得標會員向其他會員收取會款，連同自己之會款，於期滿之翌日前交付得標會員；逾期未收取之會款，會首應代為給付（民法第七○九條之七第二項）；而會首代為給付後，得請求未給付之會員附加利息償還之（同條四項）。會首對已收取之會款，在未交付得標會員前，對其喪失、毀損，應負責任（同條三項），即其就該收取之會款負保管義務，且負較重之不可抗力責任；但如因可歸責於得標會員之事由，致喪失、毀損，則由該得標之會員負責（同項但書）。由是觀之，會首於向其他會員收取之會款，未交付得標會員前，於法並非其所有，而屬得標會員所有。

4.權利義務移轉他人之限制

合會會員係因信任會首而入會，故會首非經會員全體之同意，不得將其權利義務移轉於他人（民法第七○九條之八第一項）。

(二)會員之權利義務

1.投標之權利

會員於給付首期會款於會首之後，其餘各期之合會金即由會員依約定方法標取（民法第七○九條之五）。關於標會之方法，民法第七○九條之六第一項規定：「每期標會，每一會員僅得出標一次，以出標金額最高者為得標。最高金額相同者，以抽籤定之。但另有約定者，依其約定。」第二項規定：「無人出標時，除另有約定外，以抽籤定其得標人。」第三項規定：「每一會份限得標一次。」

2.交付會款之義務

會員應交付首期會款於會首，已如前述，其餘各期之標會，如未得標時，應於每期標會後三日內交付會款（民法第七○九條之七第一項）。其如不於該期限內交付，自應負給付遲延之責任。

3.得標會員有向會首請求交付合會金之權利

會員得標後，會首應將代其向其他會員收取之會款，連同會首自己之會款，及會首因逾期未收取而代為給付之會款交付於得標會員（參照民法第七〇九條之七第二項）。易言之，得標會員得向會首請求交付合會金。又，會首既為代得標會員向其他會員收取會款，則得標會員得向其他會員請求交付會款，至為明瞭。

4.會員退會及轉讓會份之限制

為維持合會之正常運作，並考慮當事人之信任關係，是故會員非經會首及會員全體之同意，不得退會，亦不得將其自己之會份轉讓於他人（民法第七〇九條之八第二項）。

四、合會之清算

合會之清算事由為會首破產、逃匿或其他事由致合會不能繼續進行（參照民法第七〇九條之九第一項）。此即俗稱之「倒會」，此際無須再為標會，其處理方法，民法第七〇九條之九規定如下：

(1)**因會首之上述事由致合會不能繼續進行時，除當事人另有約定外，會首及已得標會員應給付之各期會款，應於每屆標會期日平均交付於未得標之會員（一項）**　於此情形，未得標會員不再每期交付會款，而會首及已得標會員仍享有期限利益，於每屆標會期日將各期應給付會款按未得標會員之債權額數，平均分配交付之，易言之，未得標會員得按其平均分受之債權分別向會首及已得標會員請求給付。惟會首因上述情事致合會不能續行時，其給付會款及擔保付款之責任不能減免，是故對已得標會員依前項規定應給付之各期會款，負連帶責任（二項），即未得標會員亦得就其向已得標會員請求之部分請求會首連帶為給付。

(2)**會首或已得標會員依第一項規定應平均交付於未得標會員之會款遲延給付，其遲付之數額已達兩期之總額時，該未得標會員得請求其給付全部會款（三項）**　即於此情形，會首及已得標會員喪失前述之期限利益。

(3)**因會首之上述事由致合會不能繼續進行時，得由未得標之會員共同推選一人或數人處理相關事宜（四項）。**

習　題

一、合會是否為要式契約？

二、無行為能力人及限制行為能力人得否為會首及會員？

三、合會會員未依期限交付會款，而會首亦未如期將合會金交付得標會員時，
　　得標會員有何權利可得行使？

〔提　示〕

一、民法增訂第七〇九條之三第一、二項明定合會應訂立會單，記載當事人之姓名、
　　每一會份會款之種類及基本數額等事項，並應由會首及全體簽名，即為法定之
　　要式契約，如未依此方式，合會尚未成立。惟為緩和該要式性，同條第三項另
　　明定會員已交付首期會款者，雖未訂立會單，合會視為已成立。
　　惟新法施行前，合會屬無名契約，除當事人另有成立方式之約定外，為不要式
　　契約。

二、㈠無行為能力人及限制行為能力人不得為會首，新法第七〇九條之二第三項明
　　　定之。是無行為能力人或限制行為能力人不因其法定代理人之代理或同意而
　　　為會首。惟新法施行前，尚無此項限制。

　　㈡無行為能力人及限制行為能力人不得參加其法定代理人為會首之合會，前述
　　　規定亦明文限制之。除該項禁止外，無行為能力人或限制行為能力人自得經
　　　其法定代理人之代理或同意，而為合會之會員。

三、依民法新增第七〇九條之七之規定，於此情形，得標會員得行使下列權利：⑴
　　向會首請求交付合會金　會首應於期限內代得標會員向會員收取會款，逾期未
　　收取者，會首亦應代為給付，是故不論會員已否交付會款，得標會員均得向會
　　首請求如數交付合會金。⑵向會員請求交付會款　會首既為負有代得標會員向
　　其他會員收取會款之義務，則得標會員自行向尚未交付會款之其他會員請求交
　　付會款，自無不可。此外，得標會員並得依給付遲延之規定向會首及會員請求
　　損害賠償，亦不待言。
　　惟新法施行前，合會為無名契約，依四九年臺上字一六三五號判例，以臺灣合
　　會性質，乃會員與會首間締結之契約，會員相互間除有特約外，不發生債權債
　　務關係。即前述之得標會員向會員請求交付會款一節，除其另有約定外，尚無
　　所據。至得標會員得代位會首向其他會員請求交付會款，則為別一問題。

第二十節 指示證券

一、指示證券之意義及性質

指示證券乃指示他人將金錢、有價證券或其他代替物,給付第三人之證券(民法第七一〇條第一項)。為指示之人稱為指示人,被指示之他人稱為被指示人,受給付之第三人稱為領取人(同條二項)。所謂指示他人給付,即為表示委託他人給付,其給付之標的物,限於金錢、有價證券或其他代替物三種。

指示證券所表彰之權利為一定數量之金錢、有價證券或其他代替物之給付請求權,而其權利之行使、移轉或消滅,均與證券有不可分離之關係,故為有價證券。其所表彰者既為一定數量之金錢、有價證券或其他代替物之給付請求權,並非表彰金錢、有價證券或其他代替物之所有權,故為債權證券,而非物權證券。指示證券所表彰之權利,因證券行為而發生,至其何以為證券行為之原因,則可不問,故為不要因證券,證券持有人行使證券所表彰之權利,無須證明權利所生之原因。又,指示證券所表彰之權利,雖以證券之作成為其要件,但尚須經過被指示人之承擔,被指示人始負擔給付之義務,而證券所表彰之權利,始確實發生。再者,指示證券之持有人向被指示人行使權利,須提示該證券,故其為提示證券。

二、指示證券之發行

指示證券之發行乃指示人作成證券,並以之交付領取人之行為。通說認為此項行為屬於單獨行為,僅須指示人一方之意思即可完成,不以領取人之承諾為必要。惟指示證券之發行在指示人與領取人之間必有基礎的法律關係或稱原因關係,而發行指示證券多為完成該項關係之手段,例如為貸款或債務之清償等是。惟證券一經發行,即與原因關係脫離,而成為不要因證券。

指示人為清償其對於領取人之債務而交付指示證券者,其債務於被指示人為給付時消滅(民法第七一二條第一項)。前項情形債權人受領指示證券者,不得請求指示人就原有債務為給付;但於指示證券所定期限內,其未定期限者,

於相當期限內，不能由被指示人領取給付者，不在此限（同條二項）。又，指示證券之發行，既為指示人之單獨行為，故債權人不願由其債務人受領指示證券者，應即時通知債務人（同條三項），否則因此致債務人受有損害時，應負賠償責任。

三、指示證券之承擔

指示證券之承擔乃被指示人向領取人表示，願給付證券上標的物之行為。此項行為亦屬於單獨行為，其方式，法無規定，解釋上應於證券上表示承擔之意旨，並在證券上簽名始可。至於承擔之效力，民法第七一一條第一項規定：「被指示人向領取人承擔所指示之給付者，有依證券內容而為給付之義務。」由此可知，經承擔後，被指示人應依承擔之文義，負給付義務，亦即有負擔債務之效力，此不僅對於領取人生效，對於以後之證券受讓人亦均屬有效。為強化其效力，同條第二項並規定被指示人僅得以本於指示證券之內容，或其與領取人間之法律關係所得對抗領取人之事由，對抗領取人。

復次，被指示人之所以為承擔，其必與指示人之間另有基礎關係或稱資金關係存在，例如負有債務，而以承擔方法清償其債務是。惟被指示人雖對於指示人負有債務，仍無承擔其所指示給付或為給付之義務；但已向領取人為給付者，就其給付之數額，對於指示人免其債務（民法第七一三條）。

再者，被指示人對於指示證券，拒絕承擔或拒絕給付者，領取人應即通知指示人（民法第七一四條）。若怠於通知，致指示人受有損害時，應負賠償責任。

四、指示證券之讓與

指示證券之讓與乃指示證券之領取人或持有人將其證券轉讓於第三人之行為。民法第七一六條第一項規定：「領取人得將指示證券讓與第三人。但指示人於指示證券有禁止讓與之記載者，不在此限。」即明定指示證券之讓與性。至讓與之方法，應以背書為之（同條二項），而被指示人對於指示證券之受讓人已為承擔者，不得以自己與領取人間之法律關係所生之事由，與受讓人對抗（同條三項），以保護受讓人，便利指示證券之流通。

五、指示證券效力之消滅

指示證券除於被指示人為給付，持有人將證券交還於為給付之人時，指示證券效力歸於消滅外，有下列之特殊消滅原因：

㈠指示證券之撤回

指示人於被指示人未向領取人承擔所指示之給付或為給付前，得撤回其指示證券；其撤回應向被指示人以意思表示為之（民法第七一五條第一項）。又，指示人於被指示人未為承擔或給付前，受破產宣告者，其指示證券，視為撤回（同條二項）。指示證券一經撤回，其效力即歸消滅。

㈡消滅時效之完成

指示證券領取人或受讓人，對於被指示人因承擔所生之請求權，自承擔之時起，三年間不行使而消滅（民法第七一七條）。

㈢指示證券之宣告無效

指示證券遺失、被盜或滅失者，法院得因持有人之聲請，依公示催告程序，宣告無效（民法第七一八條）。經法院除權判決宣告該證券無效後，指示證券效力自歸消滅，但持有人之權利，並不消滅，得根據法院之除權判決向被指示人行使證券上之權利。

第二十一節　無記名證券

一、無記名證券之意義及性質

無記名證券乃持有人對於發行人得請求其依所記載之內容為給付之證券（民法第七一九條）。無記名證券不記載權利人，證券之持有人即為證券之權利人，得向證券發行人提示證券而請求給付。發行人發行證券而自負給付之義務，其給付之標的物，法無限制，非如指示證券，因此不限於金錢、有價證券及其他代替物，其他之財產或勞務，例如車票、入場券等，亦無不可。

無記名證券表彰請求給付之債權，而其權利之行使，移轉及消滅，均與證券有不可分離之關係，故為有價證券，且為債權證券。證券持有人行使此項權

利，必須提示該證券，但無須證明其權利所由發生之原因，故為提示證券，亦為不要因證券。凡此固與指示證券相同。但無記名證券為發行人自負給付義務，與指示證券為委託他人給付者，有所不同；又，無記名證券不記載權利人之姓名，故以交付而流通，而指示證券大多記載領取人之姓名，故多以背書而轉讓，惟無記名式之指示證券，始得以交付而讓與。

二、無記名證券之發行

無記名證券之發行乃發行人作成證券，並交付於持有人之單獨行為。一經發行，則發行人對於持有人即應負給付之責（民法第七二〇條第一項）。發行本應由發行人作成證券，並經交付，始完成發行行為，而由發行人對於權利人依證券內容負責，但無記名證券發行人，其證券雖因遺失、被盜或其他非自己之意思而流通者，對於善意持有人，仍應負責（民法第七二一條第一項）。又，無記名證券，不因發行在發行人死亡或喪失能力後，而失其效力（同條二項），蓋無記名證券為單獨行為，其經發行人作成後，其發行人死亡或喪失行為能力時，其繼承人或其法定代理人繼為交付行為，而完成發行行為者，其發行仍為有效。

三、無記名證券之讓與

無記名證券不記載權利人之姓名，其證券所有權之讓與，法無規定，解釋上應依動產物權讓與方法，即以讓與之合意及證券之交付為之。又，無記名證券，因毀損或變形不適於流通，而其重要內容及識別記號仍可辨認者，持有人得請求發行人，換給新無記名證券（民法第七二四條第一項）。前項換給證券之費用，應由持有人負擔；但證券為銀行兌換券或其他金錢兌換券者，其費用應由發行人負擔（同條二項）。

四、無記名證券之給付

無記名證券發行人於持有人提示證券時，有為給付之義務；但知持有人就證券無處分之權利，或受有遺失、被盜或滅失之通知者，不得為給付（民法第七二〇條第一項）。發行人依上述規定已為給付者，雖持有人就證券無處分之權利，亦免其債務（同條二項）。惟無記名證券持有人向發行人為遺失、被盜或滅

失之通知後，未於五日內提出已為聲請公示催告之證明者，其通知失其效力（民法第七二〇條之一第一項），俾免久延時日致損及他人利益；前項持有人於公示催告程序中，經法院通知有第三人申報權利而未於十日內向發行人提出已為起訴之證明者，亦同（同條二項），即於此情形，持有人為遺失、被盜或滅失之通知，亦失其效力。無記名證券持有人請求給付時，應將證券交還發行人；發行人因依證券為給付而收回證券時，雖持有人就該證券無處分之權利，仍取得其證券之所有權（民法第七二三條）。又，無記名證券之發行人，僅得以本於證券之無效，證券之內容或其與持有人間之法律關係所得對抗持有人之事由，對抗持有人；但持有人取得證券出於惡意者，發行人並得以對持有人前手間所存抗辯之事由對抗之（民法第七二二條）。

五、無記名證券之喪失

㈠一般無記名證券之喪失

　　無記名證券遺失、被盜或滅失者，法院得因持有人之聲請，依公示催告之程序，宣告無效（民法第七二五條第一項）。此種情形，發行人對於持有人應告知關於實施公示催告之必要事項，並供給其證明所必要之材料（同條二項），以便為公示催告之聲請。其次，無記名證券定有提示期間者，如法院因公示催告聲請人之聲請，對於發行人為禁止給付之命令時，停止其提示期間之進行；此項停止自聲請發上開命令時起，至公示催告程序終止時止（民法第七二六條）。

㈡利息、年金及分配利益之無記名證券之喪失

　　關於利息、年金及分配利益之無記名證券，有遺失、被盜或滅失而通知於發行人者，如於法定關於定期給付之時效期間屆滿前，未有提示，為通知之持有人得向發行人請求給付該證券所載之利息、年金或應分配之利益；但自時效期間屆滿後，經過一年者，其請求權消滅（民法第七二七條第一項）。如於時效期間屆滿前，由第三人提示該項證券者，發行人應將不為給付之情事，告知該第三人，並於該第三人與為通知之人合意前，或於法院為確定判決前，應不為給付（同條二項）。

㈢無利息見票即付之無記名證券之喪失

　　若無利息見票即付之無記名證券，例如銀行兌換券、商店禮券等，為金錢

之代用，經濟效用上與一般無記名證券有別，有必要強化其流通性，是故民法第七二八條規定：「無利息見票即付之無記名證券，除利息、年金及分配利益之證券外，不適用第七二○條第一項但書及第七二五條之規定。」易言之，此等證券一經喪失，其表彰之權利，隨之喪失，從而：

(1)**不適用明知無處分權之規定**　即發行人縱明知持有人就證券無處分權利，亦應給付。

(2)**不適用受通知不給付之規定**　即發行人雖受有遺失、被盜或滅失之通知，仍應給付。

(3)**不適用公示催告程序之規定**　即持有人雖證券喪失，但不得適用公示催告程序，請求法院宣告證券為無效。不過該證券若為利息、年金及分配利益之證券時，則不在此限。

第二十二節　終身定期金

一、終身定期金契約之意義

終身定期金契約乃當事人約定，一方於自己或他方或第三人生存期內，定期以金錢給付他方或第三人之契約（民法第七二九條）。其約定為金錢給付之一方，為終身定期金債務人，受金錢定期給付之一方或第三人，為終身定期金債權人。

終身定期金契約為約定債務人定期給付金錢，或按年、或按季、或按月，可由當事人自由約定，如未約定給付期，我民法第七三二條第一項規定，應按季為之；我民法既明定其給付之標的為金錢，若約定者為金錢以外之物者則為無名契約。終身定期金有約定向他方給付者，亦有約定向第三人給付者，約定向當事人以外之第三人為給付者，性質上即屬第三人利益契約，應適用民法第二六九條及第二七○條之規定。終身定期金契約為約定以債務人或他方或第三人之生存期為給付義務存續期間之契約，亦即以債務人或他方或第三人之終身，為此項定期給付義務之存續期間。

二、終身定期金契約之成立及性質

終身定期金契約以當事人間意思表示合致，訂立書面時成立。詳言之，當事人之一方表示願於自己或他方或第三人生存期內，以金錢定期給付他方或第三人，經他方表示承諾；或一方要約他方於自己、或他方或第三人生存期內，由他方以金錢定期給付於自己或第三人，經他方承諾，並訂立書面時，契約始為成立。為求其慎重，並杜日後之糾紛，我民法第七三〇條明定，其訂立應以書面為之，即為法定之要式契約。惟此契約之成立，無須現實履行，故為諾成契約。又，此項契約僅使定期金債務人一方負擔給付定期金之債務，而他方則無須負擔任何對待給付之債務，故原則上為片務契約及無償契約。但如為約定他方負擔對待給付之債務構成契約內容之終身定期金契約，即為雙務契約及有償契約。

三、終身定期金契約之效力

終身定期金契約一經成立，其主要之效力，即發生終身定期金債權，亦即定期金債務人負有定期金之債務，而他方即取得定期金之債權。此債權為基本債權，而以此為基礎於每期所發生定期金金額之給付請求權，則為支分債權，支分債權一經發生可與其基本權分別獨立。詳言之，民法第七三四條規定：「終身定期金之權利，除契約另有訂定外，不得移轉。」即以終身定期金之基本債權具有專屬性，原則上不許移轉，亦即不許讓與，亦不得繼承。但各期給付請求權之支分債權，則無專屬性，得為處分或繼承。又支分債權既為定期給付請求權，其為適用民法第一二六條所定之消滅時效，自不待言。

復次，定期金之存續期間，或以債務人為標準，或以債權人為標準，或以第三人為標準，均無不可。究以何人為準，當事人自得訂明，若未訂明而有疑義時，則推定其為債權人生存期內，按期給付（民法第七三一條第一項）。又，契約所定之金額，或為月額，或為季額，或為年額，亦須訂明，若有疑義時，推定其為每年應給付之數額（同條二項）。

至於定期金之支付時期，當事人得自由約定，如未約定，則應按季預行支付（民法第七三二條第一項），亦即應按春夏秋冬四季，於每季之開始預行支付。

四、終身定期金之遺贈

終身定期金固常以契約訂定，但亦得以遺囑設定之。惟以遺囑設定終身定期金者，性質上屬於遺贈，即為單獨行為而非契約，是故關於其行為之成立及生效，自應適用關於遺贈之規定。終身定期金之遺贈生效以後，其法律關係與以契約訂定之終身定期金，無何差異，故民法第七三五條明定其準用終身定期金契約之規定。

五、終身定期金契約之消滅

終身定期金既以某人之生存期間為其存續期間，則該人一旦死亡，終身定期金契約即因存續期間屆滿，而歸消滅。惟尚有下列之問題：

⑴依其生存期間而定終身定期金之人　如在定期金預付後，該期間屆滿前死亡者，定期金債權人取得該期金額之全部（民法第七三二條第二項）。

⑵因死亡而終止定期金契約者　如其死亡之事由，應歸責於定期金債務人時，法院因債權人或其繼承人之聲請，得宣告其債權在相當期限內仍為存續（民法第七三三條）。此項宣告依民事訴訟程序，由法院為判決。所謂相當期限，應斟酌該死亡之人如不死亡時，可得生存之期間定之。

第二十三節　和　解

一、和解之意義

和解乃當事人約定，互相讓步，以終止爭執或防止爭執發生之契約（民法第七三六條）。所謂爭執，乃當事人對於一定法律關係之存否，或其範圍、內容、效力為相反之主張之謂。已生爭執，須加以終止，現雖無爭執，將來有發生爭執之虞，須加以預防，於是當事人乃以互相讓步，即拋棄自己全部或一部主張，而為犧牲自己利益之行為，以息其爭端。按解決爭執之方法，不以和解為限，如訴訟上之判決、調解、仲裁等均是，但究以和解為解決爭執之最佳方法，因其既不必假手第三人，而手段又屬平和之故，法諺曰：「瘦的和解，勝於

胖的訴訟」，趣旨在斯。

　　復次，和解有民法上之和解、民事訴訟法上之和解（民訴三七七至三八〇條）、及破產法上之和解（破產六至五六條）之別，此所述者，為民法上之和解。

二、和解之成立及性質

　　和解於雙方當事人表示讓步之意思，趨於一致時成立。通常雖多立有和解書，但法律上並不以之為成立要件，且無須現實為給付，故和解為諾成契約及不要式契約。又，當事人互負讓步之債務，具有對價關係，故為雙務契約。惟得為和解之標的，以當事人所得處分之法律關係為限，如不許當事人自由處分之法律關係，例如親子關係或婚姻關係之存否、法定繼承人之順序等，即不得為和解是。

三、和解之效力

　　和解固可確定法律關係，但其效力為何，有不同之見解。有謂和解有創設的效力，因和解而創設新的法律關係，至和解前之法律關係，則概置不問；另有謂和解僅有認定的效力，僅確認原有之法律關係，使仍存續，並不創設新的法律關係。自民法第七三七條規定，和解有使當事人所拋棄之權利消滅及使當事人取得和解契約所訂明權利之效力以觀，和解有創設的效力。惟實務見解即最高法院七七、一一、一第一九次民事庭會議決議則認為：和解究屬創設，抑為認定，應依和解契約內容定之。當事人以他種法律關係或以單純無因性之債務約束替代原有之法律關係時，屬於創設，否則以原來而明確之法律關係為基礎而成立和解時，則屬認定，云云。亦即依該見解，和解之效力並非概有創設的效力，例如甲依據侵權行為請求乙交還土地五坪，經雙方成立和解，由乙向甲買受該土地時，即為以買賣關係替代原來之侵權行為關係，該和解之效力為創設的；惟如甲向乙借款十萬元，屆清償期後，乙請求甲還款時，雙方成立和解，由甲僅還款八萬元，乙其餘請求拋棄時，係以原來明確之消費借貸關係為基礎而成立之和解，其僅有認定的效力是。

四、和解之消滅

　　和解為法律行為之一種，故和解如有無效之原因者，自不生效力；其雖已生效，但如經解除或撤銷（如因被詐欺或脅迫而成立和解，經予撤銷），則和解亦溯及地消滅其效力。惟和解不得以錯誤為理由而撤銷之（民法第七三八條本文）。此乃和解有創設效力之結果，因既已成立和解，以前之法律關係如何，既不再過問，則和解所確定之關係，縱與真正之法律關係不符，亦不影響和解之存在。但此乃原則，有下列各款情形之一，仍許和解當事人以錯誤為理由，撤銷其和解（同條但書）：

　　⑴和解所依據之文件，事後發見為偽造或變造，而和解當事人若知其為偽造或變造，即不為和解者。

　　⑵和解事件，經法院確定判決，而為當事人雙方或一方於和解當時所不知者。

　　⑶當事人之一方，對於他方當事人之資格或對於重要之爭點有錯誤，而為和解者。

第二十四節　保　證

一、保證之意義

　　保證乃當事人約定，一方於他方之債務人不履行債務時，由其代負履行責任之契約（民法第七三九條）。保證為保證人與債權人間所成立之契約，約定負擔保證債務之當事人為保證人，他方當事人為債權人，而被保證之他方之債務人，則稱主債務人。例如甲向乙借款，由丙保證甲之該債務時，甲為主債務人，乙為債權人，丙為保證人，保證契約之當事人為乙、丙，如甲不履行債務時，丙應向乙履行保證債務，代負償還責任是。惟依公司法第十六條之規定，公司原則上不得為保證人，是宜注意。

二、保證之成立及性質

保證契約之成立，法無特別規定，是故應於保證人與債權人約定，保證人於主債務人不履行債務時，由其代負履行責任之意思表示一致時成立。其無須具備一定之方式，亦無須現實為何種之給付，故為不要式契約及諾成契約。保證為附從於主債務人與債權人間債之關係之契約，其成立以主債務之存在為前提，故為從契約。易言之，保證債務為從債務，不得重於主債務，從而保證人之負擔較主債務為重者，應減縮至主債務之限度（民法第七四一條）。再者，保證契約為約定保證人對債權人負保證債務，而債權人對保證人並不負債務；又，保證人向債權人履行保證債務而為給付時，並不自債權人取得對待利益。故保證又為片務契約及無償契約。

現今社會，於法人向銀行借貸時，常以其董事為保證人，為期合理，民法第七五三條之一規定：「因擔任法人董事、監察人或其他有代表權之人而為該法人擔任保證人者，僅就任職期間法人所生之債務負保證責任。」即董事等如已卸任，其對法人債務所為之保證，隨之而終止。

三、保證之效力

㈠保證人與債權人間之關係

1.保證人之責任

保證人於主債務人不履行其債務時，代負履行責任（民法第七三九條），故保證人之責任為履行責任，非賠償責任。又，保證債務之範圍，除契約另有訂定外，包含主債務之利息、違約金、損害賠償及其他從屬於主債務之負擔（民法第七四〇條）。再者，債權人向主債務人請求履行及為其他中斷時效之行為，對於保證人亦生效力（民法第七四七條）；即主債務給付遲延，保證人亦應負責，主債務因請求等情形而中斷時效者，保證債務之時效亦因之中斷。

2.保證人之權利

⑴民法債編第二十四節所規定保證人之權利，除法律另有規定外，不得預先拋棄（民法第七三九條之一）　按本節所規定保證人之權利，例如得主張主債務人所有之抗辯（民法第七四二條）、拒絕清償權（民法第七四四條）

等，為避免債權人要求保證人拋棄權利，對保證人構成過重之責任，明定保證人不得預先拋棄，但法律如另有規定得為拋棄者，例如得拋棄先訴抗辯權（民法第七四六條一款）是，則如保證人預先拋棄時，仍可發生效力，其後不得主張該權利。

⑵**主債務人所有之抗辯，保證人得主張之（民法第七四二條第一項）**　詳言之，保證人除得本於債務人地位主張一般債務人應有之抗辯（例如保證債務未發生之抗辯）外，主債務人所有之抗辯，因保證債務從屬性之關係，保證人亦得獨立主張之，縱令主債務人拋棄其抗辯者，保證人仍得主張之（同條二項）。

⑶**保證人得以主債務人對於債權人之債權，主張抵銷（民法第七四二條之一）**　以避免保證人於清償後向主債務人求償之困難。

⑷**主債務人就其債之發生原因之法律行為有撤銷權（如因被詐欺、脅迫而生撤銷權）者**　保證人雖不得行使該撤銷權，惟對於債權人則得拒絕清償（民法第七四四條）。但保證人對於因行為能力之欠缺而無效之債務，如知其情事而為保證者，其保證仍為有效（民法第七四三條），此種情形，應自負履行之責，而不得拒絕給付。

⑸**保證人於債權人未就主債務人之財產強制執行而無效果前，對於債權人得拒絕清償（民法第七四五條）**　此為保證人之先訴抗辯權（亦稱檢索抗辯權），此乃保證債務具有補充性之結果。此種先訴抗辯權，遇有下列情形之一者，保證人不得主張之（民法第七四六條）：

①保證人拋棄該權利者。

②主債務人受破產宣告者。

③主債務人之財產，不足清償其債務者。

㈡保證人與主債務人間之關係

1.保證人之求償權與承受權

保證人所以為主債務人擔保，除本於贈與而為之者，不發生求償權外，其他為保證之原因為：

⑴**出於主債務人之委託者**　此種情形，則保證人與主債務人之關係屬於委任。

　　⑵**出於保證人之主動者**　此種情形，則保證人與主債務人之關係屬於無因管理。

　　於上開二種情形，保證人代主債務人清償債務後，即發生求償權，得對債務人行使之。此外，民法第七四九條規定：「保證人向債權人為清償後，於其清償之限度內，承受債權人對於主債務人之債權。但不得有害於債權人之利益。」此時保證人又取得承受權，原債權由保證人承受，保證人得向主債務人行使原債權人之債權。保證人就上開之求償權及承受權，可選擇行使，亦可一併行使，其重複部分其中一種權利行使而獲滿足時，另一種權利亦歸消滅。

　　2.保證人之保證責任除去請求權

　　所謂保證責任除去請求權乃保證人受主債務人之委任，而為保證者，有下列各款情形之一時，得向主債務人請求除去其保證責任（民法第七五〇條第一項）：

　　⑴主債務人之財產顯形減少者。

　　⑵保證契約成立後，主債務人之住所、營業所或居所有變更，致向其請求清償發生困難者。

　　⑶主債務人履行債務遲延者。

　　⑷債權人依確定判決得令保證人清償者。

　　以上各情形，保證人多已不得主張先訴抗辯權，而處於自己必須履行之地位，故於法許其向主債務人請求除去其保證責任，例如請求主債務人即行向債權人清償債務，或另向債權人提出擔保等均是。又，主債務未屆清償期者，主債務人得提出相當擔保於保證人，以代保證責任之除去（民法第七五〇條第二項）。

四、保證之消滅

　　保證之特別消滅原因如下：

㈠主債務消滅

　　主債務不論因何原因而消滅者，為從債務之保證債務即隨同消滅。

㈡債權人拋棄擔保物權

　　債權人拋棄為其債權擔保之物權者，保證人就債權人所拋棄權利之限度內，

免其責任（民法第七五一條）。亦即保證在此限度內消滅，保證人免其責任。

㈢定期保證之債權人對保證人不為審判上之請求

約定保證人僅於一定期間內為保證者，如債權人於其期間內，對於保證人不為審判上之請求，保證人免其責任（民法第七五二條）。保證債務既僅於約定期間內存續，債權人在該期間內對於保證人不為審判上之請求，保證債務即因期間之經過而消滅。

㈣未定期保證之債權人對主債務人不為審判上之請求

保證未定期間者，保證人於主債務清償期屆滿後，得定一個月以上之相當期限，催告債權人於其期限內，向主債務人為審判上之請求；債權人不於該期限內向主債務人為審判上之請求者，保證人免其責任（民法第七五三條）。即未定期保證，經催告而債權人不為審判上之請求者，保證歸於消滅。

㈤保證契約之終止

就連續發生之債務（如對租金、工資等連續債務）為保證，而未定有期間者，保證人得隨時通知債權人終止保證契約；此項情形，保證人對於通知到達債權人後所發生主債務人之債務，不負保證責任（民法第七五四條）。亦即終止保證契約之通知一經生效，則保證契約即向後生效，而歸於消滅。

㈥主債務之延期

就定有期限之債務為保證者，如債權人允許主債務人延期清償時，保證人除對於其延期已為同意外，不負保證責任（民法第七五五條）。

㈦主債務之承擔

在主債務承擔之情形，除保證人對於主債務之承擔已為承認外，其保證債務因主債務之承擔而消滅（參照民法第三〇四條第二項）。

五、特殊保證

㈠共同保證

共同保證乃數保證人就同一債務對於同一債權人而為保證，或稱保證連帶。民法第七四八條規定：「數人保證同一債務者，除契約另有訂定外，應連帶負保證責任。」亦即共同保證除契約訂定外，應連帶負責。從而共同保證人所負連帶責任及相互間關係，自適用民法關於連帶債務之規定。惟此之連帶乃各保證

人間之連帶，並非保證人與主債務人之連帶，故各保證人之保證債務仍居於補充之地位，對債權人均有先訴抗辯權。

㈡信用委任

信用委任乃委任他人，以該他人之名義及其計算，供給信用於第三人之契約。例如甲（委任人）委任乙（受任人），以乙之名義及其計算，貸款或賒賣貨物於丙（第三人）即是，乙受委任供給信用於丙，由乙對丙取得債權，自任其損益是。民法第七五六條規定：「委任他人以該他人之名義及其計算，供給信用於第三人者，就該第三人因受領信用所負之債務，對於受任人，負保證責任。」上例丙對乙之債務，甲依法應負保證責任，亦即為保證人。由是觀之，信用委任之委任人與受任人，既有委任關係，又有保證關係，則就其事項，除保證之規定外，委任之規定，亦有其適用。

㈢連帶保證

連帶保證乃保證人與主債務人對債權人連帶負債務履行責任之保證。民法就連帶保證並無特別規定，但學說及實務上（四五年臺上字一四二六號判例）均認之，社會上適用之情形，亦甚普遍。連帶保證之成立，主要依當事人之契約，且為基於數保證人明示之意思表示始可成立（參照民法第二七二條）。連帶保證之保證人因與主債務人負連帶責任，而無補充性，故連帶保證人固不得主張先訴抗辯權，但連帶保證仍屬保證債務，具有從屬性，因此一般保證基於從屬性所為之規定，在連帶保證仍有其適用。又，在連帶保證人與主債務人之內部關係，除有相互間之關係為基於贈與者外，連帶保證人對主債務人亦有求償權，但主債務人對連帶保證人則不生求償權，是宜注意。

習 題

一、何謂保證債務之從屬性及補充性？

二、保證人代主債務人清償債務後，對主債務人有無權利可得行使？

三、甲對乙有貨款債權一百萬元，由丙為保證人，屆期乙不為清償，甲得否以乙、丙為共同被告請求其給付該貨款？

〔提 示〕

一、㈠保證債務為從債務，成立之目的，在確保主債務之效力，因主債務之存在而

存在，此即為保證債務之從屬性。是故：⑴主債務發生時，保證債務始行成立；主債務消滅時，保證債務亦隨之消滅。⑵保證債務之內容，與主債務之內容為同一。⑶主債務人所有之抗辯，保證人均得主張之。⑷保證債務不得重於主債務，保證人之負擔較主債務為重者，應減縮至主債務之限度。

㈡保證人惟於主債務人不履行債務時，由其代負履行責任，故保證人原則上僅於主債務不履行時，為補充之履行，此即為保證債務之補充性。為此保證人對債權人得行使先訴抗辯權。

二、㈠保證人因委任或無因管理之關係，為主債務人擔保者，於代為清償債務後，自得本於委任或無因管理之規定向主債務人行使求償權。又因上述情形而發生求償權者，保證人承受債權人對於主債務人之債權，即保證人又取得代位權，得對主債務人行使原債權人之權利。

㈡如保證人為基於贈與之關係而為保證者，則保證人代為清償債務後，對於主債務人即無求償權，亦無代位權。

三、甲固得以乙、丙為共同被告，但須為附條件之聲明，即須容許丙為先訴抗辯，亦即須請求於主債務人乙之財產強制執行而無效果時，始由丙為清償。此乃因丙為一般之保證人（非連帶保證人），其清償責任雖與乙之主債務同時存在，但於法其有先訴抗辯權可得行使之故。（原告甲之訴聲明為：被告乙（主債務人）應給付原告○○○元，如對被告乙之財產強制執行無效果時，應由被告丙（保證人）代負履行責任。）

第二十四節之一　人事保證

一、人事保證之意義

人事保證乃當事人約定，一方於他方之受僱人將來因職務上之行為而應對他方為損害賠償時，由其代負賠償責任之契約（民法第七五六條之一第一項）。人事保證為保證人與僱用人間所成立之契約，約定代負賠償責任之一方為保證人，而被保證者為他方之受僱人，亦即主債務人，他方當事人為僱用人。例如甲受僱為乙之出納，約由丙保證甲將來因職務上之行為應對乙為損害賠償時，

丙應代負賠償責任者，甲為受僱人即主債務人，乙為僱用人即債權人，丙為保證人，人事保證契約之當事人為乙、丙是。又，此所稱之受僱人，非僅限於僱傭契約所稱之受僱人，凡客觀上被他人使用為之服勞務而受其監督者均屬之。

　　人事保證或稱職務保證，係就僱傭或其他職務關係中將來可能發生之債務所為具有繼續性與專屬性，而獨立負擔損害賠償責任之一種特殊保證，社會上行之有年，我民法對此原未規定，但學說及實務（四九年臺上字二六三七號、五一年臺上字一八五四號、同上字二七八九號判例）均已承認，民法債編修正後新增人事保證為獨立之有名契約。

　　人事保證人之代負賠償責任固亦以受僱人對僱用人負有損害賠償之主債務為前提，惟人事保證契約成立時，主債務尚未發生，而為就將來發生之債務所成立之保證，具有繼續性及專屬性，且以僱用人不能依他項方法受賠償者為限，人事保證人始負責任，且有最高限額賠償（另如後述）之限制，與一般保證有所不同，但其為從債務，亦具從屬性及補充性，性質上與一般保證亦相類似，故民法第七五六條之九規定：「人事保證，除本節有規定者外，準用關於保證之規定。」從而受僱人對於僱用人所有之抗辯，人事保證人得主張之，人事保證人自得主張先訴抗辯權，於為賠償或其他消滅債務行為後，亦得對於受僱人行使求償權及承受僱用人之債權。

二、人事保證之成立及性質

　　人事保證於保證人與僱用人約定，於受僱人將來因職務上之行為而應對僱用人為損害賠償時，由其代負賠償責任之意思表示一致，並立具書面時成立。按民法第七五六條之一第二項明定人事保證契約應以書面為之，即為法定之要式契約。又，人事保證為附從於僱用人與受僱人間之損害賠償關係之契約，故為從契約。再者，人事保證之成立，無須現實為何種之給付，故為諾成契約；而人事保證為約定保證人對僱用人負賠償責任，僱用人對保證人並不負債務，且保證人向僱用人履行損害賠償債務而為給付時，並不自僱用人取得對待利益，從而人事保證又為片務契約及無償契約。

　　宜注意者，民法第七五六條之一第一項明定人事保證人之責任範圍為受僱人將來因職務上之行為而應負之損害賠償，以免人事保證人之責任過重，是故

僱用人對受僱人之求償權，及非損害賠償之債務，即不在人事保證人負責範圍。

三、人事保證之期間

人事保證約定之期間，不得逾三年；逾三年者，縮短為三年（民法第七五六條之三第一項）。人事保證定有期間者，於約定期間屆滿後，當事人得更新之（同條二項），惟更新之期限自亦不得逾三年，且應以書面為之。又，人事保證未定期間者，自成立之日起有效期間為三年（同條三項），即於此情形，經過三年，人事保證關係消滅。宜注意者，上述約定期間之限制，為八十九年五月五日修正施行之民法債編所新增，其固亦適用於於修正施行前已成立之人事保證（民債施三五條），惟於民法債編修正施行前成立之人事保證，當事人正當信賴其約定為有效而生之利益，仍應予以適當之保障；故在修正施行前，如已有保證人應負保證責任之事由發生，保證人之賠償責任即告確定，不能因上開修正規定之施行而使其溯及的歸於消滅。是債編修正施行前成立之人事保證，其約定之保證期間逾三年，而於債編修正施行之日成立已滿三年但尚未屆期；或未定期間，而於債編修正施行之日成立已滿三年者，均應認至債編修正施行之日，其契約始失其效力（參照最高法院九十五年度第三次民事庭會議決議）。

四、人事保證之效力

㈠保證人之代負賠償責任

保證人之責任為代負賠償責任，已如前述。惟人事保證成立時，保證人之損害賠償債務尚未發生，須受僱人因職務上之行為而應對僱用人負損害賠償責任時，始具體發生，故屬附停止條件之債務。且為減輕保證人之責任，民法第七五六條之二第一項規定：「人事保證之保證人，以僱用人不能依他項方法受賠償者為限，負其責任。」即受僱人因職務上行為雖已對僱用人發生損害賠償債務，而使人事保證債務發生，但尚須僱用人不能依他項方法受賠償時，僱用人始得請求保證人代負賠償責任，否則如僱用人能依他項方法獲得賠償者，例如得就受僱人或第三人提供之不動產就受僱人職務上行為所生之損害為其所設定之最高限額抵押權予以實行時，尚不得請求保證人代負賠償責任。

復次，即令僱用人依前述情形已得請求保證人代負賠償責任，但除法律另

有規定或契約另有訂定外,保證人之賠償金額以賠償事故發生時,受僱人當年可得報酬之總額為限(同條二項),即又有最高賠償金額之限制。

再者,保證人應代負賠償責任時,如因有民法第七五六條之五第一項各款情形,僱用人應即通知保證人(另如後述),而僱用人不即通知保證人,或僱用人對受僱人之選任或監督有疏懈者,法院得減輕保證人之賠償金額或免除之(民法第七五六條之六)。

又,僱用人對保證人之損害賠償請求權,因二年間不行使而消滅(民法第七五六條之八),即為短期之消滅時效。

(二)僱用人之通知義務

民法第七五六條之五第一項規定:「有左列情形之一者,僱用人應即通知保證人:一、僱用人依法得終止僱傭契約,而其終止事由有發生保證人責任之虞者。二、受僱人因職務上之行為而應對僱用人負損害賠償責任,並經僱用人向受僱人行使權利者。三、僱用人變更受僱人之職務或任職時間、地點,致加重保證人責任或使其難於注意者。」使保證人得以及時處理,以免其保證責任加重。如僱用人未履行此項通知義務者,法院得減輕保證人之賠償金額或免除之(民法第七五六條之六第一款),已如前述。

同條第二項規定:「保證人受前項通知者,得終止契約。保證人知有前項各款情形者,亦同。」以免將來繼續發生或加重保證人之責任。

五、人事保證之消滅

人事保證之特別消滅如下:

(一)當然消滅

民法第七五六條之七規定:「人事保證關係因左列事由而消滅:一、保證之期間屆滿。二、保證人死亡、破產或喪失行為能力。三、受僱人死亡、破產或喪失行為能力。四、受僱人之僱傭關係消滅。」至於其事由發生前所已發生之保證責任,自不受影響。

(二)終止契約

(1)民法第七五六條之四規定:「人事保證未定期間者,保證人得隨時終止契約。前項終止契約,應於三個月前通知僱用人。但當事人約定較短之期間者,

從其約定。」

　　(2)保證人於有民法第七五六條之五第一項所列情形之一者，得依第二項規定終止契約，已如前述。

| 習　題 |

一、人事保證是否為要式契約？

二、受僱人已因職務上之行為而應對僱用人負損害賠償債務時，僱用人是否即得向受僱人之人事保證人行使損害賠償請求權？

三、甲就乙於八十八年七月十五日應給付丙之工程款一百萬元為保證。甲又另於同年七月一日就丁任職戊銀行為人事保證人，約明丁對戊如有虧空公款或其他職務上行為應負損害賠償責任時，甲願代負賠償責任。嗣甲於同年八月五日死亡，上述之乙屆期未給付丙工程款，丁於同年八月十日就其業務上所經手之款項二百萬元予以侵占花用。試問丙及戊得否分別請求甲之全體繼承人A、B、C連帶給付上述之債務？

　〔提　示〕

一、新法增訂人事保證為有名契約，並明定應以書面為之（民法第七五六條之一第二項），即為法定之要式契約。惟新法於八十九年五月五日施行，則於同年月四日前所成立之人事保證契約，非法定要式行為，除當事人另有方式之約定外，於其意思表示一致時即行成立，不以立有書面為必要。

二、受僱人負損害賠償債務時，僱用人對人事保證人行使損害賠償請求權應受兩項限制：(1)須僱用人不能依他項方法受賠償為限，人事保證人始負該賠償責任。(2)除法律另有規定或契約另有訂定外，人事保證人之賠償金額以賠償事故發生時，受僱人當年可得報酬之總額為限。惟上述限制，係新法第七五六條之二所規定，於新法施行前，尚不適用。

　　此外，人事保證人於僱用人未就受僱人之財產強制執行而無效果前，對於僱用人拒絕清償（民法第七五六條之九準用七四五條），即亦得行使先訴抗辯權。從而僱用人尚應先就受僱人財產聲請執行於無效果後，再行請求人事保證人賠償損害。

三、㈠丙請求甲之繼承人A、B、C連帶給付保證債務一百萬元為有據。理由：甲就

乙對丙之該工程款為保證，乃一般之保證，並無專屬性，甲死亡時，該保證債務為繼承標的，當然移轉於其全體繼承人（民法第一一四八條），繼承人並應對於繼承債務負連帶責任（民法第一一五三條），從而丙之請求為有理由。本件繼承發生於舊法之八十八年八月五日，其結論如上述。如繼承發生於新法之九十八年六月十二日以後者，A、B、C固仍應連帶給付丙一百萬元，但僅以繼承甲之遺產為限負清償責任。併為說明。

(二)戊請求甲之繼承人A、B、C連帶賠償丁所侵占之二百萬元為無據。理由：人事保證具有專屬性，是以保證人死亡時，人事保證關係即歸於消滅，新法第七五六條之七第二款定有明文，即判例（五一年臺上字二七八九號）亦認職務保證原有專屬性，倘繼承開始時，被保人尚未發生具體而確定之賠償義務，則此種保證契約，自不在繼承人繼承範圍之內。是故甲固為丁之人事保證人，但於甲八十八年八月五日死亡時，丁並未對戊發生損害賠償債務，即甲、戊之人事保證關係於此時即歸於消滅，該專屬性之義務，自非A、B、C之繼承標的。至丁因職務上對戊所負之二百萬元損害賠償債務，為甲、戊人事保證消滅後所發生，與甲之繼承人無涉。

第三編　物　權

第一章　物權通則

第一節　物權之意義

物權者，直接支配特定物而享受其利益之一種財產權。茲析述如左：

一、物權乃直接支配特定物之財產權

所謂直接支配，乃無須他人行為介入，直接對物加以管領或處置而言，例如土地所有人得直接使用其土地，地上權人得直接使用其有地上權之土地是。此與債權係請求債務人為一定行為之權利，債權人欲求其債權滿足，以有債務人之行為介入為必要之情形，有所不同。又直接支配，應屬於一種獨占性，亦即物權有排他性，同一物不容許性質不兩立之兩個以上物權同時存在。此與債權得同時就同一標的成立兩個以上者（如多重買賣均屬有效），亦有不同。

二、物權乃以特定物或權利為標的之財產權

物權之客體，原則上為物（動產、不動產），例外亦有以權利充之者，例如權利抵押權（民法第八八二條）、權利質權（民法第九〇〇條）是。充物權標的之物，須為特定及獨立之物。若非特定物，只能成立債權（種類之債），而不能成立物權；又若非獨立之物，僅係物之構成部分，亦不得為物權之標的，例如未與土地分離之樹木是（參照二九年上字一六七八號判例）。

三、物權乃直接享受物之利益之財產權

物權之權利人，既得依己意直接支配其物，當然亦得直接享受其物之利益。所謂直接支配標的物而享受其「利益」，可分兩種，一為物之利用，另一為就其

價值而為債務之擔保。申言之，物權除以物之利用為其內容，即於用益物權外，另有擔保物權，優先取得物之交換價值，例如質權、抵押權、留置權等是。

第二節　物權之種類

一、物權法定主義

　　民法為保護交易安全及維持社會經濟制度，對於契約，採契約自由原則，對於物權，則採法定主義。所謂物權法定主義，乃指物權之種類及其內容，須依法律之所定，當事人不得自由創設而言。民法第七五七條規定：「物權除依法律或習慣外，不得創設。」即明示斯旨。所謂法律指民法或其他法律。民法物權編所創設之物權有所有權、地上權、農育權、不動產役權、抵押權、質權、典權、留置權八種，此外尚有「占有」之一事實。至其他法律之規定，如土地法第一三三條所創設之耕作權，動產擔保交易法所創設之動產抵押權等是。所謂習慣乃具備慣行之事實及法之確信，而具有法律上效力之習慣法，例如信託的讓與擔保即為習慣法之物權（請見第三編第六章抵押權習題六之說明）是。

　　違反物權法定主義者，原則上為無效（民法第七一條），但法律有特別規定者，依其規定，例如典權約定期限不得逾三十年，逾三十年者縮短為三十年（民法第九一二條），即典權有效，但期限應予縮短是。

　　再者，舊法之永佃權，新法予以刪除，並增訂農育權；舊法之地役權，新法修正為不動產役權。

二、物權之分類

　　法律所規定之物權，得依不同標準，為左列之分類：
㈠所有權與限制物權
　　此係以物權效力範圍之不同為準而分。所有權乃得完全支配標的物之物權，其效力並無限界，亦稱完全物權。限制物權（亦稱定限物權）乃僅得於特定範圍內支配標的物之物權。限制物權，以所有權之一定權能為內容，使所有人對於物之所有權，受其限制。因係於他人之物上所設定之權利，故又稱為他物權。

民法所定八種物權中，所有權以外之物權均屬之。

(二)用益物權與擔保物權

此係以物權之目的為準而分，為限制物權之再分類。用益物權乃以標的物之使用、收益為目的之物權，例如地上權、不動產役權等是。擔保物權乃以擔保債務之履行為目的之物權，例如抵押權、質權及留置權是。

(三)動產物權與不動產物權

此係以物權之客體為準而分。動產物權，謂以動產為標的之物權，例如質權、留置權是。不動產物權，謂以不動產為標的之物權，例如地上權、農育權、典權等是。

(四)主物權與從物權

此係以能否獨立存在為準而分。主物權者，能獨立存在之物權，例如所有權、地上權、典權、農育權是。從物權乃須附從他種權利始能存在之物權，例如抵押權、質權是。

(五)有期限物權與無期限物權

此係以物權有無存續期間為準而分。有期限物權，即有一定存續期限之物權，例如典權是。無期限物權，即得永久存續之物權，例如所有權是。

(六)應登記物權與不登記物權

此係以物權之變動應否登記為準而分。應登記物權，乃權利之變動，須經登記之物權，例如地上權、不動產役權等是。反之，則為不登記物權，例如留置權是。

第三節　物權之效力

物權之效力可分為一般效力及特殊效力兩種，一般效力，乃各種物權共通之效力；特殊效力，則指各種物權特別之效力。茲所述者，為物權之一般效力。

一、排他效力

物權因係直接支配物之權利，故於一標的物上，已成立一物權時，不容許再成立與之內容不相容之物權，例如同一物不能同時有兩個所有權或兩個地上

權並存是。

二、優先效力

物權相互間之效力依其成立之先後而定，先成立之物權，其效力較後成立之物權為優先，例如第一順位抵押權優先於第二順位抵押權是。至物權與債權發生競合時，其效力以物權為優先，惟民法第四二五條所規定之「買賣不破租賃」原則，於一定情形下，承租人得對受讓租賃物所有權之人主張租賃權仍存在（已如前述），是一例外。

三、追及效力

物權以物為對象，其標的物不論輾轉入於何人之手，物權之權利人均得追及其所在而行使權利。我民法有關物上請求權（民法第七六七條）之規定，即為此一效力之具體表現。惟法律上為交易安全之保護，此一追及效力有時受限制，例如善意受讓之保護（民法第八〇一、八八六、九四八條），即為有關物權追及效力之限制。

第四節　物權之變動

一、物權變動之意義

物權之變動，我民法稱之為物權之取得、設定、喪失及變更，此為就權利人及義務人之立場而言，就物權之本身而言，則為物權之發生、消滅與變更。茲分述如左：

㈠物權之發生

物權之發生即物權之取得，指物權與特定主體相結合之謂。可分為二：

1.原始取得

即非基於他人既存權利而創設的取得物權，如因先占或時效而取得所有權是。

2.繼受取得

乃基於他人既存權利而取得物權，故又稱傳來取得，如因買賣、互易或繼承而取得物之所有權是。

㈡物權之消滅

物權之消滅即物權之喪失，指物權與特定主體分離而言。可分為二：

1.絕對的喪失

即物權本身客觀的失其存在，如因標的物滅失而喪失所有權是。

2.相對的喪失

即物權與原主體分離而歸於新主體，由新主體取得物權，如甲本於買賣將所有物移轉於買受人乙，致喪失其所有權是。

一般所謂物權之消滅僅指絕對的喪失而言。

㈢物權之變更

物權之變更乃物權仍存在，僅其原來之態樣發生變更。自廣義言之，包括主體變更、客體變更及內容變更三種。惟主體之變更，乃權利人之更迭或增減，屬於物權之得喪問題，嚴格言之，應予除外。故一般所謂物權變更專指客體變更與內容變更二者。所謂客體變更，指物權標的物之增減而言，例如所有權之客體因附合而增加，抵押權之客體因一部滅失而減少是。所謂內容變更，指權利本質不變，而其存在狀態有所變動而言，如地上權存續期間之變更、抵押權債權額之減少是。

二、物權變動之原因

物權變動之原因，可分為法律行為與法律行為以外之事實兩種。

㈠法律行為

此法律行為可分為二：

⑴**單獨行為**　例如物權之拋棄（民法第七六四條）是。

⑵**契約**　此指物權契約，乃直接引起物權變動之契約，例如交付動產而移轉所有權或為不動產所有權移轉登記之契約是。

物權行為係直接引起物權之變動，其效力不受其原因行為（債權行為）之影響，因而係「不要因行為」。即物權行為具有獨立性及無因性。

㈡法律行為以外之事實

例如混同、取得時效、先占、標的物滅失、繼承、徵收等是。

三、物權變動之要件

茲分為不動產物權與動產物權兩種,將其變動之要件,分述於次:

㈠不動產物權變動之要件

1.須訂立書面

為期明確,避免當事人間之爭執,不動產物權之變動,應以書面為之(民法第七五八條第二項),即為要式行為,故移轉或設定物權之債權契約成立後,債務人為履行其債務,有訂立書面,使債權人取得物權之義務(二八年上字二二三三號判例)。又依實務見解(五七年臺上字一四三六號判例),買受人若取得出賣人協同辦理所有權移轉登記之確定判決,得單獨聲請登記取得所有權,移轉不動產物權書面之欠缺,因之補正。

2.須經登記

為保護交易安全,避免第三人受不測之損害,不動產物權之變動,須經登記,即不動產物權之變動,並以登記為公示方法,藉登記將不動產物權變動之情形,公示於眾,便於任何人均得查知物權之歸屬。登記有二:

⑴設權登記　民法第七五八條第一項規定:「不動產物權,依法律行為而取得、設定、喪失及變更者,非經登記,不生效力。」依此可知,因法律行為致不動產物權變動時,除訂立書面外,係以登記為生效要件,經登記後,始生創設物權之效力,故曰設權登記。又此之登記為絕對必要,倘不踐行,不生不動產物權變動之效力,因之又稱為絕對登記。至所謂登記,指經登記機關依土地登記規則登記於登記簿,並校對完竣,加蓋登記簿及校對人員名章後,為登記完畢,始生效力(土登六條),若僅聲請登記,而未記入登記簿者,不能認為業已發生登記之效力(三三年上字五三七四號判例)。

⑵宣示登記　民法第七五九條規定:「因繼承、強制執行、徵收、法院之判決或其他非因法律行為,於登記前已取得不動產物權者,應經登記,始得處分其物權。」依此可知,因法律行為以外之原因而取得不動產物權者,雖不登記亦發生取得之效力。不過如欲加以處分時,仍須先行登記始可,故此之登記

並無創設物權之效力，僅為將已發生之物權之變動宣示於眾而已，故稱宣示登記或相對登記。至此之所謂判決，僅指形成判決（如共有不動產分割之判決是）而言，不包含其他之給付判決或確認判決在內（四三年臺上字一〇一六號判例）。又，除上述四種情形外，其他如自己出資建造而原始取得之建物所有權、因除斥期間之屆滿而取得典物所有權（民法第九二三條第二項）、或因拍賣抵押之不動產而生之法定地上權（民法第八七六條）等非因法律行為取得者，亦不待登記即生不動產物權變動之效力。

3.不動產物權登記之推定力及公信力

民法第七五九條之一第一項規定：「不動產物權經登記者，推定登記權利人適法有此權利。」即經登記之物權推定屬於登記名義人所有，對此推定為爭執者須以反證始得推翻之。又，同條第二項規定：「因信賴不動產登記之善意第三人，已依法律行為為物權變動之登記者，其變動之效力，不因原登記物權之不實而受影響。」即為保護善意第三人，將登記事項賦與公信力，縱令原登記有瑕疵存在，例如登記原因為無效或撤銷，真正權利人不得對善意第三人主張其權利。

宜注意者，上開不動產登記推定之效果，固得對第三人主張之，但於直接當事人間，則不得援用登記之推定力，例如甲、乙通謀虛偽買賣，由甲將土地所有權移轉登記於乙，甲以登記有無效原因，請求乙塗銷移轉登記時，乙不得援用登記之推定力對抗真正權利人甲（三三年上字五九〇七號及三九年臺上字一一〇九號判例）是。

㈡動產物權變動之要件

動產物權之變動，以交付為公示方法，亦即交付為動產物權變動之要件。交付有二：

1.現實交付

現實交付即現實的移轉動產之占有，民法第七六一條第一項規定：「動產物權之讓與，非將動產交付，不生效力。」由此可知動產物權之變動以交付為生效要件。

2.觀念交付

即不必現實交付，僅有交付之觀念，而與現實交付有同等效力之謂。有以

下三種情形：

(1)**簡易交付**　即受讓人於讓與合意前，已占有動產者，於讓與合意時，即生效力（民法第七六一條第一項但書）。例如承租人已占有出租人之汽車，嗣與出租人就該汽車成立買賣，於買賣成立生效時，該汽車即歸原承租人所有，無庸交付是。

(2)**占有改定**　即讓與動產物權，而讓與人仍繼續占有動產者，讓與人與受讓人間，得訂立契約，使受讓人因此取得間接占有，以代交付（同條二項）。例如出賣人出賣某機器，但因仍需用一年，而與買受人訂立租賃契約，而生已交付於買受人之效力是。

(3)**指示交付**　即讓與動產物權，如其動產由第三人占有時，讓與人得以對於第三人之返還請求權，讓與於受讓人，以代交付（同條三項）。即因讓與對第三人之返還請求權，而生交付效力，是亦稱為返還請求權之讓與。

宜注意者，當事人之交付動產，不論其為現實交付，抑為觀念交付，如非本於動產物權變動之合意時，該交付並非此之動產物權變動之物權行為，例如出租人履行租約將機器交付承租人，該機器之所有權並無任何變動是。又，不動產之交付，即占有之移轉（民法第九四六條），例如因買賣而將土地交付，並非物權行為，而為事實行為是。

第五節　物權之消滅

物權之消滅，有共通原因及各別原因。共通消滅之原因有二：

一、混　同

乃兩個無併存必要之物權，同歸一人之事實。物權之混同有二種情形：

(1)**同一物之所有權及其他物權歸屬於一人者，其他物權因混同而消滅**　例如甲以其土地設定地上權於乙，後因買賣，乙取得該土地所有權，則地上權因混同而消滅。但其他物權之存續，於所有人或第三人有法律上之利益者，不在此限（民法第七六二條）。如前例甲以其土地為乙設定地上權後，乙以地上權抵押於丙，設如乙因取得所有權，而使地上權消滅，則丙之抵押權將無法行使，

此際為丙之利益，該地上權仍不消滅是。

(2)**同一物之所有權以外之物權，及以該物權為標的物之權利歸屬於一人者，其權利亦因混同而消滅**　例如以地上權為抵押權之標的，抵押權與該地上權同屬一人時，抵押權即因混同而消滅是。但該以所有權以外之物權為標的物之權利之存續，於該物權人或第三人有法律上之利益者，準用民法第七六二條但書之規定，不在此限（民法第七六三條）。例如乙在甲之土地上有典權，乙將該典權設定第一順位抵押權於丙，又設定第二順位抵押權於丁，如乙、丙之權利混同，丙取得典權，為丙之利益，丙之抵押權仍不消滅，否則丁之抵押權即升為第一順位抵押權。

二、拋　棄

拋棄乃權利人表示放棄其權利之單獨行為。物權為財產權之一種，權利人自得拋棄之。故我民法第七六四條第一項規定：「物權除法律另有規定外，因拋棄而消滅。」所謂法律另有規定，如民法第八三四條、八三五條是。同條第二項規定：「前項拋棄，第三人有以該物權為標的物之其他物權或於該物權有其他法律上之利益者，非經該第三人同意，不得為之。」例如以取得之地上權設定抵押權於他人（民法第八八二條），如拋棄地上權，對抵押權人之利益，自有影響，除非經抵押權人之同意，否則不得拋棄。又，拋棄動產物權者，除為拋棄之意思表示外，並應拋棄動產之占有（民法第七六四條第三項）。

習　題

一、物權變動之要件為何？

二、何謂觀念交付？

三、甲向乙買受土地一筆，因乙不為該土地所有權之移轉登記，甲乃依據買賣契約訴請法院於八十六年十月二日判決確定，乙應將該土地所有權移轉登記於甲。試問：

　㈠甲於該判決確定時，是否取得該土地所有權？

　㈡執行法院得否於八十六年十月三日依據乙之債權人丙之聲請，查封該土地？

四、甲將其所有之土地先後設定抵押權於乙、丙，經登記在案。嗣甲、乙因買賣該土地，經甲將其所有權移轉登記於乙。於此情形，乙、丙之抵押權是否仍存續？

〔提 示〕

一、茲分為不動產物權與動產物權之變動，予以說明。

　　㈠不動產物權之變動要件有二，即：⑴須訂立書面。⑵須經登記：又可分為設權登記與宣示登記兩種。

　　㈡動產物權之變動要件為交付。交付有二，即：⑴現實交付。⑵觀念交付：又有簡易交付、占有改定、指示交付三種情形。（詳如本文內之解說）

二、觀念交付乃僅有交付之觀念，未現實為占有之移轉，而與現實交付有同等效力之謂。觀念交付有下列三種情形，即簡易交付、占有改定、指示交付。（詳如本文內之解說）

　　當事人間如有動產物權變動之意思表示合致，且有交付動產之行為時，即生動產物權變動之效力。惟所謂交付，除現實交付外，觀念交付雖為占有之觀念上移轉，但與現實交付之效力相同。又，依民法第九四六條規定：「占有之移轉，因占有物之交付而生效力。前項移轉，準用第七六一條之規定。」即不問動產或不動產占有之移轉，因占有物之交付而生效力，而此之交付，並不限於現實交付，亦得依觀念交付以代現實交付。

三、㈠甲於該給付判決確定時，尚未取得該土地所有權。其理由為：法院就甲、乙間之土地所有權移轉登記判決為給付判決，並非形成判決，雖經確定，因無形成力，即無民法第七五九條因法院判決於登記前已取得不動產物權規定之適用，於甲本於該確定判決向地政機關聲請登記，經登記為甲之前，甲尚未取得該土地所有權。

　　㈡執行法院得依聲請查封仍為乙所有之該土地。其理由為：如前所述，法院雖判決確定乙應將該土地所有權移轉登記於甲，但其為給付判決，甲依買賣而取得該土地所有權，非經登記不生效力。甲既尚未於八十六年十月三日完成登記取得該土地所有權，該土地仍為乙所有，執行法院自得依乙之債權人丙之聲請執行而查封該土地。

四、乙、丙之抵押權仍存續。其理由為：

㈠該土地之所有權與第一順位抵押權固因混同而歸屬於乙，但因該土地尚有丙之第二順位抵押權存在，如乙之第一順位抵押權消滅，丙之第二順位抵押權即升為第一順位抵押權，顯對乙不利。是故，為乙之法律上利益，此際乙之第一順位抵押權並不因與所有權混同而消滅。

㈡該設定抵押權之土地所有權雖由甲讓與乙，因丙之抵押權有追及效力，其抵押權自無任何影響。且民法第八六七條亦明定，抵押人將不動產讓與他人時，抵押權不因此而受影響。

第二章　所有權

第一節　通　則

一、所有權之意義

所有權乃所有人於法令限制之範圍內，總括的支配標的物而具有永久性之物權。析述如左：

㈠所有權者，總括支配標的物之權利

所有權為完全物權，對於其客體得為總括支配，所謂總括支配，乃得以支配之一切方法處理其標的物之謂，舉凡占有、使用、收益、處分、改良等均得依所有權人之意思而為之，此與他物權對標的物之支配僅有一定限界者，有所不同。

㈡所有權者，永久支配標的物之權利

所有權具有永久性質，不能限定其存續期間，此與他物權，僅得於一定期間內存續，過此期限即歸消滅者不同。惟所有權之具有永久性，非謂所有權絕對不消滅而言，所有權因標的物之滅失、他人之取得時效或權利人之拋棄等而消滅。

㈢所有權者，於法令限制內總括支配標的物之權利

所有權之行使，須在法令限制之範圍內（民法第七六五條）。申言之，所有權亦為財產權之一種，其享有及行使應以增進公共利益為目的，因而須受法令之限制，同時亦不許為權利之濫用。

二、所有權之作用

所有權之作用有二：

㈠積極的作用

民法第七六五條前段規定：「所有人，於法令限制之範圍內，得自由使用、

收益、處分其所有物。」此即所有權之積極作用，亦即所有權之對物的作用。所謂使用，乃不毀損物之形體或變更物之性質，而依其用法，以供吾人生活之需要，例如房屋之供居住、土地之供耕種是。所謂收益，乃收取物之天然孳息或法定孳息，例如收果實、取牛乳、收租金是。因而物之成分及其天然孳息，於分離後，除法律另有規定外（例如民法七〇條、七九八條、九五二條），仍屬於其物之所有人（民法第七六六條），而由所有人收取。所謂處分，可分為二：

(1)**事實上之處分** 指變更或毀損滅失其物之行為，例如拆除房屋是。

(2)**法律上之處分** 指移轉、限制或拋棄其物之權利之行為，例如讓與其物、設定他物權或拋棄所有權是。

(二)消極的作用

所有人於法令限制之範圍內，得排除他人之干涉（民法第七六五條後段），此為所有權之消極作用，亦即所有權之對人的作用。申言之，所有權受侵害時，所有人除得依侵權行為之規定請求賠償外，並得請求排除。此種保護所有權之得排除他人不法干涉權利，謂之物上請求權（其詳另如後述）。

三、所有權之保護

所有權除依其他法律受保護外，我民法亦有種種保護之規定。而其最主要之保護方法，則為物上請求權。民法第七六七條第一項規定：「所有人對於無權占有或侵奪其所有物者，得請求返還之。對於妨害其所有權者，得請求除去之。有妨害其所有權之虞者，得請求防止之。」是即所有人之物上請求權，其內容有三：

(一)所有物返還請求權

乃所有人對於無權占有或侵奪其所有物者，得請求返還之權利（民法第七六七條第一項前段）。此乃所有人之所有物受不法侵害，致喪失占有，對無權占有人請求返還所有物，例如租賃已消滅，但承租人仍占有租賃物，為所有人之出租人得對無權占有之承租人行使該請求權；所有人得對竊取其動產之人，行使該請求權是。請求權人為現在之所有人，其相對人為物之現在占有人，其為直接占有人或為間接占有人，則非所問；至占有輔助人，非為占有人，不得為本請求權之相對人。

㈡除去妨害請求權

即所有人對於妨害其所有權者，得請求除去之權利（同條項中段）。此之所謂妨害，指受不法侵害，致所有權因喪失占有以外之事實而失其圓滿狀態而言，例如擅於他人土地上通行、無故侵入住宅、抵押權已消滅而不為登記之塗銷等是，此情形所有人尚未喪失占有，一經除去妨害，所有權即回復圓滿狀態。至妨害行為之加害人有無故意或過失，則非所問。除去妨害請求權人為現在之所有人，其相對人不限於原加害人，而為現在使所有物失其圓滿狀態之人。

㈢預防妨害請求權

即所有人對於有妨害其所有權之虞者，得請求防止之權利（同條項後段）。所謂有妨害之虞，指妨害尚未發生而客觀上有發生之可能者而言，例如請求停止有妨害其所有權之虞之挖土工程是。

以上三者係排除他人干涉之手段，其行使於訴訟外或訴訟上為之，均無不可。至物上請求權是否有消滅時效之問題，有所爭議。司法院之解釋，曾認為亦適用民法第一二五條消滅時效之規定（院字一八三三號解釋），但依司法院大法官解釋，認為已登記之不動產，其所有人之回復請求權及除去妨害請求權，不適用消滅時效之規定（釋字一○七號、一六四號解釋）。

物權為直接支配特定物之權利，物權人之物上請求權為物權之一般效力，為保護物權，除所有權外，其他物權亦應有物上請求權，是故民法第七六七條第二項規定：「前項規定，於所有權以外之物權，準用之。」

四、所有權之取得時效

㈠意義與要件

所有權之取得時效，乃以所有之意思，於一定期間內，和平、公然、繼續占有他人之所有物而取得其所有權之謂（民法第七六八條至第七七○條）。我民法規定有動產所有權取得時效與不動產所有權取得時效，茲述其要件如次：

1.須有占有之事實

此之占有，須為：

⑴自主占有　即以所有之意思而占有。

⑵和平占有　即非以強暴、脅迫手段開始及維持其占有。

⑶公然占有　即非以隱秘之方法開始及維持其占有。

2.須繼續占有一定期間

取得時效必須經過相當之期間。在動產，其期間為十年（民法第七六八條），但占有之始善意並無過失者，為五年（民法第七六八條之一）。在不動產，如占有人占有之始為善意並無過失者，為十年（民法第七七〇條），否則為二十年（民法第七六九條）。

3.須占有他人之物

占有之標的物，須為他人之物，若為自己之物或為無主物，均不生取得時效之問題。又因不動產之登記有絕對效力（土地四三條），故他人已登記之不動產，不因時效而取得其所有權。

㈡取得時效之中斷

所有權取得時效之中斷者，乃於取得時效之進行中，遇有一定之原因，使已進行之期間歸於無效，而於其原因消滅後，再使其取得時效從新進行之謂。依民法第七七一條第一項之規定，取得時效中斷之事由有四：

⑴占有人變為不以所有之意思而占有　即占有人由所有意思之自主占有變為以其他意思之他主占有是。

⑵占有人變為非和平或非公然占有　即占有人由和平占有變為強暴占有，或由公然占有變為隱秘占有。

⑶占有人自行中止占有　例如拋棄占有，其占有之狀態，即非繼續是。

⑷占有人非基於自己之意思而喪失其占有　例如占有被他人侵奪是；但依民法第九四九條或九六二條之規定，回復其占有者，其時效仍不中斷。

此外，依同條第二項規定：「依第七六七條規定起訴請求占有人返還占有物者，占有人之所有權取得時效亦因而中斷。」蓋占有人之占有既被訴請返還，即非和平占有，而與取得時效之基礎有違，自應中斷其取得時效之進行。

㈢取得時效之效力

因取得時效完成而取得物之所有權，為原始取得之一種，故取得時效一經完成，原權利人之權利，即歸消滅。在訴訟上，雖未經占有人援用，法院亦得依職權認定而據以裁判（二九年上字一〇〇三號判例），此與消滅時效完成後，債務人僅取得拒絕給付抗辯權之情形不同（民法第一四四條）。又，取得時效完

成後，占有者如為動產，占有人固取得其所有權，但占有者為不動產者，僅得「請求登記為所有人」，即非當然取得其所有權，故未辦妥登記（非移轉登記，而為所有權第一次登記）之前，尚不能認其已取得不動產所有權。

㈣所有權以外財產權之取得時效

所有權以外之財產權，如限制物權、債權、無體財產權等，其因時效而取得者，準用所有權取得時效之規定（民法第七七二條）。易言之，不以登記為要件之權利，應準用動產所有權取得時效之規定，應經登記之權利，則準用不動產所有權取得時效之規定。例如準用不動產取得時效之規定，因時效而取得地上權是。

第二節　不動產所有權

第一項　土地所有權之範圍

土地所有權之範圍，我民法第七七三條規定：「土地所有權，除法令有限制外，於其行使有利益之範圍內，及於土地之上下。如他人之干涉，無礙其所有權之行使者，不得排除之。」申言之，土地所有權之支配力不僅及於土地之表面，即地上之空間與地下之地身，亦為所有權效力所及。若不然，則土地所有人即不能建地下層或樓房，而他人於其地上架空為屋、地下開鑿隧道，土地所有人亦不能予以排除之。至土地所有權之行使，應受下列之限制：

一、法令之限制

法令之限制，有公法上之限制及私法上之限制。前者如基於土地法、都市計畫法或建築法所為之限制是，後者如基於民法相鄰關係之規定所設之限制是。

二、事實之限制

即土地所有權，須於行使有利益之範圍內，始及於土地之上下。若事實上毫無利益之高空，仍非所有權效力所及。又縱於其行使有利益之範圍內，若他人之干涉無礙其所有權之行使者，仍不得排除之。

第二項　相鄰關係

　　相鄰關係，謂相鄰接之不動產所有人相互間之權利義務關係。相鄰接不動產之相互關係，至為密切且複雜，其權利之行使，易生牴觸，為謀社會和諧，自須予以調和，故民法對所有權為相鄰不動產之利益而課以協力之義務，此就他方觀察，則為一種權利。

　　民法就相鄰關係之規定，其內容分別如下：

　　(1)**在於鄰地之支配者**　如第七八六條至第七八八條之規定是。

　　(2)**在於使鄰地所有人負作為之義務者**　如第七七四條及第七九五條之規定是。

　　(3)**在於使鄰地所有人負不作為之義務者**　如第七七五條及第七七七條之規定是。但法律為維持鄰地所有人間之公平，依情形使其負擔損害賠償或支付償金之義務。

　　又，相鄰關係之規定（第七七四條至第八○○條），於地上權人、農育權人、不動產役權人、典權人、承租人、其他土地、建築物或其他工作物利用人準用之（民法第八○○條之一）。

第一款　危害預防

一、關於經營事業之危害預防

　　民法第七七四條規定：「土地所有人經營事業或行使其所有權，應注意防免鄰地之損害。」按土地所有人於其疆界內雖得自由經營農、林、漁、礦、牧等事業或行使其所有權，惟如有使鄰地發生損害之可能時，為謀鄰地之安全，自負有注意防免之義務。

二、關於開掘土地或為建築之危害預防

　　民法第七九四條規定：「土地所有人開掘土地或為建築時，不得因此使鄰地之地基動搖或發生危險，或使鄰地之建築物或其他工作物受其損害。」按土地所有人於其土地疆界內，雖有自由開掘土地或建築工作物之權，但同時對於鄰

地所有人負有危害預防之義務，於其疆界內開掘土地或為建築時，應注意危險而謀求預防之方法。

三、關於建築物或其他工作物有傾倒危險之預防

民法第七九五條規定：「建築物或其他工作物之全部，或一部有傾倒之危險，致鄰地有受損害之虞者，鄰地所有人，得請求為必要之預防。」即為保護鄰地所有人之利益起見，予鄰地所有人以預防危害請求權，使其得請求建築物或工作物之所有人，為一定必要預防之設施。又此所謂鄰地，不以相鄰接之土地為限，凡為該建築物或工作物之傾倒可以害及之土地均包括在內。

第二款　關於水之相鄰關係

一、排　水

㈠關於自然流至之水之排水

民法第七七五條第一項規定：「土地所有人不得妨阻由鄰地自然流至之水。」按自鄰地流至之水，如土地所有人得任意妨阻，則鄰地必因水無出路，形成災害。故土地所有人對於由鄰地自然流至之水，負容忍之義務。此種義務，自鄰地所有人言之，為一種排水權，土地所有人如違背此種義務，則鄰地所有人即得行使其權利，請求除去其妨阻。然為使權利義務得其均衡，故同條第二項又規定：「自然流至之水為鄰地所必需者，土地所有人縱因其土地利用之必要，不得妨阻其全部。」

㈡關於工作物潰塞之排水

民法第七七六條本文規定：「土地因蓄水、排水或引水所設之工作物破潰、阻塞，致損害及於他人之土地，或有致損害之虞者，土地所有人應以自己之費用，為必要之修繕、疏通或預防。」按此等工事如有破潰阻塞，勢必損及鄰地，故土地所有人負修繕、疏通或預防之義務。關於修繕、疏通或預防所需之費用，由土地所有人負擔；但此係原則，如另有特別習慣，則應從其習慣（同條但書）。

㈢關於不得設置工作物而為人工之排水

民法第七七七條規定：「土地所有人不得設置屋簷、工作物或其他設備，使雨水或其他液體直注於相鄰之不動產。」按鄰地所有人，對於自然流至之雨水雖有承受之義務，而對於人為流至之水或冷氣機排出之水滴等則否。故土地所有人不得設置屋簷、工作物或其他設備，使雨水或其他液體直注於相鄰土地或其定著物。

二、疏　水

民法第七七八條第一項本文規定：「水流如因事變在鄰地阻塞，土地所有人得以自己之費用，為必要疏通之工事。」是為土地所有人之疏水權。按水流如因地震、山崩等事變，而在鄰地阻塞，不得宣洩，不但鄰地所有人受其害，且往往因水勢之增高，泛濫及於其他土地，故予土地所有人得於鄰地為必要疏通工事之權。至於疏通工事之費用，如鄰地所有人受有利益者，應按其受益程度負擔之（同條項但書）；但此係原則，如另有習慣，則應從其習慣（同條第二項）。

三、過　水

民法第七七九條第一項本文規定：「土地所有人因使浸水之地乾涸，或排泄家用或其他用水，以至河渠或溝道，得使其水通過鄰地。」即使土地所有人於一定條件之下，對於鄰地享有過水權。其要件為：

(1)須排水至河渠或溝道。

(2)須排水地與他人土地有相鄰之關係。

(3)須為使浸水之地乾涸、或排泄家用或其他用水以至河渠溝道。

然關於通過之處所與方法，應擇於鄰地損害最少之處所及方法為之（同條第一項但書），有通過權之人並對於鄰地所受之損害應支付償金（同條二項）。上開之過水權如法令另有規定或另有習慣者，依其規定或習慣（同條三項）。又，上開第一項但書所謂過水應擇鄰地損害最少之處所及方法為之，如鄰地所有人有異議時，有通過權人及異議人均得請求法院以判決定之（同條四項），其性質為形成之訴。

　　　土地所有人為使其土地內之水通過鄰地，自須為相當之工事，若鄰地所有人已設有通水之工作物，土地所有人自得利用之。反之，土地所有人為使其土地之水通過，亦得使用鄰地所有人所設之工作物，以省勞費，但應按其受益之程度，負擔該工作物設置及保存之費用（民法第七八○條）。

四、用　水

　　　民法就水源地所有人之用水權與水流地所有人之用水權均予以規定。茲分述於左：

㈠水源地所有人之用水

　　⑴民法第七八一條本文規定：「水源地、井、溝渠及其他水流地之所有人得自由使用其水。」即土地所有人對於其土地之自然流水有用水權，但如法令另有規定或地方有特別習慣限制所有人之使用者，則應從其習慣（同條但書）。

　　⑵水源地或井之所有人對於水既得自由使用，如他人因工事而杜絕、減少或污穢其水者，所有人自得就其所受損害請求賠償，且如其水為飲用或利用土地所必要者，並得請求回復原狀，其不能為全部回復者，仍應於可能範圍內回復之（民法第七八二條第一項）。前開之請求損害賠償，如損害非因故意或過失所致，或被害人有過失者，法院得減輕賠償金額或免除之（同條第二項）。

　　⑶水為利用土地所需，若必令人限於自己地內之水始得利用，則勞費既多，亦妨礙社會經濟之發展，故民法第七八三條明定土地所有人對於鄰地所有人有餘水給與請求權。惟土地所有人行使此一權利，須具備下列要件：

　　　①須因其家用或利用土地所必要。

　　　②須在自己土地內非以過鉅費用或勞力不能得水。

　　　③須所請求者係有餘之水，因此種餘水究為鄰地所有人所有，故土地所有人請求給與此種餘水時，須支付償金。

㈡水流地所有人之用水

　　　水流地所有人對於水流既有自由使用之權，如法令另有規定或另有習慣，從其規定或習慣外，發生下列權利。即：

1.水流地變更權

　　　水流地所有人對於水流是否得加以變更。應以其兩岸之土地是否均屬於同

一水流地所有人而有不同。即：

　　⑴**兩岸土地不屬於同一水流地所有人時**　水流地所有人如對岸之土地屬於他人時，不得變更其水流或寬度（民法第七八四條第一項）。

　　⑵**兩岸土地均屬於同一水流地所有人時**　兩岸土地均屬於同一水流地所有人時，則所有人得變更其水流或寬度（同條二項）；但此時應留下游自然之水路（同項但書），以免妨害下游水流地所有人之用水權利。

　2.**設堰權**

　　民法第七八五條第一項規定：「水流地所有人有設堰之必要者，得使其堰附著於對岸。」即予水流地所有人以設堰之權，俾水流地所有人於有設堰之必要時，得附著其堰於對岸；但對岸地所有人因此所生之損害，水流地所有人對之應支付償金（同項但書），以資彌補。

　3.**用堰權**

　　民法第七八五條第二項規定：「對岸地所有人於水流地之一部屬於其所有者，得使用前項之堰。」即亦予對岸水流地所有人以用堰權，得以利用水流地所有人已設之堰；惟對岸水流地所有人既因利用水流地所有人所已設之堰而受有利益，自應按其受益之程度，負擔該堰設置及保存之費用（同項但書）。

　　又，上述規定之設堰權及用堰權，如法令另有規定或另有習慣者，依其規定或習慣（同條第三項）。

第三款　鄰地使用

一、設置線管

　　民法第七八六條第一項本文規定：「土地所有人非通過他人之土地，不能設置電線、水管、瓦斯管或其他管線，或雖能設置而需費過鉅者，得通過他人土地之上下而設置之。」即予土地所有人以通過他人土地之權，得以設置管線。但必須具備下列要件，即：

　　⑴須所設置者為電線、水管、瓦斯管或其他管線等工作物。

　　⑵須非通過他人土地不能設置或雖能設置而需費過鉅　土地所有人，如具備上述要件，即得行使其通過權；但應擇其損害最少之處所及方法為之，並

應支付償金（同項但書）。

　　土地所有人通過他人之土地而設置管線，如情事變更時，例如土地所有人已取得鄰地，雖不通過他人之土地亦能設置者，則他土地所有人，自得請求土地所有人變更其設置（同條二項）。此項變更設置之費用，自應由土地所有人負擔，惟此係原則，如法令另有規定或另有習慣者，從其規定或習慣（同條三項）。

　　惟土地所有人之通過他人土地設置管線，應擇於鄰地損害最少之處所及方法為之，如鄰地所有人有異議時，有通過權人或異議人得請求法院以判決定之（同條四項準用第七七九條第四項）。

二、必要通行

　　民法第七八七條第一項規定：「土地因與公路無適宜之聯絡，致不能為通常使用時，除因土地所有人之任意行為所生者外，土地所有人得通行周圍地以至公路。」即認土地所有人之鄰地通行權，使其無須得鄰地所有人之允諾，而得通行周圍地，以至公路。所謂土地與公路無適宜之聯絡，致不能為通常之使用，其情形有二：

　　⑴**土地絕對不通公路**　即其土地為他人土地所包圍，非通過他人之土地無法至公路。

　　⑵**土地雖非絕對不通公路，因其通行困難，以致不能為通常之使用**　土地所有人如其土地具有與公路無適宜聯絡之條件，即得通行周圍地以至公路。

　　惟不能通常使用，須非因土地所有人之任意行為所生，例如自行破壞通路或拋棄既有之其他土地通行權，即不予保護。土地所有人之通行其周圍地以至公路，應於通行必要之範圍內，擇其周圍地損害最少之處所及方法為之，並對於通行地因此所受之損害，應支付償金（同條二項）。又，對於擇其周圍地損害最少之處所及方法為通行，周圍地所有人有異議時，有通行權人或異議人得請求法院以判決定之（同條三項）。

　　前述情形，有通行權人於必要時得開設道路，但對於通行地因此所受之損害，應支付償金（民法第七八八條第一項）。又，開設道路，如致通行地損害過鉅者，通行地所有人得請求有通行權人以相當之價額購買通行地及因此形成之

畸零地，其價額由當事人協議定之，不能協議者，得請求法院以判決定之（同條二項）。

再者，土地所有人，如其土地與公路不通，如係因土地一部之讓與或分割時，則不通公路土地之所有人，因至公路，僅得通行受讓人或讓與人或他分割人之所有地，而不得通行其他周圍地；數宗土地同屬於一人所有，讓與其一部或同時分別讓與數人，而與公路無適宜之聯絡，致不能為通常使用者，亦同（民法第七八九條第一項）。蓋不能因讓與或分割之當事人間之任意行為，使其他周圍地所有人負通行之義務。同時於此情形，有通行權人對於此等人無須支付償金（同條二項）。

三、禁止侵入

土地之所有人基於其所有權之作用自得禁止他人侵入其土地內。但法律為維持鄰接土地所有人間之睦誼及地方之公共利益，設有三種例外規定。即：

(1)**他人有通行權者**　他人無論係基於法律之規定抑法律行為而享有通行權者，則其侵入土地所有人之地內，乃係行使權利之行為，土地所有人自不得加以禁止（民法第七九〇條一款）。

(2)**他人採取雜草、枯木、野生物或放牧時**　未設圍障之田地、牧場、山林，依地方習慣任他人入內刈取雜草，採取枯枝、枝幹或採集野生物或放牧牲畜者，所有人不得禁止他人之侵入（民法第七九〇條二款）。

(3)**他人尋查取回其物品或動物時**　土地所有人遇他人之物品或動物偶至其地內者，應許該物品或動物之占有人或所有人入其地內尋查取回（民法第七九一條第一項）。惟土地所有人因此受有損害時，得向物品或動物之占有人或所有人請求賠償，並於未受賠償前得留置其物品或動物（同條二項）。

又，民法第七九三條規定：「土地所有人於他人之土地、建築物或其他工作物有瓦斯、蒸氣、臭氣、煙氣、熱氣、灰屑、喧囂、振動及其他與此相類者侵入時，得禁止之。」即土地所有人有禁止他人氣響侵入之權。但氣響之侵入輕微，或按土地形狀、地方習慣認為相當者，不在此限（同條但書），即此際土地所有人有容忍之義務。

四、容許使用

民法第七九二條本文規定:「土地所有人因鄰地所有人在其地界或近旁,營造或修繕建築物或其他工作物有使用其土地之必要,應許鄰地所有人使用其土地。」此自營造或修繕建築物人言,為鄰地使用權。但鄰地所有人行使此種權利,須具備下列要件:

(1)**須於地界或其近旁營造或修繕建築物或其他工作物** 故於地界較遠之處所營造或修繕建築物或其他工作物,則不得行使此種權利。

(2)**須有使用鄰地之必要** 所謂有使用鄰地之必要,指非使用鄰地即無由完成其營造或修繕之工事而言。土地所有人因鄰地所有人使用土地發生損害者,得向鄰地所有人請求償金(民法第七九二條但書)。

第四款 逾越地界

一、越界建築

民法第七九六條第一項本文規定:「土地所有人建築房屋非因故意或重大過失逾越地界者,鄰地所有人如知其越界而不即提出異議,不得請求移去或變更其房屋。」是為土地所有人之越界建屋占用鄰地之權。蓋土地所有人建築房屋如非因故意或重大過失而逾越地界,鄰地所有人如已知其越界,本其所有權之作用,原應立即提出異議,請其移去或變更其房屋,若鄰地所有人不立即提出異議,則即對於土地所有人之越界建築房屋若非已有默認,即為怠於權利之行使,其後鄰地所有人即不得請求其移去或變更其房屋。然亦不能因此而使鄰地所有人受其損失,故法律又規定鄰地所有人得請求土地所有人以相當之價額,購買越界部分之土地及因此形成之畸零地,如有損害並得請求賠償,即土地所有人應支付償金(同項但書及二項);即鄰地所有人對於越界之土地所有人有購買土地所有權及損害賠償請求權;上述購買之價額由當事人協議定之,不能協議者,得請求法院以判決定之(同條二項)。又,適用本條應注意者有二:

①如全部房屋建於他人土地上者,即非越界,自無本條之適用(二十八年上字六三四號判例)。

②越界建築者須為房屋，如係圍牆、畜舍等，亦無本條之適用（院字一四七四號解釋）。

土地所有人建築房屋逾越地界，經鄰地所有人請求移去或變更時，除土地所有人為故意逾越者外，法院得斟酌公共利益及當事人利益，免為全部或一部之移去或變更（民法第七九六條之一第一項）；如經法院判決免為移去或變更者，鄰地所有人對於越界部分之土地及因此形成之畸零地，得以相當價格請求土地所有人購買，如有損害並得請求賠償（同條第二項準用前條一項但書及第二項）。

此外，依民法第七九六條之二規定：「前二條規定，於具有與房屋價值相當之其他建築物準用之。」房屋以外建築物之價值亦有與房屋相當者，例如倉庫、立體停車場等是，如有越界建築之情事，亦應準用前述越界建屋之規定，以資規範，而求周延。

二、枝根刈除

民法第七九七條第一、二項規定：「土地所有人遇鄰地植物之枝根有逾越地界者，得向植物所有人，請求於相當期間內刈除之。植物所有人不於前項期間內刈除者，土地所有人得刈取越界之枝根，並得請求償還因此所生之費用。」是為土地所有人之枝根刈除權。鄰地植物，無論其枝係突出於地表，抑其根係蟠結於地下，要皆有害於土地之利用，故土地所有人得定相當期間，請求植物所有人刈除之。若植物所有人不於所定期間內刈除，土地所有人得自行刈除。但如植物之枝根雖已越界，而於土地之利用並無妨害者，即不應許土地所有人之請求刈除或自行刈取（同條三項）。

三、果實自落鄰地

民法第七九八條本文規定：「果實自落於鄰地者，視為屬於鄰地所有人。」此為鄰地所有人之果實取得權。物之天然孳息與原物分離後，本應屬於其物之所有人，然對於自落於鄰地之果實如必欲貫徹此種理論，不但鄰地所有人間易起紛爭，是凡自落於鄰地境內之果實，鄰地所有人即當然取得其所有權，而無須鄰地所有人具有先占之意思。惟得以取得所有權者，以自然墜落之果實為限，

若以人力搖撼而墜落者，則仍不能取得其所有權。但如鄰地為公用地時，則自落之果實仍歸果樹所有人所有（同條但書）。

第三項　建築物所有權之範圍

關於建築物所有權之範圍，我民法僅就區分所有設有規定，惟尚有不足，適用上應再參照已公布施行之公寓大廈管理條例有關規定。

一、建築物之區分所有

建築物所有權為物權，於一物一權主義，在一建築物上亦僅有一個所有權，而不得將一個建築物區分為數部分，而使其發生數個所有權。然自近世社會經濟日益發達，公寓大廈所在多有，數人區分一廣大建築物而就其一部享有所有權，乃為日常所習見，為使法律與實際社會情形相合，民法對於建築物之所有權，特設例外，而明認數人得區分一建築物而各有其一部（民法第七九九條）。例如數人對於一棟大樓分層、分間或分套所有。此種所有，學說上稱為區分所有。區分所有與通常之共有不同，蓋在通常之共有，各共有人對於共有物之全部仍有其權利，僅為便於法律上之處分起見，許以抽象的劃分方法使各共有人在共有物上有其一定比例之權利而已，並非於實際上區分一物，而使之分屬於數人。至於區分所有，各區分所有人各分其一部，其所有權之行使權僅及於所分部分，而不能及於全部。

區分所有建築物，包括三部分，一為專有部分，二為共有部分，三為區分所有建築物基地之權利。新法第七九九條就區分所有建築物之意義，及上開三部分之內容，分別為規定：「稱區分所有建築物者，謂數人區分一建築物而各專有其一部，就專有部分有單獨所有權，並就該建築物及其附屬物之共同部分共有之建築物。前項專有部分，指區分所有建築物在構造上及使用上可獨立，且得單獨為所有權之標的者。共有部分，指區分所有建築物專有部分以外之其他部分及不屬於專有部分之附屬物。專有部分得經其所有人之同意，依規約之約定供區分所有建築物之所有人共同使用；共有部分除法律另有規定外，得經規約之約定供區分所有建築物之特定所有人使用。區分所有人就區分所有建築物共有部分及基地之應有部分，依其專有部分面積與專有部分總面積之比例定之。

但另有約定者，從其約定。專有部分與其所屬之共有部分及其基地之權利，不得分離而為移轉或設定負擔。」

二、區分所有建築物共有部分之修繕費及其他負擔與規約

新法第七九九條之一規定：「區分所有建築物共有部分之修繕費及其他負擔，由各所有人按其應有部分分擔之。但規約另有約定者，不在此限。前項規定，於專有部分經依前條第三項之約定供區分所有建築物之所有人共同使用者，準用之。規約之內容依區分所有建築物之專有部分、共有部分及其基地之位置、面積、使用目的、利用狀況、區分所有人已否支付對價及其他情事，按其情形顯失公平者，不同意之區分所有人得於規約成立後三個月內，請求法院撤銷之。區分所有人間依規約所生之權利義務，繼受人應受拘束；其依其他約定所生之權利義務，特定繼受人對於約定之內容明知或可得而知者，亦同。」

三、區分所有權屬同一人所有

按同一建築物屬於同一人所有，經區分為數專有部分登記所有權者，其使用情形與數人區分一建築物者相同，均有專有部分與共有部分，其中一部轉讓他人時，即生與其共有部分、基地相關應有部分一併讓與之問題，為求周全，依民法第七九九條之二規定，準用第七九九條之規定。

四、正中宅門之使用

民法第八〇〇條第一項規定：「第七九九條情形，其專有部分之所有人，有使用他專有部分所有人正中宅門之必要者，得使用之。」建築物既經區分而分屬於各區分所有人所有，則各區分所有人除其專有部分外，僅就其共有部分得使用之，至於他人所有部分則無使用之權。然正中宅門，往往為區分所有人利用其建築物所必需，故法律特設例外規定，明認區分建築物專有部分所有人，有使用他專有部分所有人正中宅門之權；但以有必要時為限。所謂必要，例如有慶喪等事而必需使用他專有部分所有人正中宅門是。惟若另有特約或另有習慣時，則從其特約或習慣（同項但書）。

如前所述，專有部分所有人遇有必要時，雖有使用他專有部分所有人正中

宅門之權，然因此而致所有人受有損害時，亦應支付償金（同條二項）。

第三節　動產所有權

民法第八〇一條至第八一六條規定動產所有權之得喪，其內容分為善意受讓、先占、遺失物之拾得、埋藏物之發見、添附（附合、混合、加工）。

第一項　善意受讓

民法第八〇一條規定：「動產之受讓人占有動產，而受關於占有規定之保護者，縱讓與人無移轉所有權之權利，受讓人仍取得其所有權。」是為動產所有權之善意受讓。動產既易於移動，而取得又非如不動產之有登記制度，一般人往往誤信占有人為有處分權，而善意與之交易，若因讓與人無移轉所有權之權利，而使受讓人不能取得其所有權，則將難以保障交易之安全。至民法第八〇一條所謂受關於占有規定之保護，係指其動產之占有受第九四八條規定之保護而言。依第九四八條第一項本文規定：「以動產所有權，或其他物權之移轉或設定為目的，而善意受讓該動產之占有者，縱其讓與人無讓與之權利，其占有仍受法律之保護。」故動產之受讓人占有動產而係善意時，縱讓與人無移轉所有權之權利，受讓人仍因占有之效力，而善意取得其所有權。茲就善意受讓之要件，述之於次：

一、其標的須為動產

不動產因有登記制度，一般人不致誤信占有人為有處分權而讓受之，故所有權之善意受讓，以動產為限。

二、須以所有權之移轉為目的受讓他人動產之占有

善意受讓規定之目的，在於保護交易之安全，故須因移轉所有權由他人受讓動產之占有者，方得受此制度之保護，即讓與人與受讓人間有動產物權變動之物權行為。至若因誤認他人之物為自己之物而占有之，或因繼承而取得動產之占有，均無善意受讓之適用。至其受讓是否有償，在非所問。

三、須係由無處分權人受讓動產之占有

若讓與人對於動產有處分權，則受讓人依法律行為之效力即可取得其所有權，而為一種繼受取得，自無適用善意受讓規定之必要。

惟受讓人如係以占有改定移轉動產之占有者，須受動產之現實交付，且交付時善意者為限，始有善意受讓之適用（民法第九四八條第二項）。

四、須其受讓係屬善意

所謂善意，即受讓人於受讓動產之占有時，非明知或非因重大過失而不知讓與人對於該動產無處分權（民法第九四八條第一項但書）之謂，但其善意只須於受讓占有時存在為已足，其後縱變為惡意，亦屬無妨。又，債務人之動產如經查封，受讓人縱為善意，其移轉對債權人不生效力（強執五一條二項），受讓人並不能主張善意受讓，取得其所有權。

具備以上要件而受讓動產者，即取得其所有權，此種取得通說認為屬原始取得（但亦有認係繼受取得者）。受讓人既原始取得所有權，前動產所有人喪失其所有物上之一切權利。惟此際尚須注意民法第九四九、九五〇條之適用（另如占有中所述）。

第二項　先　占

民法第八〇二條規定：「以所有之意思，占有無主之動產者，除法令另有規定外，取得其所有權。」是即無主動產之先占。因先占而取得無主動產之所有權，並非基於占有人之效果意思，僅因占有人先於他人對於無主動產取得管領支配之事實，即依法取得其所有權，惟附以所有之意思為條件而已，故其性質為事實行為，並非法律行為。

先占之要件如下：

一、須以所有之意思而占有

此所謂之所有意思，乃欲與所有人有同一管領力之意思，而將占有之動產歸於自己管領支配，無須有取得所有權之意思。即先占人對於無主動產有事實

上之管領力為已足，不必有行為能力。易言之，須本於與所有人立於同一支配地位之意思，占有無主之動產。

二、先占之標的須為無主之動產

即該動產現在不屬於任何人所有，至於以前曾否屬於他人所有，則非所問。又，先占固不以動產為限，但我民法僅認占有無主之動產，取得其所有權而已，至不動產並不能因先占而取得所有權。

具備以上要件時，先占人即取得該動產之所有權，此種取得為原始取得。至野生動物保育法禁止獵捕之動物，不得為先占之標的，是宜注意。

第三項　遺失物之拾得

遺失物之拾得，乃指發見他人之遺失物而占有之謂。如僅發見而未予占有時，尚非拾得遺失物。所謂遺失物，指非基於原權利人之意思與他人之侵奪而喪失其占有之動產。又，拾得遺失物屬於事實行為，並非法律行為，故無行為能力人，亦得為遺失物拾得人。

拾得遺失物後，拾得人之權利義務如次：

一、拾得人之義務

拾得遺失物者應從速通知遺失人、所有人、其他有受領權之人或報告警察、自治機關。報告時，應將其物一併交存。但於機關、學校、團體或其他公共場所拾得者，亦得報告於各該場所之管理機關、團體或其負責人、管理人，並將其物交存；前項受報告者，應從速於遺失物拾得地或其他適當處所，以公告、廣播或其他適當方法招領之（民法第八○三條）。

依前條第一項為通知或依第二項由公共場所之管理機關、團體或其負責人、管理人為招領後，有受領權之人未於相當期間認領時，拾得人或招領人應將拾得物交存於警察或自治機關；警察或自治機關認原招領之處所或方法不適當時，得再為招領之（民法第八○四條）。如拾得物有易於腐壞之性質，或其保管需費過鉅者，招領人、警察或自治機關得為拍賣或逕以市價變賣之，保管其價金（民法第八○六條）。

遺失物自通知或最後招領之日起六個月內，有受領權之人認領者，拾得人、招領人、警察或自治機關，於通知、招領及保管之費用受償後，應將其物返還之（民法第八○五條第一項）。

二、拾得人之權利

㈠如前所述，拾得人、招領人、警察或自治機關，對於遺失物有受領權之認領者，有請求其償還通知、招領及保管費用之權。

㈡有受領權之人認領遺失物時，拾得人得請求報酬；但不得超過其物財產上價值十分之一；其不具有財產上價值者，拾得人亦得請求相當之報酬（民法第八○五條第二項）。有受領權人依前項規定給付報酬顯失公平者，得請求法院減少或免除其報酬（同條第三項）。又，報酬請求權，因六個月不行使而消滅（同條四項）。惟有下列情形之一者，不得請求報酬：⑴在公眾得出入之場所或供公眾往來之交通設備內，由其管理人或受僱人拾得遺失物。⑵拾得人未於七日內通知、報告或交存拾得物，或經查詢仍隱匿其拾得遺失物之事實。⑶有受領權之人為特殊境遇、低收入戶、中低收入、依法接受急難救助、災害救助，或有其他急迫情事者（民法第八○五條之一）。足見，新法對報酬請求權之行使，除由十分之三減為十分之一外，並為更多之限制。

㈢前述之費用償還請求權及報酬請求權，拾得人等於其費用或報酬未受清償前，就該遺失物有留置權（民法第八○五條第四項前段）。此為特殊留置權。上開請求權之權利人有數人時，各人對遺失物均有留置權，雖遺失物實際上僅由其中一人占有，其占有視為為全體權利人占有（同條項後段），以免輾轉交付遺失物之繁瑣。

㈣遺失物自通知或最後招領之日起逾六個月，未經有受領權之人認領者，由拾得人取得其所有權。警察或自治機關並應通知其領取遺失物或賣得之價金；其不能通知者，應公告之（民法第八○七條第一項）。拾得人於受前項通知或公告後三個月內未領取者，其物或賣得之價金歸屬於保管地之地方自治團體（同條二項）。

㈤此外，就財產價值輕微之遺失物，即新臺幣五百元以下者，考量招領成本與遺失物價值成本之效益，另增訂簡易招領程序規定，即第八○七條之一規

定:「遺失物價值在新臺幣五百元以下者,拾得人應從速通知遺失人、所有人或其他有受領權之人。其有第八〇三條第一項但書之情形者,亦得依該條第一項但書及第二項規定辦理。前項遺失物於下列期間未經有受領權之人認領者,由拾得人取得其所有權或變賣之價金:一、自通知或招領之日起逾十五日。二、不能依前項規定辦理,自拾得日起逾一個月。第八〇五條至前條規定,於前二項情形準用之。」

三、拾得漂流物之準用

民法第八一〇條規定:「拾得漂流物、沉沒物或其他因自然力而脫離他人占有之物者,準用關於拾得遺失物之規定。」所謂漂流物,乃漂流於水面而權利人喪失其占有之動產;沉沒物,指沉沒於水底而權利人喪失其占有之動產;其他因自然力而脫離他人占有之物,例如被颱風吹走之物品是。權利人喪失對上開動產之占有,非由於其意思,亦非被人侵奪,其性質與遺失物無異,是以民法為上開之規定。

第四項　埋藏物之發見

所謂埋藏物,乃包藏於他物之中,而不知其屬於何人所有之動產。此之所謂他物,即包藏物,其不以土地為限(開掘土地而發見黃金),建築物與動產亦包括之,例如於牆壁中發見金銀,發見衣服中夾藏鈔票是。又,發見埋藏物亦為事實行為,並非法律行為。

民法第八〇八條規定:「發見埋藏物而占有者,取得其所有權。」即發見埋藏物而占有後,無須履行何種程序,即時取得其所有權。但:

(1)埋藏物係在他人所有之動產或不動產中發見者　該動產或不動產之所有人與發見人各得埋藏物之半(同條但書)。

(2)發見埋藏物者固取得其所有權,有如上述,然如其所發見者足供學術、藝術、考古或歷史之資料者,其所有權之歸屬,依特別法之規定(民法第八〇九條)　所謂特別法,如文化資產保存法是。依文化資產保存法之規定,埋藏地下之無主古物,概歸國家所有;該古物之發見人應即報告當地警察機關轉報或逐報地方政府指定保管機構採掘收存;對發見人獎勵辦法,由教育

部定之；發見古物未依規定立即報告或停止工程之進行，或不依規定處理者，科五萬元以下罰金（七四、九七條）。

埋藏物與遺失物有下列之不同：

①埋藏物必隱藏於他物之中，不易窺見；遺失物則未必隱藏於他物之中。

②埋藏物乃不知其所有人為誰；遺失物或知其所有人或其所有人所在不明。

③埋藏物之埋藏未必由於占有人之喪失占有；遺失物則非基於占有人之意思而喪失占有。

第五項　添　附

添附乃因物與他物相結合，或因勞力與他人之物相結合之謂。附合、混合、加工，通稱為添附，民法除分別為規定外，並於第八一五條、八一六條為共通之規定。

一、附　合

附合乃所有人不同之二個以上之物，結合為一物，非毀損不能分離或分離需費過鉅之謂。其情形有下列二種：

㈠不動產上之附合

不動產上之附合乃一人之動產附合於他人之不動產，而為其重要成分，由該不動產所有人取得附合動產之所有權之謂（民法第八一一條）。例如施肥料於他人之土地；取他人木料，建築於自己之房屋是。

附合之動產與不動產須異其所有人，否則如同屬於一人所有，既不生所有權歸屬之問題，自非此所謂不動產上之附合。又，須動產因附合而為不動產之重要成分，非變更物之本質或毀損其物，不能使該動產與不動產分離，始為此之不動產上之附合。如動產附著於不動產上，但仍屬獨立存在時，非此之附合，例如房屋上之電燈，並非不動產之成分是。

至附合之原因為出於人之行為，抑因自然力，均非所問；其出於人為時，行為人為善意或惡意，亦非所問，僅於損害賠償時，有其差異而已。宜注意者，不動產所有人因附合而取得動產之所有權，係於其就動產之附合無正當權源而

言，如附合為基於權利之行使，則動產之所有權仍屬於動產所有人，例如地上權人於他人土地所栽種之竹木或承租人於他人土地上所種植之農作物，於與土地分離後，由地上權人或承租人取得其孳息是。

㈡動產上之附合

動產上之附合乃數所有人之動產互相附合，而成為合成物，非毀損不能分離，或分離需費過鉅之謂（民法第八一二條第一項前段）。例如以他人之油漆上漆於書桌是。

因動產之附合而成之合成物，由各動產所有人按其動產附合時之價值共有之（同條項後段）。惟如附合之動產有可視為主物者，則由該主物所有人取得合成物之所有權（同條二項）。例如甲之名畫裱於乙之聯，則名畫應為主物，經裱妥之畫由甲取得所有權是。

二、混　合

混合乃數所有人之動產互相混合，而成為混合物；不能識別，或識別需費過鉅之謂（民法第八一三條）。例如甲之金塊與乙之銀塊熔成一合金塊是。

混合物由各動產所有人按其動產混合時之價值共有之，但混合之動產有可視為主物者，則該主物所有人取得混合物之所有權（民法第八一三條準用八一二條）。例如一般情形之金銀熔合，固應以金為主物，但如銀之數量數倍於金，則又應以銀為主物是。

三、加　工

加工乃加工作於他人之動產而成為新物之謂。例如以他人之布料製成衣服，雕刻他人之木料成為人像是。此之所謂加工，為勞力與材料之結合，且為事實行為，而非法律行為。若加工係因法律行為時，例如為人製作衣服，則為承攬或僱傭之關係。又，加工而不成為新物時，例如縫補他人之衣服，亦非此之加工。

加工物所有權之歸屬，民法第八一四條規定：「加工於他人之動產者，其加工物之所有權，屬於材料所有人。但因加工所增之價值顯逾材料之價值者，其加工物之所有權屬於加工人。」即以屬於材料所有人為原則，以歸屬於加工人為例外。

四、添附之效果

因添附事實之發生，一方取得他方動產之所有權，他方之動產所有權因此消滅。基於添附而取得動產所有權，乃因法律規定，而非依法律行為，故此種取得為原始取得，從而因添附而動產之所有權消滅者，該動產上之其他權利（例如質權、使用借貸等權利），亦同時消滅（民法第八一五條）。

如前所述，一方取得動產所有權，他方或喪失其動產所有權，或喪失其在該動產上之其他權利，因而發生一方得利益，他方受損害之情事。故因添附而受損害者，得依關於不當得利之規定請求償還價額（民法第八一六條）。

第四節　共　有

共有乃一物之所有權，由數人共同享有之謂。我民法採取一物一權主義，一物固不能同時有數個所有權並存，然一個所有權由數人共同享有，則無背於所有權之本質。共有發生之原因，有基於當事人意思者，例如依契約數人共同買受一物是；有由於法律規定者，例如合夥財產為合夥人全體之公同共有（民法第六六八條）、動產與他人動產附合時之共有合成物（民法第八一二條）、遺產為各繼承人之公同共有（民法第一一五一條）是。

我民法上之共有分為三類，即分別共有（民法第八一七至八二六條）、公同共有（民法第八二七至八三〇條）、準共有（民法第八三一條）。

第一項　分別共有

一、分別共有之意義

分別共有乃數人按其應有部分而共同享有一物之所有權之謂。分別共有，我民法稱之為共有，而其權利人，則稱為共有人（民法第八一七條第一項），此乃因分別共有為共有之常態之故。

分別共有之成立，不外為：

(1)**基於當事人之意思**　例如數人出資共同買受一物，該物即為該數人所分別共有是。

(2)**基於法律之規定**　例如於他人之動產或不動產中發見埋藏物（民法第八○八條但書）、因附合或混合之共有合成物或混合物（民法第八一二、八一三條）是。

二、應有部分

應有部分為各分別共有人就一物之所有權在分量上所享有之部分。即應有部分係抽象的權利之比率，存在於共有物之任何一部分，並非具體的共有物之一部分。

應有部分既為所有權分量上之一部分，雖其分量不及單獨所有權之完全，然其所含之成分，則與單獨所有權無異。故第三人侵害共有物時，他共有人固得行使物上請求權；而共有人中如有侵害情事時，共有人亦得對之行使物上請求權（參照最高法院八一年度臺上字一八一八號判決）。

共有人應有部分之多寡，應依當事人之意思或法律之規定（如民法第八一二條第二項、八一三條）以為決定。若各共有人之應有部分不明者，推定其為均等（民法第八一七條第二項）。

應有部分既專屬於各共有人，故各共有人得自由處分其應有部分（民法第八一九條第一項），而無須得他共有人之同意。

三、分別共有之效力

㈠共有人之內部關係

1.共有物之使用、收益

各共有人除契約另有約定外，按其應有部分，對於共有物之全部有使用收益之權（民法第八一八條）。關於使用、收益之方法，除共有物性質所容許，得於不妨害他共有人之權利限度內，按其應有部分為用益外，例如得同時使用共有之道路，或按應有部分取得出租共有物所得之租金是。惟共有人如依契約就用益之範圍或方法為約定，即依其約定。

2.共有物之處分

民法第八一九條第二項規定：「共有物之處分、變更及設定負擔，應得共有人全體之同意。」此所謂處分包括法律上之處分及事實上之處分；變更指變更共有物之用途，例如變更建地為農地是；設定負擔指設定其他物權。按共有人之權利存於共有物之全部，就共有物之處分、變更及設定負擔，影響共有人之權益，自須經共有人全體之同意。宜注意者，土地法第三四條之一第一項規定，共有土地或建築改良物，其處分、變更及設定地上權、農育權、不動產役權或典權，應以共有人過半數及應有部分合計過半數之同意行之，如應有部分合計逾三分之二者，其人數不予計算。此一特別規定應優先民法規定而適用。

3.共有物之管理

所謂共有物之管理，指共有物之利用、保存及改良行為。為促使共有物有效利用，就共有物之管理，除另有約定外，新法規定依多數決，而非舊法之共同管理。民法第八二〇條第一至第四項規定：「共有物之管理，除契約另有約定外，應以共有人過半數及其應有部分合計過半數之同意行之。但其應有部分合計逾三分之二者，其人數不予計算。依前項規定之管理顯失公平者，不同意之共有人得聲請法院以裁定變更之。前二項所定之管理，因情事變更難以繼續時，法院得因任何共有人之聲請，以裁定變更之。共有人依第一項規定為管理之決定，有故意或重大過失，致共有人受損害者，對不同意之共有人連帶負賠償責任。」至於共有物之簡易修繕及其他保存行為，得由各共有人單獨為之（同條五項），即無庸依多數決。

又，關於費用之分擔，民法第八二二條規定：「共有物之管理費及其他負擔，除契約另有約定外，應由各共有人，按其應有部分分擔之。共有人中之一人，就共有物之負擔為支付，而逾其所應分擔之部分者，對於其他共有人得按其各應分擔之部分，請求償還。」

㈡共有人之外部關係

民法第八二一條規定：「各共有人對於第三人，得就共有物之全部為本於所有權之請求。但回復共有物之請求，僅得為共有人全體之利益為之。」此所謂本於所有權之請求，不限於民法第七六七條所規定之物上請求權，即本於相鄰關係所生之權利（民法第七七三條至七九八條），各共有人亦得行使之。惟本於

所有權請求中，如為回復共有物之請求，即對於無權占有或侵奪共有物者，請求返還共有物（即行使物上請求權中之所有物返還請求權）時，應請求第三人向共有人全體返還，不得請求僅向自己返還。例如甲、乙、丙共有之土地，經丁無權占有，建造房屋，丙請求丁拆屋交地，須請求丁將土地交還甲、乙、丙是。

四、分別共有物之分割

(一)共有物分割自由原則

共有關係之存續，對於各共有人有所不便，此種關係自宜使其從速終止，是以民法第八二三條第一項規定，除法令另有規定外，各共有人得隨時請求分割共有物，此即共有物分割自由原則。惟此一原則，有二種例外（同條項但書），即：

(1)**因物之使用目的不能分割者**　例如共有之道路、區分所有建物之共同部分（如共用之樓梯）是。

(2)**因契約訂有不分割之期限者**　所定不分割之期限不得逾五年，逾五年者縮短為五年；但共有之不動產，契約訂有管理之約定時，約定不分割之期限，不得逾三十年，逾三十年者，縮短為三十年（同條二項）。惟該不分割期限之約定，如有重大事由，共有人仍得隨時請求分割（同條三項）。

分割之請求為共有關係廢止之請求，其非一般之請求權，而有形成權之性質，是訴請分割共有物，即為形成之訴。又，分割請求權因共有關係之存在而當然發生，於共有關係存續中，不因期間之經過而消滅。

(二)共有物之分割方法

共有物之分割方法有二種，一為協議分割，另一為判決分割。茲分述如次：

1.協議分割

民法第八二四條第一項規定：「共有物之分割，依共有人協議之方法行之。」該協議為債權行為，不以訂立書面為必要，即為不要式行為。至其分割方法如何，法無限制，一任當事人之自由訂定。又，協議非議決，不適用多數決之原則。

2.判決分割

分割之方法不能協議決定，或於協議決定後因消滅時效完成經共有人拒絕履行者，法院得因任何共有人之聲請，命為下列之分配（民法第八二四條第二項）：

(1)**原物分配**　即以原物分配於共有人，此為最優先之分配方法（同項一款本文）。

(2)**原物分配兼價金補償**　於原物分配，但如共有人中不能按其應有部分受分配者，得以金錢補償之（同項一款本文、同條三項）。

(3)**原物分配，但各共有人均受原物分配顯有困難時**，得將原物分配於部分共有人，以金錢補償其他共有人（同項一款但書、同條三項）。

(4)**以原物之一部分分配於各共有人**，他部分變賣，以價金分配於各共有人（同項二款）。

(5)**原物分配顯有困難時**，得變賣共有物，以價金分配於各共有人（同項二款）。

(6)**原物分配，因共有人之利益或其他必要情形**，一部分分割，他部分維持共有（同條四項）。

再者，就合併分割，新法有下列規定：(1)共有人相同之數不動產，除法令另有規定外，共有人得請求合併分割（同條五項）。(2)共有人部分相同之相鄰數不動產，各該不動產均具應有部分之共有人，經各不動產應有部分過半數共有人之同意，得適用前項規定，請求合併分割。但法院認合併分割為不適當者，仍分別分割之（同條六項）。

此外，新法於變價分配時，另規定：「變賣共有物時，除買受人為共有人外，共有人有依相同條件優先承買之權，有二人以上願優先承買者，以抽籤定之。」（同條七項）

(三)**共有物分割之效力**

1.單獨所有權之取得

共有物經分割後，共有關係消滅，自共有物分割之效力發生時起，各共有人就其所分得部分取得單獨所有權（民法第八二四條之一第一項）。易言之，其取得之時期，不溯及既往，於協議分割係自分割登記完成時，判決分割則自判

決確定時，發生效力。

2.應有部分上擔保物權之處理

新法第八二四條之一第二項至第五項規定如下：「應有部分有抵押權或質權者，其權利不因共有物之分割而受影響。但有下列情形之一者，其權利移存於抵押人或出質人所分得之部分：一、權利人同意分割。二、權利人已參加共有物分割訴訟。三、權利人經共有人告知訴訟而未參加。（第二項）前項但書情形，於以價金分配或以金錢補償者，準用第八八一條第一項、第二項或第八九九條第一項規定。（第三項）前條第三項之情形，如為不動產分割者，應受補償之共有人，就其補償金額，對於補償義務人所分得之不動產，有抵押權。（第四項）前項抵押權應於辦理共有物分割登記時，一併登記，其次序優先於第二項但書之抵押權。（第五項）」

依上開規定，共有不動產之裁判分割，命為原物分配外，並命金錢補償者，為保障該應受補償之共有人，就其應受補償之金額，於補償義務人所分得之不動產有抵押權。此即為法定抵押權，並應於辦理共有物分割登記時，一併登記，以保障交易安全。

3.負與出賣人之同一擔保責任

各共有人就其所分得部分取得單獨所有權，乃各共有人互相移轉其應有部分之結果，實類於買賣之有償行為，是以民法第八二五條規定：「各共有人，對於他共有人因分割而得之物，按其應有部分，負與出賣人同一之擔保責任。」即各共有人應負權利之瑕疵擔保與物之瑕疵擔保責任（民法第三四九條以下）。

4.證書之保存及使用

共有物分割後，各分割人應保存其所得物之證書（民法第八二六條第一項）。共有物分割後，關於共有物證書，歸取得最大部分之人保存之（同條二項前段），無取得最大部分之人時，則由分割人協議定之，不能協議決定者，得聲請法院指定之（同條項後段）。又，無論所得物證書或共有物證書，他分割人所保存者，各分割人如有使用之必要時，亦得請求使用之（同條三項）。

5.共有人關於使用、管理、分割約定之效力

民法第八二六條之一規定：「不動產共有人間關於共有物使用、管理、分割或禁止分割之約定或依第八二○條第一項規定所為之決定，於登記後，對於應

有部分之受讓人或取得物權之人，具有效力。其由法院裁定所定之管理，經登記後，亦同。動產共有人間就共有物為前項之約定、決定或法院所為之裁定，對於應有部分之受讓人或取得物權之人，以受讓或取得時知悉其情事或可得而知者為限，亦具有效力。共有物應有部分讓與時，受讓人對讓與人就共有物因使用、管理或其他情形所生之負擔連帶負清償責任。」

第二項　公同共有

一、公同共有之意義

公同共有乃數人基於公同關係而共同享有一物之所有權之謂。各公同關係之人，即為公同共有人（民法第八二七條第一項）。

公同共有之成立為：

㈠基於當事人之法律行為

例如當事人之合夥契約（民法第六六八條）；夫妻之訂立共同財產制契約（民法第一○三一條）均是。

㈡基於法律之規定

例如共同繼承人在分割遺產前對於遺產為公同共有（民法第一一五一條）是。

㈢基於習慣

例如祭田（十九年上字一八八五號判例）、同鄉會館（四二年臺上字一一九六號判例）是。

二、公同共有之效力

㈠公同共有人之權利義務

公同關係之成立既為基於法律之規定、法律行為或習慣，則公同共有人之權利義務，自應依其公同關係所由規定之法律、法律行為或習慣定之（民法第八二八條第一項）。例如因合夥而發生公同共有時，其公同共有人之權利義務應依合夥契約所定是。

㈡公同共有物之處分及其他權利之行使

　　各公同共有人之權利及於公同共有物之全部（民法第八二七條第三項）。是故，公同共有物之處分及其他權利之行使，除公同關係所由規定之法律另有規定（例如土地法第三四條之一第五項對公同共有土地或建築改良物之處分、變更或設定負擔，另為特別規定是）或契約另有約定外，應得公同共有人全體之同意（民法第八二八條第三項）。此所謂處分，包括事實上之處分及法律上之處分；所謂其他權利之行使，指公同共有物之管理、使用、收益、變更及設定負擔是。

　　又，分別共有物之管理、共有人對第三人之權利，共有物有關使用、管理、分割或禁止分割約定對於繼受人效力等規定，即第八二〇條、八二一條及八二六條之一規定，於公同共有準用之（民法第八二八條第二項）。

㈢公同共有物分割之限制

　　於分別共有，各共有人得隨時請求分割共有物（民法第八二三條），有如前述。惟公同共有既因公同關係而發生，其共有物之存在即所以達共有人之公同目的，故民法第八二九條明定：「公同關係存續中，各公同共有人，不得請求分割其公同共有物。」此與分別共有不同。從而，須經廢止公同關係，公同共有人始得分割其共有物。但此一限制有例外，即共同繼承人得隨時請求分割遺產（民法第一一六四條）是。

三、公同共有之消滅

　　民法第八三〇條第一項規定：「公同共有之關係，自公同關係終止，或因公同共有物之讓與而消滅。」即公同共有之消滅原因有二：

㈠公同關係之終止

　　按公同共有既因公同關係而發生，則如公同關係終止，例如合夥公同共有財產因合夥解散、夫妻約定共同財產因婚姻消滅，公同共有關係即隨之消滅。公同關係終止後，關於公同共有物之分割，除法律另有規定（例如民法第一〇四〇條關於夫妻共同財產之分割）外，準用關於共有物分割之規定（民法第八三〇條第二項）。

㈡公同共有物之讓與

公同共有物如讓與他人或公同共有人中之一人時，其公同共有關係即歸於消滅。

第三項　準共有

民法第八三一條規定：「本節規定，於所有權以外之財產權，由數人共有或公同共有者準用之。」按共有乃數人共同享有一物之所有權，惟數人共同享有所有權以外之財產權，如地上權及其他限制物權、準物權、無體財產權、債權等，其情形與共有關係相類似，故準用分別共有或公同共有之規定，此即準共有。

習　題

一、所有人物上請求權之內容為何？

二、所有權取得時效之要件為何？取得時效完成之效力為何？

三、何謂附合？何謂混合？

四、分別共有與公同共有有何不同？

五、甲無權占有乙之土地建造共二十坪之房屋一棟，建造中乙即已發現，但並不提出異議。乙於甲將該房屋建築完成後，得否請求甲拆屋交地？

六、甲擅將其向乙借用之紡織機器一臺出賣於丙，經交付，並得款花用。乙得否請求丙交還該機器？是否因丙之為善意或惡意而有不同之結論？

七、甲竊取乙之耕耘機一臺後，因出租而交付於不知情之丙，租期尚未屆滿，乙依物上請求權請求丙交還，丙主張善意受讓，拒絕交還，其主張有據否？

八、甲、乙、丙共有建地一筆，應有部分各三分之一，嗣訂立分管契約，各自管理特定之一部。其後甲將其應有部分三分之一出賣於丁，經共有權移轉登記。丁是否續受上述分管契約之拘束？

九、甲、乙、丙共有建地一筆，經於七十七年三月一日協議分割，分成a、b、c三部分各歸其取得，但未辦理分割登記，甲於九十三年五月二日請求乙、丙共同辦理分割登記，乙、丙為請求權消滅時效已完成之抗辯，拒絕履行，甲得否另向法院請求裁判分割？

〔提 示〕

一、所有人為排除他人不法干涉，得行使基於所有權所生之物上請求權。其內容有三：(1)所有物返還請求權。(2)除去妨害請求權。(3)預防妨害請求權。(詳如本文內之解說)

二、㈠所有權取得時效之要件有三：(1)須有占有之事實：此之占有須為自主、和平、公然占有。(2)須繼續占有一定期間：此期間，於動產依情形為五年或十年；於不動產，如占有之始為善意並無過失者為十年，否則為二十年。(3)須占有他人之物：不動產須為他人未登記者，始有取得時效規定之適用。(詳如本文內之解說)

㈡取得時效完成後，如為動產，占有人即取得該動產所有權，如為不動產，占有人僅得請求登記為所有人，須完成登記，始取得其所有權。

三、附合、混合均為物與物之結合，並同為動產所有權得喪之共同原因。

㈠附合乃所有人不同之二個以上之物結合為一物，非毀損不能分離或分離需費過鉅。又有二種情形，一為不動產上之附合，另一為動產上之附合。

㈡混合為數所有人之動產相混合而成為混合物，不能識別或識別需費過鉅。(詳如本文內之解說)

四、分別共有與公同共有雖同為數人共同享有一所有權之狀態，但有下列之主要不同：

㈠分別共有，其共有關係之發生，無須另有其他關係之存在。但在公同共有，其共有關係之發生，須基於公同關係之存在。

㈡分別共有係一所有權分屬於數人所有，故各共有人有其專屬之應有部分，該應有部分為顯現的。公同共有則為一所有權共屬於數人所有，故公同共有人之應有部分為潛在的，並不顯現。

㈢分別共有，各共有人得自由處分其應有部分，無須他共有人之同意，其應有部分又為顯現的，其債權人自得對應有部分聲請法院查封拍賣。公同共有，各共有人之應有部分既為潛在的，即無自由處分可言，故其債權人自無從對公同共有物聲請執行。

㈣分別共有，各共有人得隨時請求分割共有物。公同共有，於公同關係存續中，各共有人不得請求分割共有物（共同繼承人得隨時請求分割遺產為例外）。

五、乙得請求甲拆屋交地。其理由為：土地所有人越界建屋時，依民法第七九六條之規定，固於鄰地所有人知其情事而不即提出異議者，鄰地所有人不得請求移去該房屋。本件甲係將其房屋全部建築於乙之土地上，即無逾越疆界之情事，雖乙知其無權占有而未提出異議，仍無上開規定之適用。從而乙仍得請求甲拆屋交地。至乙對甲之無權占有請求拆屋交地，所得行使之權利為物上請求權、占有之不當得利返還請求權、或侵權行為損害賠償請求權，得選擇或合併行使之。

六、乙得否請求丙交還機器，因丙之為善意或惡意而有不同之結論。即：

　㈠丙為善意時，因丙受動產善意受讓之保護，雖甲無移轉該機器所有權之於丙之權利，丙得主張善意受讓而仍取得其所有權。乙因此失其機器之所有權，自不得請求丙交還該機器。至乙得對甲依債務不履行或侵權行為請求損害賠償，亦得行使不當得利返還請求權，乃別一問題。

　㈡丙為惡意時，丙即不受善意受讓之保護，未取得該機器所有權。乙之所有權既仍存在，自得依物上請求權或占有之不當得利返還請求權，向無權占有之丙請求交還該機器。

七、丙主張善意受讓為無據，應交還耕耘機於乙。理由為：甲將之交付於丙，乃本於出租而移轉占有，並非以移轉所有權為目的，即甲、丙間並無物權行為，自無動產所有權善意受讓之適用（民法第八〇一條參照）。至丙交還該耕耘機於乙後，其對甲得主張債務不履行之損害賠償，為別一問題。

八、㈠依舊法，丁應否受原甲、乙、丙所訂分管契約之拘束，須依下列情形而定：

　　⑴如丁知悉該分管契約，或可得而知時，該契約對丁繼續存在。

　　⑵如丁不知有該分管契約，亦無可得而知之情事時，丁即不受該契約之拘束。

　　（參照釋字三四九號解釋）

　㈡依新法第八二六條之一，依該分管契約是否登記為準，決定對丁是否具有效力。

九、甲得另請求裁判分割。理由：⑴甲、乙、丙原已就其共有建地為協議分割，則其分割請求權本已歸消滅。惟協議分割為債權契約，尚須其本於該契約，辦理分割登記後，始取得分得部分之所有權。惟分割登記請求權為債權請求權，其消滅時效為十五年，是乙、丙為時效完成之抗辯，拒絕辦理分割登記，自無不

合。(2)若然，則該建地共有狀態，永久存續，亦欠合理。是故，協議分割登記請求權消滅時效完成後，甲請求辦理分割登記，經乙、丙為時效抗辯，拒絕履行後，應許甲得另請求判決分割。實務上即採此一見解（最高法院六九年第八次民事庭會議決議）。

新法已將上開實務見解，予以明文。依第八二四條第二項規定，本件於協議決定後因消滅時效完成，經共有人乙、丙拒絕履行，甲得就該共有建地請求法院判決分割。

第三章　地上權

第一節　普通地上權

一、普通地上權之意義

普通地上權乃以在他人土地之上下有建築物或其他工作物為目的，而使用其土地之物權（民法第八三二條）。茲析述如左：

㈠地上權為使用他人土地之物權

地上權以使用他人之土地為內容，故為用益物權之一種。地上權既係使用他人之土地，故土地所有之所有權即受一定之限制，是以地上權又為限制物權之一種。惟地上權之使用土地，初不限於地表，並及於土地之上下，例如：在他人地下開鑿隧道，或在空中架設天橋是。

㈡地上權者以在他人土地上有建築物或其他工作物為目的而使用其土地之物權

所謂建築物，係指房屋而言。所謂其他工作物，係指房屋以外之定著物而言，例如：橋梁、鐵路、堤防、溝渠、隧道、牌坊、銅像及紀念碑之類是。如前所述，在我民法，地上權之標的物係土地，而非建築物等工作物，故工作物既不必於地上權設定時即屬存在，而工作物雖已滅失，地上權亦不因之而消滅（民法第八四一條）。

舊法設定地上權尚得以竹木為目的，新法將之刪除，如有使用他人土地以種植竹木為目的，為新法農育權設定之問題（民法第八五〇條之一以下）。

又，地上權為使用他人土地之權利，此與土地租賃權同，然二者有其不同：

(1)地上權為物權，而租賃權為債權，故地上權人得直接使用其土地，而承租人僅得請求使用其土地。

(2)地上權之存續期間法無限制，而租賃權之存續期間如定有期限者，則不得逾二十年（民法第四四九條）。

⑶地上權不以支付地租為要件（民法第八三五條之反面解釋），而租賃權必須支付地租（民法第四二一條）。

⑷地上權得讓與於他人，而租賃權與人格、信用有關，應不得讓與他人（民法第二九四條第一項一款），且承租人如未得出租人之承諾，亦不得將其租賃物轉租（民法第四四三條）。

⑸地上權人於期間屆滿時，不但有取回其工作物之權，如工作物為建築物，且有按時價請求補償之權（民法第八四○條），而承租人於契約屆滿時，僅有取回其工作物之權。

⑹地上權得為抵押權之標的物（民法第八八二條），但租賃權則否。

二、地上權之取得

地上權取得之原因，得分為原始取得與繼受取得兩種：

㈠原始取得

依民法第七七二條準用第七六九條及第七七○條之規定，因時效而取得地上權者，於經登記後，取得地上權。又，因時效而取得地上權者，無論該他人之土地已否登記（六○年臺上字一三一七號、四一九五號判例）。

㈡繼受取得

地上權之繼受取得，得分為設定的繼受取得與移轉的繼受取得二種：

1.設定的繼受取得

地上權之設定的繼受取得，有基於法律行為者，有基於法律之規定者：

⑴**設定地上權之基於法律行為者**　地上權得由當事人以法律行為設定之，其設定行為通常固為契約；但亦有為單獨行為者，如以遺囑設定地上權是。

地上權之存續期間，當事人得自由約定之。但如未定有期限，存續期間逾二十年或地上權之目的已不存在時，法院得因當事人之請求，斟酌地上權成立之目的、建築物或工作物之種類、性質及利用狀況等情形，定其存續期間或終止地上權（民法第八三三條之一）。又，以公共建設為目的而成立之地上權，例如大眾捷運是，如未定有期限者，以該建設使用目的完畢時，視為地上權之存續期限（民法第八三三條之二）。

⑵**設定地上權之基於法律規定者**　依民法第八七六條規定，土地及其土

地上之建築物同屬於一人所有，而僅以土地或僅以建築物為抵押者，於抵押物拍賣時，視為已有地上權之設定；又土地及其土地上之建築物同屬於一人所有，而以土地及建築物為抵押者，如經拍賣，其土地與建築物之拍定人各異時，亦視為已有地上權之設定，此時建築物之所有人即依法律之規定於他人之土地上取得地上權。此即法定地上權，其地租、期間及範圍由當事人協議定之，不能協議者，得聲請法院以判決定之。

(3)基地租賃成立後，經承租人請求出租人為地上權之登記（民法第四二二條之一、土一〇二條）時，承租人亦取得地上權（請見前述各種之債租賃內之基地租賃）。

(4)**視為地上權之設定**　依民法第八三八條之一第一項規定：「土地及其土地上之建築物，同屬於一人所有，因強制執行之拍賣，其土地與建築物之拍定人各異時，視為已有地上權之設定，其地租、期間及範圍由當事人協議定之，不能協議者，得請求法院以判決定之。其僅以土地或建築物為拍賣時，亦同。」惟該地上權因建築物之滅失而消滅（同條第二項）。

2.**移轉的繼受取得**

地上權為無專屬性之財產權，自得為讓與或繼承。故依民法第八三八條第一項規定，地上權人除契約另有訂定或另有習慣外，得將其權利讓與他人。惟地上權與其建築物或其他工作物不得分離而為讓與或設定其他權利（同條第三項）。

三、地上權之效力

㈠地上權人之權利

1.土地之占有

地上權人取得地上權後，即可請求土地所有人移轉其占有，而地上權人於取得土地之占有後，除以地上權人之資格受關於物權之保護外，同時以占有人之資格並受關於占有之保護。

2.土地之使用收益

地上權為使用他人土地之權利，其使用目的係建造建築物或其他工作物，則一任當事人之訂定及法律事實之決定（參照民法第八三二及八七六條）。

3.相鄰權之行使

地上權人於其目的範圍内既占有並使用土地，故第七七四條至第八〇〇條關於相鄰權之規定，於地上權人間或地上權人與土地所有人間準用之，以保護其利益（民法第八〇〇條之一）。

4.地上權之處分

地上權為非專屬的財產權，地上權人自得自由處分之。故就其權利設定抵押權（參照民法第八八二條）或以之讓與他人，均無不可。惟契約另有訂定或當地有不許讓與之習慣時，亦應從約定或其習慣（民法第八三八條第一項）。惟前項約定，非經登記，不得對抗第三人（同條第二項）。

5.補償之請求

地上權人之工作物為建築物者，於地上權因存續期間屆滿而歸於消滅時，若必令地上權人拆除其建築物，則不但個人蒙其損失，社會經濟亦受其影響，故法律付與地上權人以補償請求權。申言之，即地上權人得於期間屆滿前定一個月以上之期間請求土地所有人購買其建築物而按時價以為補償（民法第八四〇條第一項）。惟地上權人行使此種補償請求權，須具備下列要件：

⑴須地上權人之工作物為建築物。

⑵須地上權因存續期間屆滿而消滅　如地上權之消滅非因存續期間之屆滿，而係因其他事由，例如因地上權之抛棄、土地所有人之終止而消滅地上權者，則地上權人仍不得行使補償請求權。

⑶須契約無特別約定　如契約另有特別訂定，地上權人亦不得行使其補償請求權（同項但書）。

⑷須非地上權人不願延長期限之請求　如前所述，地上權因存續期間屆滿而消滅者，地上權人就其建築物固享有補償請求權；得於期間屆滿前定一個月以上期間，請求土地所有人按該建築物之時價為補償，如土地所有人拒絕地上權人補償之請求或於期間内不為確答者，地上權之期間應酌量延長之，如地上權人不願延長者，仍不得行使補償請求權（同條第二項）。

上開時價不能協議者，地上權人或土地所有人得聲請法院裁定之；土地所有人不願依裁定之時價補償者，適用前項酌量延長地上權期間之規定（同條第三項）。依第二項規定延長期間者，其期間由土地所有人與地上權人協議定之，

不能協議者，得請求法院斟酌建築物與土地使用之利益，以判決定之（同條第四項）。於前項期間屆滿後，除經土地所有人與地上權人協議者外，不適用第一、二項規定（同條第五項），即除經另達成協議者外，第四項之延長期間以一次為限。

6.工作物之取回

工作物既為地上權人所有，則於地上權消滅時，地上權人自有收回其工作物之權利（民法第八三九條前段）。

(二)地上權人之義務

1.地租之支付

地租乃地上權人使用他人土地之對價。地上權之成立，固不以給付地租為要件，然通常當事人間多約有地租。而基於法律規定所發生之地上權，且明定其須支付地租（參照民法第八七六條、第八三八條之一）。又，土地所有權讓與時已預付之地租，非經登記，不得對抗第三人（民法八三六條之一）。

⑴**地租之標的**　地租通常固多以金錢支付之，但不以此為限，當事人如約定以金錢以外其他代替物以為給付，亦無不可。

⑵**地租支付之時期**　關於地租支付之時期，自應依當事人之約定。如無約定，則應類推適用民法第四三九條以為解決。即無約定時，依習慣；無習慣時，如地租係分期支付者，應於每期屆滿時支付之。

⑶**地租之減免**　民法第八三七條規定：「地上權人，縱因不可抗力，妨礙其土地之使用，不得請求免除或減少租金。」但如土地滅失，地上權消滅，自無支付租金之可言，為另一問題。

⑷**地租之增減**　因情事變更，土地所有人能否於約定地租外，請求地上權人增加地租？為求合理，民法第八三五條之一規定：「地上權設定後，因土地價值之昇降，依原定地租給付顯失公平者，當事人得請求法院增減之。未定有地租之地上權，如因土地之負擔增加，非當時所得預料，仍無償使用顯失公平者，土地所有人得請求法院酌定其地租。」即得訴請法院以判決增減或酌定地租。

2.依設定目的及約定方法為土地之使用收益

地上權人應依設定之目的及約定之使用方法為土地之使用收益，未約定使用方法者，應依土地之性質為之，並均應保持其得永續利用（民法第八三六條

之一第一項)。上述約定之使用方法,非經登記不得對抗第三人(同條第二項)。又,地上權人違反設定目的及約定方法為土地之用益,經土地所有人阻止仍繼續為之者,土地所有人得終止地上權;地上權經設定抵押權者,並應同時將該阻止之事實通知抵押權人(民法第八三六條之三)。

3.土地原狀之回復

地上權消滅時,故地上權人就他人土地上之工作物固有取回之權利(民法第八三九條第一項),而為回復土地原狀,同時亦負有取回之義務,故此時土地所有人為回復土地之原狀,並得請求其取回。地上權人不於地上權消滅後一個月內取回其工作物者,工作物歸屬於土地所有人;其有礙於土地之利用者,土地所有人得請求回復原狀(同條二項)。惟地上權人之取回其工作物,在工作物必多毀損,而在土地亦往往減少其價值;故此際法律賦與土地所有人以購買權,即土地所有人以市價購買地上權人之工作物時,地上權人非有正當理由不得拒絕(同條三項)。

四、地上權之消滅

㈠土地之滅失

地上權為存於土地之權利,土地如因洪水、地震等災害而全部滅失時,地上權自歸於消滅,僅係一部滅失,則應解為地上權只縮小其範圍,而存留於其賸餘部分。至若僅係建築物或其他工作物之滅失,地上權並不因而消滅(民法第八四一條),地上權人仍得使用該土地。

㈡存續期間之屆滿

地上權定有存續期間者,其時間屆滿時,地上權自歸於消滅。

㈢取得時效完成

第三人因時效取得地上權(經登記)時,則原地上權自因之而消滅(參照民法第七七二條)。

㈣拋 棄

地上權無支付地租之約定者,地上權人得隨時拋棄其權利(民法第八三四條)。地上權定有期限,而有支付地租之約定者,地上權人得支付未到期之三年分地租後,拋棄其權利(民法第八三五條第一項)。地上權未定有期限,而有支

付地租之約定者，地上權人拋棄權利時，應於一年前通知土地所有人或支付未
到期一年分地租（同條第二項）。因不可歸責於地上權人之事由，致土地不能達
原來使用之目的時，地上權人於支付前二項地租二分之一後，得拋棄其權利，
其因可歸責於土地所有人之事由，致土地不能達原來使用之目的時，地上權人
亦得拋棄其權利，並免支付地租（同條第三項）。又，拋棄地上權，非經塗銷登
記不生效力（民法第七五八條）。

㈤因欠租而被終止

地上權定有地租時，地上權人即應按時支付地租。若地上權人積欠地租達
二年之總額時，除另有習慣外，土地所有人得定相當期限催告地上權人支付地
租，如地上權人於期限內不為支付，土地所有人得終止地上權；地上權經設定
抵押權者，並應同時將催告之事實通知抵押權人（民法第八三六條第一項）。地
租之約定經登記者，地上權讓與時，前地上權人積欠之地租應併同計算；受讓
人就前地上權人積欠之地租，應與讓與人連帶負清償責任（同條第二項）。第一
項之終止，應向地上權人以意思表示為之（同條第三項）。

㈥約定事由發生

地上權約有一定消滅事由時，例如約定工作物滅失，地上權消滅，其事由
一旦發生，則地上權即應歸於消滅。

第二節　區分地上權

一、區分地上權之意義

區分地上權乃以在他人土地上下之一定空間範圍內設定之地上權（民法第
八四一條之一）。按土地之利用已不再局限於地面，而逐漸向空中與地下發展，
由平面化趨向於立體化，產生土地分層利用之結果，自有承認土地上下一定空
間範圍內設定地上權之必要。其與普通地上權之主要差異，為範圍之不同，但
非新種類之物權，故除另有規定外，準用關於普通地上權之規定（民法第八四
一條之六）。

區分地上權之性質與普通地上權並無不同，故其取得之原因與普通地上權

相同。惟登記之方法及測量技術，有待檢討。

二、區分地上權之相鄰關係

區分地上權之空間相鄰關係複雜，除準用一般相鄰關係外（民法第八〇〇條之一），民法第八四一條之二規定：「區分地上權人得與其設定之土地上下有使用、收益權利之人，約定相互間使用收益之限制。其約定未經土地所有人同意者，於使用收益權消滅時，土地所有人不受該約定之拘束。前項約定，非經登記，不得對抗第三人。」

三、區分地上權與其他用益物權間之優先效力

民法第八四一條之五規定：「同一土地有區分地上權與以使用收益為目的之物權同時存在者，其後設定物權之權利行使，不得妨害先設定之物權。」即先成立之區分地上權優先於成立在後之其他用益物權。

四、區分地上權設定期間之延長

民法第八四一條之三規定：「法院依第八百四十條第四項定區分地上權之期間，足以影響第三人之權利者，應併斟酌該第三人之利益。」於此情形，法應併兼顧第三人權益，以期妥適。且區分地上權之工作物為建築物，依民法第八四〇條規定，以時價補償或延長期間，如足以影響第三人之權利時，應對該第三人為相當之補償；補償之數額以協議定之，不能協議時，得聲請法院裁定之（民法第八四一條之四）。

習　題

一、在他人土地上有建築物而使用其土地之權，是否即為地上權？地上權與土地租賃權有何不同？

二、如何因時效取得地上權？

三、甲在乙之土地上有建築物，已具備時效取得地上權之要件，但尚未經地上權登記，乙依所有權物上請求權，訴請甲拆屋交地，甲抗辯其非無權占有，是否有據？

〔提　示〕

一、㈠地上權與土地租賃權、借用權同為在他人土地上有建築物而使用其土地之權利，前者為物權，後者為債權。因此當事人之一方在他方土地上有建築物而使用其土地之權，究為地上權抑為土地租賃權或借用權，應依當事人之意思及其內容，予以判定。不得僅以在他人土地上有建築物而使用其土地，即認為其屬地上權。(參照二九年滬上字一○一號判例)

㈡地上權與土地租賃權之主要不同點有六。(詳如本文內之解說)

二、依民法第七七二條，所有權以外之財產權準用第七六九條及第七七○條所有權取得時效之規定。是故，苟以行使地上權之意思，和平繼續公然在他人土地上有建築物或其他工作物者，經過二十年，而如其占有之始為善意並無過失者，經過十年，無論他人土地已否登記，均得請求登記為地上權人。

三、甲是否應拆屋交地，須視其已否向地政機關請求地上權登記，並經地政機關受理為斷。即：

㈠乙訴請甲拆屋交地時，如甲已向地政機關主張時效取得地上權，請求地上權登記，並經受理，則法院即應就甲是否已具備時效取得地上權之要件，自實體上判斷甲是否有權占有。經判斷甲為有權占有時，乙之請求即為無理由。

㈡如乙起訴時，甲尚未向地政機關請求登記，並經受理，縱令其已具備時效取得地上權之要件，亦僅取得登記請求權而已，仍為無權占有，應對乙負拆屋交地之義務。(參照最高法院八○年第二次民事庭會議決議)

第四章 農育權

一、概 說

舊法第八四二條至第八五○條規定永佃權，新法予以刪除，而增訂農育權。所謂永佃權，謂支付佃租永久在他人土地上為耕作或牧畜之權（民法舊第八四二條）。惟此一物權，使土地所有權人之土地永久供永佃權人使用，形成所有權與使用永久分離，均非當事人所願；且耕地之租用，土地法、耕地三七五減租條例、農業發展條例，均可資適用，實踐上少有設定永佃權者。永佃權既與現今社會不合，即無存在必要。惟對農地之使用，規範屬於物權性質，並符合現代需要之用益物權，以取代永佃權，亦為必要。為此新法增訂農育權（民法第八五○條之一至第八五○條之九）。

二、農育權之意義

農育權乃在他人土地為農作、森林、養殖、畜牧、種植竹木或保育之權（民法第八五○條之一第一項）。所謂農作，包括甚廣，花、草之栽培、菇菌之種植及園藝等亦屬之。

三、農育權之取得與期限

農育權之取得可分為因法律行為取得及因法律行為以外之事實而取得。前者為基於當事人之合意，須以書面為之，經登記而生效力。後者為繼承，或時效取得。

此外，民法第八五○條之三規定：「農育權人得將其權利讓與他人或設定抵押權。但契約另有約定或另有習慣者，不在此限。前項約定，非經登記不得對抗第三人。農育權與其農育工作物不得分離而為讓與或設定其他權利。」易言之，農育權人得將農育權讓與他人，他人因受讓而取得農育權。

農育權之期限不得逾二十年，逾二十年者縮短為二十年；但以造林、保育為目的或法令另有規定者，不在此限（民法第八五○條之一第二項）。

四、農育權之效力

1.農育權人對土地之使用收益

民法第八五○條之六規定:「農育權人應依設定之目的及約定之方法,為土地之使用收益;未約定使用方法者,應依土地之性質為之,並均應保持其生產力或得永續利用。農育權人違反前項規定,經土地所有人阻止而仍繼續為之者,土地所有人得終止農育權。農育權經設定抵押權者,並應同時將該阻止之事實通知抵押權人。」

2.農育權人對土地之特別改良

農育權人得為增加土地生產力或使用便利之特別改良(民法第八五○條之八第一項)。農育權人將前項特別改良事項及費用數額,以書面通知土地所有人,土地所有人於收受通知後不即為反對之表示者,農育權人於農育權消滅時,得請求土地所有人返還特別改良費用。但以現存之增價額為限(同條第二項)。前項請求權因二年間不行使而消滅(同條第三項)。

3.地租之支付

農育權之成立,不以給付地租為要件,但應以約定給付地租者為多。又,農育權設定後,因土地價值之昇降,依原定地租給付顯失公平者,當事人得聲請法院增減之(民法第八五○條之九準用八三五條之一)。

此外,農育權有支付地租之約定者,農育權人因不可抗力致收益減少或全無時,得請求減免其地租或變更原約定土地使用之目的(民法第八五○條之四第一項)。前項情形,農育權人不能依原約定目的使用者,當事人得終止之(同條第二項)。無支付地租之約定者,土地所有權人得準用第二項之行使終止權之規定(同條第三項)。

五、農育權之消滅

1.存續期間屆滿　農育權定有存續期限,因存續期間屆滿而消滅。

2.因終止而消滅

除上述依民法第八五○條之四第二項、第三項、第八五○條之五第二項、第八五○條之六第二項,經終止而農育權消滅外,如農育權未定期限者,除以

造林、保育為目的者外，當事人得隨時終止之，但應於六個月前通知他方當事人（民法第八五〇條之二）。

3.農育權人於農育權消滅時得取回其土地上之出產物及農育工作物；如出產物未及收穫而土地所有人又不願以時價購買者，農育權人得請求延長農育權期間至出產物可收穫時為止，土地所有人不得拒絕，但延長之期限，不得逾六個月（民法第八五〇條之七第一、三項）。又，農育權人取回前開出產物及工作物應盡之義務，及不取回該物之歸屬，應準用民法第八三九條有關地上權之規定（同條第二項）。

六、準用普通地上權之規定

農育權與普通地上權同屬用益物權，故第八三四條、第八三五條第一、二項、第八三五條之一至第八三六條之一、第八三六條之二第二項規定，於農育權準用之（民法第八五〇條之九）。

第五章　不動產役權

一、不動產役權之意義

不動產役權乃以他人不動產供自己不動產通行、汲水、採光、眺望、電信或其他以特定便宜之用之物權（民法第八五一條）。自己受便宜之不動產，稱為需役不動產，他人供便宜之不動產，稱為供役不動產。

按舊法地役權之標的僅限於「土地」，建築物不得成立地役權，惟如僅限於土地之利用關係已難滿足現今社會之需要，故新法為促進土地及定著物之利用價值，將「土地」修正為「不動產」。又，為社區建立之必要性，完整規劃各項公共設施，亦得設定自己不動產役權，即新法許不動產役權人與供役不動產所有權為同一。

茲析述不動產役權之意義如下：

㈠不動產役權為使用他人不動產之物權

不動產役權以使用他人之不動產為內容，故為用益物權。不動產役權既係使用他人之不動產，不動產所有人之使用權即受一定之限制，故不動產役權又屬限制物權。不動產役權既為限制物權，故供役不動產之所有人就其不動產之利用消極地負不為一定之利用，及容忍不動產役權人為一定行為之義務。供役不動產之所有人既僅負有容忍義務或不作為義務，故當事人間若以特約使不動產所有人負有一定之作為義務者，其約定雖非無效，但此係一種債權關係，而不得認係不動產役權之內容。

㈡不動產役權為供自己不動產之特定目的之便宜而使用他人不動產之物權

不動產役權既係為供自己不動產之便宜而使用他人之不動產，故不動產役權之成立，以有兩個不動產之存在為必要，需役不動產與供役不動產通常固多毗連，但不以此為限，縱兩不動產並非相鄰，而一不動產確居於可供他不動產便宜之地位，亦可成立不動產役權。所謂便宜，乃方便利益之意，至其便宜之種類為何，法律例示通行、汲水、採光、眺望、電信等，此外當事人於不違背

強行法規及公序良俗之範圍內，意思均得依其自由訂定之，例如排水之不動產役權、設置使雨水直注於鄰地工作物之不動產役權均是。

㈢不動產役權亦得為自己之不動產而設定之

民法第八五九條之四明定自己不動產役權，其目的在提高不動產之價值，就大範圍土地之利用，對各宗不動產，設定自己不動產役權，預為規劃，節省嗣後不動產交易成本，維持不動產利用關係之穩定。依新法亦得發生需役不動產與供役不動產所有人同一之情形。

二、不動產役權之特性

㈠不動產役權之從屬性

不動產役權為謀需役不動產之便宜而存在，常附隨於需役不動產所有權而不能與之分離，故有從屬性。從而：

1.不動產役權不得由需役不動產分離而為讓與

需役不動產所有人不得：

⑴將其不動產所有權讓與他人，而自己保留其不動產役權。

⑵以不動產役權讓與他人而自己保留其需役不動產所有權。

⑶以需役不動產所有權讓與甲，而以不動產役權讓與乙 （民法第八五三條）。

2.不動產役權不得由需役不動產分離而為其他權利之標的物

需役不動產所有人不得將需役不動產所有權與不動產役權分離，而僅以不動產役權供擔保或為其他權利之標的物（民法第八五三條）。

㈡不動產役權之不可分性

不動產役權為不可分之權利，不得將一不動產役權分割為數部分或僅為一部分而存在。即不動產役權為不可分的附隨於需役不動產之權利，而不動產役義務為不可分的附隨於供役不動產之負擔。從而：

1.需役不動產經分割時，其不動產役權為各部分之利益仍為存續

例如甲地在乙地有通行不動產役權，若甲地因繼承關係而分割為丙、丁兩地，則不動產役權為丙、丁兩地之利益仍為存續是（民法第八五六條本文）。但此指不動產役權之行使依其性質為關於需役不動產之全部者而言，如其不動產

役權之行使，依其性質祇關於需役不動產之一部分者，則僅就該部分仍為存續，例如甲地在乙地有不得在離界址十公尺以內建築房屋之不動產役權，嗣後甲地經分割而成為丙、丁兩地後，僅丙地與乙地相鄰時，則僅丙地所有人享有其不動產役權是（同條但書）。

　　2.**供役不動產經分割時，不動產役權就其各部分仍為存續**

　　　　例如甲地在乙地有通行之不動產役權，若乙地因繼承關係而分割為丙、丁兩地，則不動產役權就丙、丁兩地仍為存續（民法第八五七條本文）。但此指不動產役權之行使，其性質關係於供役不動產之全部者而言，如其不動產役權之行使，依其性質祇關於供役不動產之一部分者，則僅對於該部分仍為存續，例如甲地在乙地有汲水之不動產役權，嗣後乙地分割為丙、丁兩地，若其水源全部在丙地內，則不動產役權僅對於丙地仍為存續是（同條但書）。

三、不動產役權之種類

㈠繼續不動產役權、不繼續不動產役權

　　　　不動產役權之行使繼續不斷，其內容之實現，無須每次有權利人之行為者，謂之繼續不動產役權。不動產役權之行使並非繼續不斷，每次行使權利須有權利人之行為者，謂之不繼續不動產役權。前者，例如裝設水管之引水不動產役權、開設道路之通行不動產役權是；後者，例如採取沙石之不動產役權、未築設道路之通行不動產役權是。

㈡表見不動產役權、不表見不動產役權

　　　　不動產役權之行使表現於外部者，謂之表見不動產役權。不動產役權之行使不表現於外部者，謂之不表見不動產役權。前者，例如開設道路之通行不動產役權、地面安設水管之引水不動產役權是；後者，例如眺望或採光之不動產役權、地下埋設水管之引水不動產役權是。

㈢積極不動產役權、消極不動產役權

　　　　積極不動產役權乃以不動產役權人在供役不動產為一定行為內容之不動產役權，亦稱作為不動產役權。故在積極不動產役權，供役不動產所有人有忍受不動產役權人為一定行為之義務。消極不動產役權，乃以供役不動產所有人不為一定行為為內容之不動產役權，亦稱不作為不動產役權。故在消極不動產役

權，供役不動產所有人負有不為一定行為之義務。前者，例如通行不動產役權、汲水不動產役權是；後者，例如禁止建築一定高度樓房之不動產役權是。

四、不動產役權之取得

㈠基於法律行為

基於法律行為而取得不動產役權，有設定與讓與兩種情形，二者均須以書面為之，且非經登記不生效力。惟本於不動產役權之不可分性，讓與時須需役不動產連同不動產役權一併讓與。至不動產役權有無期限、是否有償，均無不可。

㈡基於法律行為以外之原因

基於法律規定而取得不動產役權之情形，亦有兩種：一為取得時效，一為繼承。但因時效而取得之不動產役權，以繼續並表見者為限（民法第八五二條第一項），例如開設道路而通行是。至雖表見而不繼續，例如未設道路而通行，因常有間斷，或雖繼續而不表見，例如於地下安裝水管之引水不動產役權，因難以查知，均不能因時效而取得。又，需役不動產為共有者，共有人中一人之行為，或對於共有人中一人之行為，為他共有人之利益，亦生效力（同條第二項）。即共有人一人如因時效而取得不動產役權者，對共有人全體有益，應認其他共有人亦因而取得該不動產役權。再者，向行使不動產役權取得時效之各共有人為中斷時效之行為者，對全體共有人發生效力（同條第三項）。易言之，供役不動產所有人為中斷時效行為時，僅須對行使不動產役權時效取得進行中之各共有人為之，即對全體共有人發生效力，無須對未行使之其他共有人為之。

前述之因時效取得不動產役權為原始取得，其餘則為繼受取得不動產役權。

五、不動產役權之效力

㈠數不動產役權競合之效力

民法第八五一條之一規定：「同一不動產上有不動產役權與以使用收益為目的之物權同時存在者，其後設定物權之權利行使，不得妨害先設定之物權。」易言之，數不動產役權間，以設定先後定其效力，後設定之不動產役權或其他用益物權不得妨害先設定之其他用益物權或不動產役權之權利行使。

㈡不動產役權人之權利義務

1.供役不動產之使用

不動產役權為以他人不動產供自己不動產便宜之用之權利，在其目的範圍內，自得使用他人之不動產。至其使用之目的及範圍，在依法律行為而取得不動產役權者，依其設定行為定之；在依時效而取得不動產役權者，自依時效進行期間所行使之方法定之。

2.得為必要之行為

不動產役權人因行使或維持其權利，得為必要行為（民法第八五四條本文）。例如通行之不動產役權人得因通行而修築道路是。但應受左列之限制：

⑴**須擇損害最少之處所及方法為之**　不動產役權人因行使或維持其權利，雖得為一定必要之行為，但應擇供役不動產損害最少之處所及方法為之（民法第八五四條但書）。

⑵**須維持其所設置工作物之通常狀態**　不動產役權人因行使權利而為設置者，有維持其設置之義務，其設置由供役不動產所有人提供者，亦同（民法第八五五條第一項）。蓋不動產役權人雖得在供役不動產上為一定之設置，以達其使用目的，惟經設置後，不動產役權人即負有維持其設置之義務，以免供役不動產所有人因工作物之毀壞而受損害。

⑶**得以自己費用請求變更處所或方法**　供役不動產所有人或不動產役權人因行使不動產役權之處所或方法有變更之必要，而不甚妨礙不動產役權人或供役不動產權利之行使者，得以自己之費用，請求變更之（民法第八五五條之一）。

3.物上請求權之行使

不動產役權為使用不動產之物權，於其目的範圍內，有直接支配供役不動產之權。故不但供役不動產所有人負有消極之義務，即第三人亦不得妨害其權利。若不動產役權受有妨害或有受妨害之虞時，不動產役權人自得請求加害人除去或防止之，故第七百六十七條第一項關於所有權保護之規定，於不動產役權準用之（民法第七六七條第二項）。

㈢供役不動產所有人之權利義務

1.使用不動產役權人之設置

不動產役權人因行使權利，得於供役不動產內為一定之設置，有如前述。此種設置，供役不動產所有人於無礙不動產役權行使之範圍內，自得使用，以免供役不動產所有人再行設置之勞費；惟供役不動產所有人既因使用該設置而受有利益，亦應按其受益之程度，分擔維持其設置之費用，以期公平（民法第八五五條第二項）。

2.對價之請求

不動產役權之成立，固不以有償為必要，但不動產役權如為有償時，則供役不動產所有人，自有請求對價之權利。

此外，供役不動產所有人，就其不動產之使用，依不動產役權之內容，負容忍不動產役權人為一定行為或自己不為一定行為之義務，有如前述。

六、不動產役權之消滅

不動產役權因拋棄、混同、存續期間屆滿等一般物權消滅原因之發生而消滅外，茲就下列二項消滅原因，說明如次：

㈠不動產之滅失或不堪使用

民法第八五九條第二項規定，不動產役權因需役不動產滅失或不堪使用而消滅。此所謂消滅，自係指絕對的喪失，如係相對的喪失為不動產役權隨所有權之移轉之問題。

㈡法院之宣告

不動產役權之全部或一部無存續之必要時，法院因供役不動產所有人之聲請，得就其無存續必要部分宣告不動產役權消滅（民法第八五九條第一項）。蓋若因情事變更，不動產役權已無存在之必要時，例如通行不動產役權，已闢有公路，不動產役權人得以通行時，此時不論不動產役權是否定有存續期間，供役不動產所有人得聲請法院宣告其不動產役權消滅。

㈢因以使用收益為目的之物權或租賃關係之消滅

民法第八五九條之三第一項規定，基於以使用收益為目的之物權或租賃關係而使用需役不動產者，亦得為該不動產設定不動產役權。是故，該不動產役

權，因以使用收益為目的之物權或租賃關係之消滅而消滅（同條第二項）。

又，不動產役權消滅時，不動產役權人所為之設置準用第八三九條規定（民法第八五九條之一）。

習　題

一、不動產役權之特性為何？

二、不動產役權得否因時效而取得？甲二十年來為在其農地上耕作，駕駛耕耘機通行乙之土地，但未另行開設道路，其是否因時效而在乙之土地上取得不動產役權？

〔提　示〕

一、不動產役權之特性有二：

㈠從屬性：⑴不動產役權不得由需役不動產分離而為讓與。⑵不動產役權不得由需役不動產分離而為其他權利之標的物。

㈡不可分性：⑴需役不動產經分割時，其不動產役權為各部分之利益仍為存續。⑵供役不動產經分割時，不動產役權就其各部分仍為存續。（詳如本文內之解說）

二、㈠不動產役權為財產權，依民法第七七二條準用第七六九條、第七七〇條之規定，及第八五二條之規定，以繼續並表見者為限，因時效而取得。從而，如以行使不動產役權之意思，和平、繼續、表見以他人土地供自己土地便宜之用者，經過二十年，而如其占有之始為善意並無過失者，經過十年，無論他人土地已否登記，均得請求登記為不動產役權人。

㈡甲通行乙之土地雖已二十年，但其通行並未開設道路，即其每次之通行，雖有外形之事實存在，得由外部認識之，固為表見，但非繼續無間，如前所述，與時效取得不動產役權之要件不合。是故，甲不得主張因時效而取得不動產役權。

第六章　抵押權

新法物權編第六章「抵押權」分為三節，即普通抵押權、最高限額抵押權、其他抵押權，以求體系之完整。

第一節　普通抵押權

一、普通抵押權之意義

普通抵押權謂債權人對於債務人或第三人不移轉占有而供其債權擔保之不動產，得就該不動產賣得價金優先受償之權。(民法第八六〇條)。抵押權與後述之質權、留置權皆為擔保物權，而所以確保債權之履行。按債務人之總財產雖為全體債權人之擔保，因債權並無排他性，如債務人之財產不足清償全部債務，則各債權人不論其債權發生之先後，均須立於同一地位，依其債權額以受平等之分配；又債權亦無追及性，故債務人之財產雖足以清償全部債務，但如債務人讓與其財產於他人時，債權人亦不得直接追及其財產以行使其權利，雖債權人有時可行使民法第二四四條之詐害行為撤銷權，然須負舉證責任，亦非易事。凡此皆可使債權人蒙受意外之損失，而不足以確保交易之安全。故於法不得不特設擔保之方法，以為救濟，其種類有二：即對人擔保、對物擔保。所謂對人擔保，即由第三人擔保債務之履行；換言之，如債務人不履行債務時，由第三人代負履行之責任(參照民法第七三九條以下之保證契約)。所謂對物擔保，即以特定物擔保債務之履行；換言之，擔保生效後，不問債務人是否負有其他債務，亦不問擔保物曾否讓與他人，如債務人不履行債務時，債權人得直接對其擔保物行使權利，以求清償，此為擔保物權。抵押權即為擔保物權之一種。因抵押權並不移轉抵押物之占有，在抵押人仍得占有其標的物而使用收益，而抵押權人，既無保存標的物之煩累，而有擔保債務履行之利益，故社會上適用之者，時有所見。

茲就普通抵押權之意義，分析如次：

㈠抵押權乃以不動產為標的物之物權

抵押權之標的物是否以不動產為限，各國立法例不同。我民法上抵押權之標的物以不動產為限。所謂不動產，自指土地及其定著物而言，故土地固得為抵押權之標的物，即房屋及其他定著物，亦得為抵押權之標的物。然抵押權之標的物以不動產為限，此乃就原則而言，例外，在特別法亦有以動產為抵押權之標的物者，如海商法規定之船舶、動產擔保交易法規定之動產，亦得為抵押權之標的物是（海商三三至三七條、動產擔保一五條）。

㈡抵押權為不移轉標的物占有之物權

抵押權、質權及留置權雖同為擔保物權，在質權與留置權，以標的物之占有為必要，而在抵押權，則以不移轉標的物之占有為要件。蓋抵押權制度之效用，即在抵押人，仍可繼續使用收益其標的物，而抵押權人仍能取得完全之擔保物權。惟抵押權之不移轉標的物之占有，乃不以標的物占有之移轉為抵押權成立之要件而已，並非謂抵押權人不能占有其標的物，例如地上權人同時為該土地之抵押權人時，則抵押權人事實上即占有其標的物是。

㈢抵押權乃為擔保債務由債務人或第三人所設定之物權

抵押權，有由債務人自己設定者，有由第三人為債務人設定者。設定人不問其為債務人抑為第三人（稱為物上保證人），均須為抵押物之所有人，實行抵押權時必使抵押物所有人喪失其所有權，故設定抵押權為處分行為之一種，非抵押物所有人自不得為之。抵押權不問係由債務人抑由第三人所設定，均為存於他人所有物上之權利，故為限制物權之一種。

㈣抵押權為得就標的物賣得價金受優先清償之物權

抵押權人於取得抵押權後，對於抵押物即取得擔保，於債務人不履行債務時，即有聲請法院拍賣該抵押物以其賣得價金受優先清償之權。故抵押權人對於抵押物，雖無占有權與用益權，而有變價權與優先權。抵押權人雖得排斥普通債權人，而由標的物之賣得價金先受清償，但如未受全部清償之不足部分債權，並無優先受償權，而為普通債權。

二、抵押權之特性

㈠抵押權之從屬性

抵押權之設定,所以擔保債權之履行,故債權為主權利,而抵押權為從權利。抵押權既從屬於債權,從而:

1.抵押權不得由債權分離而讓與

抵押權既不能獨立存在,故抵押權人不得將抵押權單獨讓與於人,而自己保留其債權,亦不得以債權單獨讓與於人,而自己保留其抵押權,更不得以債權及抵押權分別讓與於二人(民法第八七○條前段)。

2.抵押權不得由債權分離而為他債權之擔保

抵押權人固不妨以債權連同抵押權設定質權,但不得單獨以抵押權為質權之標的物(民法第八七○條後段)。

㈡抵押權之不可分性

所謂抵押權之不可分性,即抵押物之各部,擔保其債權之全部;而抵押物之全部,擔保其債權之各部。從而:

⑴抵押物縱一部分滅失,其殘存部分仍擔保其債權之全部。

⑵債權縱有一部已受清償,就其未清償部分,仍得就抵押物之全部行使權利。

⑶抵押物之不動產雖經分割或讓與其一部,其抵押權不因此而受影響(民法第八六八條)　此時抵押權仍存於各部之上,抵押權人仍得為其全部債權就抵押物之全部行使其權利。其擔保一債權之數抵押物而以其一讓與他人者,其抵押權亦不因此而受影響(同條)。

⑷以抵押權擔保之債權雖經分割或讓與其一部,其抵押權不因此而受影響(民法第八六九條第一項)　此時抵押權仍為各債權之擔保而存續。於債務分割或承擔其一部時,亦同(同條二項)。

㈢抵押權之物上代位性

抵押物滅失,抵押權本歸於消滅(民法第八八一條本文)。但因抵押物滅失而得受之賠償或其他利益,例如抵押之房屋被焚燬而得受之保險金、供抵押之土地被徵收所得受之補償金,抵押權並不消滅,而存於該賠償或其他利益之上,

抵押權人得就該賠償或其他利益行使其權利（同條第一項但書）。此得就抵押物之代替物取償，稱為抵押權之物上代位性。

三、抵押權之取得

抵押權之取得原因，除繼承外，有依法律行為及法律規定兩種。

㈠依法律行為而取得者

抵押權通常基於當事人之設定行為而取得，一般稱為意定之抵押權。設定行為，多以設定契約為之，一方為抵押權人（債權人），另一方為抵押人（債務人或第三人），須作成書面，且須登記，始生效力。但設定抵押權，並不須移轉標的物之占有，故為不要物行為。此外，抵押權亦得因讓與而取得，惟須隨同其主債權一併讓與始可，於經登記後，受讓人即因而取得抵押權。

㈡依法律規定而取得者

基於法律規定而取得抵押權者，例如民法第八二四條之一第四、五項，共有不動產之裁判分割，於原物分配外並命金錢補償者，為保障應受補償之共有人，就應受補償之金額，於補償義務人所分得之不動產，有法定抵押權（已如前述）。再依民法第九〇六條之一規定，為質權標的物之債權，以不動產之設定或移轉為內容者，於其清償期屆至時，經質權人請求債務人將該不動產物權設定或移轉於出質人者，質權人對該不動產物權有抵押權，即於此情形權利質權轉換為抵押權，此亦屬法定抵押權（另如後述）。又如民法舊第五一三條所規定之承攬人之抵押權及舊國民住宅條例第一七條、第二七條所規定之抵押權是，均不待登記，即生取得之效力。此等抵押權屬於特殊抵押權之一種，得準用普通抵押權及最高限額抵押權之規定（民法第八八三條）。宜注意者，法定抵押權與意定抵押權併存時，除法律另有規定（如民法第八二四條之一第五項；舊國民住宅條例第一七條明定，債權人對國民住宅及基地，享有第一順位之法定抵押權是。）外，其受償順序，依成立生效之先後定之（參照六三年臺上字一二四〇號判例）。

至於民法新第五一三條規定之承攬人抵押權，是否須經登記始行發生？有登記生效要件與登記對抗要件之爭議。依前者，非經抵押權登記，承攬人尚未取得抵押權，若然，承攬人之抵押權即非法定，依後者，承攬人之抵押權，不

待登記，於具備要件時即行發生，如未為登記，不得對抗成立在後而先為登記之抵押權，亦即仍為法定抵押權。後者之見解為妥，但實務見解有採登記生效要件者，已如前述（請參照本書第二編第二章第八節承攬之說明）。

四、抵押權之效力

㈠抵押權之範圍

1.抵押權所擔保債權之範圍

抵押權所擔保債權之範圍，當事人間如有特別訂定，固應從其所訂，如無特別訂定，則抵押權所擔保者為原債權、利息、遲延利息、違約金及實行抵押權之費用（民法第八六一條第一項）。惟得優先受償之利息、遲延利息、一年或不及一年定期給付之違約金債權，以於抵押權人實行抵押權聲請強制執行前五年內發生及於強制執行程序中發生者為限（同條二項），以兼顧第三人、抵押權人及抵押人之權益。

2.抵押權標的物之範圍

抵押權效力之所及，本應以抵押人所提供之抵押物為限，但法律為鞏固抵押權之效用，特將其效力所及之範圍予以擴張：

⑴抵押權之效力及於抵押物之從物與從權利　以主物或主權利設定抵押時，其效力及於其從物或從權利（民法第八六二條第一項）。但第三人於抵押權設定前就從物所取得之權利，例如第三人於抵押權設定前就從物已取得質權或留置權時，其權利並不受影響（同條二項）。又，以建築物為抵押者，其附加於該建築物而不具獨立性之部分，無論其係附加於抵押權設定之前或之後，亦為抵押權效力所及，但所附加部分如為獨立之物，且為抵押權設定後附加者，得準用民法第八七七條規定，於強制執行程序中聲請併付拍賣（同條三項）。此外，為確保抵押權之效力，新法第八六二條之一明定：「抵押物滅失之殘餘物，仍為抵押權效力所及。抵押物之成分非依物之通常用法而分離成為獨立之動產者，亦同。前項情形，抵押權人得請求占有該殘餘物或動產，並依質權之規定，行使其權利。」

⑵抵押權之效力及於抵押物扣押後自抵押物分離而得由抵押人收取之天然孳息（民法第八六三條）　抵押權設定後抵押人就其抵押物仍有使用收

益之權，故由抵押物所生之天然孳息，應歸抵押人取得，而非抵押權效力之所及，惟其抵押物如經扣押（查封），則抵押權人已著手實行權利，抵押人對於抵押物原有之一切權利即受限制，故於抵押物扣押後由抵押物分離之天然孳息，自不能再歸抵押人取得，而為抵押權效力所及。惟因抵押權設定後，抵押人仍得將同一不動產設定地上權或出租、貸與他人使用收益（民法第八六六條第一項），則此際土地之天然孳息收取權人並非抵押人，該自抵押物分離之天然孳息，即為抵押權效力所不及。

(3)抵押權之效力及於抵押物扣押後就抵押物得收取之法定孳息（民法第八六四條）　抵押物經扣押後，抵押人之一切權利既受限制，故抵押物扣押後抵押人就抵押物得收取之法定孳息，亦應屬於抵押權效力所及。但如抵押權人非以扣押抵押物之事情通知應清償法定孳息之義務人，則不得與之對抗（同條但書）。

(二)抵押權人之權利

1.抵押權之處分

抵押權為非專屬之財產權，抵押權人自得將其讓與他人或以之為其他債權之擔保，但為此等處分行為時，依民法第八七〇條規定，須受一定之限制，即：

(1)抵押權不得由債權分離而為讓與。

(2)抵押權不得由債權分離而為其他債權之擔保。

2.抵押權次序之調整

同一標的物上有多數抵押權時，次序在先者，優先於次序在後者而受清償，即抵押權人依其次序所得優先受償之分配額，亦為一種財產權，並無專屬性，因受償次序之調整，法並未予以禁止，新法乃針對次序權之讓與、拋棄及利害關係人法律關係之調整為明文規定。

民法第八七〇條之一第一項規定：「同一抵押物有多數抵押權者，抵押權人得以下列方法調整其可優先受償之分配額。但他抵押權人之利益不受影響：一、為特定抵押權人之利益，讓與其抵押權之次序。二、為特定後次序抵押權人之利益，拋棄其抵押權之次序。三、全體後次序抵押權人之利益，拋棄其抵押權之次序。」但上開之調整，非經登記不生效力，並應於登記前，通知債務人、抵押人及共同抵押人（同條二項），以兼顧其權益；又，因該調整而受利益之抵

押權人，亦得實行調整前次序在先之抵押權（同條三項）。

抵押權人調整其優先受償分配額時，其次序在先之抵押權所擔保之債權，如有第三人之不動產為同一債權之擔保者，在因調整後增加負擔之限度內，以該不動產為標的物之抵押權消滅；但經該第三人同意者，不在此限（民法第八七〇條之一第四項）。

為保護同一債權其他擔保人之利益，依新法第八七〇條之二規定，前開調整可優先受償分配額時，其次序在先之抵押權所擔保之債權有保證人者，於因調整後所失優先受償之利益限度內，除該保證人同意調整外，保證人免其責任。

3.抵押權之保全

抵押權人於抵押物價值有減少之虞時，得為保全行為。但其行為，因價值減少之是否基於可歸責於抵押人之事由，而有不同，分述如次：

(1)**抵押物價值之減少係因可歸責於抵押人之事由時**　此又因抵押物價值是否現實減少而有異：

①**抵押物價值有減少之虞時**　抵押人之行為，足使抵押物之價值減少者，抵押權人得請求停止其行為（民法第八七一條第一項前段）。蓋抵押人之行為有足使抵押物價值減少之虞時，則抵押權人為保護其利益，自得請求抵押人停止其行為，且如其情事急迫，抵押權人並得自為必要之保全處分（同條項後段）。其因此項請求或處分所生之費用，既係由抵押人之行為而發生，自應由抵押人負擔之；其受償次序優先於各抵押權所擔保之債權（同條二項）。

②**抵押物價值現已減少時**　抵押物價值減少時，抵押權人得定相當期限，請求抵押人回復抵押物原狀，或提出與減少價額相當之擔保（民法第八七二條第一項）。抵押人不於前項所定期限內，履行抵押權人之請求時，抵押權人得定相當期限請求債務人提出與減少價額相當之擔保；屆期不提出者，抵押權人得請求清償其債權（同條二項）。抵押人為債務人時，抵押權人得不再為前項請求，逕行請求清償其債權（同條三項）。

(2)**抵押物價值之減少非因可歸責於抵押人之事由時**　抵押物之價值，因非可歸責於抵押人之事由致減少者，抵押權人僅於抵押人因此所受利益之限度內，請求提出擔保（民法第八七二條第四項）。抵押物價值之減少，既非可歸責於抵押人，若亦使抵押人負回復原狀或提出與減少價額相當擔保之責，有時為

不可能，亦未免失之於酷，故法律使抵押權人，僅於抵押人受損害賠償之限度內，請求提出擔保。

㈢抵押人之權利

1.抵押人得於同一抵押物上設定數抵押權

抵押權並無絕對的排他性，故不動產所有人，因擔保數債權，得於同一不動產上，設定數抵押權，至其次序依登記之先後定之（民法第八六五條）。

2.抵押人得於同一抵押物上設定地上權及其他權利

不動產所有人設定抵押權後，於同一不動產上得設定地上權或其他以使用收益為目的之物權，或成立租賃關係（民法第八六六條第一項本文）。所謂其他以使用收益為目的之物權，如農育權、不動產役權及典權等是。按抵押權之目的，在於擔保債務之履行，而地上權等用益物權之目的，在於不動產之使用收益，既可並行不悖，抵押人自不妨於同一不動產上，再設定地上權等權利，亦可將之出租。惟抵押權並不因地上權等用益物權之設定或抵押物之出租而受影響，換言之，即抵押權人於實行抵押權時，如因用益物權或租賃之關係而致影響其債務之清償者，對於抵押權人不生效力（同條項但書），亦即拍賣抵押物時，執行法院得依聲請或依職權除去該權利或終止該租賃關係後拍賣之（同條二項、強執九八條二項）。又，不動產所有人設定抵押權後，於同一不動產上，成立上開以外之權利者，例如成立使用借貸關係是，準用前項規定，法院亦得除去該權利拍賣之（同條三項）。

3.抵押人得將抵押物讓與他人

不動產所有人設定抵押權後，得將不動產讓與他人（民法第八六七條前段）。此乃因不動產雖已設定抵押權，而抵押人仍保有其所有權之故。惟不動產雖經讓與他人，其抵押權並不因此而受影響（同條但書）。換言之，抵押權人仍得追及其物之所在，而行使其權利，不問其現在之所有人為誰，於實行抵押權而聲請法院裁定拍賣抵押物時，應列受讓人為相對人（參照七四年臺抗字四三一號判例）。

五、抵押權之實行

抵押權之實行，乃債權已屆清償期，而未受清償時，抵押權人得就抵押物

以受清償之謂。此為抵押權之最主要效力，其方法有二，即拍賣及拍賣以外之處分方法。

㈠拍　賣

1.拍賣之聲請

　　抵押權人於債權已屆清償期而未受清償者，得聲請法院拍賣抵押物，就其賣得價金而受清償（民法第八七三條）。聲請拍賣抵押物，應先聲請拍賣物所在地法院為准許拍賣之裁定（非訟七二條）。此項聲請，屬於非訟事件，法院僅依非訟事件程序以審查強制執行之許可與否；對此裁定，雖得提起抗告，但抗告法院之裁定，亦僅從程序上審查原裁定之當否，對於債權及抵押權之存否，並無既判力，故抵押權如經依法登記，且債權已屆清償期而未受清償者，法院即應為准許拍賣之裁定，對於此項法律關係有爭執之人，應另行起訴，以資解決。債權人取得准許拍賣之裁定後，即得聲請強制執行（強執四條一項五款）。至法院拍賣之性質，依通說及實務見解，採取私法說，認為拍定人因買賣而受所有權之移轉，即為繼受取得，而非原始取得。又聲請拍賣抵押物，為抵押權人之權利，故抵押權人不實行抵押權，而向債務人請求清償，就其債權取得執行名義，對債務人其他財產聲請執行，自無不可，惟無優先受償權而已。

2.拍賣之標的物

　　拍賣之標的物為抵押物。應予說明者，有下列各點：

　　⑴如土地所有人於設定抵押權後，在抵押之土地上營造建築物者　抵押權人於必要時，得於強制執行程序中聲請法院將其建築物與土地併付拍賣，但對於建築物之價金，無優先受清償之權（民法第八七七條第一項）。此項併付拍賣之建築物，毋庸另行聲請法院為准許拍賣之裁定。又土地抵押後，在該土地上如有用益物權人或經抵押人同意使用之人之建築物者，於抵押權人實行抵押權時，如經除去該權利人使用該土地之權利者（參照民法第八六六條第二、三項），於必要時，亦得準用上開規定，於強制執行程序中聲請將建築物與土地併付拍賣，但建築物拍賣所得價金，抵押權人並無優先受償權（同條第二項）。此外，因土地與建築物固為各別之不動產，但建築物性質上不能與土地使用權（例如地上權、租賃權等是）分離，是故以建築物設定抵押權者，於法院拍賣抵押之建築物時，該建築物存在所必要之權利得讓與者，應併付拍賣，但該權

利並非抵押權之標的物，故抵押權人對於該權利賣得之價金，並無優先受清償之權（民法第八七七條之一）。

　　(2)設定抵押時，土地及土地上之建築物，同屬於一人所有，而僅以土地或僅以建築物為抵押者　於抵押物拍賣時，視為已有地上權之設定，其地租、期間及範圍由當事人協議定之，不能協議者，得聲請法院以判決定之（民法第八七六條第一項）。又，設定抵押權時，土地及其土地上之建築物，同屬於一人所有，而以土地及建築物為抵押者，如經拍賣，其土地與建築物之拍定人各異時，適用前項之規定（同條二項）。亦即於上述兩種情形，發生法定地上權，其取得無須登記。由此可知，法定地上權之成立要件為：

　　①須設定抵押權當時，土地上已有建築物。

　　②須土地及其土地上之建築物，於設定抵押權當時，同屬於一人所有。

　　③須經拍賣，而土地與建築物之拍定人各異。

3.賣得價金之分配

　　抵押物賣得之價金，除法律另有規定外，按各抵押權成立之次序分配之，其次序同者，依債權額比例分配之（民法第八七四條）。又，為同一債權之擔保，於數不動產上設定抵押權，而未限定各個不動產所負擔之金額者，抵押權人得就各個不動產賣得之價金，受債權全部或一部之清償（民法第八七五條）。即除另有約定外，於共同抵押（或稱總括抵押）之情形，債權人就各個不動產賣得之價金，得自由選擇受債權全部或一部之清償。

　　宜注意者，拍賣抵押物所得之價金，先給付強制執行費用（強制二九條），再扣繳土地增值稅（稅捐六條第二項）後，始分配於抵押債權。

　　新法就共同抵押之各抵押物所有人間之求償關係及相關擔保人之權利義務，增訂下列規定：①第八七五條之一規定：「為同一債權之擔保，於數不動產上設定抵押權，抵押物全部或部分同時拍賣時，拍賣之抵押物中有為債務人所有者，抵押權人應先就該抵押物賣得之價金受償。」即共同抵押權人於拍賣抵押物時，兼採抵押權人之自由選擇權與債務人責任優先原則。②第八七五條之二第一項規定：「為同一債權之擔保，於數不動產上設定抵押權者，各抵押物對債權分擔之金額，依下列規定計算之：一、未限定各個不動產所負擔之金額時，依各抵押物價值之比例。二、已限定各個不動產所負擔之金額時，依各抵押物

所限定負擔金額之比例。三、僅限定部分不動產所負擔之金額時，依各抵押物所限定負擔金額與未限定負擔金額之各抵押物價值之比例。」同條第二項規定：「計算前項第二款、第三款分擔金額時，各抵押物所限定負擔金額較抵押物價值為高者，以抵押物之價值為準。」即規定共同抵押人內部分擔額之計算。③第八七五條之三規定：「為同一債權之擔保，於數不動產上設定抵押權者，在抵押物全部或部分同時拍賣，而其賣得價金超過所擔保之債權額時，經拍賣之各抵押物對債權分擔金額之計算，準用前條之規定。」準此，執行法院於計算分擔額時，有所依據。④第八七五條之四規定：「為同一債權之擔保，於數不動產上設定抵押權者，在各抵押物分別拍賣時，適用下列規定：一、經拍賣之抵押物為債務人以外之第三人所有，而抵押權人就該抵押物賣得價金受償之債權額超過其分擔額時，該抵押物所有人就超過分擔額之範圍內，得請求其餘未拍賣之其他第三人償還其供擔保抵押物應分擔之部分，並對該第三人之抵押物，以其分擔額為限，承受抵押權人之權利。但不得有害於該抵押權人之利益。二、經拍賣之抵押物為同一人所有，而抵押權人就該抵押物賣得價金受償之債權額超過其分擔額時，該抵押物之後次序抵押權人就超過分擔額之範圍內，對其餘未拍賣之同一人供擔保之抵押物，承受實行抵押權人之權利。但不得有害於該抵押權人之利益。」依此於計算內部分擔額時，據以決定求償權、承受權及額度，並顧及非債務人之抵押人及後次序抵押權人之權益，避免因共同抵押權之設定而受不利。

㈡拍賣以外之處分方法

1.承受抵押物所有權

　　抵押權人於債權清償期屆滿後，為受清償，得訂立契約取得抵押物之所有權，但有害於其他抵押權人之利益者，不在此限（民法第八七八條前段但書）。民法第八七三條之一規定：「約定於債權已屆清償期而未為清償時，抵押物之所有權移屬於抵押權人者，非經登記，不得對抗第三人。抵押權人請求抵押人為抵押物所有權之移轉時，抵押物價值超過擔保債權部分，應返還抵押人；不足清償擔保債權者，仍得請求債務人清償。抵押人在抵押物所有權移轉於抵押權人前，得清償抵押權擔保之債權，以消滅該抵押權。」按舊法（第八七三條第二項）禁止流抵（絕押）契約，即若預先約定於債權已屆清償期而未為清償時，

抵押物之所有權移屬於抵押權人者，其約定無效，以免抵押人因一時窮困，被迫接受此一不利之約定。惟新法鑑於禁止流抵契約，易於藉由讓與擔保或假登記而為迴避，且由法院拍賣抵押物，拍定之價格往往對債務人不利，認不宜絕對禁止流抵契約，乃增訂上開規定，容許流抵契約之存在，但須經登記，始得對抗第三人，並使當事人雙方負清算義務，不因流抵契約而獲不當之利益。

2.其他處分方法

抵押權人於債權清償期屆滿後，為受清償，得訂立契約，用拍賣以外之方法，處分抵押物（民法第八七八條後段）。例如得以之設定典權，而就典價受償；或將抵押物出賣於他人，以所得價金清償債務是。但有害於其他抵押權人之利益者，不在此限（同條但書）。又，因抵押物所有權人為抵押人，此之處分名義人為抵押人，而非抵押權人，是宜注意。

六、抵押權之消滅

抵押權消滅之原因，除因拋棄、混同、公用徵收等情形外，有下列特殊原因：

㈠抵押物之滅失

抵押權為存於抵押物上之權利，故抵押物滅失時，除法律另有規定（例如民法第八六二條之一）外，抵押權消滅，但如抵押人有因滅失得受之賠償或其他利益者，則不在此限（民法第八八一條一項）。即此際抵押權效力及於該代位物上，斯乃所謂之物上代位。抵押權人對於抵押人所得行使之上開賠償或其他請求權有權利質權，即以該質權為抵押權之代替，其次序與原抵押權同（同條二項）；易言之，賦予原抵押權人有法定權利質權。又，因抵押物滅失而負賠償或他給付義務之人應向抵押權人為給付，如其因故意或重大過失向抵押人為給付者，對於抵押權人不生效力（同條三項）。此外，抵押物因毀損而得受之賠償或其他利益，亦為抵押物之代位物，準用前三項之規定（同條四項）。

㈡主債權消滅

抵押權為從屬於債權之權利，故債權因清償、抵銷等原因而全部消滅時，抵押權亦歸於消滅。惟債權於其請求權消滅時效完成時，僅債務人取得抗辯權而已，債權本身並不消滅，故其抵押權亦不消滅（參照民法第一四五條第一

項）；但抵押權人於債權請求權之消滅時效完成後五年間不實行其抵押權，為使其權利狀態早日確定，其抵押權仍歸於消滅（民法第八八〇條）。

(三)抵押權之實行

抵押權人已實行抵押權時，無論其所擔保之債權是否已受全部之清償，其抵押權均因而歸於消滅。至其未受清償之債權，即成為無擔保之普通債權。

按抵押物如由第三人所提供者，依民法第八七九條第一項規定：「為債務人設定抵押權之第三人，代為清償債務，或因抵押權人實行抵押權致失抵押物之所有權時，該第三人於其清償之限度內，承受債權人對於債務人之債權。但不得有害於債權人之利益。」以保護第三人（即物上保證人）。又，債務人如另有普通保證人時，應使普通保證人與物上保證人之責任範圍相同，故同條第二、三項規定：「債務人如有保證人時，保證人應分擔之部分，依保證人應負履行責任與抵押物之價值或限定之金額比例定之。抵押物之擔保債權額少於抵押物之價值者，應以該債權額為準。前項情形，抵押人就超過其分擔額之範圍，得請求保證人償還其應分擔部分。」此外，依民法第八七九條之一規定：「第三人為債務人設定抵押權時，如債權人免除保證人之保證責任者，於前條第二項保證人應分擔部分之限度內，該部分抵押權消滅。」以示公平，並求明確。

依上規定，物上保證人或保證人之一方經向債權人清償債務後，均得請求他方分擔，即採取物保與人保責任平等說，其分擔比例為依保證人應負之履行責任與抵押物之價值或限定之金額定之。惟物上保證人兼為保證人，或保證人兼為物上保證人時，即一人同時兼具雙重資格時，其與其他物上保證人或保證人間，應如何分擔主債務，尚有不同見解。有主張視其為二人者，即採雙重責任說；亦有主張兼具二種資格之人，僅負單一的分擔責任，即採單一責任說者。最高法院九九年度臺上字第一二〇四判決採單一責任說，惟基於同一人兼具雙重資格，自應負擔較重之責任，似以雙重責任說為可採。

第二節　最高限額抵押權

一、最高限額抵押權之意義

所謂最高限額抵押權，乃債務人或第三人提供其不動產為擔保，就債權人對債務人一定範圍內之不特定債權，在最高限額內設定之抵押權（民法第八八一條之一第一項）。此種抵押權之特徵，為其所擔保債權之數額，設定時未為確定，僅預定一最高限度額，其實際擔保之債權數額，尚待將來另行確定，但以最高額為限度，得就抵押物賣得價金優先受償。

普通抵押權先有一確定數額之債權，然後成立抵押；而高限額抵押權，則先行成立抵押權，其後始以於最高限額而實際發生之債權額為擔保範圍。最高限額抵押權，為抵押權發生上從屬性之例外，我民法原無明文規定，但判例（四七年臺上字五三五號、六二年臺上字七七六號、六六年臺上字一〇九七號）則予承認。新法為符合現代社會之實際需要，並使此制度臻於明確，去除違反物權法定主義之疑慮，增設最高限額抵押權一節（民法八八一條之一至八八一條之一七）。

二、最高限額抵押權之內容

最高限額抵押權之設定係為擔保「一定範圍內之不特定債權」，其所擔保之債權，須為由一定法律關係所生之債權或基於票據所生之權利（民法八八一條之一第二項）。所謂由一定法律關係所生之債權，例如因買賣、侵權行為等所生之現有及將來可能發生之債權，及因繼續性法律關係所生之債權。至基於票據所生之債權，除本於與債務人間依上開一定法律關係取得者外，如抵押權人係於債務人已停止支付、開始清算程序，或依破產法有和解、破產之聲請或有公司重整之聲請，而仍受讓票據者，不屬最高限額抵押權所擔保之債權；但抵押權人不知其情事而受讓者，不在此限（同條三項）。

最高限額抵押權人就已確定之原債權，僅得於約定之最高限額範圍內，行使其權利（民法八八一條之二第一項）。即不逾最高限額範圍內，始為該抵押權

效力之所及。又，最高限額抵押權所擔保債權之範圍，除本金外，利息、遲延利息、違約金，其總額不逾最高限額者，亦在擔保範圍內（同條二項）。

最高限額抵押權乃擔保繼續不斷增減之不特定債權，惟該狀態仍應有終止之時，自有確定債權期日之必要。故最高限額抵押權得約定其所擔保原債權應確定之期日，並得於確定之期日前，約定變更之（民法八八一條之四第一項）。惟原債權之確定期日，自抵押權設定時起，不得逾三十年，逾三十年者，縮短為三十年（同條二項）；至該法定期限，當事人自得更新之（同條三項）。又，最高限額抵押權所擔保之原債權，當事人未約定確定之期日者，抵押人或抵押權人得隨時請求確定其所擔保之原債權（民法八八一條之五第一項）；於此情形，除抵押人與抵押權人另有約定外，自請求之日起，經十五日為其確定期日（同條二項）。

三、最高限額抵押權之變更

於原債權未經確定之前，如最高限額抵押權所擔保債權之範圍或其債務人有所變更，對於後次序抵押權人或第三人之利益並無影響，為促進最高限額抵押權擔保之功能，民法第八八一條之三規定：「原債權確定前，抵押權人與抵押人得約定變更第八八一條之一第二項所定債權之範圍或其債務人。前項變更無須得後次序抵押權人或其他利害關係人同意。」至於原債權確定期日，得於確定之期日前，約定變更，已如前述。又，上述被擔保債權範圍、債務人或確定期日之變更，應依民法第七五八條規定為登記，否則不生變更之效力。

四、最高限額抵押權之處分

民法第八八一條之六第一項規定：「最高限額抵押權所擔保之債權，於原債權確定前讓與他人者，其最高限額抵押權不隨同移轉。第三人為債務人清償債務者，亦同。」即於最高限額權確定前，抵押權所擔保之債權或債務一經移轉，即非抵押權效力之所及，抵押權並不隨同移轉，此為抵押權移轉從屬性之例外，惟如最高限額抵押權一經確定，其債權讓與或債務承擔，即回歸抵押權移轉之從屬性。

同條第二項規定：「最高限額所擔保之債權，於原債權確定前經第三人承擔

其債務，而債務人免其責任者，抵押權人就該承擔之部分，不得行使最高限額抵押權。」即此際該承擔部分脫離擔保之範圍。

五、最高限額抵押關係之承繼

民法第八八一條之七規定：「原債權確定前，最高限額抵押權之抵押權人或債務人為法人而有合併之情形者，抵押人得自知悉合併之日起十五日內，請求確定原債權。但自合併登記之日起已逾三十日，或抵押人為合併之當事人者，不在此限。有前項之請求者，原債權於合併時確定。合併後之法人，應於合併之日起十五日內通知抵押人，其未為通知致抵押人受損害者，應負賠償責任。前三項之規定，於第三〇六條或法人分割之情形，準用之。」上開規定兼顧抵押權人及抵押人之利益。

最高限額抵押權之抵押權人、抵押人或債務人死亡者，本應由其繼承人承繼該財產上之權利義務，故該抵押權不因此而受影響（民法八八一條之十一本文）。但如另有約定抵押權人、抵押人或債務人死亡為原債權確定之事由者，則不在此限（同條但書）。

六、最高限額抵押權之共有

最高限額抵押權如由數人共有時，就其優先受償之關係及分配權利之處分，民法第八八一條之九規定：「最高限額抵押權為數人共有者，各共有人按其債權額比例分配其得優先受償之價金。但共有人於原債權確定前，另有約定者，從其約定。共有人得依前項按債權額比例分配之權利，非經共有人全體之同意，不得處分。但已有應有部分之約定者，不在此限。」

七、最高限額抵押權所擔保原債權之確定

最高限額抵押權擔保不確定債權，惟其實際擔保之範圍，須待確定所擔保之原債權。至於原債權之確定事由，民法第八八一條之十二規定：「最高限額抵押權所擔保之原債權，除本節另有規定外，因下列事由之一而確定：一、約定之原債權確定期日屆至者。二、擔保債權之範圍變更或因其他事由，致原債權不繼續發生者。三、擔保債權所由發生之法律關係經終止或因其他事由而消滅

者。四、債權人拒絕繼續發生債權，債務人請求確定者。五、最高限額抵押權人聲請裁定拍賣抵押物，或依第八七三條之一之規定為抵押物所有權移轉之請求時，或依第八七八條規定訂立契約者。六、抵押物因他債權人聲請強制執行經法院查封，而為最高限額抵押權人所知悉，或經執行法院通知最高限額抵押權人者。但抵押物之查封經撤銷時，不在此限。七、債務人或抵押人經裁定宣告破產者。但其裁定經廢棄確定時，不在此限。第八八一條之五第二項之規定，於前項第四款之情形，準用之。第一項第六款但書及第七款但書之規定，於原債權確定後，已有第三人受讓擔保債權，或以該債權為標的物設定權利者，不適用之。」

　　最高限額抵押權所擔保之原債權於確定事由發生後，其所擔保者由不特定債權變為特定債權，債務人或抵押人得請求抵押權人結算實際發生之債權額，並得就該金額請求變更為普通抵押權之登記，但請求登記之數額，不得逾原約定最高限額之範圍（民法八八一條之十三）。

　　最高限額抵押權所擔保之原債權確定後，如第三人代債務人清償債務，於實際債權額超過最高限額時，為債務人設定抵押權之第三人，或其他對該抵押權之存在有法律上利害關係之人，於實際債權額超過最高限額時，僅需清償最高限額為度之金額後，即得請求塗銷抵押權（民法八八一條之十六）。

八、最高限額抵押權與消滅時效

　　最高限額抵押權所擔保之不特定債權，其中一個或數個債權之請求權雖經時效消滅，依民法第一四五條第一項，仍為最高限額抵押權擔保之範圍，該債權請求權於時效消滅後五年間不實行時，因最高限額抵押權所擔保之債權尚有繼續發生之可能，最高限額抵押權仍繼續存在，故民法第八八一條之十五規定：「最高限額抵押權所擔保之債權，其請求權已因時效而消滅，如抵押權人於消滅時效完成後，五年間不實行其抵押權者，該債權不再屬於最高限額抵押權擔保之範圍。」

九、準用普通抵押權之規定

　　最高限額抵押權所擔保之債權數額，設定時未為確定，僅預定一最高限額，

而實際擔保之債權數額，於未來另行確定，有其特色，但仍為就抵押物賣得價金優先受償之抵押權，故民法第八八一條之十七規定：「最高限額抵押權，除第八六一條第二項、第八六九條第一項、第八七〇條、第八七〇條之一、第八七〇條之二、第八八〇條之規定外，準用關於普通抵押權之規定。」

第三節　其他抵押權

民法第八八三條規定：「普通抵押權及最高限額抵押權之規定，於前條抵押權及其他抵押權準用之。」按抵押權之種類多樣，除前述普通抵押權及最高限額抵押權外，尚有權利抵押權、特別法上之抵押權，此等特殊抵押權準用普通抵押權及最高限額抵押權之規定。

㈠權利抵押權

權利抵押權者，乃以所有權以外之不動產物權或準物權為標的之抵押權。法律為適應社會經濟之發展及謀個人之便利，例外認許權利抵押權。其與一般抵押權所不同者係以「權利」為標的物，而非以「物」為標的物。得為權利抵押權之標的物者，除民法所規定之地上權、農育權、典權三者外（民法第八八二條），礦業法所規定之採礦權（礦業一〇條二項）、漁業法所規定之漁業權（漁業六條）亦得充之。權利抵押權準用關於抵押權之規定（民法第八八三條）。

㈡動產抵押權

動產抵押權，乃以動產為標的物之抵押權，其與一般抵押權之不同處，主要在於其標的物係以動產充之。動產抵押制度，在我國除海商法上之船舶抵押及民用航空法上之航空器抵押外，以動產擔保交易法（民國五十四年六月十日施行）為主要，茲簡述其要點如次：

1.動產抵押權之意義

稱動產抵押者，謂抵押權人對於債務人或第三人不移轉占有，而就供擔保之動產，於債務人不履行契約時，得占有抵押物，並得出賣，就其賣得價金，優先於其他債權而受清償之交易（動產擔保一五條）。由此可知，債務人不清償債務時，抵押權人得占有抵押物，為其與不動產抵押之另一不同之點。

2.動產抵押權之標的物

動產抵押之標的物，得為機器、設備、工具、原料、半製品、成品、車輛、農林漁牧產品、牲畜及總噸位未滿二十噸之動力船舶或未滿五十噸之非動力船舶；其品名，由行政院視實際需要及交易性質以命令定之（同法四條）。動產擔保交易之標的物，有加工、附合或混合之情形者，其擔保債權之效力，及於加工物、附合物或混合物，但以原有價值為限（同法四條之一）。

3.動產抵押權之成立

動產抵押權之設定，應以書面訂立契約（同法五條），其契約應載明同法第一六條第一項所列七款之事項。又，動產抵押權之設定，經訂立書面契約後，在當事人間，雖即發生效力，但為保護交易安全，非經登記，不得對抗善意第三人（同法五條）。即以登記為對抗要件，其與不動產抵押以登記為生效要件者，有所不同。

4.動產抵押權之效力

⑴**對於抵押權人之效力** 動產抵押之抵押權人有下列之權利：

①**占有權** 債務人不履行契約或抵押物被遷移、出賣、出質、移轉或受其他處分，致有害於抵押權之行使者，抵押權人得占有抵押物（同法一七條一項）。

②**出賣或拍賣權** 抵押權人依前述規定實行占有抵押物時，應於三日前通知債務人或第三人（同法一八條一項）。此項通知應說明事由，並得指定履行契約之期限，如債務人到期仍不履行契約時，抵押權人得出賣占有抵押物，出賣後債務人不得請求回贖（同條二項）。但抵押權人不經事先通知，逕行占有抵押物時，如債務人或第三人在債權人占有抵押物後之十日期間內履行契約，並負擔占有費用者，得回贖抵押物；但抵押物有敗壞之虞或其價值顯有減少，足以妨害抵押權人之權利，或其保管費用過鉅者，抵押權人於占有後得立即出賣（同條三項）。又，抵押權人出賣占有抵押物，除上述立即出賣之情形外，應於占有後三十日內，經五日以上之揭示公告，就地公開拍賣之，並應於拍賣十日前以書面通知債務人或第三人（同法一九條一項）。抵押物為可分割者，於拍賣得價足於清償債務及費用時，應即停止，債權人本人或其家屬亦得參加拍賣，買受抵押物（同條二項）。

③**優先受償權**　抵押物賣得價金，應先抵充費用，次充利息，再充原本；如有剩餘，應返還債務人，如有不足，抵押權人得繼續追償（同法二〇條）。

(2)**對於抵押人之效力**　動產抵押對於抵押人之效力如下：

①**保管義務**　動產擔保交易契約存續中，其標的物之占有人應以善良管理人之注意，保管或使用標的物（同法一二條）。

②**處分權之限制**　經依動產擔保交易法設定抵押之動產，不得為附條件買賣之標的物，違反之者，其附條件買賣契約無效（同法三一條）；亦不得為信託占有之標的物，違反之者，其信託收據亦為無效（同法三六條）。

③**損害賠償之請求**　抵押權人占有或出賣抵押物，未依動產擔保交易法第一八條、第一九條及第二一條之規定辦理者，債務人得請求損害賠償（同法二二條）。

習　題

一、抵押權有何特性？甲因向乙借款，將其所有之房屋一棟，設定抵押權於乙，經登記在案，其後因丙之過失，致該房屋焚燬，乙之抵押權是否因抵押物之滅失而消滅？

二、甲將其所有之土地及尚未辦理保存登記之地上房屋，約定設定抵押權於乙，以擔保其債務之履行，但甲竟不依約辦理抵押權登記於乙時，乙得為如何之請求？如甲、乙並同時約定甲應將上開土地及房屋移轉占有於乙時，但甲亦不履行時，乙得否請求甲移轉占有？

三、抵押權人於債權已屆清償期而未受清償時，其實行抵押權之方法為何？

四、最高限額抵押權與普通抵押權有何不同？

五、意定抵押權與法定抵押權競合時，其效力以何者為優先？

六、甲向乙借款五百萬元，為擔保該債務，乃將其土地一筆之所有權移轉登記於乙，約定如不清償借款，乙得將土地變賣，取得價金；惟甲屆期未還，乙得否將該土地變賣而受償？

〔提　示〕

一、㈠抵押權之特性有三：(1)從屬性。(2)不可分性。(3)物上代位性。（詳如本文內之

解說）

㈡乙之抵押權不消滅。理由為：抵押之房屋雖被焚燬，但其滅失乃因第三人丙之侵權行為所致，房屋所有人即抵押人甲得向丙請求損害賠償，即抵押之房屋滅失而發生代替物之賠償金，乙仍得就該賠償金行使其抵押權，此即抵押權之物上代位性。

二、㈠乙得本於與甲間所成立生效之設定抵押權契約（債權契約），請求甲將所有之土地及地上房屋辦理抵押權登記於乙，以取得抵押權。又因該房屋尚未辦理保存登記，是故乙於請求辦理抵押權登記之前，須先行請求甲就該房屋辦理保存登記。

㈡乙不得請求甲移轉土地及房屋之占有。其理由：抵押權為不占有抵押物之物權，基於物權法定主義（民法第七五七條），甲、乙約定甲移轉抵押權標的物之土地及房屋之占有於乙，即屬創設抵押權之內容，該約定為無效。惟僅該移轉占有於抵押權人乙之約定無效而已，抵押權之設定，不因此而受影響。至甲、乙間如另本於法律上之原因，例如租賃、借貸等而移轉占有於乙，為另一問題，與設定抵押權無涉，附為說明。

三、實行抵押權之方法有二：㈠拍賣。㈡拍賣以外之處分方法：⑴承受抵押物所有權。⑵其他處分方法。（詳如本文內之解說）

四、最高限額抵押權與普通之抵押權有下列不同：

㈠最高限額抵押權為先成立抵押權，至其所擔保之債權額尚未確定。普通抵押權則為抵押權與債權同時發生，其債權額已確定或可得確定。

㈡最高限額抵押權成立時須預定最高限額，而普通抵押權於成立時，則已有確定數額之債權。

㈢最高限額抵押權，其已發生之債權雖因清償，抵銷等原因而消滅，但於抵押權存續期間內，仍擔保將來不斷發生之不特定債權，故抵押權並不消滅。至普通抵押權，因擔保特定債權，其債權如歸於消滅，則抵押權即隨之消滅。

㈣最高限額抵押權人於實行抵押權時，須證明其債權之存在。普通抵押權，因已先有被擔保之債權存在，實行抵押權時，即無須另行證明債權之存在。

五、意定抵押權與法定抵押權競合時，多數說及實務見解，認應依成立之先後定其優先次序，即成立在前者，其次序為優先。惟法律另有規定者，則依其規定，

例如民法第八二四條之一第五項明定共有不動產之分割，應受金錢補償之共有人之補償金額，就補償義務人所分得不動產之法定抵押權，其次序優先於該義務人應有部分抵押而移存之抵押權；舊國民住宅條例第一七條明定債權人對於國民住宅及基地之抵押權為第一順位是。

六、乙得將土地變賣受償。理由：甲、乙間成立信託之讓與擔保，以信託約款及標的物所有權之移轉，而為債權之擔保。惟其非抵押權，似有違物權法定主義，但為免物權法定主義之僵化，影響社會之進步，多數說及判例（七〇年臺上字一〇四號）見解，認應自物權之法定內容為從寬之解釋，讓與擔保既為社會發展所生，與公序良俗無違，其存在並不違反物權法定主義存在之旨趣，而承認其效力。新法第七五七條已明定依習慣亦得發生物權。從而，乙得依約將甲之土地變賣而受清償。

併為說明者，讓與擔保為債務人或第三人將其財產權移轉於債權人，以擔保債務人之債務，於債務清償後，債權人應返還財產權於債務人或第三人，如債務不履行，債權人得就該財產權受償之擔保型態。其須移轉財產權，與物權編之擔保物權不移轉所有權，僅為設定限制物權者有所不同。其是否有效，有無違反物權法定主義，多所爭議。按讓與擔保之標的物，以所有權為多，其目的在擔保債務之履行，債權人負清算義務。因社會之發展，擔保標的物之多樣性，讓與擔保有其存在之實益，多數見解及判例承認其有效性，有如前述。而新法第七五七條亦已明認習慣法亦得形成物權，是故，讓與擔保為本於習慣法所生之非典型擔保。又依其標的物為不動產、動產或其他財產權，應認其得類推適用擔保物權之有關規定。

第七章 質 權

質權為擔保物權之一種，各國民法之質權制度，因其標的物之不同，得分為動產質權、權利質權及不動產質權。我民法僅規定動產質權與權利質權，而無不動產質權。

第一節 動產質權

一、動產質權之意義

動產質權，乃因擔保債權，占有由債務人或第三人移交之動產，得就其賣得價金，受優先清償之權（民法第八八四條）。茲析述如次：

(一)質權為以動產為標的物之物權

質權之標的物須係動產。例外，民法亦認權利得為質權之標的物（參照民法第九○○條以下）。

(二)質權為以移轉標的物之占有為必要之物權

動產得以隨意變動其位置，且無登記之制度，若設定質權而不使質權人占有其質物，則第三人既無由認識其權利之所在，即易受不測之損害。故質權之設定，於當事人意思之合致外，並須移交標的物之占有於質權人，始生效力（民法第八八五條第一項）。此與抵押權不移轉占有者不同。

(三)質權乃為擔保債務由債務人或第三人所設定之物權

質權為擔保物權之一種，有由於債務人自己設定者，有由於第三人（物上保證人）為債務人設定者。質權不問係由債務人所設定，抑由第三人所設定，均為存於他人所有物上之權利，故為限制物權之一種。

(四)質權乃得就標的物賣得價金受優先清償之物權

質權人於債務人不履行債務時，即有就質物賣得價金受優先清償之權。

二、動產質權之取得

動產質權之取得原因，有基於法律行為者，有基於法律行為以外之事實者。

(一)基於法律行為

1.設定行為

質權多由當事人以法律行為設定之，其設定行為或為契約或為單獨行為，其以契約設定者為多。設定質權，須移轉質物之占有，始生效力。占有之移轉固不必現實為之，簡易交付與指示交付均可，但基於質權之留置效力，質權人不得依占有之改定使出質人代自己占有質物（參照二六年渝上字三一〇號判例）。故民法第八八五條第二項規定：「質權人不得使出質人或債務人代自己占有質物。」使質權之關係明確，確保質權之效力。又，設定質權之人通常固為債務人或第三人，但不以此為限，質權人於質權存續中，亦得將質物轉質於他人（民法第八九一條）。

2.連同債權一併受讓

質權為無專屬性之財產權，自得連同其債權而讓與，惟須將質權標的物之動產交付受讓人，始取得動產質權。

(二)基於法律行為以外之事實

1.因時效而取得

債權人以擔保債權之意思，五年間和平、公然、繼續占有他人之動產者，即取得其質權（民七六八、七七一條）。

2.善意受讓

受質人占有動產而受關於占有規定之保護者，縱出質人無處分其質物之權利，受質人仍取得質權（民法第八八六條）。

三、動產質權之效力

(一)質權之範圍

1.質權所擔保債權之範圍

質權所擔保債權之範圍，除當事人間另有特別訂定外，為：原債權、利息、遲延利息、違約金、保存質物之費用、實行質權之費用及因質物隱有瑕疵而生

之損害賠償（民法第八八七條第一項）。所謂因質物隱有瑕疵而生之損害賠償，
例如出質人以受有傳染病之牲畜出質，質權人自有之牲畜因而受傳染病死是。
至於質物之瑕疵如非「隱有」，而為質權人所知者，如質權人縱因此得請求損害
賠償，則不在此動產質權所擔保範圍之內。上開保存質物之費用，以避免質物
價值減損所必要者為限（同條二項）。

　　2.質權標的物之範圍

　　　質權效力之所及，除出質人所交付之質物及其從物外，如當事人間另無特
別約定者，質權人並得收取質物所生之孳息（民法第八八九條）。此所謂孳息，
通常固為天然孳息，但質權人取得出質人之同意亦得將質物出租，而收取法定
孳息。質權之效力既及於收取之孳息，則質權人自得以之抵充其所擔保之債權。
其抵充之順序，先收取孳息之費用，次原債權之利息，最後原債權（民法第八
九〇條第二項）。上開孳息如須變價始得抵充者，其變價方法準用實行質權之規
定（民法第八九〇條第三項）。

　　(二)質權人之權利

　　1.孳息之收取

　　　質權人有收取質物孳息之權利，已如前述，質權人收取孳息時，應以對於
自己財產同一之注意，並以出質人之計算為之（民法第八九〇條第一項）。所謂
以對於自己財產同一之注意為之，即僅用與管理自己財產同一程度之注意以收
取孳息為已足。所謂以出質人之計算為之，即收取孳息之損益，均歸之於出質
人。

　　2.質物之轉質

　　(1)轉質之意義　轉質乃質權人於質權存續中以自己之責任，將其質物再質
於他人之謂。轉質係質權人為轉質人，將質物移轉占有於第三人，就質物設定
新質權，故與原質權及其所擔保之債權無涉；易言之，質物上雖有新質權之設
定，而質權人之原質權仍舊存續。是故轉質與質權之讓與有別。

　　(2)轉質之限制　質權人於其質權存續中，始得將其質物轉質於第三人（民
法第八九一條前段）。故原質權如已消滅，轉質權亦當然消滅。

　　(3)轉質之效力　轉質係質權人以自己之責任將質物轉質於第三人，故其質
物如因轉質人之行為而毀損、滅失，質權人固應負其責任，即因不可抗力所生

之損失，質權人亦應負其責任（民法第八九一條後段）。因轉質未經出質人之同意，故民法乃加重質權人之責任。

3. 質物之預行拍賣

質物為債權之擔保，其價值如有貶損，即足以影響質權人之權利，故質權人因質物有腐壞之虞或其價值顯有減少，足以害及質權人之權利時，縱其債權尚未屆清償期，亦得拍賣質物，以其賣得價金代充質物，前項情形，如經出質人之請求，質權人應將價金提存於法院，質權人屆債權清償期而未受清償者，得就提存物實行其質權（民法第八九二條）。質權人預行拍賣質物時，除不能通知者外，應通知出質人，使其得及時為適當之處置（民法第八九四條）。

(三)質權人之義務

1. 質物之保管

質權人既占有質物，自應負保管之責任，至其注意之程度，應以善良管理人之注意為之（民法第八八八條第一項）。質權人如違背此種義務，而致出質人受有損害時，即應負賠償之責。質權人非經出質人之同意，不得使用或出租其質物，但為保存其物之必要而使用者，不在此限（同條二項）。

2. 質物之返還

質權本為從屬於債權之權利，故其所擔保之債權消滅時，質權人自不能繼續占有質物，而應返還於有受領權之人（民法第八九六條）。

(四)質權之實行

債權已屆清償期而債務人不履行其債務，質權人就質物以受清償之權利，即為質權之實行。實行質權之方法，得分為拍賣與拍賣以外之方法。

1. 拍　賣

質權人於債權已屆清償期而未受清償者，得拍賣質物，就其賣得價金而受清償（民法第八九三條第一項）。拍賣質物除事實上不能通知出質人外，質權人應於拍賣前通知出質人（民法第八九四條）。拍賣質物，質權人僅負通知出質人之義務，而不必聲請法院為之，此與拍賣抵押物不同（參照民法第八七三條第一項）。惟質權人如不自行拍賣，而聲請法院拍賣，即取得准予拍賣之裁定後，再聲請法院執行，自無不可（釋字五五號解釋、強執四條一項五款）。拍賣質物後，所得之價金應先支付拍賣之費用，次償還債務，如其質物上有二個以上之

質權，其價金應按質權設定之先後分配之；如有剩餘，應交還出質人，如尚有不足，則就其殘額，得以普通債權人之資格向債務人請求清償。

2.拍賣以外之處分方法

質權人於債權已屆清償期而未受清償者，為省勞費，用拍賣以外方法處分其質物，以為清償，亦無不可。茲分述其方法如下：

(1)**移轉質物之所有權** 質權人於債權清償期屆滿後為受清償，得訂立契約取得質物之所有權（民八九五、八七八條前段）。但於債權清償期屆滿前，預為約定於債權已屆清償期而未為清償時，質物之所有權移屬於質權人者，準用第八七三條之一之規定（民法第八九三條第二項）。按舊法原禁止流質契約，惟新法已承認流抵契約、流質契約為有效，明定準用第八七三條之一有關流抵契約之規定，惟第八七三條之一第一項不動產流抵契約經登記始得對抗第三人之規定，於動產之流質契約自不在準用之列。

(2)**其他處分方法** 質權人於債權清償期屆滿後，為受清償，得用拍賣以外之方法處分其質物（民八九五、八七八條後段）。所謂其他處分質物之方法，如以一般買賣方法將質物出賣於他人，而以其賣得價金清償債務是。

四、動產質權之消滅

動產質權之消滅原因，除混同、拋棄、實行質權外，其情形如次：

㈠質物之返還

民法第八九七條規定：「動產質權，因質權人將質物返還於出質人或交付於債務人而消滅。返還或交付質物時，為質權繼續存在之保留者，其保留無效。」至返還原因如何，則非所問。

㈡占有之喪失

質權以占有質物為成立要件，故質權人喪失其質物之占有，於二年內未請求返還者，其動產質權消滅（民法第八九八條）。惟喪失占有之質權人，於二年內因行使占有物返還請求權而回復占有時，其質權並不消滅。

㈢質物之滅失

動產質權，因質物滅失而消滅，如因滅失得受賠償或其他利益者，質權人得就賠償或其他利益取償（民法第八九九條）。易言之，質物滅失，原則上質權

歸於消滅，但因滅失而受賠償或其他利益者，該賠償或其他利益為動產質權標的物之代位物。

質權人對於前開出質人所得行使之賠償或其他請求權仍有質權，其次序與原質權同（同條二項）。質物滅失時，給付義務人應向質權人賠償，始為公允，故給付義務人因故意或重大過失向出質人為給付者，對於質權人不生效力（同條三項），於此情形，質權人得請求出質人交付其給付物或提存其給付之義務（同條四項）。又，質物因毀損而得受之賠償或其他利益，亦為質物之代位物，故準用前四項之規定（同條五項）。

㈣債權消滅

質權為從屬於債權之權利，故債權因清償、抵銷等原因而全部消滅時，質權亦歸於消滅。惟債權於其請求權消滅時效完成時，僅債務人取得抗辯權而已，債權本身並不消滅，故其質權亦不消滅，債權人仍得就質物取償（參照民法第一四五條第一項）。

五、最高限額質權

最高限額質權，乃債務人或第三人提供其動產為擔保，就債權人對債務人一定範圍內之不特定債權，在最高限額內，所設定之質權（民法第八九九條之一第一項）。舊法對此原無規定，新法仿最高限額抵押權之立法例而明定之。

最高限額質權之設定，無須登記，但除移轉動產之占有外，並應以書面為之（同條二項）。又，關於最高限額抵押權及第八八四條至第八九九條之規定，於最高限額質權準用之（同條三項）。

六、營業質權

營業質權為當舖或其他以受質為營業者所設定之質權，為一般民眾籌措小額應急金錢之簡便方法，民法原無明文，僅於物權編施行法第二十條規定：「民法物權編關於質權之規定，於當舖或其他以受質為營業者，不適用之。」因其有存在價值，新法增訂第八九九條之二，將營業質權加以規範。

就營業質權人與出質人間之權利義務關係，該條第一項前段規定：「質權人係經許可以受質為營業者，僅得就質物行使其權利。」即出質人僅負物的有限

責任，質權人不得請求出質人清償債務，出質人如不清償債務，質權人僅得取得質物所有權，同項後段規定：「出質人未於取贖期間屆滿後五日內取贖其質物時，質權人取得質物之所有權，其所擔保之債權同時消滅。」

依該條第二項規定：「前項質權，不適用第八八九條至第八九五條、第八九九條、第八九九條之一之規定。」易言之，營業質權固為動產質權之一種，但仍有不同者，故質權人之孳息收取權、轉質、質物之變價、實行質權之方法、質物之滅失及物上代位性、最高限額質權等，於營業質權，均不適用。

第二節　權利質權

一、權利質權之意義

權利質權乃以可讓與之債權及其他權利為標的物之質權（民法第九〇〇條）。詳言之，權利質權之標的物，限於可讓與之債權及其他權利。債權原則上具有讓與性，但民法第二九四條第一項但書規定之債權不得讓與，故所謂可讓與之債權，指依債權之性質或當事人特約不得讓與及禁止扣押之債權以外之一切債權。所謂可讓與之其他權利，指所有權及不動產限制物權以外，與質權性質不牴觸之其他財產權，例如著作權、專利權、公司股份等，亦得為質權之標的物是。至不動產物權及準用不動產規定之礦業權、漁業權、水權等即不得為權利質權之標的物，因權利質權準用關於動產質權之規定（民法第九〇一條）之故。又，動產質權、留置權為從權利，亦不適於為權利質權之標的物，但如以債權設定權利，而該債權有動產質權或留置權為擔保時，該動產質權或留置權即隨同移轉於權利質權之質權人（民法第二九五條第一項、九〇二條）。

復次，質權為物權，其標的物本應以物為限，我民法以可讓與之債權及其他權利得為質權之標的物，乃為適應社會經濟之發展及謀個人之便利。權利質權，除本節有特別規定外，準用關於動產質權之規定（民法第九〇一條），故亦有稱之為準質權者。

二、權利質權之設定

權利質權之取得，除由於繼承外，主要為基於當事人之設定行為。民法就該設定行為設有一般規定及特別規定，茲分述如次：

㈠設定權利質權之一般規定

民法第九〇二條規定：「權利質權之設定，除本節有規定外，應依關於其權利讓與之規定為之。」是設定權利質權，除有當事人意思之合致外，尚須依權利讓與之方式為之。例如就普通債權設定權利質權者，非依民法第二九七條為通知，不得對抗第三債務人；就商標權或專利權設定權利質權時，非依各該法律向該管機關登記，不得對抗第三人；就記名公司股票設定權利質權時，非於股票及股東名簿為一定記載，不得對抗公司及第三人是。

㈡設定權利質權之特別規定

1.普通債權質權之設定

以債權為標的物之質權，其設定應以書面為之，如債權有證書者，出質人有交付之義務（民法第九〇四條）。設定質權，須立具書面並交付證書者，乃藉以證明權利之發生，亦所以防出質人之處分其權利。債權質權之設定既為要式行為，若未立具書面，其設定行為不生效力。

2.有價證券質權之設定

質權以未記載權利人之有價證券為標的物者，因交付其證券於質權人而生設定質權之效力，以其他有價證券為標的物者，並應依背書方法為之（民法第九〇八條第一項）。所謂未記載權利人之有價證券，例如無記名公債票、公司債票、無記名票據等是。就此種證券設定準質權，僅將證券交付於質權人即發生效力。至於就其他有價證券，例如指示證券（參照民法第七一〇條）設定質權者，除將證券交付於質權人外，並須依背書之方法記載一定之文句，由出質人簽名後始生效力。上開背書得記載設定質權之意旨（民法第九〇八條第二項）。

三、權利質權之效力

權利質權之效力，因依民法第九〇一條規定，準用動產質權規定之結果，故：

⑴關於權利質權所擔保債權之範圍，為原債權、利息、遲延利息、違約金、保存質權標的物之權利之費用、實行質權之費用及因為質權標的物之權利隱有瑕疵而生之損害賠償。

⑵質權人應以善良管理人之注意，保管為權利質權標的物之權利。

⑶質權人得收取由權利所生之孳息以之抵充債權，且應以對於自己財產同一之注意收取孳息，並為計算。

⑷質權人於權利質權存續中，得以自己之責任將其權利轉質於他人。

茲須說明者，有左列二端：

⑴**關於一般權利質權之效力** 為質權標的物之權利，非經質權人之同意，出質人不得以法律行為使其消滅或變更（民法第九〇三條）。蓋為權利質權標的物之權利，乃債權清償之擔保，若許出質人得以任意消滅或變更其權利，例如免除債務、緩期清償等，則質權人難免受意外之損害，故出質人非得質權人之同意，不得為之。

⑵**關於有價證券質權之效力** 質權以有價證券為標的物者，其所附屬於該證券之利息證券、定期金證券或其他附屬證券，以已交付於質權人者為限，其質權之效力，及於此等附屬之證券（民法第九一〇條第一項）。蓋利息證券、定期金證券或分配利息證券等附屬證券，如為出質人所保留，固非質權效力之所能及，但如出質人將此等附屬證券交付於質權人者，即有以此等證券一併與主證券擔保債務清償之意思，自為該質權效力之所及。上開附屬之證券，係於質權設定後發行者，除另有約定外，質權人得請求發行人或出質人交付之（同條二項）。

四、權利質權之實行

㈠普通債權質權之實行

普通債權質權之實行，通常多不適用拍賣之方法，故法律使質權人得直接收取為質權標的物之債權，以充自己債權之清償。惟權利質權所擔保債權之清償期若與為權利質權標的物債權之清償期並不一致，則其實行之情形，即有所不同，茲說明如次：

⑴**為質權標的物之債權，以金錢給付為內容，而其清償期先於其所擔**

保債權之清償期時　此時為質權標的物之債權雖已屆清償期，然因質權人自己之債權尚未屆清償期，質權人即不得就債務人給付物以為清償，然如任由債務人將為清償之給付物仍交付於出質人，則對於將來權利之實行，即有不利。為保護質權人起見，民法第九〇五條第一項規定，此時質權人得請求債務人提存其為清償之給付物。嗣後質權人之質權，即存於提存物之上。質權人並得對該提存物行使其質權。

(2)**為質權標的物之債權，以金錢給付為內容，而其清償期後於其所擔保債權之清償期時**　此時質權人之債權雖已屆清償期，然因為質權標的物之債權尚未屆清償期，債務人即無現時為清償之義務，故質權人欲行使其質權，須待其清償期屆滿時，始得直接向債務人請求給付，其係金錢債權者，債權人僅得就自己對於出質人之債權額，為給付之請求（民法第九〇五條第二項）。就債務人所給付之金錢，質權人固得以充自己債權之清償，其給付物如為金錢以外之物，則質權即存於受給付物之上，質權人須再依拍賣之方法受償。

(3)為質權標的物之債權，以金錢以外之動產給付為內容者，於其清償期屆至時，質權人得請求債務人給付之，並對該給付物有質權（民法第九〇六條）。於此情形，質權存於該動產之上，質權人得依動產質權之實行方法受償之。

(4)為質權標的物之債權，以不動產物權之設定或移轉為給付內容者，於其清償期屆至時，質權人得請求債務人將該不動產物權設定或移轉於出質人，並對該不動產物權有抵押權（民法第九〇六條之一第一項），於此情形，質權轉換為抵押權。前項抵押權應於不動產物權設定或移轉於出質人時，一併登記（同條二項），以保障交易安全。該抵押權乃依法律規定而發生，即屬法定抵押權。

(5)民法第九〇六條之二規定：「質權人於所擔保債權清償期屆至而未受清償時，除依前三條之規定外，亦得依第八九三條第一項或第八九五條之規定實行其質權。」詳言之，不論為質權標的物債權之給付內容或清償期如何，於質權所擔保債權之清償期屆至而未受清償者，除得分別依前述規定行使權利外，亦得拍賣質權標的物之債權，或承受該債權，或以其他方法處分該債權。

(6)民法第九〇六條之三規定：「為質權標的物之債權，如得因一定權利之行使而使其清償期屆至者，質權人於所擔保債權清償期屆至而未受清償時，亦得行使該權利。」準此，雖供擔保之債權須待出質人（債權人）為一定權利之行

使，其清償期始能屆至者，因出質人未為或不為該一定權利之行使，如質權人之債權已屆清償期，為質權之實行，亦得行使該權利。

此外，債務人依上開第九〇五條第一項、第九〇六條、第九〇六條之一為提存或給付時，債權質權轉換為動產質權或抵押權，宜使出質人知悉其情，故質權人應通知出質人，但無庸得其同意（民法第九〇六條之四）。

㈡有價證券質權之實行

質權以未記載權利人之有價證券、票據或其他得依背書而讓與之證券為標的物者，其所擔保之債權如已屆清償期，質權人固得直接向證券債務人請求給付，或將其證券拍賣就其賣得價金以受清償，縱其所擔保之債權未屆清償期而其證券上債權已屆清償期者，質權人仍得收取其證券上所應受之給付（民法第九〇九條第一項前段）。因證券上之權利如不及期行使即有受不利益之虞。又，質權人如有使證券清償其屆至之必要者，並有對證券債務人為通知或依其他方法使其屆至之權利（同條中段）。再者，有價證券質權設定後，證券既歸質權人占有，證券債券人亦僅得向質權人為給付（同條項後段）。質權人依上開規定收取之給付，其實行方法，適用第九〇五條第一項或第九〇六條之規定（民法第九〇九條第二項）。又，為保障以證券為標的物之質權人，準用第九〇六條之二及第九〇六條之三之規定（同條三項）。

五、權利質權之消滅

權利質權除因實行質權、主債權之消滅等而消滅外，尚有下列特殊原因：

㈠標的物之滅失

為質權標的物之權利滅失時，則權利質權消滅，例如以專利權為質權標的物，如專利權消滅時，其質權亦消滅是。

㈡混　同

為質權標的物之權利與質權同歸於一人時，質權消滅，但在債權質權，質權人與第三債務人同為一人時，質權不因之而消滅。

㈢標的物之返還

以無記名證券為質權之標的物者，質權因質權人將證券返還於出質人而消滅（參照民法第九〇八、九〇一、八九七條）。

習　題

一、質權人得否未經出質人之同意，而將質物轉質於第三人？

二、實行質權之方法為何？

〔提　示〕

一、質權人於質權存續中，為供自己債務之擔保，得以自己之責任，將其質物轉質
　　於第三人，民法第八九一條定有明文。由此可知，質權人於質權存續中，未經
　　出質人同意，將質物轉質於第三人，為法之所許。惟質權人雖得未經出質人同
　　意而轉質，但對於因轉質所受不可抗力之損失，質權人亦應負賠償責任。

　　依民法第九〇一條，權利質權準用關於動產質權之規定，故權利質權人於質權
　　存續中，亦得以自己之責任，將其權利轉質於第三人，併為說明。

二、㈠動產質權之實行方法有二：　1.拍賣。　2.拍賣以外之處分方法　⑴移轉質物之
　　所有權。⑵其他處分方法。

　　㈡權利質權之實行方法：1.普通債權質權之實行。　2.有價證券質權之實行。（詳
　　如本文內之解說）

第八章 典 權

一、典權之意義

典權乃支付典價，在他人之不動產為使用收益，於他人不回贖時取得該不動產所有權之物權（民法第九一一條）。茲析述如左：

㈠典權為以他人不動產為標的物之物權

按典權之標的物既為不動產，自兼指土地與其定著物而言，此與地上權、農育權其標的物僅以土地為限者不同。其以土地為標的物者，稱為典地，其以房屋為標的物者，稱為典房。設定典權之人為出典人，取得典權之人為典權人。

㈡典權乃占有他人之不動產而為使用收益之物權

典權乃以使用收益他人之不動產為目的，自以占有典物為必要。至其使用之方法，在土地固以耕種為常，在房屋固以居住為常，惟法律並無限制。典權與地上權、農育權及不動產役權同為用益物權，惟在地上權，係以在他人土地上有建築物或其他工作物為目的，在農育權，係以在他人土地上為農作或牧畜為目的，在不動產役權，以他人不動產供自己不動產便宜之用，而典權之目的則無限制。

關於典權之性質，有用益物權與擔保物權之爭論。按民法已明定其以支付典價占有他人不動產而為使用收益之權，且典權為主物權，非隨債權而發生或消滅，與擔保物權為從物權者不同。故通說認典權為用益物權。

㈢典權乃以支付典價為必要，於出典人得回贖而不回贖時取得該不動產所有權之物權

所謂典價，即取得典權之對價，典權之成立，以支付典價為要件，故不支付典價而用益他人之不動產，雖可就之成立使用借貸關係，而不能就之成立典權。又，於回贖權得行使之時期，出典人不行使回贖權，即由典權人取得該不動產所有權。

二、典權之取得

㈠基於法律行為

典權基於法律行為而取得者，有典權之設定、轉典、典權之讓與三種，均須以書面為之，且經登記，始生效力。又在典權之設定及轉典，均須支付典價，但典權之讓與並非新設典權，自不以有償為必要。

㈡基於法律行為以外之事實

典權為無專屬性之財產權，自得為繼承標的，被繼承人之典權，因繼承開始之事實，其繼承人當然取得典權，惟非經繼承登記，不得處分其典權。

此外，典權是否得因時效而取得，不無疑義。按典權之成立，以支付典價為要件，在其性質上難因時效而取得。故典權不能依時效而取得。

三、典權之期限

典權之期限，雖得由當事人自由約定，於約定期間內存續，但不得逾三十年，逾三十年者，縮短為三十年（民法第九一二條）。典權未定期限者，出典人得隨時以原典價回贖，出典經過三十年不回贖者，典權人即取得典物所有權（民法第九二四條），即未定期限之典權亦不得逾三十年。惟典權之約定期限不滿十五年者，不得附有到期不贖，即作絕賣之條款（民法第九一三條第一項）。蓋出典人多為經濟上之弱者，為杜典權人乘出典人之急迫，約定短促之典期，附以到期不贖即作絕賣之條款，以從中取利，故法律加以限制，以保護出典人之利益。反面言之，典權期限逾十五年者得附到期不贖即作絕賣之條款。

四、典權之效力

㈠典權人之權利

1.不動產之使用收益

典權為占有典物而為使用收益之權利（民法第九一一條）。其使用收益之方法，將土地供作耕牧、設置工作物，將房屋供作住宅、倉庫，均無不可，但有特別約定者，則應從其約定。又如無禁止之特約或習慣，典權人於其典權存續中，得將其典物出租於他人，但其租賃之期間有所限制，即：

⑴**典權定有期限者**　其租賃之期限不得逾典權之限期。

⑵**未定期限者**　其租賃不得定有期限（民法第九一五條），以免出典人回贖時，不能向承租人收回典物。典權人對於典物因出租所受之損害，對於出典人應負損害賠償責任（民法第九一六條）。

2.相鄰權之行使

典權人既占有並使用收益他人之不動產，已與土地所有人居於相同之地位，故民法第七七四條至第八○○條關於相鄰權之規定，於典權人間或典權人與土地所有人間準用之（民法第八○○條之一）。

3.典物之重建或修繕

民法第九二一條規定：「典權存續中，典物因不可抗力致全部或一部滅失者，除經出典人同意外，典權人僅得於滅失時滅失部分之價值限度內為重建或修繕。原典權對於重建之物，視為繼續存在。」典權人於此情形之重建或修繕僅得於其典物滅失時滅失部分之價值限度內為之，乃為免增加出典人之負擔，妨礙其將來之回贖。若典權人違背此種規定而為重建或修繕，則於典物回贖時即不得請求償還限度外之費用。又，因典物滅失受賠償而重建者，原典權對於重建之物，視為繼續存在（民法第九二二條之一）。

4.典權之處分

典權為非專屬的財產權，典權人自得自由處分之。茲就轉典與讓與分別述之於左：

⑴**轉典**　轉典乃典權人以自己責任將其典物再典與他人之謂。典權存續中，典權人除契約另有訂定或另有習慣外，得將其典物轉典於他人（民法第九一五條第一項）。轉典，乃就典權設定典權，故於轉典後，典權人與出典人仍保持其原有之典權關係。轉典乃典權人之權利，如無禁止轉典之特約與習慣，典權人得自由為之，而無須得出典人之同意，但亦有左列之限制：

①**期間之限制**　典權定有期限者，其轉典期限不得逾原典權之期限；未定期限者，其轉典不得定有期限（民法第九一五條第二項），以免於原出典人回贖時，典權人不能立時返還其典物。

②**典價之限制**　轉典之典價，不得超過原典價（同條三項）。蓋典權之回贖，須返還原典價，如許轉典之典價得以超過原典價，恐原出典人回贖時，

而原典權人不能收回其典物。原典權人雖將典物轉典於他人，而與原出典人間仍保持其典權關係，故原典權人對於典物，因轉典所受之損害，應負賠償責任（民法第九一六條）。

⑵**讓與**　典權人得將典權讓與他人或設定抵押權（民法第九一七條第一項）。典權之讓與，係使原典權人脫離其典權關係，而由受讓人承受其地位，此與轉典之原典權人仍保持其典權關係者不同。典權經讓與後，就典物所生之損害，亦由受讓人負賠償責任。又，典權人亦得以其權利設定抵押權，以擔保債務之履行。再者，典物為土地，典權人在其上有建築物者，其典權與建築物不得分離而為讓與或其他處分（同條第二項）。以避免法律關係之複雜。

5.典物之留買權

出典人就其不動產設定典權後，對於典物之使用收益固受限制，但出典人仍保有典物之所有權，故得將其所有權讓與於他人（民法第九一八條）。此時出典人之地位由受讓人承受。惟出典人如將其典物出賣他人時，典權人有以相同條件留買之權（民法第九一九條第一項）。是謂典權人之留買權。前項情形出典人應以書面通知典權人，典權人於收受出賣通知後十日內不以書面表示依相同條件留買者，其留買權視為拋棄（同條第二項）。出典人違反前項通知之規定而將所有權移轉者，其移轉不得對抗典權人（同條第三項）。足見該留買權具物權效力。

6.優先購買權

典權人承典基地建築房屋者，於出典人將基地出賣時，典權人有依同樣條件優先購買之權（土地一〇四條一項）。前項優先購買權人，於接到通知後十日內不表示者，其優先權視為放棄（同條二項前段）。出賣人未通知優先購買權人而與第三人訂立買賣契約者，其契約不得對抗優先購買權人（同條二項後段），即此項優先購買權有物權效力。

㈡典權人之義務

1.保管典物

典權人應依典物之性質為使用收益，並應保持其得永續利用（民法第九一七條之一第一項）。若典物滅失者，則依其滅失之原因，而分擔損失之情形如次：

(1)**典物之滅失由於不可抗力者**　典權存續中，典物因不可抗力致全部或一部滅失者，就其滅失之部分，典權與回贖權均歸消滅（民法第九二○條第一項）。若出典人就典物之餘存部分為回贖時，得由原典價中扣除滅失部分之典價，其滅失部分之典價，依滅失時滅失部分之價值與滅失時典物之價值比例計算之（同條二項）。又，典權存續中，典物因不可抗力致全部或一部滅失者，典權人僅得於滅失時滅失部分之價值限度內，為重建或修繕，但經出典人同意者，不在此限（民法第九二一條），已如前述。

(2)**典物之滅失由於典權人之過失者**　在典權存續中，因典權人之過失，致典物全部或一部滅失者，典權人於典價額限度內，負其責任；但因故意或重大過失致典物滅失者，除將典價抵償損害外，如有不足，仍應賠償（民法第九二二條）。

2.轉典或處分典權之限制

土地及其土地上之建築物同屬一人所有，而為同一人設定典權者，典權人就該典物不得分離而為轉典或就其典權分離而為處分　（民法第九一五條第四項）。

3.典物之返還

典權人於典權消滅時，除典物滅失或典權人因找貼等原因取得典物所有權外，應將典物返還於出典人。典物若為土地，而典權人於該土地上設有工作物者，典權人於返還典物時，應取回其工作物，以回復其原狀；惟出典人以時價購買其工作物時，典權人不得拒絕（類推適用民法第八三九條）。

(三)出典人之權利

1.典物所有權之讓與

出典人於典權設定後，得將典物讓與他人，但典權不因此而受影響（民法第九一八條）。惟如出典人將典物所有權讓與他人時，典權人則有留買權，已如前述。

2.得就典物設定抵押權

民法對此雖無明文，惟典權為用益物權，另就典物設定抵押權並不移轉典物之占有，二者間並無衝突，故「不動產所有人於同一不動產設定典權後，在不妨害典權之範圍內，仍得為他人設定抵押權」（釋字一三九號解釋）。惟本於

物權優先之效力，先成立之典權，其效力自優先於在後之抵押權，於拍賣抵押物時，僅為將有典權負擔之典物所有權予以拍賣，典權人之典權對拍定人仍存續。

3.典物之回贖

即出典人有向典權人提出典價，為典物回贖之權，回贖權之行使為典權之消滅原因，另如後述。

㈣出典人之義務

1.費用之償還

典權人因支付有益費用，使典物價值增加，或依民法第九二一條之規定，重建或修繕者，於典物回贖時，得於現存利益之限度內，請求償還（民法第九二七條第一項）。第八三九條地上權消滅時之工作物取回權，於典物回贖時準用之（同條第二項）。

2.瑕疵之擔保

典權之設定為有償契約，故應準用出賣人瑕疵擔保責任之規定（民法第三四七條）。從而出典人應對典權人負權利之瑕疵擔保責任及物之瑕疵擔保責任。

㈤推定租賃關係之存在

民法第九二四條之二規定：「土地及其土地上之建築物同屬一人所有，而僅以土地設定典權者，典權人與建築物所有人間，推定在典權或建築物存續中，有租賃關係存在；其僅以建築物設定典權者，典權人與土地所有人間，推定在典權存續中，有租賃關係存在；其分別設定典權者，典權人相互間，推定在典權均存續中，有租賃關係存在。前項情形，其租金數額當事人不能協議時，得請求法院以判決定之。依第一項設定典權者，於典權人依第九百十三條第二項、第九百二十三條第二項、第九百二十四條規定取得典物所有權，致土地與建築物各異其所有人時，準用第八百三十八條之一規定。」

五、典權之消滅

典權除因典物滅失、公用徵收、拋棄、混同等原因而消滅外，其特別之消滅原因如下：

㈠回　贖

1.回贖之性質

回贖乃出典人向典權人提出典價，以消滅典權之單獨行為，為出典人之權利，其性質為形成權。回贖典物，既為出典人之權利，而非其義務，典權人對於出典人，自無備價回贖請求權。

2.回贖之方法

回贖典物，應向典權人表示回贖之意思，並提出原典價，否則，不生消滅典權之效力。典權人是否同意或拒絕受領，則非所問（三〇年上字三七一號及三二年上字四〇九〇號判例）。如出典人已將典物所有權讓與他人時，其回贖權即一併移轉於受讓人（三一年上字一六五五號判例），應由受讓人回贖；如典權人已將其典權讓與他人者，應向受讓人回贖。如經轉典，則應向典權人及轉典權人各為回贖之意思表示。依民法第九二四條之一規定：「經轉典之典物，出典人向典權人為回贖之意思表示時，典權人不於相當期間向轉典權人回贖並塗銷轉典權登記者，出典人得於原典價範圍內，以最後轉典價逕向最後轉典權人回贖典物。前項情形，轉典價低於原典價者，典權人或轉典權人得向出典人請求原典價與轉典價間之差額。出典人並得為各該請求權人提存其差額。前二項規定，於下列情形亦適用之：一、典權人預示拒絕塗銷轉典權登記。二、典權人行蹤不明或有其他情形致出典人不能為回贖之意思表示。」

3.回贖權行使之時期

⑴**典權定有期限者**　於期限屆滿後，出典人得以原典價回贖典物（民法第九二三條第一項）；於典期屆滿後，經過二年不以原典價回贖者，典權人即取得典物所有權（同條二項）。又此二年期間，為回贖權之除斥期間，此期間經過後，回贖權當然消滅（二九年上字一七九五號判例）。典權約定期限逾三十年而縮短為三十年者，於三十年期限屆滿後，亦應適用本條第二項規定，於二年內回贖（院字二二〇五號解釋）。但典權定有十五年以上期限，並附有到期不贖即作絕賣之條款者，僅得於典期屆滿後相當期間內回贖（民法第九一三條第一項）。典權附有絕賣條款者，出典人於典期屆滿不以原典價回贖時，典權人即取得典物所有權（同條第二項）。但絕賣條款須經登記，始得對抗第三人（同條第三項）。

⑵典權未定期限者　出典人得隨時以原典價回贖典物，但自出典後經過三十年不回贖者，典權人即取得典物所有權，不得再行回贖（民法第九二四條）。如原為定有期限之典權，變更為不定期限之典權，應於典期屆滿前變更，不得於前述回贖權存在之二年期間內變更，且定有期限之典權變為不定期限之典權者，此所定三十年之期間，仍應自出典時起算（院字二五五八號解釋）。

此外，典權人違反第九一七條之一第一項規定者，經出典人阻止而仍繼續為之者，出典人得回贖其典物；典權經設定抵押權者，並應同時將該阻止之事實通知抵押權人（民法第九一七條之一第二項）。

4.回贖之限制

出典人之回贖，應於六個月前，先行通知典權人（民法第九二五條）。

又，典權人如因出典人未於除斥期間內行使回贖權而取得典物所有權，究為原始取得，抑為繼受取得，亦有爭議。基於典權人之取得典物所有權係直接依法律之規定，並不須出典人之為移轉，參照土地登記規則第二七條第一九款已明定，於此情形，典權人得單獨申請為典物所有權之登記，似以原始取得說為可採。

5.視為已有地上權之設定

依民法第九二七條第三項至第五項之規定：「典物為土地，出典人同意典權人在其上營造建築物者，除另有約定外，於典物回贖時，應按該建築物之時價補償之。出典人不願補償者，於回贖時視為已有地上權之設定。出典人願依前項規定為補償而就時價不能協議時，得聲請法院裁定之；其不願依裁定之時價補償者，於回贖時亦視為已有地上權之設定。前二項視為已有地上權設定之情形，其地租、期間及範圍，當事人不能協議時，得請求法院以判決定之。」

㈡找　貼

找貼乃於典權存續中，出典人將典物所有權讓與典權人，而找回時價與典價之差額，藉以消滅典權之謂，民法第九二六條第一項規定：「出典人於典權存續中，表示讓與其典物之所有權於典權人者，典權人得按時價找貼，取得典物所有權。」是故找貼為典權消滅之原因。找貼具有買賣之性質，故以一次為限（同條二項）。

第九章　留置權

一、留置權之意義

民法第九二八條第一項規定：「稱留置權者，謂債權人占有他人之動產，而其債權之發生與該動產有牽連之關係，於債權已屆清償期未受清償時，得留置該動產之權」。例如開設汽車修理廠之甲，修理乙車，在未受償修理費前，得留置乙車是。析述於左：

㈠留置權為留置他人動產之物權

我民法上之留置權僅以動產為限，不動產或權利均不為留置權之標的物，該動產為債務人所有，固不待論，為保障社會交易安全及貫徹占有公信力，其如屬第三人所有，亦為留置權之標的物。又，所稱動產，解釋上自包括有價證券在內。所謂留置乃拒絕交付之意，即對於物之交付請求，所為之拒絕抗辯，惟其抗辯乃係就物而存在，故為物權之一種。

㈡留置權乃關於其物所生債權在未受清償前留置其物之物權

留置權之主要作用，在於留置債務人之動產，以間接強制其為債務之清償。債權人直至債務完全受清償為止，得留置其動產。至其債權發生之原因係基於契約、不當得利、無因管理或為侵權行為，則非所問。

㈢留置權為占有他人之動產關於其物所生之債權在未受清償前留置其物之物權

留置權之主要作用，既在於留置動產以強制債務人為清償，故留置權以動產之占有為必要，此與質權同，而與抵押權異。又動產之占有，不但為留置權發生之要件，且為其存續之要件，故如債權人喪失其占有時，則其留置權即歸於消滅（參照民法第九三七條第二項）。

㈣留置權乃於一定條件之下得拍賣其留置之動產以受優先清償之物權

留置權之主要作用，固在於留置動產以強制債務人為清償，但債務人如於債權人所定期限內不為清償，則債權人即得拍賣其留置物，就其賣得價金以受

優先清償（民法第九三六條第一項），故留置權為擔保物權之一種。

又，留置權為擔保物權，與抵押權、質權同有其不可分性，故債權人於其債權全部未受清償前，除留置物為可分者，僅得依其債權與留置物價值之比例行使留置權外，得就留置物之全部行使其留置權（民法第九三二條）。

復次，留置權與同時履行抗辯權，雖同為給付拒絕之抗辯（參照民法第二六四條），而二者有其不同之點：

⑴留置權為物權；而同時履行抗辯權為債權所發生之效力，並非獨立之權利。

⑵留置權，其雙方所負之給付義務，不必係基於同一法律關係所發生；而在同時履行抗辯權，其雙方所負之給付義務，則須係基於同一之法律關係所發生。

⑶留置權，以避免債權人之損害為目的，故債務人如提出擔保，則留置權即歸於消滅（民法第九三七條第一項）；在同時履行抗辯權，以達到雙方當事人同時履行為目的，故當事人之一方雖提供擔保，並不能因此而使他方當事人之抗辯權歸於消滅。

⑷在留置權，其留置物以動產為限；而在同時履行抗辯權，因雙方契約互負之債務，均為拒絕給付之內容。

二、留置權之取得

留置權乃由法律之規定而發生，其取得之要件如左：

㈠積極要件：即取得留置權應有之要件

1. 須債權已至清償期

留置權之主要作用，在於間接強制債務人履行債務，須債務人之債務已至清償期者始得取得留置權，若其債權尚未至清償期，債權人既不得請求履行債務，尚不能使其取得留置權（民法第九二八條第一項）。但此係原則，例外於債務人無支付能力時，債權人縱於其債權未屆清償期前，亦有留置之權（民法第九三一條第一項）。

2. 須其債權之發生與其占有之動產有牽連之關係

債權人之取得留置權，不但須其債權已至清償期，並須其債權之發生與其

占有之動產有牽連之關係（民法第九二八條第一項）。所謂債權之發生與占有之動產有牽連關係，即債權之發生與占有之動產有關連，亦即須債權之發生係全部或一部基因於該占有之動產，例如因占有動產所生之修繕費、保管費等償還請求權，或損害賠償請求權是。惟商人間因營業關係而占有之動產及其因營業關係所生之債權，不問其實際上是否有牽連關係，法律上均視為有牽連關係，而得行使留置權（民法第九二九條）。

(二)消極要件：即取得留置權應無之要件

1.須其動產非因侵權行為或其他不法之原因而占有

因侵權行為或其他不法之原因而取得動產之占有，即無保護之必要，不得發生留置權，例如竊取他人之動產，而支出修繕費，不得主張其就該動產有留置權是（民法第九二八條第二項前段）。

2.須債權人占有之始非明知或因重大過失而不知該動產非為債務人所有

債權人占有動產之始明知或因重大過失而不知該動產非為債務人所有者，亦不許其取得留置權（民法第九二八條第二項後段）。蓋於此情形，如許其取得留置權，即與民法須善意始可取得動產所有權或質權（民法第八〇一條、第八八六條）之精神有違。

3.須其留置不違反公序良俗

動產之占有，雖非因於侵權行為，然如留置之而違反公共秩序或善良風俗，則不得為之（民法第九三〇條前段）。例如不得於火災時而留置他人之救火器械是。

4.須其留置不與債權人所承擔之義務或債務人所為之指示相牴觸

動產之留置，如與債權人應負擔之義務或與債權人債務人間之約定相牴觸者，亦不得為之（民法第九三〇條後段）。例如運送人未將貨物送到目的地，即以運費未付而留置其貨物；或曾約明將貨物限期運到，不得以運費未付留置其貨物是。惟前述情形，為維持交易上誠實及信用，債權人固不得留置債務人之動產，然如債務人於動產交付後成為無支付能力，或其無支付能力於交付後始為債權人所知者，為保護債權人之利益，其動產之留置縱有前述之情形，債權人仍得行使留置權（民法第九三一條第二項）。

　　具備以上所述各種要件，債權人即取得留置權。此外，繼承人及受讓人亦得因繼承及受讓而取得留置權，亦不待言。

三、留置權之效力

㈠留置權人之權利

1.留置物之占有

　　留置物之占有，不特為留置權發生之要件，且為留置權存續之要件。故留置權人得以占有人之資格受關於占有之保護。

2.孳息之收取

　　留置權人得收取留置物所生之孳息，以抵償其債權。但契約另有約定者，不在此限（民法第九三三條準用第八八九條）。收取孳息應以對於自己財產同一之注意為之，並為計算（同條準用第八九〇條第一項）。此所謂孳息，通常自係天然孳息，但留置權人如經債務人之同意，而將留置物出租於他人，自亦得收取法定孳息。留置權人所收取之孳息，並非歸其所有，但得以之抵償其債權；其抵償之順序，依民法第九三三條準用第八九〇條第二項關於質權之規定，即先抵償收取孳息之費用，次原債權之利息，最後原本。

3.費用償還之請求

　　留置權人因保管留置物所支出之必要費用，得向其物之所有人請求償還（民法第九三四條）。留置權人既有保管留置物之義務，則因保管留置物所支出之必要費用，例如修繕費、飼養費、租稅等，此等費用之支出，物之所有人既因而得利益，留置權人自得請求其償還。

㈡留置權人之義務

1.留置物之保管

　　留置權人既占有留置物，自應以善良管理人之注意保管留置物（民法第九三三條準用第八八八條第一項），如其違背此種法定義務，而致物之所有人受有損害時，即應負賠償之責。留置權人除為保存留置物之必要而使用者外，非經留置物所有人之同意對於留置物並無使用或收益之權（民法第九三三條準用第八八八條第二項）。

2.留置物之返還

留置權本為從屬於債權之權利，故其所擔保之債權因受清償或其他原因而消滅時，留置權人自不能繼續占有其留置物，而應返還於有受領權之人（類推適用民法第八九六條）。

留置權因留置權人將留置物返還或交付於留置物所有人或債務人而消滅，返還或交付留置物時，為留置權繼續存在之保留者，其保留無效（民法第九三七條第二項準用第八九七條）。

㈢留置權之實行

留置權為擔保物權之一種，債務人如不任意履行債務，留置權人自得實行留置權，就留置物以直接取償。惟其實行，因情形而有不同：

1.債權人能為通知時

債權人於債權已屆清償期而未受清償者，得定一個月以上之相當期限，通知債務人，聲明如不於期限內為清償時，即就其留置物取償；留置物為第三人所有或存有其他物權而為債權人所知者，應併通知之（民法第九三六條第一項）。債務人如於前項期限內為清償，其留置權固歸於消滅，若不於其期限內為清償，則債權人即得準用第八九三條至第八九五條關於實行質權之規定，拍賣留置物，就其賣得價金以受優先清償，或訂立契約取得留置物之所有權，或用拍賣以外之方法處分其留置物（同條二項）。

2.債權人不能為通知時

債權人於其債權已屆清償期而未受清償者，如因債務人住所不明、或其他事由而不能為前述之通知者，債權人於債權清償期屆滿後，經過六個月仍未受清償時，亦得行使前項所定之權利，拍賣其留置物，或取得其所有權（同條三項）。

四、留置權之消滅

留置權因留置物滅失、拋棄、債權消滅、留置權之實行等而消滅外，有下列特殊消滅原因：

㈠占有之喪失

留置權之存續，以占有留置物為必要，故留置權人如喪失其占有，於二年

內未請求返還者，則其留置權歸於消滅（民法第九三七條第二項準用第八九八條）。至其喪失之原因為何，取得占有者何人，均非所問。

㈡擔保之提出

債務人為債務之清償，已提出相當之擔保者，債權人之留置權消滅（民法第九三七條第一項）。蓋若債務人為清償債務，已提出相當之擔保，則債權人之債權既無不能受清償之虞，即無再使其留置權繼續存在之必要。惟留置權亦非一經擔保之提出，即當然歸於消滅，自須其擔保經債權人同意接受時，始歸於消滅，但其擔保如係相當，債權人亦負接受之義務，而不得任意拒絕。

五、準留置權

依民法第九三九條規定：「本章留置權之規定，於其他留置權準用之。但其他留置權另有規定者，從其規定。」所謂其他留置權，例如不動產之出租人，就租賃契約所生之債權，對於承租人置於該不動產之物之留置權（民法第四四五條）；旅店主人就住宿飲食等所生之債權，對於客人所攜帶之行李及其他物品之留置權（民法第六一二條）是。此等其他留置權，其所擔保之債權不必與留置物有牽連關係，自非真正之留置權，故我民法使其除另有規定外，準用關於留置權之規定。

習　題

一、如何取得留置權？

二、甲向乙借用汽車，使用中發生故障，送請丙修理，但甲不給付修理費，丙對該汽車得否留置之？新、舊法之適用，有無不同結論？

三、甲向乙買受冷氣機一臺，雖已受領，但未付清價金，其後因冷氣機故障，甲將之卸交乙修護，乙修護後，甲給付修護費用請求乙交付冷氣機時，乙以甲價金一部未付而留置該冷氣機，是否有據？

〔提　示〕

一、留置權概由法律規定而生，無從依當事人之設定行為而取得。其取得之要件為：

　　㈠積極要件：⑴須債權已至清償期。⑵須其債權之發生與其占有之動產有牽連關係。

㈡消極要件：⑴須其動產非因侵權行為而占有。⑵須債權人占有之始非明知或因重大過失而不知該動產非為債務人所有。⑶須其留置不違反公序良俗。⑷須其留置不與債權人所承擔之義務或債務人所為之指示相牴觸。（詳如本文內之解說）

二、依舊法，丙對該汽車不得主張留置權。理由為：我民法第九二八條已明定留置權標的物之動產，以屬於債務人者為限，該汽車既為第三人乙所有，並非債務人甲所有，於法債權人丙即無從主張留置權。

本件雖有基於交易安全之維護及善意第三人之保護，而認丙仍可取得留置權者。惟此一見解，與法律之規定已有不合。況且，留置權均依法取得，無從依設定而取得，縱丙為善意，亦與以動產物權之移轉或設定為目的而善意受讓該動產占有之善意受讓之要件不合，亦即丙亦無從主張善意受讓而取得留置權。

上開所論，為依舊法規定。惟新法於九十六年九月二十八日施行後，為期更能保障社會交易安全及貫徹占有公信力，民法第九二八條將留置權標的物以屬於「債務人所有」者為限，修正為「他人」之動產。即依新法，該汽車雖屬第三人之乙所有，而非債務人甲所有，丙仍得留置之。

三、乙不得留置該冷氣機。理由為：甲基於買賣而取得該冷氣機所有權，其後乙因修護而占有甲之冷氣機，則與之有牽連關係之債權為修護費用，而非價金債權。易言之，乙之占有冷氣機，與其價金債權並無牽連關係，自不得基於價金債權而留置該冷氣機。（參照六二年臺上字一一八六號判例）

第十章　占　有

一、占有之意義

所謂占有，乃對於物有管領力之事實（民法第九四〇條）。茲析述如次：

㈠占有係以物為標的

占有之標的為物，此之所謂物，指動產及不動產而言。至動產及不動產以外之其他財產權，雖可成立準占有（民法第九六六條），但非此之占有。

㈡占有係對於物有事實上之管領力

所謂事實上之管領力，即現實之支配。惟所謂現實之支配，不以身體與物在事實上有接觸為必要，凡依一般社會觀念，認為某物現在某人之監督範圍內者，即得謂為現實之支配，故所著之衣履，所攜之財物，固為占有，即暫離庭園之家禽，坐落他方之不動產，仍無礙其為占有。且占有不以占有人親自現實之支配為必要，故受僱人或學徒等受占有人之指示對於物為現實之支配者，與占有人自身對於其物為現實之支配無異，仍得因而直接對於其物取得占有，例如僱用人對於受僱人所管理之汽車，主人對於學徒所操作之機器是，因此時受僱人或學徒僅為占有之輔助機關，並非占有人，此種占有輔助機關，為占有輔助人（民法第九四二條）。

㈢占有為事實

占有究為單純事實，抑為權利，立法例及學說均不一致。德國民法採事實說，故稱為占有，日本民法採權利說，故稱為占有權。我民法稱為占有，蓋從德國立法例。然占有若自個人與物之關係上觀之，固為一種事實，但我民法對於此種事實亦加以一定之保護，其為財產上之法益，與權利並無大異。

二、占有之種類

占有得依各種標準而為左列之分類：

㈠直接占有與間接占有

占有以占有人自身是否事實上占有其占有物為標準，得分為直接占有與間

接占有（民法第九四一條）。直接占有乃占有人自身事實上占有其物，直接對物有管領力之謂。間接占有即本於一定之法律關係，非自身事實上占有其物，僅對於事實上占有其物之人，有返還請求權，因而間接占有其物之謂。前者例如地上權人、農育權人、質權人、承租人、受寄人等是；後者例如土地所有人、農育土地所有人、出質人、出租人、寄託人等是。

㈡有權占有與無權占有

占有以占有人是否有本權為標準，得分為有權占有與無權占有。有權占有乃基於本權所為之占有，例如所有人之占有所有物，承租人之占有租賃物是。無權占有即非基於本權所為之占有，例如盜賊之占有贓物，拾得人之占有遺失物、租約消滅後仍占有租賃物是。在有權占有，因有本權，他人不得請求其交付占有物，在無權占有，則占有人即對於有本權之他人負返還之義務。

㈢自主占有與他主占有

占有以占有人是否有所有之意思為標準，得分為自主占有與他主占有。自主占有乃以所有之意思所為之占有。他主占有，即不以所有之意思所為之占有。前者，例如買受人之占有買賣標的物、受贈人之占有贈與物是。後者，例如典權人之占有典物、承租人之占有租賃物是。所謂以所有意思所為之占有，不必定為有所有權之占有，僅事實上有與所有人居於相當地位之意思而為占有即為已足，是以誤信他人之物為自己之物而占有，盜賊之於贓物，亦為自主占有。他主占有，係以為他人之意思所為之占有，亦為以於一定範圍內支配其物之意思所為之占有。

自主占有與他主占有區別之實益，在取得時效（民法第七七一條）、先占（民法第八○二條）均以自主占有為要件，在占有物毀損、滅失之賠償責任，其範圍不同（民法第九五六條）。

㈣善意占有與惡意占有

占有以占有人是否知其無占有之權利為標準，分為善意占有與惡意占有。善意占有乃占有人不知其無占有權利所為之占有。惡意占有即占有人知其無占有權利所為之占有。例如甲以乙所寄託之物賣與丙，丙若不知其非甲之物而買受之，為善意占有，丙若知其非甲之物而買受之，則屬於惡意占有。

善意占有與惡意占有區別之實益，在不動產之取得時效，因占有人係善意

抑惡意，而其時效期間不同（民七六九、七七〇條）；善意受讓，其占有人須為善意占有人（民法第九四八條）；在返還占有物時，占有人之為善意抑惡意與回復請求權人之權利義務不同（民法第九五二至九五八條）。

(五)過失占有與無過失占有

此為關於善意占有之分類。過失占有，乃占有人係因過失不知其無占有權利所為之占有。易言之，如占有人用相當之注意，即可知其無占有權利所為之占有。無過失占有為占有人雖盡相當之注意，亦無由知其無占有權利所為之占有。

過失占有與無過失占有區別之實益，在因時效而取得不動產所有權時其時效期間不同（民法第七七〇、七六九條）。

(六)和平占有與強暴占有

占有以其占有之方法為標準，得分為和平占有與強暴占有。和平占有乃非以強暴手段所為之占有。強暴占有即以強暴手段所維持之占有。

(七)公然占有與隱秘占有

占有以占有人是否隱蔽其占有為標準，得分為公然占有與隱秘占有。公然占有乃對於利害關係人不隱蔽其占有之謂。隱秘占有即恐被利害關係人發現而故意隱蔽其占有之謂。

(八)繼續占有與不繼續占有

占有以其是否繼續為標準，得分為繼續占有與不繼續占有。繼續占有乃其占有繼續不斷之謂。不繼續占有，即其占有曾經中斷之謂。

和平占有與強暴占有，公然占有與隱秘占有，繼續占有與不繼續占有，其區別之實益，在取得時效，須為和平、公然與繼續占有（民法第七六八至七七〇條）。

(九)單獨占有與共同占有

占有以占有人之人數為標準，得分為單獨占有與共同占有。單獨占有乃一人單獨占有一物。共同占有即數人協同占有一物。共同占有被人侵害時，各占有人與單獨占有同，得對於加害人行使占有物上請求權，但在內部關係，各占有人，就其占有物使用之範圍，不得互相請求占有之保護（民法第九六五條）。

三、占有之取得

占有之取得，有原始取得與繼受取得之分。

㈠原始取得

占有之原始取得，乃非基於他人之占有而獨立的取得占有之謂。例如占有無主物，拾得遺失物是。占有之原始取得，僅須占有人已對物有事實上之管領力，即為已足，不以占有人有占有之意思為必要。又占有既得依占有機關為之，則占有之原始取得，亦得依占有機關為之，故於占有輔助人就物有事實上之管領力時，其本人即為直接原始取得其物之占有。

㈡繼受取得

占有之繼受取得，為基於他人既存之占有而取得占有之謂。占有之繼受取得有二種情形，即占有之移轉與占有之繼承。茲分述於左：

1.占有之移轉

所謂占有之移轉乃占有人依法律行為，將其占有移轉於他人之謂。占有之移轉，有讓與人於移轉其占有於受讓人後，而自己完全脫離其占有之關係者，如因買賣所為之占有移轉是；有讓與人移轉其占有於受讓人，而自己不完全脫離其占有關係，即使受讓人取得直接占有，而自己保留其間接占有者，如出質人、出租人、寄託人等所為之占有移轉是。占有之移轉既依法律行為，故須具備下列要件：

⑴當事人移轉占有之意思表示　占有之移轉既為依法律行為，自須有移轉占有之意思表示。

⑵占有物之交付　占有物之移轉，因占有物之交付而生效力（民法第九四六條）。故移轉占有，除當事人之意思表示外，尚須交付其占有物。

又，移轉占有，讓與人固須將其占有物交付與受讓人，但交付不限於現實交付，亦得依左列之方法以代現實之交付：

⑴簡易交付　受讓人已占有占有物者，於當事人有讓與之合意時，即生占有移轉之效力（民法第九四六條第二項、七六一條一項但書）。

⑵占有改定　移轉占有，而讓與人仍繼續占有占有物者，讓與人與受讓人間得訂立契約，使受讓人因此取得間接占有，以代交付（民法第九四六條第二

項、七六一條二項）。

⑶**指示交付（返還請求權之讓與）**　移轉占有，如其占有物由第三人占有時，讓與人得以對於第三人之返還請求權讓與受讓人，以代交付（民法第九四六條第二項、七六一條二項）。

2.占有之繼承

占有為財產上之法益，再就我民法第九四七條規定觀之，亦認占有得以繼承。故被繼承人之占有因繼承之開始而當然移轉於繼承人（參照民法第一一四八條）。占有之繼承人或受讓人之取得占有，一方面固係繼受他人之占有，一方亦係自己取得其占有。故民法第九四七條規定：「占有之繼承人或受讓人，得就自己之占有，或將自己之占有與其前占有人之占有合併，而為主張。合併前占有人之占有而為主張者，並應承繼其瑕疵。」即繼承人或受讓人如將自己之占有與其前占有人之占有合併而為主張為有利，固不妨為占有之合併，如繼承人或受讓人僅就自己之占有而為主張為有利，亦得為占有之分離。

四、占有之變更

占有有各種之狀態，惟於其存續中，其狀態亦有發生變更者，即為占有之變更。例如本為隱秘占有，但如於占有中，占有人對於利害關係人不隱蔽其占有，即變為公然占有是。此本為事實問題，惟下列二事，關係重大，民法特予限制與擬制：

㈠他主占有變為自主占有之限制

他主占有本應於占有人變為以所有意思占有其占有物時，變為自主占有。惟意思之變更不易由外部得知，若僅憑他主占有人內部意思之變更，即變為自主占有，顯不足以保護使其占有之人之利益。故民法第九四五條第一項規定，有下列之限制：

⑴**占有依其所由發生之事實之性質無所有之意思者（他主占有），其占有人對於使其占有之人表示所有之意思時起，為以所有之意思而占有（自主占有）**　例如地上權人，如對其土地所有人，表示所有之意思，即自該時起，變為自主占有人是。

⑵**占有依其所由發生之事實之性質無所有之意思者，其占有人因新事**

實變為以所有之意思占有時起，為以所有之意思而占有 所謂新事實，例如買賣、互易是。他主占有人，因此等新事實變為以所有之意思占有時，即自該時起，變為自主占有人。

使其占有之人如非所有人，而占有人於為前項變更之表示時已知占有物之所有人者，其表示並應向該所有人為之（同條第二項）。又，前二項規定，於占有人以所有意思變為以其他意思而占有，或以其他意思變為以不同之其他而占有者，準用之（同條第三項）。

(二)善意占有變為惡意占有之擬制

善意占有人自確知其無占有之本權時起，為惡意占有人（民法第九五九條第一項）；但法律為保護占有回復請求人之利益，並設有擬制之規定。即善意占有人於本權之訴敗訴時，自訴狀送達之日起，視為惡意占有人（同條第二項）。例如甲誤認乙之動產為自己所有而占有之，後經乙提起所有物返還之訴而勝訴確定時，甲即自訴狀送達之日起視為惡意占有人是。

五、占有之效力

(一)占有事實之推定

民法第九四四條規定：「占有人，推定其為以所有之意思，善意、和平、公然及無過失占有者。 經證明前後兩時為占有者，推定前後兩時之間，繼續占有。」蓋在通常情形，占有人多係以所有之意思，善意、和平、公然及無過失而占有，前後兩時為占有者，其兩時之間，常為繼續占有。故為避免舉證之困難，為該推定之規定。是以占有人主張其占有係以所有之意思、善意、和平、公然、無過失及繼續而占有，不負舉證之責，而主張其占有係非以所有意思、惡意、強暴、隱秘、有過失或不繼續而占有者，須負舉證責任。

(二)占有權利之推定

依我民法第九四三條第一項規定：「占有人於占有物上，行使之權利，推定其適法有此權利。」蓋占有人於其占有物上所現實行使之權利，如所有權、地上權、質權、借用權等，固有並未依法而取得者，但在通常情形，占有人多已依法取得其權利，故法律為避免舉證之困難，推定占有人在其占有物上所行使之權利，係適法取得而有此權利。例如占有人於占有物上行使所有權時，即推

定其適法有所有權；占有人於占有物上行使租賃權時，即推定其適法有租賃權是。有爭執時，占有人不負舉證責任，由主張其無權利者，負舉證之責。

　　前項推定，於下列情形不適用之：(1)占有已登記之不動產而行使物權；(2)行使所有權以外之權利者，對使其占有之人（同條第二項）。

(三)善意受讓

　　民法第九四八條第一項本文規定：「以動產所有權，或其他物權之移轉或設定為目的，而善意受讓該動產之占有者，縱其讓與人無讓與之權利，其占有仍受法律之保護。」所謂其占有仍受法律之保護，即占有人於受讓占有時如屬善意，即單純基於占有之效力，仍取其動產上之所有權或其他物權，而不受原權利人之追奪，交易安全，獲得確保。是善意受讓，不僅為取得所有權之原因，且為取得其他物權之原因。例如甲以乙所寄託之動產擅賣於丙，丙如係善意受讓該動產之占有，縱甲無讓與之權利，丙仍取得該動產之所有權是；又，如甲以乙所寄託之動產擅為丙設定質權，丙如係善意受讓該動產之占有，縱甲無讓與之權利，丙仍就該動產取得質權是。但受讓人明知或因重大過失而不知讓與人無讓與之權利者，不在此限（同條項但書），即無善意受讓之適用。惟動產占有之受讓係依占有改定為之者，以受讓人受現實交付且交付時善意為限，始受前項規定之保護（同條第二項）。

　　占有人既因善意受讓而取得在動產上之所有權或其他物權，其前權利人當然喪失其權利，或其權利因之受有限制，除得向該讓與人請求損害賠償外，不得向占有人請求返還占有物。但此為原則，例外如其占有物係盜贓、遺失物或其他非基於原占有人之意思而喪失其占有時，則其被害人或遺失人自喪失占有之時起，二年以內仍得向善意受讓之現占有人請求回復其物（民法第九四九條第一項）。所謂盜贓，乃因強盜、搶奪或竊盜行為所取得之物，至侵占、詐欺所得之物，不包括在內。所謂遺失物，乃非基於自己意思與他人之侵奪而喪失其占有之物。所謂其他非基於原占有人意思而喪失其占有之物，例如被誤取之物是。占有物既係盜贓或遺失物等，權利人之喪失占有，並非基於其意思，故特加以保護。又，原占有人依上開規定回復其物者，自喪失其占有之時起，回復其原來之權利（同條第二項）。

　　如前所述，占有物如係盜贓或遺失物等，其被害人或遺失人於二年期間內，

固得無條件向占有人請求回復其物，惟就此例外，為維護交易安全，又有下列之例外，即：

(1)**盜贓、遺失物或其他非基於原占有人之意而喪失其占有係由一定場所買得時**　盜贓、遺失物等，如占有人由公開交易場所或由販賣與其物同種之物之商人以善意買得者，非償還其支出之價金，不得回復其物（民法第九五〇條）。

(2)**盜贓、遺失物或其他非基於原占有人之意思而喪失其占有之物係金錢或無記名證券時**　盜贓、遺失物等如係金錢或未記載權利人之有價證券，不得向善意占有人請求回復（民法第九五一條）。

上述第九四九條及第九五〇條規定，於原占有人為惡意占有者，不適用之（民法第九五一條之一）。

(四)占有物之使用收益

依民法第九五二條規定：「善意占有人，於推定其為適法所有之權利範圍內，得為占有物之使用及收益。」所謂依推定其為適法所有之權利，例如善意占有人依推定而有所有權、地上權、典權、租賃權是。善意占有人依其推定適法所有之權利，得以使用其占有物，並收取其天然孳息、法定孳息。縱返還其占有物於正當權利人，其所收取之孳息亦無須返還。

(五)占有之物上請求權

1.占有物上請求權之意義

所謂占有物上請求權乃占有人於占有被侵害時，得請求侵害人回復其圓滿狀態之權利。占有人於其占有被侵害時，除基於所有權或其他本權得行使請求權外，亦得單純基於占有而行使請求權。

2.占有物上請求權之種類

占有物上請求權依民法所規定，有左列三種：

(1)**占有物返還請求權**　占有人於其占有物被侵奪時，得請求返還之（民法第九六二條前段）。所謂占有物被侵奪，即因外力，並非由占有人之意思而喪失其物之管領之謂，例如因強盜、竊盜等行為而喪失占有是。故雖喪失占有物之管領，而係基於占有人之意思，例如因被詐欺、被脅迫或錯誤而喪失其物之管領者，固不得謂之為占有物被侵奪（參照二二年上字第三三〇號判例），即其

占有之喪失而非由於外力，例如因遺失而喪失其物之管領者，亦不得謂之為占有物被侵奪。又如承租人於租賃消滅後，不返還租賃物，亦非侵奪出租人之占有。至占有物之被侵奪，其物為動產抑不動產，在非所問，故不動產被他人不法設立圍障，亦為占有物被侵奪。

(2)**除去妨害請求權**　占有人於其占有被妨害時，得請求除去之（民法第九六二條中段）。所謂占有被妨害，乃占有因侵奪以外之原因而喪失其圓滿狀態之謂，即占有雖受有妨礙，但尚未完全喪失其占有之謂。例如擅於占有人之土地上堆放物品，或禁止占有人通行其土地是。除去妨害請求權之行使，在於排除妨害之繼續，如其妨害已成過去，占有人雖得對之行使損害賠償請求權，但已無從行使其除去妨害請求權。

(3)**預防妨害請求權**　占有人於其占有有被妨害之虞時，得請求預防之（民法第九六二條後段）。所謂占有有被妨害之虞，即占有物雖無現實之妨害，而將來有發生妨害可能之謂，例如因鄰人之工作物瀕於倒塌，而有危及占有人建物之可能是。是故占有於將來有發生妨害之虞時，占有人亦得請求預為防止。

數人共同占有一物時，各占有人得就占有物之全部行使第九六〇條之自力救濟權或第九六二條之物上請求權（民法第九六三條之一第一項）。依此取回或返還之占有物，仍為占有人全體占有（同條第二項）。

3.占有物上請求權之行使

占有物上請求權，為保護占有而設，故凡占有人，均得行使此種權利。至於占有輔助人，既為占有人之機關，自無此種請求權。占有物上請求權之相對人，在占有物返還請求權，為現在侵奪占有物之人，在除去妨害請求權，為現在使占有失其圓滿狀態之人；均不限於原加害人。在預防妨害請求權，其相對人為現在處於妨害狀態之人。

占有人行使占有物上請求權之方法，於訴訟上或訴訟外均得為之。其提起訴訟者，謂之占有之訴。占有之訴與本權之訴不同。在占有之訴，以占有被侵害為理由，而在本權之訴，則須以本權被侵害為理由。即在占有之訴，以保護對物之事實上管領為目的，而在本權之訴，則以確定基本權利之關係為目的。

占有如喪失其圓滿狀態時，占有人固得行使其占有物上請求權，以為救濟。若占有人久不行使其權利，而使法律關係，常居於不確定之狀態，亦非所宜。

故占有人之請求權,自被侵奪或妨害占有或危害發生後一年間不行使而消滅(民法第九六三條)。

㈥占有人之自力救濟權

占有如被侵害,占有人固得提起占有之訴,藉公力以為救濟,但提起訴訟,往往緩不濟急,故法律為期占有保護之周密,賦予占有人以自力救濟之權。其種類有二,即:

1.自力防禦權

民法第九六〇條第一項規定:「占有人對於侵奪或妨害其占有之行為,得以己力防禦之。」

2.自力取回權

民法第九六〇條第二項規定:「占有物被侵奪者,如係不動產,占有人得於侵奪後,即時排除加害人而取回之。如係動產,占有人得就地或追蹤向加害人取回之。」

自力防禦及取回權不但占有人自己得以行使之,占有輔助人因其對於物有管領力,亦得行使之(民法第九六一條)。惟該自力救濟權乃保持占有現狀之迫切需要,應僅直接占有人得行使該權利,間接占有人則無此權利。

㈦占有之回復

占有人之占有被侵奪,如其為有權占有人,則占有人除得以占有人之資格依民法第九六二條規定回復其占有物外,並得以本權人資格依第九四九條及第七六七條規定,以回復其物之占有。如為無權占有人,則占有人亦得依第九六二條之規定以回復其占有。是以占有人與回復請求人之間,遂生權利義務關係,茲說明如次:

1.占有物滅失或毀損之賠償義務

⑴善意占有人之賠償義務　善意占有人就占有物之滅失或毀損,如係因可歸責於己之事由所致者,對於回復請求人,僅以因滅失或毀損所受之利益為限,負賠償之責(民法第九五三條)。此所謂之善意占有人,僅指以所有意思而占有之善意占有人,即善意自主占有人。因善意自主占有人乃自信其對於占有物有所有權,而為占有物之使用處分,故占有物因可歸責於占有人之事由而滅失、毀損時,法律僅以因滅失或毀損所受之利益為限,使其負賠償責任。

⑵**惡意占有人之賠償責任**　惡意占有人因可歸責於自己之事由，致占有物滅失或毀損者，對於回復請求人，負損害賠償之責（民法第九五六條）。蓋惡意占有人既明知其就占有物無占有之權利，而應返還於正當權利人，若因可歸責於自己之事由而致占有物滅失或毀損，則不問其受利益與否，對於回復請求人均應負全部損害賠償之責。

又，無所有意思之占有人，即他主占有人，現雖有權占有占有物，但究係占有他人之物，故如因可歸責於自己之事由，致占有物滅失或毀損時，對於回復請求人，應負損害賠償之責任（同條）。

復次，民法第九五八條前段規定：「惡意占有人，負返還孳息之義務。」蓋惡意占有人既明知其無占有之權利，自亦知其無收取孳息之權利，故於占有物返還於正當權利人時，並負返還其孳息之義務。其孳息如已消費，或因其過失而毀損，或怠於收取者，負償還其孳息價金之義務（同條後段）。

2.占有人之費用償還請求權

占有人返還其占有物時，回復請求人應償還其為占有物所支出之費用，惟其費用有必要費用與有益費用之分，而占有人有善意與惡意之別，故其償還之範圍及方法，即有不同。

⑴**必要費用**　所謂必要費用乃保存占有物所不可缺之費用，例如修繕費、飼養費、租稅等是。民法第九五四條規定：「善意占有人，因保存占有物所支出之必要費用，得向回復請求人請求償還。但已就占有物取得孳息者，不得請求償還必要費用。」蓋在通常情形，必要費用多係由孳息所支出之故。又依民法第九五七條規定：「惡意占有人，因保存占有物所支出之必要費用，對於回復請求人，得依關於無因管理之規定，請求償還。」即僅於回復請求人所得利益之限度內，得請求回復請求人償還之（參照民法第一七六、一七七條）。

⑵**有益費用**　所謂有益費用乃為改良占有物所支出之費用，例如房屋之裝飾費是。民法第九五五條規定：「善意占有人，因改良占有物所支出之有益費用，於其占有物現存之增加價值限度內，得向回復請求人，請求償還。」至於惡意占有人，則無此請求權。

六、占有之消滅

占有因左列原因而消滅：

㈠占有物之滅失

占有係存於占有物之上，占有物全部滅失時，占有自歸於消滅。但占有物一部滅失時，僅占有縮小其範圍，占有並不歸於消滅。

㈡事實上管領力之喪失

占有以有事實上之管領力為要件，若占有人喪失其事實上之管領力，則占有自歸於消滅（民法第九六四條），至其管領力之喪失，係由於自然力，占有人之行為，抑係由於他人之侵奪，均非所問。但其管領力之喪失，必係確定的喪失始可，若僅係一時不能實行管領，則非管領力之喪失，從而其占有並不歸於消滅（同條但書），例如占有物為他人所侵奪，因行使占有物請求權之結果，又回復其占有時，其管領力視為自始未喪失是（參照民法第七七一條但書）。

七、準占有

㈠準占有之意義

對於事實上行使不因物之占有而成立之財產權者，受占有同等之保護，謂之準占有。按權利並非物，本不得為占有之標的，然權利之現實行使與物之事實上支配，其情形相同。對於物之事實上支配，為維持社會秩序既予以保護，基於同等理由，對於權利之現實行使，亦有予以保護之必要。民法予以規定，而使之準用關於占有之規定（民法第九六六條）。其占有人，稱為準占有人。

㈡準占有之要件

準占有之標的，固須為權利，然非謂一切權利均得為準占有之標的，其得為準占有標的之權利，須具備左列要件：

1.須為財產權

得為準占有之標的者，以財產權為限，故非財產權即不得為準占有之標的。

2.須為不必占有物而得行使之權利

得為準占有之標的者，固須為財產權，又須其為不必占有物而得行使之財產權。若行使權利而須占有物者，如所有權、地上權、永佃權、典權、質權、

留置權、租賃權等，其權利人於行使權利時，已同時占有物，此係真正之占有，而非準占有。所謂不必占有物而得行使之權利，例如債權、著作財產權、商標權、專利權等是。

3.須性質上得以繼續行使之權利

占有之成立，不以現實支配之繼續為必要，而準占有則非反復行使權利不能成立。故性質上不能繼續行使之權利，例如撤銷權、解除權、回贖權等，亦不能就之成立準占有。

㈢準占有之效力

準占有準用關於占有之規定，故關於占有之規定性質上得以適用者，如關於占有之推定、權利之推定、費用償還請求權等規定，均在準用之列。

習　題

一、直接占有與間接占有如何區別？

二、民法對占有之變更有何限制與擬制？

三、動產物權之善意受讓人於何種情形，仍應將其占有物返還於原所有人？

四、甲以所有意思，惡意占有乙未登記之土地，和平、繼續十八年後死亡，該占有由其繼承人丙善意並無過失占有，經過二年，丙得否主張時效取得該土地所有權？上例，如甲之占有為五年，而丙之占有已十年時，丙得否主張時效取得該土地所有權？

五、甲竊取乙所有之隨身聽一臺後，在商場之攤位上擺售，不知情之丙以二千元向甲買受而取得，乙隨後發覺丙占有其失竊之隨身聽，得否請求丙交還？

〔提　示〕

一、直接占有乃直接的對於物有事實上之管領力，而間接占有則為不直接的對物占有，而本於一定之法律關係，得請求直接占有人返還占有物，因而間接的對物有管領力。前者如承租人，後者如出租人。（詳如本文內之解說）

占有之保護，有時僅限於直接占有人，例如民法第九六〇條之占有人自力救濟權，間接占有人不在其內是。

二、㈠他主占有變為自主占有之限制（民法第九四五條）：⑴占有依其所由發生之事實之性質無所有之意思者，其占有人對於使其占有之人表示所有之意思時起，

為以所有之意思而占有。⑵占有依其所由發生之事實之性質無所有之意思者，
其占有人因新事實變為以所有之意思占有時起，為以所有之意思而占有。

㈡善意占有變為惡意占有之擬制（民法第九五九條第二項）：善意占有人於本權
之訴訟敗訴時，自其訴狀送達之日起，視為惡意占有人。（詳如本文內之解
說）

三、善意受讓人之占有物如係盜贓、遺失物或其他非基於原占有人之意思而喪失其
占有時，則原占有人自喪失占有之時起，二年以內仍得向占有人請求回復其物
（民法第九四九條）。惟前述情形又有二項例外：⑴上開盜贓或遺失物等係善意
受讓人由一定場所買得時，原占有人非償還其支出之價金，不得向善意受讓人
請求回復其物。⑵盜贓或遺失物係金錢或未記載權利之有價證券時，原所有人
不得向善意占有人請求回復。（詳如本文內之解說）

四、丙如就占有分別為合併與分離之主張時，得主張時效取得該土地所有權。分述
如次：

㈠按占有得為繼承之標的。丙就該土地繼承甲之占有，依民法第九四七條得合
併自己與甲之占有。則如其就甲之占有為合併之主張時，依民法第七六九條，
則其就該土地為以所有意思，和平繼續占有二十年，得請求登記為所有人。

㈡丙就該土地之占有，為以所有意思，和平繼續占有十年，其占有之始為善意
並無過失，依民法第七七〇條，已得請求登記為所有人。雖其繼承甲之占有，
但其僅就自己之占有為主張為有利時，亦得與甲之占有為分離。

五、乙須償還丙二千元，始得向丙請求返還其物。理由：⑴甲將乙之動產出賣而交
付於丙，固為無權處分行為，因丙為善意，原可依動產善意受讓而取得其所有
權。但因該物為盜贓，為保護原所有權人乙，乙仍得於二年之除斥期間內向善
意取得人之丙請求返還（民法第九四九條）。⑵惟丙為自公開交易場所買得，於
此等場合，無考慮其來源之必要，為保護交易安全，於法（民法第九五〇條），
乙須償還丙所支出之價金，始得回復其物。⑶乙（亦為所有人）償還丙支出之
價金時，即得依上述之回復請求權或所有物返還請求權（民法第七六七條）請
求丙返還其物。

第四編 親 屬

第一章 總 說

親屬法為規定身分關係及因身分關係而發生之權利義務之法律。人類之私生活，可大體分為二面：其一為經濟生活，以財產之生產流通為目的；其二為保族生活，以種族之發生存續為目的。民法以吾人之私生活為其對象，其規定經濟生活關係者，謂之財產法；而其規定保族生活關係者，謂之身分法。人類之身分關係有四種基本型式，即婚姻、親子、家屬、親屬四者。規定此四種身分關係之發生、消滅以及因身分關係而發生之權利義務等事項之法律，即所謂親屬法。

身分法除親屬法外，尚有所謂繼承法。繼承，係於一定之身分關係者之間，因一方之死亡，由他方承繼其法律上之權利義務，其與親屬法關係密切，固不待言，但因繼承法與財產法之關係，亦甚緊密，遂失去純粹身分法之色彩。是故民法於親屬編外，另有繼承一編。

親屬法又有形式的親屬法與實質的親屬法之別，前者僅指民法第四編而言；後者，則除民法第四編外，其他一切有關親屬法之法源均屬之，例如家事事件法、戶籍法、涉外民事法律適用法、國籍法、軍人婚姻條例等是。於此所論敘者，以民法第四編為範圍。

親屬法之特質有下列幾點：

一、習俗性

親屬法為各國所固有，夫妻、親子等之自然關係，均受其國家環境、風俗、人情之影響，各有其傳統，故親屬間之法律關係，多隨習俗而移轉。

二、倫理性

親屬法之倫理色彩濃厚，親屬上之權利常與義務密切結合，例如父母之義

務，夫妻之義務，子女之義務是。

三、團體性

親屬法之規定，多非關於個人間之關係，或為數人之結合（如夫妻、親子），或更及於家屬、親屬團體，因此常考慮全體之利害禍福。

四、要式性

親屬法為期合乎當事人身分行為意思之確實，並使身分之變動得為一般人所共悉，以杜紛爭，原則上以親屬法上之法律行為為要式行為，例如結婚、兩願離婚、收養、終止收養等均為法定要式行為是。

五、強行性

親屬關係，為國家組織之重要基礎，其發生、消滅以及其權利義務之內容，若一任當事人間之自由決定，對公序良俗，影響甚大，故親屬法之規定大部分為強行法，不得適用私法自治之原則。

親屬法之內容，除規定前述之親屬身分關係，屬純粹親屬法外，基於該身分關係所生之財產上權利義務關係，亦予以規定。例如婚姻關係所生之夫妻財產制、親子關係所生之財產上權利義務等，其雖間接以身分關係為其前提，但實為財產法上之規範，此部分為親屬財產法。

應予特別說明者，乃親屬身分行為之能力問題。按民法總則編就自然人之行為能力，原則上以年齡為一般之抽象標準，區分為三種，即無行為能力人、限制行為能力人與有行為能力人，其適用於財產法上之法律行為，固無疑義。惟關於親屬、繼承之身分行為，民法於親屬、繼承編有另行規定其能力者，於此情形即不適用民法總則所規定之行為能力。例如：

⑴已結婚之未成年人對財產法上行為，固有行為能力　但其為兩願離婚者，依民法第一〇四九條之規定，應得法定代理人之同意。

⑵限制行為能力人為財產法上行為，應得法定代理人之允許（民法第七七條）　但已滿十六歲之限制行為能力人之為遺囑，依民法第一一八六條之規定，無須經法定代理人之允許。

　　按身分行為可再分為純粹身分行為與身分財產行為。前者乃以純粹親屬身分即「父母子女」、「夫妻」、「家長、家屬」身分之得喪為目的之行為；後者乃基於親屬身分關係所生之財產上權利義務之行為。純粹身分行為，例如結婚、收養等，其行為人之結合，為出於自然的愛情，無利害之計算，其意思為當事人全人格結合之本質的社會結合的意思，與財產法上行為之意思，乃當事人為達經濟目的之目的的社會結合的意思者，基本上有所不同。因此行為人之為純粹親屬身分行為時，如具有意思能力，得以認識其行為之意義，即為有效之純粹身分行為。民法總則基於行為人計算能力之考慮及為保護財產上交易安全所為行為能力之規定，於純粹身分行為，自無從適用。前司法行政部六十四年四月十二日（六四）函民字第〇三二八二號函謂：「查無行為能力制度，係以防止無行為能力人之財產散失為目的，僅對財產上之行為有其適用。至於身分上之行為，禁治產人（按：新法為受監護宣告之人）於回復常態有意思能力時，仍得為之。禁治產人是否回復常態並具有意思能力，屬事實問題，與法院已否撤銷其禁治產宣告無關。」可供參考。

　　至於身分財產行為，既非純粹之身分行為，亦非純粹之財產法上行為，而兼有兩種行為之性質，但財產法上行為之性質既較為濃厚，則民法總則關於行為能力之規定，自可適用。例如繼承之拋棄為身分財產行為，從而無行為能力人或限制行為能力人為繼承人，而為繼承之拋棄時，在無行為能力人應由其法定代理人代為之（民法第七六條），在限制行為能力人則應得其法定代理人之允許（民法第七七條）是（惟因拋棄繼承為法定要式行為，依民法第一一七四條第二項尚須向法院為之，程序上屬家事非訟事件，未成年人如未結婚並無非訟能力，此觀之非訟事件法第一一條明定民事訴訟法有關訴訟能力之規定於非訟事件關係人準用之，而依家事事件法第九七條準用非訟事件法之規定可明，是故其為繼承之拋棄時，於家事非訟程序上應另由其法定代理人代其為之，宜併注意。）至於受輔助宣告之人為拋棄繼承應經輔助人同意（民法第一五條之二第一項第六款）。又，夫妻財產制契約為身分財產契約，故該契約之訂立、變更或廢止，亦應適用民法總則關於行為能力之規定（民法第一〇〇六條已於九十一年六月刪除）。即：夫妻為限制行為能力人者，如於結婚前訂立夫妻財產制契約，應得法定代理人之允許（民法第七七條），其於結婚後，已有行為能力者

（民一三條三項），得自行訂立該契約。受監護宣告之人於回復常態時，固得為有效之結婚，有如前述，但如受監護宣告尚未撤銷，其訂立夫妻財產制契約，仍應由其法定代理人即監護人代理為之（民法第七六條、一一一三條準用第一○九八條第一項）。

第二章　通　則

一、親屬之種類

㈠配　偶

　　夫妻彼此間互為配偶。配偶是否屬親屬？按民法第四編親屬第一章通則第九六七至九七一條均無明文，配偶亦無親系親等，因此有認其非親屬者。惟夫妻乃人倫之始，若謂彼此無親屬關係，未免不當，且民法將配偶規定於親屬編，其因配偶身分，而互有一定之權利義務關係，自應認其屬於親屬。

㈡血　親

　　血親乃有血統連絡之親屬，有下列兩類：

1.自然血親

　　自然血親乃出於同一祖先，而有血統連絡之血親。例如父母、子女、兄弟、姊妹，乃至半血緣之兄弟姊妹（同父異母，或同母異父）等均是。

2.法定血親（擬制血親）

　　法定血親乃並無自然血統連絡，而法律上予以擬制之血親。例如養父母之於養子女，養子女互相之間等均是。

㈢姻　親

　　姻親乃因婚姻關係而發生之親屬。民法第九六九條規定為下列三類：

1.血親之配偶

　　如兄弟之妻、姊妹之夫、兒媳、女婿是。

2.配偶之血親

　　如配偶之父母、妻之兄弟姊妹、繼母與夫前妻之子均是。

3.配偶之血親之配偶

　　如妯娌、連襟是。

　　至於血親之配偶之血親，民法上不承認其為姻親，以免無止境之姻親。例如甲之子與乙之女結婚，甲與乙在習俗上稱為親家，但在民法上則非姻親。

二、親 系

親屬關係，除配偶外，皆有世系之連絡，是為親系，茲分血親之親系與姻親之親系述之：

㈠血親之親系

血親親系可分為二：

1.直系血親

乃己身所從出（尊親屬），例如父母、祖父母是；或從己身所出（卑親屬），例如子女、孫子女是（民法第九六七條第一項）。

2.旁系血親

乃非直系血親，而與己身出於同源之血親（同條二項），例如叔伯、姑舅、兄弟、姊妹是。

㈡姻親之親系

姻親之親系，依民法第九七〇條規定如下：

1.血親之配偶，從其配偶之親系

例如己身與兄弟為血親，與兄弟之妻（血親之配偶）為姻親，己身與兄弟為旁系血親，則與兄弟之妻，即為旁系姻親。又如己身與子女為直系血親，與子之妻，或女之夫即為直系姻親是。

2.配偶之血親，從其與配偶之親系

例如妻與其兄弟姊妹為旁系血親，己身與妻之兄弟姊妹即為旁系姻親是。

3.配偶之血親之配偶，從其與配偶之親系

例如夫之兄弟之妻，係夫之旁系姻親，亦即為妻之旁系姻親；夫之繼母，為夫之直系姻親，亦即為妻之直系姻親是。

三、親 等

表示親屬關係之遠近者，謂之親等。親等之計算法，本有羅馬法與教會法兩種，我民法採羅馬法之計算法，分述如下：

1.血親親等之計算

血親親等之計算：

⑴直系血親，從己身上下數，以一世為一親等（民法第九六八條前段）例如父與子為一親等，祖與孫為二親等是。

⑵旁系血親，從己身數至同源之直系血親，再由同源之直系血親下數至與之計算親等之血親，以其總世數為親等之數（同條後段）　例如兄與弟計算親等時，則自兄（己身）數至其父（同源之直系血親）為一親等，再由其父數至其弟（與之計算親等之血親）為一親等，兩者之和為二親等，則兄與弟即為二親等之旁系血親是。

2.姻親親等之計算

姻親親等之計算，依民法第九七〇條之規定如下：

⑴血親之配偶，從其配偶之親等　例如子為一親等血親，則媳即為一親等姻親是。

⑵配偶之血親，從其與配偶之親等　例如夫之父母為夫之一親等血親，即為妻之一親等姻親是。

⑶配偶之血親之配偶，從其與配偶之親等　例如夫之兄弟之妻，為夫之二親等姻親，亦即妻之二親等姻親。

四、親屬關係之發生與消滅

㈠配　偶

配偶因結婚而發生，因死亡（包括死亡宣告）、結婚撤銷或離婚而消滅。

㈡血　親

自然血親因出生、認領、準正（其意義另如後述）而發生，因死亡（包括死亡宣告）、或婚生子女之否認而消滅。法定血親，因收養而發生，因死亡、終止收養、撤銷收養而消滅。

㈢姻　親

姻親關係因結婚而發生，因離婚而消滅；結婚經撤銷者，姻親關係亦消滅（民法第九七一條）。

習　題

一、甲男與乙女未婚同居，其後乙女因此生一男丙。甲、乙、丙之間是否為親屬？

二、甲男、乙女結婚而為夫妻，於離婚後，乙與甲之父母是否仍為親屬？如甲、乙之配偶關係因甲之死亡而消滅時，乙與甲之父母是否仍為親屬？

三、試說明與以下各種親屬之親系及親等：㈠妻之兄弟姊妹。㈡伯父。㈢舅父。㈣伯父之子女。㈤表妹之子女。㈥繼母。㈦岳母。㈧養父。

〔提　示〕

一、⑴甲與乙既未結婚，即無配偶關係，自非親屬。⑵丙為甲之非婚生子女，如未經認領或準正，甲與丙並無法律上之親子關係，於法即非親屬。⑶丙雖為乙之非婚生子女，但依法（民法第一〇六五條第二項）視為乙之婚生子女而無須認領，因此乙與丙為法律上之母子關係，亦即丙為乙之一親等直系血親卑親屬，乙為丙之一親等直系血親尊親屬。

二、⑴乙與甲之父母原有姻親關係，惟依法姻親關係因離婚而消滅，乙既與甲離婚，其與甲之父母之姻親關係即因此消滅，已非親屬。⑵乙與甲之父母仍為親屬。按死亡固為親屬關係消滅之原因，但所消滅者僅為死亡者與其親屬間之關係，至因死亡者而連絡之親屬關係，並不消滅，從而甲雖死亡，乙與甲之父母仍保持姻親關係。況且我民法第九七一條於修正前曾將「夫死妻再婚或妻死贅夫再婚」列為姻親關係消滅之原因，但嗣已將之刪除，是即令為夫死妻再婚，妻仍與前夫親屬維持原有姻親關係，本題乙與甲之父母繼續為姻親，尤為明瞭。

三、㈠與妻之兄弟姊妹為二親等之旁系姻親。㈡與伯父為三親等之旁系血親。㈢與舅父為三親等之旁系血親。㈣與伯父之子女為四親等之旁系血親（即四親等之堂兄弟姊妹）。㈤與表妹之子女為五親等之旁系血親。㈥與繼母為一親等之直系姻親。㈦與岳母為一親等之直系姻親。㈧與養父為一親等之（擬制）直系血親。

第三章 婚 姻

第一節 婚 約

一、概 說

　　婚約乃男女以將來結婚為目的之預約。婚約之制，在中國舊習慣上，即已有之。婚禮以「周禮」之六禮為最古。六禮為：納采、問名、納吉、納徵、請期、親迎；前四禮為訂婚，後二禮為成婚之儀注。依舊律，訂婚方式之中心要素，乃婚書之寫立或私約，及聘財之授受，尤其以聘財之授受為最重要之要件；一經訂婚，當事人互負成婚義務，不得改悔，亦不得再與他人訂婚或成婚。民法親屬編固設有婚約之規定（共計十條），但並非以婚約為結婚必經之程序（即不訂婚而逕行結婚為法所許可），且不以之為要式行為，又明定不得請求強迫履行，與固有法制顯有不同。

二、婚約之要件

　　關於婚約之要件，民法明定有三：

㈠婚約應由男女當事人自行訂定（民法第九七二條）

　　即婚約須由當事人本人自行為之，故父母為子女所代訂之婚約為無效（二二年上字二五三七號、二九年上字六一八號、三二年上字一三〇號判例），但如當事人雙方均承認代訂之婚約時，自可認為其親訂婚約（三三年上字一七二三號、三七年上字八二一九號判例）。

㈡男未滿十七歲，女未滿十五歲者，不得訂定婚約（民法第九七三條）

　　當事人之訂婚，如未達法定最低年齡者，判解以之為婚約無效（三二年上字一〇九八號判例、三四年院字二八一二號解釋）；但宜認為應類推適用民法第九八九條違反婚姻適齡而可得撤銷婚姻之規定，即未達法定最低年齡之婚約，

當事人或其法定代理人得撤銷之,但當事人已達法定婚約年齡者,則不得請求撤銷。

㈢未成年人訂定婚約,應得法定代理人之同意(民法第九七四條)

所謂「應得同意」,僅認法定代理人於未成年人訂定婚約時,有同意權,非認其有代訂婚約之權(二九年上字一一九三號判例)。又未成年人雖已達前述之法定訂婚年齡,但其訂婚仍應取得法定代理人之同意。未得法定代理人同意之婚約,其效力若何,民法亦無明文,二三年上字第三一八七號判例認為須得法定代理人同意,該婚約始生效力,即未得同意前,尚未生效;但宜認為應類推適用民法第九九〇條未得法定代理人同意而結婚者,法定代理人得請求撤銷之規定,而解為法定代理人得撤銷未經其同意之婚約,如事後承認該婚約者,其撤銷權即歸消滅。

婚約成立之要件,除上述法所明定者外,尚應類推適用關於結婚要件之規定,蓋婚約為結婚之預約,結婚既受限制,訂婚亦應受其限制。從而婚約尚須具備下列要件:

㈠須非禁婚親

類推適用民法第九八三條近親不得結婚之規定,禁婚親間之婚約,應屬無效。

㈡須無配偶,亦非一人同時與二人以上訂立婚約

類推適用民法第九八五條有配偶者不得重婚及一人不得同時與二人以上結婚之規定,此項婚約應為無效。

㈢須非不能人道

類推適用民法第九九五條之規定,婚約當事人之一方,於訂定婚約時不能人道而不能治者,他方得撤銷婚約。

㈣須非被詐欺或被脅迫

類推適用民法第九九七條之規定,因被詐欺或被脅迫而訂定婚約者,得撤銷其婚約。

此外,須雙方當事人之訂婚意思合致,此雖無明文,乃當然之解釋。故如當事人之訂婚意思欠缺,其婚約即屬無效。

三、婚約之效果

(一)不發生身分關係

男女當事人雖已訂定婚約，其既非配偶關係，自不負同居義務（二三年上字九三七號判例），其於雙方親屬間，亦不發生姻親關係（院字九五九號解釋）。婚約當事人之一方再與他人訂定婚約者，他方固得解除婚約（民法第九七六條第一項一款），但不能對於他人間之婚約請求撤銷（院字一二七一號解釋）；且於訂立婚約後，一方又另與他人結婚者，他方亦不得指他人間之結婚為重婚（院字一二一三號、二一○三號解釋、二九年上字一五三九號判例）。婚約當事人縱為同居，但既未履行法定之婚姻方式，於法仍不發生婚姻之效力。

(二)不得請求強迫履行婚約

婚約當事人雖互負結婚義務，但此義務，民法第九七五條明定，不得請求強迫履行，與一般債權契約有所不同，亦即婚約當事人之一方不得對他方提起履行婚約之訴（院字一一三五號解釋）。

(三)違反婚約之損害賠償

婚約當事人是否履行結婚義務，固完全委諸當事人之自由意思，但既已成立婚約，如無正當之理由，即未具備民法第九七六條第一項之法定解除婚約事由而不履行婚約者，即屬違反婚約，對於他方因此所受之損害，應負賠償之責。民法第九七八條及第九七九條即明定違反婚約之損害賠償；即當事人一方違反婚約者，對於他方因此所受之財產上損害應負賠償之責；受害人無過失者，亦得請求賠償非財產上之損害，此項非財產上之損害賠償請求權，為專屬於受害人之權利，不得讓與或繼承，但如已依契約承諾或已起訴者，不在此限。因違反婚約所生之上開損害賠償請求權，因二年間不行使而消滅（民法第九七九條之二）。

四、法定之婚約解除

婚約當事人雙方合意解除婚約，固不問任何原因，均得為之。但如一方不願解除時，則須有下列法定之婚約解除原因，他方始得解除婚約。

民法第九七六條第一項所定之婚約解除原因共有七款，即一方有下列情形

之一者，他方得解除婚約：

(1)婚約訂定後，再與他人訂立婚約或結婚。

(2)故違結婚期約。

(3)生死不明已滿一年。

(4)有重大不治之病。

(5)婚約訂定後與人合意性交。

(6)婚約訂定後受徒刑之宣告。

(7)有其他重大事由。

　　上開七款原因中，第一款至第六款為例示規定，第七款則為概括規定。

　　婚約解除之原因，原規定有九款，經於一〇八年四月二十四日修正公布，將「有花柳病或其他惡疾」及「婚約訂定後成為殘廢」二款，予以刪除，求定義之明確，並刪除「殘廢」之歧視性文字。惟仍有概括規定，此一修正，實益不大。

　　解除婚約之方法，法律並未規定須向法院請求，即無庸以訴為之，而與一般解除契約之原則相同（民法第二五八條第一項），應由婚約當事人之一方向他方以意思表示為之；惟如事實上不能向他方為解除之意思表示時，例如他方生死不明、或心神喪失而尚未有法定代理人等情事，則無須為意思表示，自得為解除時起，不受婚約之拘束（民法第九七六條第二項）。

　　民法第九七七條規定婚約解除之損害賠償。即依法定事由而解除婚約時，無過失之一方得向有過失之他方，請求賠償其因此所受之財產上損害（同條一項）；又，雖非財產上之損害，受害人亦得請求賠償相當之金額，該項非財產上之損害賠償請求權，不得讓與或繼承，但已依契約承諾或已起訴者，不在此限（同條二、三項）。因婚約解除所生之上開損害賠償請求權，因二年間不行使而消滅（民法第九七九條之二）。

五、贈與物之返還

　　婚約之成立固與聘禮之授受無關，惟於現實生活中，婚約當事人常因婚約而互相贈與他方財物，則因婚約而授受聘禮者，若婚約無效、解除或撤銷時，應許當事人之一方向他方請求返還贈與物，民法第九七九條之一對此予以明定。

當事人之上開贈與物返還請求權，因二年間不行使而消滅（民法第九七九條之二）。至當事人之一方違反婚約時，贈與物之返還問題，民法並無明文，似應解為類推適用上開規定而解決之，因違反婚約亦屬結婚不成立，贈與聘禮以期待他日結婚成立之目的，並未達成之故。

第二節　結　婚

結婚乃終身大事，並為親屬關係之起點，社會生活之基礎，其成立生效後於身分上及財產上即發生重大之法律效果。為此，民法就結婚之成立生效要求其須具備實質要件及形式要件，此等要件若有欠缺，則結婚或為無效或為可得撤銷。從而就結婚分為結婚之要件、結婚無效與撤銷、結婚之效力等，予以說明。

第一項　結婚之實質要件

一、須雙方當事人之結婚意思合致

結婚以雙方當事人結婚意思之合致為其根本要件，自須有意思能力之當事人具有合致之結婚意思，始為有效之婚姻。民法對此雖無明文，但結婚既應由當事人自主，當事人應具備此要件，殊無疑義。

惟所謂結婚意思有實質的意思（即形成夫妻關係之真實意思）與形式的意思（即履行結婚方式之意思）之分。其差異乃在通謀虛偽之結婚（即假裝結婚），採實質的意思說，其為無效，但採形式的意思說，則為有效。按自親屬身分關係之本質言，應尊重當事人內心之意思，必然的須採取意思主義，與財產法上之行為，為保護交易安全，有時不得不採表示主義者，有所不同，因此所謂結婚意思，乃當事人相互履行結婚之義務而為夫妻共同生活之實質的意思，即應以實質的意思說為妥當。通說及實務均採取結婚實質意思說。

二、須非在無意識或精神錯亂中結婚

當事人之一方於結婚時，如在無意識或精神錯亂中者，因其無結婚意思能

力，不能為合理之判斷，民法第九九六條以之為結婚撤銷原因。但非以其為結婚無效事由，蓋為顧慮結婚如為無效牽涉甚廣，並尊重該當事人之決定。惟如經常在無意識或精神錯亂中者，毫無結婚意思，仍應認其為結婚無效，即結婚時在無意識或精神錯亂中者，如為一時性者，始認其為本條之結婚撤銷原因。

三、須非被詐欺或被脅迫

因被詐欺或被脅迫而結婚者，其婚姻意思受不法之干涉而有瑕疵，依民法第九九七條之規定，其結婚為可得撤銷。至當事人如受不可抗力之強制，完全喪失自由意思而結婚者，其結婚應為無效，此與上開所謂被脅迫所受之恐怖尚未達失去自由而不能抗拒者，應予區別。

四、須達法定結婚年齡

民法第九八○條明定男未滿十八歲、女未滿十六歲，不得結婚。民法關於結婚年齡之規定，乃在防止早婚，以維護國家、民族之衛生健康，而與結婚意思能力無涉，不得因當事人已屆法定結婚年齡，即認其具有婚姻意思能力。

五、未成年人結婚應得法定代理人之同意

民法第九八一條明定未成年人之結婚，應得法定代理人之同意。按結婚為終身大事，而未成年人之思慮不足，應使法定代理人參加意見，以期未成年人結婚之圓滿，並非以父權之束縛加諸子女，與婚姻依兩性合意成立之原則，並無違反。法定代理人如無正當理由，對於未成年人之結婚，不予同意時，於法無從強制其為同意，即仍非得其同意不可（院解字三三九九號解釋）。

六、須非禁婚親間之結婚

依民法第九八三條第一項之規定，與下列親屬不得結婚：

(1)直系血親及直系姻親。

(2)旁系血親在六等親以內者　但因收養而成立之四親等及六親等旁系血親，輩分相同者，不在此限。

(3)旁系姻親在五親等以內，且輩分不相同者。

前開直系姻親結婚之限制，於姻親關係消滅後，亦適用之（民法第九八三條第二項）。即於姻親關係消滅後，僅直系姻親仍適用姻親結婚之限制，旁系姻親即不再禁止其結婚。

又依同條第三項之規定，因收養而發生之直系血親及直系姻親，於其收養關係存續中，固不得結婚，即令其收養關係終止，亦禁止其結婚。但由該項規定可知，因收養所發生之旁系血親或旁系姻親，於收養關係終止後，則已不禁止其結婚。

禁止近親結婚之理由，在重倫理，並求優生。

七、須無監護關係

民法第九八四條規定：「監護人與受監護人，於監護關係存續中，不得結婚。但經受監護人父母之同意者，不在此限。」其旨趣在保護受監護人，以免其結婚自由意志受監護人之所影響。此之所謂監護，不問其為未成年人之監護（民法第一〇九一條以下），或為成年人之監護（民法第一一一〇條以下）。

八、須非重婚，亦非一人同時與二人以上結婚

民法第九八五條規定：「有配偶者，不得重婚。一人不得同時與二人以上結婚。」其旨趣在維持一夫一妻制。刑法第二三七條亦明定：「有配偶而重為婚姻或同時與二人以上結婚者，處五年以下有期徒刑。其相婚者，亦同。」

所謂重婚，須已具有合法之婚姻關係而再行結婚，始足當之。故如前婚無效，後婚即非重婚；又夫妻一方於離婚後與他人結婚，如其離婚為無效或經撤銷者，亦發生重婚問題。一人同時與二人以上結婚者，與前述之重婚，雖均屬違反一夫一妻制，但在態樣上有所不同。詳言之，有配偶而重婚者，因已存有一合法之前婚，自應保障前婚，而以後婚為違法；至一人同時與二人以上結婚者，既無前婚、後婚之情形，即無前配偶、後配偶之分，於法自不能使其結婚為有效。

九、須非不能人道

民法第九九五條規定：「當事人之一方，於結婚時不能人道而不能治者，他

方得向法院請求撤銷之。」結婚為夫妻全生活之結合，當事人於結婚時不能人道而不能治者，即難以期待共同生活之圓滿。惟此之所謂不能，係指結婚時即存在之永久的不能，且無法治癒者而言。至婚後始變為不能人道，或一時之不能人道，均非婚姻撤銷原因。

第二項　結婚之形式要件

結婚為法定要式行為，惟舊法採取儀式婚主義，新法則改採法律婚主義，前者登記非方式，後者登記為方式之一。九十七年五月二十三日後適用新法。

㈠舊　法

民法舊第九八二條第一項規定：「結婚，應有公開儀式及二人以上之證人。」即採取儀式婚主義。從而結婚之形式的要件有二：其一為公開儀式，其二為二人以上之證人，缺一不可。

儀式究何所指，法無明文。依司法院二二年院字第八五九號及二六年院字第一七〇一號解釋與最高法院五十一年臺上字第五五一號判例意旨，所謂公開儀式，乃當事人應行定式之結婚禮儀，其儀式無論依舊俗、新式，宗教儀式或習俗儀式，均無不可，但須公然行之，使一般之不特定人均可共見共聞，認識其為結婚，始為公開儀式。所謂二人以上之證人，須有行為能力在場親見而願證明者（五一年臺上字五五一號判例），即該二人以上之證人須於當事人舉行公開儀式時，在場親見，並願負責證明者，始足當之。

當事人之結婚倘未備公開儀式及二人以上證人之法定方式，雖在戶籍登記簿上記載為夫妻，可推定其已結婚，但經舉反證其未備結婚法定方式後，其仍不能因登記而取得配偶之身分。又，結婚證書亦非結婚之形式的要件，故「結婚並不以書立婚帖為要件」，且「不容以婚帖未經當事人簽名蓋章，指其結婚為無效」（三一年上字一三五號判例）。

至於七十四年六月三日經修正而增訂之舊第九八二條第二項雖規定:「經依戶籍法為結婚之登記者，推定其已結婚。」但該項規定，乃基於結婚戶籍登記之事實，推定已結婚，即屬舉證責任轉換之規定；易言之，如無反證以證明未曾履踐公開儀式及二人以上證人之結婚方式時，即以該結婚戶籍登記推定其有結婚之效力；主張婚姻關係發生之當事人，無庸再就具備公開儀式及二人以上

證人之事實，負舉證責任。是該增列之規定，為程序法即民事訴訟法上舉證責任之規定，結婚形式要件之實體上規定，並未因之有所變更，亦即結婚登記非結婚形式要件之內容之一，是宜注意。

㈡新　法

民法新第九八二條規定：「結婚，應以書面為之，有二人以上證人之簽名，並應由雙方當事人向戶政機關為結婚之登記。」此一修正條文，依民法親屬編施行法增訂第四條之一第一項規定，應自民國九十六年五月二十三日公布後一年施行。

新法於九十七年五月二十三日施行後，採取法律婚主義，結婚之形式要件有三：(1)應以書面為之：須作成書面，乃為使當事人結婚意思明確。(2)應有二人以上之證人簽名於書面：要求二人以上證人之簽名，乃為確保當事人結婚之真意，其須簽名於結婚書面上，自為特定之人，其簽名無須與書面作成同時為之，於申請結婚登記前為之即可，但須親見或親聞雙方當事人確有結婚真意，始足當之，至其與當事人是否相識，在所不問，於法既未明定證人須為成年，則解釋上有意思能力之人，即得為證人。未來立法，此之證人似宜明定為「成年證人」，較為允當。(3)應由雙方當事人向戶政機關為結婚之登記：此一登記為創設登記，於登記完成時，當事人發生結婚效力。

第三項　結婚之無效與撤銷

一、結婚之無效

依民法第九八八條規定：「結婚，有左列情形之一者，無效：一、不具備第九八二條第一項之方式者。二、違反第九八三條規定。三、違反第九八五條規定。但重婚之雙方當事人因善意且無過失信賴一方前婚姻消滅之兩願離婚登記或離婚確定判決而結婚者，不在此限。」結婚無效事由有四：

(1)結婚不具備法定之方式者。

(2)禁婚親間之結婚。

(3)有配偶而重婚者。「但重婚之雙方當事人因善意且無過失信賴一方前婚姻消滅之兩願離婚登記或離婚確定判決而結婚者，不在此限。」此一例外有效之

規定，乃因釋字第三六二號及第五五二號解釋認該但書所列二事，雖為重婚，但應予以保障所致。

(4)一人同時與二人以上結婚者。

惟結婚無效事由，是否僅有上述四種，亦即其事由是否為限制的？學說上有限制說與非限制說之分。按結婚無效之情事，除民法所列之上開事由外，其他如通謀虛偽之結婚、當事人同一性錯誤之結婚、附解除條件或終期（例如約定結婚五年）之結婚等情事，雖其效力若何，法無明文，但基於結婚行為應尊重當事人內心之效果意思，以意思主義為其本質而言，因欠缺結婚意思，其為無效，不生法律上結婚之效力，至為明瞭。是故，上開民法第九八八條對結婚無效事由之規定，應解為例示之規定，即應以非限制說為妥。

結婚無效之效力為當然的，無庸訴請法院為無效之宣告，不待訴之主張，即確定不生結婚之效力，但如就無效有所爭執時，有受確認判決之法律上利益者，固得訴請確認婚姻無效（民事訴訟法舊第五六八條以下規定有婚姻無效之訴）。結婚無效之效力乃絕對的，當事人及第三人均得主張，而法院所為婚姻無效之判決，對於當事人及第三人均有效力；其效力又係自始的，概不發生結婚之效力，當事人間不發生身分上及財產上之關係，與未經結婚同。又，結婚未備法定方式，雖民法明定其為無效，但既未備結婚之形式，應為結婚不成立，並非已成立而歸於無效，民事訴訟法舊第五六八條規定有婚姻不成立之訴，益為明瞭。惟依家事事件法第三條第一項第一款明定確認婚姻無效、婚姻存在或不存在事件。是故，婚姻無效之爭執，固應提起確認婚姻無效之訴，而婚姻成立與否之爭執，即應提起確認婚姻關係存否之訴。

二、結婚之撤銷

於我民法上，結婚撤銷之原因，為限制的，即採列舉主義，限於次述之事由，始得撤銷結婚。

(一)不適齡婚

結婚違反結婚最低年齡之規定者，當事人或其法定代理人得向法院請求撤銷之（民法第九八九條）。該撤銷權之行使，並無期間之限制，但如當事人已達法定婚姻年齡或已懷胎者，則撤銷權消滅（同條但書）。

㈡未得法定代理人同意之結婚

　　未成年人未得法定代理人同意而結婚者，法定代理人得向法院請求撤銷之。但自知悉其事實之日起，已逾六個月，或結婚後已逾一年，或已懷胎者，不得請求撤銷（民法第九九〇條）。

㈢監護人與受監護人之結婚

　　監護人與受監護人違反民法第九八四條之規定而結婚者，受監護人或其最近親屬得向法院請求撤銷之。但結婚已逾一年者，不得請求撤銷（民法第九九一條）。

　　受監護人如屬未成年人，因其結婚而有行為能力，即有家事事件之程序能力，自得提起撤銷婚姻之訴。至於受監護人為成年人者，如有意思能力，就有關身分之撤銷婚姻之訴，亦有程序能力，得自行提起該訴訟，或由法院依職權選任程序監理人為受監護人之利益代為該訴訟行為；但如無意思能力，法院得依利害關係人之聲請或依職權選任程序監理人為受監護人之利益代為該訴訟行為（家事事件法第一四、一五、一六、五五條）。至於，受監護人與監護人結婚時，無論其為未成年人或成年人，均須有意思能力，始為有效之婚姻，發生得撤銷之問題，自不待言。又，所謂最近親屬，其範圍為何？有謂：應以具有親屬會議會員資格，且以一人為限者。另有認為不問其為血親或姻親、直系或旁系，與受監護人親等最近之親屬而言。按因該情形之可得撤銷結婚，其公益性質濃厚，撤銷權人之範圍，不宜過於狹小，應以後說為妥。最近親屬有數人者，雖得為共同撤銷之請求，但以一人請求為已足，則不待言。

㈣不能人道

　　當事人之一方於結婚時不能人道而不能治者，他方得向法院請求撤銷之（民法第九九五條）。至不能人道之本人則無請求撤銷之權。但當事人之一方自知悉其配偶之不能人道而不能治之時起已逾三年者，即不得請求撤銷（同條但書）。此之三年期間，非消滅時效，而為無時效性質之法定期間（二一年上字一六一六號判例）。

㈤無意識或精神錯亂中之結婚

　　當事人之一方，於結婚時係在無意識或精神錯亂中者，得於常態回復後六個月內，向法院請求撤銷之（民法第九九六條）。無意識或精神錯亂中之結婚，

其為撤銷事由，須其狀態於結婚時存在，至於結婚前或結婚後有無此種狀態，則與可得撤銷結婚無涉。惟如當事人之一方長期在無意識或精神錯亂中而結婚者，顯無結婚之意思能力，應認其為結婚意思欠缺，而為結婚無效之事由。

㈥被詐欺或被脅迫之結婚

因被詐欺或被脅迫而結婚者，得於發見詐欺或脅迫終止後，六個月內向法院請求撤銷之（民法第九九七條）。按該法條除規定六個月之除斥期間外，別無其他期間之限制，則如於婚後已經過六個月，仍未發見詐欺或脅迫仍未終止，無論結婚後經過若干年，宜解為撤銷權應不消滅。

撤銷權人於發見詐欺或脅迫終止後，應可追認其結婚，若經追認，應解為其撤銷權消滅（一八年上字二三二八號判例）。

結婚撤銷之事由，已如前述。至關於結婚撤銷之方法，法律均已明定為「向法院請求撤銷之」，即須依訴訟方法為之，此與一般法律行為之撤銷，僅以意思表示為之者（民法第一一六條），有所不同；家事事件法第三條第二項第一款明定撤銷婚姻事件，其為形成之訴。又，結婚撤銷之效力，不溯及既往（民法第九九八條），即僅向將來發生消滅婚姻之效力，與離婚相同；其與一般法律行為撤銷之有溯及效力者（民法第一一四條），亦有所不同。

三、結婚無效與撤銷之損害賠償及準用離婚有關之規定

當事人之一方，因結婚無效或被撤銷，而受有損害者，得向他方請求賠償，但他方無過失者，不在此限。受害人所受非財產上之損害（精神上損害），亦得請求賠償相當之金額，但須受害人無過失者，始得請求；此項請求權，不得讓與或繼承，但已依契約承諾，或已起訴者，不在此限（民法第九九九條）。

因結婚無效（不論當事人曾否訴請法院以判決確認之），而如當事人有事實上之夫妻共同生活關係時，或經法院判決撤銷婚姻時，關於對子女之親權行使、贍養費之給與及雙方財產之處理，自可依其情形準用離婚有關之規定，從而民法第九九九條之一規定：「第一〇五七條及第一〇五八條之規定，於結婚無效時準用之。第一〇五五條、第一〇五五條之一、第一〇五五條之二、第一〇五七條及第一〇五八條之規定，於結婚經撤銷時準用之。」

依新法第九八八條第三款但書，既以重婚之雙方當事人因善意且無過失信

賴兩願離婚登記或離婚確定判決，而例外使該重婚為有效時，致前後婚姻併存，為維護一夫一妻制，立法上斟酌考慮後認應維持後婚姻。為此第九八八條之一第一項明定，前婚姻自後婚姻成立之日起視為消滅。

前婚姻既視為消滅，其雖非離婚，但其向將來消滅其婚姻關係，與離婚之效力相同，第九八八條之一第二項本文乃規定，除法律另有規定外，準用離婚之效力。詳言之，準用下列規定：(1)第一〇五五條至第一〇五五條之二對於未成年子女權利義務之行使或負擔之規定。(2)第一〇五七條給與贍養費之規定。(3)第一〇五八條取回財產及分配剩餘財產之規定。

上述前婚姻之視為消滅，乃因前婚姻曾協議離婚或由一方請求裁判離婚，發生重婚情形，本於信賴保護原則，立法上使重婚有效，並維持後婚姻所致，其究與離婚有所不同，不應全部準用離婚效力之規定，是故依第九八八條之一第二項本文明定，上述前婚姻消滅時，法律另行規定其效力，不準用離婚效力，其情形有三：(1)剩餘財產已為分配或協議者，仍依原分配或協議定之，不得另行主張（同條項但書），以免法律關係趨於複雜。(2)如前婚姻當事人於兩願離婚或判決離婚時，未就夫妻剩餘財產為分配或協議者，於上述前婚姻視為消滅時，仍應適用民法第一〇三〇條之一以下有關夫妻剩餘財產分配之規定，但其行使該權利之期間，為期合理，應另行規定，是故第九八八條之一第三項規定，其剩餘財產差額之分配請求權，自請求權人知有剩餘財產之差額時起，二年間不行使而消滅。自撤銷兩願離婚登記或廢棄離婚判決確定時起，逾五年者，亦同。(3)上述前婚姻視為消滅者，無過失之前婚配偶得向他方請求賠償（同條四項）；又，雖非財產上損害，前婚配偶亦得請求賠償相當之金額（同條五項），此一請求權，不得讓與或繼承，但已依契約承諾或已起訴者，不在此限（同條六項）。

第四項　結婚之普通效力

結婚一經成立生效，不但在民法上有其效果，在刑法、民事訴訟法、刑事訴訟法、國籍法等，亦皆有關於結婚效果之明文。民法上所規定者，有夫妻關係之間接效果者，例如發生姻親關係（民法第九六九條）、近親結婚之障礙（民法第九八三條）、繼承權（民法第一一四四條）等是；另又規定有在夫妻間直接發生之效果，即所謂之「結婚普通效力」，乃指夫妻關係之身分法上效力，本項

即對此為說明。至於夫妻關係在財產法上之效果，即所謂之「夫妻財產制」，另於第五項為敘述。

一、夫妻之姓氏

民法第一〇〇〇條第一項規定：「夫妻各保有其本姓。但得書面約定以其本姓冠以配偶之姓，並向戶政機關登記。」即夫妻以各保有本姓為原則，以冠配偶之姓為例外。

又，夫妻之一方縱已冠配偶之姓，亦得隨時回復其本姓，但請求回復本姓於同一婚姻關係存續中，以一次為限（同條二項）。

二、夫妻同居義務

民法第一〇〇一條規定，夫妻互負同居之義務。夫妻於婚姻關係存續中，此同居義務，固繼續存在，即令因婚姻關係發生破綻，而在離婚或撤銷婚姻訴訟進行中，夫妻間之同居義務，仍繼續存在（二八年上字二四六九號、二九年上字九一六號、三二年上字一四一一號判例）。

夫妻雖互負同居義務，但就住所之決定，民法第一〇〇二條第一項規定為：「夫妻之住所，由雙方共同協議之；未為協議或協議不成時，得聲請法院定之。」惟由法院依聲請而定夫妻之住所前，以夫妻共同戶籍地推定為其住所（同條二項）。上開指定夫妻住所事件，為家事非訟事件，夫或妻得聲請法院裁定指定之（家事事件法第三條第五項第三款、九八條）。

夫妻之一方不履行同居義務時，他方得請求同居，且可聲請法院裁定命相對人履行同居，其為家事非訟事件（家事事件法第三條第五項第二款、九八條）。又，夫妻同居之裁判不得強制執行（強執一二八條二項）。（按夫妻同居事件，原為人事訴訟事件（民訴舊五六八條），但家事事件法改為非訟事件。）

夫妻雖互負同居之義務，但有不能同居之正當理由者，不在此限（民法第一〇〇一條但書）。判例以受夫不堪同居之虐待；夫納妾未經妻明示或默示之同意而使妾與妻同居一家；妻與夫同居必將受其姑虐待之情狀現尚存在等情事，為不能同居之正當理由（一八年上字二一二九號、二三年上字一〇六一號、二九年上字二五四號判例）。

　　民法上並無別居制度之規定，民法第一〇〇一條但書所規定，有正當理由者，夫妻得不負同居義務，此乃事實上之別居。惟夫妻之一方於有正當理由時，得否向他方請求別居？學說上有不同見解，但依司法院大法官釋字第一四七號解釋及最高法院七〇年臺上字第一九〇四號判決則採取消極說，認為夫妻之一方如有不能與他方同居之正當理由者，僅得於他方請求同居時，行使拒絕與他方同居之抗辯權，但無請求與他方別居之權，亦不得提起別居之訴。又，夫妻之別居，得否依契約為之，學說不一。惟如在不違反婚姻共同生活本質之前提下，許夫妻為短期間之別居，既尊重夫妻個人之自由意思，亦有利於夫妻之言歸於好。易言之，夫妻間之一時的別居契約，應解為有效，但長期或永久別居之約定，應屬無效。

三、日常家務代理權

　　夫妻於日常家務，互為代理人（民法第一〇〇三條第一項）。惟在實際生活上，因日常家務通常操之於妻，故以妻為夫之日常家務代理人之情形為多。至所謂夫妻互為代理，並非意定代理，實為日常家務之代理，即為法定代理。又，如夫妻之一方濫用其日常家務代理權時，他方得限制之，但其限制不得以之對抗善意第三人（同條二項）。

　　夫妻之一方逾越日常家務之事項，即屬無權代理，他方當可否認之。

四、家庭生活費用分擔義務

　　民法第一〇〇三條之一第一項規定：「家庭生活費用，除法律或契約另有約定外，由夫妻各依其經濟能力、家事勞動或其他情事分擔之。」所謂家庭生活費用，乃以夫妻為中心而維持家庭共同生活所必要之費用，包括日常之衣食住行、醫療、娛樂、對子女之養育等生計費用。夫妻之分擔家庭生活費用，並非平等負擔，除法律另有規定或契約另有約定外，為依夫妻之經濟能力、家事勞動或其他情事，決定其分擔數額。

　　按家庭生活費用之分擔，民法原規定於第一〇二六、一〇三七、一〇四七及一〇四八條，由夫負第一次之責任，妻負補充責任，嗣九十一年六月修正時，基於夫妻平等原則及肯定家事勞動之價值，刪除上述條文，新增第一〇〇三條

之一，列於婚姻之普通效力，不論夫妻採行何種夫妻財產制，均一體適用該規定。

　　民法第一〇〇三條之一第二項規定：「因前項費用所生之債務，由夫妻負連帶責任。」即對外關係上，夫妻就家庭生活費用所生之債務，對於第三人負連帶責任。

五、扶養義務

　　夫妻互負扶養義務，為夫妻關係之本質的要素，民法第一一一六條之一明定之。其所負扶養義務之順序與直系血親卑親屬同，其受扶養權利之順序與直系血親尊親屬同，亦為該條文所規定。詳言之，夫妻關係密切，故其與直系血親卑親屬同為第一順序之扶養義務人，與直系血親尊親屬同為第一順序之受扶養權利人。

六、貞操義務

　　夫妻應互負貞操義務，在民法採取一夫一妻之婚制下，乃當然之理。民法雖未明定夫妻互負該義務，但應為肯定之解釋，殊無疑義。再由民法第一〇五二條第一項第一、二款以夫妻之一方有重婚、與人通姦之情事者，他方得訴請判決離婚以觀，亦可推知夫妻互負貞操義務。

第五項　夫妻財產制

一、總　說

　　夫妻財產制，乃規定夫妻相互間財產關係之制度。關於夫妻財產制，有約定財產制與法定財產制之分。約定財產制又分為共同財產制與分別財產制；夫妻得於結婚前或結婚後，以契約就上述約定財產制中，選擇其一，為其夫妻財產制（民法第一〇〇四條）。至夫妻財產制契約之訂立、變更、或廢止，應以書面為之（民法第一〇〇七條）；非經登記，不得對抗第三人，其登記不影響依其他法律所為財產權登記之效力，又此項登記，另以法律定之（非訟事件法第一〇一條至第一〇七條規定其程序）（民法第一〇〇八條）；又當事人如為未成年

人或為受監護宣告之人時，其訂立、變更或廢止夫妻財產制契約時，應依民法總則行為能力之規定，得其法定代理人之允許或由法定代理人代理之。夫妻未以契約訂立夫妻財產制者，除本法另有規定外，以法定財產制，為其夫妻財產制（民法第一○○五條）。

再者，我民法於九十一年六月修正後，係以修正之分別財產制為「通常」的法定財產制（民法第一○一七條以下），而於一定情事發生時，以分別財產制為「非常」的法定財產制（民法第一○一○條）。

二、法定財產制

㈠通常法定財產制

我民法修正前原以聯合財產制為通常法定財產制，但九十一年六月二十六日修正公布後，已予廢止，而以經修正之分別財產制為通常法定財產制。夫妻除訂有夫妻財產制契約，適用約定財產制，或另因特別情事之發生，依法應適用非常法定財產制者外，於婚姻關係存續中，即當然適用通常法定財產制。實踐上，因夫妻少有約定財產制者，而適用非常法定財產制之情形亦少，其結果多數夫妻均適用通常法定財產制。修正後之通常法定財產制，雖屬修正之分別財產制，但不另為名稱，將夫妻之財產分為婚前財產與婚後財產。

1.夫或妻之財產之所有權

⑴新法（九十一年六月二十八日後）

民法第一○一七條第一項前段規定：「夫或妻之財產分為婚前財產與婚後財產，由夫妻各自所有。」即夫或妻不論其為婚前所有或婚後取得之財產，均屬夫或妻各自所有。所謂婚前財產，乃夫妻結婚時所有之財產，所謂婚後財產，即夫妻於婚姻關係存續中取得之財產。婚後財產，為夫妻剩餘財產分配之標的物，婚前財產則否（參照民法第一○三○條之一以下）。

依同條項後段規定：「不能證明為婚前或婚後財產者，推定為婚後財產；不能證明為夫或妻所有之財產，推定為夫妻共有。」即夫或妻之財產不能證明其為婚前所有或婚後取得時，推定其屬婚後財產；不能證明屬夫或妻所有之財產，推定其為夫妻共有之財產，此之所謂共有，應係指分別共有，亦即推定其為夫妻分別共有之財產，其應有部分並推定為均等（參照民法第八一七條第二項），

即夫妻各二分之一。

　　復次，夫妻之財產，分別於下列情形，視為夫或妻之婚前或婚後財產：(1)夫或妻婚前財產，於婚姻關係存續中所生之孳息，視為婚後財產（民法第一○一七條第二項）。其理由在保障他方配偶之協力，使之得列為剩餘財產分配之範圍。(2)夫妻以契約訂立夫妻財產制後，於婚姻關係存續中改用法定財產制者，其改用前之財產視為婚前財產（民法第一○一七條第三項）。即夫妻原約定採用共同財產制或分別財產制者，經廢止該約定財產制而未再約定時，即應適用法定財產制，則於法定財產制消滅時，不宜再以結婚之時為準，作為區分「婚前財產」與「婚後財產」之依據，為此將改用前之財產視為婚前財產，至改用後之財產為婚後財產，則不待言。(3)民法親屬編施行法第六條之二規定：「中華民國九十一年民法親屬編修正前適用聯合財產制之夫妻，其特有財產或結婚時之原有財產，於修正施行後視為夫或妻之婚前財產；婚姻關係存續中取得之原有財產，於修正施行後視為夫或妻之婚後財產。」詳言之，九十一年六月二十七日前適用聯合財產制之夫妻，其特有財產（包括法定及約定特有財產、民舊一○一三、一○一四條）或結婚時之原有財產，於九十一年六月二十八日（修正之夫妻財產制於該日生效）後，視為夫或妻之婚前財產，而其於結婚後取得之原有財產，不論其結婚為七十四年六月四日前或七十四年六月五日後，於九十一年六月二十八日後，視為夫或妻之婚後財產。

　　(2)**舊　法**

　　舊法以聯合財產制為通常法定財產制，將夫妻之原有財產組成聯合財產（民舊一○一六、一○一七條），惟七十四年六月三日曾修正公布部分條文（於同年月五日生效），則舊法尚應分為七十四年六月四日前之舊法及七十四年六月五日後（九十一年六月二十七日前）之舊法。又，舊法時，夫妻於聯合財產外，另有夫或妻各自所可完全支配之特有財產，適用關於分別財產制之規定（民舊一○一五條），而與聯合財產分離，是故尚應說明夫妻之特有財產。

　　①**夫妻之特有財產**

　　依舊法之規定，特有財產有法定與約定之分。依民法舊第一○一三條，法定特有財產有三：(1)專供夫或妻個人使用之物（一款）；(2)夫或妻職業上必需之物（二款）；(3)夫或妻所受之贈物，經贈與人聲明為其特有財產者（三款）。而

七十四年六月四日前之舊法，妻因勞力所得之報酬，亦為法定特有財產之一（同條四款）。此外，夫妻得以契約訂定以一定之財產為特有財產（舊一〇一四條），此即約定特有財產。

②七十四年六月四日前之舊法

依七十四年六月四日前之民法舊第一〇一七條，聯合財產之內容有三：(1)妻之原有財產，由妻保有其所有權。惟妻之原有財產，其範圍僅限於結婚時所有之財產，及婚後因繼承或其他無償取得之財產。(2)夫之原有財產及不屬於妻之原有財產之部分，為夫所有。(3)由妻之原有財產所生之孳息，其所有權歸屬於夫。由此可知，夫、妻原有財產之範圍，並不一致，屬妻所有之原有財產，其範圍狹小。而依最高法院五五年臺抗字第一六一號判例曾謂：「妻於婚姻關係存續中始行取得之財產，如不能證明其為特有或原有財產，依民法第一〇一六條及第一〇一七條第二項之規定，即屬聯合財產，其所有權應屬於夫。」（按此一判例因新法之施行，已不再援用）因此聯合財產先推定為夫所有，婚後以妻名義登記之不動產，其所有權亦推定屬夫。

依前所述，七十四年六月四日前之舊法，對妻不利，不符男女平等原則，七十四年六月五日修正生效之聯合財產制，夫妻原有財產之範圍，固已一致，另如後述，但七十四年六月四日前所發生之夫妻聯合財產，本於實體從舊之原則，仍應適用原舊法之規定，決定其所有權之歸屬，即對妻不利之舊法，尚有其適用，而欠合理，為此立法院於八十五年九月六日三讀通過民法親屬編施行法第六條之一，規定：「中華民國七十四年六月四日以前結婚，並適用聯合財產制之夫妻，於婚姻關係存續中以妻之名義在同日以前取得不動產，而有左列情形之一者，於本施行法中華民國八十五年九月六日修正生效一年後，適用中華民國七十四年民法親屬編修正後之第一〇一七條規定：一、婚姻關係尚存續中且該不動產仍以妻之名義登記者。二、夫妻已離婚而該不動產仍以妻之名義登記者。」對上述舊法之適用範圍，有所限制。按該增列之條文為八十五年九月二十五日公布，於同年月二十七日生效，則依七十四年六月四日前之舊法，於婚後以妻名義登記之不動產，於該條文所列兩種情形之一時，如當事人未於八十六年九月二十六日前更名登記或移轉登記為夫所有者，自八十六年九月二十七日起即適用七十四年六月五日生效之第一〇一七條之規定，其所有權屬於妻。

依多數說及最高法院八八年臺上字二八一六號判決見解，妻係於八十六年九月二十七日取得該不動產所有權。惟該增列之條文，其適用範圍，僅限於以妻名義登記之不動產，至不動產以外之其他財產權，仍適用七十四年六月四日前之舊法，是宜注意。

③七十四年六月五日後九十一年六月二十七日前之舊法

依七十四年六月五日後（九十一年六月二十七日前）之民法舊第一〇一七條及第一〇一九條但書，聯合財產之內容有三：(1)夫之原有財產，夫保有其所有權。(2)妻之原有財產，妻保有其所有權。(3)夫對於妻之原有財產，收取其孳息，於支付家庭生活費用及聯合財產管理費用後之剩餘，其所有權仍歸屬於妻。由此可知，夫妻原有財產之範圍，彼此一致，夫或妻於結婚時所已有之財產，各為其原有財產，固不待言，於婚後所取得之財產，不論其因有償或無償，亦各為其原有財產。

(3)舊法時之聯合財產，於新法施行後，其所有權之歸屬

新法之通常法定財產制，已廢止聯合財產制，將夫妻之財產，分為婚前財產與婚後財產，於九十一年六月二十八日生效後，夫妻之財產，不再區分為特有財產或原有財產，惟民法關於夫妻財產所有權之歸屬之規定，乃實體關係，舊法時已發生之聯合財產，並不因新法之施行，而變更其所有權之歸屬，是故夫或妻依舊法所區分之特有財產及原有財產，於新法施行後，仍應依前述舊法之規定，決定其所有權之歸屬。

惟此次新法之修正，就剩餘財產分配請求權，對夫妻弱勢一方之保障，特予補強，而依修正後之通常法定財產制，夫妻之婚後財產固為剩餘財產分配之對象，但婚前財產並不列入剩餘財產分配之範圍，則於新法施行後，為保障夫妻之既得權益，並使依舊法所發生而現存之夫妻財產關係得以順利過渡至新法施行之後，增訂民法親屬編施行法第六條之二，規定：「中華民國九十一年民法親屬編修正前適用聯合財產制之夫妻，其特有財產或結婚時之原有財產，於修正施行後視為夫或妻之婚前財產；婚姻關係存續中取得之原有財產，於修正施行後視為夫或妻之婚後財產。」從而，夫妻於九十一年六月二十七日前結婚，而新法施行後，其婚姻關係仍存續，於同年月日前取得之特有財產及其結婚時之原有財產，於新法施行後，均排除於剩餘財產分配之外，至婚後於同年月日

前取得之原有財產，則列入分配。

　　再查，民法第一〇三〇條之一所規定之剩餘財產分配，係七十四年六月所增訂，於同年月五日生效，則夫妻於七十四年六月四日前已結婚並於同年月日前取得之婚後原有財產，是否為剩餘財產分配之對象，法文欠明確，學者及實務見解不一。由於前述第六條之二之增訂，夫妻於九十一年六月二十七日前結婚，其婚後取得之原有財產，均應列入剩餘財產之分配，則縱令其結婚於七十四年六月四日前，並於同年月日前所已取得之婚後原有財產，均仍「視為」婚後財產，而為剩餘財產分配之範圍。此尚有不同見解，有自法之安定性及信賴利益為考慮，認不應溯及七十四年六月四日前所取得之原有財產者。惟增訂之第六條之二，將夫妻於九十一年六月二十七日前結婚，其婚後於同年月日前取得之原有財產，於新法施行後，均擬制其為婚後財產，並未排除於七十四年六月四日前所取得者，且將七十四年六月四日前取得而現存之婚後財產列為計算剩餘財產之範圍，亦非第一〇三〇條之一之規定溯及七十四年六月四日前而為適用。是故，自法律之規定言，縱為七十四年六月四日前所取得而現存之婚後財產，於剩餘財產分配請求權發生時，似應列為剩餘財產計算範圍。如認該財產不宜列為剩餘財產分配之範圍，固非不合理，但應明文排除之，始有憑依。為杜爭議，此一問題業於九十五年十二月六日經司法院釋字第六二〇號解釋指明，現存之婚後財產並不區分其取得於七十四年六月四日之前或同年月五日之後，均屬剩餘財產分配請求權之計算範圍。

2. 管理、用益及處分權

　　民法第一〇一八條規定：「夫或妻各自管理、使用、收益及處分其財產。」即夫或妻對其各自所有之財產，不論其為婚前或婚後者，均由其各自管理、使用、收益、處分。從而，夫或妻就其財產所生之孳息，亦各自歸其所有；夫或妻得各自處分其財產，不必得他方之同意。至管理財產之費用，由夫或妻各自負擔，即屬當然。又，夫妻之一方得委託他方管理其財產，自不待言，此為別一問題。

　　按舊法時之聯合財產，除另約定由妻管理外，即由夫管理（民舊一〇一八條），有管理權之一方對於他方之原有財產有使用、收益之權（民舊一〇一九條），為管理上之必要得處分他方之原有財產（民舊一〇二〇條），此等情形，

未能貫徹男女平等原則，且忽視妻之權益。是故，新法修正第一〇一八條之規定，刪除第一〇一九條及一〇二〇條之規定，以確保夫妻權益之平等，並保障交易之安全。

此外，民法第一〇二二條規定：「夫妻就其婚後財產，互負報告之義務。」其目的在使夫妻對雙方婚後財產之狀況為了解，以避免將來剩餘財產分配請求權落空，重視夫妻共同生活之和諧，並肯定家事勞動之價值。從而，夫妻之一方自亦得請求他方向其報告婚後財產之狀況。

3. 自由處分金之協議

民法第一〇一八條之一規定：「夫妻於家庭生活費用外，得協議一定數額之金錢，供夫或妻自由處分。」其目的在使婚後在家從事勞務之夫妻一方有可供自由處分之金錢（零用錢），保障其經濟上之獨立及人格尊嚴。此之協議，為夫妻間之內部約定，應非有關夫妻財產之約定，於法又未定為要式行為，則以書面或言詞為之，均發生效力。惟當事人如協議不成，依該條文，似無從請求他方給付。又，自由處分金之性質，有認其為剩餘財產分配之前付者，惟由法文及立法理由均未說明自由處分金發生之基礎，尚難據以判斷其確切之性質，依現行規定，似以解為贈與為妥。

4. 清償債務之責任

本於男女平等原則及保護交易安全，民法第一〇二三條第一項規定：「夫妻各自對其債務負清償之責。」即夫妻之一方無清償他方債務之義務。

同條第二項規定：「夫妻之一方以自己財產清償他方之債務時，雖於婚姻關係存續中，亦得請求償還。」夫妻既各自對其債務負清償之責，且各自就其財產分別所有，則夫妻之一方，如以自己之財產清償他方之債務時，自可即時向他方請求償還，不因其婚姻關係存續而受影響。

5. 剩餘財產分配請求權之保全

民法第一〇三〇條之一明定夫妻之剩餘財產分配請求權，惟該權利須待法定財產制關係消滅時，經計算夫妻雙方婚後剩餘財產之差額後，始得請求平均分配。惟如夫或妻之一方於婚姻關係存續中，就其婚後財產為無償行為或有償行為，有害他方於法定財產消滅後之剩餘財產分配請求權時，即有防範之必要。為此，民法新增第一〇二〇條之一，規定撤銷權之行使，以確保夫妻之上開附

停止條件債權。

(1)**無償行為之撤銷**

民法第一〇二〇條之一第一項規定：「夫或妻於婚姻關係存續中就其婚後財產所為之無償行為，有害及法定財產制關係消滅後他方之剩餘財產分配請求權者，他方得聲請法院撤銷之。但為履行道德上義務所為之相當贈與，不在此限。」即夫妻之一方以婚後財產為標的而為無償行為，且其行為非屬履行道德上義務所為之相當贈與，並有害法定財產制關係消滅後他方之剩餘財產分配請求權者，他方之撤銷權即行成立。

(2)**有償行為之撤銷**

民法第一〇二〇條之一第二項規定：「夫或妻於婚姻關係存續中就其婚後財產所為之有償行為，於行為時明知有損於法定財產制關係消滅後他方之剩餘財產分配請求權者，以受益人受益時亦知其情事者為限，他方得聲請法院撤銷之。」即夫妻之一方以婚後財產為標的而為有償行為，而害及法定財產制關係消滅後他方之剩餘財產分配請求權者，尚須該夫妻之一方於行為時明知有損於法定財產制關係消滅後他方之剩餘財產分配請求權，及受益人受益時亦知其情事者為限，他方始得對該有償行為聲請法院撤銷之。

由上可知，有償行為之撤銷，尚須具備夫妻之一方為惡意，受益人亦為惡意之主觀要件，與無償行為之撤銷，其要件，有所不同。

(3)**撤銷權之客體、行使之方法及除斥期間**

撤銷權之客體為夫妻一方之行為，該行為如屬單獨行為時，則被撤銷者僅為其本身之行為，若為契約行為時，則被撤銷者為該夫妻之一方與受益人間之行為。至於受益人與轉得人間之行為，固非撤銷權之客體，但應類推適用民法第二四四條第四項之規定，詐害行為經撤銷者，其效力及於知有撤銷原因之轉得人，即行使撤銷權之夫妻他方亦得聲請命惡意之轉得人回復原狀。

撤銷權之行使，須聲請法院為之，即須於訴訟上行使，亦即須提起撤銷訴訟。

民法第一〇二〇條之二規定：「前條撤銷權，自夫或妻之一方知有撤銷原因時起，六個月不行使，或自行為時起經過一年而消滅。」

6.剩餘財產之分配

⑴剩餘財產分配請求權之成立要件

民法第一〇三〇條之一第一項規定：「法定財產制關係消滅時，夫或妻現存之婚後財產，扣除婚姻關係存續中所負債務後，如有剩餘，其雙方剩餘財產之差額，應平均分配。但下列財產不在此限：一、因繼承或其他無償取得之財產。二、慰撫金。」由此析述剩餘財產分配請求權之成立要件如左：

①**須法定財產制關係消滅**　所謂法定財產制關係消滅，指因夫妻一方死亡、離婚、婚姻撤銷、約定改用他種約定財產制、因特定情事發生依法改用分別財產制（民法第一〇一〇條）等情形。如夫妻所適用者為約定之分別財產制或共同財產制，於該約定之財產制消滅時，即無剩餘財產分配請求權之適用。

②**須計算夫妻各自之剩餘財產，算定其差額**　夫妻雙方均須各自計算剩餘財產，比較其剩餘之多寡，算定其差額，有差額發生，始發生分配請求權。計算剩餘財產，須先確定夫或妻現存之婚後財產後，扣除其於婚姻關係存續中所負之債務，再扣除因繼承或其他無償取得之財產及慰撫金。由此計算夫妻各自之剩餘財產，算定其差額。至婚前財產，不在計算之列。又，現存之婚後財產，不論其取得為七十四年六月四日之前或同年月五日之後，均為剩餘財產計算之範圍，已如前述。

③**須為剩餘財產較少之一方向剩餘財產較多之他方請求平均分配其差額**　夫或妻計算剩餘財產後，就其剩餘財產之差額，剩餘較少之一方即得向剩餘較多之他方，請求平均分配，即請求給付該差額之二分之一。例如，經計算結果，夫之剩餘財產為一百萬元，妻之剩餘財產為五十萬元，其剩餘財產之差額為五十萬元，準此，剩餘較少之妻即得向夫請求給付二十五萬元，此為妻本於實體法所生之剩餘財產分配請求權。

⑵剩餘財產計算之納入及追加

民法第一〇三〇條之二第一項規定：「夫或妻之一方以其婚後財產清償其婚前所負債務，或以其婚前財產清償婚姻關係存續中所負債務，除已補償者外，於法定財產制關係消滅時，應分別納入現存之婚後財產或婚姻關係存續中所負債務計算。」以公平進行現存婚後財產之清理。又，夫或妻之一方，如以無償取得之財產或慰撫金等不列入剩餘財產分配之財產，清償婚姻關係存續中所負

債務者，亦適用上述第一項之規定，即除已先行補償者外，於法定財產制關係消滅時，亦納入婚姻關係存續中所負債務計算（同條之二第二項）。

　　民法第一○三○條之三第一項規定：「夫或妻為減少他方對於剩餘財產之分配，而於法定財產制關係消滅前五年內處分其婚後財產者，應將該財產追加計算，視為現存之婚後財產。但為履行道德上義務所為之相當贈與，不在此限。」此追加計算，乃為避免夫妻之一方以減少他方對剩餘財產之分配為目的，而任意處分其婚後財產，致生不公平之分配，惟如係履行道德上義務所為之相當贈與，其處分與故意減少他方獲分配之情形不同，不在追加計算之列。

　　又，依民法第一○三○條之三第二項：「前項情形，分配權利人於義務人不足清償其應得之分配額時，得就其不足額，對受領之第三人於其所受利益內請求返還。但受領為有償者，以顯不相當對價取得者為限。」如前所述，夫妻之一方任意處分其婚後財產者，於計算剩餘財產時，應就該處分之財產，予以追加計算，但如分配義務人不足清償其應得之分配額時，第三人之受領如為無償，或為以顯不相當對價而有償取得者，分配權利人得就其不足額，向第三人請求返還所受領之利益。分配權利人對第三人之請求權，於知悉其分配權利受侵害時起二年間不行使而消滅，自法定財產制關係消滅時起，逾五年者，亦同（同條之三第三項）。

⑶剩餘財產分配請求權之性質及行使

　　依民法第一○三○條之一第三項之規定，剩餘財產分配請求權，不得讓與或繼承，但已依契約承諾或已起訴者，不在此限。即剩餘財產分配請求權，原則上無移轉性，不得讓與，亦不得繼承，為分配權利人之專屬權，惟此一請求權，如已依契約承諾或已起訴者，得為讓與或繼承。

　　按七十四年六月所增訂之夫妻剩餘財產分配請求權，並未以之為專屬權，九十一年六月二十六日修正公布時，始明定其為夫妻之專屬權，惟於本質上其仍屬財產權，不具專屬性，故九十六年五月二十三日修正公布之第一○三○條之一，乃將該專屬權之規定刪除。但其後夫妻一方之債權人依民法第一○一一條及第二四二條，代位行使剩餘財產分配請求權，導致夫（妻）債妻（夫）還之結果，而且此類之案件暴增，發生家庭失和等社會問題。因此一○一年十二月二十六日修正公布之第一○三○條之一再將該請求權修正為專屬權。從而，

夫妻之債權人即不得代位行使專屬於夫妻之剩餘財產分配請求權。又依親屬編施行法第六條之三之規定，上開專屬權之規定，亦適用於債權人已代位債務人起訴請求分配剩餘財產而尚未確定之事件。

按夫妻剩餘財產分配請求權，性質上為財產權，應無專屬性。基於現實上之考慮，固可於立法上明定夫妻之債權人不得代位行使剩餘財產分配請求權，以解決不合理之現狀，但於法律上對剩餘財產分配請求權明定其為專屬權，則有可議。

為行使剩餘財產分配請求權，自須就夫妻現存及應追加計算之婚後財產予以計價，其計價之時點，民法第一〇三〇條之四第一項明定：「夫妻現存之婚後財產，其價值計算以法定財產制關係消滅時為準。但夫妻因判決而離婚者，以起訴時為準。」第二項規定：「依前條應追加計算之婚後財產，其價值計算以處分時為準。」依此如因判決離婚而消滅法定財產制關係者，僅以起訴時之婚後財產為範圍，計算剩餘財產。

法定財產制關係消滅時，夫妻之一方所發生之前開剩餘財產分配請求權，自宜從速行使，早為確定，以免影響家庭經濟及社會交易安全，故法律另設有短期消滅時效之規定。即剩餘財產差額之分配請求權，自請求權人知有剩餘財產之差額時起，二年間不行使而消滅，自法定財產制關係消滅時起，逾五年者亦同（民法第一〇三〇條之一第四項）。

夫妻一方之請求平均分配剩餘財產差額，如有顯失公平之情事，例如請求權人於婚姻關係存續中，浪費成習，對他方財產之增加，並無協力，如亦使其可得請求分配剩餘財產差額之二分之一，亦欠合理，是故同條之一第二項規定：「依前項規定，平均分配顯失公平者，法院得調整或免除其分配額。」允許法院為之調整或免除。宜予注意者，該規定之賦與法院調整或免除權，非認夫妻之一方有調整或免除分配額之形成權，而為法院於夫妻就分配剩餘財產差額有爭執之給付或確認訴訟中，有調整或免除之職權。

㈡非常法定財產制

夫妻間因特定情事發生，而依法應適用另一種財產制者，即所謂之非常法定財產制。

我民法以分別財產制為非常法定財產制。依民法第一〇一〇條第一項規定：

「夫妻之一方有左列各款情形之一時，法院因他方之請求，得宣告改用分別財產制：一、依法應給付家庭生活費用而不給付時。二、夫或妻之財產，不足清償其債務時。三、依法應得他方同意所為之財產處分，而他方無正當理由拒絕同意時。四、有管理權之一方對於共同財產之管理顯有不當，經他方請求改善而不改善時。五、因不當減少其婚後財產，而對他方剩餘財產分配請求權有侵害之虞時。六、有其他重大事由時。」又，夫妻之總財產不足清償總債務或夫妻難於維持共同生活，不同居已達六個月以上時，前項規定於夫妻均適用之（同條二項）。宣告改用分別財產制事件，為家事非訟事件（家事事件法三條五項六款）。

　　按關於非常法定財產制，民法原分為當然非常法定財產制（民法舊一〇〇九條）與宣告非常法定財產制（民法一〇一〇條、舊一〇一一條）。前者，「夫妻之一方受破產宣告時，其夫妻財產制，當然成為分別財產制。」後者，除上述之第一〇一〇條外，尚有舊法第一〇一一條規定：「債權人對於夫妻一方之財產已為扣押，而未得受清償時，法院因債權人之聲請，得宣告改用分別財產制。」因夫妻剩餘財產分配請求權已再修正為夫妻之一身專屬權，他人不得代位行使之，及第三人為滿足其債權，追討夫妻一方之債務，得以訴請法院宣告改用分別財產制，強行介入夫妻間之財產制，有所不宜，而於一〇一年十二月二十六日修正公布，將上開第一〇〇九條及第一〇一一條刪除。則依新法，非常法定財產制僅有第一〇一〇條之情形。

三、約定財產制

㈠約定財產制通則

1.契約訂立時期

　　民法對於訂立夫妻財產制契約之時期，不予限制。夫妻得於結婚前或結婚後，以契約任擇民法所定之約定財產制之一種（民法第一〇〇四條）。但夫妻不得選擇民法所未規定之夫妻財產制。

　　民法承認夫妻財產制契約之變更與改廢，於第一〇一二條規定：「夫妻於婚姻關係存續中，得以契約廢止其財產契約，或改用他種約定財產制。」以應實際情況之必要。

2.夫妻財產制契約之方式與登記

民法第一〇〇七條規定:「夫妻財產制契約之訂立、變更或廢止,應以書面為之。」即為要式行為。是夫財產制契約,如不依法定方式以書面為之,即不生效力。

民法第一〇〇八條第一項規定:「夫妻財產制契約之訂立、變更或廢止,非經登記,不得以之對抗第三人。」是夫妻財產制契約之登記,並非生效要件,而為對抗要件。同條第二項規定:「前項夫妻財產制契約之登記,不影響依其他法律所為財產權登記之效力。」以兼顧交易安全。又,關於夫妻財產制契約之登記,同條第三項明定:「第一項之登記,另以法律定之。」非訟事件法第一〇一至一〇七條即規定其登記之程序。

3.有關夫妻財產之其他約定

民法第一〇〇八條之一規定:「前二條之規定,於有關夫妻財產之其他約定準用之。」例如夫妻如約定由一方管理共同財產者(參照民法第一〇三二條第一項但書),亦應以書面為之,經登記始得對抗第三人是。

(二)共同財產制

我民法以共同財產制為約定財產制之一種,又可分為一般共同財產制及勞力所得共同財產制。

1.一般共同財產制

(1)共同財產之範圍　夫妻之財產及其所得,除特有財產外,合併為共同財產,屬於夫妻公同共有(民法第一〇三一條)。即夫妻現有及將來取得之財產,與其精神上及勞力上之所得均合併為公同共有財產。

(2)特有財產　所謂特有財產,乃夫或妻各自所可完全支配,而不組成夫妻財產制之財產。新法修正後,僅於共同財產制有法定特有財產之存在,而與共同財產分離。依民法第一〇三一條之一第一項規定,特有財產有三,即:

①專供夫或妻個人使用之物(一款)　例如夫之衣服、運動器具,妻之化妝品、飾物。至供夫妻或全家所用之物,雖由夫或妻使用,仍非特有財產,例如由夫所駕駛與妻共用之汽車,或妻所操作供全家所用之洗衣機是。此夫妻之專用物,應解為限於動產,不包括不動產、權利或現金。

②夫或妻職業上必需之物(二款)　例如妻為醫師,其診察病患所需

之醫療器具，夫為畫家，其繪畫所需之畫具。我民法僅規定為職業上必需之物，解釋上，營業上所必需之物，亦應包括在內，且不以動產為限。

　　③**夫或妻所受之贈物，經贈與人以書面聲明為其特有財產者（三款）**既為夫或妻所受之贈物，自屬無償取得。此之贈與固不論其為生前贈與或死後遺贈，亦不問為婚姻存續中或結婚後。贈物之成為夫或妻之特有財產，須贈與人聲明其為受贈人之特有財產，如贈與時無此聲明，即非特有財產，屬夫妻之共同財產（民法第一〇三一條），又，贈與人之該項聲明，法律既定為須以書面為之，自為要式行為，且至遲須於財產給付時為設定特有財產之表示，嗣後之表示，應不生效力。

　　前項所定之特有財產，適用分別財產制之規定（同條二項）。

　　(3)**共同財產之管理及處分**　共同財產由夫妻共同管理，但約定由一方管理者，從其約定；其管理費用，由共同財產負擔（民法第一〇三二條）。

　　夫妻之一方，對於共同財產為處分時，應得他方之同意（民法第一〇三三條第一項）。此項同意之欠缺，不得對抗第三人；但第三人已知或可得而知其欠缺，或依情形，可認為該財產屬於共同財產者，不在此限（同條二項）。

　　(4)**債務之清償責任**　民法第一〇三四條規定：「夫或妻結婚前或婚姻關係存續中所負之債務，應由共同財產，並各就其特有財產負清償責任。」即夫或妻所負之債務，不論其為婚前或婚後所發生，對其債權人除以共同財產負責外，並就其特有財產，各自對其債權人負責。易言之，夫或妻之債權人得就夫妻之共同財產及其各自之特有財產請求清償。

　　(5)**補償請求權**　共同財產之債務，而以特有財產清償，或特有財產之債務，而以共同財產清償者，有補償請求權，雖然婚姻關係存續中，亦得請求（民法第一〇三八條第二項）；但共同財產所負之債務而以共同財產清償者，不生補償請求權（同條一項）。

　　(6)**共同財產關係之消滅**

　　①**因死亡而消滅**　夫妻之一方死亡時，共同財產之半數，歸屬於死亡者之繼承人，其他半數，歸屬於生存之他方（民法第一〇三九條第一項），但此項財產之分割，其數額另有約定者，從其約定（同條二項）。如該生存之他方，依法不得為繼承人時，其對於共同財產得請求之數額，不得超過於離婚時所應得

之數額（同條三項）。此所謂依法不得為繼承人，指生存之他方對於死亡之一方有民法第一一四五條喪失繼承權之情事而言，此際其請求之數額應受限制，不得超過離婚時應得之數額（參照民法第一〇五八條），而非共同財產之半數。

　　②**因其他原因而消滅**　共同財產關係消滅時，除法律另有規定（例如民法第一〇三九、一〇五八條）外，夫妻各取回其訂立共同財產制契約時之財產（民法第一〇四〇條第一項）。例如因依契約廢止共同財產制或應適用非常法定財產制而消滅共同財產關係時，即適用上述規定，取回財產，惟取回後，如有剩餘，除另有約定外，共同財產制關係存續中取得之共同財產，夫妻各得其半數（同條二項）。

2. 勞力所得共同財產制

　　民法第一〇四一條第一項規定：「夫妻得以契約訂定僅以勞力所得為限為共同財產。」所謂勞力所得，乃指夫或妻於婚姻關係存續中取得之薪資、工資、紅利、獎金及其他勞力所得有關之財產收入（同條二項前段）；至勞力所得之孳息及代替利益，亦屬勞力所得（同條項後段）。又，不能證明為勞力所得及勞力所得以外之財產者，推定為勞力所得（同條三項）。

　　夫妻約定勞力所得共同財產制者，其勞力所得即為公同共有，應適用共同財產制之規定，至勞力所得以外之財產，則適用關於分別財產制之規定（同條四項）。

　　民法第一〇四一條第五項規定：「第一〇三四條、第一〇三八條及第一〇四〇條之規定，於第一項情形準用之。」如前所述，夫妻約定勞力所得共同財產制者，其勞力所得為公同共有，而勞力所得以外之財產因適用分別財產制之規定，與一般共同財產制之特有財產，居於類似之地位，因此夫妻清償債務之責任、勞力所得財產與勞力所得以外財產間因清償之補償關係、勞力所得共同財產制關係消滅時之分割共同財產等，自得準用一般共同財產制之上述有關規定。

(三) 分別財產制

1. 分別財產制之意義

　　分別財產制，乃夫妻各保有其婚前及婚後財產之所有權、管理權、使用、收益權及處分權（民法第一〇四四條）。夫妻如訂定此一財產制，其財產不因結婚而受影響，就男女平等之立場言，固屬妥當，但對未在外工作，而在家操持

家務之一方則較為不利，因其婚後財產之增加有限，他方在外工作，發展事業，財產增加之機會較多，而現制於婚姻關係消滅時又無剩餘財產分配請求權之適用，對家事勞動未予評價之故。

2.所有權、管理權、用益權及處分權

夫妻各保有其財產之所有權、管理權、用益權及處分權，已如前述。

3.清償債務之責任

民法第一○四六條規定：「分別財產制有關夫妻債務之清償，適用第一○二三條之規定。」即夫妻各自對其債務負清償之責，一方以自己財產清償他方之債務時，雖於婚姻關係存續中，亦得請求償還。

第三節　同性婚姻

一、概　說

按現行民法上之婚姻為一男一女之終生結合關係，因此明定男女之訂婚（民法第九七二、九七三條）、男女之結婚（民法第九八○條），親屬編之規定即以夫妻、父母子女及其所連結之親屬為中心，規範其身分之發生、消滅及其所派生之權利義務，此與社會之傳統及習俗，並無不合。惟時代之變遷，現今社會，亦有性別相同之二人經營共同生活之事實，另面臨是否立法承認同性婚姻之問題。司法院於民國一○六年五月二十四日公布釋字第七四八號解釋，認為民法第四編第二章婚姻規定，未使同性別二人得成立永久結合關係為違憲，與憲法第二十二條保障人民婚姻自由及第七條保障人民平等權之意旨有違；並責成有關機關應於解釋公布之日起二年內完成相關法律之修正或制定；至於以何種形式平等保護同性婚姻，屬立法形成自由；如逾期未完成法律之修正或制定者，同性之二人得依現行婚姻章之規定，向戶政機關辦理結婚登記。

司法院上開解釋具有拘束力，行政院乃依上開解釋意旨提出「司法院釋字第七四八號解釋施行法草案」，經立法院於一○八年五月十七日通過後，於同年月二十二日公布，自同年月二十四日施行。該施行法共二十七條，乃以專法對相同性別二人為經營共同生活，成立具有親密性及排他性之永久結合關係者，

予以規範，其得向戶政機關辦理結婚登記。依該施行法已承認同性婚姻。

查上開施行法並無同性婚姻之用語，但依其規定，第二條之同性二人之永久結合關係得依第四條規定向戶政機關辦理結婚登記，其成立者為同性婚姻關係，可以概見。

二、同性結婚之要件

㈠形式要件

依施行法第四條規定，其形式要件有三，即(1)以書面為之；(2)有二人以上證人之簽名；(3)向戶政機關辦理結婚登記。

㈡實質要件

1.須同性雙方當事人婚姻意思合致

施行法對此雖無明文，如前所述，同性二人以經營共同生活為目的，成立永久結合關係，須辦理結婚登記，自須該同性二人有婚姻意思之合致，乃為當然，且須具有形成永久結合關係，相互履行該結合關係所生權利義務之實質意思。

2.須達法定同性結婚年齡

施行法第三條第一項規定：「未滿十八歲者，不能成立前條關係。」即不問同性二人之同為男或同為女，均須滿十八歲始得成立有同性婚姻關係。其與民法第九八〇條規定，須男滿十八歲，女滿十六歲始得結婚者，有所不同。

3.未成年人成立同性婚姻關係，須得法定代理人之同意

施行法第三條第二項規定：「未成年人成立前條關係，應得法定代理人之同意。」

4.須非禁婚親間之同性結婚

依施行法第五條第一項規定，與下列相同性別之親屬不得結婚：(1)直系血親及直系姻親。(2)旁系血親在四親等以內者；但因收養而成立之四親等旁系血親，輩分相同者，不在此限。(3)旁系姻親在五親等以內，輩分不相同者。

依同條第二項規定，上開直系姻親不得同性結婚之限制，於姻親關係消滅後，亦適用之。

又依同條第三項規定，因收養所成立之直系血親及直系姻親不得同性結婚

之限制，即令其收養關係終止，仍不得結婚。

上開規定與民法第九八三條相較，此將旁系血親縮小為四親等以內，而非六親等以內，其餘規定均同。

5. 須非重婚，亦非一人同時與二人以上成立同性婚姻

依施行法第七條規定：「有配偶或已成立第二條關係者，不得再成立第二條關係。一人不得同時與二人以上成立第二條關係，或同時與二人以上分別為民法所定之結婚及成立第二條關係。已成立第二條關係者，不得再為民法所定之結婚。」易言之，有配偶或已成立同性婚姻關係者，不得同時或先後與他人成立同性婚姻或民法上之結婚。其立法旨趣，與民法第九八五條維持一夫一妻婚者相同。

6. 須無監護關係

施行法第六條規定：「相同性別之監護人與受監護人，於監護關係存續中，不得成立第二條關係。但經受監護人父母同意者，不在此限。」其立法旨趣，與民法第九八四條保護受監護人者相同。

此外，依施行法第一○條第一項規定，準用民法第九九六條及九九七條規定，即同性二人之成立同性婚姻，須非在無意識或精神錯亂中，亦須非被詐欺或脅迫。至於第九九五條須非不能人道之結婚要件，於同性結婚並不準用。

三、同性婚姻之無效與撤銷

㈠同性婚姻之無效

依施行法第八條第一、二項規定，無效事由有三：⑴未具備同性結婚之方式。⑵禁婚親間之同性結婚。⑶有配偶或已成立同性婚姻關係者，同時先後與他人成立同性婚姻或民法上之結婚。

此外，同性二人欠缺婚姻意思者，其婚姻亦應為無效，殊無疑義。

㈡同性婚姻之撤銷

依施行法第九條、第一○條之規定，撤銷事由有五：⑴未達法定之同性結婚年齡。⑵未成年人未得法定代理人同意之同性婚姻。⑶監護人與受監護人之同性婚姻。⑷在無意識或精神錯亂中之同性婚姻。⑸被詐欺或被脅迫之同性婚姻。

至於同性婚姻之撤銷，亦與民法上之結婚撤銷方法相同，即須由撤銷權人於法定期間內向法院提起撤銷之訴，而撤銷之效力，亦不溯及既往（準用第九九八條之規定）。

㈢同性婚姻無效與撤銷之損害賠償及準用離婚有關之規定

同性婚姻無效或經撤銷，與民法上之婚姻相同，亦有損害賠償、子女親權之酌定、取回財產等問題，為此施行法第一〇條第二項規定：「第二條關係無效或經撤銷者，其子女親權之酌定及監護、損害賠償、贍養費之給與及財產取回，準用民法第九百九十九條及第九百九十九條之一之規定。」

四、同性婚姻之普通效力及雙方當事人之財產制

㈠同性婚姻之普通效力

依施行法第一一條至第一四條規定，同性婚姻之雙方當事人，發生下列之效力，即：(1)互負同居義務。(2)共同協議當事人雙方之住所。(3)於日常家務，互為代理人。(4)分擔家庭生活費用之義務。凡此與民法第一〇〇一條至第一〇〇三條之一所規定之婚姻普通效力相同。

㈡同性婚姻雙方當事人之財產制

施行法第一五條規定：「第二條關係雙方當事人之財產制，準用民法親屬編第二章第四節關於夫妻財產制之規定。」即當事人得約定財產制，如未約定財產制，亦以法定財產制為其財產制。

五、同性婚姻之終止

民法以「離婚」為用語，施行法則稱之為「終止同性婚姻關係」。

㈠合意終止

依施行法第一六條規定，雙方得合意終止其同性婚姻關係，其終止應以書面為之，有二人以上證人之簽名，並應向戶政機關為終止之登記。如當事人為未成年人者，應得法定代理人之同意。

㈡經法院調解或法院和解成立終止同性婚姻

依施行法第一八條規定：「第二條關係之終止經法院調解或法院和解成立者，第二條關係消滅。法院應依職權通知該管戶政機關。」

㈢裁判終止

施行法第一七條規定，同性婚姻當事人一方有法定原因時，他方得向法院請求終止其關係。按該條第一項所列舉九款之終止具體原因，與民法第一〇五二條第一項所列舉之十款事由相較，除將第七款之「有不治之惡疾」及第八款之「有重大不治之精神病」合併為第七款之「有重大不治之病」及將第一款之用語改為「與他人重為民法所定之結婚或成立第二條關係」外，則為相同。至於同條第二項規定：「有前項以外之重大事由，難以維持第二條關係者，雙方當事人之一方得請求終止之。」之終止抽象原因，則未如民法第一〇五二條第二項但書之限制有責配偶之離婚請求。

至於施行法第一七條第三、四項規定之終止權消滅，則與民法第一〇五三、一〇五四條之規定相同。

六、準用其他法律之規定

㈠得收養他方之親生子女

依施行法第二〇條規定，同性婚姻關係當事人之一方收養他方之「親生子女」時，準用民法關於收養之規定。即許一方收養他方之「親生子女」，所謂「親生子女」應僅指婚生及準婚生子女，不包括養子女，此與民法第一〇七四條但書第一款許夫妻之一方得單獨收養他方之「子女」者，範圍尚有不同。至於收養他方「親生子女」後，準用民法第一〇七七條第一項規定，一方與其養子女間之關係，與婚生子女同，自應適用有關父母與子女間權利義務之規定。

㈡一方得為他方受監護宣告時之監護人

依施行法第二一條規定，民法第一一一一條至第一一一一條之二關於配偶之規定，準用於同性婚姻關係當事人。即當事人一方受監護宣告時，為其最佳利益，法院亦得選定他方為監護人。

㈢互負扶養義務

依施行法第二二條規定，同性婚姻關係當事人，互負扶養義務，關於其受扶養之順序、要件、扶養義務之免除、扶養程度及方法，準用民法第一一一六條之一、一一一七條第一項、一一一八條之一第一、二項、一一一九條及一一二一條之規定。

㈣相互繼承之權利

依施行法第二三條規定，同性婚姻關係當事人有相互繼承之權利，為法定繼承人，準用民法繼承編關於繼承人及配偶之規定。

㈤準用民法總則編、債編及其他法規之規定

依施行法第二四條第一項規定，同性婚姻關係準用民法總則編及債編關於配偶、夫妻、結婚或婚姻之規定。例如民法第一三條、一四條、一四三條、一九四條、一九五條、四一六條、五七三條等規定，均準用之。

依同條第二項規定，除本法及其他法規另有規定外，亦準用民法以外其他法規關於配偶、夫妻、結婚或婚姻之規定，及配偶或夫妻關係所生之規定。例如準用所得稅法配偶合併申報、土地稅法配偶相互贈與土地得申請不課徵土地增值稅等是。

七、適用家事事件法

依施行法第二五條規定，因同性婚姻所生之爭議為家事事件，適用家事事件法有關規定。例如確認同性婚姻關係存在或不存在、請求判決終止同性婚姻為家事訴訟事件（家事第三條第一項第一款、第二項第二款），同性婚姻當事人之一方請求他方扶養為家事非訟事件（同條第五項第十二款）是。

八、保障宗教自由等權利

依施行法第二十六條規定，本法之同性婚姻關係，不影響任何人或團體依法享有之宗教自由及其他自由權利。

九、其他問題

本法施行後，似有下列問題尚待解決：㈠依第二〇條固規定，同性婚姻當事人之一方得單獨收養他方之「親生子女」，何以僅規定為「親生子女」？得否共同收養子女？㈡該當事人得否依人工生殖法生殖子女？㈢我國與他國如均已承認同性婚姻者，同性當事人之成立婚姻，如制度互異，規定不同者，可適用涉外民事法律適用法第四六條以下決定其成立及效力，但多數國家尚未承認同性婚姻，即尚無此制度，於此情形，與他國人民同性婚姻之成立，即成為難題。

習 題

一、甲男、乙女於八十四年十二月一日訂婚，約定八十五年八月一日結婚，但乙女竟於八十五年六月三十日與丙男結婚。甲男有何權利可得行使？

二、甲男、乙女已舉行結婚之公開儀式，並有二人以上之證人在場親見該儀式而願證明，但迄未辦理結婚登記。甲、乙於辦理結婚登記前是否為夫妻？

三、甲男與乙女未舉行結婚儀式，但曾向戶政機關辦理結婚登記，如甲男死亡，乙女得否以配偶身分繼承甲之遺產？

四、甲男與乙女於七十二年間結婚，未約定夫妻財產制，於七十三年間甲買受A土地一筆，以妻乙之名義為登記；嗣於七十六年間甲又買受B土地一筆，亦以乙之名義為登記。甲之債權人丙於一〇一年七月間於取得金錢債權之執行名義後，得否聲請法院執行上開之A、B二筆土地？

五、結婚無效與撤銷事由有幾？

六、夫妻適用通常法定財產制，其財產所有權之歸屬為何？

七、甲夫、乙妻通謀虛偽離婚，經於九十年二月一日辦理離婚登記，其後丙女善意且無過失信賴上開登記而於九十一年十月一日與甲男結婚；嗣乙訴請法院判決確認其與甲之婚姻關係存在，確定在案。甲與丙之結婚是否為重婚而無效？

八、甲男、乙女於一〇〇年五月一日結婚，婚後乙對丙負有金錢債務一百萬元，乙應以何種財產對丙負清償責任？是否因甲、乙夫妻財產制之不同而有不同之結論？

〔提 示〕

一、甲男得對乙女行使下列二種權利：⑴對乙女解除婚約（民法第九七六條第一項一款）後，請求財產上及非財產上之損害賠償（民法第九七七條）。⑵以乙女違反婚約而請求財產上及非財產上之損害賠償（民九七八、九七九條）。上開二種權利競合，甲得擇一或合併行使之。

二、㈠依舊法，甲、乙為夫妻。按我民法對於結婚之形式要件於九十七年五月二十二日前採取儀式婚主義，而非登記婚主義，甲男、乙女既已踐行結婚之公開儀式，並有二人以上之證人，於法即屬夫妻，雖尚未依戶籍法之規定辦理結

婚登記，但不影響其夫妻之身分。

㈡依新法，甲、乙非為夫妻。於九十七年五月二十三日後，結婚形式要件改採法律婚主義，結婚儀式非結婚之法定方式，其未為結婚登記，即非夫妻。

三、依九十七年五月二十二日前之舊法（民法舊第九八二條第一項）採儀式婚主義，乙女得否繼承甲之遺產，視其推定結婚之效力曾否被推翻而定。按甲、乙雖未踐行法定之結婚方式，但既經辦理結婚戶籍登記，於法即推定其已結婚（民法舊第九八二條第二項），惟因其結婚之效力僅被推定而已，如無人舉反證以證明其未具備結婚形式要件，爭執其結婚效力者，乙女自得以配偶身分繼承甲之遺產，但如利害關係人舉出反證證明其欠缺結婚形式要件時，推定結婚之效力即被推翻，此際乙因非甲之配偶，即不得為甲之繼承人。

上述為舊法採儀式婚主義之問題。依九十七年五月二十三日施行之新法，結婚形式要件採取法律婚主義，結婚應以書面為之，有二人以上證人之簽名，並應由雙方當事人向戶政機關為結婚登記。即不問當事人有無結婚儀式，如未以書面，並經二人以上證人之簽名，其為結婚登記之申請時，戶政機關應不為受理，但如欠缺書面及二人以上證人簽名，即令戶政機關誤予受理而為結婚登記，結婚形式要件仍為欠缺而為結婚無效。此與舊法結婚登記有推定效力者，尚有不同。

四、A土地及B土地均不得予以執行。其理由為：⑴甲、乙未約定夫妻財產制，應適用舊法時之聯合財產制。以妻乙之名義登記之A土地，既屬聯合財產，發生於七十四年六月四日以前，本應適用民法第一○一七條之舊規定，其所有權先推定為夫甲所有，但依親屬編施行法第六條之一，甲、乙並未於八十六年九月二十六日前更名登記，或移轉登記為夫甲所有，則自同年月二十七日以後，該土地之所有權應適用修正後之第一○一七條規定而為妻乙所有。於九十一年六月二十八日新法施行後，依親屬編施行法第六條之二之規定，A地視為妻即乙之婚後財產，是甲之債權人丙自不得於一○一年七月間以之為甲之財產而聲請執行。⑵至B土地亦屬舊法時之聯合財產，其登記為妻乙名義既在七十四年六月五日以後，即應適用當時之民法第一○一七條之規定，其為乙之原有財產，其所有權屬乙而非甲，於九十一年六月二十八日新法施行後，依親屬編施行法第六條之二，B地視為妻即乙之婚後財產，其夫甲之債權人丙自不得以之為執行標的物。

五、㈠結婚無效之事由，依民法第九八八條之規定有四，即⑴結婚欠缺法定方式。
　　⑵近親結婚。⑶重婚。但重婚之雙方當事人因善意且無過失信賴一方前婚姻
　　消滅之兩願離婚登記或離婚確定判決而結婚者，其重婚仍為有效。⑷一人同
　　時與二人以上結婚。惟該條所列之事由應屬例示的，其他如通謀虛偽之結婚、
　　附解除條件或終期之結婚等，因欠缺結婚意思，亦為無效。（詳如本文內之解
　　說）

　　㈡結婚撤銷之事由，我民法列舉有六，即⑴不適齡婚。⑵未得法定代理人同意
　　之結婚。⑶監護人與受監護人之結婚。⑷不能人道。⑸無意識或精神錯亂中
　　之結婚。⑹被詐欺或被脅迫之結婚。（詳如本文內之解說）

六、依修正後之新法，將通常法定財產制之夫或妻財產分為婚前或婚後，各自所有。
　　惟九十一年六月二十七日前之舊法為聯合財產制，其為實體規定，仍有其適用。
　　從而，於通常法定財產制下夫妻財產所有權之歸屬，尚應區分為：㈠新法。㈡
　　舊法：⑴七十四年六月四日前之舊法。⑵七十四年六月五日後之舊法。⑶舊法
　　時之聯合財產，於新法施行後，其所有權之歸屬。（詳如本文內之解說）

七、甲男與丙女雖為重婚，但非無效。理由：⑴甲與乙之通謀虛偽離婚為無效，不
　　因其辦理離婚登記而消滅婚姻關係。甲與丙女之結婚自為重婚，本為無效（民
　　法第九八八條二款）。⑵惟依釋字第五五二號解釋，丙女為信賴上述離婚登記而
　　與甲結婚，為善意並無過失，與一般重婚情形有異，依信賴保護原則，甲與丙
　　之後婚，應予維持，即甲、丙亦為夫妻。⑶依該號解釋，本件情形發生於九十
　　一年十二月十三日公布前，僅丙為善意並無過失，即維持其後婚姻之效力。但
　　公布後，則須重婚之雙方當事人均為善意且無過失時，後婚姻之效力始能維持。
　　⑷依於九十六年五月二十五日生效之民法第九八八條第三款但書，如僅丙為善
　　意且無過失，而甲非善意且無過失，甲、丙之重婚仍為無效，但依題意，甲、
　　丙之重婚發生於九十一年十二月十三日之前，雖僅丙為善意且無過失，但依上
　　開解釋，甲、丙之後婚姻仍為有效，而為夫妻。

八、因甲、乙夫妻財產制之不同，乙對丙負清償責任之財產，有所不同。詳言之：
　　㈠如甲、乙為通常法定財產制，因各自對其債務負清償責任（民法第一〇二三
　　條），乙應以其婚前財產及婚後財產對丙負責。㈡如甲、乙為分別財產制，亦各
　　自對其債務負清償責任（民法第一〇四六條），乙應就其所有之財產對丙負責。

㈢如甲、乙為共同財產制，可再分為二種情形：⑴如為一般共同財產制，因夫妻之財產及所得，除特有財產外，合併為共同財產，屬於夫妻公同共有（民法第一〇三一條）。乙應就其特有財產及與甲之共同財產對丙負責。⑵如為勞力所得共同財產制，因僅以勞力所得為限為共同財產，勞力所得以外之財產適用關於分別財產制之規定，並準用由夫妻共同財產及各就特有財產負清償責任之規定（民法第一〇四一條第一、四、五項）。乙應就其特有財產、勞力所得以外之財產及與甲之勞力所得共同財產對丙負責。

第四章　離　婚

　　夫妻締結婚姻之後，若感情已乖，或有其他原因，勢難偕老，猶強其結合，實非維持社會家庭平和之道，故有離婚之制。我國民法關於離婚，除協議離婚（兩願離婚）與裁判離婚外，新法並增訂有「經法院調解或和解成立之離婚」。

第一節　協議離婚

一、協議離婚之要件

㈠實質要件

1.須當事人有離婚之合意

　　既為兩願離婚，自須當事人有離婚意思之合致，而所謂離婚意思，有實質意思說及形式意思說之分。依前說，通謀虛偽之離婚（即假裝離婚）為無效，依後說，則認為雖屬通謀虛偽之離婚，但既有踐行離婚形式要件之意思之合致，亦為有效。學說上以採取實質意思說者為多。實務上，最高法院五四年臺上字第三一五七號判決亦持實質意思說之立場。

2.未成年人離婚應得法定代理人之同意

　　未成年人已結婚者，雖有財產法上之行為能力（民法第一三條第三項），但兩願離婚為身分行為，尚應得其法定代理人之同意（民法第一〇四九條但書）。

　　此所謂之法定代理人，應專指未成年人之父母，如離婚時，其父母均已死亡，依民法第一〇九一條但書，無庸置監護人，因不能另有法定代理人，即無適用民法第一〇四九條但書之餘地。

㈡形式要件

　　依民法第一〇五〇條規定：「兩願離婚，應以書面為之，有二人以上證人之簽名並應向戶政機關為離婚之登記。」則其形式要件有二：

1.須以書面為之，並有二人以上證人之簽名

　　協議離婚須作成書面，並應有二人以上證人簽名，以確保當事人離婚之真

意，防止被迫離婚。證人無須與當事人素相熟識（二八年上字三五三號判例），其簽名亦無須與書面作成同時為之，書面作成後申請登記前為之，亦無不可（四二年臺上字一○○一號判例），但須親見或親聞雙方當事人確有離婚之真意之人，始得為證人（六八年臺上字三七九二號判例）。

2. 須向戶政機關為離婚之登記

協議離婚若未經登記，則不生離婚之效力。此要件為七十四年六月三日公布所增設，其目的在使雙方當事人有進一步冷靜思考之緩衝時間，同時使第三人對其身分關係更易於查考，以符合社會公益。

惟於七十四年六月五日後，協議離婚須經登記，但九十七年五月二十二日前，結婚採取儀式婚主義，如已踐行公開儀式及二人以上證人之方式，不必結婚登記，即發生結婚之效力。則如於九十七年五月二十二日前，當事人已踐行結婚之法定方式，但未依戶籍法之規定為結婚登記，則嗣後夫妻協議離婚時，是否仍須向戶政機關為離婚登記？即成為問題。實務上忠於民法第一○五○條之規定，採肯定之見解，認仍應辦理離婚登記（司法院七十五年七月十日七五廳民一字一四○五號函）。學說上則不甚一致。有認為：未經結婚登記之夫妻，欲兩願離婚時，應先為結婚登記，再為離婚登記。另有採否定說，認為：結婚既未依登記為公示，則其離婚縱未依登記為公示，亦不致紊亂婚姻制度或害及第三人之虞，且如責令當事人先辦結婚登記，再辦離婚登記，顯屬本末倒置。按此一問題乃因立法不當所發生，應就結婚形式要件改採登記婚主義，始可解決。自九十七年五月二十三日後，民法對結婚採取登記婚主義，上開疑義，已不再發生。

二、協議離婚之無效與撤銷

關於協議離婚之無效與撤銷，我民法並無明文，學者之間，有主張應適用或準用總則編之規定者，有主張應分別情形準用總則編與親屬編之規定者，有主張應準用親屬編關於結婚無效與撤銷之規定者。惟按協議離婚為純粹親屬身分行為，其無效與撤銷自以類推適用關於結婚無效與撤銷之規定為妥。

(一)協議離婚無效之原因

1.欠缺離婚意思

當事人雙方或一方無意思能力，或無離婚意思之合致者，其離婚應屬無效。至通謀虛偽之離婚，自離婚意思採實質意思說之立場，亦為無效。

2.不備形式要件

未作成離婚書面，或雖有書面，但無二人以上證人之簽名，或雖有書面並有二人以上證人之簽名，但未向戶政機關為離婚登記者，應不生離婚之效力。嚴格言之，離婚形式要件不備，應屬離婚不成立，而非已成立而無效，最高法院即採此見解（七十五年五月民庭會議決議）。

(二)協議離婚撤銷之原因

1.被詐欺或被脅迫而離婚

應類推適用民法第九九七條被詐欺或被脅迫而結婚為可得撤銷之規定，如因被詐欺或被脅迫而離婚者，得向法院請求撤銷離婚。

2.法定代理人同意之欠缺

類推適用民法第九九〇條之規定，未成年人離婚未得法定代理人之同意者，法定代理人得向法院請求撤銷離婚。惟關於本問題，另有反對見解，認為新法就協議離婚既採登記要件主義，則未得法定代理人同意而離婚者，戶政機關固應拒絕受理，但一旦誤為受理而經登記者，其離婚仍發生效力，不生無效或撤銷之問題。此一見解固有見地，惟似尚待明文規定，始可資依據。（惟依二七年上字一〇六四號判例，認未得法定代理人之同意而離婚者，因離婚之要件未備而為無效。但此一見解，似有未妥。）

第二節　法院調解或法院和解成立之離婚

九十八年四月二十九日公布增訂第一〇五二條之一：「離婚經法院調解或法院和解成立者，婚姻關係消滅。法院應依職權通知該管戶政機關。」依此所成立之離婚，亦使婚姻關係消滅，其發生效力之時間為調解或和解成立時，而非離婚登記完成時。其與前述之協議離婚，須立具書面並有二人以上證人之簽名，且於離婚登記完成時，始消滅婚姻關係者，有所不同。

第三節　裁判離婚

　　夫妻之一方，於有民法所定之離婚原因時，他方得向法院請求離婚。如與法定原因之構成要件符合，法院准予離婚，否則，予以駁回（即不准離婚）。此種提起離婚之訴經過法院裁判解消婚姻關係之離婚方式為裁判離婚。

　　關於離婚原因，我民法於第一〇五二條第一項列舉十個具體的、個別的離婚原因，於七十四年六月修正民法親屬編時，於同條第二項增列難以維持婚姻重大事由之包括的、抽象的離婚原因。依通說及實務見解（最高法院八一年臺上字二一五二號民事判決）認為第一項各款與第二項之難以維持婚姻之重大事由為各別獨立之離婚原因，實務見解並認為夫妻間發生足使婚姻難以維持者，雖不符合該條第一項所列各款情形，亦無不准依該條第二項訴請離婚（八六年度第二次民事庭會議決議）。茲就民法第一〇五二條之規定，說明裁判離婚之原因如下：

1.重婚者

　　配偶之一方重婚，他方即得請求離婚。至重婚者是否受刑之宣告，在所不問。

2.與配偶以外之人合意性交

　　所謂性交，依刑法第一〇條第五項規定：「稱性交者，謂非基於正當目的所為之下列性侵入行為：一、以性器進入他人之性器、肛門或口腔，或使之接合之行為。二、以性器以外之其他身體部位或器物進入他人之性器、肛門，或使之接合之行為。」即依新法，不限於與異性之性行為始為離婚原因，僅需有上開性交行為，即構成離婚原因。

3.夫妻之一方受他方不堪同居之虐待者

　　所謂不堪同居之虐待，須精神上或身體上遭受虐待，而致不堪同居者而言。例如：夫妻之一方慣行毆打他方、偶然毆打造成重傷、誣控他方犯罪，或夫姦淫其生女、夫強命妻下跪且頭頂盆鍋等均是。至於夫妻間偶而失和毆打他方，致受有微傷，尚難認為不堪同居之虐待。

4.夫妻之一方對於他方之直系親屬為虐待，或夫妻一方之直系親屬對他方為虐待，致不堪為共同生活者

此乃為使一家長幼，和睦相處。得依本款請求離婚之人，限於夫或妻，其直系親屬不得為之。詳言之，夫妻之一方對他方之直系親屬為虐待，或夫妻一方之直系親屬對他方為虐待，不論該直系親屬為尊親屬（父母、繼父母）或為卑親屬（子女、繼子女），致不堪為共同生活時，均構成離婚原因。

5.夫妻之一方，以惡意遺棄他方在繼續狀態中者

所謂惡意遺棄，係指夫或妻無正當理由，不盡同居或扶養之義務或不負擔家庭生活費用義務而言，且其遺棄須在繼續狀態中者，始得請求離婚。此所謂惡意，含有「故為如此」之意。

6.夫妻之一方，意圖殺害他方者

所謂意圖殺害，以有殺害之預謀為已足，斯時生命堪虞，自應許他方請求離婚。

7.有不治之惡疾者

所謂惡疾，如癩瘋或花柳病等為常情所厭惡之疾病，以不治為要件。至殘廢不包括在內。

8.有重大不治之精神病者

精神病之為離婚原因，限於重大，且為不可治癒者。

9.生死不明已逾三年者

亦即一方失蹤已逾三年時，不論其是否惡意，他方即可請求離婚。

10.因故意犯罪，經判處有期徒刑逾六個月確定者

犯罪須出於故意，如為過失犯，不問其刑期多久，不構成離婚原因。逾六個月之有期徒刑，係指宣告刑，並已確定。

11.有其他之重大事由而難以維持婚姻者

民法於列舉前述十個具體的離婚原因外，為應實際需要，兼採概括主義，於第一○五二條第二項規定：「有前項以外之重大事由，難以維持婚姻者，夫妻之一方得請求離婚。但其事由應由夫妻之一方負責者，僅他方得請求離婚。」此即為抽象的離婚原因。是否為難以維持婚姻之重大事由，其判斷標準為婚姻是否已生破綻而無回復之希望。本項為新增之規定，其適用有待判例、解釋例

之累積，始能具體化。惟自己招致婚姻破綻之有責配偶，無請求離婚之權，即本項規定僅採取消極的破綻主義。易言之，婚姻難以維持，無從期待夫妻繼續共同生活時，有責配偶亦得請求判決離婚之積極的破綻主義，我民法尚未採取。惟夫妻雙方就該難以維持婚姻之重大事由均須負責時，應比較衡量雙方之有責程度，經比較衡量結果，責任較輕之一方得向責任較重之他方請求離婚，如雙方之有責程度相同，則雙方均得請求離婚（最高法院九五年度第五次民事庭會議決議）。

依上說明，有本條第一項所列舉十個具體離婚原因，夫妻之一方訴請離婚時，法院應予判准，不問婚姻得否繼續維持，但依第二項抽象離婚原因，訴請離婚時，除其事由重大外，尚須判斷該原因難以維持婚姻，法院始可判准。

此外，民法另規定離婚請求權之消滅，即夫妻之一方與人重婚或與配偶以外之人合意性交者，有請求權之他方，於事前同意，或事後宥恕，或知悉後已逾六個月，或自其情事發生後已逾二年者，不得請求離婚（民法第一〇五三條）。例如妻對於夫之與他人性交，已於事前同意者，即不得以其夫有與人合意性交之情事請求離婚。又，夫妻之一方意圖殺害他方者，或因故意犯罪經判處有期徒刑逾六個月確定者，有請求權之他方，自知悉後已逾一年或自其情事發生後已逾五年者，不得請求離婚（民法第一〇五四條）。

第四節　離婚之效力

因離婚，夫妻間由結婚所發生之身分上、財產上之一切法律關係，均向將來消滅。離婚效力之發生時期，在協議離婚為離婚登記完成之時，在法院調解或和解之離婚，為成立之時，在判決離婚，則為離婚判決確定之時。茲就其各種效力，說明如次：

1.對於身分上之效力

無論協議離婚、經法院調解或法院和解成立之離婚、或判決離婚，均使夫妻關係消滅。於是男女雙方可以再婚；姻親關係歸於消滅。

2.對於財產上之效力

夫妻離婚時，除採用分別財產制者外，各自取回其結婚或變更夫妻財產制

時之財產；如有剩餘，各依其夫妻財產制之規定分配之（民法第一〇五八條）。再者，在判決離婚，夫妻之一方因而受有損害者，得向有過失之他方，請求賠償（民法第一〇五六條第一項）；又雖非財產上之損害，受害人亦得請求賠償相當之金額；但以受害人無過失者為限（同條二項）。此項非財產上之損害賠償請求權亦有專屬性，不得讓與或繼承，但已依契約承諾或已起訴者，不在此限（同條三項）。此外，夫妻無過失之一方，因判決離婚（協議離婚則否）而陷於生活困難者，他方縱無過失，亦應給與相當之贍養費（民法第一〇五七條）。

3.對未成年子女權利義務之行使或負擔

(1)行使親權之人之決定

①**依協議由夫妻一方或雙方共同任之**　民法第一〇五五條第一項前段規定：「夫妻離婚者，對於未成年子女權利義務之行使或負擔，依協議由一方或雙方共同任之。」即夫妻於離婚後，不論其為兩願離婚或判決離婚，先由夫妻依協議由其一方單獨或雙方共同對於其未成年子女為權利義務之行使或負擔。

②**未為協議或協議不成者**　法院得依夫妻之一方、主管機關、社會福利機構或其他利害關係人之請求或依職權酌定（同條項後段）。

③**法院之改定行使、負擔權利義務之一方**　前述之夫妻之協議不利於子女者，法院得依主管機關、社會福利機構或其他利害關係人之請求或依職權為子女之利益改定之（民法第一〇五五條第二項）。此外，行使、負擔權利義務之一方未盡保護教養之義務或對未成年子女有不利之情事者，他方、未成年子女、主管機關、社會福利機構或其他利害關係人得為子女之利益請求法院改定之（同條三項）。

④法院於前述之酌定或改定行使、負擔權利義務之一方時，法院得依請求或依職權，為子女之利益酌定權利義務行使負擔之內容及方法（同條四項）。

(2)**法院為親權人之酌定或改定時，應依子女之最佳利益為裁判**　民法第一〇五五條之一第一項規定：「法院為前條裁判時，應依子女之最佳利益，審酌一切情狀，尤應注意下列事項：一、子女之年齡、性別、人數及健康情形。二、子女之意願及人格發展之需要。三、父母之年齡、職業、品行、健康情形、經濟能力及生活狀況。四、父母保護教養子女之意願及態度。五、父母子女間

或未成年子女與其他共同生活之人間之感情狀況。六、父母之一方是否有妨礙他方對未成年子女權利義務行使負擔之行為。七、各族群之傳統習俗、文化及價值觀。」

上開第六、七款為新法所增訂。第六款為善意父母原則，期父母於離婚後爭取對其未成年子女之親權時，以未成年子女之最佳利益為重，避免不當之行為。第七款則為法院為裁判時，並須考量各族群之傳統習俗、文化及價值觀，以免與子女之最佳利益相衝突。

同條第二項規定：「前項子女最佳利益之審酌，法院除得參考社工人員之訪視報告或家事調查官之調查報告外，並得依囑託警察機關、稅捐機關、金融機構、學校及其他有關機關、團體或具有相關專業知識之適當人士就特定事項調查之結果認定之。」即新法增訂法院囑託其他機關協助之法源，並引進專業知識人士協助法院，俾利斟酌判斷子女最佳利益。

(3)選定父母以外之適當之人為子女之監護人　民法第一〇五五條之二規定：「父母均不適合行使權利時，法院應依子女之最佳利益並審酌前條各款事項，選定適當之人為子女之監護人，並指定監護之方法，命其父母負擔扶養費用及其方式。」

4.未行使負擔權利義務之一方與其未成年子女之會面交往

民法第一〇五五條第五項規定：「法院得依請求或依職權，為未行使或負擔權利義務之一方酌定其與未成年子女會面交往之方式及期間。但其會面交往有妨害子女之利益者，法院得依請求或依職權變更之。」即未行使負擔權利義務之父母一方得與其子女為個人之會面、通信或其他接觸，但僅於無妨害子女之利益內，予以承認。

習 題

一、甲、乙為夫妻，因感情不睦乃於八十五年六月一日協議離婚，立有書面，並有二人證人之簽名，且於同年月二日登報聲明離婚，表示此後男婚女嫁各不相涉。試問於此情形，甲、乙是否已非夫妻？

二、我民法關於裁判離婚之原因如何規定？

三、夫妻離婚後，應如何定其對未成年子女權利義務之行使或負擔？

〔提　示〕

一、甲、乙仍為夫妻。按自七十四年六月五日以後之協議離婚應適用修正後之民法
　　第一千零五十條所規定之形式要件，即除書面、二人以上證人之簽名外，並應
　　向戶政機關為離婚登記，始生協議離婚之效力。甲、乙之協議離婚雖已有書面
　　及二人以上證人之簽名，但尚未辦理離婚登記，其離婚行為尚未成立，自仍為
　　夫妻。至登報聲明離婚，並非法定之協議離婚方式，並無任何效力可言。

二、我民法關於裁判離婚之原因，於第一○五二條第一項列舉十個具體的、個別的
　　離婚原因，又於同條第二項規定難以維持婚姻重大事由之抽象的、包括的離婚
　　原因。(詳如本文內之解說)

三、(1)依協議由夫妻一方或雙方共同任之。(2)未為協議或協議不成者，由法院酌定。
　　(3)法院於一定情事，得為子女利益改定行使、負擔權利義務之一方。(4)法院得
　　依請求或依職權為子女之利益酌定權利義務行使負擔之內容及方法。(詳如本文
　　內之解說)

第五章　父母子女

第一節　概　說

　　民法上之親子關係，有自然的親子關係與擬制的親子關係兩種。自然的親子關係又可分為婚生子女與非婚生子女兩種。非婚生子女與生母之關係，因出生之事實，法律上當然視為婚生子女（民法第一〇六五條第二項）；非婚生子女因生父任意認領或撫育（民法第一〇六五條第一項），或因強制認領（民法第一〇六七條），法律上視為婚生子女；非婚生子女因生父與生母結婚，法律上視為婚生子女（民法第一〇六四條）。非婚生子女而法律上視為婚生子女，是為準婚生子女，準婚生子女之地位與婚生子女同。故嚴格言之，所謂非婚生子女，僅為未經生父任意認領或撫育，亦未經強制認領，而其生父母又未結婚，與生父之間不發生法律上親子關係之非婚生子女而已。至擬制的親子關係，即養父母子女關係，養子女之地位與婚生子女同。

　　關於子女之稱姓，可分為婚生子女、非婚生子女及養子女之稱姓。

一、婚生子女之稱姓

　　依九十九年五月十九日修正公布之新法第一〇五九條規定：父母於子女出生登記前，應以書面約定子女從父姓或母姓；未約定或約定不成者，於戶政事務所抽籤定之（第一項）。子女經出生登記後，於未成年前，得由父母以書面約定變更為父姓或母姓（第二項）。子女已成年者，得變更為父姓或母姓（第三項）。前二項之變更，各以一次為限（第四項）。有下列各款情形之一，為子女利益父母之一方或子女得請求法院宣告變更子女之姓氏為父姓或母姓：一、父母離婚者。二、父母之一方或雙方死亡者。三、父母之一方或雙方生死不明滿三年者。四、父母之一方顯有未盡保護或教養義務情事者。即子女之稱姓非如舊法以從父姓為原則，而得從父姓，亦得從母姓，由父母於子女出生登記前以書面約定之，如父母對於子女之稱姓約定不成時，以抽籤決定子女之稱姓。較

成問題者，為已成年之子女得自行變更其稱姓為父姓或母姓，除有一次之限制外，無其他要件，是否妥適，尚待觀察。

二、非婚生子女之稱姓

依民法第一〇五九條之一之規定：「非婚生子女從母姓。經生父認領者，適用前條第二項至第四項之規定。非婚生子女經生父認領，而有下列各款情形之一，法院得依父母之一方或子女之請求，為子女之利益宣告變更子女之姓氏為父姓或母姓：一、父母之一方或雙方死亡者。二、父母之一方或雙方生死不明滿三年者。三、子女之姓氏與任權利義務行使或負擔之父或母不一致者。四、父母之一方顯有未盡保護或教養義務之情事者。」

三、養子女之稱姓

依民法第一〇七八條規定：「養子女從收養者之姓或維持原來之姓。夫妻共同收養子女時，於收養登記前，應以書面約定養子女從養父姓、養母姓或維持原來之姓。第一〇五九條第二項至第五項之規定，於收養之情形準用之。」準此，養父母子女於收養發生效力時如經約定養子女從收養者之姓或維持原來之姓，固無問題，但如約定不成或未約定時，養子女如何稱姓，即有疑義，新法上開第一項規定亦待未來立法之補充。

至於子女之住所，民法第一〇六〇條規定：「未成年之子女，以其父母之住所為住所。」此為法定住所之規定，與民法第一〇八六條第一項父母為其未成年子女法定代理人之規定，前後相呼應。

第二節　婚生子女

婚生子女乃由婚姻關係受胎而生之子女（民法第一〇六一條）。所謂婚姻關係乃指合法之婚姻而言。所謂婚姻關係受胎，第一指受胎期間係在婚姻關係存續中；第二須為生母之夫之血統。具此兩種要件始能謂為婚生子女。惟此兩者屬於事實問題，難免發生爭執，法律為杜爭議，乃設有兩種規定：

一、受胎期間之規定

從子女出生日回溯第一百八十一日起至第三百零二日止（計為一二二日）為受胎期間（民法第一○六二條第一項）。受胎在此期間內，而此期間內有一日在婚姻有效中者，其所生之子女即為婚生子女。惟此乃一般之規定，若能證明受胎回溯在前項第一百八十一日以內或第三百零二日以前者，以其期間為受胎期間（同條二項）。

二、婚生子女之推定

民法第一○六三條第一項規定：「妻之受胎，係在婚姻關係存續中者，推定其所生子女為婚生子女。」是妻之受胎後在婚姻關係存續中者，夫縱在受胎期間內未與妻同居，於法妻所生子女亦推定為夫之婚生子女。再者，同條第二項規定：「前項推定，夫妻之一方或子女能證明子女非為婚生子女者，得提起否認之訴。」即此之否認權人為夫妻之一方或子女，且非依訴之方法，不得為之，即須提起否認子女之訴。子女亦得提起否認之訴，為新法所增訂，此乃因釋字第五八七號解釋，認子女獲知其血統來源，確定其真實父子關係，攸關子女人格權，從而以子女亦應有提起否認之訴之資格。否認之訴，應以未起訴之夫、妻及子女為被告；子女否認推定生父之訴，以法律推定之生父為被告；上開二項情形，應為被告之一人死亡者，以生存者為被告，應為被告之人均已死亡者，以檢察官為被告（家事六三條）。

依同條第三項規定：「前項否認之訴，夫妻之一方自知悉該子女非為婚生子女，或子女自知悉其非為婚生子女之時起二年內為之。但子女於未成年時知悉者，仍得於成年後二年內為之。」

第三節　非婚生子女

非婚生子女乃非由婚姻關係受胎而生之子女，即俗所稱私生子是。此種子女與其生母，固發生母子關係，而法律上視為婚生子女，無須認領（民法第一○六五條第二項），此即「分娩者為母」之原則，但與其生父則不發生父子關

係。惟依法如有準正或認領情事，該非婚生子女始視為婚生子女，而得與其生父發生父子關係。

一、準　正

非婚生子女，其生父與生母結婚者，視為婚生子女（民法第一〇六四條）。此種情形，謂之準正。固有認受胎在結婚前，而出生在結婚後者，亦屬準正，但依多數說，非婚生子女限於父母結婚前已出生者，始有準正之適用，如受胎在結婚前，而出生在結婚後者，則不包括在內。準正無須當事人之意思表示，亦無庸經過何等程序，僅須其生父與生母結婚之事實存在，即當然發生效力。準正之效力，通說認為溯及於子女出生時發生效力。惟如生父與生母之結婚無效，即無準正之適用，自屬當然。

二、認　領

㈠任意認領

認領，乃非婚生子女之生父承認其子女為其所出之行為。其本質有解為親子關係之確認宣言，即為事實之通知者，但通說解為單獨行為，即認領之發生效力仍須生父之有效果意思存在。我民法未規定認領之方式，即認領為不要式行為。非婚生子女經生父認領者，視為婚生子女。又，非婚生子女經生父撫育者，視為認領，即無須再為認領之表示（民法第一〇六五條第一項），此為擬制認領。不過非婚生子女或其生母，對於生父之認領，得否認之（民法第一〇六六條）；惟如何否認，尚有爭議，有認為此認領之否認，本質為認領無效之主張，另有認為認領否認權為形成權，其行使由非婚生子女或其生母向認領人為之，為此否認不必舉證，經否認後，應由認領人提起確認親子關係存在之訴，主張其為父並證明之。按如為認領無效，即當然不生認領之效力，又何須否認？似以後說為妥。惟否認之原因、否認之方法及否認權行使之期間，均有疑問，尚待未來立法之補充。

其次，生父認領非婚生子女，不得撤銷其認領（民法第一〇七〇條），關於此規定之意義，有認為，所謂不得撤銷其認領，意指不得任意撤銷其認領之意思表示，並非排除因認領之意思表示有瑕疵（例如被詐欺或被脅迫等）而生之

撤銷權，民事訴訟法舊第五八九條所規定之撤銷認領之訴，即指此而言，因此民法第一〇七〇條僅屬注意規定而已；有力說則主張，所謂不得撤銷認領，意指如父子有血統之連絡，縱因被詐欺或被脅迫，亦絕對不得撤銷，但因如被詐欺或被脅迫而認領非自己血統之子女者，則認領人得主張其認領為無效，有確認必要時，亦得提起確認親子關係不存在之訴。自保護非婚生子女之立場言，應以後說較妥，若然，即無撤銷認領之訴。又，新法於第一〇七〇條增訂但書：「但有事實足認其非生父者，不在此限。」惟如生父認領與其無血緣關係之非婚生子女者，為反於真實之認領，其認領為無效，依家事事件法第三條第一項第三款得提起確認親子關係不存在之訴，上開增訂之但書規定為得撤銷認領，殊有疑義。況且家事事件法亦未規定撤銷認領事件，如何撤銷，亦為疑問。未來修法宜將該但書刪除。

(二)強制認領

強制認領，乃非婚生子女或其生母或其他法定代理人，對於有事實足認為非婚生子女之生父者，因其應認領而不為認領，以之為被告向法院提起認領之訴，經判決後，形成非婚生子女與生父為法律上親子關係之行為（民法第一〇六七條第一項），其為生父之搜索；惟已經認領或經撫育視為認領者，既已發生親子關係，即不得再行為強制認領，如有爭執，為確認親子關係存在或不存在之訴之問題（家事事件法第三條第一項第三款）。

家事事件法第三條第二項第三款明定有認領子女事件之家事訴訟，其性質則有給付之訴、確認之訴與形成之訴之不同見解，但多數說認為其非僅確認親子關係而已，而於非婚生子女與生父間創設法律上親子關係，故為形成訴訟。

再者，新法就強制認領未設有除斥期間之規定，與舊法有所不同。又，如生父死亡者，認領之訴，得向生父繼承人為之，生父無繼承人者，得向社會福利主管機關為之（同條第二項）。

(三)認領之效力

非婚生子女經認領者，其父母既非夫妻，則關於未成年子女權利義務之行使或負擔，自應準用離婚效力第一〇五五條、第一〇五五條之一及第一〇五五條之二之規定（民法第一〇六九條之一）。又，非婚生子女認領之效力溯及於出生時，但第三人已得之權利，不因此而受影響（民法第一〇六九條）。

第四節　養子女

一、收養之要件

　　所謂收養乃收養他人之子女為自己之子女，而法律上擬制為父母子女之謂。其收養者為養父或養母，被收養者為養子或養女（民法第一○七二條）。收養須具備下列要件：

㈠實質要件

1.當事人間須有收養之合意

　　收養須當事人有發生親子關係之合意。收養為身分行為，須自行為之。又，未滿七歲之未成年人無意思能力，其被收養時，由法定代理人代為意思表示並代受意思表示，此乃純粹身分行為不許代理之例外（民法第一○七六條之二第一項）。滿七歲以上之未成年人被收養時，應得法定代理人之同意（同條二項）。上開收養未經法定代理人代為並代受意思表示者，其收養為無效（民法第一○七九條之四）。未得法定代理人之同意被收養者，被收養人之法定代理人得請求法院撤銷之，但自知悉其事實之日起，已逾六個月，或自法院認可之日起已逾一年者，不得請求撤銷（民法第一○七九條之五第二項）。

2.收養者之年齡，原則上應長於被收養者二十歲以上（民法第一○七三條）

　　收養者至少須滿二十歲，夫妻之一方未滿二十歲或與被收養者間未相差二十歲者，不得收養。惟此一原則，有二例外：⑴夫妻共同收養時，夫妻一方長於被收養二十歲以上，而他方僅長於被收養者十六歲以上，亦得收養。⑵夫妻之一方收養他方子女時，應長於被收養者十六歲以上。違反本條之規定者，其收養無效（民法第一○七九條之四）。

3.須與配偶共同為之

　　但有下列二種例外情形之一者，夫妻之一方得單獨收養子女：⑴夫妻之一方收養他方之子女。⑵夫妻之一方不能為意思表示或生死不明已逾三年。（民法第一○七四條）。收養違反本條規定者，收養者之配偶得請求法院撤銷之，但自

知悉其事實之日起，已逾六個月，或自法院認可之日起已逾一年者，不得請求撤銷（民法第一○七九條之五第一項）。

4.被收養者應得配偶之同意

有配偶者被收養時，應得其配偶之同意「但他方不能為意思表示或生死不明已逾三年者，不在此限」（民法第一○七六條）。未得同意時，被收養者之配偶得請求法院撤銷之，但自知悉其事實之日起，已逾六個月，或自法院認可之日起已逾一年者，不得請求撤銷（民法第一○七九條之五第二項）。

5.一人不得同時為二人之養子女

一人不得同時為二人之養子女，但為夫妻共同收養為子女者，即不受此限制（民法第一○七五條）。是一人僅許其為一夫妻或一人之養子女。違反本條規定所為之收養無效（民法第一○七九條之四）。

6.一定之親屬不得收養為養子女

為維持倫理觀念，民法第一○七三條之一規定，左列親屬不得收養為養子女：

(1)直系血親。

(2)直系姻親，但夫妻之一方收養他方之子女者，不在此限。

(3)旁系血親在六親等以內及旁系姻親在五親等以內，輩分不相當者。

違反者，其收養無效（民法第一○七九條之一）。

7.子女被收養應得其父母之同意

子女被收養時，應得其父母之同意，但有下列二款情形之一者，不在此限，即：(1)父母之一方或雙方對子女未盡保護教養義務或有其他顯然不利子女情事而拒絕同意；(2)父母之一方或雙方事實上不能為意思表示（民法第一○七六條之一第一項）。此所謂子女被收養，不論其為未成年或成年人之被收養。上開父母之同意應作書面並經公證，但已向法院聲請收養認可者，得以言詞向法院表示並記明筆錄代之（同條二項）；其同意並不得附條件或期限（同條三項）。

依家事事件法第三條第一項第四款，對收養無效之爭執，應提起確認收養關係存否之訴；同條第二項第四款明定撤銷收養事件，其性質為形成之訴。

㈡形式要件

1.應以書面為之

收養子女應以書面為之（民法第一○七九條第一項）。

2.應聲請法院認可

收養子女並應向法院聲請認可（民法第一○七九條第一項）。關於法院對認可收養之基準，有下列規定：

⑴收養有無效、得撤銷之原因或違反其他法律規定者，法院應不予認可（民法第一○七九條第二項）。

⑵法院為未成年人被收養之認可時，應依養子女最佳利益為之（民法第一○七九條之一）。又依民法第一○八三條之一，法院就認可之聲請為裁判時，應準用第一○五五條之一之規定，審酌一切情狀，具體認定之。

⑶被收養者為成年人而有下列各款情形之一者，法院應不予收養之認可：一、意圖以收養免除法定義務；二、依其情形，足認收養於其本生父母不利；三、有其他重大事由，足認違反收養目的，例如，成年人意圖以被收養免除扶養義務等情形，法院應不予認可收養（民法第一○七九條之二）。

法院之認可收養事件，為家事非訟事件（家事事件法第三條第四項第七款），專屬收養人或被收養人住所地之法院管轄；收養人在中華民國無住所者，由被收養人住所地或所在地之法院管轄（同法第一一四條第一項）。該事件，以收養人及被收養人為聲請人（同法第一一五條第一項）。

收養自法院認可裁定確定時，溯及於收養契約成立時發生效力；但第三人已取得之權利，不受影響（民法第一○七九條之三）。惟依兒童及少年福利與權益保障法第一九條第一項之規定，收養未滿十八歲之兒童或少年為養子女，如經法院裁定認可時，則收養之效力溯及收養書面成立時，無書面契約者，以向法院聲請時為收養關係成立之時，有試行收養之情形者，收養關係溯及開始共同生活時發生效力。兒童及少年福利與權益保障法為特別規定，對未滿十八歲之養子女，自應依此定其收養發生效力之時點。惟因養子女年齡之不同，收養發生效力之時期，有所差別，亦有未妥。未來修法宜再為斟酌。

二、收養之效力

1.養子女與養父母及其親屬間

養子女與養父母及其親屬間之關係，除法律另有規定外，與婚生子女相同（民法第一○七七條第一項）。即養子女取得養父母之婚生子女身分，亦與養父母之親屬間，發生親屬關係。又，收養之效力並及於收養認可時被收養者已有之未成年且未結婚之直系血親卑親屬，至於被收養者之已成年或已結婚之直系血親卑親屬如表示同意與被收養者之養父母及其親屬發生親屬關係者，亦為收養效力所及（同條四項）。上開同意之表示，應作成書面並經公證，且不得附條件或期限（同條五項準用第一○七六條之一第二、三項）。

2.養子女與本生父母及其親屬間

養子女與本生父母及其親屬間之權利義務，於收養關係存續中停止之；但夫妻之一方收養他方之子女時，他方與其子女之權利義務，不因收養而受影響（民法第一○七七條第二項）。收養者收養子女後，與養子女之本生父或母結婚時，養子女回復與本生父或母及其親屬間之權利義務；但第三人已取得之權利，不受影響（同條三項）。

三、收養之終止

㈠協議終止

養父母與養子女之關係，得由雙方合意終止之，其終止，應以書面為之；養子女為未成年人者，並應向法院聲請認可，法院為認可時，應依養子女最佳利益為之（民法第一○八○條一、二、三項）。協議終止收養如未以書面為之，未成年養子女之協議終止收養如未經向法院聲請認可，均為無效（民法第一○八○條之二）。如養子女未滿七歲者，其終止收養關係之意思表示，由收養終止後為其法定代理人之人代為之；養子女為滿七歲以上之未成年人者，其終止收養關係，應得收養終止後為其法定代理人之人之同意（同條五、六項）。

由上說明，未成年養子女之終止收養，除應以書面為之外，並應向法院聲請認可，則其發生效力之時點為法院認可裁定確定時（民法第一○八○條第四項）。至成年養子女之終止收養，自為於立具書面時發生效力。

　　此外，夫妻共同收養子女，其合意終止收養應共同為之，但有下列情形之一者，得單獨終止：⑴夫妻之一方不能為意思表示或生死不明已逾三年；⑵夫妻之一方於收養後死亡；⑶夫妻離婚（同條七項）。上開夫妻一方單獨終止收養者，其效力不及於他方（同條八項）。

㈡裁判終止

　　養父母、養子女之一方，有下列各款情形之一者，法院得依他方、主管機關或利害關係人之請求，得宣告終止其收養關係（民法第一○八一條第一項）：

　　⑴對於他方為虐待或重大侮辱時。

　　⑵遺棄他方。此之遺棄無須惡意，與舊法有所不同。

　　⑶因故意犯罪，受二年有期徒刑以上之刑之裁判確定而未受緩刑宣告。

　　⑷有其他重大事由難以維持收養關係。

　　又，養子女為未成年人者，法院宣告終止收養關係時，應依養子女最佳利益為之（同條二項）。法院依此為裁判時，準用第一○五五條之一之規定（民法第一○八三條之一）。

　　關於宣告終止收養，民事訴訟法舊第五八三條規定為訴訟事件，即須以判決為之，但家事事件法第三條第五項第十三款及第一一四條第二項則規定為家事非訟事件，即法院以裁定宣告之。按宣告終止收養，為當事人一方形成權之行使，與離婚之訴，性質上相同，具訟爭性，並有對立當事人，但離婚仍為訴訟事件（家事第三條第二項第二款），將宣告終止收養改為非訟事件，似可商榷。

㈢死後終止收養

　　協議終止收養須收養當事人均尚生存時，始得為之，如養父母死亡後，養子女已無從取得養父母之同意以終止收養，致不能再由他人收養或回本家，對於養子女不利。因此立法上有增設死後終止收養制度之必要。養父母死亡後，養子女得聲請法院許可終止收養（民法第一○八○條之一第一項）。此與舊法之須養子女不能維持生活而無謀生能力者，始得聲請許可終止收養者，有所不同。惟法院認終止收養顯失公平者，得不許可之（同條四項）。養子女未滿七歲者，由收養終止後為其法定代理人之人向法院聲請許可（同條二項）；養子女為滿七歲以上之未成年人者，其終止收養之聲請，應得收養終止後為其法定代理人之

人之同意（同條三項）。此項聲請許可終止收養，為家事非訟事件，專屬養子女住所地之法院管轄（家事事件法第三條第四項第七款、一一四條第二項）。

㈣終止收養之效力

1.養子女與養父母間

養子女與養父母之關係，因終止收養而消滅。因收養關係終止而生活陷於困難者，得請求他方給與相當之金額；但其請求顯失公平者，得減輕或免除之（民法第一〇八二條）。即其終止收養，不問為合意終止或判決終止，一方因收養終止而生活陷於困難者，均得請求他方扶助。

2.養子女與本生父母間

養子女及收養效力所及之直系血親卑親屬自收養關係終止時起，回復其本姓，並回復其與本生父母及親屬間之權利義務關係，但第三人已取得之權利，不因此而受影響（民法第一〇八三條）。例如回復前，其本生父母死亡者，繼承人取得之遺產，不因養子女之歸家而受影響是。

第五節　父母之權利義務

一、總　說

父母以保護教養未成年子女為其中心之職分，由民法第一〇八四條第二項規定：「父母對於未成年之子女，有保護及教養之權利義務。」至為明瞭。父母均健在且處於正常婚姻狀態者，父母均為親權人；父母之一方死亡（包括受死亡宣告）、或因受監護宣告或被停止親權等法律上之障礙、行蹤不明或長期不在等事實上之障礙，而不能行使親權時，他方為單獨親權人。至服親權之子女，以未成年者為限；惟雖為未成年，但已結婚而其婚姻存續中者，原則上不服親權，例外如法律有特別規定者，仍應服親權，例如其兩願離婚應得父母之同意（民法第一〇四九條）、其訂立、變更或廢止夫妻財產制契約亦然（民法第一〇〇六條）是。

民法第一〇八四條第一項規定：「子女應孝敬父母。」此所謂之子女應包括未成年子女及已成年子女。惟孝屬於社會倫常觀念，為高於法律之道德層次，

本質上不適於強制履行，是新法增設本項規定，其意義僅在表示國家法律重視孝道，而具有教育性之作用而已。

二、父母權利義務之內容

父母對於未成年子女之權利義務，其內容為對於子女身分上之權利義務（身上照護）與對於子女財產上之權利義務（財產照護）。茲敘述如次：

㈠保護教養之權利義務

民法第一〇八四條第二項規定，父母對於未成年子女，有保護及教養之權利義務。是親權實為行義務之權利，行權利之義務。至所謂保護，指防衛危害或不利益之發生，使子女身心處於安全狀態；所謂教養，則指教導養育，使其身心健全發展而言。

㈡懲戒權

父母對於未成年之子女，既有保護及教養之權利義務，故第一〇八五條規定，父母得於必要範圍內，懲戒其子女。懲戒子女以實現保護及教養為目的，懲戒本身，並非目的，僅為手段。

㈢法定代理權

民法第一〇八六條第一項規定，父母為其未成年子女之法定代理人。至未成年人之父母如無行為能力時，即無為親權人之能力，此際應依第一〇九一、一〇九四及一〇九八條規定，以未成年子女之監護人為法定代理人。但父母之代理子女，原則上限於財產行為（民法第七六條），不及於純粹身分行為（但對未滿七歲之未成年人被收養之代理為例外，已如前述）。

父母之行為與未成年子女之利益相反，依法不得代理時，法院得依父母、未成年子女、主管機關、社會福利機構或其他利害關係人之聲請或依職權，為子女選任特別代理人（民法第一〇八六條第二項）。例如甲死亡後，其繼承人為配偶乙及年五歲之子丙，乙及丙於協議分割遺產時，乙及丙之利益相反，乙不得代理丙（民法第一〇六條），此際即應為丙選任特別代理人，代理丙與乙為協議分割。

㈣子女特有財產管理使用收益處分權

未成年子女，因繼承、贈與或其他無償取得之財產，為其特有財產（民法

第一○八七條)。至於子女有償取得之財產,是否歸屬子女?有不同之見解,有認為應歸屬父母者,有以為應歸子女私有者。似以後說為當。

未成年子女之特有財產,由父母共同管理(民法第一○八八條第一項)。父母對於未成年子女之特有財產,有使用收益之權,但非為子女之利益,不得處分之(同條二項)。其處分是否對子女為不利益,應就具體情形詳察之。至於父母非為子女之利益而處分其特有財產時,其效力為何?實務上採取無效說為原則,但此際父母依法無處分權,似以認其屬無權處分行為(民法第一一八條)較妥。

未成年子女之財產,依上開規定須區分為特有財產與非特有財產,於現今社會似不切實際,未來立法殊有檢討之必要。

此外,父母對子女身分上行為之同意權(例如民法第九八一條、一○四九條、一○七九條三項等)、代理權(民法第一○七九條第二項對收養未滿七歲子女之代理權)及財產上行為之同意權(民法第七七條),亦屬父母對子女之權利義務。

三、權利之行使及義務之負擔

民法第一○八九條第一項規定:「對於未成年子女之權利義務,除法律另有規定外,由父母共同行使或負擔之。父母之一方不能行使權利時,由他方行使之。父母不能共同負擔義務時,由有能力者負擔之。」由此可知:權利之行使,原則上由父母共同行使之,父母之一方不能行使權利時,由他方行使之。至義務之負擔,原則上由父母共同負擔之,一方不能共同負擔義務時,由有能力者負擔之。

依同條第二項規定:「父母對於未成年子女重大事項權利之行使意思不一致時,得請求法院依子女之最佳利益酌定之。」即此際非由父母之一方行使之,而得請求法院酌定之。法院為該項裁判前,應聽取未成年子女、主管機關或社會福利機構之意見(同條三項)。

民法第一○八九條之一規定:「父母不繼續共同生活達六個月以上時,關於未成年子女權利義務之行使或負擔,準用第一○五五條、第一○五五條之一及第一○五五條之二之規定。但父母有不能同居之正當理由或法律另有規定者,

不在此限。」按父母未離婚又未繼續共同生活已達六個月以上，即已事實上別居時，為維護其子女之最佳利益，得準用離婚效果之相關規定，定對其子女行使權利或負擔義務之人。

四、親權之停止

父母之一方濫用其對於子女之權利時，法院得依他方、未成年子女、主管機關、社會福利機構或其他利害關係人之請求或依職權，為子女之利益，宣告停止其權利之全部或一部。（民法第一○九○條）。即新法已廢止親權濫用之糾正制度，並擴大停止親權聲請權人之範圍，且賦予法院得依職權宣告。所謂濫用，指行使權利逾越正常之範圍或消極地不盡其應盡之義務，致不合於子女之利益而言，例如虐待其子女是。究應停止親權之全部或一部，視其濫用係全面或部分而決定之。宣告停止親權事件為家事非訟事件（家事事件法第三條第五項第十款），專屬子女住所或居所地法院管轄（同法第一○四條）。至宣告停止親權之原因消滅時，得聲請撤銷停止親權之宣告，其亦為家事非訟事件（同法第三條第五項第十款）。

習　題

一、夫甲、妻乙婚後二百日即生一子 A，A 是否為甲、乙之婚生子女？如 A 與甲並無血統連絡，A 之生父應為丙時，丙得否對 A 為認領？

二、夫甲有不育之原因，經以人工授精之方法，以其精子而使其妻乙受胎而分娩一女 A，A 是否為甲之婚生子女？如乙經甲之同意，使用第三人之精子而受胎分娩 A 時，其結論同否？

三、甲、乙為夫妻共同收養丙男為養子，甲長於丙二十歲，但乙僅長於丙十八歲。該收養並經法院裁定認可。甲、乙與丙是否發生養親子關係？

四、甲男未婚而收養 A 為養子，收養後甲與乙女結婚，A 是否因此而與乙發生直系血親關係？

五、非婚生子女如何得與其生父發生法律上之父子關係？

六、未成年子女特有財產之範圍如何？其管理、使用、收益、處分權屬誰？

〔提 示〕

一、㈠A為甲、乙之婚生子女。因A為甲、乙結婚一百八十一日以後所生，而從子
女出生日回溯第一百八十一日起至第三百零二日止為受胎期間（民法第一○
六二條），即自結婚之日起第一八一日以後，或自婚姻關係消滅之日起第三○
二日內所生之子女，均推定為在婚姻關係存續中受胎。乙由夫甲之受胎既在
其婚姻關係存續中，A即受推定為甲、乙之婚生子女（民法第一○六三條第
一項）。

㈡A與甲如無血統連絡時，甲、乙固得於知悉A出生之日起一年內提起否認子
女之訴，但在該否認之訴之原告得有勝訴之確定判決前，生父丙不得認領已
受推定為甲、乙婚生子女之A。亦即甲、乙如不提否認之訴，或甲、乙雖已
提起否認之訴，但未得有勝訴之確定判決前，均不許丙認領A（參照七五年
臺上字二○七一號判例）。

二、㈠A為甲之婚生子女。按民法第一○六一條規定：「稱婚生子女者，謂由婚姻關
係受胎而生之子女。」即婚生子女並不以由夫妻自然性行為受胎為要件，故
以夫甲之精子由人工使妻乙受胎而生之A，依法亦應認其為甲之婚生子女。

㈡A視為甲、乙之婚生子女。依人工生殖法（九十六年三月二十一日公布、九
十七年三月二十一日施行）第二十三條第一項規定，乙於婚姻關係存續中，
經甲同意使用第三人捐贈之精子受胎所生子女，視為婚生子女。此與前述之
推定為甲、乙婚生子女者，尚有不同。（至於人工生殖之施行，請參照該法）。

三、本題因新舊法之不同，而異其結論。

㈠依舊法，甲、乙與丙間之收養無效，不生養親子關係。其理由為：收養者應
長於被收養者二十歲以上為收養實質要件之一，而有配偶者收養子女時，又
應與其配偶共同為之，則夫妻共同收養子女時，即須其雙方均長於子女二十
歲以上，從而養父母之一方如有未長於養子女二十歲以上時，即為收養無效
（民法第一○七九條之一）。甲、乙共同收養丙，因乙未長於丙二十歲，法院
本不應認可該無效之收養（民法第一○七九條第五項一款），乃竟裁定認可，
該具備形式要件之收養仍為無效。

㈡惟上開情形為依舊法之規定。依新法（九十六年五月二十三日修正公布）第
一○七三條第一項但書，夫妻共同收養，一方長於養子女二十歲以上，他方

長於養子女十六歲以上，亦得收養，從而甲、乙之收養丙，適用新法時，即為有效，並經法院裁定認可，自發生養親子關係。

四、A 與乙非直系血親，而為直系姻親關係。其理由為：有配偶者收養子女時，固應與其配偶共同為之，但甲收養 A 時，尚未與乙結婚，即無配偶，僅其與 A 發生直系血親關係，其後甲與乙結婚，除非乙另行收養 A，否則乙與 A 僅生直系姻親關係。至於乙於婚後得單獨收養 A（民法第一○七四條但書第一款），為另一問題。

五、㈠準正。

　　㈡認領：⑴任意認領。⑵撫育視為認領。⑶強制認領。（詳如本文內之說明）

六、㈠未成年子女因繼承、贈與或其他無償取得之財產為其特有財產。

　　㈡未成年子女之特有財產由父母共同管理。其使用、收益權歸父母，而父母於為子女之利益時，亦得處分子女之特有財產。

第六章　監　護

第一節　概　說

　　監護為對於不在親權保護下之未成年人或受監護宣告之人為身上及財產上照護之制度。為監護者，稱為監護人；受監護者，稱為受監護人。監護機關有二，一為監護執行機關，即監護人；一為監護監督機關，即法院。

　　依舊法，監護制度有二，一為未成年人監護，另一為禁治產人之監護。以監護人為監護執行機關。惟為周延保障成年禁治產人之權益，並因應現今高齡化社會所衍生之成年監護問題，於九十七年五月二十三日修正公布監護之規定，將「禁治產人之監護」修正為「成年人之監護及輔助」，即就「禁治產宣告」之一級制，修正為「監護宣告」與「輔助宣告」二級制，修正條文於公布後一年六個月施行，即自九十八年十一月二十三日起適用新法。再者，關於成年人之監護，其監護人之產生係由法院依職權選定，惟本於當事人自主原則，於本人意思能力尚健全時，得與受任人成立意定監護契約，於本人受監護宣告時，由受任人擔任監護人，以尊重受監護人之意願。為此於一〇八年六月十九日公布增訂「成年人之意定監護」。

　　監護為親權之補充延長，因此監護事務與親權內容大致相同，尤其於未成年人之監護，是以民法第一〇九七條第一項前段規定：「除另有規定外，監護人於保護增進受監護人利益之範圍內，行使、負擔父母對於未成年子女之權利、義務。」惟親權之行使以親子間自然之情愛為基礎，故民法原則上採取放任態度，但監護則不以此為基礎，監護人並不以其為受監護人之親屬為要件，則民法上即不得不對監護加以各項限制，兩者主要之不同如下：(1)監護人僅於權限內為受監護人之法定代理人（民法第一〇九八條一項）；親權人則無此限制。(2)監護人得請求報酬（民法第一一〇四條）；親權人則否。(3)監護人有顯不適任之情事，法院得依聲請改定之（民法第一一〇六條之一）；親權人濫用親權，法院得依請求或職權，宣告停止親權（民法第一〇九〇條）。(4)監護人應以善良管理

人之注意，執行監護職務（民法第一一○○條）；親權人則無此問題，對於子女特有財產之管理，僅以與處理自己事務為同一注意為已足。(5)監護人應開具遺產清冊陳報法院（民法第一○九九條一項）；親權人則無此必要。

又，依總則編之修正，廢止禁治產制度，並將「禁治產宣告」一級制修正為「監護宣告」與「輔助宣告」二級制，關於監護或輔助宣告事件，及撤銷監護或輔助宣告事件，家事事件法將其規定為家事非訟事件（第三條第四項第四、五款）。

第二節　未成年人之監護

一、監護人之產生

未成年人，除已結婚者外，無父母，或父母均不能行使、負擔對於其未成年子女之權利義務時，應置監護人（民法第一○九一條）。又，未成年、受監護或輔助宣告尚未撤銷、受破產宣告尚未復權、失蹤者不得為監護人（民法第一○九六條）。監護人之產生及其順序如下：

㈠指定監護人

最後行使、負擔對於未成年子女之權利、義務之父或母，得以遺囑指定監護人（民法第一○九三條一項）。指定監護人應於知悉其為監護人後十五日內報告法院，並會同開具財產清冊之人開具財產清冊（同條二項）；如其未於期限內向法院報告者，視為拒絕就職（同條三項）。

㈡法定監護人

父母均不能行使、負擔對於未成年子女之權利義務，或父母死亡而無遺囑指定監護人，或遺囑指定之監護人拒絕就職時，依下列順序，定其監護人（民法第一○九四條一項）：

(1)**與未成年人同居之祖父母**　不問其為父系或母系，以同居者為先。

(2)**與未成年人同居之兄姊。**

(3)**不與未成年人同居之祖父母。**

前項監護人應於知悉其為監護人後十五日內報告法院，並應申請當地直轄

市、縣（市）政府指派人員會同開具財產清冊（同條二項）。

㈢選定監護人

依民法第一〇九四條第三項規定：「未能依第一項之順序定其監護人時，法院得依未成年子女、四親等內之親屬、檢察官、主管機關或其他利害關係人之聲請，為未成年子女之最佳利益，就其三親等內旁系血親尊親屬、主管機關、社會福利機構或其他適當之人選定為監護人，並得指定監護之方法。」

法院為前項選定時應同時指定會同開具財產清冊之人（同條四項）。

復次，未成年人如無法定監護人，於法院為其選定確定前，由當地社會福利主管機關為其監護人（同條五項），以保護未成年人之利益。

㈣另行選定監護人

依民法第一一〇六條第一項規定：「監護人有下列情形之一，且受監護人無第一〇九四條第一項之監護人者，法院得依受監護人、第一〇九四條第三項聲請權人之聲請或依職權，另行選定適當之監護人：一、死亡。二、經法院許可辭任。三、有第一〇九六條各款情形之一。」又，法院另行選定監護人確定前，由當地社會福利主管機關為其監護人（同條二項）。

㈤改定監護人

民法第一一〇六條之一規定：「有事實足認監護人不符受監護人之最佳利益，或有顯不適任之情事者，法院得依前條第一項聲請權人之聲請，改定適當之監護人，不受第一〇九四條第一項規定之限制。法院於改定監護人確定前，得先行宣告停止原監護人之監護權，並由當地社會福利主管機關為其監護人。」

㈥選定或改定之標準

依民法第一〇九四條之一規定：「法院選定或改定監護人時，應依受監護人之最佳利益，審酌一切情狀，尤應注意下列事項：一、受監護人之年齡、性別、意願、健康情形及人格發展需要。二、監護人之年齡、職業、品行、意願、態度、健康情形、經濟能力、生活狀況及有無犯罪前科紀錄。三、監護人與受監護人間或受監護人與其他共同生活之人間之情感及利害關係。四、法人為監護人時，其事業之種類與內容，法人及其代表人與受監護人之利害關係。」

㈦委託監護人

父母對其未成年子女，得因特定事項，於一定期限內，以書面委託他人行

使監護之職務（民法第一○九二條）。受託人僅就受託特定事項行使監護職務，但由父母暫時委託者，以所委託之職務為限（民法第一○九七條但書）。惟通說認為身分行為及財產行為之代理權、同意權，應由父母自己行使，不得委託他人為之。

此外，監護人有正當理由，經法院許可者，得辭任其職務（民法第一○九五條）。

二、監護人之權利義務

㈠一般之權利義務

監護人於保護、增進受監護人利益之範圍內，原則上行使、負擔父母對於未成年子女之權利義務，但由父母暫時委託者，以所委託之職務為限（民法第一○九七條一項）。監護人有數人，對於受監護人重大事項權利之行使意思不一致時，得聲請法院依受監護人之最佳利益，酌定由其中一監護人行使之。法院為前項裁判前，應聽取受監護人、主管機關或社會福利機構之意見（同條二、三項）。

㈡監護人為受監護人之法定代理人（民法第一○九八條一項）

監護人之行為與受監護人之利益相反或依法不得代理時，法院得因監護人、受監護人、主管機關、社會福利機構或其他利害關係人之聲請或依職權，為受監護人選任特別代理人（同條二項）。

㈢財產管理

⑴受監護人之財產由監護人管理　執行監護事務之必要費用，由受監護人之財產負擔（民法第一一○三條一項）。監護人管理受監護人之財產，以善良管理人之注意為之（民法第一一○○條）。

⑵於監護開始時，監護人對於受監護人之財產，應依規定會同遺囑指定、當地直轄市、縣（市）政府指派或法院指定之人於二個月內開具財產清冊。前項期間法院得依監護人之聲請，於必要時延長之（民法第一○九九條）。又，法院於必要時，得命監護人提出監護事務之報告、財產清冊或結算書，檢查監護事務或受監護人之財產狀況（民法第一一○三條二項）。

⑶監護人對於受監護人之財產非為受監護人之利益，不得使用、代為

或同意處分（民法第一一○一條一項） 監護人為下列行為，非經法院許可，不生效力：一、代理受監護人購置或處分不動產。二、代理受監護人，就供其居住之建築物或其基地出租、供他人使用或終止租賃（同條二項）。監護人不得以受監護人之財產為投資。但購買公債、國庫券、中央銀行儲蓄券、金融債券、可轉讓定期存單、金融機構承兌匯票或保證商業本票，不在此限（同條三項）。

(4)監護人不得受讓受監護人之財產（民法第一一○二條）。

(四)監護人之報酬

監護人得請求報酬，其數額由法院按其勞力及受監護人之資力酌定之（民法第一一○四條）。

(五)監護人之責任

民法第一一○九條規定：「監護人於執行監護職務時，因故意或過失，致生損害於受監護人者，應負賠償之責。前項賠償請求權，自監護關係消滅之日起，五年間不行使而消滅；如有新監護人者，其期間自新監護人就職之日起算。」

三、監護關係之終止

監護之終止有絕對的終止與相對的終止之別。前者乃監護職務歸於消滅，後者僅為監護人有所更迭，監護職務移轉而已。

(一)絕對終止之原因

例如受監護人已成年或已結婚，受監護人死亡（或受死亡宣告），受監護人為他人所收養或經生父認領等是。

(二)相對終止之原因

例如監護人死亡、失蹤或受監護或輔助宣告、監護人因正當理由經法院許可辭任等是。

關於監護關係終止後之義務，民法第一一○七條規定：「監護人變更時，原監護人應即將受監護人之財產移交於新監護人。受監護之原因消滅時，原監護人應即將受監護人之財產交還於受監護人；如受監護人死亡時，交還於其繼承人。前二項情形，原監護人應於監護關係終止時起二個月內，為受監護人財產之結算，作成結算書，送交新監護人、受監護人或其繼承人。新監護人、受監

護人或其繼承人對於前項結算書未為承認前，原監護人不得免其責任。」至於監護人死亡時之移交及結算，民法第一一〇八條規定：「監護人死亡時，前條移交及結算，由其繼承人為之；其無繼承人或繼承人有無不明者，由新監護人逕行辦理結算，連同依第一〇九九條規定開具之財產清冊陳報法院。」

第三節　成年人之監護及輔助

第一項　成年人之監護

一、成年人監護之開始

依民法總則編之修正，廢止禁治產制度，代之以成年監護制度，並將「禁治產」一級制，改為「監護宣告」與「輔助宣告」二級制，已如前述。受監護宣告者，即為無行為能力之人（民法第一五條），故應置監護人（民法第一一一〇條）。

依民法第一一〇九條之二規定：「未成年人依第一四條受監護宣告者，適用本章第二節成年人監護之規定。」即未成年人如有受監護宣告之原因，亦得為監護之宣告，並依民法第一一一一條規定，由法院選定監護人（另如後述）。

二、監護人之選定

民法第一一一一條規定：「法院為監護之宣告時，應依職權就配偶、四親等內之親屬、最近一年有同居事實之其他親屬、主管機關、社會福利機構或其他適當之人選定一人或數人為監護人，並同時指定會同開具財產清冊之人。法院為前項選定及指定前，得命主管機關或社會福利機構進行訪視，提出調查報告及建議。監護之聲請人或利害關係人亦得提出相關資料或證據，供法院斟酌。」亦即由法院依職權選定監護人。

關於選定監護人之標準，民法第一一一一條之一規定：「法院選定監護人時，應依受監護宣告之人之最佳利益，優先考量受監護宣告之人之意見，審酌一切情狀，並注意下列事項：一、受監護宣告之人之身心狀態與生活及財產狀

況。二、受監護宣告之人與其配偶、子女或其他共同生活之人間之情感狀況。三、監護人之職業、經歷、意見及其與受監護宣告之人之利害關係。四、法人為監護人時,其事業之種類與內容,法人及其代表人與受監護宣告之人之利害關係。」

惟如受監護宣告之人已與受任人訂有意定監護契約者,法院為監護宣告時,則應優先以該受任人為監護人(民法第一一一三條之四),另如後述。

三、監護人之缺格

監護人管理受監護人之事務,自應與受監護人無利益之衝突,故民法第一一一一條之二規定:「照護受監護宣告之人之法人或機構及其代表人、負責人,或與該法人或機構有僱傭、委任或其他類似關係之人,不得為該受監護宣告之人之監護人。但為該受監護宣告之人之配偶、四親等內之血親或二親等內之姻親者,不在此限。」但書為一〇四年一月十四日修正公布,其修正理由乃因實際上有但書所列之親屬就近照護受監護人之情況,為事實上之需要,仍得為監護人,不予排除。如此類型之監護人就特定監護事務之處理,有利益衝突之情事,自得依民法第一一一三條之一準用第一〇九八條第二項,選任特別代理人因應之。

四、監護事務

關於監護事務,成年人之監護與未成年人之監護大致相同,惟成年人之監護重在護養療治其身體,與未成年人監護之為保護教養者,其內容尚非完全相同,故有若干之特別規定。

民法第一一一二條規定:「監護人於執行有關受監護人之生活、護養療治及財產管理之職務時,應尊重受監護人之意思,並考量其身心狀態與生活狀況。」

又,法院選定數人為監護人時,得依職權指定其共同或分別執行職務之範圍。法院得因監護人、受監護人、第一四條第一項聲請權人之聲請,撤銷或變更前項之指定(民法第一一一二條之一)。

五、成年人監護之登記

法院為監護之宣告、撤銷監護之宣告、選定監護人、許可監護人辭任及另行選定或改定監護人時，應依職權囑託該管戶政機關登記（民法第一一一二條之二）。

六、準用未成年人監護之規定

民法第一一一三條規定：「成年人之監護，除本節有規定者外，準用關於未成年人監護之規定。」按受監護人，於成年人之監護為受監護宣告之人，與未成年人監護之為未成年人者，雖為不同，但於監護內容相同者，亦不在少，故為避免重複規定，除成年人之監護有規定者外，準用關於未成年人監護之規定。

第二項　成年人之輔助

受輔助宣告之人，其意思能力顯有不足，其為重要法律行為應經輔助人之同意（民法第一五條之一、之二）。是故，受輔助宣告之人，應開始輔助，置輔助人（民法第一一一三條之一第一項）。惟受輔助宣告之人，其輔助與成年人之監護有別，故民法第一一一三條之一第二項規定：「輔助人及有關輔助之職務，準用第一〇九五條、第一〇九六條、第一〇九八條第二項、第一一〇〇條、第一一〇二條、第一一〇三條第二項、第一一〇四條、第一一〇六條、第一一〇六條之一、第一一〇九條、第一一一一條至第一一一一條之二、第一一一二條之一及第一一一二條之二之規定。」

第四節　成年人之意定監護

一、概　說

如前所述，成年人受監護宣告時，成為無行為能力人，應置監護人，法院應依職權選定監護人。惟其為本人喪失意思能力後，受監護宣告時始啟動之機制，法院選定之監護人，未必符合受監護人之意願，如使本人於意思能力尚健

全時，得預先依自主意思決定於其日後意思能力喪失受監護宣告時之監護人，更符合人性尊嚴及本人利益。為此我國民法乃依國情及參酌日本、德國、英國之立法例，採行意定監護制度，於一○八年六月十九日公布增訂第一一一三條之二至一一一三條之十條文及親屬編第四章第三節「成年人之意定監護」節名。

本人與受任人訂有意定監護契約者，於本人受監護宣告時，法院應以該受任人為監護人，但有事實足認該受任人不利於本人或有顯不適任之情事者，法院仍得依職權選定監護人。即原則上意定監護為優先，但為保護本人之權益，法院仍得依職權另行選定監護人，是為例外。

二、意定監護契約之意義

意定監護契約，乃本人與受任人約定，於本人受監護宣告時，受任人允為擔任監護人之契約（民法第一一一三條之二第一項）。又，受任人不限於一人，得為數人，其為數人者，除約定為分別執行職務者外，應共同執行職務（同條第二項）。至於受任人，除自然人外，法人亦得為意定監護之受任人（民法第一一一三條之十準用第一一一一條之一第四款）。

如後所述，意定監護契約，應作成公證書始為成立，即為法定之要式契約。

三、意定監護契約之成立與生效

依民法第一一一三條第一項之規定，意定監護契約之訂立或變更，應由公證人作成公證書，始為成立。即本人與受任人合意成立意定監護契約，應經公證人作成公證書時，始為成立。為避免日後之發生紛爭，公證人作成公證書後七日內，以書面通知本人住所地之法院（同條項後段）。又，此項公證，應有本人及受任人在場，向公證人表明其合意，始得為之（同條第二項）。

意定監護契約於本人受監護宣告時，發生效力（同條第三項）。

四、意定監護人、選定監護人

本於意定監護優先之原則，法院為監護宣告時，受監護宣告之人已訂有意定監護契約者，應以意定監護契約所定之受任人為監護人，同時指定會同開具遺產清冊之人。惟意定監護契約已載明會同開具遺產清冊之人者，法院應依契

約所定者，指定之（民法第一一一三條之四第一項本文）。

法院為監護宣告時，雖已訂有意定監護契約，但有事實足認該受任人不利於本人或有顯不適任之情事者，法院得依職權就第一一一一條第一項所列之人選定為監護人（同條第二項）。

又，法院為監護宣告時，意定監護契約未載明會同開具遺產清冊之人或所載明之人不利本人利益者，法院得依職權指定之（同條第一項但書）。

五、另行選定或改定監護人

如前所述，依民法第一一一三條之二第二項規定，意定監護契約之受任人得為數人，其為數人者，除約定分別執行職務外，應共同執行職務。則於監護宣告後，如發生監護人全體、數人或一人有民法第一一〇六條第一項之情形（即死亡、經法院許可辭任、受監護宣告或輔助宣告尚未撤銷、受破產宣告尚未復權、失蹤）或第一一〇六條之一第一項之情形（即有事實足認監護人不符受監護人之最佳利益、或有顯不適任之情事）者，即發生是否須另行選定或改定監護人之問題。茲分述如下：

㈠共同執行職務之監護人全體有第一一〇六條第一項或第一一〇六條之一第一項之情形

於此情形，法院得依第十四條第一項所定聲請權人之聲請或依職權，就第一一一一條第一項所列之人另行選定或改定監護人（民法第一一一三條之六第一項）。

㈡分別執行同一職務之監護人全體有第一一〇六條第一項或第一一〇六條之一第一項之情形

於此情形，法院得依第十四條第一項所定聲請權人之聲請或依職權，就第一一一一條第一項所列之人另行選定或改定全體監護人（同條第二項本文）。但法院依此另行選定或改定全體監護人時，如執行其他職務之監護人無不適任之情形者，應優先選定或改定其為監護人（同條項但書）。

㈢共同或分別執行職務之監護人中之一人或數人有第一一〇六條第一項之情形

於此情形，由其他監護人執行職務（同條第三項）。即無依聲請或依職權另

行選定或改定監護人之必要。

四共同或分別執行職務之監護人中之一人或數人有第一一〇六條之一第一項之情形

於此情形，是否有足認該監護人不符受監護人之最佳利益或有顯不適任之事實，尚待法院之調查認定，法院得依第十四條第一項所定聲請權人之聲請或依職權，將該監護人解任，由其他監護人執行職務。

六、意定監護契約之撤回與許可終止

一意定監護契約之撤回

1.明示撤回

依民法第一一一三條之五第一項規定：「法院為監護之宣告前，意定監護契約之本人或受任人得隨時撤回之。」

至於撤回方法，應以書面先向他方為之，並由公證人作成公證書後，始生撤回效力；公證人作成公證書後七日內，以書面通知本人住所地之法院（同條第二項前段）。又，該契約經一部撤回者，視為全部撤回（同條項後段）。

2.法定撤回

依民法第一一一三條之八規定：「前後意定監護契約有相牴觸者，視為本人撤回前意定監護契約。」

二意定監護契約之許可終止

依民法第一一一三條之五第三項前段規定：「法院為監護之宣告後，本人有正當理由者，得聲請法院許可終止意定監護契約。」按受監護宣告後，本人雖其意思能力尚未完全回復，但已暫時回復，此際關於監護宣告事件，即已有程序能力（家事事件法第一六五條），此際如有正當理由，得聲請法院許可終止意定監護契約。又，法院許可終止意定監護契約時，應依職權就第一一一一條第一項所列之人選定為監護人（同條第四項）。

至於法院尚未為監護宣告前，本人得隨時撤回，無須聲請法院許可，已如前述。

三許可受任人之辭任

依同條項後段規定，法院為監護宣告後，受任人有正當理由者，得聲請法

院許可辭任其職務。

七、監護人之報酬

依民法第一一一三條之七規定：「意定監護契約已約定報酬或約定不給付報酬者，從其約定；未約定者，監護人得請求法院按其勞力及受監護人之資力酌定之。」

八、監護人管理或處分本人財產不受限制之約定

依民法第一一○一條第二、三項規定，監護人代理受監護人購置、處分或管理不動產，須經法院許可，亦不得以受監護人之財產為投資。惟為貫徹意定監護契約之當事人自主原則，依民法第一一一三條之九規定，如約定受任人執行監護職務，不受上開規定之限制者，從其約定。

九、準用關於成年人監護之規定

意定監護契約，性質上仍屬監護制度之一環，為此，民法第一一一三條之十規定：「意定監護，除本節有規定者外，準用關於成年人監護之規定。」

習　題

一、監護開始之原因若何？

二、未成年之甲於其父死亡後，原與其母同住於父家，嗣後其母與他人再婚而離去其父家，但甲仍留在父家而未隨其母同往。甲是否仍應由其母行使親權？

三、甲擬買受年四十歲之受監護宣告之人（舊法為禁治產人）乙所有之土地一筆時，應如何為意思表示始得成立有效之買賣契約？

四、法院為監護宣告時，受該宣告之本人與受任人已訂有意定監護契約者，是否仍得依民法第一一一一條之規定，不選定該受任人為監護人？

〔提　示〕

一、㈠於未成年人之監護，除未成年人已結婚者外，因其無父母或父母均不能行使負擔對於其未成年子女之權利義務時，開始監護。

㈡於成年人之監護，因意思表示能力欠缺，經聲請權人之聲請，由法院為監護宣告時。

二、此際應開始監護，不由甲之母行使親權。按甲之父死亡後，其母改嫁，甲既未隨其母同往，其母顯已不能行使負擔對甲之權利義務，甲應開始受監護，應為甲置監護人（參照三二年永上字三〇四號判例），即甲仍留在其父家未隨其母同往前，不由其母行使親權。

三、甲向乙之監護人為買受之意思表示，就該土地及價金意思表示一致時，始得成立有效之買賣契約。按乙既為受監護宣告之人（禁治產人），即為無行為能力人，應以其監護人為法定代理人，則甲就該筆土地之買受應向乙之監護人為意思表示。

於舊法時，乙為禁治產人，乙之監護人之處分該筆土地，須為乙之利益，並須經親屬會議之允許（民法舊第一一一三條第一項、一一〇一條）。惟乙之監護人如為其父母或同居之祖父母時，其處分該筆土地則無須得親屬會議之允許（民法舊第一一一三條第二項、一一〇五條）。

依新法，乙為受監護宣告之人，其監護人須為乙之利益，始得代為或同意處分，並須經法院之許可，其代理處分該土地，始生效力（新法第一一〇一條）。

四、法院原則上應以該意定監護契約之受任人為監護人，此即意定監護優先之原則，但如有事實足認該受任人不利於本人或有顯不適任之情事者，為保護本人利益，仍得依職權就民法第一一一一條第一項所列之人選定為監護人。（詳如本文內之解說）

第七章 扶 養

第一節 總 說

　　扶養乃一定親屬間有經濟能力者，對於不能維持生活者，予以必要的經濟上供給之親屬法上義務。扶養義務既於一定親屬間存在，固為身分上之義務，但又係以經濟上之扶助為目的，同時亦為財產上之義務；且扶養義務之發生有其一定之要件，即有受扶養之必要與有扶養之能力（另如後述），欠缺其一，雖屬一定親屬，亦無扶養義務可言。又，扶養請求權為專屬於請求權人一身之權利（四九年臺上字六二五號判例），不得繼承、處分、扣押或抵銷，然其為要求相對人為一定之給付，亦兼有債權之性質，是故扶養之權利為身分財產權。

　　人民之生存權為基本人權，國家應保障人民之生存，惟如完全由國家扶助無力生活者，勢所難能。因此，於法乃以一定近親間之私法上扶養為原則，即公的扶助與私的扶養相互關連，但以私的扶養為優先。民法所規定之親屬扶養，即由私法立場，令個人扶養個人之制度。

　　又，依通說認為民法上之扶養，應參照瑞士民法區分為夫妻間與父母子女間之生活保持義務，與其他親屬間之生活扶助義務。前者之扶養為本質的，互負共生存之義務；後者為偶然的、補助的，有扶養餘力時，始有扶養之義務。此由民法第一一一七條第二項規定直系血親尊親屬之請求扶養不受無謀生能力之限制，及第一一一八條規定對直系血親尊親屬或配偶以外之扶養權利者，如扶養義務人因負擔扶養義務而不能維持生活者，免除其義務，即可明瞭。

第二節 扶養義務之履行

一、扶養之範圍

　　下列親屬間，互負扶養之義務，亦互有扶養之權利（民法第一一一四條）：

㈠直系血親相互間

其為男系、女系、自然血親、擬制血親，以及是否同居，均非所問。

㈡夫妻之一方，與他方之父母同居者，其相互間

例如女婿與岳父母，或子婦與翁姑同居者，雖為姻親，既同居一家，人情上應與直系血親同樣對待，因此互負扶養義務。

㈢兄弟姊妹相互間

此不包括堂兄弟姊妹及表兄弟姊妹在內。

㈣家長家屬相互間。

再者，夫妻相互間亦互負扶養之義務（民法第一一一六條之一）。惟夫妻財產制關於家庭生活費用負擔之規定，有一部分應已包括夫妻之扶養費用在內。

此外，民法第一一一六條之二規定：「父母對於未成年子女之扶養義務，不因結婚經撤銷或離婚而受影響。」按扶養乃以一定親屬關係為基礎而發生之義務，父母雖經結婚撤銷或離婚，與其子女仍有直系血親關係，自不影響其對子女之扶養義務。

二、扶養之順序

㈠扶養義務人之順序

依民法第一一一五條第一項規定，負扶養義務者有數人時，應依下列順序定其履行義務之人：

(1)直系血親卑親屬。

(2)直系血親尊親屬。

(3)家長。

(4)兄弟姊妹。

(5)家屬。

(6)子婦、女婿。

(7)夫妻之父母。

又，扶養義務人同係直系尊親屬或直系卑親屬者，以親等近者為先（同條二項）。

夫妻互負扶養義務，已如前述，其負扶養義務之順序與直系血親卑親屬同，

亦即與直系血親卑親屬同為第一順序之扶養義務人（民法第一一一六條之一）。

復次，負扶養義務者有數人而其親等同一時，應各依其經濟能力分擔義務（民法第一一一五條第三項）。即依扶養義務人之經濟能力分別負擔義務，而非以平等負擔為原則。

(二)扶養權利人之順序

依民法第一一一六條第一項規定，受扶養權利者有數人，而負扶養義務者之經濟能力不足扶養其全體時，依下列順序定其受扶養之人：

(1)直系血親尊親屬。

(2)直系血親卑親屬。

(3)家屬。

(4)兄弟姊妹。

(5)家長。

(6)夫妻之父母。

(7)子婦、女婿。

又，受扶養權利人同係直系尊親屬或直系卑親屬者，以親等近者為先（民法第一一一六條第二項）。

夫妻受扶養權利之順序與直系血親尊親屬同，即與直系血親尊親屬同為第一順序之受扶養權利人（民法第一一一六條之一）。

復次，受扶養權利者有數人而親等同一時，應按其需要之狀況，酌為扶養（民法第一一一六條第三項）。

三、扶養義務之發生

(一)扶養權利人與扶養義務人，僅存在於特定身分關係者之間

有如前述。

(二)受扶養權利者，以不能維持生活而無謀生能力者為限（民法第一一一七條第一項）

如扶養權利人能維持生活，固無須受人扶養，即不能維持生活，而有謀生能力，亦無受人扶養之必要，即扶養權利人以不能維持生活而無謀生能力者為限。但無謀生能力之限制，於直系血親尊親屬，不適用之（同條二項）。又，夫

妻互受扶養權利之順序既與直系血親尊親屬同，亦不以無謀生能力為必要（七九年臺上字二六二九號判例）。準此，直系血親尊親屬與配偶其扶養權利之發生，不以無謀生能力為必要，於不能維持生活時，即得請求義務人扶養。

㈢因負擔扶養義務而不能維持自己生活者，免除其義務

即扶養義務人須有扶養能力；但受扶養權利者為直系血親尊親屬或配偶時，減輕其義務（民法第一一一八條）。依判例（九一年臺上字一七九八號），直系血親卑親屬對直系血親尊親屬之負擔扶養義務而不能維持自己生活者，固僅得減輕其義務而不能免除，但仍須其有扶養能力，否則即不適用其規定。

復次，新法第一一一八條之一增訂減輕或免除扶養義務之規定，即：⑴受扶養權利人有下列二種情形之一：①對負扶養義務者其配偶或直系血親故意為虐待、重大侮辱或其他身體、精神上之不法侵害行為。②對負扶養義務者無正當理由未盡扶養義務，而由負扶養義務者負擔扶養義務顯失公平者，負扶養義務者得請求法院減輕其扶養義務（第一項）。⑵受扶養權利者對負扶養義務者有前項二種情形之一，且情節重大者，法院得免除其扶養義務（第二項）。⑶但受扶養權利者為負扶養義務者之未成年直系血親卑親屬者，不適用前述減輕或免除扶養義務之規定（第三項）。上開減輕或免除扶養義務之規定，固合於事理之平，但亦有加重其他扶養義務人負擔之另一問題。

此外，應再特別說明者，乃父母對未成年子女扶養之依據。按未成年子女如不能維持生活而無謀生能力者，得向其父母請求扶養，而由其父母各依其經濟能力分擔義務，如父母於婚姻關係存續中，該子女之扶養費為家庭生活費用之一部，如父母離婚，其對未成年子女之扶養不受影響，此由前述之民法第一一四條第一款、一一一五條第三項、一○○三條之一、一一一六條之二，至為明瞭。惟依家事事件法第一○七條（非訟事件法舊第一二七條）規定，因父母離婚，法院依民法第一○五五條酌定、改定親權人時，得依聲請或依職權命未行使親權之父母一方給付子女「扶養費」後，有學者及若干裁判即認為：民法第一○八四條第二項規定父母對未成年子女有保護及教養之權利義務，扶養即在其內云云。第查：親權與扶養為二事，保護及教養義務為親權內容之一部，於父母離婚後，未任親權之一方，對其子女之親權即為停止，但對其子女之扶養義務，則無影響，此乃親子關係之本質，如將父母對未成年子女之扶養，認

不在直系血親相互間互負扶養義務之內，徒增疑義，似無必要。

四、扶養之程度與方法

　　扶養之程度，應按受扶養權利者之需要，與負扶養義務者之經濟能力及身分定之（民法第一一一九條）。至於扶養之方法，由當事人協議定之，不能協議時，則由親屬會議定之；但扶養費之給付，當事人不能協議時，由法院定之（民法第一一二〇條）。須親屬會議不予決定，或當事人不同意其決定者，始得依民法第一一三七條之規定，請求法院裁判，不得逕請法院決定之（參照二六年渝上字二五九號、二六年鄂上字四〇一號、四五年臺上字三四六號判例）。按該但書規定為新法所增訂，惟扶養方法具有多樣性，給付扶養費本為扶養方法之一，何以僅給付扶養費於當事人協議不成時，無須先由親屬會議定之，即得請求法院裁判？此一增訂，反生疑義。現今社會，召開親屬會議，甚為不易，為切合現實，民法第一一二〇條宜修正為：「扶養方法，由當事人協議定之，不能協議時，由法院定之。」又，依家事事件法第三條第五項第十二款，將扶養事件定為戊類家事非訟事件，即不問扶養方法是否為扶養費之給付，概為非訟程序，而非訴訟程序。

　　扶養之程度及方法，當事人得因情事之變更，請求變更之（民法第一一二一條），例如扶養權利人之需要較前減少，或扶養義務人之資力較前增加是。惟所謂請求變更，於向他方當事人為請求，經他方同意而協議成立時，固無問題，否則仍應依民法第一一二〇條之規定，召集親屬會議請求變更之，經親屬會議仍不能議定時，始得訴請法院為變更之裁判（二六年渝上字二五九號判例）。

　　又，關於扶養請求事件、請求減輕或免除扶養義務事件、因情事變更請求變更扶養之程度及方法事件、其他扶養事件，均為家事非訟事件，並均專屬受扶養權利人住所地或居所地法院管轄（家事事件法第三條第五項第十二款、一二五條）。

習 題

一、甲須由其子乙、丙負擔扶養義務,甲每月須扶養費二萬元,乙之收入為每月六萬元,丙之收入為每月四萬元,則乙、丙每月應分擔甲扶養費各為多少?

二、甲須負擔其父乙之扶養費每月一萬五千元,但甲不為給付,乙得否逕行起訴,請求法院判命甲如數給付?

三、扶養當事人之範圍若何?

四、甲夫、乙妻離婚後,法院酌定其未成年子女 A 由乙為權利義務之行使或負擔,如 A 每月需扶養費二萬元,依經濟能力,甲應分擔一萬五千元、乙應分擔五千元時,乙得否聲請甲給付 A 之扶養費每月一萬五千元至 A 成年為止?

〔提 示〕

一、乙應分擔一萬二千元,丙應分擔八千元。按乙、丙應各依其經濟能力分擔對其父甲之扶養義務,而非平等負擔,從而應按三比二之比例負擔其扶養義務。

二、依舊法,乙不得逕行起訴請求甲給付扶養費。按依法扶養之方法須由當事人協議定之;不能協議時,由親屬會議定之。則乙關於該扶養費,不能逕行起訴,須先與甲協議,如不能協議時,再由親屬會議定之。須親屬會議不予議定,或雖有議定,而乙不同意者,始得起訴請求法院判決甲給付扶養費。

惟依九十七年一月九日修正公布之第一一二〇條但書規定,扶養費之給付,當事人不能協議時,由法院定之。亦即扶養方法如為扶養費之給付,而非其他方法時,不必由親屬會議定之,即得於當事人協議不成時,逕行請求法院定之。再依九十九年一月十三日公布增訂之非訟事件法第一四〇條之一,上開扶養費給付事件,由受扶養權利人住所地或居所地之法院管轄,即以之為非訟事件。從而,依上開新法,乙不得起訴,須依非訟事件程序以甲為相對人,聲請法院裁定給付扶養費。 又依一〇一年六月一日施行之家事事件法第三條第五項第十二款,扶養事件為家事非訟事件,乙請求甲給付扶養費,應向少年及家事法院或法院之家事法庭聲請裁定,不得提起訴訟。

三、扶養當事人之範圍為:⑴直系血親相互間。⑵夫妻之一方,與他方之父母同居

者，其相互間。(3)兄弟姊妹相互間。(4)家長家屬相互間。(5)夫妻相互間。

四、㈠依家事事件法第一〇七條規定（非訟事件法舊第一二七條），法院酌定、改定或變更父母對未成年子女權利義務之行使或負擔時，得依聲請或職權命未行使或負擔權利之一方「給付扶養費」。因此經調查後，甲確應分擔 A 之扶養費每月一萬五千元時，法院之裁判主文為：「甲應負擔其子女 A 之扶養費每月一萬五千元至成年為止，按月於每月〇日交付乙代為管理支用。」

㈡惟父母對於未成年子女之扶養義務，不因離婚而受影響（民法第一一一六條之二），即未成年子女為扶養權利人，得依其需要對其離婚之父母請求分擔扶養費。依此 A 為請求權人，乙為法定代理人，得向甲請求給付每月一萬五千元之扶養費。

應檢討者，請求扶養費，須先經協議（民法第一一二〇條），協議不成，始得請求法院裁判。何以得逕依家事非訟程序，由父母之一方給付未成年子女之扶養費於他方？況且，家事事件法之上開規定為程序規定，亦不得資為任親權之一方請求未任親權之他方給付未成年子女扶養費之依據。即上開實務之現況，殊有再斟酌之必要。（詳請參照陳棋炎、黃宗樂、郭振恭著民法親屬新論第六章第六項之說明）

第八章　家

一、概　說

我國家族制度為數千年來社會組織之基礎，不宜推翻之，且時至今日，家仍有其社會的機能，故現行民法仍就家制予以規定。

依民法第一一二二條之規定，稱家者，謂以永久共同生活為目的而同居之親屬團體。所謂永久共同生活，指有永久同居之意思及同居之事實，惟雖於事實上暫時別居，但仍有同居之意思者，不失為永久同居。親屬團體則為由配偶、血親或姻親結合而成之團體。惟此項團體於法並無獨立之人格，家屬均各別獨立享受權利負擔義務。

二、家之構成

家置家長，同家之人除家長外，均為家屬（民法第一一二三條）。是家乃由家長及家屬所構成。

㈠家　長

家置家長（民法第一一二三條第一項）。家長由親屬團體中推定之；無推定時，以家中之最尊輩者為之；尊輩同者，以年長者為之；最尊或最長者，不能或不願管理家務時，由其指定家屬一人代理之（民法第一一二四條）。亦即家長之產生方法，有推定、法定及指定三種。

㈡家　屬

同家之人，除家長外，均為家屬（民法第一一二三條第二項）。民法上之家屬有二種：一為固有的家屬，即以永久共同生活為目的而同居之親屬，所謂親屬指配偶、血親及姻親；另一為擬制的家屬，即雖非親屬而以永久共同生活為目的，同居一家者，視為家屬（民法第一一二三條），例如民法親屬編施行前已成立之妾，雖非配偶，但既以永久共同生活為目的而同居一家，應視為家屬（二一年院字七三五號解釋）。

三、家務之管理

我民法之家制，以經營共同生活為目的，家長為實際上家屬共同生活之主宰，故家務由家長管理（民法第一一二五條）。所謂家務，指管理處分家產（三三年上字一一九六號判例參照），及處理家屬之共同事務而言。但家長得以家務之一部，委託家屬處理（民法第一一二五條但書）。又，家長管理家務，應注意於家屬全體之利益（民法第一一二六條）。

四、家屬之分離

家屬已成年或雖未成年而已結婚者，得請求由家分離（民法第一一二七條）。此係家屬主動請求由家分離，不必具有任何理由。此外，家長對於已成年或雖未成年而已結婚之家屬，得令其由家分離，但為保護家屬之利益起見，以有正當理由時為限（民法第一一二八條）；所謂正當理由，例如已成年之家屬有正當職業，並已結婚，其收入足以維持生活是。

習　題

一、家如何構成？

二、家長之權利義務若何？

〔提　示〕

一、由以永久共同生活為目的而同居之家長及家屬所構成。⑴家置家長：其產生方法有推定、法定及指定三種。⑵家屬：可分為固有的家屬及擬制的家屬。（詳如本文內之解說）

二、家長之權利為：⑴管理家務。⑵令家屬由家分離，但以有正當理由時為限。

家長之義務為：⑴應注意於家屬全體之利益而管理家務（民法第一一二六條）。⑵扶養家屬之義務（民法第一一一四條四款）。

第九章　親屬會議

一、概　說

　　親屬會議，乃由會員五人組織而成，為處理親屬間一家或特定人之事項之親屬間合議機關。親屬會議之權限，以法律明文規定者為限，例如扶養之方法不能協議時，由其議定之（民法第一一二○條）；被繼承人生前繼續扶養之人，由其酌給遺產（民法第一一四九條）；於無人承認繼承時之選任遺產管理人及報明法院（民法第一一七七、一一七八條）；同意遺產管理人變賣遺產（民法第一一七九條第二項）；口授遺囑之真偽，由其認定之（民法第一一九七條）等是。親屬會議，非常設機關，必於有特定事務時，始行召集，會議完畢，即行解散；其亦無法律上之人格，亦不屬於訴訟法上之非法人團體（民訴四○條三項），其存在僅為一定會員之集合。

二、親屬會議之組成

　　親屬會議以會員五人組織之（民法第一一三○條），其人數依法定之，不得予以增減。會員限於親屬始得充任，其為其他親屬而開會及決議，固係其權利，但同時亦為其義務，故非有正當理由，不得辭其職務（民法第一一三四條）。又，因會員之責任重大，是以監護人、未成年人及受監護宣告之人不得為親屬會議會員（民法第一一三三條），此即親屬會議會員之缺格。

㈠法定會員

　　依民法第一一三一條第一項規定，法定會員應就未成年人、受監護宣告之人或被繼承人之下列親屬與順序定之：

　　⑴直系血親尊親屬。

　　⑵三親等內旁系血親尊親屬。

　　⑶四親等內之同輩血親。

　　至同一順序之人，以親等近者為先，親等同者，以同居親屬為先，無同居親屬者，以年長者為先（同條二項）。依上開順序所定之親屬會議會員，不能出

席會議或難於出席時，由次順序之親屬充任之（同條三項）。

㈡親屬會議不能組成或不能召開之聲請法院處理

民法第一一三二條規定：「依法應經親屬會議處理之事項，而有下列情形之一者，得由有召集權人或利害關係人聲請法院處理之：一、無前條規定之親屬或親屬不足法定人數。二、親屬會議不能或難以召開。三、親屬會議經召開而不為或不能決議。」即於親屬會議會員不足、或不能召開或不為決議等情事，無須先行聲請法院指定會員，即得聲請法院處理之，以免延宕。法院之處理方法，固得於其他親屬中指定會員，以組成親屬會議，亦得逕就有關事項予以決定，例如對遺產酌給權人，酌給特定之遺產（民法第一一四九條）等是。

三、親屬會議之召集及決議

親屬會議由當事人、法定代理人或其他利害關係人召集之（民法第一一二九條）。非有三人以上之出席，不得開會；非有出席會員過半數之同意，不得為決議（民法第一一三五條）。親屬會議會員，於所議事件有個人利害關係者，應行迴避，不得加入決議（民法第一一三六條）。又親屬會議之會員須親自出席，不得使他人代理（三一年上字六三七號判例）。

親屬會議之決議，如其內容有違反強行規定或決議方法不合法（如有法定會員，竟決議聲請法院指定會員）時，其決議自屬無效。又親屬會議之召集或決議程序違反法律，或其內容實質不當者（如對於監護人報酬之決議寬濫不當時），其決議為可得撤銷。民法第一一三七條規定，召集權人對於親屬會議之決議有不服者，得於三個月內向法院聲訴。惟撤銷決議固須於此三個月內之除斥期間為之，但決議無效既為決議自始、當然不生效力，縱未於三個月為主張，仍無從發生法律上效力。又，所謂聲訴，原為決議無效之訴及撤銷決議之提起，但依家事事件法第三條第四項第八款規定，親屬會議事件為丁類事件之一，即屬家事非訟事件，準此為聲請法院裁定撤銷決議，而非提起撤銷決議之形成訴訟。至於無效決議之主張，並無除斥期間之限制，有確認利益時，似應訴請確認該決議不存在，而非聲請裁定該決議無效。

習　題

一、親屬會議如何組成？

二、親屬會議之權限為何？

〔提　示〕

一、親屬會議由會員五人組織之。會員須為一定之親屬，如無該親屬或親屬人數不足時，得聲請法院處理。（詳如本文內之解說）

二、親屬會議之權限，以法律明定者為限：（詳如本文內之解說）

　　㈠扶養方法之議定（民法第一一二〇條）。

　　㈡為無人承認繼承之遺產管理人之監督機關之權限　例如選定遺產管理人及陳報法院，聲請法院選任遺產管理人（民法第一一七七、一一七八條），對遺產管理人管理遺產之監督（民法第一一七九條第二項、一一八〇條）。

　　㈢關於遺產繼承及遺囑之各項權限　例如遺產酌給之決定　（民法第一一四九條）、口授遺囑真偽之認定（民法第一一九七條）。

第五編 繼 承

第一章 總 說

一、繼承之意義

所謂繼承，乃某一人死亡時，就該死亡人非專屬性之一切權利義務（遺產），由其有一定親屬身分關係之人，當然的、包括的承繼之謂。

繼承開始之原因，唯有死亡（包括死亡宣告），因被繼承人之死亡，當即開始繼承（民法第一一四七條）。法人因解散清算完結而消滅，但非死亡，故其剩餘財產之歸屬，並非繼承，是宜注意。我民法就繼承人之順序及範圍，設有明文，被繼承人與繼承人間恒有一定之親屬身分關係（民法第一一三八條參照）。繼承開始之原因發生時，無庸繼承人為意思表示或請求，被繼承人之權利義務，當然的由繼承人承繼；又，非專屬於被繼承人財產上之一切權利義務，包括的一體由繼承人承繼。

二、繼承之根據

繼承制度為私有財產制度之另一面，苟無私有財產制度，即無私有財產繼承之可言。復次，負有扶養一定親屬義務之人，一旦死亡，其生前所扶養之親屬，為維持生活，仍需依賴遺產，易言之，有必要使繼承人自遺產中獲得生活資料，以期達到保障繼承人生活之目的。再者，債權人雖死亡，債務人仍應清償債務，債務人死亡，其債權人之債權仍不應消滅；即一人死亡時，其所有之一切法律關係，並不因而消滅，以維持法律秩序，並免對繼承債權人顯失公平；為此，就死亡者其人所有之法律關係，自須於一定秩序之下，有人為之繼受。

由上所述，繼承制度之存在，除為個人利益之繼續外，亦由於社會共同生活之必要。職是，為社會共同生活之必要，國家自得就財產繼承權，予以限制；現今各國大率限制繼承人之範圍，並課以遺產累進稅。

三、繼承法之性質

繼承編所規定之法律關係，大率為私人相互間之關係，例如誰為繼承人，繼承人之責任是，自係私法；但法院有時對於繼承事項為干預（例如民法第一一五六、一一五七、一一七四、一一七八、一一七九、一一九七、一二一一、一二一八條），然不影響繼承法為私法之性質。繼承法大部分規定，具有強行的性質，例如關於繼承資格及其順序，遺囑方式之規定等，均不許任意變更，故為強行法。繼承關係行於一定親屬之間，繼承法自具有身分法之性質，但其又以遺產繼承為規律之對象，實有身分財產法之性質，而與純粹財產法有所不同。

應予說明者：我國固有之繼承制度，原以宗祧繼承為本旨，繼承人以被繼承人之直系血親卑親屬中之男子為原則；無直系血親卑親屬時，則就同姓男性卑親屬中，擇立為嗣。我民法已廢止宗祧制度，以遺產繼承為目的，對於繼承人之資格順序，就被繼承人親屬範圍內，擇其血統最近，關係密切者，於法律上定其為繼承人（不限於被繼承人之直系血親卑親屬），如無法定之繼承人時，賸餘遺產即依規定歸屬國庫（但我民法並未以國庫為繼承人，國庫之取得賸餘遺產，非基於繼承法理，是宜注意）。又，我民法並確立男女同享平等繼承權之原則，男女兩系之血親，皆得為繼承人。

四、遺產繼承人之資格

繼承開始時須具備一定要件之人始得為繼承人，茲說明其要件於次：

㈠須繼承人於繼承開始之同時生存（同時存在之原則）

因被繼承人之財產於繼承開始時當然移轉於繼承人，故其為繼承人者，須於繼承開始當時為生存之人，斯即「同時存在之原則」。惟若貫徹此原則，即不能保護胎兒利益，故依民法第七條之規定，胎兒以將來非死產者為限，亦有繼承人之資格，從而依民法第一一六六條之規定，於共同繼承之情形，非保留胎兒之應繼分，其他繼承人不得分割遺產，而為分割時，以其母為胎兒之代理人。至同時死亡，並不具備同時存在之要件，互相不發生繼承關係。

㈡須有繼承能力

凡有權利能力之人，均有繼承人之資格。惟我民法之繼承人，限於被繼承

人之一定親屬身分者之間，故法人自無繼承能力。外國人亦有為繼承人資格，但外國人所不得享有之財產權，自不得繼承（民總施二條參照）。

(三)須位居於繼承順序

同為遺產繼承人，除配偶外，皆有一定之順序，順序在前者，得排除在後者，儘先繼承；其第二順序以下之繼承人，須無先順序繼承人或雖有而拋棄繼承權時，始得繼承。

(四)須不喪失繼承權

我民法第一一四五條第一項規定有繼承權喪失之原因，繼承人若對被繼承人或順序在前之應繼承人有重大不法、不德行為，或就有關繼承之遺囑，有非法企圖時，則剝奪其繼承權。就喪失繼承權之人言之，則為繼承權之缺格。

第二章　遺產繼承人

第一節　各種繼承人

　　我民法上之遺產繼承人，分為血親繼承人及配偶兩種。血親繼承人有先後順序之別，有先順序繼承人時，後順序繼承人即不得為繼承；而配偶繼承人則與各順序之血親繼承人共同繼承，如各順序之血親繼承人俱無時，配偶即單獨繼承全部遺產（民法第一一四四條），即配偶之為繼承人，並不居於一定之順序，乃立於特別之地位。至血親繼承人有四種，其繼承順序，依序為：

　　⑴直系血親卑親屬。

　　⑵父母。

　　⑶兄弟姊妹。

　　⑷祖父母（民法第一一三八條）。

一、血親繼承人

㈠直系血親卑親屬

　　為第一順序繼承人，如同為直系血親卑親屬而親等不同時，則以親等近者為先（民法第一一三九條）。例如被繼承人有子女，又有孫子女，則子女應先孫子女而為繼承是。女系直系血親卑親屬，亦為第一順序繼承人，不論其出嫁與否。非婚生子女一經認領或經生父撫育，即視為婚生子女，對其生父有繼承權，自不待言。至養子女之繼承順序，自與婚生子女同，惟養子女對其本生父母之遺產，並無繼承資格（民法第一○七七條第二項、一○八三條參照）。又，如子輩全部拋棄繼承時，孫輩即在自己固有繼承順序為繼承，而非代位子輩繼承被繼承人（民法第一一七六條第五項）。

　　至子輩如全部於繼承開始前死亡或喪失繼承權，而由孫輩為繼承人時，則孫輩究為代位繼承（即代位繼承其父母之應繼分）？抑屬本位繼承（即在固有順位上，以其固有應繼分而繼承被繼承人）？則有爭議。例如被繼承人有子女甲、

乙二人，但甲、乙均於繼承開始前死亡，甲有子女 A、B，乙有子 C，斯時 A、B、C 三人之為被繼承人之繼承人，如屬代位繼承，則法定應繼分為 A、B 各四分之一，C 二分之一，如為本位繼承，A、B、C 三人之法定應繼分各三分之一，關係至為重大。就此問題，因法律之規定有欠明確，而有不同之見解。有認為：斯時孫輩係以固有順序，並以其固有應繼分繼承被繼承人，亦即為本位繼承；另有認為：我國民法第一一四○條既明定死亡或喪失繼承權為代位繼承發生之原因，故不問子輩之一部或全部死亡或喪失繼承權，孫輩均為代位繼承。依前司法行政部五十九年十二月十七日臺五九函民字第九一三九號函就本問題採取代位繼承說，理論上亦以代位繼承說為公平。

　　㈡父　母

　　包括親生父母與養父母在內，惟養子女對其本生父母之權利義務關係為停止，於收養終止前，自無繼承其本生父母遺產之權利。至繼父母則不包括在內。又，父母對於入贅他家之男子有繼承權（三六年院解字三三三四號解釋），對於已嫁女子之遺產，亦同（二一年院字七八○號解釋）。

　　㈢兄弟姊妹

　　包括半血緣之兄弟姊妹在內。婚生子女與養子女及養子女相互間亦係兄弟姊妹，自有繼承權。惟堂兄弟姊妹及表兄弟姊妹則否，因其為同祖父母、同曾祖父母，而非同父母。

　　㈣祖父母

　　包括外祖父母在內。養父母之父母亦為此所稱之祖父母。內祖父母及外祖父母既同為其孫子女之第四順序繼承人，其應繼分自屬均等。

二、配　偶

　　除上列第一順序至第四順序之血親繼承人外，配偶有相互繼承遺產之權。配偶之為繼承人不居於一定順序，得與各種繼承人同時繼承遺產，如無上述繼承人時，且得繼承全部遺產（民法第一一四四條）。所謂配偶，以在繼承開始時有配偶之身分為準，故夫或妻之一方於繼承開始時，繼承他方之遺產後再嫁、再娶，與既得之繼承權毫無影響。再者，同性之雙方當事人經結婚登記者，有相互繼承之權利，準用配偶之規定（司法院釋字第七四八號解釋施行法第二三條）。

又，七十四年六月四日前，重婚並非無效，僅為可得撤銷（民法舊第九九二條），則重婚未經撤銷，即有前妻（夫）、後妻（夫）同為配偶；又依司法院釋字第三六二號及五五二號解釋，於九十一年十二月十三日前，重婚相對人為善意且無過失，該重婚亦為有效；再依民法第九八八條第三款但書規定：「重婚之雙方當事人因善意且無過失信賴一方前婚姻消滅之兩願離婚登記或離婚確定判決而結婚者」，其重婚例外有效之情形，亦均有兩配偶之情事。則繼承開始時，前、後婚之兩配偶併存時，即各有繼承權，依解釋（院字一九八五號、院解字三七六二號）及判例（二八年上字六三一號），其應繼分各為法律所定配偶應繼分之二分之一。適用上應併予注意。

第二節　代位繼承

一、代位繼承之意義

直系血親卑親屬為繼承人時，如有於繼承開始前死亡，或喪失繼承權者，由其直系血親卑親屬代位繼承其應繼分，即為代位繼承（民法第一一四〇條）。例如被繼承人甲之遺產應由其長子乙、長女丙、次女丁繼承，苟乙於繼承開始前即已死亡，則其三分之一之應繼分由乙之子女代位繼承（乙之配偶無代位繼承權），即由乙之子女、丙、丁共同為甲之繼承人是。民法所以規定代位繼承，乃本於公平原則及對於繼承期待權之尊重。

二、代位繼承之要件

㈠被代位繼承人須於繼承開始前死亡，或喪失繼承權

即代位繼承之事由為繼承開始前死亡，或喪失繼承權。所謂死亡，包括死亡宣告。繼承權之喪失，規定於民法第一一四五條，另如後述。至繼承開始後，繼承人未為繼承拋棄而死亡，由該繼承人之繼承人繼承者，為轉歸繼承（再轉繼承），不屬於代位繼承，是宜注意。例如甲死亡後其繼承人為子女乙、丙，但乙不久即死亡，並未為繼承之拋棄，則乙對甲之遺產之應繼分二分之一即轉歸由乙之繼承人繼承之（此際乙之配偶得為轉歸繼承人）。又，被代位人與被繼承

人於繼承開始之同時死亡者，宜解為由其直系血親卑親屬代位繼承。

㈡被代位繼承人須為被繼承人之直系血親卑親屬

得為被代位人者，僅限於第一順序之繼承人。是以配偶及第二順序以下之各繼承人，縱於繼承開始前死亡或喪失繼承權，其直系血親卑親屬皆不得代位繼承。

㈢代位繼承人須為被代位繼承人之直系血親卑親屬

被代位人之其他繼承人（如被代位人之父母或配偶），皆無代位繼承權。又被代位人之養子女，亦得為代位繼承人，養子女之婚生子女、養子女之養子女、婚生子女之養子女均得代位繼承（司法院釋字七〇號解釋）。

三、代位繼承之性質及效力

代位繼承人原亦係被繼承人之直系血親卑親屬，自有繼承權，僅其應繼分從所謂被代位人之應繼分而已。是代位繼承人之繼承權，非由被代位人所承受，而為代位人自己固有之權利，通說及實務均採固有權說之見解。從而代位繼承人乃本於其固有權利，直接繼承被繼承人，其應繼分與被代位人之應繼分同，如代位人有數人時，則共同均分被代位人之應繼分。

第三節　應繼分

繼承人如僅有一人時，被繼承人所有遺產上之權利義務，自應由其全部繼承，固無問題。然如同一順序之繼承人有數人時，其權利義務，應由各繼承人共同繼承，而各人應有一分配之比率，此項比率，即為應繼分。應繼分係各繼承人對於遺產上之一切權利義務所得繼承之比率，並非對於個別遺產之權利比率。決定繼承人應繼分之方法有二種，其一為法律所規定之法定應繼分，其二為由被繼承人以遺囑所指定之指定應繼分。

一、法定應繼分

㈠同一順序繼承人之應繼分

同一順序之繼承人有數人時，按人數平均繼承（民法第一一四一條）。例

如，被繼承人甲有子女乙丙丁三人，其三位子女共同繼承，其遺產九十萬元，則平均分配之結果，各人各得三十萬元。如由第二順序至第四順序繼承人為繼承，如其同一順序之繼承人，不止一人時，亦應按照人數平均繼承。

(二)配偶之應繼分

配偶，有相互繼承遺產之權，其應繼分如下（民法第一一四四條）：

(1)與被繼承人之直系血親卑親屬同為繼承時，其應繼分與他繼承人平均。

(2)與被繼承人之父母或兄弟姊妹同為繼承時，其應繼分為遺產二分之一。

(3)與被繼承人之祖父母同為繼承時，其應繼分為遺產三分之二。

(4)無上述其他繼承人時，其應繼分為遺產全部。

又，重婚在我民法親屬編於七十四年六月三日修正公布前非無效，僅為可得撤銷（民舊九九二條），因此夫重婚而後婚未撤銷者，後妻亦與前妻同為配偶，有繼承夫遺產之權，後妻之應繼分與前妻各為上述配偶應繼分之二分之一（二九年院字一九八五號解釋）。但重婚現為無效之婚姻，重婚之配偶自互無繼承遺產之權；惟如前所述，依釋字第三六二號、五五二號及民法第九八八條第三款但書，所發生之重婚例外有效之情形，仍有複數配偶為繼承人，應平均分配配偶應繼分之問題。

再者，應繼分之決定另有如後述之指定應繼分，而如有指定應繼分時，即優先於法定應繼分而適用。惟實際上，被繼承人指定應繼分者，甚為少見，仍以適用法定應繼分為普遍。

二、指定應繼分

所謂指定應繼分，乃繼承人繼承遺產之分率，由被繼承人依遺囑自由指定之謂。關於指定應繼分，我民法無明文規定。惟遺產繼承實不外為財產之死後處分，遺囑自由原則，亦為民法所承認（民法第一一八七條），因此依被繼承人之意思，就同一順序之繼承人，而為應繼分之指定，於不侵害特留分之範圍，自非法所不許。然其指定，在解釋上，應有二種限制，其一應依遺囑方式為之（否則不生指定之效力）；其二，須不違反特留分之規定（否則特留分受侵害之繼承人得類推適用民法第一二二五條行使扣減權）。由上說明，應繼分亦得以遺囑指定之，通說均採肯定見解。

第四節　繼承權之喪失

繼承權之喪失，乃繼承權人對於被繼承人或其他應為繼承人之人，有重大不法、不德行為，或對有關繼承之遺囑，有非法企圖，喪失其繼承權，亦即為繼承權之缺格。凡有第一一四五條第一項所列各款情事之一者，即喪失其繼承權。

一、絕對的喪失

(1)故意致被繼承人或應繼承人於死，或雖未致死，因而受刑之宣告者（同項一款），*喪失繼承權*　其繼承資格不因被害人宥恕而回復。此所謂應繼承人，指同一順序或順序在先者而言，至後順序之繼承人，則不包括在內。所謂致死，由繼承人本人為之，抑以教唆或幫助他人之方法為之，則非所問。

(2)*對於被繼承人有重大之虐待或侮辱情事，經被繼承人表示其不得繼承者*（同項五款）　依此情事而喪失繼承權者，嗣後得否因被繼承人之宥恕而回復繼承權？學者之見解尚非一致，參證民法第一一四五條第二項未予列舉本款為經宥恕而回復繼承權之情形，似宜解為本款情事不因事後之宥恕而回復繼承權。

二、相對的喪失

因第一一四五條第一項第二至四款情形，繼承人即喪失其繼承權：

(1)以詐欺或脅迫使被繼承人為關於繼承之遺囑，或使其撤回或變更之者（同條一項二款）。

(2)以詐欺或脅迫妨害被繼承人為關於繼承之遺囑，或妨害其撤回或變更之者（同項三款）。

(3)偽造、變造、隱匿或湮滅被繼承人為關於繼承之遺囑者（同項四款）。

前述三款之規定，如經被繼承人宥恕者，其繼承權仍不喪失（同條二項），亦即該三款情事，為相對的喪失繼承權之原因。

　　又，關於繼承權之喪失，於有法定情事發生，即當然發生，無須由法院以裁判宣告之。繼承權之喪失，一般情形，固以發生於「繼承開始前」者為多，然亦有「繼承開始後」，始行發生者，例如故意致被繼承人於死因而受刑之宣告，或湮滅被繼承人為關於繼承之遺囑，而於繼承開始後，始確定其繼承權喪失是，於此情形應解為溯及繼承開始時發生喪失繼承權之效力。

第五節　繼承回復請求權

一、繼承回復請求權之意義

　　繼承回復請求權乃繼承權被侵害之真正繼承人對於僭稱繼承人包括請求確認繼承人資格及回復繼承標的之一切權利（參照四○年臺上字七三○號判例）。例如喪失繼承權之人僭稱其為繼承人而占有遺產；或被繼承人之準婚生子女之繼承被排除，而由其他繼承人占有遺產是。於此情形，真正繼承人（正當繼承人）為確認其資格及回復被占有之遺產，得對僭稱繼承人（表見繼承人）行使繼承回復請求權。至繼承權是否被侵害，應以繼承人繼承原因發生後，有無被他人否認其繼承資格，並排除其對繼承財產之占有、管理或處分為斷。如無繼承權而於繼承開始時或繼承開始後僭稱為繼承人或真正繼承人否認其他共同繼承人之繼承權，並排除其對遺產之占有、管理或處分者，均為繼承權之侵害（參照司法院釋字四三七號解釋）。即僭稱繼承人有二種情形，一為無繼承資格之第三人，二為否認其他共同繼承人繼承權之真正繼承人，但均須其排除繼承人對遺產之占有、管理或處分，始為此之侵害繼承權。

　　民法第一一四六條第一項規定：「繼承權被侵害者，被害人或其法定代理人得請求回復之。」即為繼承回復請求權之行使。惟依同條第二項規定，其消滅時效期間僅為二年，與保護真正繼承人之立法意旨，有所不符，滋生疑義。

二、繼承回復請求權之性質

　　關於繼承回復請求權之性質，向有形成權說與請求權說之別。形成權說認為僭稱繼承人占有遺產為侵害真正繼承人之地位，真正繼承人包括的回復其繼

承關係，其所行使之此一權利即為實體法上之形成權。惟現行繼承法已不採身分繼承制，而真正繼承人所請求回復者為被占有之遺產，而非抽象的繼承權或繼承人地位，故形成權說不足採取。一般均將繼承回復請求權解為請求權，惟基於繼承權包括各種權利，其具體的性質又有獨立權利說與集合權利說之分，茲說明如次：

(一)獨立權利說

因行使繼承回復請求權須就繼承權之有無為爭執，且目的為回復遺產之占有，其性質為一獨立的特別請求權，而與物上請求權（民法第七六七條第一項）有別。

(二)集合權利說

因繼承既為就各個權利為包括的承繼，則繼承回復請求權為個別的權利被侵害所生個別的物上請求權之集合，並非獨立的權利。易言之，便宜上以一個繼承回復請求權處理繼承權之被侵害。

我民法第一一四六條所規定之繼承回復請求權係繼受日本民法第八八四條之規定，於日本以前述之集合權利說為多數說（參照中川淳著《相續法逐條解說》上卷三二頁）。我國實務及學者見解對於繼承回復請求權之性質，尚非完全一致。按如採集合權利說，因繼承回復請求權既為個別繼承權利被侵害之物上請求權之集合，繼承回復請求權即不與物上請求權同時競合（併存）。如認其為獨立權利時，則繼承回復請求權與物上請求權為競合，但是否自由競合或相互影響，仍不免爭議。如採法條競合說（非競合說），自僅得行使繼承回復請求權，而不得行使物上請求權，但如採請求權競合說時，真正繼承人即得選擇行使繼承回復請求權或物上請求權。

依上說明，由於我民法第一一四六條對繼承回復請求權之內容未予詳確規定，因此其性質為何，不免疑義。惟現行法既有繼承回復請求權之規定，而行使該權利之真正繼承人以舉證其有繼承權及繼承開始時被繼承人已占有請求標的物之事實為已足，無庸就所有權或其他權利之存在為舉證，與行使物上請求權之人須就所有權存在為舉證者，有所差異。似宜解為：真正繼承人對自命其為繼承人而占有遺產之僭稱繼承人請求回復占有時，應行使繼承回復請求權，但如對占有遺產而非爭執繼承權之人請求返還或除去妨害時，為行使物上請求

權，而非繼承回復請求權之行使。惟如均合於行使物上請求權及繼承回復請求權之要件時，仍宜認其為獨立而併存之權利，真正繼承人得自由選擇而行使之。釋字第四三七號、七七一號解釋亦採此一見解。而為貫徹保護真正繼承人之立法意旨，並以採取請求權自由競合說為宜。又依最高法院九○年臺上字第四六四號民事判決，真正繼承人於繼承回復請求權之時效消滅後，仍得行使物上請求權，即採請求權自由競合說。

至於僭稱繼承人侵害繼承權，占有遺產，真正繼承人對僭稱繼承人另得主張不當得利返還請求權、侵權行為損害賠償請求權，為別一問題。

三、繼承回復請求權行使之方法

真正繼承人對僭稱繼承人行使繼承回復請求權於訴訟外或訴訟上行使均無不可，並非必須提起訴訟。如提起訴訟時，則須列舉僭稱繼承人應返還之遺產。

民法第一一四六條第一項明定：「被害人或其法定代理人得請求回復之。」即除真正繼承人外，其法定代理人亦得行使繼承回復請求權，惟法定代理人之行使此項權利，應解為非其固有權，而為代理權，其行使之效力及於真正繼承人。

四、繼承回復請求權之消滅

繼承回復請求權自知悉被侵害之時起，二年間不行使而消滅，自繼承開始時起逾十年者亦同（民法第一一四六條第二項）。真正繼承人行使繼承回復請求權如已時效完成，僭稱繼承人自得據以抗辯，拒絕返還其所占有之遺產。上開二年之期間為時效期間，毫無疑義。至於十年之期間為時效期間或除斥期間，尚有爭議。按時效期間為自請求權可行使時起算（民法第一二八條前段），惟該十年之期間之起算點為自繼承開始時起算，不生繼承人行使權利可能性之問題，而客觀確定其期間為十年，宜解為屬權利存續期間，即為除斥期間（參照中川淳前揭書四一頁）。

繼承回復請求權之消滅時效完成後，依釋字第七七一號解釋，有下列二項內容：㈠最高法院四○年臺上字第七三○號判例謂：真正繼承人之繼承回復請求權因時效完成而消滅，即喪失繼承權，並由表見繼承人取得繼承權，云云。

該號解釋認其違反憲法第一五條保障人民財產權之意旨，應不再援用。按民法第一一四五條已列舉繼承權喪失之事由，並無因繼承回復請求權之時效完成其事；且繼承權之取得，須繼承人與被繼承人有一定之身分關係（配偶或血親）及位居繼承順序，當無因真正繼承人之該請求權消滅時效完成，即改由表見繼承人取得繼承權之理。此一部分之解釋，自屬正確。㈡依釋字第一〇七、一六四號解釋，已登記之不動產所有人之回復請求權，無民法第一二五條消滅時效規定之適用，惟繼承回復請求權與個別物上請求權分別獨立併存者，繼承回復請求權之時效完成後，如真正繼承人行使物上請求權時，為「兼顧法安定性」，仍有民法第一二五條時效規定之適用。惟如該二請求權競合，真正繼承人繼承之不動產已登記，但僅行使物上請求權，並不行使繼承回復請求權者，是否仍有民法第一二五條時效消滅規定之適用，即成疑問。該號解釋之該部分，尚待釐清。

習　題

一、如何決定繼承人之應繼分？

二、繼承人之種類及順序為何？

三、繼承權喪失之情事為何？

四、繼承回復請求權之性質為何？

五、甲（夫）、乙（妻）婚後生有子女丙、丁，並共同收養戊為養女。戊與己男結婚，婚後生有子女Ａ、Ｂ。某日甲、乙、戊同車旅行，因車禍甲、戊同時死亡，甲所遺之財產六百萬元，應由何人繼承？其應繼分若何？上開情形，如車禍後，甲先死亡，戊後死亡時，甲之繼承人及應繼分是否相同？

六、甲（夫）、乙（妻）婚後生有女丙，後丙失蹤。甲死亡時，丙失蹤已有三年，乙又懷有胎兒。試問甲之繼承人為誰？

〔提　示〕

一、繼承人之應繼分應依指定應繼分及法定應繼分決定之：

　　㈠指定應繼分係由被繼承人以遺囑之方式為之，並不得違反特留分之規定。如有指定應繼分時應優先於法定應繼分而適用。

　　㈡法定應繼分，則依配偶與何一順序繼承人共同繼承而有不同，即：⑴配偶與

第一順序之繼承人同為繼承時，其應繼分與他繼承人平均。⑵配偶與第二順序之父母或第三順序之兄弟姊妹共同繼承時，配偶之應繼分固定為二分之一，其餘由該順序繼承人平均繼承。⑶配偶與第四順序之祖父母共同繼承時，配偶之應繼分固定為三分之二，其餘由祖父母平均繼承。⑷如無各順序繼承人時，由配偶單獨繼承。（其餘詳如本文內之解說）

二、㈠繼承人之種類有二，即血親繼承人及配偶。

　　㈡血親繼承人共有四種，其繼承順序依序為：⑴直系血親卑親屬。⑵父母。⑶兄弟姊妹。⑷祖父母。至配偶則與各順序之血親繼承人共同繼承，如各順序之血親繼承人俱無時，配偶即單獨繼承全部遺產。（其餘詳如本文內之解說）

三、繼承權喪失之情事可分為：㈠絕對的喪失，㈡相對的喪失。（詳如本文內之解說）

四、繼承回復請求權之性質為請求權，惟究為獨立權利，抑為集合權利，尚有不同見解。（詳如本文內之解說）惟宜解為獨立權利，與物上請求權得自由競合。

五、㈠甲、戊同時死亡時：甲之繼承人為乙、丙、丁及Ａ、Ｂ。其應繼分為乙、丙、丁各一百五十萬元，Ａ、Ｂ各七十五萬元。其理由為：乙為甲之配偶，丙、丁為甲之直系血親卑親屬，自為甲之繼承人。戊於繼承開始時死亡，其雖不為甲之繼承人，但仍應解為其直系血親卑親屬得代位繼承，從而Ａ、Ｂ為甲之代位繼承人，平均分配戊之應繼分，即各七十五萬元。

　　㈡甲先死亡、戊後死亡時：甲之繼承人為乙、丙、丁及己、Ａ、Ｂ為再轉繼承人。其應繼分為乙、丙、丁各一百五十萬元，己、Ａ、Ｂ各五十萬元。其理由除乙、丙、丁如前述外，戊既後於甲死亡，於甲死亡時，戊即已取得甲之繼承權，其旋即死亡，其所取得之該繼承權，即應繼分一百五十萬元，再轉由其繼承人己、Ａ、Ｂ為繼承，而各取得甲之遺產各五十萬元。

六、甲之繼承人為乙、丙及其胎兒。其理由為：乙為甲之配偶，自為甲之繼承人。丙雖失蹤達三年，但既未滿七年，尚未合於死亡宣告之要件，即仍有權利能力，而為甲之繼承人，其所取得之財產應由其財產管理人管理之（民法第一〇條）。甲死亡時，乙已經受胎，該胎兒於出生前亦有權利能力，而為甲之繼承人，如乙、丙分割甲之遺產時，須保留該胎兒之應繼分（民法第一一六六條）。

第三章 遺產之繼承

第一節 繼承之標的

一、概 說

　　民法第一一四八條第一項規定：「繼承人自繼承開始時，除本法另有規定外，承受被繼承人財產上之一切權利義務。但權利義務專屬於被繼承人本身者，不在此限。」即除民法另有規定（如第一一七四條之拋棄繼承）外，凡被繼承人於其死亡時所有之財產上之權利及義務，皆因繼承之開始，當然移轉於繼承人，但專屬於被繼承人一身者，則例外不得繼承。易言之，非專屬之一切財產上權利義務均為繼承標的。

　　同條第二項規定：「繼承人對於被繼承人之債務，以因繼承所得遺產為限，負清償責任。」即繼承人之固有財產並非繼承債務之責任財產。此為九十八年六月十日新法所增訂，即為全面之限定繼承，其詳另於繼承之態樣中為說明。

二、權利之繼承

　　如為財產權，除專屬於被繼承人一身者外，不問其種類、性質如何，皆可為繼承之標的。是物權、債權固無論，撤銷權、解除權等形成權，如不以被繼承人身分為基礎者，均為繼承之客體。著作權、專利權等無體財產權，亦均移轉於繼承人。占有亦由繼承人繼承，繼承一經開始，占有當然移轉於繼承人，惟占有如有瑕疵，亦須一併繼承之（民法第九四七條）。

　　至於專屬於被繼承人本身之權利，則非繼承之標的。例如扶養之權利、終身定期金債權、因人格權受侵害所生之非財產上損害賠償請求權（但以金額賠償之請求權，已依契約承諾或已起訴者，得為繼承標的）等，因被繼承人死亡而消滅，繼承人即無從繼承。

三、義務之繼承

我民法採包括的繼承主義，遺產中縱無積極財產，被繼承人之財產上義務仍應由繼承人承受之。倘非一身專屬之債務，不問其發生原因如何，內容如何，皆移轉於繼承人。是不論作為債務或不作為債務，通常之債務或物上請求權上之義務（包括登記義務），皆移轉於繼承人。

至專屬一身之債務，例如其債務之履行係與被繼承人之人格、專業知識相結合者（例如藝術家、作家之給付義務），或其債務係以對於被繼承人之信任關係為基礎者（例如委任、僱傭等供給一定勞務之債務），及以被繼承人之親屬關係或其地位為基礎之債務（例如扶養之義務），皆不得為繼承之標的。

四、視為所得遺產

新法第一一四八條之一規定：「繼承人在繼承開始前二年內，從被繼承人受有財產之贈與者，該財產視為其所得遺產。前項財產如已移轉或滅失，其價額，依贈與時之價值計算。」其旨趣在於新法改以繼承人對繼承債務僅以遺產為限，負清償責任，為避免被繼承人於生前將財產贈與繼承人，以減少繼承開始時之繼承人所得遺產，致影響繼承債權人之權益，而將被繼承人生前之該贈與，視為繼承人所得遺產，但為兼顧民眾之情感，限於繼承開始前二年內之贈與，其財產始視為其所得遺產。

惟此因繼承本則改採限定責任而擴大遺產範圍之規定，立法理由中另謂：「不影響繼承人間應繼財產之計算」，亦即僅繼承債權人得主張繼承人於繼承開始前二年內受贈之該財產視為所得遺產，而為繼承債務之責任財產，但於共同繼承人相互間則不得主張之。

此視為所得遺產，於已移轉或滅失，始以價額計算，否則仍以原物為準，執行上多所困擾。且如該繼承人拋棄繼承，其受贈財產即無從視為所得遺產。此一規定之成效，尚待檢討。

第二節　遺產酌給權

一、概　說

　　民法第一一四九條規定：「被繼承人生前，繼續扶養之人，應由親屬會議，依其所受扶養之程度，及其他關係，酌給遺產。」是為遺產酌給之規定，有死後扶養之意味，頗有社會安全的意義。其特色有三：

　　⑴對遺產請求酌給，非對繼承人請求扶養。

　　⑵對受酌給遺產之權利人不作硬性規定。

　　⑶酌給之方法及其程度，富有彈性，由親屬會議就具體情形決定之。

二、遺產酌給請求權之要件

　　⑴須為被繼承人生前繼續扶養之人　凡被繼承人事實上生前繼續扶養之人，皆為受酌給遺產之權利人，例如繼承順序在後之父母，或法律上有扶養義務而無繼承權之同居之公婆、兒媳等，苟有被繼續扶養之事實，即享有受遺產酌給之權。

　　⑵須被繼承人未為相當之遺贈　如被繼承人已以遺囑，就其生前繼續扶養之人所受扶養之程度及其他關係，遺贈相當財產者，即已無酌給遺產之必要（二六年渝上字五九號判例）。

　　⑶須酌給請求權人不能維持生活而無謀生能力　按扶養權利人，除直系血親尊親屬僅須不能維持生活即得請求扶養外，須以不能維持生活而無謀生能力者，始能請求扶養（民法第一一一七條）。遺產酌給請求權人既為曾受被繼承人繼續扶養之人，則解釋上酌給請求權人理應具備與上述扶養同一之要件，較為妥當。

三、遺產酌給之方法及標準

　　遺產酌給請求權之行使，由被繼承人生前繼續扶養之人向親屬會議請求之，而不得逕向法院請求遺產之酌給，對於親屬會議之決議有不服時，始得依民法

第一一三七條之規定向法院聲訴（三七年上字七一三七號判例），若親屬會議之決議未允洽時，法院自可斟酌情形予以核定（四〇年臺上字九三七號判例）。

遺產酌給之標準，應依請求權人曾受扶養之程度及其他關係決定之。鑑於遺產酌給制度係出於被繼承人與受酌給人之情誼而設，且受酌給人雖曾受被繼承人繼續扶養，但仍與繼承人與被繼承人間之關係密切者有別，故理應限於任何繼承人特留分範圍內，而由親屬會議酌給遺產，始為妥當。

又，此一權利，其性質應解為債權，如受酌給之財產為不動產，須經登記（民法第七五八條），如係動產，則須經交付（民法第七六一條），始能發生物權變動之效力。受酌給人因係無償取得，宜解為應俟繼承債務受清償後，始能受酌給，但應較受遺贈人先受遺產之酌給。

第三節　繼承費用

民法第一一五〇條規定：「關於遺產管理、分割及執行遺囑之費用，由遺產中支付之。但因繼承人之過失而支付者，不在此限。」民法分繼承費用為遺產管理、分割及執行遺囑之費用，其為共益費用，且需用甚亟，故規定使之由遺產中支付。惟各種費用有因繼承人之過失而支付者，則應由該繼承人負擔，不得由遺產中支付。

第四節　共同繼承

一、總　說

繼承人自繼承開始時起，即承受被繼承人之一切財產上權利義務，繼承人如僅為一人，為單獨繼承，其法律關係自較單純，如不祇一人時，其權利義務之分配，即成問題。我民法對此問題，雖以遺產分割，為其最後目的，然於繼承開始以後，遺產分割以前，各共同繼承人間對於被繼承人之權利義務，處於何等關係，自有明白規定之必要。

共同繼承人於遺產分割前，對於遺產全部為公同共有（民法第一一五一

條），即就共同繼承遺產採取公同共有主義。至被繼承人之債務，則由各繼承人負連帶責任（民法第一一五三條第一項）。

二、遺產之共同繼承

民法第一一五一條規定：「繼承人有數人時，在分割遺產前，各繼承人對於遺產全部，為公同共有。」即共同繼承人就共同繼承財產之全部，有其應繼分，但其應繼分係不確定的、潛在的，顯帶有身分法的色彩，並無物權法的分別共有性質。是以某一繼承人在遺產分割前，自不得主張遺產中之特定部分由其個人承受（三〇年上字二〇二號判例）。

共同繼承財產，固由全體共同繼承人管理，但亦得以繼承人過半數及其應繼分合計過半數之同意定其管理方法（民法第八二八條第二項準用第八二〇條）。又，依民法第一一五二條規定，公同共有之遺產，亦得由繼承人中互推一人管理之。所謂管理，以保存行為為限，不包括處分行為。

三、繼承債務之連帶責任

民法第一一五三條第一項規定：「繼承人對於被繼承人之債務，以因繼承所得之遺產為限，負連帶責任。」即採取連帶主義，保護繼承債權人。是以其債權人得向共同繼承人中任何一人請求為全部債務之清償，而各共同繼承人自不得以其應繼分之多少為理由，拒絕為全部之清償。惟因新法改以限定責任繼承為本則，與舊法之以單純承認繼承為本則者，有所不同，故新法明定共同繼承人雖對繼承債務負連帶責任，但僅以遺產為責任財產。

就共同繼承人間之內部關係而言，各繼承人相互間對於被繼承人之債務，除另有約定外，應按其應繼分之比例分擔（民法第一一五三條第二項）。惟依新法，遺產與繼承人之固有財產分離，繼承人既以遺產清償繼承債務，非以其固有財產為清償，即無請求其他繼承人依應繼分比例分擔之問題。此一規定，甚有疑義，未來宜予刪除。

第五節　遺產分割

所謂遺產分割，乃遺產之共同繼承人，以消滅遺產之公同共有關係為目的之法律行為。共同繼承人對於遺產公同共有關係，原為不得已之現象，故依民法於第一一六四條規定，繼承人以得隨時請求分割遺產為原則。此與一般之公同共有人，於其公同關係存續期間內，不得請求分割公同共有物者，有所不同（參照民法第八二九條）。

一、遺產分割之自由及限制

繼承人得隨時請求分割遺產；但法律另有規定或契約另有訂定者，不在此限（民法第一一六四條），是為遺產分割自由之原則。例外之情形如次：

⑴**法律另有規定時**　如民法第一一六六條規定，胎兒為繼承人時，非保留其應繼分，他繼承人不得分割遺產是。

⑵**契約另有訂定時**　共同繼承人以契約訂定遺產不得請求分割之期限者，應從其所定。

此外，被繼承人得以遺囑禁止遺產之分割，有此不分割之遺囑，則繼承人不得請求分割，但其禁止之效力以十年為限（民法第一一六五條第二項）。

二、分割之方法

被繼承人之遺囑，定有分割遺產之方法或託他人代定者，從其所定（民法第一一六五條第一項）。若無此項遺囑時，則依民法第八三○條第二項之規定，準用關於共有物分割之規定，即得以協議之方法分割遺產，不能協議時，得請求法院裁判分割。即遺產分割之方法依序為：

⑴依被繼承人之遺囑。

⑵協議分割。

⑶裁判分割。此際依民法第八二四條第二、三、四項規定，以原物分配為最優先，不能原物分配時，依其情形定分配之方法（請參照前述之說明）。

三、分割之效力

茲就此分述之如下：

㈠各繼承人間之效力

遺產經分割者，各繼承人取得其分得部分之單獨所有權，成為單獨所有人，應按其所得部分，對於他繼承人因分割而得之遺產，負與出賣人同一之擔保責任（民法第一一六八條）。亦即分得之物有權利或物之瑕疵時，得行使權利或物之瑕疵擔保請求權。又遺產分割後，各繼承人按其所得之部分，對於他繼承人因分割而得之債權，就遺產分割時債務人之支付能力，負擔保之責（民法第一一六九條第一項），以確保遺產分配之公平；苟債權附有停止條件或未屆清償期者，各繼承人就應清償時債務人之支付能力，負擔保之責（同條二項）。負有上述兩種擔保責任之繼承人中，有無支付能力，不能償還其分擔額者，其不能償還之部分，由有請求權之繼承人與他繼承人，按其所得部分，比例分擔之；但其不能償還，係由有請求權人之過失所致者，不得對於他繼承人請求分擔（民法第一一七〇條）。

㈡對於第三人之效力

各繼承人對於被繼承人之債務，負連帶責任。此項連帶責任，自遺產分割時起，如債權清償期在遺產分割後，則自清償期屆滿時起，經過五年而免除（民法第一一七一條第二項）。即此五年法定期間之計算，如清償期之到來在遺產分割前者，自遺產分割時起算，在遺產分割後者，自其清償期屆滿時起算。惟遺產分割後，其未清償之被繼承人之債務，移歸一定之人承受，或劃歸各繼承人分擔，如經債權人同意，各繼承人免除連帶責任（同條一項），而不待五年。

四、分割之實行

㈠對被繼承人負有債務之扣還

繼承人如為一人，且為單純承認者，對被繼承人所負之債務，固因混同而消滅，但共同繼承時，如繼承人中如對於被繼承人負有債務者（即遺產中之債權），於遺產分割時，應按其債務數額，由該繼承人之應繼分內扣還（民法第一一七二條）。例如被繼承人遺一百二十萬元，其子女甲乙丙三人為繼承人，甲對

於被繼承人負有三十萬元之債務，則遺產總額應將其債務加入計算，共為一百五十萬元，由三人平均繼承，每人應繼分各為五十萬元，但甲應扣還三十萬元，實得二十萬元。

(二)特種贈與之歸扣（扣除）

繼承人中有在繼承開始前因結婚、分居或營業，已從被繼承人受有財產之贈與者，應將該贈與價額加入繼承開始時被繼承人所有之財產中，為應繼遺產；但被繼承人於贈與時有反對之意思表示者，不在此限；前項贈與價額應於遺產分割時，由該繼承人之應繼分中扣除；至贈與價額之多寡，依贈與時之價值計算（民法第一一七三條）。歸扣之標的限於上開特種贈與，因其為應繼分之前付，此外不問何種贈與皆不在歸扣之列。繼承一經開始，歸扣效力即發生，惟於遺產分割時，應為充當計算而已，亦即我民法非採現物返還主義，而採充當計算主義，受贈人為確定的所有人，而僅返還贈與財產之價額。詳言之，繼承一經開始，除被繼承人於為上開特種贈與時有反對歸扣之意思表示者外，應將該特種贈與財產之價額歸入於繼承開始時被繼承人所有財產之中，為應繼遺產，於遺產分割時，該贈與價額，始由受贈與之繼承人應繼分中扣除。例如被繼承人遺有財產三百萬元，其繼承人為甲、乙，甲曾因結婚受有特種贈與一百萬元，則應繼遺產為四百萬元，甲、乙應繼分各為二百萬元，於遺產分割時，應自甲之應繼分二百萬元中扣除一百萬元，即甲得一百萬元，乙得二百萬元是。此外，被代位繼承人所受之特種贈與，應否由代位繼承人負歸扣義務？法無明文，多數說採肯定見解。至代位繼承人受有特種贈與者，本於其為以固有權利而為被繼承人之繼承人，多數見解認其應負歸扣義務。

應再說明者有二：(一)特種贈與價額多於應繼分時，繼承人應否就超過應繼分部分為返還？法無明文，多數說及實務見解，認該繼承人不再受分配，但無庸就超過應繼分之部分為返還，即採否定說。(二)特種贈與如侵害他繼承人之特留分者，特留分扣減權人得否行使扣減權？因特種贈與為生前處分，與扣減權標的之遺贈為死後處分者，有所不同，通說及實務見解均採否定說。

習　題

一、被繼承人財產上之一切權利義務是否均由繼承人承受之？

二、遺產酌給請求權發生之要件為何？

三、遺產分割自由之原則之例外情形為何？遺產分割之方法為何？

四、甲向乙買受土地一筆，但乙尚未將該土地所有權移轉登記於甲即已死亡，甲得如何行使權利以取得該土地所有權？

五、甲曾貸與乙五百萬元，清償期屆至時乙已死亡，乙之繼承人為丙、丁、戊，甲得向丙、丁、戊請求清償之數額為何？

六、甲曾因其子乙營業而贈與三百萬元。甲死亡時，遺有財產三百萬元，其繼承人為乙、丙、丁。試問於遺產分割後，各繼承人所得之數額為何？

七、甲與乙通謀虛偽買賣汽車，經甲將其所有汽車一輛交付於乙，其後乙死亡，甲請求乙之繼承人Ａ、Ｂ交還該汽車，Ａ、Ｂ以其為善意之第三人拒絕返還，其主張有據否？

八、甲於一〇一年十月間因其子Ａ之結婚將其房屋一棟贈與Ａ（經移轉登記）。嗣甲於一〇二年六月一日死亡，Ａ未拋棄繼承，甲之金錢債權人乙得否聲請執行Ａ受贈之該房屋？

〔提　示〕

一、繼承人所承受者為非專屬於被繼承人之一切財產上權利義務。至於專屬於被繼承人本身之權利義務，即非繼承標的。（詳如本文內之解說）

二、遺產酌給請求權之要件有三：⑴被繼承人生前繼續扶養之人。⑵被繼承人未為相當之遺贈。⑶酌給請求權人不能維持生活而無謀生能力。（詳如本文內之解說）

三、㈠遺產分割自由原則之例外情形有三，一為法律另有規定時，二為契約另有訂立時，三為被繼承人有禁止分割之遺囑時。（詳如本文內之解說）

　㈡遺產分割之方法有三：⑴依被繼承人之遺囑。⑵協議分割。⑶裁判分割。

四、甲得本於繼承及買賣關係請求乙之繼承人就該土地辦理繼承登記後，將其所有權移轉登記於甲。其理由為：⑴履行出賣人使買受人取得買賣標的物所有權之義務並無專屬性，乙之繼承人應承受該債務。⑵乙之繼承人固因繼承而取得該

土地所有權，但因非經登記不得處分（民法第七五九條），自須就該土地於先辦理繼承登記後將其所有權移轉登記於買受人甲。

五、甲得向丙、丁、戊請求連帶給付五百萬元，但丙、丁、戊僅須以繼承乙所得遺產負清償責任。其理由為：⑴丙、丁、戊因繼承，應承受該返還借款之債務。⑵繼承人對於被繼承人之債務負連帶責任，因此甲得向丙、丁、戊請求連帶給付全部借款。惟因新法規定共同繼承人僅以遺產為限對繼承債務負責，則依新法丙、丁、戊之固有財產，即非繼承債務之責任財產。

六、丙、丁各得一百五十萬元，乙不再受分配。其理由為：本件應繼財產為六百萬元，乙、丙、丁之應繼分各為二百萬元，因此乙之特種贈與額三百萬元多於應繼分一百萬元，此際乙應否就超過之一百萬元為返還？法無明文，學者見解固有肯定說及否定說之不同，但多數說採否定見解，實務見解（最高法院九〇年度臺上字二四六〇號判決）亦同，依此乙即無庸就一百萬元為返還，但其亦不能再由遺產受分配。從而丙、丁就遺產三百萬元平均受分配，各得一百五十萬元。

七、乙之繼承人 A、B 非第三人，其主張為無據。其理由為：甲、乙之通謀虛偽買賣無效，甲依回復原狀請求權、不當得利返還請求權或所有權之所有物返還請求權均得請求乙返還汽車，而乙應負返還義務，於乙死亡後，該義務無專屬性，應由乙之繼承人 A、B 承受該義務，即就該義務，乙之繼承人 A、B 並非第三人，其主張為善意第三人而拒絕返還，殊無理由。

八、乙得聲請執行 A 自甲於生前所贈與之房屋。理由：⑴該房屋為 A 於繼承開始前二年內，從被繼承人甲所受之贈與，視為其所得遺產（民法第一一四八條第一項），為繼承債務之責任財產，乙自得聲請執行。⑵該房屋又為繼承人 A 於繼承開始前因結婚從被繼承人甲所受之特種贈與，依民法第一一七三條，如為共同繼承時，就受贈時之價額，負歸扣義務，即應計入共同繼承人間之應繼遺產，此為另一問題，不影響其視為所得遺產，乙之得聲請執行。

第四章　繼承之態樣

第一節　概　說

　　繼承一經開始，被繼承人財產上之一切權利義務，依法律規定當然移轉於繼承人，不必另為意思表示，且係權利義務包括之承繼，更無須各別地履踐移轉之手續，是為當然繼承主義（民法第一一四八條一項）。惟關於繼承之範圍既僅限於遺產，即僅為財產上權利義務之繼承而已，故關於繼承之權利，與其他之權利同，不能強人以取得，而關於繼承之義務，亦無強令其負擔之理，故繼承人得拋棄繼承。又因依民法舊法第一一四八條之規定，繼承人須就被繼承人之債務負無限責任，為減輕繼承人之負擔，尚另有採取限定繼承制度之必要，使其對繼承債務僅須以遺產為限負責，不影響其固有財產。是以我民法舊法有單純承認、限定繼承及拋棄繼承之三種態樣，繼承人之為單純承認，或限定繼承，或拋棄繼承，有其選擇權，任憑其自由選擇其一。

　　民法繼承編曾於九十七年一月二日修正公布固於第一一五三條第二項規定，繼承人為無行為能力人或限制行為能力人對於繼承債務以所得遺產為限，負清償責任，保護無行為能力人或限制行為能力人之繼承人，但仍以單純承認為本則，而限定繼承為例外。惟於九十八年六月十日修正公布（同年月十二日發生效力）之新法，於第一一四八條第二項明定繼承人對繼承債務以遺產為限負清償責任，即全面改採以限定繼承為本則，惟新法又將限定繼承之節名刪除，則實質上限定繼承為本則，但於此情形，如何之用語，始為允當，多所分歧，有稱之為「法定繼承」、「法定繼承有限責任」、或「概括繼承有限責任」者。但法定繼承有別於遺囑繼承，概括繼承與個別繼承不同，有限責任又有物的有限責任與量的有限責任之分，且繼承人對繼承債務負有限責任，僅為限定繼承內容之一而已，是上開名稱似非允當。參酌此次修正之理由稱之為「限定責任」，為便宜計，姑以繼承人之限定責任為本則。法務部出版（九九年十二月）之《民法親屬、繼承編》於再版例言中亦謂：「修正後之繼承限定責任更是我國所獨

創」。又，新法仍繼續維持拋棄繼承之規定（民法第一一七四條以下），經拋棄繼承者，自始不為繼承人。此外，舊法雖以單純承認之繼承為本則，繼承人對繼承債務負無限責任，但無此用語，多數說及實務見解則均承認之，並分其型態為二，一為「一般單純承認」，為不要式之意思表示，明示默示在所不問，另一為「法定單純承認」，於繼承人有民法第一一六三條所列各款不正行為之一者，繼承人不得主張限定繼承之利益，即視為單純承認。新法既以繼承人就繼承債務負限定責任為本則，對繼承人有利，已無必要再承認對繼承債務負無限責任之一般單純承認，但新法第一一六三條之規定依舊，即有其規定情事之一時，即應對繼承債務負無限責任，即為法定單純承認之繼承人。

依上說明，新法施行後，繼承態樣有三：⑴限定責任之繼承——為繼承本則，對繼承債務以遺產為限負清償責任。⑵拋棄繼承——為法定要式行為，自始不為繼承人。⑶法定單純承認之繼承——繼承人對繼承債務負無限責任。

第二節　限定責任之繼承

一、概　說

我民法舊規定，以單純承認為本則，以限定繼承及拋棄繼承為例外，有如前述。限定繼承者乃繼承人限定以因繼承所得之遺產，償還被繼承人之債務之意思表示（民法舊第一一五四條）。舊法就繼承之態樣，以單純承認為本則，繼承人原係就被繼承人之權利義務為概括之承繼，倘被繼承人之遺產多，而債務少者，固無問題，反之若遺產少，而債務多者，則繼承人勢必以其自己固有之財產，替被繼承人還債，如此對於繼承人未免苛待，故法律上乃設有限定繼承制度，使繼承人對被繼承人之債務得僅以遺產為限度負償還責任，以保護繼承人，惟其為例外，為法定要式行為。九十八年六月十日公布之新法，改採限定繼承為本則，無須繼承人另為限定繼承之表示，即得以遺產為限清償被繼承人之債務，但因新法將限定繼承之節名刪除，便宜上稱之為「限定責任」，而為繼承之本則。

此外，依繼承編施行法之規定，於下列情形，新法限定責任之規定有溯及

效力：(1)繼承於九十六年十二月十四日修正施行前開始，繼承人於繼承開始時為無行為能力人或限制行為能力人，以所得遺產為限，負清償責任（第一條之一第二項）。(2)繼承於九十七年一月四日前開始，繼承人對於繼承開始後，如發生代負履行責任之保證債務，以所得遺產為限，負清償責任（第一條之二第一項）。(3)繼承於九十八年五月二十二日修正施行前開始，繼承人對於繼承開始以前已發生代負履行責任之保證契約債務，以所得遺產為限，負清償責任（第一條之三第二項）。(4)繼承於九十八年五月二十二日修正施行前開始，繼承人已依民法第一一四〇條之規定代位繼承，以所得遺產為限，負清償責任（第一條之三第三項）。(5)繼承於九十八年五月二十二日修正施行前開始，繼承人因不可歸責於己之事由或未同居共財者，於繼承開始時無法知悉繼承債務之存在，致未能於修正施行前之法定期間為限定或拋棄繼承，以所得遺產為限，負清償責任（第一條之三第四項）。以貫徹新法改採限定責任為繼承本則之立法旨趣；惟如繼承債權人證明顯失公平者，不在此限（上開各條項但書），即繼承債權人如舉證繼承人僅以所得遺產為限，負清償責任，顯失公平者，繼承人對上開繼承債務，除所得遺產外，尚須以其固有財產，負清償責任。

二、限定責任繼承之程序

依民法第一一五六條第一項規定，繼承人於知悉其得繼承之時起三個月內開具遺產清冊陳報法院；前項三個月期限，法院因繼承人之聲請，認為必要時，得延展之（同條二項）。繼承人有數人，其中一人已開具遺產清冊陳報法院者，其他繼承人視為已陳報（同條三項）。惟其非規定繼承人「應」開具遺產清冊陳報法院，即未強制繼承人為之。於繼承人自行開具遺產清冊陳報法院外，為遺產清算程序之進行，法院亦應依聲請或依職權命繼承人提出遺產清冊，即民法第一一五六條之一規定：「債權人得向法院聲請命繼承人於三個月內提出遺產清冊。法院於知悉債權人以訴訟程序或非訟程序向繼承人請求清償繼承債務時，得依職權命繼承人於三個月內提出遺產清冊。前條第二項及第三項規定，於第一項及第二項情形，準用之。」繼承人依前二條規定陳報法院時，法院應依公示催告程序公告，命被繼承人之債權人於一定期限內，報明其債權；前項一定期限，不得在三個月以下（民法第一一五七條）。

惟繼承開始後，如繼承人未自行開具遺產清冊或未依法院之命提出遺產清冊於法院，法院固無從依第一一五七條踐行公示催告程序，但其仍為限定責任之繼承人，依民法第一一六二條之一規定仍應為遺產清算，依債權之性質、比例以遺產為清償。但於此情形，遺產清算程序之開始與終結，即欠明瞭，顯有未妥。

三、限定責任繼承之效力

限定責任之效力如下：

㈠繼承人負有限責任

繼承人對於被繼承人之債務，僅以因繼承所得之財產為限，負清償責任，屬於一種物的有限責任。從而被繼承人之債權人不得聲請執行繼承人之固有財產，此與法定單純承認繼承人，對被繼承人之債權人須負無限責任者有別。

限定責任之繼承既為本則，為法定效果，如被繼承人之債權人訴請繼承人清償繼承債務，除非該繼承人有民法第一一六三條之法定單純承認之情事，法院應不待繼承人為抗辯，而為保留支付判決（即主文應載明以遺產為限負清償責任）（臺灣高等法院暨所屬法院一〇一年法律座談會民事類提案第十號即採此見解）。

㈡繼承人之固有財產與繼承財產之分離

繼承人，其對於被繼承人之權利義務，不因繼承而消滅（民法第一一五四條），即繼承人與被繼承人相互間之權利義務，並無混同之適用。

㈢債務之清償

繼承人在前述公示催告之期限內，不得對於被繼承人之任何債權人償還債務（民法第一一五八條）。於該項期限屆滿後，繼承人對於在該一定期限內報明之債權及繼承人所已知之債權，均應按其數額，比例計算，以遺產分別償還；但不得害及有優先權人之利益（民法第一一五九條一項）。繼承人對於繼承開始時未屆清償期之債權，亦應依第一項規定予以清償。前項未屆清償期之債權，於繼承開始時，視為已到期；其無利息者，其債權額應扣除自第一一五七條所定之一定期限屆滿時起至到期時止之法定利息（同條二、三項）。若被繼承人之債權人不於該一定期限內，報明其債權，而又為繼承人所不知者，僅得就剩餘

遺產行使權利（民法第一一六二條）。

㈣遺贈之交付

繼承人非依民法第一一五九條規定償還債務後，不得對受遺贈人交付遺贈（民法第一一六〇條）。即受遺贈人之受領清償，列於最後，繼承人清償普通債權後，如有剩餘，始行交付遺贈。

㈤債權人之損害賠償請求權及求償權

繼承人違反民法第一一五八至一一六〇條之規定，致被繼承人之債權人受有損害者，應負賠償之責（民法第一一六一條第一項）；前項受有損害之人，對於不當受領之債權人或受遺贈人，得請求返還其不當受領之數額（同條二項）。例如繼承人未按比例清償普通債權，致債權人受有損害時，其既得向繼承人請求損害賠償，亦得向不當受領之債權人請求返還不當受領之數額，對繼承人與不當受領人為不真正連帶債務之關係。惟繼承人對於不當受領之債權人或受遺贈人，不得請求返還其不當受領之數額（同條三項）。應說明者，繼承人依第一項對繼承債權人負損害賠償責任者，繼承人亦須以自己之固有財產負責。

㈥未經公示催告之遺產清算

新法以限定責任為繼承本則，繼承人如未開具遺產清冊向法院陳報，亦得僅以遺產為限負清償責任，故新法另規定有未經法院公示催告而進行之遺產清算程序。新法第一一六二條之一規定：「繼承人未依第一一五六條、第一一五六條之一開具遺產清冊陳報法院者，對於被繼承人債權人之全部債權，仍應按其數額，比例計算，以遺產分別償還；但不得害及有優先權人之利益。前項繼承人，非依前項規定償還債務後，不得對受遺贈人交付遺贈。繼承人對於繼承開始時未屆清償期之債權，亦應依第一項規定予以清償。前項未屆清償期之債權，於繼承開始時，視為已到期。其無利息者，其債權額應扣除自清償時起至到期時止之法定利息。」

惟繼承人自為遺產清算，未由法院為公示催告，仍須按債權性質及比例公平為清償，如有違反，繼承債權人得就應受償而未受償部分對繼承人行使權利，且於此情形，除繼承人為無行為能力人或限制行為能力人者外，其所負之清償責任，除遺產外，並擴及其固有財產（民法第一一六二條之二第一、二項）；繼承人之不當清償，致繼承債權人或受遺贈人受有損害者，對之應負賠償責任，

且受有損害之人對不當受領之債權人或受遺贈人，亦有求償權，得請求返還其不當受領之數額，惟繼承人對不當受領之債權人或受遺贈人不得請求返還不當受領之數額（同條三、四、五項）。

再查上開第一一六二條之二第三、四、五項之規定，其內容與民法第一一六一條之規定完全相同，立法技術上，似有檢討之必要。至第一、二項之規定，繼承債權人為就「應受償而未受償部分」對繼承人行使權利，其所得請求之範圍並未超過依第三項行使損害賠償請求權，且無行為能力人或限制行為能力人之繼承人，亦僅以遺產為限負清償責任。該條第一、二項規定不切實際，由此可見。

四、限定責任利益之喪失（法定單純承認）

限定責任之制度本為繼承人之利益而設，對於被繼承人之債權人不利，因而若繼承人有一定不正行為時，則法律上不許其享受限定責任之利益。依民法第一一六三條規定：繼承人中有下列各款情事之一者，不得主張第一一四八條第二項所定之利益：

⑴隱匿遺產情節重大。

⑵在遺產清冊為虛偽之記載情節重大。

⑶意圖詐害被繼承人之債權人之權利而為遺產之處分。

此即法律上強制繼承人為單純承認，繼承效力對於繼承人無限制發生，對繼承債務負無限責任，亦不許其另為繼承之拋棄。其為另一繼承態樣，除遺產外，繼承人之固有財產亦對繼承債務負責，與限定責任之繼承人對繼承債務僅以遺產為限負有限責任者，有所不同。

第三節　繼承之拋棄

一、繼承拋棄之意義及方式

繼承之拋棄，乃繼承人與繼承立於無關係之地位之意思表示。現行民法所謂繼承，既專指遺產繼承，繼承權自無不許其拋棄之理由。繼承之拋棄，應於

知悉其得繼承之時起三個月內，以書面向法院為之，並以書面通知因其拋棄而應為繼承之人，但不能通知者，不在此限（民法第一一七四條）。至上開拋棄繼承人之書面通知程序，為訓示規定，縱未通知，亦不影響拋棄之效力。如逾期拋棄，或不具法定方式之拋棄，自不生效力。繼承之拋棄，係指繼承開始後繼承人否認繼承效力之意思表示，若繼承開始前預為繼承權之拋棄，不能認為有效。又上開三個月期間，係自知悉其得繼承之時起算。所謂知悉，並非指覺知被繼承人死亡之時，而為自覺自己為繼承人之時，有時為求合理，似宜採認識遺產（包括積極財產及消極財產）之時。繼承之拋棄應包括的就遺產或應繼分為之，不得就遺產或應繼分之一部為之，否則不生拋棄繼承之效力（六五年臺上字一五六三號判例）。

　　拋棄繼承為家事非訟事件，專屬繼承開始時被繼承人住所地之法院管轄，拋棄繼承為合法者，法院應予備查，通知拋棄繼承人及已知之其他繼承人，並公告之（家事事件法第三條第四項第九款、一二七、一三二條）。

二、繼承拋棄之效力

㈠對於拋棄繼承人之效力

　　繼承之拋棄，溯及於繼承開始時發生效力（民法第一一七五條）。即拋棄繼承人自始與繼承無關，易言之，自繼承開始時即不為繼承人，即未取得被繼承人之權利，亦不負擔被繼承人之債務。拋棄繼承權者，就其所管理之遺產，於其他繼承人或遺產管理人開始管理前，應與處理自己事務為同一注意，繼續管理之，以免有害於其他繼承人之利益（民法第一一七六條之一）。

㈡對於其他繼承人之效力

　　繼承人之中拋棄繼承權者，其應繼分之歸屬，民法第一一七六條，予以明確規定，茲說明如次：

1.直系血親卑親屬

　　第一一三八條所定第一順序之繼承人中有拋棄繼承權者，其應繼分歸屬於其他同為繼承之人（民法第一一七六條第一項）。第一順序之繼承人，其親等近者均拋棄繼承權時，由次親等之直系血親卑親屬繼承（同條五項）。例如甲死亡，遺有妻及子女，子女均拋棄時，即由孫子女與妻共同繼承是。

2.父母、兄弟姊妹、祖父母

第二順序至第四順序之繼承人中，有拋棄繼承權者，其應繼分歸屬於其他同一順序之繼承人（同條二項）。

3.配　偶

與配偶同為繼承之同一順序繼承人均拋棄繼承權，而無後順序之繼承人時，其應繼分歸屬於配偶（同條三項）。配偶拋棄繼承權者，其應繼分歸屬於與其同為繼承之人（同條四項）。

4.先順序繼承人均拋棄其繼承權

先順序繼承人均拋棄其繼承權時，由次順序之繼承人繼承；其次順序繼承人有無不明或第四順序之繼承人（祖父母）均拋棄其繼承權者，準用關於無人承認繼承之規定（同條六項）。

又，因他人之拋棄繼承而應為繼承之人，亦應有拋棄繼承之權，從而民法第一一七六條第七項規定：「因他人拋棄繼承而應為繼承之人，為拋棄繼承時，應於知悉其得繼承之日起三個月內為之。」

習　題

一、依舊法（九十八年六月十一日前）單純承認繼承之情形有幾？單純承認繼承之效力若何？

二、依舊法限定繼承與拋棄繼承有何異同？

三、甲死亡後，其繼承人為乙、丙、丁，乙依法拋棄繼承，丙開具遺產清冊陳報法院，未列甲所遺之現款一百萬元，丁未為任何之表示。試問乙、丙、丁是否應就繼承債務負清償責任？

四、甲對乙負有債務二百萬元未清償，甲於九十九年二月一日死亡，其繼承人為子女A、B、C，A將遺產中之現款五十萬元予以隱匿。乙於九十九年五月二日訴請A、B、C連帶給付上開債務，如經法院調查及辯論，上開債務及A之隱匿均為真實，法院應如何為判決？

〔提　示〕

一、㈠單純承認之情形有二，一為一般的單純承認（為意思表示，不問為明示或默示），另一為法定的單純承認（民法第一一六三條所列各款情事之一）。

㈡單純承認之繼承，不論其為一般的單純承認或法定單純承認，其效力為繼承之效力對繼承人無限制的發生，應承受被繼承人財產上之一切權利義務。遺產與繼承人固有財產混合，為被繼承人之債權人及繼承人之債權人之總擔保。

新法改以限定責任為繼承本則，自無須再承認屬意思表示之一般的單純承認。

二、㈠相同點：⑴同為單獨行為。⑵同為法定要式行為。⑶均以法院為唯一之受聲請人。⑷法定期間均同為自知悉其得繼承之時起三個月。

㈡不同點：⑴共同繼承人中之一人或數人為限定繼承時，他繼承人視為同為限定繼承。共同繼承人中之一人或數人為繼承拋棄，對他繼承人之為承認或拋棄，均無影響。⑵限定繼承之期間繼承人於必要時得聲請延展。拋棄繼承之期間，則不得聲請延展。⑶繼承人為限定繼承時，須開具遺產清冊呈報法院。於拋棄繼承則無此必要。⑷限定繼承時，繼承人仍為遺產繼承人，於拋棄繼承則否。

依新法，限定繼承已為本則，已非法定要式行為，亦無限定繼承之名稱，便宜上可稱為限定責任。

三、⑴乙拋棄繼承，自始不為甲之繼承人，自不必對繼承債務負責。⑵丙開具遺產清冊陳報法院，為虛偽之記載，情節重大，不得主張限定責任之利益，應就繼承債務負無限責任。⑶丁為限定責任之繼承人，雖應負責清償繼承債務，但僅以遺產為限負清償責任。

四、法院應為乙勝訴之判決，但對 B、C 應為保留支付判決。其理由：共同繼承人 A、B、C 應連帶給付該繼承債務（民法第一一五三條第一項），又因本件繼承開始於九十八年六月十二日之後，繼承人對繼承債務以因繼承所得為限負清償責任，亦即為限定責任之繼承人（民法第一一四八條第二項），但 A 有隱匿遺產行為，其情節重大，依民法第一一六三條第一款不得主張限定責任之利益，即被強制為單純承認繼承人，應對繼承債務負無限責任。從而，法院應判命 A、B、C 應連帶給付該二百萬元繼承債務，但僅對 B、C 為保留支付判決。（判決主文似應為：被告 A、B、C 應連帶給付原告乙二百萬元（及利息）。但 B、C 僅以因繼承甲所得遺產為限，負清償責任。）

第五章　無人承認之繼承

一、無人承認繼承之意義

　　無人承認之繼承，指繼承開始時，繼承人有無不明之狀態而言。在繼承人有無不明之狀態下，遺產無人管理，不免有毀損滅失之虞，對日後出現之繼承人，或對於繼承債權人及受遺贈人亦有損害，故民法第一一七七條規定，應由親屬會議於一個月內選定遺產管理人，並將繼承開始及選定遺產管理人之事由，向法院報明。於法定程序上，一方面為遺產之管理及清算，他方面並為繼承人之搜索。從而，分別有二種公示催告。

　　此外，全部繼承人均拋棄其繼承權者，依民法第一一七六條第六項規定應準用無人承認繼承之規定。再者，確定無繼承人者，固非繼承人有無不明，但仍須對遺產為管理及清算，即應類推適用無人承認繼承之規定。

二、繼承人之搜索

　　親屬會議選定遺產管理人後，應將繼承開始，及選定管理人之事由為報明後，法院應依公示催告程序，公告繼承人，命其於期限內承認繼承，此項一定期限，應在六個月以上（民法第一一七八條第一項），即法院以公示催告之程序，為搜索繼承人之方法，促繼承人之出現。

　　如無親屬會議或親屬會議未於上開所定期限內選定遺產管理人者，利害關係人或檢察官，得聲請法院選任遺產管理人，並由法院依前開規定為公示催告（同條二項）。

三、遺產之管理及清算

㈠法院依聲請為必要之處置

　　繼承開始時繼承人之有無不明者，在遺產管理人選定前，如無妥適之措施，恐遺產易致散失，是民法第一一七八條之一規定：「繼承開始時繼承人之有無不明者，在遺產管理人選定前，法院得因利害關係人或檢察官之聲請，為保存遺

產之必要處置。」

㈡遺產管理人之職務

遺產管理人之職務如次：

⑴應於就職後三個月內編製遺產清冊（民法第一一七九條第一項一款、二項）。

⑵為保存遺產必要之處置（同條一項二款）。

⑶聲請法院依公示催告程序　限定一年以上之期間，公告被繼承人之債權人及受遺贈人，命其於該期間內報明債權，及為願受遺贈與否之聲明，被繼承人之債權人及受遺贈人為管理人所已知者，應分別通知之（同條一項三款）。

又，此之公示催告為遺產清理之著手，與前述第一一七八條之公示催告為繼承人之搜索者不同，是宜注意。

⑷於前開公示催告期限屆滿後，先清償債權，再交付遺贈物　如有必要時，管理人經親屬會議之同意得變賣遺產（同條一項四款、二項）。被繼承人之債權人或受遺贈人，如不於上開期間內為報明或聲明者，僅得就剩餘遺產，行使其權利（民法第一一八二條）。

⑸有繼承人承認繼承，或遺產歸屬國庫時，為遺產之移交（民法第一一七九條第一項五款）。

⑹因親屬會議、被繼承人之債權人或受遺贈人之請求，遺產管理人應報告或說明遺產之狀況（民法第一一八〇條）。

⑺遺產管理人非於前開公示催告所定期間屆滿後，不得對被繼承人之任何債權人或受遺贈人，償還債務或交付遺贈物（民法第一一八一條）。

至於遺產管理人之權利，為得請求報酬，其數額由法院按其與被繼承人之關係，管理事務之繁簡及其他情形，就遺產酌定之，必要時，得命聲請人先為墊付（民法第一一八三條）。按該條文原規定由親屬會議酌定報酬，因現今之親屬會議功能不彰，一〇四年一月十四日修正公布，改由法院酌定之。此項報酬，為關於管理遺產所生之費用，依法應由遺產中支付（民法第一一五〇條）。

四、遺產之歸屬

在法院公示催告期限內，如有人承認繼承時，遺產自應歸屬於繼承人，由

遺產管理人將其所管理之遺產移交與繼承人，其以前所為之職務上行為，視為繼承人之代理，其效力直接及於繼承人（民法第一一八四條）。公示催告期限屆滿，如無人承認繼承時，其遺產於清償債權並交付遺贈物後，如有剩餘，歸屬於國庫（民法第一一八五條）。國庫非繼承人，其取得剩餘遺產，為原始取得，一切繼承債權消滅，遺產歸屬國庫以後，繼承債權人及受遺贈人，不得對國庫行使其權利。

習　題

一、無人承認繼承時，應踐行之法定程序為何？

二、無人承認繼承之剩餘遺產如何歸屬？

〔提　示〕

一、其程序有二，一為繼承人之搜索，另一為遺產之管理及清算。（詳如本文內之解說）

二、歸屬國庫。惟須於搜索繼承人之公示催告期限屆滿，無人承認繼承，於遺產管理人清償債權並交付遺贈後，其剩餘遺產始歸屬國庫。

第六章　遺　囑

第一節　總　說

一、遺囑之意義及性質

遺囑乃於遺囑人死亡時發生效力，而於其生前處理其遺產或其他事務，依法定方式所為之無相對人之單獨行為。

遺囑因遺囑人之一方的意思表示而成立，不必對一定之人為意思表示，且不必何人為受領，故為無相對人之單獨行為。為確保遺囑人之真意，防止利害關係人之爭執，法律規定遺囑之種類，又定其必須遵守之方式，倘不履踐法定方式，即無法律上之效力。遺囑之成立，固在遺囑人作成遺囑之時，但其效力之發生，必待遺囑人死亡之時（民法第一一九九條）。

遺囑之內容，是否限於法律所明定之事項？抑或一切法律行為，皆可依遺囑方式為之？按我民法對遺囑之內容，並未加以限定，故遺囑之內容，雖非法律明定者，但如不違反強行規定或公序良俗，應承認其效力，例如應繼分之指定，非婚生子女之認領是。至民法就遺囑內容，個別列舉之情形，有如次述：

(1)財團之設立（民法第六〇條）。

(2)監護人之指定（民一〇九三條）。

(3)遺產分割方法之指定或其指定之委託（民法第一一六五條第一項）。

(4)遺產分割之禁止（民法第一一六五條第二項）。

(5)遺贈（民法第一二〇〇條）。

(6)遺囑執行人之指定或其指定之委託（民法第一二〇九條）。

(7)遺囑之撤回（民法第一二一九條）。

二、遺囑能力

十六歲以上而未受監護宣告之人，有遺囑能力。按民法就遺囑能力，採取

劃一的法定主義，即無行為能力人不得為遺囑（民法第一一八六條第一項），未滿十六歲之人亦不得為遺囑（同條二項）。是七歲未滿之未成年人固無遺囑能力，即七歲以上未滿十六歲之未成年人，雖經法定代理人之允許，亦不得為遺囑。易言之，已滿十六歲未滿二十歲之限制行為能力人，亦得單獨為遺囑，無庸得法定代理人之同意。又，受監護宣告之人無行為能力，自無遺囑能力。

第二節　遺囑之方式

一、遺囑之五種方式

民法規定遺囑必須依下列五種方式之一為之，不得創設，否則不發生法律上之效力。其五種方式如左：

(1)自書遺囑。

(2)公證遺囑。

(3)密封遺囑。

(4)代筆遺囑。

(5)口授遺囑。

由遺囑人依其情況、需要等抉擇之。惟口授遺囑須因生命危急之特殊情形，始得採行之。

㈠自書遺囑

自書遺囑乃遺囑人自筆親書之遺囑。自書遺囑者，應自書遺囑全文，記明年、月、日，並親自簽名，如有增減、塗改，應註明增減、塗改之處所及字數，另行簽名（民法第一一九〇條）。自書遺囑須親自簽名，解釋上不得以印章、指印代替之。

自書遺囑不須見證人，甚為簡便，亦可保持秘密，但因無見證人易生偽造、變造情事，亦有被隱匿之虞。

㈡公證遺囑

公證遺囑乃遺囑人於公證人前所作成之遺囑，其證據力較強為其特點。公證遺囑，應指定二人以上之見證人，在公證人前口述遺囑意旨，由公證人筆記、

宣讀、講解，經遺囑人認可後，記明年、月、日，由公證人、見證人及遺囑人同行簽名；如遺囑人不能簽名者，則由公證人將其事由記明，使按指印代之（民法第一一九一條第一項）。在無公證人之地，得由法院書記官行之，僑民在中華民國領事駐在地為遺囑時，得由領事行之（同條二項）。

公證遺囑之證據力明確，但不易保持秘密。

㈢密封遺囑

密封遺囑乃遺囑人將其秘密作成或由他人代寫之遺囑密封後，於見證人前，提經公證人證明之遺囑。密封遺囑，應於遺囑上簽名後，將其密封，於封縫處簽名，指定二人以上之見證人，向公證人提出，陳述其為自己之遺囑，如非本人自寫，並陳述繕寫人之姓名、住所，由公證人於封面記明該遺囑提出之年、月、日及遺囑人所為之陳述，與遺囑人及見證人同行簽名（民法第一一九二條第一項）。無公證人之地，得由法院書記官行之，僑民在中華民國領事駐在地為遺囑時，得由領事行之（同條二項）。密封遺囑不具備上述方式而具備自書遺囑之方式者，有自書遺囑之效力（民法第一一九三條），此亦即無效行為之轉換。

密封遺囑經見證人及公證人之證明，證據力明確，其內容經密封，亦較易保持秘密。

㈣代筆遺囑

代筆遺囑乃由見證人中之一人代筆而作成之遺囑。代筆遺囑，由遺囑人指定三人以上之見證人，由遺囑人口述遺囑意旨，使見證人中之一人筆記、宣讀、講解，經遺囑人認可後，記明年、月、日及代筆人之姓名，由見證人全體及遺囑人同行簽名，遺囑人不能簽名者，應按指印代之（民法第一一九四條）。

代筆遺囑之作成，較為簡便，但不易保守秘密。

㈤口授遺囑

口授遺囑乃遺囑人因生命危急或其他特殊情形，不能依其他方式為遺囑時，以口授之特別方式所為之略式遺囑（民法第一一九五條）。遺囑人得依左列方式之一為口授遺囑：

1.筆記口授遺囑

由遺囑人指定二人以上之見證人，並口授遺囑意旨，由見證人中之一人，

將該遺囑意旨，據實作成筆記，並記明年、月、日，與其他見證人同行簽名（同條一款）。

2.錄音口授遺囑

由遺囑人指定二人以上之見證人，並口述遺囑意旨、遺囑人姓名及年、月、日，由見證人全體口述遺囑之為真正及其姓名，全部予以錄音，將錄音帶當場密封，並記明年、月、日，由見證人全體在封縫處同行簽名（同條二款）。

口授遺囑，自遺囑人能依其他方式為遺囑之時起，經過三個月而失其效力（民法第一一九六條）。即以三個月為口授遺囑之有效期間。

為確保口授遺囑之真實，口授遺囑，應由見證人中之一人或利害關係人，於遺囑人亡故後三個月內，提經親屬會議認定其真偽，如對於親屬會議之認定有所異議，得聲請法院判定之（民法第一一九七條）。

二、遺囑見證人之資格

上開遺囑之各種方式，除自書遺囑外，均以見證人在場為其成立要件。原則上一般人均得為見證人，但左列之人則不得為遺囑見證人（民法第一一九八條）：

(1)未成年人　縱令得法定代理人之同意，亦不得為見證人。

(2)受監護或輔助宣告之人　即令其回復常態，仍不得為見證人。

(3)繼承人及其配偶或其直系血親　此所謂繼承人指遺囑成立時繼承順序最先者而言。

(4)受遺贈人及其配偶或其直系血親。

(5)為公證人或代行公證職務人之同居人、助理人或受僱人　此僅於公證遺囑及密封遺囑有其適用。

以上第(1)及(2)種之人為絕對的缺格，不得為任何人之見證人，第(3)、(4)及(5)種之人，為相對的缺格，僅不得為某一遺囑人之見證人，於限制情形外，仍得為其他遺囑人之見證人。

第三節　遺囑之撤回

遺囑之撤回者，遺囑人對其所為有效之遺囑，使其將來不生效力之行為。此之撤回無須任何法定原因，而係遺囑發生效力以前，依遺囑人自身之單獨行為，自由撤回。其撤回之方法，可分為明示撤回與法定撤回二種，茲分別說明之：

一、明示撤回

所謂明示撤回，乃依遺囑人之意思表示所為之撤回。即：遺囑人得隨時依遺囑之方式，撤回遺囑之全部或一部（民法第一二一九條）。遺囑為要式行為，撤回遺囑亦須依一定之遺囑方式為之，故亦為要式行為，惟撤回遺囑之方式法無限制，其與前遺囑所用之方式，不以同一為必要。

二、法定撤回

其情形有左列三種：

(一)前後遺囑牴觸時

前後遺囑有牴觸者，其牴觸之部分，前遺囑視為撤回（民法第一二二〇條）。易言之，後遺囑阻止前遺囑之發生效力。

(二)行為與遺囑牴觸時

遺囑人於為遺囑後所為之行為與遺囑有牴觸者，其牴觸部分，遺囑視為撤回（民法第一二二一條）。於遺贈時，則此項遺囑人生前處分行為，必使遺贈物之權利喪失為目的，始能視為撤回遺囑，例如將遺贈之標的物出賣是，如僅設定抵押權或其他物權時，則僅係限制所有權之行使，遺囑尚不能視為撤回。

(三)遺囑廢棄時

遺囑人故意破毀或塗銷遺囑，或在遺囑上記明廢棄之意思者，其遺囑視為撤回（民法第一二二二條）。斯時遺囑人不欲其遺囑生效，甚為明瞭。至其非出於遺囑人之故意，而係由於過失，或第三人之行為，或不可抗力等事由，而使遺囑歸於廢棄時，尚不得謂為撤回。

第四節　遺囑之執行

一、遺囑之交付與開視

遺囑保管人知有繼承開始之事實時，應即將遺囑交付遺囑執行人，並以適當方法通知已知之繼承人；無遺囑執行人者，應通知已知之繼承人、債權人、受遺贈人及其他利害關係人（民法第一二一二條前段）。無保管人而由繼承人發現遺囑者，亦同（同條後段）。按遺囑之交付遺囑執行人，乃為遺囑執行人之執行職務，以實現遺囑內容。

民法舊第一二一二條原規定遺囑保管人應將遺囑提示於親屬會議。惟因現代工商社會，親屬會議之召開多所困難，新法乃修正為遺囑保管人交付於遺囑執行人，以免遺囑執行之延宕。

有封緘之遺囑，非在親屬會議當場或法院公證處，不得開視；於開視時，應製作紀錄，記明遺囑之封緘有無毀損情形，或其他特別情事，並由在場人同行簽名（民法第一二一三條）。按如遺囑保管人或繼承人得私自開視遺囑之封緘，則遺囑之內容是否真實，易滋糾紛，是以須在親屬會議當場或法院公證處為開視。所謂有封緘之遺囑、密封遺囑固屬之，即其他經封緘之自書遺囑、代筆遺囑及口授遺囑亦包括之。

遺囑之提示與開視，並非遺囑之生效要件，僅為遺囑執行程序之一部，縱未遵守其程序，不過其證明較為困難而已，不影響遺囑之效力。

二、遺囑執行人

㈠概　說

遺囑因遺囑人之死亡即發生效力，但其內容有無須執行者，例如應繼分之指定、遺產分割之禁止等是；有須經執行始能實現者，例如遺贈、遺產分割之實行等是。如須執行，即須有執行之人，此即遺囑執行人。

㈡遺囑執行人之產生

遺囑人得以遺囑指定遺囑執行人，或委託他人指定之，該受委託之他人，

應即指定遺囑執行人，並通知繼承人（民法第一二〇九條）。如遺囑未指定遺囑執行人，亦未委託他人指定者，得由親屬會議選定之，不能由親屬會議選定時，得由利害關係人聲請法院指定之（民法第一二一一條）。

原則上任何人均得為遺囑執行人，但未成年人及受監護或輔助宣告之人，不得為遺囑執行人（民法第一二一〇條）。法律規定未成年人不得為遺囑執行人，而不稱為無行為能力人者，是關於未成年人顯係專就年齡上加以限制，故未成年人雖因結婚而有行為能力，仍不得為遺囑執行人（二六年院字一六二八號解釋）。

㈢遺囑執行人之職務

1.編製遺產清冊

遺囑執行人就職後，於遺囑有關之財產，如有編製清冊之必要時，應即編製遺產清冊，交付繼承人（民法第一二一四條）。

2.管理遺產

遺囑執行人有管理遺產，並為執行上必要行為之職務（民法第一二一五條第一項）。所謂執行上必要行為，例如清償被繼承人之債務、交付遺贈及依被繼承人之指定分割遺產等。

3.繼承人妨害之排除

遺囑執行人因職務所為之行為，視為繼承人之代理，但遺囑執行人執行職務，應屬獨立，故繼承人於遺囑執行人執行職務中不得處分與遺囑有關之遺產，並不得妨礙其職務之執行（民法第一二一五條第二項、一二一六條）。至繼承人如違反此一規定，就遺產所為之處分行為，宜解為其屬無權處分行為，亦即效力未定。

4.數執行人執行職務之方法

遺囑執行人有數人時，其執行職務，以過半數決之；但遺囑另有意思表示者，從其意思（民法第一二一七條）。

5.遺囑執行人之請求報酬

民法原未規定遺囑執行人得請求報酬，但學者多數見解肯定之。一〇四年一月十四日公布增訂第一二一一條之一，規定：「除遺囑人另有指定外，遺囑執行人就其職務之執行，得請求相當之報酬，其數額由繼承人與遺囑執行人協議

定之，不能協議時，由法院酌定之。」此項報酬，具有共益性質，屬遺產管理之費用（民法第一一五〇條）。

(四)遺囑執行人之解職

遺囑執行人怠於執行職務，或有其他重大事由時，利害關係人得請求親屬會議改選他人；其由法院指定者，得聲請法院另行指定（民法第一二一八條）。至遺囑執行人之辭職，我民法雖無明文，但有正當事由時，自應許其辭職。

第五節　遺　贈

一、遺贈之意義

遺贈為遺囑人以遺囑對於受遺贈人無償給予財產上利益之單獨行為。遺囑人於不違反特留分規定之範圍內，得以遺囑自由處分遺產（民法第一一八七條），即得為遺贈行為。凡有權利能力者，皆有受遺贈能力，然對遺囑人或對其所為之遺囑，有重大之不德不法或行為時，應剝奪其受遺贈資格，故民法第一一四五條喪失繼承權之規定，於受遺贈人亦準用之（民法第一一八八條）。

遺贈自遺囑人死亡時，發生效力。如受遺贈人於遺囑發生效力前死亡者，其遺贈不生效力（民法第一二〇一條），受遺贈人之繼承人不得代位繼承。

遺贈與贈與固均為以財產無償給予他人，但其不同之點為：前者以遺囑無償給予財產，而於遺囑人死後始發生效力之要式的單獨行為；後者以契約無償給予財產，係生前之契約行為，於贈與人生前即生效力，無須依一定之方式。

二、遺贈之種類

(一)單純遺贈與非單純遺贈

遺贈人之為遺贈，未附有條件期限或負擔者，謂之單純遺贈。一般遺贈，均為單純遺贈。反之，遺贈附有條件、期限、負擔者，為非單純遺贈。

遺贈附有停止條件者，自條件成就時起，發生效力（民法第一二〇〇條）。停止條件於遺囑人死亡前成就時，其遺囑與未附條件者同，亦自遺囑人死亡之時，發生效力。遺囑附解除條件者，民法雖別無規定，但亦無不可，即遺囑於

條件成就時，失其效力，條件之成就在遺囑人死亡之前者，則其遺贈為無效。遺囑附有始期者，自始期屆至之時，發生效力，附有終期者，於期限屆滿時失其效力。

遺贈附有義務者，因其義務並非遺贈物之對價，故受遺贈人以其所受利益為限，負履行之責（民法第一二○五條）。如其負擔超過其所受之積極利益時，受遺贈人自不負何等責任。

以遺產之使用、收益為遺贈，而遺囑未定返還期限，並不能依遺贈之性質定其期限者，以受遺贈人之終身為其期限（民法第一二○四條）。

㈡包括遺贈與特定遺贈

抽象的以遺產之全部或一部為遺贈內容者，謂之包括遺贈，例如以遺產之全部或三分之一為遺贈是。反之，以具體的特定財產為遺贈者，謂之特定遺贈，例如以某項特定之不動產、動產、債權或現金若干為遺贈是。我民法並無包括遺贈之規定，雖為包括遺贈，僅為遺產之受遺贈人，其對於被繼承人之債務不負責任。又，不論其為包括遺贈或特定遺贈，僅有債權之效力，受遺贈人尚待受移轉登記或交付，始取得遺贈標的物之所有權或其他物權。

三、遺贈之無效

遺囑人以一定之財產為遺贈，而其財產在繼承開始時，有一部分不屬於遺產者，其一部分遺贈為無效，全部不屬於遺產者，其全部遺贈為無效；但遺囑另有意思表示者，從其意思 （民法第一二○二條）。因此於遺囑人另有意思表示，本意以之為遺贈者，仍為有效，則遺贈義務人即負有取得其物或權利移轉於受遺贈人之義務。此外，遺贈應依法定方式為之，前已言之，其非依法定方式為之者，自不生效力。遺贈無效時，其遺贈之財產，仍屬於遺產（民法第一二○八條）。

四、遺贈標的之變更

⑴以特定物為遺贈，因不可抗力之事由以致毀損、滅失者，應由受遺贈人負擔損失，自不待言　如因第三人之行為以致毀損、滅失者，其事由發生於遺贈人死亡之後，當由受遺贈人直接對於第三人取得損害賠償權利；但如

其事由發生於遺贈人死亡之前，而由遺贈人取得賠償權利時，是否以其權利遺贈？不無疑問。民法第一二○三條規定：「遺囑人因遺贈物滅失、毀損、變造、或喪失物之占有，而對於他人取得權利時，推定以其權利，為遺贈。因遺贈物與他物附合或混合而對於所附合或混合之物，取得權利時亦同。」

　　(2)遺贈人如以不特定物為遺贈之標的者，遺贈義務人應依其數量、品質、種類而為給付　如所交付之物有權利欠缺或瑕疵時，遺贈義務人應負何種責任，法無明文。似可解為類推適用出賣人瑕疵擔保責任之規定（民三五三、三六四條），即遺贈義務人於權利瑕疵時，應對受遺贈人負損害賠償責任，如為物之瑕疵時，應另行交付無瑕疵之物（此時受遺贈人無契約解除與減少價金之問題）。

五、遺贈之拋棄

　　遺贈為享受財產上之利益，受遺贈人自得拋棄此項權利，但遺贈應自遺贈人死亡時，發生效力，故遺贈之拋棄，受遺贈人應於遺囑人死亡後為之；其拋棄之效力，應溯及於遺囑人死亡之時（民法第一二○六條）。至遺贈拋棄之期間，法律上並未若繼承之拋棄，有三個月內期間之限制，但久不確定，亦非所宜，故繼承人或其他利害關係人，得定相當期限，請求受遺贈人於期限內，為承認遺贈與否之表示；期限屆滿，尚無表示者，視為承認遺贈（民法第一二○七條）。遺贈拋棄時，其遺贈之財產，仍屬於遺產，歸屬繼承人，自不待言（民法第一二○八條）。又，遺贈之承認或拋棄與繼承之承認或拋棄不同，如屬特定遺贈，自不妨為一部分之承認或拋棄，但如為包括遺贈因係抽象的以遺產之全部或一部為標的，其承認或拋棄，自須包括的為之。此外，民法並未規定遺贈承認或拋棄之方式，即其屬不要式行為，以言詞或書面為之，均無不可。

第六節　特留分

一、特留分之意義

　　所謂特留分，乃繼承開始時，應保留遺產之一部分於繼承人之制度。特留

分之規定，乃對被繼承人遺囑自由加以限制，以保障繼承人利益之制度。未拋棄繼承權，亦未喪失繼承權之繼承人，即有特留分權。惟特留分權，既屬權利，則繼承人自得任意拋棄，且於其權利被侵害時，縱不行使扣減權，亦無不可。宜注意者，被繼承人之債務多於積極財產時，繼承人即無從主張特留分權。

特留分權利人受侵害時，民法第一二二五條明定，其得行使扣減權。該條文僅以「遺贈」為扣減之標的，惟除「遺贈」外，「應繼分之指定」、「遺產分割之指定」均以遺囑為之，亦關乎特留分權利人應受最低限度法定應繼分之保障，通說認其亦為扣減之標的。至於「可與遺贈同視之死因贈與及為第三人之無償的死因處分」，雖非以遺囑為之，而與遺贈有別，但因其於贈與人死亡時始生效力，則與遺贈無異，亦宜解為使其得為扣減之標的為妥（但有不同見解）。至對於繼承人之生前特種贈與，為生前行為，依民法第一一七三條之規定，固為歸扣之標的，但不得為扣減之標的，即對於第三人之任何生前贈與及對於繼承人之特種贈與以外之生前贈與，除其為可與遺贈同視之死因贈與（以受贈人於贈與人死亡時仍生存為停止條件之贈與）及為第三人之無償的死因處分外，亦均非扣減之標的。是以被繼承人於其生前對繼承人或第三人所為之一般贈與，不生扣減之問題。

二、特留分權利人及特留分之比例

由民法第一二二三條觀之，凡法定繼承人未拋棄繼承權，亦未喪失繼承權者，即確定的法定繼承人，均有特留分之權利。

關於特留分之比例，依同條之規定，採取各別特留主義，按各繼承人之應繼分計算之，即：

(1)直系血親卑親屬、父母及配偶之特留分為其應繼分二分之一。

(2)兄弟姊妹、祖父母之特留分為其應繼分三分之一。

例如甲亡故，遺產由其配偶乙及子女丙、丁共同繼承，其應繼分各為三分之一，其特留分則各為六分之一是；又如戊亡故，遺產由其配偶己及兄妹庚、辛共同繼承時，其應繼分為己二分之一，庚、辛各四分之一，其特留分則為己四分之一，庚、辛各十二分之一是。

三、特留分之算定

依我民法第一二二四條之規定：「特留分，由依第一一七三條算定之應繼財產中，除去債務額，算定之。」故算定特留分數額時，須計算者有三：

(1)繼承開始時之所有財產之價額（即積極財產之價額）。

(2)繼承開始前繼承人所受特種贈與之價額。

(3)債務之總額。

即以特種贈與之價額，加入繼承開始時所有財產之價額，是為應繼財產，再自應繼財產中扣除被繼承人債務之總額，以其剩餘財產，作為計算特留分之標準（特留分基本額）。例如：被繼承人甲有子女乙、丙為其繼承人，其所遺積極財產三十萬元，生前因乙結婚而贈與十萬元，遺有債務二十萬元，則特留分數額為二十萬元（30 萬元 +10 萬元 –20 萬元 =20 萬元），乙、丙之特留分各為五萬元（20 萬元 ×1/2×1/2=5 萬元），由此即可決定乙、丙之特留分是否受侵害；如甲對丁遺贈五萬元時，乙、丙之特留分固不受侵害（乙已受有特種贈與十萬元，不再受分配），丙、丁各取得五萬元，但如對丁之遺贈為十萬元時，丙之特留分即受侵害五萬元，而得對丁行使扣減權，經扣減後，丙取得五萬元，丁僅可取得五萬元是。

四、特留分之扣減

被繼承人超過限制而為遺產之處分時，為保全特留分權利人之利益，自須有救濟方法。民法上所規定之扣減權，即為保全特留分而設。民法第一二二五條規定：「應得特留分之人，如因被繼承人所為之遺贈，致其應得之數不足者，得按其不足之數由遺贈財產扣減之。受遺贈人有數人時，應按其所得遺贈價額比例扣減之。」茲就該扣減權之規定，分別說明如次：

㈠扣減權之性質

對於扣減權，有認其屬債權請求權者，亦有認其為形成權者，有更明白指出其為物權的形成權者。實務見解則採取物權的形成權說（最高法院八一年度臺上字一〇四二號、九一年度臺上字五五六號、一〇三年度臺上字二〇七一號判決）。依物權的形成權說，特留分權利人對扣減義務人行使扣減權時，被繼承

人因遺贈或指定應繼分等超過其所得自由處分財產之範圍，即侵害之特留分即失其效力，則如扣減之標的物尚未給付於相對人，於相對人請求給付時，得行使拒絕給付之抗辯權，如已給付時，得本於物上請求權或不當得利返還請求權，向相對人請求返還扣減之標的物。惟我民法上之遺贈僅有債權效力，繼承開始，遺囑生效時，受遺贈人尚未取得遺贈標的物之所有權或占有，是故扣減權之行使，由特留分權利人向扣減義務人為扣減之意思表示後，因侵害特留分之行為失其效力，扣減義務人僅能就未侵害特留分部分為給付之請求。由是觀之，於我國，扣減權似應為債權的形成權。

又，民法既未明定扣減權之行使以起訴為必要，則其行使以特留分權利人一方之意思表示為已足。

再者，關於行使扣減權之期間，法無明文，但因其性質與繼承回復請求權有相類似之處，解釋上似可類推適用民法第一一四六條之規定，以早日確定有關扣減之法律關係而保護交易安全，亦即知其特留分被侵害之時起二年間不行使而消滅，自繼承開始時起逾十年者亦同。

(二)扣減之限度

扣減權之行使，以保全特留分為目的，即特留分權利人現實所受繼承利益，與其特留分額比較，特留分額不足時，於不足之限度內得為扣減，其行使自須於保全特留分之必要限度內為之，如扣減相對人不止一人時，則應按其所得遺產數額，比例扣減。例如被繼承人甲之遺產總額，經計算後為五十萬元，由其子乙一人繼承，其特留分為二十五萬元，若甲曾對第三人丙遺贈四十萬元，則乙得向丙主張扣減十五萬元，扣減後，乙得二十五萬元，丙得二十五萬元；再如上述之情形，如受遺贈人為丙、丁二人，受遺贈各二十萬元時，則乙得向丙、丁主張扣減各七萬五千元，扣減後，乙得二十五萬元，丙、丁各得十二萬五千元是。

習　題

一、遺囑人未依法定方式所立之遺囑，有無法律上之效力？

二、作成口授遺囑之實質要件為何？口授遺囑之方式有幾？

三、撤回遺囑之方法為何？

四、遺贈與贈與有何異同？

五、特留分之比例若何？繼承人之特留分受侵害時，得如何行使權利以資保全？

六、甲因車禍受傷，生命危急，乃指定 A、B 二人為見證人，以錄音口授遺囑，指定其配偶乙之應繼分為三分之二、對第三人丙遺贈一百萬元。其後甲經醫療而痊癒，三年後始行亡故。乙、丙得否依上開口授遺囑分別主張指定應繼分與請求交付遺贈？

七、甲死亡後，其繼承人為子女乙、丙。其生前因乙分居而贈與六十萬元，其遺有積極財產三百萬元、債務一百萬元，其立有遺囑對其父丁遺贈二百萬元。試問如遺贈侵害特留分，繼承人均行使扣減權時，繼承人及受遺贈人取得之數額為何？

八、甲死亡後，其繼承人為配偶乙及子女丙、丁。甲以遺囑指定應繼分為乙四分之三、丙四分之一，對丁則未予指定。甲遺有積極財產七百萬元、債務一百萬元。試問如指定應繼分侵害特留分，繼承人均行使扣減權時，繼承人取得之數額各若何？

〔提　示〕

一、遺囑之法定方式有五種，即自書遺囑、公證遺囑、密封遺囑、代筆遺囑及口授遺囑，即遺囑為法定之要式行為，遺囑人所立之遺囑如欠缺法定方式，自不生法律上之效力（民法第七三條）。

二、㈠口授遺囑之實質要件有二：(1)須遺囑人有生命危急或其他特殊情形。(2)須遺囑人因上開特殊情形，而不能依其他方式為遺囑。

　　㈡口授遺囑之方式有二，即(1)筆記口授遺囑。(2)錄音口授遺囑。（詳如本文內之解說）

三、撤回遺囑之方法有二：

　　㈠明示撤回。

　　㈡法定撤回：其情形有三，即(1)前後遺囑牴觸時。(2)行為與遺囑牴觸時。(3)遺囑之廢棄時。（詳如本文內之解說）

四、遺贈與贈與之相同點為均為一方以自己之財產無償給與他方，即同為無償行為。至其不同點有三：(1)遺贈乃單獨行為，贈與為契約。(2)遺贈為要式行為，須以遺囑為之，贈與乃不要式行為。(3)遺贈須遺囑人死亡後始生效力，贈與則於贈

與人生前即已生效。

五、㈠特留分之比例為：⑴直系血親卑親屬、父母及配偶之特留分為其應繼分之二分之一。⑵兄弟姊妹、祖父母之特留分為其應繼分之三分之一。

　　㈡繼承人之特留分受侵害時，得對相對人行使扣減權，以保全其特留分。（關於扣減權之性質、扣減之限度，詳如本文內之解說）

六、乙、丙均不得依已失效之口授遺囑主張其權利。其理由為：遺囑人甲固依口授遺囑之方式對乙指定應繼分、對丙為遺贈，但因民法設有口授遺囑之有效期間，即自遺囑人能依其他方式為遺囑之時起，經過三個月而失其效力，甲其後既得依其他方式為遺囑，其前所為之口授遺囑已因三個月期間之經過而當然失其效力，於繼承開始時，乙、丙即不得執早已失效之該口授遺囑行使其權利。

七、㈠特留分基本額為二六〇萬元（300 萬元 +60 萬元 –100 萬元 =260 萬元）。

　　㈡乙、丙之特留分各為六十五萬元（260 萬元 ×1/2×1/2=65 萬元）。乙因已受特種贈與六十萬元，得再取得五萬元。

　　㈢乙、丙之繼承利益為零（300 萬元 –100 萬元 –200 萬元 =0)。顯見乙、丙之特留分受侵害，得分別向受遺贈人丁行使扣減權五萬元、六十五萬元。

　　㈣從而於乙、丙主張扣減後，就甲之遺產，繼承人乙取得五萬元、丙六十五萬元，受遺贈人丁取得一百三十萬元（300 萬元 –100 萬元 –5 萬元 –65 萬元 =130 萬元）。

八、㈠特留分基本額為六百萬元（700 萬元 –100 萬元 =600 萬元）。

　　㈡乙、丙、丁之特留分各為一百萬元（600 萬元 ×1/3×1/2=100 萬元）。

　　㈢乙、丙之指定應繼分為乙四百五十萬元（600 萬元 ×3/4=450 萬元）、丙一百五十萬元（600 萬元 ×1/4=150 萬元）。

　　㈣乙、丙之特留分均未受侵害，但丁之特留分則受侵害一百萬元。依通說，指定應繼分亦為扣減之標的，丁對乙、丙行使扣減權後，乙、丙應按其指定應繼分比例受扣減，即乙受扣減七十五萬元（100 萬元 ×3/4=75 萬元）、丙受扣減二十五萬元（100 萬元 ×1/4=25 萬元）。

　　㈤從而於丁主張扣減後，就甲之遺產，乙取得三百七十五萬元（450 萬元 –75 萬元 =375 萬元）、丙取得一百二十五萬元（150 萬元 –25 萬元 =125 萬元）、丁取得一百萬元。

綜合習題

一、甲、乙、丙應連帶給付丁三百萬元，清償期屆至後，丁訴請甲一人為給付，經法院審理結果，以甲業已代物清償而駁回丁之訴訟確定。其後，丁又另行起訴請求乙、丙連帶給付該三百萬元，乙、丙抗辯依民法第二七五條，其為上開確定判決效力所及。試問法院應如何為裁判？

二、甲所有之違章建築房屋一棟，於九十年間出賣於乙，並經交付於乙；乙於九十三年七月一日將該屋出租於丙，租期至九十六年六月三十日；於丙占有中，丙之債權人丁誤以該屋為丙所有而聲請執行，經法院於九十四年八月一日查封該屋。試問乙對該項執行有無權利可得排除執行？

三、甲將其所有之土地一筆設定抵押權（經登記）於乙，以擔保其對乙所負之貨款債務三百萬元，惟於該債務未屆清償期時，甲之另一票據債權人丙聲請執行該土地，於執行程序進行中，雖經執行法院通知，乙仍不聲明參與分配，經拍賣後得款五百萬元。試問：乙之抵押權仍存在否？

四、甲與乙共有建地一筆，應有部分各二分之一，甲又另對丙負有債務一百萬元。嗣甲死亡，其繼承人有無不明，於此情形，試問：㈠乙有分割該土地之必要時，得否提起分割共有土地之訴？㈡丙於屆清償期後，得否提起清償債務之訴？

五、甲於一○九年三月一日死亡，其繼承人為配偶乙、已成年之子A、年十五歲之子B及六歲之女C。試問：㈠B獨自以書面向法院為繼承之拋棄，法院對B之聲請應如何處理？㈡乙、A、C均未開具遺產清冊陳報法院，甲之金錢債權人丙取得執行名義後，得否聲請執行乙之固有財產？

六、甲為擔保對乙所負之金錢債務，將其所有土地一筆設定抵押權（經登記）於乙，其後甲在土地之一部建造A屋一棟，另將其餘部分之土地出租於丙建造B屋一棟。乙屆期未受清償，為實行抵押權，得否於取得拍賣抵押土地之裁定後，將土地及A、B屋併付拍賣？

七、甲將其所有之土第一筆設定抵押權於乙，於抵押權存續中，甲得否將土地又設定地上權於丙，再設定抵押權於丁？

八、年十八歲之甲經其父母之允許，將其所有土地一筆出賣於乙，約定價金為二百萬元，於清償期屆至後，乙不為給付，甲多次催討，乙置之不理。甲得否未經法定代理，自為原告，起訴請求被告乙給付價金？

九、甲於一○○年五月間向乙借款二百萬元，未提供任何擔保，嗣又於同年六月間向丙借款一百萬元，亦未提供任何擔保。甲於一○一年間再向乙借款三百萬元，將其所有土地一筆設定抵押於乙，而為再借貸之順利，亦為前借二百萬元設定第二順位抵押權於乙。試問：㈠第二順位抵押權生效否？㈡丙之債權因甲之設定第二順位抵押權於乙而受害，丙有無權利可得行使？

十、甲、乙為夫妻，未約定夫妻財產制，甲於一○二年五月間買受土地一筆，但土地之位置、面積及價金均不告知乙，乙有無權利使甲向其為報告？

〔提 示〕

一、法院應判決駁回丁對乙、丙之訴訟。理由：㈠依民法第二七五條之規定：「連帶債務人中之一人，受確定判決，而其判決非基於該債務人之個人關係者，為他債務人之利益，亦生效力。」而丁對同為連帶債務人甲之請求，既經判決確定甲代物清償而債務消滅，而駁回丁之訴訟，即甲所受有利之判決非基於個人關係，其效力固及於乙、丙。惟此所謂確定判決對他債務人亦生效力，有二種見解：一為他債務人得援用該判決而為既判力之抗辯，另一為他債務人僅得援用該判決所載有利益之事由，為實體上之抗辯，拒絕給付。如依前者，法院應依民事訴訟法第二四九條第一項第七款以訴訟標的為確定判決效力所及，以丁對乙、丙之訴為不合法而裁定駁回其訴；如依後者，法院應認乙、丙得拒絕給付，自實體上判決駁回丁之訴訟。㈡按既判力及於訴訟當事人及關係人為民事訴訟法第四○一條所規定，而上述民法第二七五條則為實體法上之規定，尚非得據以為程序上之抗辯，即以後者之見解為妥。易言之，丁對乙、丙之訴，並非丁對甲確定判決既判力所及，法院應自實體上為判決，駁回其訴。

二、乙得代位甲提起第三人異議之訴。理由：㈠該房屋為原始建築之甲所有，雖出賣於乙，但因該違章房屋不能為保存登記（建物所有權第一次登記）自無從辦理所有權移轉登記於乙，乙雖占有該屋，但並無其所有權（民法第七五八條），即該屋所有權人仍為甲。㈡因該屋未辦保存登記，致被誤為現占有人之丙所有，該屋之所有權人甲自得提起第三人異議之訴（強執一五條），以排除執行，惟

甲、乙有買賣關係，乙於甲怠於行使上開權利時，乙即得本於債權人地位，於執行程序終結前代位甲提起該異議之訴（參照四八年臺上字二○九號判例），為實體上之救濟。

三、乙之抵押權已消滅。理由：㈠按甲之該土地既同對乙、丙之債務負責，雖丙為普通債權人仍得對該土地聲請執行，惟該土地上存有乙之抵押權，而債務尚未屆清償期，則該抵押權是否因丙之聲請執行，於法院拍賣後而消滅，不無疑問。民法對此並未規定，為求迅速拍賣及賣得較高價金，並安定拍定所形成之法律關係，八十五年修正之強制執行法對執行標的物上之擔保物權，於拍賣有益普通債權人或後順位抵押權人之前提下，原則上採取塗銷主義，使其歸於消滅（強執九八條三項、八○條之一）。㈡於丙聲請執行該土地後，抵押權人乙之債權雖未屆清償期仍應提出其權利證明文件，聲明參與分配，且執行法院亦應通知其參與分配，雖乙未聲明參與分配，執行法院仍應就已知之債權及其金額列入分配（強執三四條）。㈢從而，乙之抵押債權仍優先於丙之普通債權自拍賣所得之價金受分配，乙之抵押權因拍賣而消滅，執行法院應通知地政機關塗銷其抵押權之登記。

四、㈠依實務見解，乙得以甲之遺產管理人為被告提出分割共有土地之訴。理由：
　　⑴按分割共有之不動產為處分行為，故甲死亡後，原須甲之繼承人就該土地應有部分二分之一辦理繼承登記後，乙始得訴請甲之繼承人為該共有土地之分割（民法第七五九條），為求訴訟經濟，實務見解（最高法院七○年度第二次民事庭會議決議㈡）認原告得就辦理繼承登記及分割共有不動產之訴合併提起。惟該土地共有人甲之繼承人有無不明，既無法辦理該共有權之繼承登記，依上說明，乙即無從訴請分割該共有之土地。⑵於無人承認繼承，如經選定或選任遺產管理人時（民法第一一七七條、一一七八條第二項），而於繼承人出而承認繼承前，該遺產管理人既非繼承人，亦無從由其辦理該土地共有權之繼承登記再為共有物之分割。⑶惟為免於無人承認繼承因不能辦理繼承登記，致共有物不能分割之窘境，實務見解（最高法院七六年度臺上字二七七八、七七年度臺上字一三七九、八一年度臺上字一五九六號判決）認於此情形，遺產管理人得代替繼承人之地位，許其不經登記而進行共有不動產分割訴訟，即應解為無民法第七五九條非經繼承登記不得處分不動產物權之

適用（並參照謝在全著《民法物權論》上冊一一三頁）。

㈡丙得以甲之遺產管理人為被告提起清償債務之訴。理由：於無人承認繼承，經選定或選任之遺產管理人，其負有就遺產為管理及清算之職務，即應清償債權（民法第一一七九條），繼承債權人丙自得向遺產管理人請求清償或以之為被告起訴請求。（如起訴請求，固列遺產管理人為被告，另記載其為甲之遺產管理人。）

五、㈠法院應先命 B 補正法定代理人，視其有無補正而予備查或裁定駁回。理由：按拋棄繼承屬身分財產行為，B 為限制行為能力人，經其法定代理人之允許，本得為繼承之拋棄（民法第七七條），但拋棄繼承為法定要式行為，尚須以書面向法院為之（民法第一一七六條第二項），即亦屬家事非訟事件（家事第三條第四項第九款、一三二條），而依家事事件法第九七條準用非訟事件法規定，再依非訟事件法第一一條民事訴訟法訴訟能力之規定（即第四五條），於非訟事件關係人準用之，是故 B 尚無非訟程序能力，其自為拋棄繼承之聲請，法院尚應定期命其補正法定代理人（民訴第二四九條一項四款），經補正後，法院對 C 之拋棄應予備查 （家事第一三二條二項），否則即應裁定駁回其聲請。

㈡丙僅得就甲之遺產為執行，不得聲請執行乙之固有財產。理由：於九十八年六月十二日後，民法以限定責任繼承為本則，即繼承人僅須以繼承所得遺產為限對繼承債務負責。於限定責任之繼承，為遺產清算程序，固以開具遺產清冊陳報法院為常，但民法第一一六二條之一亦許繼承人不開具遺產清冊。從而，不因未開具遺產清冊，而使乙喪失限定責任之利益。即乙之固有財產並非繼承債務之責任財產。

六、㈠乙得聲請將土地及 A 屋併付拍賣。理由：甲將土地抵押於乙後，在土地上建造 A 屋，依民法第八七七條，乙於必要時得將 A 屋與土地併付拍賣，但 A 屋拍賣所得價金，乙無優先受償權。而依實務見解，就 A 屋之併付拍賣，上述規定即為其執行名義，是故乙依拍賣抵押土地之裁定，即得請求將 A 屋一併執行。

㈡至於 B 屋得否併付拍賣，須視丙之租賃權是否影響抵押權，由法院依職權或依聲請予以除去（即終止租賃關係）為斷（民法第八六六條第二項）。如經法

院除去丙之租賃權，依民法第八七七條第二項，準用同條第一項規定，始得將該抵押土地與丙之建築物即 B 屋併付拍賣，但 B 屋賣得價金，乙自無優先受償權。惟如丙之租賃權，未經法院予以除去者，B 屋即不得併付拍賣。

（按乙聲請拍賣抵押之土地，法院之裁定謹記載該土地准予拍賣，其地上建物之 A 屋、B 屋，並未設定抵押，因而發生房屋得否併付拍賣之問題。）

七、甲得將土地再設定地上權於丙及設定第二順位抵押權於丁。其理由為：

㈠抵押權以擔保債務之履行為目的，與地上權之用益物權，以使用收益為目的者，自得併存。是故，甲設定抵押權於乙，就同一土地得再設定地上權於丙，但丙之地上權成立在後，在前之乙之抵押權不因此而受影響（民法第八六六條第一項）。如因丙地上權存在致乙實行抵押權受有影響者，法院得依聲請或依職權除去該地上權後拍賣之（同條第二項）。

㈡抵押權並無絕對的排他性，故甲因擔保數債權得將該土地再設定抵押權於丁（民法第八六五條），但其為第二順位抵押權，效力在乙第一順位抵押權之後。

（附為說明者，如地上權發生在抵押權之前，則地上權不受抵押權實行之影響，於抵押之土地拍賣後，地上權隨同移轉於拍定人〔參照強執第九八條第二項本文〕。此與本題之抵押權發生在地上權之前者，情形不同。）

八、甲為無訴訟能力人，不得自為原告，須由其法定代理人代理其為訴訟行為。其理由為：

㈠甲於民法上為限制行為能力人，得經其父母即法定代理人之允許，訂立有效之契約（民法第七七條）。即甲、乙之買賣契約有效。

㈡惟甲尚不能獨立以法律行為負義務，並無訴訟能力（民訴第四五條），其為訴訟行為，仍應由其法定代理人代理。從而，甲自為原告，法院應定期命其補正（民訴第四九、二四九條第一項第四款），逾期不補正，其訴為不合法，應裁定駁回之。如經補正法定代理人後，法院再進行言詞辯論程序。

（附為說明者，限制行為能力人如經法定代理人允許獨立營業者，關於其營業，有行為能力〔民法第八五條第一項〕，如就其營業有關之訴訟，為有訴訟能力。本題並非此情形。又，本題為實體法與程序法整合之問題。）

九、㈠甲之設定第二順位抵押權為有效。按甲固就其舊債務二百萬元於事後設定抵

押權於乙，但既有主債權存在，為從權利之抵押權自亦生效。

㈡丙得主張甲、乙設定第二順位抵押權為詐害行為，而訴請撤銷其設定抵押之債權行為及物權行為，並塗銷該抵押權登記。按甲就舊債務而於事後為乙追加擔保，固屬有效，但為無償行為（參照五一年臺上字三五二八號判例），既害及丙之債權，丙得依民法第二四四條第一項訴請撤銷甲、乙之設定第二順位抵押權行為。

十、乙得聲請法院裁定命甲就買受該土地之內容向乙為報告。按甲、乙應適用通常法定財產制，甲對其婚後財產對乙有報告之義務，即甲應為一定之行為，乙得依此報告請求權，聲請法院裁定命甲為報告。於裁定確定後，如甲仍不為報告，即得依強制執行法第一二八條聲請執行。（按依家事事件法第三條第五項第四款，報告夫妻財產狀況事件，為家事非訟事件，已非訴訟事件。）

▶ 民法概要

劉宗榮　著

　　本書為保持內容的新穎性，乃配合我國民法關於行為能力、保證、所有權、用益物權、擔保物權、占有、結婚、離婚、夫妻財產制、父母子女、監護、限定繼承及拋棄繼承等的修正，內容大幅更新。全書具有下列特色：

1. 配合最新民法的修正而撰寫，內容完備，資料最新。
2. 闡釋重要理論，吸納重要裁判，理論與實務兼備。
3. 附有多幅法律關係圖，增進理解，便利記憶。
4. 各章附有習題，自修、考試兩相宜。

▶ 民法概要

鄭玉波　著；黃宗樂　修訂

　　民法規範人民的財產及身分關係，與生活息息相關，為人民生活之根本大法。 惟民法歷史源遠流長，理論體系博大精深，法條文字精潔抽象，初學者每感瞭解不易。本書乃依民法典編制體例，將民法有關之原理原則、法律概念，作綜合說明及概要敘述，並適時摘註重要之法院裁判、具體事例等實務見解，理論與實務兼籌並顧。此外，於適當處設有案例研析與擬答單元，讓讀者能對抽象之法律條文，知所應用。

▶ 民法物權

鄭玉波　著；黃宗樂　修訂

　　鄭玉波教授著《民法物權》，風靡學界，歷久不衰，乃公認的經典之作。其間雖經修訂，但距今亦已數十年矣。此數十年間，物換星移，物權法發展頗為顯著，尤其九十六年擔保物權部分、九十八年通則及所有權部分與九十九年用益物權及占有部分經修正公布施行，爰一一加以修訂，增補部分不少。

▶ 民法債編總論實例研習

陳啓垂　著

　　「民法債編通則」為債編的共通規定，有極高的抽象性，法條間的關係錯綜複雜，對學習法律的學生而言，最難以學習與掌握。本書遵循法典章節體系及法條順序編排，依序撰擬相關案例，列出關鍵問題；再針對問題點，分別引用法條及相關學說理論為說明；在前此相關法律規定及學說理論基礎上，扼要解析前舉案例；最後附上相關法條及練習題。期藉此編排方式，從案例及問題著手，提高讀者興趣並引導思考，以逐步掌握相關規定及其適用。本書可作為讀者自我學習「民法債編通則」的書籍，亦可供作「民法債編總論」課程的獨立或輔助教材。

國家圖書館出版品預行編目資料

民法／郭振恭著.——修訂十四版一刷.——臺北市：
三民，2020
　　面；　公分

　　ISBN 978-957-14-6877-8　（平裝）
　　1. 民法

584　　　　　　　　　　　　　　　　109010311

民法

作　　　者	郭振恭
發 行 人	劉振強
出 版 者	三民書局股份有限公司
地　　　址	臺北市復興北路 386 號 (復北門市) 臺北市重慶南路一段 61 號 (重南門市)
電　　　話	(02)25006600
網　　　址	三民網路書店 https://www.sanmin.com.tw
出版日期	初版一刷 1999 年 11 月 修訂十三版一刷 2018 年 9 月 修訂十四版一刷 2020 年 9 月
書籍編號	S584470
I S B N	978-957-14-6877-8

三民書局